인류학자가 쓴 **언어학강의** 제3판

A CONCISE INTRODUCTION TO

LINGUISTICS

인류학자가 쓴

언어학강의

제3판

브루스 M. 로우, 다이안 P. 레빈 지음 | 장영준 옮김

Σ 시그마프레스

인류학자가 쓴 언어학강의

발행일 | 2012년 3월 2일 1쇄 발행

저자 | 브루스 M. 로우, 다이안 P. 레빈
역자 | 장영준
발행인 | 강학경
발행처 | ㈜시그마프레스
편집 | 송현주
교정 · 교열 | 김형하

등록번호 | 제10-2642호
주소 | 서울특별시 마포구 성산동 210-13 한성빌딩 5층
전자우편 | sigma@spress.co.kr
홈페이지 | http://www.sigmapress.co.kr
전화 | (02)323-4845~7(영업부), (02)323-0658~9(편집부)
팩스 | (02)323-4197
ISBN | 978-89-5832-272-6

A Concise Introduction to LINGUISTICS, 3rd Edition

Authorized translation from the English language edition, entitled CONCISE INTRODUCTION TO LINGUISTICS, A, 3rd Edition, ISBN: 0205051812 by ROWE, BRUCE M.; LEVINE, DIANE P., published by Pearson Education, Inc, publishing as Pearson, Copyright © 2012 Pearson Education, Inc.

* 책값은 뒤표지에 있습니다.

이 책을 우리 가족인 크리스틴 로우, 아론 로우, 앤드류 로우,
브라이언 레빈, 케빈 레빈, 사만다 레빈, 그리고 하이디 스텀, 테오 스텀, 루시 스텀에게 바친다.

역자 서문

일찍이 에드워드 사피어(Edward Sapir, 1884~1939)는 언어학에서 인류학으로, 말리노프스키(Bronislaw Malinowski, 1884~1942)는 인류학에서 언어학으로 자신의 연구 분야를 바꾸었었다. 그만큼 언어학과 인류학은 겹치기도 하고 서로 밀접하게 연관되어 있다. 인류학자인 브루스 로우와 다이안 레빈이 쓴 언어학 개론서를 우리말로 번역하게 된 것은 언어학과 인류학의 이런 접점, 그리고 인류학자의 시각에서 언어학을 어떻게 바라보는가 하는 데 대한 호기심 등이 작용하였다. 그러나 무엇보다도 기존의 많은 언어학 입문서가 언어학자들에 의해 써짐으로써, 언어학을 전공하지 않지만 언어학에 관심을 둔 많은 사람에게는 다소 불편함을 야기했을지도 모른다는 반성에서 이 책을 번역하게 되었다.

언어학과, 영어영문학과, 국어국문학과, 인류학과 등은 물론, 인문학과 사회학 분야에서 공부하는 사람들은 주로 언어학에 대한 기초 지식을 접할 필요를 느낀다. 서로 다른 학문적 배경과 학문적 필요성을 가진 사람들을 동시에 만족하게 하는 언어학 지식을 제공한다는 것은 쉬운 일이 아닐 것이다. 특정 분야의 전공자만을 위해 쓰인 언어학 저서들이 이런 광범위한 독자층의 목적에 부합할 수는 없을 것이다. 그런 의미에서 두 인류학자에 의해 아주 쉽게 기술된 언어학 입문서를 가지게 된 것은 행운이 아닐 수 없다.

이 책은 언어학과 인류학에서 다루는 핵심 주제들을 빠짐없이 소개하면서도, 대학교에서 한 학기에 강의할 수 있는 적당한 분량으로 구성되어 있다. 기존의 언어학 개론서들이 언어란 무엇이냐는 주제로 시작한다면, 이 책은 소통이란 무엇인가란 제목으로 시작한다. 그렇게 함으로써 우리가 언어의 본질에 대한 다른 시각을 가지게 한다. 소통이란 측면에서는 당연히 인간의 소통뿐 아니라, 동물의 소통이란 주제도 다루어질 것이고, 그것은 또한 인간의 언어와 동물의 소통이 어떻게 다르고 같은가 하는 근본적인 문제를 제기한다. 그런 후 이 책은 전통적인 언어학의 주제인 음성학과 음운론, 형태론, 통사론, 의미론과 화용론을 다룬다. 이 책의 장점은 그 외에도 사회언어학과 언어인류학, 언어습득, 수화, 문자, 동작학, 역사언어학 등 다른 언어학 입문서에서는 잘 다루지 않거나 소홀히 하는 분야를 다룬다는 것이다.

이 책의 또 다른 장점은 본문에 들어가기 전에 독자에게 핵심 쟁점에 대한 질문을 먼저 제시함으로써 독서 안내를 충실히 해 준다는 점이며, 본문을 읽고 난 후에는 그런 문제들을 포함하여 중요한 문제에 대해 생각할 여지를 제공한다는 점이다. 문답식의 질문지가 아니라 이야기식의 문제를 제공함으로써 독자가 한 번 더 내용을 요약할 기회를 가진다는 점은 이 저자들의 훌륭한 서술방식이다.

필자는 언어학을 공부하고 대학에서 15년이란 긴 시간 언어학과 영어학을 가르쳤다. 그리고 해가 갈수록 깨닫는 것은 입문서에서 어떤 지식과 생각거리를 제공하는가 하는 것이 중요하다는 것이다. 상투적인 비유가 될지 모르겠지만, 깊은 우물을 파기 위해서는 우선 넓은 구덩이를 파는 것이 중요할 것이다. 우리가 대학에서 철학을 공부하거나 학제 간 연구를 열심히 하는 것도 이런 이유 때문이다. 필자가 다시 대학생이 된다면 어떤 공부를 더 했을 것인가? 인류학, 심리학, 철학, 교육학, 아동발달학, 수학, 생물학, … 그러나 필자는 그렇게 하지 않았거나 그렇게 하지 못했다. 세계적 진화생물학자인 리차드 도킨스(Richard Dawkins, 1941~)의 다양한 저서를 읽으면서 생물학이 이렇게 재미있는 것이구나 하는 깨달음을 최근에야 알게 되었다. 그리고 생물학의 세계는 언어학과 그리 멀지 않구나 하는 생각도 하게 되었다. 모든 학문은 결국 언젠가 어느 한 지점에서 만나게 된다. 그런 의미에서 이 번역서가 언어학을 공부하려는 사람들에게는 매우 소중한 기회를 제공할 것으로 믿는다.

끝으로 좋은 책을 찾아내어 번역을 의뢰해 주시고, 꼼꼼한 교정과 멋진 장정으로 책을 아름답게 만들어 준 (주)시그마프레스의 윤근배, 김형하 님께 고마움을 전한다.

저자 서문

이 책을 쓴 목적

언어학은 언어학과, 영어영문학과, 인류학과 등을 포함한 몇몇 학과에서 가르친다. 언어학, 영어학, 인류학 이외의 전공, 예를 들면 의사소통, 교육학, 저널리즘, 사회학, 청각장애를 전공하는 학생들도 언어학 개론 과목들을 수강한다. 그뿐만 아니라 언어학 개론은 인문학의 전 분야에서 필수과목으로 요구되기도 한다. 그러나 현재 시중에 나와 있는 대부분의 언어학 교재는 언어학, 영어학, 인류학을 전공하는 학생들만을 대상으로 한 것이다. 게다가 대부분의 언어학 개론서는 그것들을 쓴 저자의 특정한 연구 관심사나 이론적 입장을 반영하고 있다. 우리는 언어학의 핵심적 주제들을 포함한 개론서를 씀으로써 언어학을 좀 더 깊이 있게 추구하고자 하는 학생들에게 이 분야를 전반적이고 심층적으로 이해할 수 있는 정보와 개념들을 제공하고자 한다. 다시 말해, 이 책은 일반 학생을 염두에 두면서도 언어학, 영어학, 인류학 전공 학생에게 다음 상위 수준의 전공 과목을 수강하는 데 필요한 준비를 제공하고자 하는 목적으로 쓰여졌다. 저자들은 인류학자로서 각 주제와 관련된 다양한 비교문화적 사례들을 포함하고자 하였다.

이 책은 독자의 예비지식을 필요로 하지 않는다. 모든 개념을 다양한 교수법적 도구를 사용하여 체계적인 방식으로 설명하였으며, 복잡한 언어학적 개념들을 가능한 배우기 쉽게 설명하고자 했다.

이 책의 특성

이 책은 다음과 같은 교수학습적 특성을 가지고 있다.

예비 질문 : 이 질문들은 해당 장의 내용을 요약하며 학생들이 책을 읽어나가는 동안 염두에 두어야 할 개념들을 제시한다. 학생들은 해당 장을 모두 마친 후에는 이 질문들에 답할 수 있어야 한다.

다양한 연습 문제와 학습 주제들 : 각 장의 3~7쪽에 이르는 짧은 절 뒤에는 연습문제와 학습 주제들이 제시되어 있다. 이러한 문제들을 통해 학생들은 다음 장으로 진도를 나가기 전에 해당 장의 내용을 좀 더 확실하게 이해할 수 있다. 이와 달리 다른 교재들은 연습문제를 각 장의 끝에 둠으로써 이러한 연계성을 갖추지 못하고 있다.

더 읽을거리와 인터넷 자료 : 이 책은 언어학에 대한 비교적 짧은 개론서이므로 다른 교재들보다는 더 상세하게 관련된 도서 자료와 인터넷 자료를 제시한다. 각 장에서 간단하게 소개한 특정한 주제에 대해 학생들이 더 많은 정보를 원할 때는 여기에 제시된 문헌 자료나 인터넷 자료를 참고할 수 있다. 이 자료들은 또한 학생들이 연구 보고서를 작성할 경우에도 유용하게 사용될 수 있을 것이다. 이번 3판에서는 '더 읽을거리'와 '참고할 웹 사이트'를 추가하였다.

장 요약 : 각 장에는 내용 요약이 제시되어 있다. 이 요약을 통해 학생들은 해당 장에서 제시된 내용을 정리할 수 있을 것이다.

본문 용어 설명 : 학생들은 책을 읽어가기 전에 같은 면에 주어진 개념 정의나 용어 설명을 참조함으로써 더 쉽게 이해할 수 있다.

비교문화적 사례들 : 중요한 개념을 설명하기 위해 우리는 전 세계 언어로부터 관련된 다양한 사례를 제시하였다. 특히 제6장, 제7장, 제8장, 제12장은 언어인류학자에게 주요한 관심사들을 다루고 있다.

제3판의 여타 특성 : 3판에서는 동물들의 지능과 소통에 대한 정보, 피라하(Pirahã)어에 대한 자료 목록 및 순환 작용이 이 언어에도 존재하는지에 관한 논쟁을 다룬 관련 자료 목록을 추가하였다. '마음이론'이라는 새로운 섹션을 추가하였다. 특정 언어의 음성 체계의 일부 요소가 아이가 태어나기 전에 습득될 수 있는가 하는 가능성에 대한 논의를 추가하였다. '의미 놀이'라고 하는 섹션을 새롭게 바꾸고, '고대 언어의 마지막 화자(안다만제도의 보어를 사용한 마지막 화자에 대한 내용)'를 포함한 새로운 글상자, '역파생어', '담화 표지' 등을 추가하였다. 일부 그림은 교체되고, 새로운 그림을 추가하였다. 또한 새로운 연습문제와 웹 사이트 목록을 추가하였다.

온라인학습센터인 〈MyAnthroKit〉에서도 다음과 같은 자료를 받아볼 수 있다.

- 실전 테스트
- 학습 목표
- 단원 요약
- 플래시카드

- 웹 링크
- 평가 도구
- 연구 지침
- 미디어 및 학습 활동

감사의 글

원고를 작성하는 동안 여러 부분을 읽어준 데 대해 로스앤젤레스 피어스칼리지의 필립 L. 스타인, 달린 K. 위트만, 신시아 L. 허브스트, 리차드 J. 폴레트 교수께 감사한다.

1판의 원고 전체를 검토해 준 데 대해 이스턴미시간대학교의 캐런 딕스트라 교수, 남미시시피대학교의 제임스 G. 플래너건 교수, 타코마 커뮤니티칼리지의 엘리자베스 포튼베리 교수, 템플대학교의 폴 B. 개릿 교수, 버지니아대학교의 대니얼 레프코위츠 교수, 로스앤젤레스 밸리칼리지의 로드 무어 교수, 루이지애나 라파예트대학교의 클레이본 라이스 교수, 매사추세츠대학교의 데이비드 새뮤얼스 교수, 포모나칼리지의 린 토마스 교수께 감사드린다.

2판을 검토해 준 세리토스칼리지의 모니카 L. 벨라스 교수, 버지니아주립대학교의 셰이크 우마르 카마라 교수, 동캐롤라이나대학교의 도나 L. 릴리안 교수, 오클라호마주립대학교의 캐롤 모더 교수, 블룸스버그대학교의 스테파니 슐리츠 교수, 노스이스턴 일리노이대학교의 마리트 바마라시 교수, 영스타운주립대학교의 신시아 빌리오티 교수, 센트럴 워싱턴대학교의 펭린 왕 교수께도 감사를 표한다.

이번 3판을 검토해 준 캘리포니아 폴리테크닉포모나대학교의 도로시 월스 교수, 올버니대학교의 리 비크모어 교수, 라이스대학교의 스티븐 타일러 교수에게도 감사한다.

지난 수년간 강의뿐만 아니라 강의 자료들에 대해 유익한 제안을 해 준 많은 학생들에게도 감사를 표한다. 원고의 대부분을 교정해 준 실라 컬랜드에게 특별한 감사를 표하며, 이 원고의 초고를 철저히 교정해 준 크리스틴 L. 로우와 초고본을 편집해 준 얀 스코파츠에게 특별한 감사의 마음을 전한다.

차례

01 서론 : 소통의 본질 1

소통의 본질 2
인간과 동물의 소통 비교 7
통제된 환경의 침팬지와 고릴라 16
유인원-언어연구에 대한 회의론 21
요약 29
더 읽을거리 30
참고할 웹 사이트 30
용어와 개념의 정리 : 소통의 본질 31
단원 말 연습문제 33

02 음운부 : 음성학 37

조음음성학 38
자음과 모음 42
음절과 음절적 자음 60
초분절음 61
연결된 발화 66
요약 70
더 읽을거리 71
참고할 웹 사이트 72
용어와 개념의 정리 : 음성학 72
단원 말 연습문제 74

03 음운부 : 음운론 77

음소와 언어음의 주요 차이라는 개념 77
변별자질 분석 88
음운 과정 95
발화의 연속적이고 복합적인 속성, 수정 100

요약 103
더 읽을거리 105
참고할 웹 사이트 105
용어와 개념의 정리 : 음운론 105
단원 말 연습문제 106

04 형태부 109

형태소 109
형태유형학 117
신조어는 어떻게 만들어지는가 119
어휘범주(품사) 131
요약 136
더 읽을거리 137
참고할 웹 사이트 137
용어와 개념의 정리 : 형태부 138
단원 말 연습문제 139

05 통사론 141

통사 구성 143
문법성 판단과 중의성 152
문장의 성분 구조 165
구 구소 규칙 169
변형 규칙 176
선택적 변형과 필수적 변형 180
요약 183
더 읽을거리 185
참고할 웹 사이트 185
용어와 개념의 정리 : 통사론 185
단원 말 연습문제 188

06 의미론과 화용론 191

단어의 의미 : 어휘의미론 192
-nym으로 끝나는 영어 어휘 201
다른 종류의 의미 : 구조의미론 208
화용론 216

요약 229
더 읽을거리 232
참고할 웹 사이트 232
용어와 개념의 정리 : 의미론과 화용론 233
현장연구 프로젝트 : 학령 아동의 말장난과 수수께끼 234

07 사회언어학과 언어인류학 235

지역방언 236
미국 흑인 영어 242
히스패닉 영어 250
접촉어 : 피진과 크리올 253
상황적 방언 255
성과 언어 266
언어인류학 272
언어와 민족주의 281
요약 283
더 읽을거리 285
참고할 웹 사이트 286
용어와 개념의 정리 : 사회언어학과 언어인류학 287

08 언어습득 291

언어와 두뇌 291
언어습득에 대한 생각 292
아동은 어떻게 언어의 구성 요소를 배우는가? 296
언어사회화 : 세 가지 사례 313
수화의 습득 317
이중언어 319
요약 325
더 읽을거리 326
참고할 웹 사이트 327
용어와 개념의 정리 : 언어습득 328

09 수화 331

수화의 본질 332
미국 수화란 무엇인가? 334

니카라과 수화 : 새로운 언어의 탄생 348
수화의 사회적 차원 350
요약 350
더 읽을거리 352
참고할 웹 사이트 353
용어와 개념의 정리 : 수화 353
단원 말 연습문제 : 수화 354

10 문자 체계 357

문자는 음성언어와 수화에 대해 이차적이다 358
여러 가지 문자 358
문자의 역사 379
인쇄술 391
컴퓨터에 대한 짧은 글 392
요약 393
더 읽을거리 394
참고할 웹 사이트 395
용어와 개념의 정리 : 문자 체계 395
단원 말 연습문제 397

11 비언어적 의사소통 401

'비언이적'의 의미는 무엇인가? 402
동작학적 행위 402
정서 표현 406
눈의 다양한 표상 408
신체적 외양 410
접촉 행동 413
준언어 415
근접공간학 416
물리적 환경 418
지침서 : 당부의 말 420
요약 421
더 읽을거리 422
참고할 웹 사이트 422
용어와 개념의 정리 : 비언어적 의사소통 423
단원 말 연습문제 424

12 역사언어학 427

언어 간의 관계 428
언어 변화의 유형 437
언어가 변하는 데 시간이 얼마나 걸리는가? 446
사라지는, 재등장하는, 태어나는 언어 449
영어의 확산 452
새로운 전문용어 453
요약 454
더 읽을거리 455
참고할 웹 사이트 456
용어와 개념의 정리 : 역사언어학 456

부록 용어와 개념의 정리 모범답안 459
연습문제 예시 답안 473
현장실습 연습문제 485

찾아보기 495

1

서론 : 소통의 본질

Introduction: The Nature of Communication

이 장에서 알아야 할 것

1. 소통과 언어란 용어의 의미에는 어떤 차이가 있는가?
2. "언어는 규칙의 지배를 받는다."라는 말의 의미는 무엇인가?
3. 언어 능력과 언어 수행의 차이점은 무엇인가?
4. "언어는 발화나 듣기의 부수적인 개념이 아니다."라는 말의 의미는 무엇인가?
5. 동물의 의사소통은 인간의 언어와 어떻게 다른가?
6. "인간의 소통은 정교한 춤과 같다."라는 말의 의미는 무엇인가?
7. 대부분의 언어학자는 왜 와쇼나 코코와 같은 유인원이 인간의 언어 능력을 온전하게 발휘하지 못한다고 생각하는가?

수컷 개똥벌레가 독특한 불빛신호를 보내며 저녁공기 사이로 움직이면, 풀밭 위를 항해하던 암컷이 짧은 불빛으로 응답한다. 그러면 이 수컷이 불빛을 밝히고 짝짓기가 이루어진다.

먹이를 찾아 배회하던 지빠귀가 올빼미를 목격하면, 곧바로 지빠귀는 '칭크~' 하는 듯한 날카로운 소리를 낸다. 그러면 부근의 다른 지빠귀들이 이 소리를 듣고 경계태세에 돌입하고, 올빼미는 기습의 순간을 잃어버린다.

길 잃은 어린 원숭이가 계속해서 꽥꽥거리고 비명을 지르고 '(으)르르…' 소리를 내며 어미를 부르면, 어미가 이 소리를 듣고 어린 원숭이를 발견하여 어미와 새끼가 다시 만나게 된다.

한 대학생이 함박 미소를 지으며 집으로 돌아온다. "언어학 중간고사에서 A를 받았어요. 믿어지지 않죠?" 이 말을 듣고 부모는 이렇게 응수한다. "정말 믿어지지 않는구나. 그러나 네가 거짓말한 적은 없었지."

소통의 본질

소통(communication) 정보를 전달함으로써 상대방의 행동에 영향을 주는 행위이다.

소통(communication)은 정보를 전달함으로써 상대방의 행동에 영향을 주는 행위이다. 어떤 유기체나 기계가 소통을 할 때, 그 자체나 그것의 환경에 대한 메시지가 전달되어 변화가 이루어진다. 앞의 예처럼 원숭이는 잠재적으로 위험한 상황을 안전한 상황으로 바꾸었고 학생은 부모의 의견을 바꾸었으므로 이러한 소통의 결과가 변화인 것이다.

코드(code) 소통 체계의 단위들을 연결하는 복잡한 패턴으로서, 언어에서 이런 단위는 음 단위, 단어와 같은 의미단위, 구나 절 또는 문장과 같은 단어 이상의 의미단위 등이다.

소통이 일어나기 위해서 정보 수신자는 발신자의 메시지를 탐지해야 하는데, 발신자의 메시지는 공포, 배고픔, 성적 감수성 등과 같은 내적 상태에 관한 정보일 수도 있고, 천적의 존재와 같은 외부 조건에 대한 정보일 수도 있다. 이러한 메시지는 **코드**(code)로 전환된다. 개똥벌레의 코드는 특정한 유형의 불빛의 반짝임으로 이루어진다. 또한 인간은 언어(language)라고 불리는 고도로 정교한 코드를 가지고 있는데, 이 코드는 어휘와 그것들을 연결하는 규칙들로 구성된다. 소통과 언어란 용어는 이런 의미에서 동의어라 할 수 없다. 소통은 매우 넓은 개념으로, 모든 유기체는 소통 행위를 한다. 언어는 이보다는 좁은 개념으로, 언어학자가 사용하는 가장 협소한 의미로서의 언어는 특히 인간만의 능력으로 간주된다(글상자 1-3 참조).

코드화(encode) 메시지를 코드에 싣는 것이다.

모든 코드에는 규칙이 있다. 어떤 유형의 반짝임이 특정한 순서로 이루어진다면 그것은 개똥벌레의 코드가 될 수 있고, 전달해야 할 메시지가 있다면 개똥벌레는 그 메시지를 특정한 규칙에 따라 **코드화**(encode)한다. 그러나 개똥벌레는 이러한 규칙들을 어떻게 알까? 사실은 알지 못한다. 특정 메시지를 특정한 때에 부호화하는 것은 개똥벌레라는 종에만 특정한 유전적 정보에 의해 프로그램화되어 있을 뿐이다. 이러한 메시지들은 (특정한 호르몬의 분비와 같은) 내부적인 생리 과정의 결과로 부호화될 수도 있고, 특정한 외부 자극이 이러한 메시지를 부호화하도록 작용할 수도 있다.

문법(grammar) 단어와 같은 문법 요소들의 체계와 한 언어의 음운, 형태, 통사, 의미 규칙들의 체계를 동시에 의미한다. 문법이란 용어는 이러한 요소들과 규칙들을 연구하는 분야이다.

생득적으로 타고나는 언어의 보편적인 특성도 있지만, 특정한 언어들은 학습에 의해 습득되며, 이 언어를 습득하는 잠재적 능력은 생득적이다. 인간은 자기 언어의 규칙, 즉 **문법**(grammar)을 습득함으로써 메시지를 부호화할 수 있는 유전적 잠재 능력이 있다. 인간이 아닌 일부 영장류도 매우 기초적인 문법원리를 파악할 수 있는 제한된 능력이 있기는 하지만, 언어의 복잡한 원리는 그들의 능력을 훨씬 넘어선다.[1)]

해독(decode) 의미의 송신자가 의미를 코드화한 의도를 고려하여 코드에 반응하는 것이다.

소통은 정보 수신자가 보낸 메시지를 **해독**(decode)함으로써 이루어진다. 메시지를 해독한다는 것은 해당 메시지가 코드화된 이유를 반영하는 방식으로 반응한다는

1) W. Tecumseh Fitch and Marc D. Hauser, "Computational Constraints on Syntactic Processing in a Nonhuman Primate," *Science* 303, (January 13, 2004), 377-380.

것을 의미한다. 예를 들어, 어떤 사람이 상대방이 알지 못하는 언어로 말한다면 상대방은 발신자의 메시지를 해독할 수 없다. 따라서 청자는 사용된 어휘들이 어떤 의미인지 모를 것이고, 당연히 해당 메시지에 내재된 문법을 알 수 없을 것이다.

문법에는 습득해야 할 몇 가지 단계가 있다. 한 언어를 습득한다는 것은 해당 언어의 **음운 체계**(phonological system)를 습득하는 것이다. 즉, 어떤 소리들이 사용되는가, 그리고 이 소리들이 서로 어떻게 관련되는가를 아는 것이다. 언어습득은 또 해당 언어의 **어휘부**(lexicon), 즉 단어와 같은 어휘 항목들이 어떻게 구성되는가를 아는 것이며, 이 분야를 **형태 규칙**(morphological rules)이라고 한다. 한 언어를 습득한다는 것은 또 문장이 어떻게 구성되는가, 문장들은 서로 어떻게 관련되는가를 아는 것이다. 언어의 **통사**(syntax)에 대한 지식이 바로 여기에 해당한다. 언어습득자는 단어와 문장들이 그것들이 지시하거나 묘사하는 사물이나 상황과 어떻게 관련되는지를 알아야 한다. **의미론**(semantics)은 의미 규칙에 대한 연구로서, 이는 다시 말해 우리가 메시지로부터 의미를 도출하는 체계를 말한다.

음운 체계(phonological system) 해당 언어의 음 패턴(문법)을 말한다.
어휘부(lexicon) 개인의 마음속 사전으로서, 그 개인이 가진 모든 단어의 정의를 포함한다.
형태 규칙(morphological rules) 구성성분을 이용하여 단어를 구성하는 규칙이다.
통사(syntax) 단어보다 더 큰 언어 단위를 형성하는 데 사용하는 규칙으로서, '통사론'이란 용어는 이런 규칙을 연구하는 것 자체를 뜻하기도 한다.
의미론(semantics) 형태소, 단어, 어구, 절, 문장과 같은 언어적 표현체의 의미를 연구하는 분야이다.

문법은 학습하는 것이지만, 그 학습이란 것이 너무나 미세하게 이루어지기 때문에 대부분의 문법 규칙은 무의식적으로 알게 된다. 이렇게 개인의 언어의 문법과 어휘부에 대한 무의식적인 지식을 통틀어 **언어 능력**(linguistic competence)이라고 하는데, 이 언어 능력은 거의 무한대로 많은 언어적 메시지를 올바르게 코드화하고 해독하는 데 사용하는 능력을 말한다. 즉, 영어 화자라면 "I am going to the store." 같은 문장이 통사적으로 옳다는 것을 알 것이다. 그뿐만 아니라 "*Store to the going am I."와 같은 문장은 올바르지 않다는 것도 알 것이다('*'는 해당 문장이 비문법적임을 나타낸다.).

언어 능력(language competence) 화자가 잠재적으로 무한대의 메시지를 만들 수 있도록 해 주는 무의식적 언어지식이다.

당신은 또 영어 문장(평서문의 경우)에서는 위와 같이 문법적으로 올바른 문장의 경우에, 주어가 먼저 오고 동사가 그 뒤를 따르며 전치사구와 같은 추가적인 정보들이 문장을 완결한다는 사실을 알고 있다. 영어를 모국어로 하는 원어민 화자라면 이런 지식을 공식적인 방법으로 배우지는 않았을 것이다. 문장에 사용되는 통사 규칙에 대한 지식은 단지 다른 사람이 말하는 것을 들음으로써 습득한다. 언어를 듣고 실험함으로써 우리는 무의식적으로 규칙 체계를 세우며, 이러한 규칙들을 통해 놀라운 일을 수행할 수 있다. 즉, 제한된 수의 단어를 이용해서 거의 무한대의 발화를 창출할 수 있으며, 지금 말하게 될 문장 대부분은 결코 전에 말한 적이 없는 것들이다. 언어의 이러한 창조적 측면을 종종 언어의 **생산성**(productivity)이라고 부른다. 언어의 생산성을 통해 우리는 전에는 결코 표현되지 않았던 새로운 생각들을 표현할 수 있고 이해할 수 있게 된다.

생산성(productivity) 화자가 전에는 사용한 적이 없는 문장을 만들어 내거나 들은 적이 없는 문장을 이해하는 능력을 말한다.

우리에게 내재화된 언어 능력이 있다는 사실이 그것을 언제나 올바르게 적용한다는 것을 의미하지는 않는다. 피곤하거나 아플 때, 또는 주의가 산만해졌을 때, 우리는 실수를 할 수도 있다. 이미 앞에서 말한 구절에 나왔던 소리를 되풀이할 수도 있다. 예를 들어, "Bob gave the baby a toy."라고 말하려던 것이 그만 "Bob gave the baby a boy."가 될 수도 있다. 'toy'라고 하려던 것이 앞에 있는 'baby' 영향으로 'boy'가 된 것이다.

이러한 발화 실수는 언어 능력의 실수가 아니다. 화자는 이럴 경우 대개 자신이 무엇인가 잘못 말했다는 것을 알며, 이런 실수를 **언어 수행**(linguistic performance)상의 실수라고 한다. 수행상의 실수는 종종 체계적이다. 즉, 어떤 유형의 실수는 규칙적으로 일어난다. 예를 들어, 특정한 음은 다른 음으로 일정하게 대체되기도 하고, 어떤 음은 다른 음과 체계적으로 위치가 바뀌기도 하며, 예측 가능한 방식으로 추가되거나 생략되기도 한다. 발화 실수가 우연적인 것이 아니기 때문에, 이들에 대한 연구는 언어 능력의 기저를 형성하는 정신기제를 밝히는 데 큰 역할을 하였다.

언어 수행(linguistic performance) 언어 능력을 실제 발화의 생산에 적용하는 것을 말한다.

인간은 서로 간에 학습된 코드에 대한 공유된 지식을 바탕으로 언어적 메시지를 부호화하기도 하고 해독하기도 한다. 같은 영어방언을 사용하는 두 화자는 서로 의사소통을 하는 데 별 문제가 없는 반면에, 서로 알아들을 수 없는 언어를 사용하는 두 사람은 언어적으로 소통할 수 없을 것이다. 그러나 이들은 몸짓과 같은 다른 수단으로 정보를 공유함으로써 의사소통을 할 수 있다.

소통은 많은 채널을 통해 이루어질 수 있다. 음성기관의 움직임을 통해 공기가 움직이고, 여기에서 생기는 음파가 귀에 들어오면 두뇌에 의해 해독된다. 인간의 언어 대부분은 이런 방식으로, 즉 **발화**에 의해 이루어진다. 그러나 말을 하거나 들을 수 없는 사람도 있다. 발성-청음기관을 통한 채널이 막힌 것이다. 그러나 이 말이 곧 그들이 언어적으로 의사소통을 할 수 없다는 것을 의미하는 것은 아니다. 언어는 인간의 정신, 즉 두뇌에 있는 것이지 청각이나 발화에 달려 있는 것이 아니다. 말을 하지 못하는 사람들은 손과 몸의 움직임에 기반을 둔 침묵의 언어인 수화를 사용하며, 수화는 완전한 언어로, 음성언어가 전달할 수 있는 모든 메시지를 전달할 수 있다. 또한 인간은 또 다른 채널인 문자언어를 통해 언어적 소통을 할 수 있다. 음성언어, 수화, 문자언어는 **언어의 전달 체계**(delivery system of language)라 불린다. 언어는 우리의 머릿속에 존재하는 어휘와 문법 규칙이라 할 수 있다. 음성언어, 수화, 문자언어는 **언어적**(verbal) 지식이 우리의 머리에서 나와서 다른 사람의 머릿속으로 들어가는 통로이다. 즉, 이것들은 언어적 정보를 전달하는 체계이다. 음성언어, 수화, 문자언어는 이 책의 후반부에서 다루어진다.

언어의 전달 체계(delivery system of language) 언어에 대한 지식, 즉 언어 능력이 메시지를 전달하는 데 사용하는 방식이다. 메시지를 언어적으로 전달하는 세 가지 기본적인 방식은 구어, 문자, 수화이다.

언어적(verbal) 음성언어, 문자언어, 수화와 같은 언어를 말한다.

인간은 비언어적 방식으로 의사소통을 하기도 한다. **비언어적**(nonverbal)이란 언어를 사용하지 않는다는 말로서, 다시 말하면 음성언어, 수화, 문자언어를 사용하지 않는다는 것이다. 인간은 다른 동물과 마찬가지로 몸짓을 통해 한 집단 내에서의 개인들 사이의 공간적 배열을 바꿈으로써, 신체적 외관, 표정, 접촉 등과 같은 행위에 의해 의사소통을 하기도 한다(제11장 참조). 소통은 완전히 선형적인 방법만으로 설명할 수는 없다. 즉, 메시지(정보)가 소통채널을 통해 발신자에게서 수신자에게로 전달되는 단순한 선형적인 과정만으로 설명할 수는 없고, 오히려 소통은 정교한 '춤'에 비유할 수 있다. 이 춤은 비언어적 메시지와 언어적 메시지를 동시에 전달하는 일종의 **동시성**(synchrony)이라고 할 수 있다. 즉, 사람들은 말을 하면서 동시에 그들의 몸을 움직임으로써 자신이 말하는 것의 종지부를 나타내기도 하고 부인하기도 한다. 사람들은 표정이나 동공의 확장과 수축으로 전달되는 감정을 통해 그들이 하는 말을 강조하기도 하고, 서로에 대한 염려, 유대감, 애정을 표현하기 위해 서로를 만지기도 한다. 사실, '말소리를 제거하고' 멀리서 사람들이 소통하는 방식을 보면, 그들은 가만히 있는 것이 아니라 마치 정교한 춤을 추는 것처럼 보인다. 이 춤을 통하여 메시지는 발신자의 원래 의도와는 달리 전개될 수도 있다. 다른 말로 하면, 인간의 소통은 역동적이어서 언어적 메시지와 비언어적 메시지가 뒤섞인 피드백을 포함하게 되므로 그 결과는 종종 전혀 예측할 수 없는 것이 되기도 한다.

비언어적(nonverbal) 언어가 아닌 소통 체계를 말한다. 즉, 비언어적 소통은 구어, 문자, 수화를 통해 전달되지 않는 소통 체계이다.

동시성(synchrony) 동시에 발생하는 둘이나 그 이상의 사물 사이의 연계성이나 관계를 말한다.

의사소통 행위의 결과는 늘 예측 가능한 것이 아니다. 왜냐하면 한 메시지의 의미는 그 메시지 자체에만 내포되는 것이 아니기 때문이다. 메시지의 의미는 발신자의 의도, 발신자와 수신자의 관계, 메시지의 사회적 맥락, 발신자와 수신자의 개인적 · 문화적 배경과 선입견 등과 같은 요인에 의해 결정되기 때문이다(글상자 1-1 참조). 게다가 주어진 메시지를 전달하는 과정에서도 방해물이 있을 수 있는데, 소음(static)이라 불리는 이런 방해물은 물리적 환경과 관련 있다. 소통에서의 물리적 방해물로는 교통소음, 시끄러운 에어컨 소리, 수화 통역자의 앞을 가리는 사람, 잉크가 거의 다 떨어진 프린터에서 나온 인쇄물 등을 들 수 있다. 의미적 방해물도 있다. 예를 들어, 메시지의 수신자는 발신자가 전달하고자 의도한 메시지가 도대체 무엇인지를 완전히 이해하지 못할 수도 있고, 또는 사람들은 그들이 소통하려는 사람에 대해 잘못된 가정을 할 수도 있다. 이렇게 되면 주어진 메시지를 해독하는 데 영향을 받는다. 따라서 소통은 '참여와 비참여, 동시성과 이견, 분석과 수정' 등을 포함하며,[2] 메시지는 이러한 춤으로부터 드러난다(인간의 언어 행위를 관찰하고 분석하는 데 대한 조사연구 연습

2) Stuart Shanker and Barbara King, "The Emergence of a New Paradigm in Ape Language Research," in *Behavior and the Brain* (London: Cambridge University Press, 2002).

글상자 1-1 문화적 차이로 인한 오해

같은 문화권에 속한 사람이라 하더라도 개인의 특성과 사회화의 차이로 인한 개인적 차이 때문에 상대방의 메시지가 전하고자 하는 의미를 부분적으로 오해할 수도 있다. 예를 들어, 어떤 사람은 비록 선의를 가지고 있다 하더라도 상대방에게 너무 개인적이거나 사생활을 침해할 수도 있는 질문을 할 수도 있다. 그러나 서로 다른 문화권에 속하는 사람들은 상대방의 메시지를 잘못 해석할 가능성이 훨씬 더 크다.

사업상의 목적이나 다른 목적으로 외국을 방문하는 여행자는 종종 문화인류학자들이 소위 **문화충격**(culture shock)이라 부르는 경험을 하게 된다. 문화충격이란 사회적 기대치가 충족되지 않을 때 발생하는 일탈이나 불안이다. 문화충격은 때로 우울증, 향수병, 외국 문화에 대한 부정적 태도를 야기하기도 한다.

문화충격(culture shock) 사회적 기대치가 충족되지 않을 때 느끼는 혼란과 불안감을 말한다.

동일한 문화권에서는 사람들의 행동을 비교적 예측할 수 있다. 예를 들어, 어떤 사업상의 목적으로 미국인이 또 다른 미국인을 만날 때, 이들이 교환하는 힘찬 악수는 신뢰성, 성실함, 함께 일을 추진하겠다는 의지 등을 전달하는 기능을 한다. 그러나 중동 · 아시아 · 미국 원주민의 문화에서 상대방의 손을 꽉 쥐는 악수는 도발적이고 상대방에 대한 존중심의 결여와 같은 부정적 의미로 해석될 수도 있다. 서로의 의도에 대한 이런 오해는 그 이후 이어지는 모든 행동에 영향을 줄 수 있다. 우리 문화의 일부로서, 대부분은 무의식적으로 습득되는 수천 가지의 언어적 · 비언어적 행동은 다른 문화권에서는 전혀 의도하지 않았던 결과를 초래할 수도 있다. 우리가 선택하는 대화의 소재, 대화의 길이, 얼마나 빠른 속도로 또는 느린 속도로 이야기하는가, 대화 상대자가 누구인가(예를 들어, 대화 상대자의 나이와 성별), 언제 웃고 왜 웃는가, 대화 상대자를 똑바로 쳐다보는가, 언제 상대방을 만지거나 신체의 어느 부분을 만지는가 하는 모든 행동은 타인이 우리를 어떻게 판단하고 반응하는가를 결정하는 요인이다(비언어적 의사소통에 대해서는 제11장 참조).

문화충격은 우리가 올바르거나 긍정적인 것이라고 믿어 온 행위의 규범이 상대방으로부터 부정적인 피드백을 야기할 때 발생한다. 또한 문화충격은 다른 사람의 행위규범이나 사회적 규범을 이해하지 못할 때 일어난다. 문화충격을 겪는 당사자는 종종 상대방의 문화를 '잘못되고', '원시적이고' 심지어 '사악한 문화'라고 부정적으로 판단하기도 한다. 이러한 태도를 인종중심주의라고 한다. **인종중심주의**(ethnocentrism)는 자신의 문화를 기준으로 하여 상대방의 문화를 판단하는 태도이며, 자신의 문화가 다른 문화에 비해 우월하다고 믿는 태도이다. 그러나 다른 문화에 대한 경험이 많아질수록, 그리고 상대방 문화에 대한 이해가 깊어질수록 인종중심주의는 약화된다. 상대방에 대한 이해가 깊어질수록 소통을 방해하는 요인도 감소한다.

인종중심주의(ethnocentrism) 자신의 기준으로 타 문화를 판단하고, 자신의 문화가 타 문화보다 우월하다고 믿는 것을 말한다.

사업상의 소통에 영향을 주는 행동과 관련된 문화적 차이에 대해서는 웹 사이트 http://www.cyborlink.com/의 〈International Business Etiquette and Manners〉에서 많은 정보를 얻을 수 있다. 이 웹 사이트는 여러 나라에서 사업하기와 관련된 정보를 제공한다. 색깔과 관련된 문화적 차이에 대해서는 글상자 11-3을 참조하여라.

문제로는 연습문제 1, 부록 3을 참조. 다양한 소통 모형에 대한 좀 더 자세한 논의는 www.cultsock.ndirect.co.uk/MUHome/cshtml/introductory/sw.html을 참조).

인간과 동물의 소통 비교

앞 절에서 소통과 언어에 대한 기본적 개념을 소개하였다. 이제 동물의 소통과 인간의 언어를 비교함으로써 이 주제에 대한 이해를 좀 더 심화할 것이다.

꿀벌의 춤

근처의 식량원을 발견한 후 집으로 돌아온 꿀벌이 벌통 앞이나 속에서 '춤'을 추기 시작한다. 원형 춤(round dance)이라 불리는 이 춤은 방향에 대한 정보가 없고, 다른 벌들에게 자극을 줄 뿐이다. 다른 벌들은 춤을 추는 이 꿀벌이 식량원으로부터 가져온 냄새를 찾아 벌통 주변을 비행하도록 자극을 받는다(그림 1-1).

벌이 좀 더 멀리 떨어진 식량원으로부터 돌아올 경우에는 원형 춤 대신에 소위 몸을 떠는 8자 춤(schwanzeltanz 또는 waggle dance)을 춘다(그림 1-2). 날개로는 마치 바닥을 박박 긁는 듯한 소리를 내며 짧은 거리를 직선으로 달리면서 배를 흔드는 것이다. 동시에 타원 방향으로 몸을 돌려 마치 숫자 8과 같은 모양을 만든다. 이러한 춤 동작은 벌통의 다른 벌들에게 식량을 찾기 위해 어디로 날아가야 하는지를 알려준다. 카를 폰 프리슈(Karl von Frisch)는 꿀벌의 춤을 처음으로 해독하였다.[3] 그는 이미 1940년대에 꿀벌들이 위에서 설명한 것과 같은 정교한 춤을 통해 꿀이 있는 방

그림 1-1 꿀벌의 원형 춤

그림에서 맨 위에 있는 탐색벌이 원을 그리며 움직인다. 빠른 걸음으로 바닥을 두드리면 세 마리의 일벌들이 이를 따라 한다. 일벌들은 벌통에서 가까운 곳에 꿀이 있음을 알게 된다. 다른 종류의 벌들은 다양한 거리에 있는 벌꿀을 알리기 위해 이러한 춤을 추기도 한다. 대개 꿀벌이 알리는 거리는 85m 정도를 넘지 않는다.

source : *The Dance Language and Orientation of Bees* by Karl von Frisch, translated by Leigh E. Chadwick, Cambridge, Mass.: The Belknap Press of Harvard University Press, Copyright ⓒ 1967, 1993 by the President and Fellows of Harvard College, p. 29. Reprinted by permission of the publisher.

3) Karl von Frisch, "Tanze der Biegen," *Osterr. Zod.Z.*, 1, (1946) 1-48. 좀 더 최근 논문으로는 K. von Frisch, "Decoding the Language of the Bee," *Science* 185 (1974), 663-668을 보라.

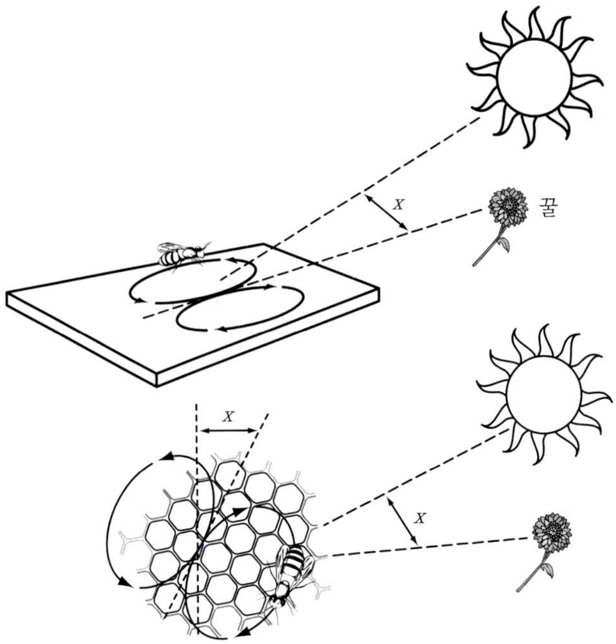

그림 1-2 꿀벌의 8자 춤

source : John Alcock, *Animal Behavior* (Sunderland, Massachusetts: Sinauer Associates, 1975), 420. Copyright ⓒ 1975 by Sinauer Associates, Inc. Reprinted by permission.

페로몬(pheromone) 곤충의 한 개체가 분비하여 멀리 떨어진 다른 개체의 행동에 영향을 주는 화학 분비물이다.

잉여성(redundancy) 동일한 메시지(나 메시지의 일부)가 복수의 방식으로 코드화되고 메시지 수신자에게 동시에 전달되는 경우 잉여성이 있다고 말한다.

향, 거리, 꿀의 품질 등을 동료 벌들에게 전달할 수 있다는 사실을 알아냈다. 학자들은 또 벌들이 자기들만이 가지는 독특한 **페로몬**(pheromone)을 만들어 이것을 찾아낸 꿀에 남김으로써 다른 벌들이 그 위치를 추적하기 쉽게 한다는 사실도 밝혀냈다. 페로몬은 한 개체에 의해 분비되어 멀리 떨어져 있는 다른 개체로 하여금 행동을 변화하게 하는 화학물질이다. 탐색벌은 춤을 통해 꿀의 발견을 알리는 것 외에도, 꿀의 향을 가지고 돌아와 이 향을 통해 다른 벌들이 꿀을 찾아내도록 한다. 따라서 식량원이 어디 있는가를 알려 주는 지침자는 몇 가지가 있는데, 즉 꿀벌의 '춤', 페로몬, 꿀의 향기 등이다. 다시 말해, 꿀에 대한 벌의 소통에는 일종의 **잉여성**(redundancy)이 있는 셈이다. 해당 정보에 대한 다중의 채널(통로)이 있거나 동일한 정보를 지시하는 동일한 소통채널에 대해 여러 개의 메시지가 있는 경우에 이러한 잉여성 조건이 존재한다. 잉여성은 메시지의 수신자에게 해당 메시지를 효과적으로 전달하는 것을 도와준다. 즉 소통의 특정한 채널에, 또는 동일한 채널에 주어진 반복 메시지에 방해물이나 '소음'이 있을 경우라도, 여러 채널 중 적어도 하나는 수신자에게 메시지를 전달할 수 있기 때문이다. 만약 페로몬의 메시지를 불분명하게 하거나 가져온 꿀 냄새를 맡을 수 없게 하는 다른 향이 있다 하더라도, 벌들은 탐색벌의 춤을 근거로 해서 꿀의 위치를 찾아낼 수 있다.

반대로 탐색벌의 춤추는 모습이 다른 방해물에 의해 막히거나 중단된다 하더라도, 다른 벌들은 냄새를 통해 꿀의 위치를 찾아낼 수 있을 것이다. 언어를 포함한 인간의 소통방식에도 이러한 잉여성이 있는데, 이 점에 대해서는 나중에 논의한다.

최근에는 이런 시나리오의 타당성에 대해 회의적인 시각이 대두되었다.[4] 일부 연구들에 의하면 꿀벌의 춤이 수행하는 주요 기능은 단순히 주변의 꿀벌들이 밖으로 나가서 꿀을 찾아보도록 하는 것뿐이라고 한다. 앞에서 언급한 정보들이 꿀벌의 춤에 포함되어 있다 하더라도, 대부분의 꿀벌은 탐색벌의 춤에서 암시된 방향을 따르거나 냄새를 사용하는 것이 아니라, 사실은 그들이 전에 갔던 곳에서 꿀을 찾도록 자극을 받는다는 것이다. 그럼에도 불구하고 꿀벌의 춤이 곤충과 같은 동물에서도 그들의 소통 과정이 얼마나 정교한가를 보여 주는 것은 사실이다.

벌들은 행위를 학습하는가?

꿀벌은 고립된 채 길러졌다 하더라도, 어떤 벌통에 가게 되면 거기서 자란 다른 벌들이 하는 것과 똑같은 춤을 출 수 있다. 물론 다른 벌들만큼 정교하게 춤을 추지는 못할 것이다. 어린 벌이 태양의 움직임을 정확하게 이용하기 위해서는 적어도 몇 시간 정도의 연습 비행이 필요하며, 다른 벌의 춤에 정확하게 반응하기 위해서는 다른 벌들을 따라 춤추는 연습을 해야 한다. 그러므로 꿀벌의 춤은 전반적으로는 생득적이지만, 정교함은 학습에 의해 얻어진다고 할 수 있다.

벌들은 춤을 춘다. 새들도 춤을 추는데, 특히 짝짓기를 할 때 그러하다. 다음 절에서 다루게 될 내용은 새들의 춤보다는 그들의 노래와 독특한 소리내기이다.

새의 소리내기

새들에게는 주변의 곳곳에 위험이 도사리고 있다. 잠재적 포식자가 접근하면 새의 주요 대응은 경고음을 내는 것이다. 예를 들어, 지빠귀는 자신의 둥우리 근처에서 위험을 감지하면 '툭' 하는 소리를 낸다. 지빠귀의 '짆' 하는 소리는 위험이 한층 더 심각하다는 사실을 알려 준다. 새는 종류에 따라 적게는 세 가지부터 많게는 삼십여 가지의 소리를 낸다. 가장 자주 내는 소리는 대개 잠재적 또는 실제의 위험을 알리는 소리이다. 새가 경고음을 낼 때 포식자는 가장 강력한 무기인 기습공격의 기회를 놓치고 만다.

새들의 갑작스러운 소리는 경고를 알리는 데만 사용되지 않는다. 어떤 새의 새끼

---

4) Christoph Grüter, M. Sol Blbuena, and Walter M. Farina, "Informational Conflicts Created by the Waggle Dance," *Proceedings of the Royal Society of London-Series B: Biological Sciences* 275 (June 7, 2008), 1321-1327.

는 심지어 알 속에 있을 때부터 다른 새끼들에게 소리를 전달한다. 말하자면 알 속에 있으면서도 다른 알 속에 있는 새끼들과 서로 소통을 한다고 할 수 있다. 이러한 소통은 틀림없이 그들이 부화할 시간을 맞추기 위한 것일 것이다.

이뿐만 아니라 새들은 공중에서 서로 모이기 위해, 짝짓기를 하기 위해, 적을 호도하기 위해, 간청을 하기 위해, 또는 배고픔·아픔·버려짐을 알리기 위해, 휴식의 필요성을 알리기 위해, 보금자리가 있음을 알리기 위해서도 사용한다.

음성분석기(sound spectrograph) 음을 분석하여 음의 지속시간, 주파수(특정한 시간 내에 발생하는 주파수), 크기(시끄러운 정도) 등을 시각적으로 기록하는 데 사용하는 장치이다.

음성분석기(sound spectrograph)라 불리는 도구의 발전은 동물이나 인간의 음성 연구를 혁신적으로 개선하였다. 음성분석기는 음성의 모양을 제공하므로 이 그래픽 자료를 통해, 음성녹음기를 통해 하던 전통적인 분석보다 훨씬 더 상세하고 정확한 분석을 할 수 있게 되었다. 그림 1-3은 다섯 종류의 새들이 만들어 내는 비행-경고음을 음성분석기로 나타낸 것이다. 이 경고음들은 모두 길고 끝으로 갈수록 가늘어지는 특징이 있는데, 모양이 유사한 것은 경고음을 낸 새의 위치를 정확하게 적시하기가 어렵기 때문에 당연한 일이다.

새의 경고소리는 새가 내는 두 종류의 소리 중 하나이며, 다른 하나는 노랫소리이다. 자연계 대부분의 다른 것과 마찬가지로, 이 두 가지 소리를 구분하는 것도 명료하지는 않다.

경고소리(calls) 다양한 메시지를 전달하는 데 사용되는 비교적 짧은 음성신호로서, 조류 외에도 여러 동물 종이 경고소리에 반응한다.

노래(song) 새들이 짝을 찾기 위해 사용하는 좀 더 길고 복잡한 소리를 말하며, 노래는 종 특정적이다.

일반적으로 새의 **경고소리**(calls)는 짧으며 몇 마디로 이루어진다. 이에 비해 새의 **노래**(song)는 그림 1-4에 나타낸 것처럼 좀 더 복잡하다. 경고소리와 노래는 서로 다른 기능이 있다. 수컷은 기본적으로 노래를 이용하여 암컷을 유인하며, 자신의 관할권이라고 생각하는 특정한 영역을 다른 새들에게 경고하기도 한다. 여러 종류의 새가 사용하는 경고소리는 종종 서로 유사하지만, 노랫소리는 그렇지 않다. 이것은 당연하다. 경고소리는 다른 새들에게 위험을 알려 준다. 그렇게 함으로써 종에 상관없이 모든 잠재적 희생자가 도움을 받을 수 있게 된다. 그러나 새는 자기 종 안에서 짝을 찾고 자신만의 지배 영역을 가져야 하므로, 새의 노랫소리는 특정 종의 새에게서만 발견되는 종 특정적이고 어느 정도는 개체 특정적이기까지 하다. 경고소리와 노래의 또 다른 차이점은 어떻게 습득하는가와 관련 있다. 예외가 없는 것은 아니지만, 경고소리는 완전히 생득적 또는 본원적인 것 같다. 반면에, 노래를 습득하는 것은 유전적·학습적·환경적 요인 사이의 복잡한 관련성을 보여 준다.

새의 노래의 유전과 학습

격리된 채 길러진 새는 자연 상태에서 길러진 새와 똑같은 노래를 하지는 않는다. 벌의 춤추기와 마찬가지로 이러한 사실은 새가 노래의 세세한 부분을 주어진 환경에서

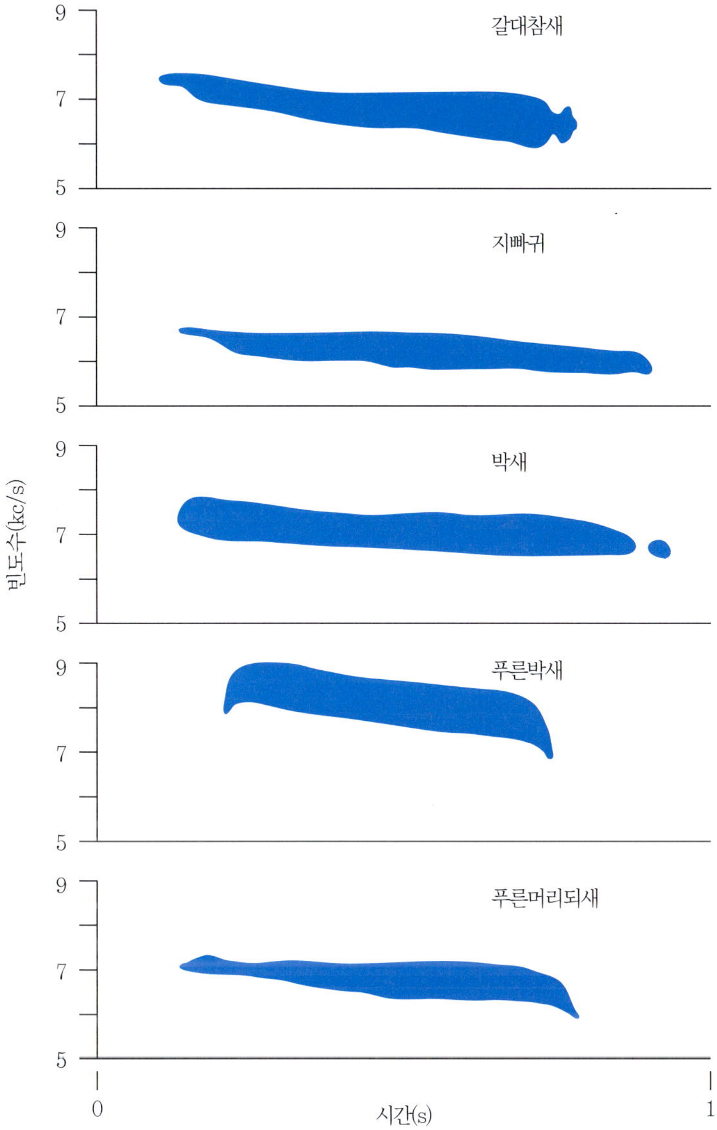

그림 1-3 새들의 위험 경고 비행 모습 다섯 가지 유형(새가 날아갈 때)

source : W.H. Thorpe, "Bird Songs: The Biology of Vocal Communication and Expression in Birds," *Monographs in Experimental Biology* 12 (Cambridge University, 1961)의 그림을 간략화한 것이다.

습득한다는 사실을 암시한다. 미국흰벼슬종달새에 대한 고전적인 실험에 의하면, 선천적 요인인 유전과 후천적 요인인 학습 사이에는 이러한 연계성이 있다. 격리된 채 길러진 종달새는 정상적인 노래를 하지 않는다. 노래를 하기는 하지만, 그 노랫소리는 더 단순하고 정상적인 노래의 특성을 가지고 있지 않으므로, 정상적인 노랫소리를 내기 위해서는 자기 종의 다른 새들에게 노출되어야 한다. 이때 노출은 적어도 부화한 지 50일 이내에 이루어져야 한다. 격리된 채 길러진 새가 정상적인 노래와 유사한 노래를 할 수 있다는 사실은 그 노래의 전반적인 특질이 생득적이라는 사실을 암시한

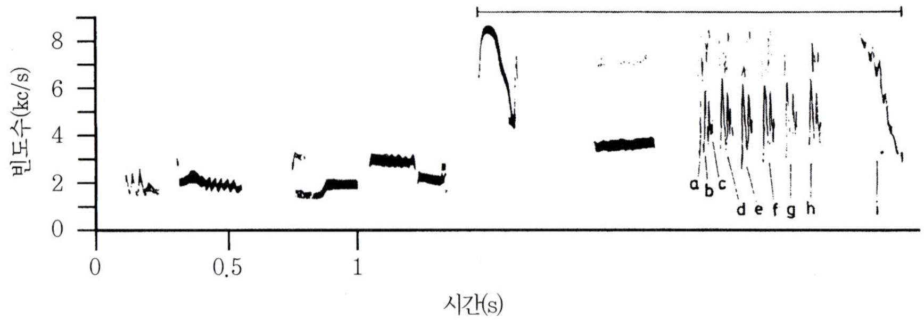

그림 1-4 지빠귀 노래의 음성 분석

source : From *Vogelstimmen,* by Gerhard Thielcke. Germany: Springer, 1970. Reprinted by permission.

다. 새가 자신의 종에서만 특정적으로 나타나는 노래만을 하기 때문에, 자신의 노래를 추적하고 발성할 수 있는 능력 역시 생득적임에 틀림없다. 물론 해당 노래의 세세한 측면들은 후천적으로 학습되어야 한다.

새는 노래를 할 수 있을 만큼 나이가 들기 오래전에 먼저 노랫소리를 들어야 한다. 새가 자신의 종만이 할 수 있는 특수한 노래를 듣기는 했지만 아직 스스로 노래를 할 수 있기 전에 귀머거리가 된다면, 그 새는 정상적인 노래를 할 수 없게 된다. 다시 말해, 새는 실제로 자신이 노래를 발성할 때의 연습과 그 노래에 대한 기억을 일치시켜야 한다. 새가 다 자란 후에 귀머거리가 되어도 노래에는 아무런 영향을 주지 않는다.

꿀벌, 새, 인간

개방성(openness) 새로운 단어, 어구, 또는 다른 의미단위를 주어진 언어에 추가할 수 있는 능력을 말한다.

꿀벌, 새 또는 어떤 다른 동물의 소통 체계와 비교할 때, 인간의 언어는 그 광범위한 영역 때문에 매우 독특하다. 인간은 마음대로 새로운 단어를 창조할 수 있는데, 새로운 어휘 항목을 창조하는 이런 능력을 **개방성**(openness)이라고 한다. 언어의 또 다른 창조적인 측면은 앞에서 논의한 생산성이다. 개방성과 생산성은 다른 동물의 소통에는 존재하지 않거나 존재한다 하더라도 극히 제한적이다. 예를 들어, 꿀벌의 8자 춤은 식량원의 거리 · 방향, 꿀의 질 등에 대한 무제한의 메시지를 전달할 수 있다. 그러나 꿀벌의 춤은 그 이상의 생산적 소통은 불가능하다. 꿀벌은 자신이 처한 환경의 다른 특성들에 대해 어떠한 생산적 소통도 할 수 없다. 새의 노래와 경고소리도 오로지 제한된 방법으로 제한된 수의 사건들에 대해서만 소통할 수 있다. 이에 비해 인간은 무한히 많은 관점에서 무한히 많은 사건에 대해 소통할 수 있으며, 언어에 의해 생성될 수 있는 메시지의 수는 거의 무제한적이다.

분절적 신호(discrete signal) 다른 신호와 뒤섞이지 않는 신호를 말한다.

새와 포유류는 다수의 분절적 신호들을 만들어 내는데, 이 신호의 수는 대개 30개 이하이다. 여기서 **분절적 신호**(discrete signal)란 다른 신호들과 뒤섞이지 않는 하나

하나의 신호를 말하며, 신호 하나하나가 서로 구분되고 비연속적이다. 인간은 이러한 분절적 신호를 무제한적으로 만들어 내고, 이들을 결합하여 문장을 만든다. 한 언어의 개별 단어들은 분절적이어서 서로에 대해 독립적이며, 이 단어들을 결합하여 무한 수의 문장을 형성할 수 있다. 이에 비해 새는 많은 경고음을 만들 수 있지만, 이 경고음들을 배열하여 '문장'을 만들지는 못한다. 그러나 인간은 "The big cat is sitting on a fence."와 같은 문장을 만들 수 있고, 이 문장을 다시 분해하여 거기에 사용된 단어들을 이용하여 전혀 다른 결합체, 즉 문장을 만들 수도 있다. 예를 들어, 이 문장 대신에 "The big bird is sitting on a fence."라고 하는 새로운 문장을 만들 수도 있다. 앵무새는 비록 말하는 것을 배웠다 하더라도 자신이 배운 단어들을 창조적으로 재결합하여 문장을 만들 수는 없다. 예를 들어, 앵무새는 "Hello, my name is Bill."과 같은 문장을 말할 수는 있다. 그러나 앵무새가 이 문장에 쓰인 단어들을 모두 개별적으로 또는 다른 문장을 통해서 배웠다 하더라도, 주인에게 스스로 인사를 하면서 "Hello. How are you, George?"라고 말할 수는 없고, 다만 이 문장을 완벽하게 그대로 배워야만 사용할 수 있다. 인간이 아닌 영장류에게 분절적 소리들을 여러 가지 방식으로 결합하여 여러 가지 의미를 나타낼 수 있는 제한된 범위의 능력이 있음을 암시하는 사례들이 있기는 하다.[5] 그러나 인간만이 분절적 단어들을 이 같이 생산적인 방식으로 사용하여 소통할 수 있는 것이다.

단어나 문장과 같은 언어형식은 그것의 의미와 **자의적**(arbitrary) 관계가 있다. 예를 들어, fire란 단어는 구어이든 문어이든 또는 수화의 형태이든 상관없이, 불이라는 개념과는 직접적인 관련이 없다. 바로 이런 이유 때문에 여러 언어는 이 개념을 나타내기 위해 서로 다른 언어 형태, 즉 단어를 사용하는 것이다. 꿀벌의 춤과 새의 경고를 구성하는 다양한 요소도 자의적인가? 식량원의 방향을 나타내는 꿀벌의 춤을 구성하는 요소는 그것이 지시하는 것과 필연적인 (또는 직접적인) 관계가 있다. 즉, 벌이 벌통 바깥의 착륙지점에서 춤을 출 때 달리는 방향은 꿀의 위치와 동일한 방향을 나타낸다. 반면에 새의 노래와 경고음은 자의적이다. 왜냐하면 특정한 경고음과 노래의 형식은 이 소리들이 나타내는 것과 직접적인 관계가 없기 때문이다.

자의적(arbitrary) 언어와 관련하여서는, 단어 등과 같은 언어의 자질들이 그것의 의미와 직접적인 관계가 없는 것을 의미한다.

벌이 식량원을 발견하거나 새가 잠재적인 포식자를 발견하면 이들은 이런 상황을 무시하지 않는다. 적어도 건강한 벌이나 새라면 이것들을 무시할 수 없다. 이들은 자신이 처한 환경 속에서 매우 특정한 사건이나 요인에 대해 매우 구체적인 방식으로

5) Karim Ouattara, Lemasson Alban, and Klaus Zuberbühler, "Campbell's Monkeys Concatenate Vocalizations into Context-specific Call Sequences," *Proceedings of the National Academy of Sciences* 106 (December 9, 2009), 22026-22031.

자극결속적(stimulus-bound) 특정한 환경적 촉발의 결과로 발생하는 행위이다.

대응하도록 유전적으로 프로그램화되어 있다. 다시 말해, 동물은 전반적으로 **자극결속적**(stimulus-bound), 즉 자극에 의해 행동이 결정된다고 할 수 있다. 불이 나거나 포식자가 접근하거나 하는 등의 특정한 자극이 생기면 동물은 예측할 수 있는 특정한 행태를 보인다. 불이나 포식자는 위험을 나타내기 때문이다.

인간의 언어적 메시지는 거의 언제나 외부 자극에 의해 직접적이 아니라 내부적 개념에 의해 통제된다. 예를 들어, 오스트레일리아 원주민이 한 명 있다고 하자. 그는 굼벵이를 보고는 "참 맛있는 간식거리네."라고 친구에게 말한다. 그런데 똑같은 굼벵이를 보고 뉴욕의 맨해튼에 사는 사람은 "아이, 구역질 나."라고 말할지 모른다. 어떤 경우든 환경이 이러한 소통을 시작하게 한 원인이지만, 소통 행위가 자극 자체에 의해 결정된 것은 아니다. 이들이 벌레에 대해 보인 반응은 학습에 의해 얻어진 태도이고, 특정한 문화나 개인에 대해 상대적이다. 인간의 소통은 대부분 자극결속적이지 않다.

꿀벌이나 새는 대부분 일정한 직접적 자극의 영향 아래서만 소통을 시작한다. 그러나 그들은 그러한 자극이 없는 경우에도 소통을 계속할 수 있다. 벌이 춤을 추는 것은 꿀을 발견했기 때문이다. 그러나 벌은 이 꿀로부터 멀리 떨어져 있고 꿀을 발견한 지 어느 정도의 시간이 흐른 후에도 춤을 춘다. 새는 포식자를 보기만 해도 경고음을 내고, 위험이 사라진 지 한참 후까지도 경고음을 계속 내기도 한다. 이렇게 현재의 상황이 아닌 경우, 또는 메시지의 발신자와 수신자가 바로 앞에 없는 경우에도 소통을 하는 능력을 **전치**(displacement)라고 한다. 많은 동물의 소통 체계는 어느 정도의 전치 현상을 허용하며, 동물 소통의 다른 요소들과 마찬가지로 전치 능력 역시 매우 제한적이다. 인간의 언어는 물론 그렇지 않다.

전치(displacement) 현재의 상황이 아닌 사물에 대해서, 또는 메시지의 발신자와 수신자의 바로 앞에 있지 않은 사물에 대해서 소통하는 능력을 말한다.

인간은 과거의 사건에 대해서도 또는 미래에 일어날 사건에 대해서도 소통이 가능하다. 가까운 미래에 시내에 가서 즐거운 저녁을 보낼 계획에 대해 이야기하는 것, 과거의 역사적 사건에 대한 의견을 말하는 것, 시험에서 받게 될 학점에 대한 걱정을 표현하는 것 등이 모두 전치의 예이다.

인간은 상상의 동물인 용이나 인어, 영화 〈아바타〉에서처럼 외계인의 문화에 대해 이야기하기도 하고, 심지어는 거짓말을 하기도 한다. 거짓말이나 비사실적인 것들에 대해 이야기하는 이러한 능력을 **조작**(prevarication)이라고 한다. 조작은 일반적으로 동물의 소통 체계에서는 발견되지 않는다. 예외가 있다면, 그것은 일부 동물이 포식자를 속이기 위해서 마치 죽은 체하는 경우이다. 어떤 동물은 다른 동물의 소리를 흉내 내기도 한다. 이렇게 '죽은 체'하는 것이나 다른 동물의 소리를 흉내 내는 것은 조작과 유사하다. 주요 차이점은 동물이 유전적 프로그래밍에 의해 '거짓말(조작)'을

조작(prevarication) 언어학적 의미로는, 증명할 수 없거나 경험적 증거가 없는 사물에 대해 소통하는 능력을 말한다.

표 1-1 동물과 인간의 소통 비교

소통 행위	동물의 소통	인간의 언어
방식	때로는 (새의 경고음과 같이) 분절적 신호에 의해, 때로는 (춤과 같은) 연속적 신호에 의해 수행된다. 어느 경우든 잠재적 메시지의 수는 매우 제한적이다.	분절적으로 인지되는 단위에 의해 수행된다. 이를 통해 무제한의 메시지로도 소통한다(개방성).
시간과 장소	자극의 직접적인 통제 아래서 또는 (새의 짝짓기에 사용되는 노래처럼) 1년의 특정한 시기에 수행된다. 메시지는 자극결속적이어서 새로운 상황에서는 일어나지 않는다. 제한된 정도의 전치가 있지만, 조작은 일어나지 않는다.	어떤 메시지는 시간과 장소에 구애받지 않고 발생하며, 심지어 사회적으로 부적절한 시간·장소에서도 발생한다. 메시지는 자극자유적이며 새로운 상황에서도 일어난다. 메시지는 언급된 사건으로부터 멀리 떨어진 곳에서도 만들어진다. 이러한 전치 현상은 언어에서 광범위하게 발견된다.
주체	특정한 메시지를 누가 만들어 내는가는 특정한 유전적인 결정에 의해 정해진다. 예를 들어, 수컷 새는 주로 짝짓기 노래를 시작하고, 벌은 여왕벌이 아니라 일벌이 꿀을 찾아낸다.	메시지를 누가 생산하는가는 생득적 결정에 의해서가 아니라 문화적 규약에 의해 정해진다. 성인이라면 누구나 다른 성인이 만들 수 있는 모든 메시지를 만들 수 있다. 다만 후천적 학습에 의한 사회적·문화적 제약이 잠재적 메시지가 실현되는 것을 제약할 수 있다.
동기	소통 행위는 개체나 개체가 속한 사회 집단, 종 전체의 생존 욕구를 충족하기 위해 수행된다. 이러한 욕구는 의식적으로 이해되는 것은 아니다.	소통 행위는 개체와 개체가 속한 사회적 그룹, 종 전체의 생존 욕구를 충족하기 위해 수행되며, 이런 욕구는 의식적으로 이해되는 것은 아니다. 인간은 또한 사회적·문화적 현실을 창출하기 위해 소통을 하기도 하며, 그들의 세상을 언어적으로 범주화함으로써 창조하기도 한다.

한다면, 인간은 거짓말하는 것을 조직적으로 학습한다는 것이다.

벌이나 새들은 그들의 소통 체계의 일부 요소들을 학습한다. 그러나 다시 한 번 말하지만 이러한 학습은 매우 제한적이다. 격리되어 자란 꿀벌은 알아볼 수 있는 방식으로 춤을 추고, 격리되어 자란 새도 여전히 해당 종에만 특정적으로 나타나는 방식으로 노래를 부를 수 있다. 그러나 이 두 동물은 각각 춤이나 노래를 세련된 방식으로 수행하지는 못한다. 반면에, 사람은 태어나서부터 완전히 격리되어 양육되면 언어를 배우지 못하며, 또한 학대를 받거나 거의 고립된 것과 마찬가지인 상태에서 자란 아동은 매우 제한된 언어 입력만을 가지고 말하는 법을 배우거나 수화를 배운다. 이러한 사례는 인간의 언어가 유전적 특질에 의해 결정됨을 보여 준다. 그러므로 인간은 자신이 사용하게 될 언어의 규칙이나 어휘를 배워야 한다. 표 1-1은 인간과 동물의 소통을 비교하여 정리한 것이다.

통제된 환경의 침팬지와 고릴라

침팬지는 인간과 유사한 비언어적 행위 때문에 서커스, 텔레비전, 각종 엔터테인먼트에서 단골로 등장하게 되었다. 자연 상태에서도 침팬지는 사람을 만나면 고개를 숙여 인사하거나, 입을 맞추거나, 악수를 하거나, 껴안거나, 매무새를 고쳐주거나, 등을 토닥거리기도 한다. 그들은 즐겁거나 무서운 상황에서 인간과 유사한 반응을 보이기도 한다. 그들의 비언어적 행위가 가끔 인간의 비언어적 행위와 유사하게 보이기는 하지만, 그들의 발성은 인간의 발성과 유사하지 않다. 야생의 침팬지는 다른 포유류나 새들과 마찬가지로 경고음을 내는데, 그들의 경고음 체계는 다른 동물과 마찬가지로 인간의 언어보다 더 다양하지도 않고 언어의 특질을 보여 주지도 않는다. 보통 침팬지라 불리는 팬 트로글로다이트(*Pan troglodytes*)는 침팬지의 일종으로 34개의 경고음을 낼 수 있다. 침팬지의 소리가 다른 동물들과 전혀 다를 바 없이 인간의 소통 체계와 유사하지 않다는 사실은, 인간과 유인원의 진화론적 유사성에 비추어 볼 때 다소 기대 밖이다. 이러한 친근성으로 인해 일부 학자는 유인원이 인간과 같은 환경에 놓이면 언어를 배울 수 있지 않을까 하는 가설을 내놓기도 한다.

일찍이 1913년에 침팬지를 인간의 가정에서 키우고 언어를 가르치려는 시도가 있었지만 이는 실패로 끝났다. 유일한 성공이란 약 30년 후에 비키라는 이름의 침팬지가 네 단어, 즉 mama, papa, cup, up 등을 말할 수 있게 되었을 때로 미루어졌다. 그러나 이 소리들은 너무 부정확하게 발음되어서 비키가 발음한 단어들이 정말로 이 단어인지에 대해 학자들은 회의적이었다.

침팬지의 언어 능력은 극소수의 '가능한' 단어들을 만들어 내는 것으로 한정되는가? 언어는 정신적 과정이고, 발화는 언어의 전달 체계 중 하나일 뿐이다. 그렇다면 침팬지의 두뇌는 그것이 말하는 능력에 의해 측정될 수 있는 것보다 더 많은 언어원리를 이해하고 있는 것일까? 비키와 다른 침팬지들은 몸짓을 통해 다른 침팬지들이 자신의 요구를 이해하도록 하는 능력을 보여 주었다. 야생 상태의 침팬지들은 소리뿐만 아니라 몸짓과 몸의 자세를 통해 소통을 수행한다. 아마도 유인원의 감추어진 정신의 잠재 능력을 드러낼 수 있는 체계적인 몸짓을 이용하는 것이야말로 침팬지의 정신적·언어적 능력을 측정하는 가장 효과적인 방법일 것이다.

이러한 전제를 바탕으로 하여 일련의 실험들이 1966년에 시작되었다. 이러한 연구는 매우 흥미로운 문제를 제기했고, 학계에 아주 흥미로운 가설을 제기했다. 이 실험에 동원된 유인원들은 청각장애인이 사용하는 몸짓언어를 사용하여 '대화를 하도록' 훈련받았다고 한다(제9장의 글상자 9-2 참조).

이 유인원-언어실험에 대한 뉴스가 일반에도 알려지자 극단적으로 상반된 두 가지 반응이 나왔다. 유인원은 비록 아주 초보적인 수준이긴 하지만, 인간의 언어를 구사할 능력이 있다고 경험을 들어 주장하는 사람들도 있었다. 반대로 인간에게만 언어 능력이 있으며, 이러한 능력의 잠재력은 인간이 유인원으로부터 분리되어 나온 후 수백만 년에 걸쳐 소위 **인간**(hominin) 진화를 거쳐 생겨났다고 주장하는 사람들도 있었다. 유인원이 아무리 언어 비슷한 것을 구사한다 하더라도 그것은 언어가 아니었다는 것이다. 유인원-언어연구에 대한 회의론은 1979년부터 시작하여 1980년대에 광범위하게 자리를 잡았다. 다음 절에서 유인원의 언어 능력을 주장한 사람들이 수행한 초기연구를 살펴보고, 이 연구에 대한 반론을 제시한 후, 새로운 유인원-언어연구에 대해 논의할 것이다.

인간(hominin) 현재 인류 및 약 6백만 년 전까지 거슬러 올라가는 현생 인류의 조상을 가리킨다.

와쇼

아프리카 태생의 11개월 된 침팬지 한 마리가 1966년 6월에 네바다 주의 리노에 도착했다. 그 침팬지의 이름은 와쇼(Washoe)였다. 네바다대학교의 심리학자인 알렌 가드너(Allen Gardner)와 베아트리스 가드너(Beatrice Gardner) 교수는 침팬지의 언어 능력이 일련의 몸짓으로 표현될 수 있을 것이라는 가설을 세웠다. 이들 부부는 와쇼의 언어 능력을 밝혀내기 위한 통로로 미국 수화(American Sign Language : ASL, AMESLAN)를 선택했다. ASL은 손을 이용한 신호 체계이다. 약 50만 명의 미국 청각장애인이나 비청각장애인이 이 언어를 사용하며, 이로 인해 ASL은 미국에서 영어, 에스파냐어, 이탈리아어 다음으로 가장 자주 사용되는 언어가 되었다. 와쇼는 영어 단어를 하나도 들을 수 없었다. 연구자들은 오직 ASL과 침팬지가 내는 것과 비슷한 소리만을 이용하여 와쇼와 소통하였다. 1975년에 와쇼는 160개의 신호를 배웠다. 연구자들에 따르면 와쇼는 160개의 신호를 매우 정확하게 사용하여 사물을 묘사하거나 질문을 하거나 답하고, 지시사항을 따랐으며 매우 다양한 소통 행위를 수행했다. 그러나 개별적 신호의 사용보다 더 중요한 것은 각 신호를 함께 모아서 가드너 교수가 문장이라고 불렀던 연쇄 형태를 구성하는 능력이었다.

가드너 교수 부부와 함께 연구에 참여했던 로저 파우츠(Roger Fouts)는 와쇼를 오클라호마에 있는 영장류연구센터로 데려갔다. 거기서 파우츠는 다른 침팬지들에게도 ASL을 가르칠 수 있었다. 이로써 그는 와쇼만이 특출난 능력을 가진 것이 아님을 보여 주었다.

또한 파우츠는 와쇼가 신호를 사용하는 것이 초보적인 통사지식을 보여 준다고 믿었다. 그러나 와쇼는 어휘가 (훈련을 받기 시작한 지 약 11개월이 되었을 때) 약

12개 정도밖에 되지 않았을 때 놀라운 일을 하기 시작하였다. 와쇼는 가르치지도 않았는데 신호들을 결합하기 시작한 것이다. 와쇼는 가드너 부부가 일련의 신호를 사용하는 것을 관찰하였고, 아직 와쇼에게 이것을 가르치려는 시도를 하기 전이었는데, 와쇼가 스스로 신호들을 결합하여 'gimme sweet' 또는 'come open'과 같은 문장들을 만들어 내기 시작한 것이다. 와쇼는 사용할 신호들을 자기가 좋아하는 특정한 순서로 배열하기 시작했는데, 예를 들어 'me'를 의미하는 신호를 'you'를 의미하는 신호보다 언제나 앞세우는 것이었다.

와쇼가 영장류연구센터에 보내졌을 때 특히 흥미를 끌었던 질문은 이런 것이었다. "와쇼는 자기가 가진 지식을 자식들에게도 전수할 수 있을까?" 이 질문에 답할 기회가 두 번 있었다. 한 번은 1976년이었고, 또 한 번은 1979년이었는데 그때 와쇼는 엄마가 된 것이다. 그러나 불행하게도 와쇼가 낳은 새끼 침팬지는 죽고 말았다. 그리고 1979년에 와쇼는 룰리스(Loulis)라 불리는 열 달 된 침팬지를 '입양'했다. 룰리스는 그 전에 인간에 의해 단지 7개의 ASL신호를 배웠었다. 1980년에 파우츠와 이 침팬지들은 센트럴워싱턴대학교로 옮겼으며,[6] 여기서 와쇼와 룰리스는 신호를 사용하는 다른 침팬지들과 함께 머물게 되었다. 이 대학교에서는 침팬지들끼리의 신호를 이용한 상호작용뿐만 아니라, 다른 연구 주제들도 계속해서 연구하였다. 1987년에 룰리스는 50여 개의 신호를 알게 되었는데, 파우츠 교수는 신호의 대부분이 와쇼와 그 연구에 참여하는 세 마리의 다른 침팬지들과의 접촉을 통해 이들로부터 직접 학습된 것이라고 주장하였다.

많은 침팬지가 그들의 조련사가 ASL이라고 부르는 신호언어를 훈련받았다. 다른 침팬지들은 자석판에 단어를 나타내는 플라스틱 원반을 놓거나 컴퓨터 키보드를 눌러서 메시지를 전하는 훈련을 받았다.

칸지

1980년대에 칸지(Kanzi)란 이름을 가진 어린 보노보에 대한 논문들이 나오기 시작했다(보노보는 학명이 *Pan paniscus*로, 한때는 피그미 침팬지로 알려진 일종의 난쟁이 침팬지이다). 칸지는 컴퓨터 키보드를 사용할 수 있도록 훈련받은 유인원들과 함께 자랐다. 유인원 중 한 마리가 칸지를 입양한 어미 마타타(Matata)였다. 칸지는 이 기술을 배우지 않았지만, 마타타가 훈련을 받는 것을 관찰할 수 있었다. 키보드에는 무작위적인 기호들이 있었고, 각 기호는 한 단어를 나타냈다. 미국 조지아 주의 여키스지

6) http://www.cwu.edu/~cwuchci 참조

방영장류센터에서 칸지가 자발적으로 컴퓨터를 사용하기 시작하고, 어미에게 자기를 따라오도록 '부탁'하자 사람들은 놀라움을 금치 못했다. 칸지는 구어도 이해하고 구어를 이용한 일부 명령에도 정확하게 반응하는 것처럼 보였다.

칸지의 연구에 참여했던 심리언어학자인 수 새비지-럼보(Sue Savage-Rumbaugh)는 그가 단순하지만 문법을 이해하고 있다고 주장한다. 예를 들어, 마타타가 어떤 행동을 고집하면, 칸지는 동사를 두 번째 자리에 놓음으로써 'Matata bite'와 같은 문장을 만들어 사건을 묘사하였다. 그러나 마타타가 수동적으로 어떤 일을 당할 경우에 칸지는 동사를 첫 번째 자리에 놓았는데, 예를 들어 'grabbed Matata'와 같은 문장을 만들었다. 이 문장은 물론 누군가가 마타타를 붙잡았다는 의미였다. 칸지는 'Go to the office and bring back the red ball'과 같은 명령문을 듣고 2세 정도 된 아동이 하는 것과 비슷한 방식으로 올바르게 반응할 수 있는 것처럼 보인다.[7] 칸지가 기본적으로는 단순한 문법을 이해하고 있다는 결론은 다른 영장류를 이용한 최근의 실험에 의해서도 뒷받침되었다.[8] 또한 보노보도 소위 보편적 언어 특성인 순서 지키기를 이해하고 활용한다고 주장하는 학자도 있다.[9]

코코

동물 행위를 연구하는 연구자들은 고릴라가 침팬지만큼 영리하지 않다고 생각하였다. 그러나 학명이 *Gorilla gorilla*인 저지대 고릴라 코코(Koko)는 이러한 생각을 뒤흔들었다. 코코는 약간 변형된 ASL을 훈련받았고, 7세가 될 때까지 실제로 사용할 수 있는 375개의 신호를 습득했다. 심리학자인 프랜신 패터슨(Francine Patterson)에 따르면 코코는 2010년 38세가 되었을 때 1,000개의 ASL신호를 사용할 수 있었고, 구어체 영어의 2,000개에 해당하는 신호를 이해할 수 있었다고 한다.

1998년 4월에 코코는 인간을 제외하고 인터넷에서 채팅을 한 최초의 동물이 되었다. 통역자의 도움을 받아서 코코는 아메리카 온라인을 통해 사람들이 보내온 질문들에 답했다. 코코는 종종 많은 일반인에게도 알려졌다.

인간과 비슷한 소통 능력으로 인해 미디어의 취재를 많이 받은 비영장류 동물 중에는 앵무새인 알렉스도 있다. 알렉스에 대한 내용은 글상자 1-2에 있다.

---

7) William H. Calvin, "The Emergence of Intelligence," *Scientific American* 271(1994), 100-107 (revised in 1998).
8) Fitch and Hauser, 377-380. Paul Raffaele, "Speaking Bonobo," *Smithsonian* 37 (November 2006).
9) Janni Peterson and William M. Fields, "Aspects of Repetition in Bonobo-Human Conversation: Creating Cohesion in a Conversation between Species," *Integrative Psychological and Behavioral Science* 43 (March 2009), 22-41.

글상자 1-2 앵무새 알렉스

알렉스(Alex)는 31세이던 2007년에 죽었다. 브랜다이스대학교와 하버드대학교의 연구자인 아이린 페퍼버그(Irene Pepperberg)는 30년 동안 알렉스의 소통 능력을 연구하였다. 알렉스는 아프리카산 회색앵무새로, 페퍼버그 박사는 알렉스가 인간의 언어를 흉내 내는 것 이상의 능력이 있다고 한다. 흉내 내기란 보거나 들은 것을 '아무런 생각 없이' 그대로 흉내 내는 것을 의미한다. 페퍼버그는 알렉스가 자신이 보거나 들은 것을 어느 정도 흉내 낸다고 주장한다. 이에 비해 모방은 자신의 행동을 다른 개체의 행동과 일치시키는 것과 같이 흉내 내기에 포함되지 않는 인지 과정이 개입된다. 페퍼버그에 따르면, 알렉스는 자신이 배운 어휘들을 결합하여 새로운 어휘를 만들기도 하고, 인간과는 다소 다른 방식으로 어휘들을 발음한다. 예를 들어, 앵무새는 입술이 없으므로 알렉스 역시 두 입술을 이용하여 발음하는 언어음인 'b, p, m' 등의 음을 발음할 수 없다. 그 결과 알렉스는 자신이 발음할 수 없는 음들을 다른 음으로 대치했다.[10] 이런 경우의 음들을 진정한 의미의 모방이라고 할 수는 없을 것이다.

페퍼버그는 알렉스가 생각하는 능력도 있다고 생각하였다. 여기서 말하는 생각하는 능력이란 계산된 선택을 할 줄 알고 이성적 판단을 내리기도 한다는 것을 의미한다. 예를 들어, 알렉스에게 옥수수의 색깔을 맞혀 보라고 하면, 그는 여섯 가지의 다른 색깔 이름을 알고 있었지만 '노란색'이라고 대답했다. 페퍼버그에 의하면, 알렉스는 100개의 사물을 구분할 수 있었고, 사물을 6개까지 셀 수 있었으며, 몇 가지 모양도 구분할 수 있었다. 페퍼버그는 또 알렉스가 어떤 사물이 다른 것에 비해 더 크거나 작은지 또는 같은 크기인지를 알아내는 것과 같은 인지 능력이 있다고 말한다. 물론 페퍼버그는 알렉스의 발화를 언어라고 부르지는 않지만, 알렉스가 인간에게서는 언어에 의해 이루어지는 인지 작업을 수행할 수 있다고 주장한다.[11]

2004년에 연구자들은 새와 인간에게서 공통으로 발견되는 특정한 유전자가 발성 과정에서 독특한 역할을 한다는 사실을 밝혔는데, 이것이 알렉스의 말하는 기술과 직접적인 관련이 있는지는 확실하지 않다. 인간은 유전학자들이 FoxP2라 부르는 유전자에 돌연변이가 일어나면 발화장애가 발생한다. 이런 경우 운동 기능은 별 차이가 없지만, 복잡한 문장을 이해하는 능력이 저하되고 단어를 정확하게 발음하지 못하며, 단어를 조합하여 문장을 만들지 못하기도 한다. 과학자들은 또 앵무새처럼 말하는 새들이 다른 노래를 부르기 시작하기 전에 이 유전자가 '켜져' 있음을 알아냈다. 과학자들은 이러한 사실을 바탕으로 하여 이 유전자가 새들로 하여금 그들이 듣는 소리를 모방하도록 하는 유연성을 습득할 수 있게 해 준다고 가정한다.

source : Sebastian Haesler, *et al.*, "FoxP2 Expression in Avian Vocal and Non-Vocal Learner," *Journal of Neuroscience* 24 (March 31, 2004), 3164-3175.

10) Irene M. Pepperberg, "Grey Parrots Do Not Always 'Parrot': The Roles of Imitation and Phonological Awareness in the Creation of New Labels from Existing Vocalizations," *Language Sciences* 29 (January 2007), 1-13.

11) Dinitia Smith, "A Thinking Bird, or Just Another Birdbrain?" The New York Times (October 9, 1999).

유인원-언어연구에 대한 회의론

유인원의 언어 학습 능력에 대한 회의론자 중 한 사람은 놈 촘스키(Noam Chomsky)이다. 앞으로 여러 장에서 우리는 언어학자 촘스키의 견해를 더 많이 접하게 될 것이다. 촘스키가 유인원-언어연구를 직접 한 적은 없지만, 이렇게 말한 적이 있다. "유인원에게 언어 능력이 있을 가능성은, 마치 날 수 없는 새들이 있어서 인간이 그 새들에게 나는 방법을 가르쳐 주기를 기다리는 섬이 존재할 가능성만큼이나 가망 없는 일이다."[12] 인지심리학자인 스티븐 핀커(Steven Pinker)는 촘스키의 이러한 주장에 동의하면서 "(유인원이 언어 능력이 있다는 주장은) 마치 동물들을 훈련시켜서 모든 놀라운 일을 다 시킬 수 있다고 주장하는 것과 같다."라고 말한다.[13] 최근에 촘스키는 글상자 1-3에서 보듯이 인간언어의 유일성에 대한 자신의 생각을 다소 완화하였다. 그러나 언어가 인간에게만 독특하게 존재한다는 것은 아직도 뜨거운 논란의 대상이다.

1973년 심리학자 허버트 테라스(Herbert S. Terrace)는 또 다른 유인원-언어연구 프로젝트에 정보를 추가하였다. 이 연구는 촘스키의 최초 주장을 반박하기 위해 고안된 것이었다. 테라스는 심지어 놈 촘스키의 이름을 장난스럽게 이용해서 자신의 침팬지에게 님 침스키라는 이름을 붙이기까지 했다(그림 1-5 참조). 그러나 님 침스키와 연구를 시작한 지 44개월이 지나자, 테라스는 언어가 인간에게만 독특하게 존재한다는 촘스키의 첫 번째 생각을 가장 강력하게 지지하는 사람으로 바뀌고 말았다. 그 이유를 살펴보자.

어떤 소통 체계가 언어로 불리기 위해서는 어휘와 문법이 있어야 한다. 테라스는 침팬지가 문법을 배우거나 이용할 능력이 있는지를 확신할 수 없었다. 그는 단어 연쇄에서 침팬지가 개별적으로 동일한 보상을 제공하는 한두 가지 행위를 보여 줄 뿐임을 지적한다. 예를 들어, 와쇼가 'more drink'라는 시퀀스를 사용한다 해도 이러한 시퀀스는 more가 drink의 수식어라는 침팬지의 지식을 드러내는 것이 아니라는 것이 그의 생각이다. 오히려 이 침팬지는 조건화를 통해서 more나 drink 중의 한 단어를 사용하면 음식, 껴안아 주기, 두드려 주기와 같은 호의적인 보상을 받을 수 있다는 사실을 배웠을 뿐이다. 다시 말해, 신호의 결합은 보상의 가능성을 더 높여 줄 뿐이지 그것이 문법적 지식을 암시하는 것은 아니다. 테라스의 주장이 옳다면, 유인원은 인간이 받아들이는 것과 동일하게 ASL이나 그것을 컴퓨터화한 것을 유의미한 체계로 받아들이는 것은 아니다. 이러한 설명들이 모두 맞는다면, 침팬지에게 어휘와 문법이 없다는

12) "Are Those Apes Really Talking?," *Time* (March 10, 1980), 50, 57.
13) George Johnson, "Chimp Talk Debate: Is It Really Language?" *The New York Times* (June 6, 1995), Section C, 1.

글상자 1-3 광의의 언어 능력과 협의의 언어 능력

최근의 논문에서 생물학자인 마르크 하우저(Marc Hauser)와 테쿰세 피치(W. Tecumseh Fitch), 그리고 언어학자인 놈 촘스키는 현재의 증거들을 볼 때 앵무새 알렉스와 같은 새와 유인원을 포함한 동물들이 인간의 언어 능력의 중요한 일부 특성들을 공유할지도 모른다고 지적한다. 그들은 동물과 인간의 동일한 이 특성을 넓은 의미의 언어 능력(FLB)이라고 부른다. FLB는 우리가 주변의 세계와 상호작용할 수 있게 해 주는 운동 및 신경 체계와 잠재적으로 소통을 가능하게 해 주는 소리와 움직임을 만들어 주는 신체 및 신경 체계를 포함한다. 일부 동물은 개념-의도 체계를 가지고 있어서 이를 통해 세상에 대한 지식을 저장하고 또 그러한 지식을 바탕으로 의도를 형성하며, 그러한 의도를 바탕으로 행동한다. 예를 들어, 야생의 침팬지는 먹이를 구하기 위해 도구를 만들기도 한다. 어떤 동물은 매우 복잡한 내비게이션 체계를 갖추고 있고, 또 다른 동물은 거울 속에 비친 자신의 모습을 인식하기도 하며 물건의 색깔·모양·수에 따라 다르게 반응하기도 한다. 일부 학자들은 침팬지가 다른 동료의 행위로부터 그들이 무슨 생각을 하고 있는지를 추론할 수 있다고까지 간주한다.

놈 촘스키의 언어이론은 언어를 인지과학적 연산 체계라고 본다. 인간의 정신은 소리나 단어와 같은 유한수의 항목을 이용하여 그것들을 문법이라 부르는 프로그램에 따라 재배열함으로써 무한수의 메시지를 전달할 수 있다. 이 프로그램의 일부 요소는 보편적이고 생득적이며, 또 어떤 요소는 학습된다. 이런 점에서 하우저, 촘스키, 피치 등은 인간언어에만 독특하게 나타나는 특성이 있다는 데 같은 견해를 보인다. 언어에만 독특하게 나타나는 이 특성을 그들은 좁은 의미의 언어 능력(FLN)이라고 부른다. FLN의 주요 특성은 **회귀성**(recursion)이다. 회귀성은 언어적 단위가 또 다른 단위를 그 안에 내포함으로써 더 긴 언어적 단위를 형성하는 과정을 말한다. 예를 들어, "I am going to the store."란 문장은 "My wife and I are going to the store." 또는 "My wife, children, and I are going to the store."처럼 점점 더 긴 문장으로 말할 수 있다. 사실, 첫 번째 문장을 더 길게 만드는 것도 가능하다. 또 이와는 달리 문장의 끝에 단어를 덧붙여 문장을 더 길게 만들 수도 있다. 예를 들어, "My wife, children, and I are going to the store and then we are going to a movie."라고 할 수도 있다. 언어의 회귀성은 인간으로 하여금 그들의 생각을 무한수의 문장을 써서 비교·분석·결합할 수 있게 해 준다. 하우저, 촘스키, 피치에게는 언어의 회귀성이 바로 언어를 인간에게만 독특한 것으로 만들어 주는 주요 특질인 셈이다.[14] 그러나 이러한 주장조차도 최근에는 의구심의 대상이 되었다. 언어학자인 댄 에버렛(Dan Everett)은 브라질 북서부의 열대림에 사는 부족인 피라하인의 언어에서는 회귀성이라는 특성이 나타나지 않는다고 한다. 이러한 결론이 논란의 여지는 있지만, 만일 사실이라면 보편적 문법원리라는 개념 역시 의심스러울 수밖에 없다. 2009년 6월호 「Language」는 이 중요한 주제에 대한 논쟁을 담고 있다.[15] 이 주제에 대해서는 제7장에서 다시 다룬다.

회귀성(recursion) 언어단위 내부에 또 다른 언어단위를 내포함으로써 그것을 더 길게 만드는 현상을 말한다.

사실 자체가, 적어도 초기의 유인원-언어연구에서 나타난 결과를 토대로 볼 때 언어 능력의 결여를 뜻한다.

14) Marc D. Hauser, Noam Chomsky, and W. Tecumseh Fitch, "The Faculty of Language: What Is It, Who Has It, and How Did It Evolve?," *Science* 298 (November 22, 2002), 1569-1579.

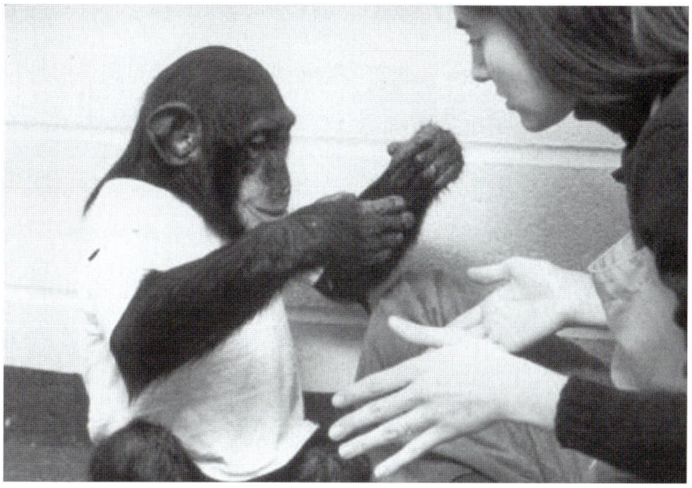

그림 1-5 Box라는 단어의 신호를 하는 님 침스키

테라스는 또 다른 반박논리를 제시하였다. 그는 유인원 연구자들이 피실험자인 유인원에게 올바른 대답을 암시하는 미세한 무의식적 힌트를 제공한다고 지적하고, 연구를 통해 그 점을 밝혀냈다. 테라스는 님 침스키와 소통을 하는 연구 조교들의 모습을 녹화한 비디오테이프를 분석함으로써, 이런 미세한 힌트를 발견하였다. 예를 들어, 한 조교가 손에 고양이를 들고 있으면서 침스키에게 대답을 하도록 하면 침스키는 'me hug cat.'이라고 신호를 보낸다. 처음에는 이 연쇄가 하나의 문장처럼 보인다. 그러나 비디오테이프를 하나하나 검토해 보고, 침스키가 'me'라는 신호를 보낼 때 연구자가 'you'라고 신호를 하고, 침팬지가 'cat'이란 신호를 보낼 때 연구자가 'who'라는 신호를 보내는 것이 밝혀졌다. 침스키는 이전에 연습을 통해 'who'라는 신호에 대해 'cat'이라고 답하도록 훈련을 받았었다. 그렇다면 님 침스키는 연구자가 보내는 신호에 대해 단순히 기계적으로 대응하도록 조건화된 것인가? 이 침팬지가 조건화된 방식으로 대응한 것이라면, 침팬지가 만들어 낸 발화는 인간이 사용하는 의미에서의 문장이 아니다. 이 침팬지는 다만 보상을 얻을 수 있는 일련의 신호들을 만들어 내도록 자기도 모르는 사이에 조건화되었을 수도 있는 것이다. 어쩌면 중요한 것은 개별 신호들의 의미가 아니라 일련의 신호들을 산출할 수 있는 행위 자체일 수도 있다. 사실 심리학자 스키너(B. F. Skinner, 1904~1990)는 유인원이 하는 것과 똑같은 과제를 비둘기에게도 가르칠 수 있다고 말했었다.

테라스는 '말하는' 유인원에 대한 다른 연구의 필름 기록들도 조사하여 동일한

15) Andrew Nevins, David Pesetsky, and Cilene Rodrigues, "Pirahã Exceptionality: A Reassessment," *Language* 85 (June 2009), 355-404. Daniel L. Everett, "Pirahã Culture and Grammar: A Response to Some Criticism," *Language* 85 (June 2009), 405-442.

클레버 한스 효과(Clever Hans effect) 동물이나 인간의 행동이 종종 다른 동물이나 인간의 매우 미묘하고 비의도적인 힌트에 의해 영향을 받을 수 있다는 사실에 붙여진 이름이다. 실험에서는 이러한 힌트들이 실험의 결과가 어떠해야 한다는 연구자의 기대치를 드러낼 수도 있다.

힌트 주기가 행해졌음을 발견했다. 토마스 시복(Thomas Sebeok)과 도나 진 우미커-시복(Donna Jean Umiker-Sebeok)은 훨씬 더 섬세한 힌트 주기의 사례에 대해 논의하고 있다. 그들은 유인원-언어연구에서 소위 **클레버 한스 효과**(Clever Hans effect)가 작동하고 있다고 생각한다. 클레버 한스는 수학 문제에 대한 답을 찾아내어 발로 도장을 찍거나 후프를 이용하여 언어문제를 해결하는 것과 같은 놀라운 장기를 보여주도록 훈련받은 말이다. 이 말은 사실은 조련사나 구경꾼들이 제시하는 의도되지 않은 힌트에 반응한 것뿐이다. 시복 박사에 따르면 침팬지들도 연구자의 표정, 호흡 유형, 동공의 움직임 등에 조건적으로 반응을 보였을 수도 있다고 생각한다.

테라스는 유인원-언어연구에 대해 다음과 같은 비판을 추가하였다.

1. 침스키의 발화는 시간이 지나도 길이가 늘어나지 않았다.
2. 침스키의 발화 중 88%는 연구자의 발화를 따라 한 것이다.
3. 침스키의 대답은 대부분 자발적이지 않았다.
4. 침스키의 대답은 대부분 인간 발화의 모방이었다.
5. 침스키는 '대화'에 새로운 정보를 거의 덧붙이지 않았다.
6. 침스키는 대화의 주고받기라는 개념을 가지고 있지 않았다.

따라서 테라스에게 침스키와 다른 유인원들이 한 행동은 인간의 언어와 유사하지 않았다. 이러한 결론은 시복 부부의 결론과 더불어 유인원-언어연구의 선구자들이 격분하게 하였다. 가드너 교수 부부는 테라스의 비판을 '비열한 속임수'이고 '왜곡'이라고 규정했으며, 그들은 심지어 그를 고소하는 문제까지 고려했다.[16] 가드너 교수 부부와 다른 학자들은 테라스의 님 침스키 프로젝트를 '보잘것없고' '과도한 단순화'라고 깎아내렸다.[17] 패터슨은 테라스가 '비교의 목적으로 고릴라 코코에 대한 정보를 사용한 것은 매우 선택적이고, 어떤 경우에는 부정확할 뿐 아니라 사실을 호도하는 것'이었다고 말했다.[18] 테라스가 주장하기를 유인원은 어린 아동이 언어를 배우는 것과 똑같은 방법으로 ASL이나 다른 수단을 이용하여 소통하는 방법을 배우지 않는다고 한다. 그러나 많은 사람은 어린 아동이 어떻게 언어를 배우는가 하는 문제에 대한 테라스의 이해를 비판해 왔다. 인간의 언어습득에 대한 정확한 체제는 아직 알려지지 않았다. 예를 들어, 클레버 한스 효과는 어린 아동의 언어습득에서 중요한 역할을 하는지도 모른다. 그렇다면 클레버 한스 효과가 유인원에게서도 발견된다는 사실 자체

16) "Are Those Apes Really Talking?" *Time* (March 10, 1980), 50, 57.
17) Joel Greenberg, "Ape Talk: More Than 'Pigeon English'?," *Science News* 117 (May 10, 1980), 298.
18) Francine G. Patterson, "Ape Language," *Science* 211 (January 2, 1981), 86-87.

가 유인원이 인간언어를 산출할 수 있다는 결론을 뒤집는 타당한 비판은 될 수 없을 것이다. 사실 인간의 소통에서 비언어적 힌트는 매우 중요하다. 어떤 경우에는 발화 그 자체보다도 더 중요한 역할을 담당한다. 유인원의 언어습득 능력을 올바르게 평가하기 위해서 우리는 인간의 어린 아동이 언어를 습득하는 과정에 대해 지금보다 훨씬 더 많이 알아야 한다. 그런 다음에야 우리는 유인원과 인간의 언어습득을 올바르게 비교할 수 있을 것이다.

유인원-언어연구에 대해 적지 않은 비판이 (글상자 1-2에서 논의한) 앵무스 알렉스의 발화를 인간언어와 동일시하는 사람들에게 가해졌다. 예를 들어, 허버트 테라스는 알렉스의 반응이 정신내적 사고 과정이 거의 필요하지 않은 조건화된 반응이라고 생각한다. 알렉스는 즉각적인 외부 자극에만 반응을 보인다. 인간도 그런 식으로 반응하긴 하지만, 인간은 마음속에만 존재하는 자극에 대해서도 반응을 보인다. 이러한 전치 현상이 알렉스에게는 보이지 않는다.

수 새비지-럼보와 같은 유인원-언어연구의 찬성론자들은 이런 비판이 데카르트식의 이중적 접근을 수용한 결과라고 반박한다.[19] 17세기의 철학자, 수학자, 과학자인 르네 데카르트(René Descartes, 1596~1650)는 인간만이 정신과 언어를 가지고 있다고 생각했다. 정신과 언어로 인해 인간은 모든 동물의 세계에서 독특한 존재가 될 수 있었다는 것이 그의 생각이다. 새비지-럼보는 이러한 이중적 접근은 인위적이라고 반박한다. 즉, 인간과 유인원은 너무나 밀접하게 관련되어 있기 때문에, 유인원이 언어 잠재성의 기본적인 요소조차 인간과 공유하지 못할 것이라고 가정할 이유가 없다는 것이다.

새비지-럼보의 주장은 오해의 소지가 있다. 침팬지와 보노보는 (다른 유인원보다도) 유전적으로 인간과 가장 가까운 사촌이다. 인간과 유인원은 약 500만 년 전부터 800만 년 전 사이에 공통의 조상에서 갈라졌다는 것이 정설이다. 언어 유형의 소통을 위한 인간의 능력은 약 260만 년 전까지도 거슬러 올라가지 못한다는 강력한 증거들이 있다. 이러한 증거는 물론 간접적이다. 인간의 조상은 약 260만 년 전에 석기 도구를 만들기 시작했다. 이 시점부터 시작해서 우리는 화석과 다른 고고학적 기록을 통해 기술적 복잡성이 증가하고 거기에 따라 인간 두뇌의 크기가 커졌음을 볼 수 있다. 약 200만 년 전이 되자 **호모 하빌리스**(Homo habilis)라 불리는 인류에게서 두뇌의 **브로카 영역**(Broca's area)과 유사한 모양을 보여 주는 두개골의 모습이 생겼다. 두뇌와 더불어, 소화기관과 호흡기관의 일부에 의해 말하는 행위가 가능해졌다. 소화기관과 호

브로카 영역(Broca's area) 후두, 입술, 혀 및 소화와 호흡기관을 관장하는 두뇌 영역으로, 언어 산출과 관련되는 구강과 얼굴의 섬세한 움직임과 관련이 있다.

19) Robert Seyfarth, "Apes, Language, and the Human Mind," *Nature* 395 (September 3, 1998), 29-30.

흡기관의 많은 부분이 2~3백만 년 동안 말하는 능력을 용이하게 하는 방향으로 진화해 왔다. 브로카 영역은 후두, 입술, 혀 및 기타 소화와 호흡기관을 관장하는데, 이는 언어 산출에 있어서 구강 및 얼굴의 섬세한 움직임과 관련 있다. 현대 유인원은 복잡한 도구 제작, 두뇌 크기의 증가, 두뇌의 언어 영역의 주요 발달 등에 수반되지 않는 전혀 다른 진화 과정을 거친 결과이다.[20] 이 말은 유인원과 인간의 공통 조상이 가진 어떤 능력이 언어 능력의 진화와 아무런 관련성이 없다는 뜻이 아니다. 이러한 특질 중 일부와 돌연변이로 생긴 FoxP2 유전자(글상자 1-2 참조)가 인간에게서는 언어를 진화시키는 촉매제로 작용하고, 유인원에게서는 비언어적 몸짓 능력으로 진화하는 촉매제 역할을 했을지 모른다.

베르니케 영역(Wernicke's area) 언어의 이해와 어휘 항목의 선택과 관련된 두뇌 영역이다.

브로카 실어증(Broca's aphasia) 두뇌의 브로카 영역에 손상을 입어서 생긴 증상으로, 발화 산출에 문제가 있고 일부 문법적 이해력을 상실하는 특성이 있다.

베르니케 실어증(Wernicke's aphasia) 베르니케 영역이 손상되어 생긴 증상으로, 어휘 실수와 무의미한 단어 사용이 특징이다.

인간에게서는 두뇌의 각 반구가 서로 다른 기능을 위해 특화되어 있다. 언어는 전적으로 좌반구만의 기능은 아니지만, 언어 능력과 관련된 두뇌의 주요 영역은 왼쪽에 있다. 브로카 영역과 **베르니케 영역**(Wernicke's area)은 바로 좌반구에 있다. 브로카 영역은 주로 발화 산출과 관련된다. 따라서 두뇌의 이 부분이 손상되면 소위 **브로카 실어증**(Broca's aphasia)을 겪게 되는데, 이런 환자는 발화 산출에 문제가 생기고 일부 문법적 이해력을 상실하는 특성이 있다. 베르니케 영역은 발화의 이해와 어휘의 선택을 관장하는 부분이다. 따라서 베르니케 영역이 손상된 환자는 소위 **베르니케 실어증**(Wernicke's aphasia)을 겪게 되는데, 이 실어증 환자에게서는 어휘 실수와 무의미한 단어의 사용이라는 특징이 나타난다. 실어증 환자의 발화는 일반적으로 의미나 통사를 이해할 수 없는 특성이 있다.

침팬지, 보노보, 고릴라 등은 인간 두뇌의 브로카 영역에 해당하는 부분에서 특정한 발달 현상을 보인다.[21] 침팬지는 인간 두뇌의 베르니케 영역에 해당하는 부분이 발달하였으며,[22] 유인원은 인간과 마찬가지로 우반구보다 좌반구가 더 크다. 이러한 증거는 언어 능력을 위한 신경학적 단계가 인간이 석기를 만들기 시작한 훨씬 이전부터 잘 발달되었다는 것을 나타낸다. 그러나 현대 유인원의 브로카 영역과 베르니케 영역이 일부 발달했다는 사실이 곧 이들이 언어 능력을 가지고 있다는 것을 의미하지는 않는다. 클라우디오 칸탈루포(Claudio Cantalupo)와 윌리엄 홉킨스(William D. Hopkins) 박사는 유인원의 뇌에서 특히 이 영역이 발달한 것은 '발화에 수반되는 다양한 몸짓의 산출'과 관련되는 것이 아닌가 하는 견해를 보인다.[23]

20) Stanley H. Ambrose, "Paleolithic Technology and Human Evolution," *Science* 291 (March 2, 2001), 1748.
21) Claudio Cantalupo and William D. Hopkins, "Asymmetric Broca's Area in Great Apes," *Nature* 414, (November 29, 2001), 1038.
22) Patrick J. Gannon, Ralph L. Holloway, and Allen R. Braun, "Asymmetry of Chimpanzee Planum Temporale: Humanlike Pattern of Wernicke's Brain Language Area Homolog," *Science* 279, (January 9, 1998), 220-222.

두뇌 영상 기술을 이용한 최근의 두뇌연구 성과에 따르면 두뇌의 많은 부분은 언어 능력과 관련 있다고 한다. 즉, 걸음걸이와 같은 신체의 움직임을 관장하는 영역도 언어 능력과 관련 있다. 필립 리버먼(Philip Lieberman)은 인간의 조상이 네 발 보행에서 두 발 보행으로 진화하면서 함께 발달한 두뇌의 영역이 언어에서 매우 중요한 역할을 했을 것이라고 주장한다. 다시 말해, 두 발로 걷는 데 필요한 운동신경 능력과 복잡한 언어 능력이 함께 진화했을 것이다.[24] 더 나아가서 일부 학자는 손과 얼굴의 제스처를 언어의 선구로 보기도 한다.[25]

마음이론

인간의 의사소통과 동물의 소통 사이의 또 다른 차이점은 마음이론 또는 정신이론의 개념과 관련된 것이다. **마음이론**(theory of mind)이란 다른 사람의 마음 상태를 설명하거나 예측할 수 있는 능력을 말한다. 인간은 말을 하기 전부터 아마도 자신의 마음 속에 있는 생각들을 공유하고 싶어 하는 욕망을 가지고 있는 것 같다. 확실히 5세 아동은 자신의 말을 들어주는 부모나 다른 사람에게 자신이 원하는 것이나 흥미를 느끼는 것에 대해 말하고 싶어 한다. 아동은 사람들의 감정 상태에 대해 예측하기도 하고, 또 다른 사람들에게 그들이 말하는 것을 듣거나 목소리, 표정과 같은 여러 가지 비언어적 행동을 근거로 그들이 행복한지 슬픈지를 물어보기도 한다. 마찬가지로 성인도 언제나 다른 사람들이 그들에 대해 어떻게 생각하는가 하는 것을 포함해서, 그들이 생각하거나 알고 있는 것에 대해 여러 가지 가정을 하기도 한다. 이런 점들은 공개적으로 표현되는 것은 아니지만, 독백과 같은 것으로 존재한다. 사실 오래전에 사회학자들과 심리학자들은 다른 사람들이 자신을 어떻게 생각하는가 하는 인식에 따라 자신의 행동을 바꾸기도 하고 반응하면서 인격을 형성한다고 지적하였다. 사회학자인 찰스 호튼 쿨리(Charles Horton Cooley, 1864~1929)는 이러한 현상을 **거울 자아**(looking glass self)라고 부른다. 거울 자아는 타인이 자신에 대해 가지고 있다고 생각하는 인식과 자신에 대한 타인의 행동 반응을 해석함으로써 자아에 대한 개념을 형성하는 인간 특성을 말한다. 마음이론은 이런 문제를 다룬다.

마음이론(theory of mind) 다른 사람의 심적 상태의 특성을 파악하고 예측할 수 있는 능력을 말한다.

거울 자아(looking glass self) 타인이 자신에 대해 가지고 있다고 생각하는 인식과 자신에 대한 타인의 행동 반응을 해석함으로써 자아 개념을 만들어가는 인간 특성을 말한다.

일부 이론에 의하면 동물은 (자신의 주인에 대해) 공감적이고 사랑스러운 행동을 보여 주고, 인간 이외의 여러 동물이 다른 종의 동물이나 (앞에서 살펴본 것과 같이 보노보가 인간과 소위 말하기 순서를 지키는 것과 같이) 인간과 함께하는 활동을 수

23) Cantalupo and Hopkins, op.cit.

24) Philip Lieberman, "On the Nature and Evolution of the Neural Bases of Human Language," *Yearbook of Physical Anthropology* 45 (2002), 36-62.

25) Constance Holden, "The Origin of Speech," *Science* 303, (February 27, 2004), 1316-1319.

행할 수 있다는 것을 보여 주지만, 동물들에게 그러한 행동과 활동을 야기하는 것이 무엇인지는 분명하지 않다. 그러한 행동은 태생적인 행동인지 아니면 조건화된 행동인지가 분명하지 않다. 그러나 인간은 타인과 소통할 경우에 끊임없이, 때로는 매우 의식적으로 자신이 말하는 것이나 타인에게 행하는 행위, 그리고 그러한 행동의 결과가 어떻게 될 것인가를 끊임없이 계산한다. 이런 계산과 예측은 주로 특정 문화권에서 특정 사회에 속하는 개인의 사회화 과정을 기반으로 한다. 그리고 이 경우의 특정 문화권은 문화적으로 볼 때 서로 상대적인 가치를 근거로 형성된다. 이러한 관계를 극적으로 드러내는 사례는 정치가의 연설에서 흔히 볼 수 있다. 정치가는 모든 단어와 모든 구절을 자신의 잠재적 청중에게 끼칠 영향을 고려하여 평가한다. 예를 들어, 언제나 정확하게는 아니지만 다른 사람들의 생각을 알아차리는 능력은 인간의 인지 능력과 소통 능력의 주요 특성이다. 이러한 능력은 인간이 아닌 다른 동물에게는 거의 없다. 그러나 인간 이외의 영장류에게서 마음이론이라 불리는 능력이 과연 존재하는지를 연구하는 것은 매우 어렵다.

섣부른 판단

판단은 아직 이르다. 진정한 언어 능력이 부분적 두 발 걷기로의 진화의 결과라면 (유인원은 지상에 있을 때는 네 발로 걷는다.), 언어는 인간과 유인원이 공통의 조상으로부터 분리된 후 오랜 시간에 걸쳐 진화하는 동안 인간에게만 독특하게 나타난 현상일지 모른다. 그러나 와쇼, 코코, 칸지 등의 유인원이 어느 정도의 언어 능력이나 언어 수행을 보여 주었다면, 언어는 인간만의 배타적 영역으로 간주될 만한 질적인 근거가 없어진 셈이다. 결국 언어에 대한 양극단의 지지자들이 모두 틀렸을지도 모른다. 최근 연구는 특정 새들과 인간 이외의 다른 영장류가 최소한의 문법 규칙을 배울 수 있다는 사실을 암시하는 것 같다.[26)]

언어는 단순히 전부 아니면 전무식의 어떤 현상이 아닐 수도 있다. 반대로 언어는 여러 측면이 있는 현상일 수도 있다. 언어를 '예' 아니면 '아니요'란 단답식 현상으로 간주할 필요가 없을지도 모른다. 유인원의 소통 능력은 특히 통제 상황에서의 벌이나 새의 소통 능력과 비교해 볼 때 인간의 언어 능력과 비슷한 수준에 이르는 것으로 보인다. 현대 유인원과 현대 인간이 공통의 조상에서 나왔기 때문에 이런 현상은 당연히 예측된다. 인간에게서는 언어 능력으로 진화한 공통 조상의 능력이, 야생의

---

26) Bruce Bower, "Message Songs: Wild Gibbons Warble with a Simple Syntax," *Science* News 171 (January 6, 2007), 5; Susan Milius, "Grammars for the Birds: Human-Only Language Rule? Tell Starlings," *Science News* 169 (April, 26, 2006), 26; and Michael Hopkins, "Shouting Monkeys Snow Surprising Eloquence," *Nature* (May 15, 2006).

유인원에게서는 유연하고 매우 독창적인 비언어적 소통 능력으로 발달했을 수도 있다. 이런 능력은 사육된 유인원에게 언어의 특정한 측면을 배울 수 있는 능력을 제공했는지도 모른다(글상자 1-3 참조). (인간과 동물의 소통을 관찰하고 비교하기 위한 조사연구 연습문제로는 연습문제 2와 부록 3을 참조)

요약

모든 동물은 그들 종의 다른 구성원에게 정보를 전달하고, 종종 다른 종의 구성원에게까지 정보를 전달하기도 한다. 동물의 소통은 극도로 정교할 수 있다. 그러나 동물과 인간의 소통을 비교하면서 가장 놀랍게 생각하는 것은 인간 소통의 범위이다. 벌이나 새의 소통도 매우 복잡하지만, 체계는 매우 제한적이다. 이 체계는 벌이나 새가 만들 수 있는 메시지의 수와 종류로 한정된다. 이에 비해 인간의 언어는 개방적이다. 인간의 언어는 사건의 수만큼 제한된 범위의 얼마 안 되는 경고음과 노래로 제한되지 않는다.

동물의 소통은 대부분 자극결속적이다. 즉, 어떤 자극에 노출되었을 경우에만 신호가 전달된다. 그러나 인간의 언어는 자극자유적이다. 즉, 세상에 대한 정신적 범주에 대해서도 반응한다. 인간의 소통을 제한하는 유일한 요인은 정신 능력이다. 비록 외부적 환경이 이런 정신적 범주화를 위한 기반이 될 수도 있지만, 인간 각각은 자신의 문화적 가치와 지식을 근거로 하여 자신의 현실을 만든다. 미국흰벼슬종달새는 기본적으로 단 한 가지 방식으로만 행동하는데, 모두 동일한 자극에 대해 동일한 반응을 보이도록 유전적으로 프로그램화되었기 때문이다. 그러나 인간은 수십만 가지의 행동 양식이 있는데, 일반적으로 인간은 특정한 자극에 대해 매우 특정한 방식으로 반응하도록 유전적으로 프로그램화되어 있지 않다.

동물계에서 우리의 가장 가까운 친척인 유인원은 언어를 배울 수 있을까? 일부 연구자는 유인원이 언어를 배울 수 있으며, 와쇼, 코코 등의 유인원이 지금까지 언어를 배웠고 그들의 언어 능력을 구현하기 위해 구강음이 아닌 다양한 다른 체계를 사용했다고 확신한다. 다른 학자들은 이런 주장을 반박하면서 결론이 정당화될 수 없다고 주장한다. 이들은 유인원-언어연구자들의 연구 계획과 결론이 타당하지 않다고 생각한다. 이 회의론자들은 유인원이 외관상 언어처럼 보이는 행동을 하지만, 이 행동이 아무리 복잡해도 조건화된 반응일 뿐이며 실제로는 언어가 아니라고 결론 내린다. 어쩌면 많은 연구자가 매우 중요한 핵심을 놓치고 있는지도 모른다. 언어는 전부 아니면 전무인 것이 아니기 때문이다. 유인원이 인간 소통 체계의 모든 특성을 배우고 사용하기를 기대한다는 것은 분명 무리이다. 또한 인간과 생물학적으로 유사한 동물의 소통 능력이 인간인 우리와 완전히 다르다고 가정하는 것도 똑같이 비합리적일 것이다.

더 읽을거리

단행본

Bonvillain, Nancy, *Language, Culture, and Communication: The Meaning of Messages,* 5th ed., Upper Saddle River, NJ: Prentice Hall, 2008. 이 책은 인류언어학에 대한 훌륭한 입문서이다.

Burling, Robbins, *The Talking Ape: How Language Evolved,* New York: Oxford University Press, 2007. 인류학자이자 언어학자인 벌링은 언어의 본질과 그것의 진화 방식에 대해 기술하고 있다.

Chomsky, Noam, *On Language,* New York: The New Press, 1998. 이 책은 촘스키의 고전적 저서인 『Language and Responsibility』와 『Reflections on Language』를 포함한다. 촘스키는 현재 MIT 대학의 언어학자로, 20세기 들어 어떤 다른 학자보다도 더 본질적으로 언어학자 및 다른 과학자들이 언어를 보는 방식을 바꾸어 놓았다.

Lieberman, Philip, "On the Nature and Evolution of the Neural Bases of Human Language," *Yearbook of Physical Anthropology* 45 (2002), 36-62. 이 논문은 언어의 진화에 대한 최근의 연구 성과를 요약한 뛰어난 논문이다.

Pinker, S., *Words and Rules: The Ingredients of Language,* New York: Basic Books, 1999. 스티븐 핑커는 MIT의 인지과학자로, 주로 아동의 언어습득을 연구한다. 그는 인간의 소통에 대한 몇 권의 인기 저서를 저술하였다.

Shanker, Stuart and B. King, "The Emergence of a New Paradigm in Ape Language Research," in *Behavior and the Brain,* London: Cambridge University Press, 2002. 이 논문은 웹 사이트 http://cogprints.org/906/0/New_Paradigm.htm에서 구할 수 있다.

참고할 웹 사이트

온라인 국제언어학자공동체인 Linguist List는 'Ask a Linguist'라는 코너를 마련하여 언어에 대한 전반적인 질문에 답을 하는 서비스를 제공하고 있으며, 언어학자들이 학술적 이슈들을 토론하거나 기타 언어학적 현상들을 교환하는 포럼을 제공한다. 이 사이트는 대학원생들에게 장학금을 지급하기도 하고, 사이트의 편집자 역할도 하며, 위키피디아에 정보를 업데이트하는 등의 다양한 언어학적 프로젝트를 수행하고 있다. 이 웹 사이트에 대해 더 자세히 알아보려면 사이트에 질문을 올리거나 직접 http://linguistlist.org를 방문할 수 있다.

언어학 주제를 다룬 유용한 웹 사이트가 많다. 아래 제시한 목록의 첫 번째 웹 사이트들은 언어학 주제를 다룬 기관들이다. 이 중 많은 사이트가 다른 사이트를 링크해 두었다.

두 번째 목록의 웹 사이트들은 언어학과 인간 소통을 다룬 다양한 학문 분야에서 운영하는 인터넷 가상 도서관들이다. 여기에도 다른 다양한 중요 사이트들이 링크되어 있다. 각 단원의 끝에는 그 단원에서 다룬 주제를 위한 인터넷 사이트들을 제시할 것이다. 어떤 주제의 경우에는 본문에서 웹 사이트를 밝혀두기도 하였다.

기관

미국언어학회 : http://www.lsadc.org

미국기호학회 : http://uwf.edu/tprewitt/ssa.htm

미국인류학회 : http://www.aaanet.org

미국사회학회 : http://www.asanet.org

미국심리학회 : http://www.apa.org

미국스피치-언어-청각학회 : http://www.asha.org

WWW 가상 도서관

WWW 가상 도서관(홈 페이지) : http://vlib.org

언어학 : http://linguistlist.org/index.cfm

커뮤니케이션과 미디어 : http://vlib.org/Communication.html

심리학 : http://www.vl-site.org/psychology/index.html

사회학 : http://socserv2.mcmaster.ca/w3virtsoclib

용어와 개념의 정리 : 소통의 본질

1. 소통은 ______________________________.
2. 소통의 결과는 ______________________________.
3. 언어는 ______________________________의 한 형태이다.
4. 언어는 ______________________________와(과) ______________________________(으)로 구성된 일종의 코드이다.
5. 모든 코드는 ______________________________이(가) 있다.
6. 문법이란 다양한 유형의 언어 요소들을 결합하는 규칙이다. 음의 단위를 결합하는 데 사용되는 규칙들도 있다. 이러한 규칙을 연구하는 것을 ____________________(이)라고 한다. ____________________은(는) 단어들이 어떻게 구성되는가를 다룬다. 이 단어들이 어떻게 더 큰 단위로 결합되는가를 다루는 것을 ____________________(이)라고 부른다. 의미의 연구는 ____________________(이)라고 불린다.
7. 한 언어의 규칙 대부분은 ______________________________으로 알려져 있다.

8. 한 언어의 어휘부와 문법에 대한 화자의 내재화된 지식을 ____________________(이)라고 한다.
9. 우리가 실제로 말하는 방식을 ____________________(이)라고 한다.
10. 언어는 ____________________에 존재한다.
11. 인간이 언어적으로 소통하는 세 가지 방식은 ____________________, ____________________, ____________________이다.
12. 언어는 ____________________(이)나 ____________________에 달려있지 않다.
13. 인간의 비언어적 소통은 공간적 위치, 신체적 외양, 표정, 접촉 행위 등이 유기적으로 연결된 일종의 '춤'과 유사하게 보인다. 이러한 '춤'은 ____________________을(를) 포함한다.
14. 꿀벌은 그들의 '춤'의 어떠한 측면도 학습하지 않는다. 이 말은 (참/거짓) 이다.
15. 꿀벌은 정교한 춤을 통해 꿀의 ____________________, ____________________, ____________________을(를) 전달한다.
16. 소통의 시각적 통로 외에도 꿀벌은 꿀이 저장된 장소에 ____________________을(를) 남김으로써 ____________________ 소통의 통로를 이용한다.
17. 다중 정보채널이나 동일한 채널을 이용하여 동일한 정보에 대해 다중 메시지를 보내는 것을 __________ (이)라고 한다.
18. 새의 경고소리는 노랫소리와 비교해 볼 때 일반적으로 ______________고 ______________있다. 반면에, 새의 노래는 ____________________고, ____________________ 같은 ____________________을(를) 한다.
19. 서로 다른 종류의 새의 노래는 종종 같거나 유사하다. 이 말은 (참/거짓) 이다.
20. 언어는 그것의 ____________________이(가) 인상적이다.
21. 새로운 단어를 만드는 능력을 ____________________(이)라고 하고, 새로운 단어의 조합을 만드는 능력과 전에 한 번도 들어보지 못한 문장을 이해하는 능력을 ____________________(이)라고 한다.
22. 인간의 언어를 이용하여 생성할 수 있는 메시지의 수는 잠재적으로 ____________________하다. 이 말은 대부분의 동물 소통 체계에서는 (참/거짓) 이다.
23. 하나의 단어는 다른 단어와는 독립적이다. 그러므로 단어들은 ____________________ 단위이다.
24. 언어의 단위는 그것이 지시하는 사물과 직접적인 관계가 없다는 점에서 ____________________(이)다.
25. 전치는 ____(이)다.
26. 사실이 아니거나 허구적인 것에 대해 말하는 능력을 ____________________(이)라고 부른다.
27. 대부분의 동물 소통이 주변 환경에서 일어난 어떤 것에 의해 시작된다는 사실은 동물의 소통을 주로 ______________인 것으로 간주하게 한다. 반면에, 인간의 소통은 ____________________다.
28. 와쇼는 ____________________을(를) 사용하는 법을 배운 ____________________(이)다.
29. 코코는 ____________________이며 와쇼보다 (더 많은/적은) 신호를 배웠다.

30. 사람들은 대개 유인원은 실제로 인간의 언어 체계를 배울 수 있다고 생각한다. 이 말은 __(참/거짓)__ 이다.

31. ______________________은(는) 유인원이 실제로 언어를 배울 수 있다고 생각하지 않는 유인원-언어 연구가이다.

32. 유인원이 언어적으로 소통할 수 있다는 결론을 비판하는 사람들은 ______________________ ______________________을(를) 지적한다.

33. 대부분의 유인원-언어연구가는 그들의 비판이 부당하다고 생각한다. 이 말은 __(참/거짓)__ 이다.

34. 언어의 산출과 관련 있는 두뇌의 영역을 ______________________(이)라 하고, 언어의 이해와 관련 있는 두뇌의 영역을 ______________________(이)라 한다.

35. 일반적으로 두뇌의 __좌/우__ 반구는 주요 언어 처리 영역을 포함하고 있다.

36. 언어는 전부 아니면 전무의 현상이 아니다. 이러한 진술에 대한 진화론적 설명은 어떤 것인가?

단원 말 연습문제

1. 소통의 기능에는 어떤 것들이 있는가?

2. 모든 소통 체계는 어떤 요소들을 공통적으로 가지고 있는가?

3. 언어와 소통의 관계는 무엇인가?

4. 언어 능력과 언어 수행의 차이는 무엇인가?

5. 메시지 발신자, 수신자, 메시지, 소통의 통로(채널), 코드, 코드화, 해독 등의 용어를 설명하라. 이러한 용어들이 소통의 논의에서는 유용하지만, 소통을 단순히 메시지를 수용자에게 전달하는 선형적 과정이라고 할 수 없는 이유는 무엇인가? 인간의 소통에는 어떤 요인들이 더 관련되는가?

6. 일반적으로 '어휘부(lexicon)'와 '문법(grammar)'은 무엇을 의미하는가?

7. '언어(language)'와 '발화(speech)'는 동의어인가? 설명하여라.

8. 인간이 언어적으로 소통하는 세 가지 방법은 무엇인가?

9. 'verbal communication'의 'verbal'과 'vocal communication'의 'vocal'은 동의어인가 아닌가? 설명하여라.

10. 앵무새는 말하는 것을 배울 수 있는가? 이것을 언어라 할 수 없는 이유는 무엇인가?

11. 꿀벌의 8자 춤은 어떤 면에서 생산성을 보여 준다고 할 수 있는가? 꿀벌의 생산성은 인간언어의 생산성과 어떻게 다른가?

12. 꿀벌의 춤, 새의 소리, 인간의 언어를 비교하는 도표를 만들어라. 이러한 소통 체계들을 개방성, 생산성, 자의성, 전치, 조작, 습득 과정, 외부 자극에 대한 관계 등의 측면에서 비교하여라.

13. 새의 경고소리와 노랫소리는 어떻게 다른가?

14. 클레버 한스 효과란 무엇인가?

15. 유인원들은 언어를 배울 수 있다. 이 말은 참인가? 이 말에 찬성하는 의견과 반대하는 의견을 보여 주는 도표를 만들어라.

2

음운부 : 음성학

The Phonological Component: Phonetics

이 장에서 알아야 할 것

1. 호흡기관과 소화기관의 어떤 부분이 발성기관으로도 사용되는가?
2. 자음과 모음은 어떤 면에서 서로 구별되는가?
3. 자음은 어떻게 서로 구별하는가?
4. 모음은 어떻게 서로 구별하는가?
5. 초분절음이란 무엇인가?
6. 언어학자들은 발화음을 나타내기 위해 왜 일반 철자 대신 음성기호를 사용하는가?

수백만 년 동안의 진화를 거치면서 인간의 음성은 놀라운 도구가 되었다. 음성은 기술이 좋은 웅변가, 배우, 가수들에 의해 증명된 것처럼 우리의 감정 상태를 바꾸는 데 사용되기도 하고, 우리에게 정보를 전달하기도 하며, 설득, 속임, 위로를 위해서도 사용된다. 언어학자 벤자민 워프(Benjamin Lee Whorf)에게 언어는 '인간이 무대에 올릴 수 있는 최상의 쇼'이다.[1)] 음성학자인 데니스 프라이(Dennis Fry)는 말하는 사람이란 뜻의 호모 로퀜스(Homo loquens)가 현명한 사람이란 뜻의 호모 사피엔스(Homo sapiens)보다 현대인을 훨씬 더 잘 설명한다고 주장한다.[2)] **음성학**(phonetics)은 언어에 사용되는 소리를 연구하는 분야이다.

음성학(phonetics) 언어음을 연구하는 분야로, 언어음의 물리적 속성, 이것이 두뇌에서 인식되고 해석되는 방식, 언어음이 만들어지는 방식을 다룬다.

언어 소통의 과정은 부분적으로 언어음의 속성에 좌우된다. 언어음의 물리적 속성에 대한 이해는 최근에 엄청난 발전을 이루어서 이제는 인간에 의한 자연 발화와 거의 구별할 수 없을 정도로 정교한 전자합성음을 만들 수 있을 정도가 되었다. 이러

1) Benjamin Lee Whorf, *Language, Thought and Reality: Selected Writings of Benjamin Lee* Whorf, ed. John B. Carroll (Cambridge, MA. and New York: Technology Press and Wiley, 1956), 249.

2) Dennis Fry, *Homo loquens: Man as a Talking Animal* (Cambridge: Cambridge University Press, 1977), 1-3.

한 기술은 산업, 교육, 군사, 과학, 의학, 가정 등의 필요에 의해 (컴퓨터와 같은) 말하는 기계를 개발하는 데 사용되기도 하고, 시각장애인을 위한 보조 도구를 개발하는 데 사용되기도 한다. 소리의 물리적 속성을 연구하는 학문을 **음향음성학**(acoustic phonetics)이라고 한다.

음향음성학(acoustic phonetics) 언어음의 물리적 속성을 연구하는 분야이다.

청음음성학(auditory phonetics) 언어음이 인간의 귀에 어떻게 인지되는가, 두뇌에 의해 어떻게 해석되는가를 연구하는 분야이다.

청음음성학(auditory phonetics)은 소리가 인간의 귀에 어떻게 전달되고 뇌에 의해 어떻게 해독되는가를 연구하는 분야로, 연구는 주로 해부학과 생리학에서 얻어진 지식을 기반으로 한다. 그러나 이 책에서는 음향음성학과 청음음성학을 다루지는 않는다. 이 분야들은 이 장의 끝에 제시한 참고 서적과 웹 사이트를 통해 더 탐구할 수 있을 것이다.

조음음성학

조음음성학(articulatory phonetics) 언어음의 산출을 연구하는 분야이다.

우리가 여기서 논의하고자 하는 음성학은 소위 **조음음성학**(articulatory phonetics)으로서, 언어음의 산출을 연구하는 분야이다. 청음음성학과 달리, 조음음성학은 메시지의 수신자보다는 발신자를 대상으로 한다.

발음기관

어떤 동물은 진화를 통해 소통만을 위한 특정 기관을 가지게 되었다. 예를 들어, 영장류 중에서 몸체가 작은 아시아의 긴팔원숭이는 턱 아래에 조그만 공기주머니가 있다. 이 공기주머니는 발성을 하는 동안 커졌다가 으르렁 소리를 가장 크게 낼 때 사용된다. 마다가스카르의 영장류인 알락꼬리여우원숭이 수컷은 팔에 특수한 분비선이 있는데, 이것을 나뭇가지에 문질러서 독특한 냄새를 남김으로써 영역을 표시한다. 의사소통을 위해 사용되는 특수한 신체 구조는 이 밖에도 많이 있지만, 대부분의 동물 소통은 기본적으로 다른 활동에 사용되는 신체 구조에 의해 이루어진다. 인간은 호흡과 소화기관이 뇌의 지시에 따라 언어음을 산출하는 데 사용되며, 이 기관들은 진화 과정을 통해 언어음을 산출할 수 있도록 변화하였다.

흡입음(ingressive sound) 공기를 입 속으로 흡입하여 내는 언어음이다.

흡출음(egressive sound) 공기를 허파로부터 내 보내어 만드는 언어음이다.

조음자(articulator) 발음에 사용되는 기관이다.

언어음은 공기 흐름의 특성을 바꿈으로써 산출되는데, 언어음에 사용되는 기류는 여러 부위에서 출발하지만 일반적으로는 허파가 그 진원지이다. 허파는 풀무의 역할을 하며, 공기를 목, 코, 입으로 밀어내는 역할을 한다. 숨을 들이쉬면서도 음을 산출할 수 있지만{**흡입음**(ingressive sound)}, 모든 언어에서 대부분의 언어음은 공기를 내 보내면서 만들어진다{**흡출음**(egressive sound)}. 또한 공기는 방출되는 과정에서 호흡기관과 소화기관의 각 부분에 의해 변형되는데, 이 기관들을 발음기관 또는 **조음자**

(articulators)라고 한다.

허파에서 나온 공기는 공기 파이프인 **호흡기**(trachea)를 통해 **후두**(larynx)를 통과한다. 후두에는 두 부분으로 이루어진 강한 근육이 있는데, 주로 음식이 허파로 잘못 들어가는 것을 막아 주는 역할을 한다. 언어음과 관련해서 이 두 근육은 **성대**(vocal folds)라고 한다. 성대는 신축성이 큰 근육으로, 공기의 흐름을 조절할 수 있도록 열고 닫는 정도를 자유롭게 조정할 수 있다(그림 2-1 참조).

성대 사이의 공간은 **성문**(glottis)이라고 하는데, 근육질인 **후두개**(epiglottis)가 음식을 삼킬 때 성문을 닫는다. 그 결과 음식물은 호흡기로 들어가지 않고 식도를 통해 위로 들어간다.

후두를 통과한 공기는 **인두강**(pharyngeal cavity), **비강**(nasal cavity), **구강**(oral cavity)의 여러 기관을 지나면서 끊임없이 그 모양이 바뀐다. 그러나 허파에서 나온 기류가 가장 크게 바뀌는 것은 구강 내의 여러 기관의 동작에 의해서이다. 구강에서는 혀가 아래위로 또는 앞이나 뒤로 위치를 바꿈으로써 음의 특질을 바꿀 수 있다. 또한 이, 입술, 입천장의 뒷부분에 있는 근육 돌기인 **목젖**(uvula) 등의 위치와 조음자 상호 간의 움직임 방식에 의해 여러 가지 음이 만들어진다. 혀는 앞으로 움직여 윗니의 바로 뒤의 딱딱한 부분인 **치조돌기**(alveolar ridge), 입천장의 딱딱한 부분인 **경구개**(hard palate), 입천장의 뒷부분에 있는 부드러운 근육 부분인 **연구개**(soft palate, velum)로 이동할 수도 있다(그림 2-1 참조).

호흡기(trachea) 후두(음 상자)에서 허파까지의 관을 말한다.

후두(larynx) 음 상자 또는 아담의 사과라고도 한다. 호흡기의 맨 위쪽 부분으로, 성대를 포함하며 언어음을 산출하는 주요 기관이다.

성대(vocal folds) 신축성이 큰 한 쌍의 근육으로, 공기의 흐름을 조절할 수 있도록 다양한 넓이로 여닫을 수 있다.

성문(glottis) 성대 사이의 열린 공간이다.

후두개(epiglottis) 성문을 열고 닫는 근육막으로 음식물이 허파로 들어가는 것을 막는다.

인두강(pharyngeal cavity) 목 안의 공간, 즉 공기가 통과하는 길을 말한다.

비강(nasal cavity) 콧속의 공간을 말한다.

구강(oral cavity) 입속의 공간을 말한다.

목젖(uvula) 입천장의 뒷부분에 달린 근육 돌기이다.

치조돌기(alveolar ridge) 앞 윗니의 바로 뒷부분에 있는 딱딱한 근육 돌기이다.

경구개(hard palate) 입천장의 앞부분(치경돌기 뒷부분)에 있는 딱딱한 부분이다.

연구개(soft palate, velum) 입천장의 뒷부분에 있는 부드러운 근육 부분으로서, 움직일 수 있고 음식물을 삼키는 동안에는 음식물이 비강으로 넘어가는 것을 막아 준다.

호흡과 언어음

인간은 허파로부터 공기를 내 보내면서 대화를 계속할 수 있다. 영어의 모든 음은 흡출음으로, 허파로부터 생긴 공기에 의해 만들어지는 허파음이다. 성인은 보통 1분당 16회 정도 공기를 들이마시고 내 뿜으며, 3.75초마다 1회씩 호흡을 한다. 공기의 흡입과 흡출에 사용되는 시간은 대략 같은 비율로 나누어지므로 한 회당 1.876초가 사용된다. 이런 호흡 비율이 유지되면서 대화를 한다면, 화자는 1.875초 동안 발화를 하고, 1.875초 동안 말을 멈추게 된다. 발화음은 매우 고통스러울 정도로 느리게 될 것이다.

그러나 이런 힘든 발화음은 뇌가 호흡리듬을 조절함으로써 호흡주기의 공기를 내 보내는 시간이 확장되어 실제로는 일어나지 않는다. 이런 과정을 거쳐 숨을 쉬기 전에 '길게 말하는 것'도 가능한 것이다. 사실 말이 빠른 사람이 흥분하거나 말을 많이 하는 경우에 잠깐 말을 멈추고 긴 호흡을 하는 것을 볼 수 있는데, 이는 말을 하는 동안 뇌가 발화의 중간마다 구, 절, 문장의 종지부와 같은 문법적으로 편리한 부분에 자동으로 휴지기를 둠으로써 호흡을 조절하기 때문이다.

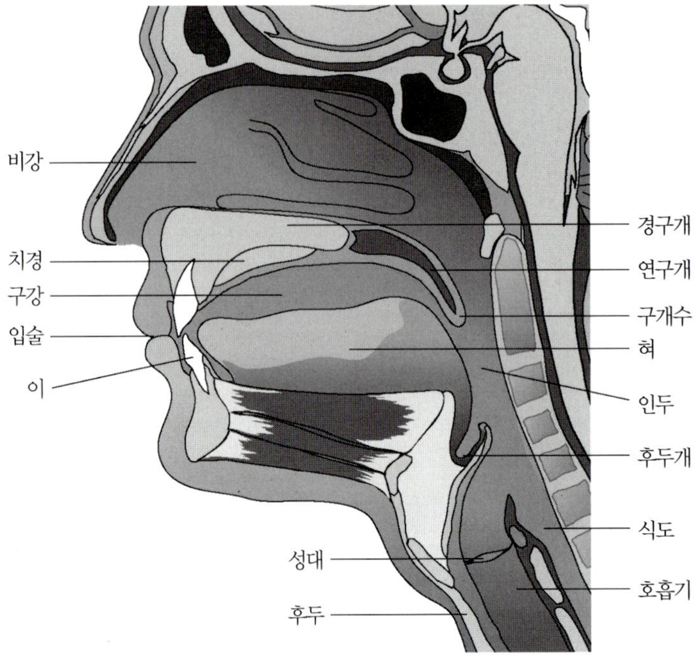

그림 2-1 발성기관

유성음과 무성음

후두는 발화음에 '생동감'을 준다. 허파에서 나온 공기가 그 자체로 언어음을 만들지는 않기 때문에, 언어음을 만들기 위해서는 공기의 흐름이 여러 가지 특질과 특성을 가지는 음파로 바뀌어야 한다. 이러한 과정은 먼저 성대의 개방 정도를 다양하게 바꿈으로써 시작되며, 성대는 끊임없이 유동적인 상태를 유지한다. 이것이 닫히면 공기의 통과 경로가 협소해져 성대가 떨리게 된다. 이렇게 해서 생기는 소리를 **유성음**(voiced sound)이라고 한다. 반대로 성대가 넓게 벌어져서 기류가 부드럽게 흘러나올 수 있게 되면 **무성음**(voiceless sound)이 만들어진다. 유성음과 무성음의 차이점은 쉽게 알 수 있다. 목젖에 손가락을 살짝 대고, 정상적인 소리로 영어의 v를 길게 내어보라. [vvvvvv]처럼 말이다. 그러면 후두에서 일정한 떨림이 느껴질 것이다. 이번에는 [ffffff]처럼 영어의 f음을 같은 방식으로 내면, 떨림을 느낄 수 없을 것이다. 따라서 [v]는 유성음이고, [f]는 무성음이다(그림 2-2 참조).

유성음(voiced sound) 성대의 진동에 의해 만들어지는 음을 말한다.

무성음(voiceless sound) 성대가 넓게 벌어져서 기류가 진동이 거의 없이 흘러나오면서 만들어지는 음이다.

[f]와 [v]를 나타낼 때 음 기호에 각괄호 [ ]를 사용하고 있음을 주목하자. 각괄호는 음성 표기(phonetic transcription)로서 해당 음이 어떻게 발음되는가를 나타낸다. 다만 **정서법**(orthography), 즉 단어를 표기하기 위해 사용하는 철자는 그것이 발음되는 방식을 항상 반영하는 것은 아니라는 점을 주목해야 한다. 예를 들어, 음성학에서는 wing이나 going의 ng가 철자로는 2개이지만 음성학적으로는 하나의 음을 나타내는

정서법(orthography) 한 언어의 문자 체계와 철자법을 말한다.

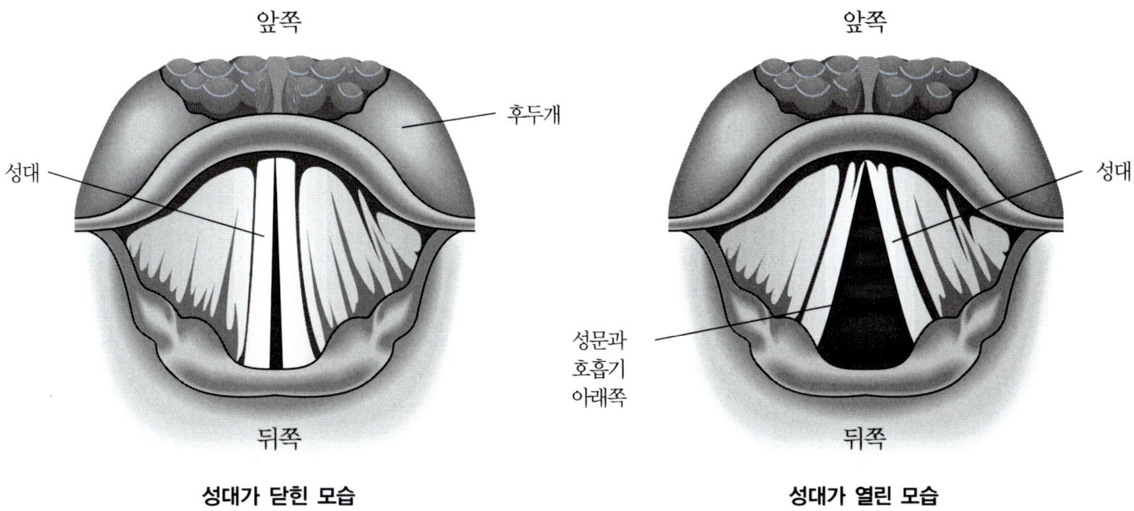

그림 2-2 성대

성대가 닫히면 'vine'의 첫 음과 같은 유성음이 생긴다. 성대가 열리면 'fine'의 첫 음과 같은 무성음이 생긴다. 말을 하는 동안 성대가 떨리는 모습을 느린 동작으로 보려면 http://www.humnet.ucla.edu/humnet/linguistics/faciliti/demos/vocalfolds/vocalfolds.htm을 참조하여라.

데, ng가 나타내는 음은 음성학적으로는 [ŋ]으로 표기된다. 앞으로 논의를 전개하면서 더 많은 음성기호를 소개할 것이다(표 2-1 참조).

영어에는 무성음보다 유성음이 더 많으며, 영어에 사용되는 음의 약 10%만이 무성음이다. 그러나 언어음의 산출과 마찬가지로 대부분의 자연 현상을 몇 가지의 범주로 구분하는 것이 분석을 위해 편리하듯이, 영어의 음을 무성음과 유성음으로 나누는 것 또한 편리하다. 유성성은 그 정도가 다양하여 어떤 음은 다른 음보다 확실히 유성음이라 할 수 있다. 어떤 유성음은 맥락, 즉 주변 음들에 의해 유성성이 결정되기도 한다. 예를 들어, 일반적으로는 무성자음인 [h]가 behind와 같은 단어에서나 모음과 같은 두 유성음 사이에 있는 경우에는 부분적으로 유성음화하기도 한다.

뇌는 후두를 매우 빠른 속도로 정교하게 통제함으로써 후두를 앞이나 뒤로, 유성음 환경에서 무성음 환경으로 바꾸기도 하는데, 이런 조절은 종종 1/10000초 그 이하의 짧은 순간에 이루어진다. 영어에는 [v] 외에 bat의 [b], dime의 [d], goat의 [g], zoo의 [z]와 같은 음들이 유성음에 속한다. 무성음에는 [f]와 [h] 이외에 pat의 [p], tad의 [t], coat의 [k], Sue의 [s]가 속한다. 표 2-1은 영어의 유성음과 무성음 목록이다.

모든 음은 유성음이나 무성음으로 분류할 수 있다. 어떤 음은 이러한 특성에서만 다를 수도 있다. 예를 들어, [z]와 [s]는 입의 동일한 위치에서 동일한 방식으로 만들어지지만, 유일한 차이점은 [z]가 유성음이고 [s]가 무성음이라는 것이다.

표 2-1 영어의 자음

조음 방법		조음점							
		양순음	순치음	치음	치경음	경구개음	연구개음	구개순음	성문음
폐쇄음	vl vd	p b			t d		k g		ʔ
마찰음	vl vd		f v	θ ð	s z	š ž			h
치찰음	vl vd					č ǰ			
비음	vl vd	m			n		ŋ		
설측음	vl vd				l				
반전음	vl vd				r				
전이음	vl vd					y		ʍ w	

- 이 표는 단순화한 것으로, 앞으로 좀 더 정교한 분류법을 보게 된다. 언어학자에 따라 동일한 조음점에 대해 다른 이름을 사용하기도 한다.
- 비음을 만들 경우, 기류는 순간적으로 구강 영역에서 완전히 폐쇄되기 때문에 비음은 폐쇄음이라 간주한다.
- [l]과 [r]은 유음으로 함께 분류하기도 한다.
- 이 표에서 사용된 기호들과 이후 장에서 사용될 모음기호 중 일부는 많은 북아메리카 언어학자가 사용하지만, 다른 지역의 언어학자들은 이들과는 다른 기호를 사용하기도 한다. 그 이유에 대해서는 글상자 2-1을 참조하여라.
- vl은 무성음(voiceless)이고, vd는 유성음(voiced)을 뜻한다.

자음과 모음

기류는 허파에서 시작하여 언어음을 산출하기 위한 에너지를 공급하며, 성대의 개방 정도에 따라 공기가 진동하기도 하고 진동하지 않기도 한다. 그러나 이러한 음은 아직 언어음은 아니며, 기류는 언어음이 인식될 수 있도록 더 많은 변화를 겪게 된다. 언어음은 두 종류의 주요 분류인 자음과 모음으로 구분한다.

자음

자음(consonant) 허파에서 나온 공기가 성도의 어느 한 부분에 의해 방해를 받거나 폐쇄되었다가 어느 한 지점에서 개방됨으로써 만들어지는 언어음이다.

자음(consonant)은 유성음이든 무성음이든 허파에서 나온 공기가 성도의 어느 한 부분에 의해 방해를 받음으로써 만들어진다. 즉, 성대 사이의 공간인 성문을 순간적으로 폐쇄함으로써 기류가 갑자기 막혔다가 즉각적으로 성대를 개방함으로써 순간적으로 방출될 수도 있다. 이렇게 해서 만들어진 음을 **성문폐쇄음**(glottal stop)이라고 하는

데, 이는 기류가 막힌 부분이 성문이고, 기류가 순간적으로 폐쇄되었기 때문에 붙여진 이름이다. 기침은 비록 언어음은 아니지만 이와 동일한 방식으로 생기는 음이다. 영어에서 놀람을 나타내는 경우에 사용하는 uh-oh를 발음할 때도 바로 이런 음이 만들어진다. 어느 경우든 성대의 두 근육이 서로 흡착되어 닫히는 것을 감지할 수 있다.

성문은 후두 위쪽의 성도(vocal tract) 한쪽 끝에 달려 있고, 입술은 그 반대쪽 끝에 있다. pat의 첫 음을 만들어 보면, 두 입술이 순간적으로 서로 닿음으로써 기류를 순간적으로 방해하는 것을 알 수 있다. 이러한 유형의 기류 방해에 의해 만들어지는 음을 **양순폐쇄음**(bilabial stop)이라고 한다. 서로 다른 유형의 자음을 만들기 위해 사용되는 기류 방해는 성문과 입술 사이의 여러 지점에서 일어날 수 있다. 조음점들과 조음 방법에 대해서는 나중에 다시 논의할 것이다.

모음

모음(vowel)은 기류의 방해나 폐쇄 없이 만들어지는 음이다. 여러 모음 사이의 구별은 구강, 비강, 인두강 등 어떤 곳에서 만들어졌는가, 그리고 특정 공간의 어떤 모양으로 만들어졌는가에 의해 이루어진다. 구강의 모양은 주로 혀와 입술 위치의 영향을 받는다. 예를 들어, 영어 단어 to의 모음은 입의 뒷부분에서 혀를 높이 둔 상태에서, 그리고 구강은 상대적으로 닫히고 입술은 둥근 모양으로 만들어진다. 반면에 cat의 모음은 혀의 높은 부분이 입의 앞쪽을 향하고, 구강은 상대적으로 열린 상태이며, 입술은 펴진 상태로 만들어진다. 이런 차이점은 이 장의 뒷부분에서 다시 논의할 것이다.

모음(vowel) 기류의 방해나 폐쇄 없이 만들어지는 언어음이다.

자음 : 조음점

조음(articulation)이란 발음기관을 움직여 언어음을 만드는 것을 말한다. 기류는 일단 성문을 벗어나면 성문 이후의 공간에서 방해를 받을 수도 있고 받지 않을 수도 있는데, 기류가 방해를 받지 않으면 모음이 만들어지고 방해를 받으면 자음이 만들어진다. 다음 단락에서는 조음점을 기준으로 하여 영어의 음을 구분하는 데 사용되는 '주요 지점'들을 논의할 것이다. 여기서 '주요 지점'이란 말을 사용하는 것은 다양한 소리가 다양한 방법으로 만들어지기 때문이다. 특정한 음의 정확한 조음점은 사람에 따라 다를 수도 있고, 같은 개인이라 하더라도 시간에 따라 다를 수 있다. 게다가 우리가 동일한 음으로 인식하는 음들도 종종 음향음성학적으로 보면 동일한 음이 아닐 수도 있다. 조음점을 설명하는 데 영어의 자음을 예로 사용할 것이다. 다른 언어의 화자들은 영어에서 사용되지 않는 조음점에서 만들어지는 자음을 사용할 수도 있다.

조음(articulation) 발음기관을 움직여 언어음을 만드는 것을 말한다.

양순음(bilabial)은 두 입술을 닿게 함으로써 만들어진다. 입술이라는 조음점은

pool, boot, money와 같은 단어들의 첫소리를 내기 위해 두 입술이 서로 닿는 것을 보면 쉽게 알 수 있다. 이 음들은 각각 음성학적으로 [p], [b], [m]으로 표기된다.

순치음(labiodental)은 five, fine, vim, vine 등의 첫소리로서, 아랫입술이 앞 윗니에 닿을 정도로 올림으로써 만들어진다. 3개의 양순음인 [b], [p], [m]과 2개의 순치음인 [f]와 [v]는 때때로 순음(labial)이란 범주로 함께 묶이기도 한다.

순치음이 아랫입술과 윗니에 의해 만들어지는 데 비해, **치음**(dental)은 혀와 치아에 의해 만들어진다. 영어의 치음은 두 가지가 있는데, think와 then의 첫소리에 해당하는 음이 바로 그것이다. th로 표기되는 두 음을 만들 때, 혀는 위아래 치아 사이나 앞 윗니 뒷부분에 있게 된다. 영어의 치음 모두 이 두 위치에서 만들어지기 때문에 치음이란 이름이 **치간음**(interdental)이란 이름보다 더 나은 것 같다. 치간음은 두 가지 조음 방법 중 한 가지만을 지칭하기 때문이다.

손가락을 후두에 대면, then의 th음이 유성음임을 알 수 있다. th라는 철자가 2개의 서로 다른 음을 나타내기 때문에, 영어의 알파벳으로 이 음을 나타내는 것은 적절하지 않다. 음성 표기에서는 무성치음 th를 나타내기 위해 [θ]라는 기호를 사용하고, 유성치음 th를 나타내기 위해서는 [ð]를 사용한다. 이 두 음을 포함하는 단어는 thigh, ether, wreath, the, mother, wreathe 등 다양하다. 음성학적으로 표기하면, 처음 세 단어의 th음은 [θ]로 표기되고, 나머지 세 단어에 쓰인 음은 [ð]로 표기된다.

치경음(alveolar)은 혀의 끝이나 날(blade) 부분을 윗니의 뒷부분에 있는 딱딱한 부분인 치경, 즉 치조돌기에 닿게 함으로써 만들어진다. 영어 단어 time, dime, nine, sigh, zeal, lie, reef의 첫소리가 치경음이다. 이 음들은 음성학적으로 각각 [t], [d], [n], [s], [z], [l], [r]로 표기된다.

경구개음(palatal)은 혀의 날이 치조돌기의 뒷부분, 즉 경구개 부분에 닿음으로써 만들어진다. shed와 cheap의 첫소리는 무성경구개음이다. 이 음들은 음성학적으로 각각 [š], [č]로 표기된다. 영어에는 [ž], [ǰ], [y]로 표기되는 유성경구개음이 있는데, 이들은 각각 pleasure, midget, you와 같은 단어에서 발견된다.

연구개음(velar)은 혀의 뒷부분이 연구개에 닿음으로써 만들어진다. hack, hag, hang의 끝소리가 연구개음으로, 음성학적으로는 각각 [k], [g], [ŋ]으로 표기된다.

구개순음(labiovelar)은 혀의 뒷부분을 연구개 쪽으로 올리고 입술을 둥글게 함으로써 만들어진다. witch의 첫소리가 구개순음으로, 음성학적으로는 [w]로 표기된다. 이 음은 유성음이다. 영어의 일부 방언에서는 which와 witch가 서로 다르게 발음된다. 그럴 경우 which의 첫소리는 무성구개순음으로서 위아래가 거꾸로 된 w, 즉 [ʍ]로 표기된다.

성문음(glottal)은 성문에 의해 만들어진다. 우리는 앞에서 성문을 폐쇄했다가 갑자기 개방함으로써 성문음이 만들어진다는 점을 살펴보았다. 이 음은 종종 button이나 mountain의 [t]음 대신에 사용되기도 하는데, 음성학적으로는 [ʔ]로 표기된다. 성문폐쇄음은 종종 발화나 모음 사이에서 만들어진다. 성문이 부분적으로 폐쇄되면, hem이나 hop의 첫소리와 같은 음이 만들어지며, 이 음은 음성학적으로 [h]로 표기된다.

이밖에 영어에서는 사용되지 않는 다른 조음점들도 있다. 예를 들어, 혀의 뒷부분을 목젖에 닿게 함으로써 만들어지는 언어음이 있다. **목젖음**(uvular)은 히브리어, 아랍어, 남부 아라비아어, 일부 미국 원주민어 등에서 발견된다. 불어 rue의 첫소리도 목젖음이다. 목젖음을 사용하는 많은 언어에서는 인두를 이용하여 음을 만들기도 하는데, 이런 음을 **인두음**(pharyngeal sound)이라고 한다. 이런 조음점들은 다른 많은 조음점의 가능성 중 일부에 불과하다.

자음 : 조음 방법

기류는 성도를 따라 어떤 지점에서든 방해를 받을 수 있다. 그러나 동일한 지점에서도 다양한 언어음이 만들어질 수 있다. 예를 들어, 영어에는 다섯 가지의 흡출유성치경음이 있는데, 이들은 다른 특성에서 볼 때 서로 구별된다. 또 다른 차이점은 기류가 성도 안에서 개방되거나 저해되는 방식이다.

비음(nasals)은 비강과 구강 양쪽에서 만들어진다. 영어의 음 대부분은 구강을 통해 만들어지는데, 그 이유는 발화 중에 연구개가 주로 높은 위치로 올려짐으로써 공기가 비강으로 흘러들어가는 것을 막기 때문이다. 이렇게 해서 생긴 음을 구강음(oral sounds)이라고 부르는데, 이런 음들에서는 구강이 유일한 공명실(resonating chamber)로 사용되기 때문이다. 그러나 연구개가 내려지면, 공기가 구강과 비강 양쪽으로 흘러들어 가게 되며, 이렇게 해서 만들어지는 음을 비음이라고 부른다. 영어에는 세 가지의 비음자음이 있다. mad의 첫소리인 양순음 [m], nose의 첫소리인 치경음 [n], 그리고 sing의 끝소리인 연구개음 [ŋ]이 그것이다.

사람들은 감기에 걸렸을 때 콧소리, 즉 비음을 낸다고 말하기도 하지만 코가 완전히 막히면 비음을 낼 수 없다. 그럴 경우에는 모든 소리가 당연히 구강음이고, 콧소리라고 부르는 것보다는 입소리, 즉 구강음이라고 부르는 것이 더 정확할 것이다. 예를 들어, 코가 막혔을 때, "How come I sound so funny?"는 "How cub I soud so fuddy?"처럼 들리게 된다. 코가 막혔기 때문에 구강음 [b]는 비음 [m]을 대치할 것이고, 구강음 [d]가 비음 [n]를 대치할 것이다. [b]와 [m], 그리고 [d]와 [n] 사이의 유일한 차이점은 각각의 쌍에서 전자가 구강음이고 후자가 비음이라는 것뿐이다.

폐쇄음(stops)은 기류를 순간적으로 끊음으로써 만들어지는 소리로, 폐쇄음 또는 파열음(plosives)이라고도 부른다. 기류를 막음으로써 조음점 뒷부분에 압력이 생긴다. 영어에는 양순음 [p]와 [b], 치경음 [t]와 [d], 연구개음 [k]와 [g], 성문음 [ʔ] 등이 폐쇄음이다. 이들 쌍에서 첫 번째 소리와 성문음은 무성음이고, 두 번째 소리는 유성음이다. 조음자의 폐쇄에 의해 생긴 압력은 음을 파열하면서 방출되므로, 폐쇄음은 길게 계속될 수 없다. 즉, 공기가 일단 빠져나가면 해당 음은 지속될 수 없다.

기음화(aspiration) 폐쇄음을 방출하면서 생기는 공기의 양을 말한다.

기음화(aspiration)는 폐쇄음을 분류하는 추가적인 특성으로, 폐쇄음을 방출하면서 생기는 공기의 양을 말한다. 예를 들어, pin과 spin이란 단어쌍의 소리를 비교해 보면 동일한 소리인 p의 발음에서 미세한 차이점을 느낄 수 있다. 종이 조각의 끝부분을 입 가까이에 대고 pin이란 단어를 발음해 보면 종이가 움직인다. 그러나 spin이란 단어를 발음할 경우에는 종이가 움직이지 않는다. 일반적으로 무성폐쇄자음이 단어의 첫 부분에 오거나 강세 모음이 뒤따르면, 다양한 세기의 공기 방출을 수반하기 때문에 유기음이라고 부른다. 반면에 [s] 뒤에 오는 무성폐쇄음이나 뒤에 [r], [l]이 따라오는 무성폐쇄음은 유기음화되지 않는다. 즉, 이 경우의 무성폐쇄음은 뒤따르는 음이 발화될 수 있도록 발음되지만 유기음화는 일어나지 않는다. 일부 영어 화자들은 마지막 자리에 오는 모든 무성폐쇄음을 방출하지 않는다. 예를 들어, write란 단어를 발음하는 경우 혀가 치조돌기에 닿도록 함으로써 마지막의 t음이 방출되지 않도록 한다. 유기음화는 음성학적으로 위첨자 [ʰ]로 표기하고, 방출하지 않는 음은 [˺]로 표기한다. 따라서 [p], [t], [k]는 유기음화되지 않고 방출된 폐쇄음을 나타내고, [pʰ], [tʰ], [kʰ]는 유기폐쇄음을 나타내며, [p˺], [t˺], [k˺]는 방출되지 않은 폐쇄음을 나타낸다. 영어의 유성폐쇄음은 유기음화되지 않는다. [˺]와 [ʰ]는 좀 더 자세한 발음사항을 나타내기 위해 주요 음성기호에 덧붙인 여러 가지 **변별부호**(diacritics, diacritic marks) 중 하나이다.

변별부호(diacritics, diacritic marks) 자세한 발음방식을 나타내기 위해 주요 음성기호에 덧붙인 표시를 말한다.

마찰음(fricatives)은 기류를 불완전하게 막음으로써 만들어진다. 폐쇄음을 만들어내는 완전한 폐쇄와는 달리, 마찰음에서는 기류가 부분적으로 방해됨으로써 폐쇄에 이르지는 않지만 마찰을 가져온다. 그 결과 찻주전자의 물이 끓을 때 나는 소리와 비슷한 소리가 만들어진다. 영어에는 다음과 같은 마찰음이 있다. 순치음인 [f]와 [v], 치음인 [θ]와 [ð], 치경음인 [s]와 [z], 경구개음인 [š]와 [ž] 등이 여기에 속한다. 여기에서 첫 번째 음들은 무성음이고, 두 번째 음들은 유성음이다. 폐쇄음과는 달리, 마찰음은 숨을 쉬는 한 길게 만들 수 있다.

치찰음(affricates)은 어떤 의미에서는 2개의 음이다. 치찰음은 폐쇄음으로 시작해서 마찰음으로 끝난다. 예를 들어, church란 단어의 첫 번째와 두 번째 소리를 만드는데 있어서 쉿소리(마찰음)가 난 후 바로 순간적으로 폐쇄음이 뒤따르는 것을 알 수 있다. 이 음의 음성기호는 [č]로 나타낸다. 영어의 다른 치찰음은 Jell-O나 gin과 같은 단어의 첫소리인 [ǰ]이다.

유음(liquids)은 기류가 최소한으로만 방해를 받고 마찰이 전혀 발생하지 않는다는 점에서 다른 자음과는 상당히 다르다. 치찰음과 마찬가지로 영어에는 두 가지의 유음, 즉 [l]과 [r]만 있다. [l]과 [r]은 매우 다른 방식으로 만들어진다. 혀의 끝을 치조돌기의 가운데 부분에 닿게 함으로써 limb의 [l]과 같은 유음이 만들어진다. 이러한 조음은 기류를 완전히 막지 않고 공기가 혀의 한쪽 또는 양쪽 측면을 통과하도록 허용함으로써 만들어진다. 공기가 측면으로 이동하기 때문에 [l]은 설측음(lateral)이라고도 부른다.

영어의 [r]음은 대개 혀의 끝부분을 위로 둥글게 말아 치조돌기 뒷부분으로 올리고 혀를 치조돌기를 향해 앞쪽으로, 그리고 위쪽으로 움직이지만 직접 치조돌기에 닿게 하지 않음으로써 만들어진다. 혀가 둥글게 말리기 때문에 이러한 음은 종종 반전음(retroflex)이라고도 부른다. Ralph의 첫소리가 유음반전음이다.

전이음(glides)은 초등학교 학생 대부분이 반모음이라고 이름 붙이도록 배우는 음이다. 두 명칭 모두 실제로 이 음의 특성을 잘 기술하는데, 반모음이라고 부르는 이유는 모음과 자음의 요소를 모두 가지고 있기 때문이다. 기류의 방해는 다른 자음들에 비해 적기 때문에 다른 모음들과 유사하여 반모음이라고 할 수 있다. 그러나 기류는 대개 모음에서처럼 자유롭게 방출되는 것이 아니기 때문에 완전한 모음이라고 할 수 없다. 따라서 반모음이란 자음과 모음의 중간 단계에 해당하는 음이라고 할 수 있다.

음성 표기인 [y], [w], [ʍ]로 나타나는 음은 영어의 전이음이며, 전이음은 모음이 선행하거나 후행해야 한다. 전이음이란 용어는 전이음이 만들어질 때 혀가 인접한 모음으로부터 또는 모음을 향해 급격하게 이동하기 때문에 붙여진 이름이다. 표 2-2에 제시된 예를 통해 각각의 전이음이 어떻게 발음되는지를 보라.

영어에서 사용되지 않는 자음

표 2-1은 영어의 자음이다. 여기에 수록된 모든 자음이 모든 언어에서 사용되는 것은 아니다. 반대로 다른 언어에서는 사용되지만 영어에서는 사용되지 않는 자음도 있다.

- 예를 들어, 음성 표기 [x]로 나타나는 음은 에스파냐어 baja의 j 또는 독일어 Bach의 ch가 나타내는 음처럼 마치 '급격한' h음과 유사하게 발음된다. [x]는 미국 캘리포니아 주의 원주민 언어인 이네세뇨 추마시어와 같은 비유럽어에서도 사용된다. 예를 들어, 곰을 뜻하는 [xus]와 스컹크를 뜻하는 단어인 [taxama]

에서 [x]음을 볼 수 있다. [x]는 음성 표기로 무성연구개마찰음이다.

- [q]는 유성연구개폐쇄음이다. 영어에는 이런 언어음이 없다. 연구개음은 혀의 뒤쪽이 연구개 부분에 달린 작은 돌기인 목젖 부분으로 올려지면서 나는 소리이다. [q]는 [x]와 마찬가지로 이네세뇨 추마시어에 흔히 나타나는 음이다. 태양을 의미하는 [qsi], 나뭇잎을 의미하는 [qap], 또는 듣다를 의미하는 [itaq] 등에서 볼 수 있다. [q]음은 남아메리카의 안데스 산맥에 있는 원주민의 언어인 케추아어나 북아메리카의 북쪽 끝에 사는 이누이트 족의 언어인 이눅티투트어에서도 발견된다.

이 밖에도 영어에서는 만들어지지 않는 자음이나 자음군은 여러 가지가 있다. 아랍어, 북아메리카의 서북쪽에서 사용하는 다양한 미국 원주민어, 동유럽과 코카서스 지방을 포함한 서아시아의 여러 언어에서 발견되는 **인두음**(pharyngeal sounds)도 영어에서는 사용되지 않는다. **전동음**(trills)은 입술, 혀의 끝, 목젖 등을 진동시킴으로써 만들어지는 소리로 에스파냐어, 가봉과 콩고에서 사용되는 아프리카어인 켈리어, 스웨덴어 등에서 사용된다. 에스파냐어, 프랑스어, 한국어 및 일부 영어의 방언에서는 조음자인 혀가 치조돌기와 같은 다른 조음자를 한 번 건드리고 중립 위치로 되돌아옴으로써 만들어진다. 이런 음들은 **설탄음**(flaps, taps)이라고 부른다. 영어 화자에게 가장 이국적으로 들리는 언어음은 아마도 **협착폐쇄음**(clicks)이라는 혀 차는 소리일 것이다. 협착폐쇄음은 혀를 빨아들이는 동작을 통해 만들어지는 흡입음이다. 공기가 입속으로 빨아들여졌다가 혀의 위치나 공기가 방출되는 방식에 의해 바뀌게 된다. 협착폐쇄음에는 순음, 치음, 치경음, 경구개음, 성문음 등이 있다. 이들은 비음이나 구강음, 유성음이나 무성음으로 구분될 수도 있고, 다른 방식으로도 구분될 수 있다. 영어 화자는 협착폐쇄음을 영어의 음으로 사용하지 않지만, tsk-tsk와 같은 철자로 나타내는 음처럼 협착폐쇄음을 발음할 수는 있다. 현재 사용되는 언어에서 협착폐쇄음이 정규 음으로 사용되는 예는 남아프리카의 사람들이 유일하다. 협착폐쇄음은 http://www.phonetics.ucla.edu/vowels/contents.html에서 들을 수 있으며, 제12장에서 협착폐쇄음에 대한 논의를 계속한다.

연습문제 1 : 자음 1

1. 아래 기술들은 조음 방법과 조음 장소 그리고 유성성에 따라 영어의 음을 설명한 것이다. 아래 규정된 각 음을 음성기호로 나타내고, 해당 음이 포함된 단어를 제시하여라.

	음성기호	예
a. 유성양순폐쇄음	______	______
b. 유성양순비음	______	______
c. 무성성문폐쇄음	______	______
d. 유성순치마찰음	______	______
e. 유성치경폐쇄음	______	______
f. 무성경구개치찰음	______	______
g. 유성치경설측음	______	______
h. 유성연구개폐쇄음	______	______
i. 무성연구개폐쇄음	______	______
j. 유성치음마찰음	______	______

2. 다음 문제는 음성기호와 영어 알파벳의 관계에 대한 것이다.

a. 철자법과 그 소리가 일치하는 자음의 음성기호를 써라.

______

______

______

b. 자음을 나타내는 영어의 어떤 알파벳이 영어 알파벳과는 다르게 음성기호로 사용되는가?

______

______

______

c. 자음을 나타내는 영어의 기호 중 영어 알파벳에서 어떠한 문자와도 일치하지 않는 것은 무엇인가?

______

______

______

3. "조음 방법과 조음 장소에 따라 특정한 음을 기술하는 것은 대략적일 뿐이다."라는 말은 무슨 뜻인가?

______

______

______

4. 다음 단어들의 첫 번째 음을 음성기호로 표기하여라.

a. grow
b. vow
c. hem
d. run
e. paper
f. shed
g. send
h. cheap
i. thing
j. zoo
k. you
l. pleasure
m. men
n. beg
o. fan
p. due
q. kick
r. judge
s. let
t. nose
u. toe
v. then
w. wet
x. sheep

(모든 표기 연습문제에서는 발음하는 대로 표기해 보라. 사람에 따라 일부 단어는 다르게 발음될 수도 있다.)

5. 다음 단어들의 마지막 음을 음성기호로 표기하여라.

a. ooze
b. have
c. sand
d. top
e. plant
f. bag
g. arm
h. gain
i. wrong
j. kick
k. scarf
l. breathe
m. us
n. zoos
o. tooth
p. pail
q. each
r. ask
s. tub
t. far
u. batch

6. 다음 단어들의 밑줄 친 부분을 음성기호로 표기하여라.

a. enjoy
b. inhale
c. vision
d. rather
e. twin
f. anger
g. motion
h. ink
i. birth
j. throng
k. speech
l. paths

7. 다음 자음들을 포함하는 영어 단어를 써라.

a. [ǰ]
b. [θ]
c. [ŋ]
g. [z]
h. [s]
i. [š]

d. [č]
e. [p]
f. [ž]
j. [ð]
k. [k]
l. [w]

자음과 관련된 다른 용어

여기서는 자음을 분류하는 데 사용되는 다른 용어들을 언급하고자 한다. 마찰음인 [s], [z], [š], [ž], 그리고 치찰음인 [f]와 [v]는 '쉿' 하는 소리를 동반하기 때문에 때로는 이들을 한 그룹으로 묶어 **파찰음**(sibilants)이라고 부르기도 한다. 제3장에서는 이 그룹의 기능적 중요성을 다룬다.

폐쇄음은 **지속음**(continuants)이라 부르는 음과 대비되기도 하는데, 지속음에서는 기류가 흡착점을 지나 계속해서 흐르는 반면에, 폐쇄음에서는 기류가 방해를 받는다. 구강이나 인두강에 몸 바깥, 즉 대기의 압력보다 더 큰 압력이 생길 정도로 조음자를 충분히 흡착하여 만들어지는 소리를 **저해음**(obstruents)이라고 하며, 폐쇄음, 마찰음, 치찰음 등이 이에 속한다. 이 밖의 다른 모든 음은 **공명음**(sonorants)이라고 한다. 공명음은 마찰이 없는 지속음이며, 저해음과 모음의 중간음에 해당한다. 공명음에는 비음, 유음, 전이음이 속한다.

자음의 논의에서, 그리고 다음에 다루게 될 모음의 기술에서 우리는 거의 영어 자료로 논의를 한정하였다. 그러나 영어는 가능한 언어음의 극히 적은 부분만을 사용한다는 점을 지적하고자 한다.

연습문제 2 : 자음 2

1. 다음 단어들에 대해 어떤 철자가 묵음인지를 밝히고, 하나의 음을 나타내는 둘 이상의 철자를 표기하여라.

예 : (Au)tum~~n~~

(동그라미 표시의 글자는 하나의 소리를 나타낸다. 글자에 사선을 그은 표시는 묵음을 나타낸다.)

a. listen
b. anger
c. passed
d. who
g. bride
h. teethe
i. mechanic
j. comb

e. critique k. hiccough

f. philosophy l. knight

2. 언어학자들은 왜 일반적인 철자법에 사용되는 기호를 사용하지 않고 음성기호를 사용하는가?

____

____

____

3. 영어의 일부 자음은 단어의 첫 부분에 나타나지 않는가? 그렇다면 어떤 음들이 나타나지 않는가?

____

____

____

4. 영어의 일부 자음은 단어의 마지막 자리에 결코 허용되지 않는가? 그렇다면 어떤 음들이 그러한가?

____

____

____

모음

모음의 조음 과정은 기술하기가 더 어렵다. 자음과는 달리 모음은 기류의 방해가 없기 때문이다. 따라서 모음을 발음할 때 조음기관들이 어떤 모양인지 말하기가 쉽지 않다. 성대의 진동으로 생기는 공기의 진동은 다음에 기술하는 요인들과 함께 모음을 만든다. 모음 산출의 주요 원리는 성대를 진동시키는 것이기 때문에, 모음은 기본적으로 유성음이다. 영어에도 무성모음이 있기는 하지만 특수한 경우에 한정된다. 어떤 언어는 정규적인 언어음 체계로 무성모음을 포함하기도 한다.

모음의 산출에 관련되는 다른 요인을 살펴보면 다음과 같다.

- 어떤 공명강이 사용되는가, 즉 구강 또는 구강과 비강이 모두 사용되는가.
- 혀의 높이, 혀가 앞뒤로 얼마나 이동해 있는가 하는 위치, 혀의 둥글기나 평평하기 등과 같은 공명강의 모양이 어떠한가.

표 2-2 음성기호의 자음기호가 어떻게 발음되는지를 보여 주는 예* (단, 일부 예는 한 가지 이상의 방식으로 발음될 수도 있다.)

자음	
기호	예
p	pat, spat, apply, lap, hiccough
b	bat, table, bubble, lab
m	mat, came, comma, lamb
f	fat, left, tough, photo, coffee
v	vat, driving, Stephen, move
t	tap, rats, tapped, mitt
d	dip, tending, buddy, rid
n	gnat, noise pneumonia, mnemonic, running, tan, knowledge
s	sat, scent, psychology, city, history, fasten, mats
z	zip, Xerox, razor, physics, bags, haze, jazz
θ	thin, ether, Matthew, teeth
ð	that, either, teethe
š(ʃ)**	shed, sure, mission, facial, nation, fish, ash
ž(ʒ)**	pleasure, vision, casual, azure, rouge (일부 화자의 경우)
č(tʃ)**	church, situation, match, righteous, each
ǰ(dʒ)**	judge, genius, midget, enjoy, region, residual, gage
k	kit, kick, cap, clique, chlorine, exceed, uncle, tack
g	grow, hugged, bag, pittsburgh
ŋ	anger, think, wrong
l	lot, place, spill
r	rat, run, merry, far
y(j)**	you, use, feud, few
w	witch, wet, twin, quit, mowing
ʍ	which, what (which와 witch를 같게 발음하지 않는 화자의 경우)
h	hat, hem, who, inhale
ʔ	일부 화자의 경우 : bottle, Latin, rattle (성문폐쇄음에 관한 본문 내용 참조)

* 이 표는 전체를 망라한 것은 아니다.

** 첫 번째 기호는 미국의 많은 언어학자가 사용하는 기호(American Phonetic Alphabet : APA)이고, 괄호 속의 기호는 국제음성기호(International Phonetic Alphabet : IPA)이다.

구강과 비강

모음은 구강모음과 비음화된 모음으로 나눌 수 있다. 구강모음은 구개수가 올려짐으로써 기류가 비강으로 들어가는 것을 막아 만들어진다. 비음화된 모음은 구개수가 낮춰짐으로써 기류가 구강과 비강 양쪽으로 흘러들어가 만들어진다. 영어에서 모음은 구강음이다. 그러나 모음의 비음화는 비음인 자음 앞에서 생긴다. 예를 들어, 영어의 hat [hæt]의 모음인 [æ]와 ham [hæ̃m]의 모음인 [æ̃]의 차이를 느낄 수 있는가? ham의 [æ̃]는 발음 과정에서 비강을 사용한다. 이러한 차이점을 seat [sit]와 seam [sĩm]의 모음에서도 느낄 수 있는가? 변별부호인 [~]은 비음화를 표시한다.

모음과 공명강의 모양

그림 2-3은 구강이 고정된 모습을 도식적으로 나타낸 것이다. 전통적으로 모음은 부분적으로는 이 도표에 나타난 평면과 관련하여 정의되어 왔다. 즉, 혀의 높이 및 혀가 앞뒤로 어느 정도나 이동했는가 하는 정도에 따라 모음을 분류하였으며, 각 모음은 음성기호를 부여받는다. 예를 들어, 모음 [i]는 고전설모음이다.

몇 개의 모음이 있는가 하는 문제와 관련하여 영어 화자 대부분은 a, e, i, o, u의 5개 또는 y와 w를 포함하여 7개라고 대답한다. 이러한 대답은 철자를 지칭하는 것이고, 음성학적으로는 정확하지 않다는 점을 주목해야 한다. 영어 모음의 수는 방언에 따라 다르다. 그림 2-3과 표 2-3은 12개의 모음을 보여 준다. y와 w는 반모음, 즉 전이음이다.

모음은 입술의 둥글기에 의해서도 정의된다. 모음 [u], [ʊ], [o], [ɔ] 등을 발음할 때 입술은 여러 가지의 둥근 모양을 한다. 이는 모두 후설모음이고, 고모음이거나 중모음이다. 둥글기는 상대적인 개념이며, 그 정도는 사람에 따라 다르다. 그러나 전설모음은 표준 영어에서 원순음화하지 않지만, 다른 언어에서는 전설모음이 원순음화하기도 한다(57쪽 '영어나 표준 영어에서 사용하지 않는 모음' 참조).

그림 2-3은 약간 오해의 소지가 있다. 이 그림은 구강의 모양이 동일하고, 혀가 단순히 앞뒤 또는 높거나 낮은 곳으로 이동하는 것처럼 보이도록 하지만, 사실은 그

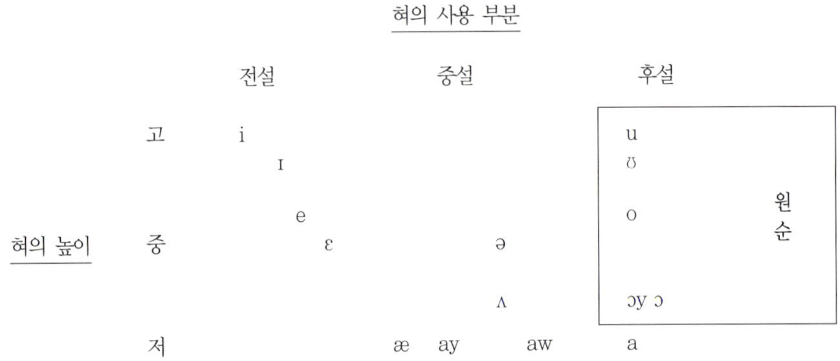

그림 2-3 영어 모음의 전통적인 표기 방법

표 2-3 음성기호의 모음기호가 각각 어떻게 발음되는지를 보여 주는 예*(단 일부 예는 한 가지 이상의 방식으로 발음될 수도 있다.)

모음	
단모음	**예**
i	east, eat, secret, Caesar, receive, believe, fatigue, people, amoeba, money, bee, lovely
ɪ	it, in since, been, business, foreign
e	aid, eight, freight, reign, profane, fate, lay, prey, sleigh
ɛ	wet, dress, bell, guest, ready, says, said
æ	attic, sat calf, bank
u	moon, suit, gnu, flue, through, sewer, duty, to, two, too
ʊ	put, stood, cook, would
ʌ	under, but, love, dull, blood, some, touch
o	old, oh, toe, boat, blow, though, knoll, plateau
ɔ	always, often, awe, applauded, song, bought, caught, crawl
a(ɑ)**	ah, cot, knock, hot, honor
ə	about, alone, suppose, animal, improvise, the
이중모음	
ay(aɪ)**	fight, buy, my, high, lied, choir, eye
aw(aʊ)**	how, cow, plough, ow(고통을 나타내는 간투사임.)
ɔy(ɔɪ)**	coy, voice, moist, rejoice, oil

* 이 표는 전체를 총망라한 것은 아니다.

** 첫 번째 기호는 미국의 많은 언어학자가 사용하는 기호(Americal Phonetic Alphabet : APA)이고, 괄호 속의 기호는 국제음성기호(International Phonetic Alphabet : PA)이다.

림 2-4가 모음 산출의 운동역학에 대한 좀 더 정확한 정보를 제공한다. 혀의 다른 위치에 따라 구강의 모양은 변하는데, 예를 들어 혀의 전후방 위치, 높낮이, 둥글기 정도 등은 구강의 크기를 줄이거나 크게 하는 기능을 한다. 물론 이 요인이 서로 결합하는 방식에 따라 구강의 모양은 달라지고, 그 결과 여러 가지 모음을 산출하게 된다.

모음과 관련된 다른 용어

모음은 혀 근육의 긴장 정도와 성도의 흡착 정도에 따라 두 범주로 구분한다. 더 높은 긴장과 성도의 높은 흡착에 의해 만들어지는 모음은 **긴장모음**(tense vowel)이라고 하고, 적은 긴장과 성도의 약한 흡착에 의해 만들어지는 모음은 **이완모음**(lax vowel)이라고 한다. 긴장모음은 대개 이완모음보다 약간 더 길게 발음된다. 따라서 이완모음은 긴장모음보다 긴장도가 더 낮고 흡착의 정도도 더 약하며 발음시간도 더 짧다. 영

긴장모음(tense vowel) 이완모음보다 더 높은 긴장과 성도의 높은 흡착에 의해 만들어지는 모음이다. 주로 더 길게 발음된다.

이완모음(lax vowel) 긴장모음에 비해 긴장도와 흡착의 정도가 더 낮고 길이도 더 짧다.

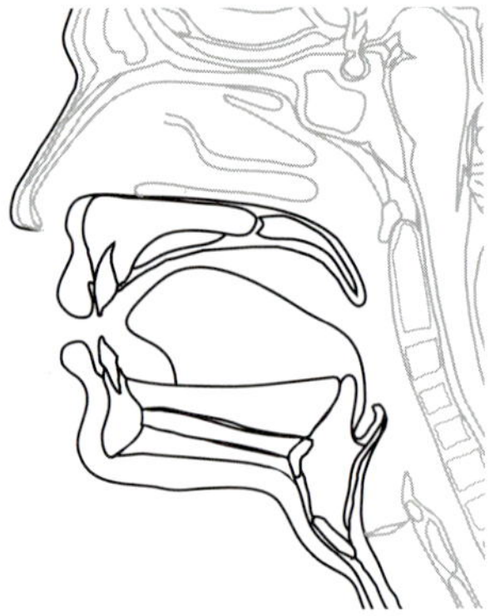

고전설평순모음 [i]

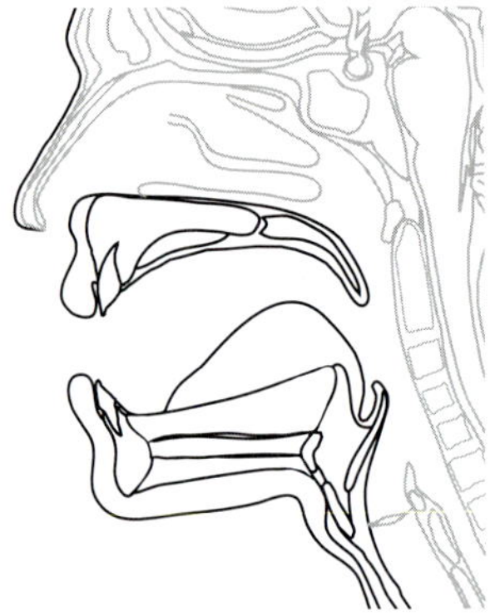

저후설평순모음 [a]

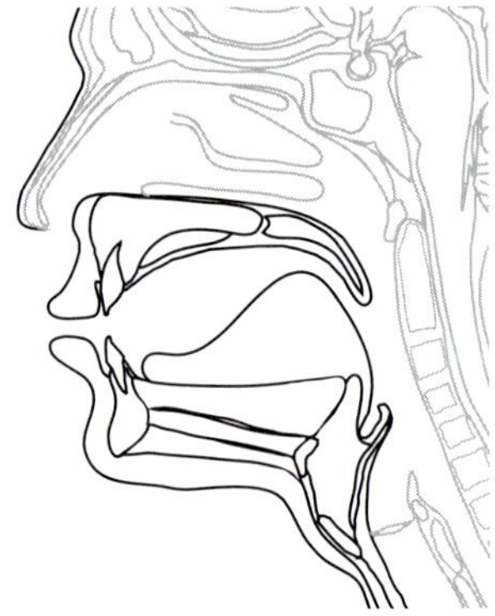

고후설원순모음 [u]

그림 2-4 모음 산출의 운동역학

슈와(schwa) 강세가 없는 중간 모음으로서, 비슷하지만 더 긴 음을 짧게 발음된다. rumba[rʌmbə]에서 모음 [ə]는 완전모음 [ʌ]의 슈와로 간주할 수 있다.

어의 긴장모음은 [i], [e], [u], [o]이고, 다른 모음은 모두 이완모음이다. 소위 **슈와**(schwa)라고 부르는 모음인 [ə]는 이완모음이며 영어의 다른 모음보다도 짧게 발음되는 특성이 있다. 이 음은 축약모음이라고 부르기도 한다. 영어에서는 단음절어가 개별적으로 발음될 경우 이완모음으로 발음하지 않는다. 따라서 영어에서 bee는 긴장모음을 포함한 [bi]로 발음하지만, 이완모음을 포함한 *[bɪ]라고는 발음하지 않으며, 또 say는 [se]라고는 발음되지만, *[sɛ]라고는 발음하지 않는다(그림 2-5 참조).

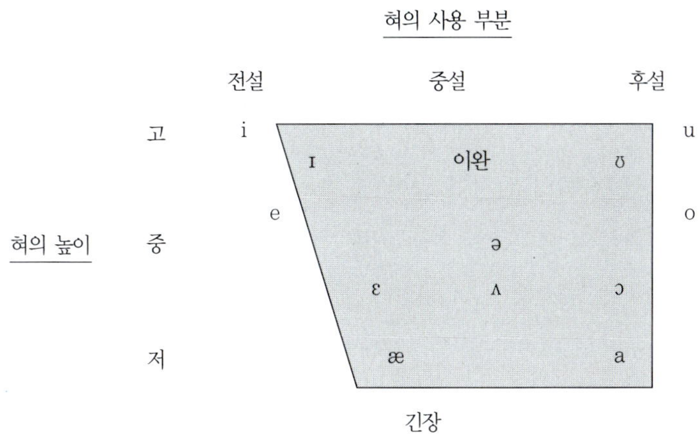

그림 2-5 영어의 긴장모음과 이완모음(회색 영역이 이완모음)

영어나 표준 영어에서 사용하지 않는 모음

영어에서 사용하지 않는 모음을 가진 언어는 아주 많다. 입술의 둥글기와 관련된 모음이 그 예이다. 예를 들어, 표준 영어에서 전설고모음과 전설중모음은 결코 원순음화 하지 않는다. 그러나 독일어에는 전설원순고모음과 전설원순중모음이 있다. 전설원순고모음은 국제음성기호(IPA)로 [y]로 표시되며 대부분의 미국 언어학자들은 must의 뜻인 [müssɪn]에서 보듯이 [ü]로 표기한다. 전설원순중모음은 국제음성기호로는 [ø]으로 나타내지만, 미국 언어학자들은 beautiful을 뜻하는 [šön]에서 볼 수 있듯이 [ö]로 표기한다. 원순전설모음은 프랑스어, 터키어, 덴마크어, 노르웨이어에서도 발견된다. 후설모음, 고모음, 중모음은 영어에서는 언제나 원순모음이지만, 베트남어나 한국어, 일본어 등에서는 비원순음이다.

모음을 고모음, 중모음, 저모음, 전설모음, 중설모음, 후설모음 등으로 부르는 것은 다소 오해의 소지가 있다. 자음에도 특정한 국제음성기호 표기를 발음하는 방법에 어느 정도 변이형이 있지만, 모음에는 그러한 변이형의 정도가 더 크다. 그러나 모음이 일정한 변이형의 정도를 넘어서 발음되는 경우에는 다른 모음으로 간주될 수도 있지만, 완전히 다른 모음과 혼동될 만큼 다르게 발음되는 것은 아니다. 예를 들어, toot[tut]에 포함된 모음은 대부분의 미국 영어방언에서 고후설원순모음이다. 그러나 미국 영어의 일부 방언과 오스트레일리아 영어에서는 [u]가 좀 더 중설음 부분에서 발음된다. 발음에서의 작은 차이점들을 모아놓은 것이 바로 **사투리**(accent)를 구성한다. 사투리란 특정 언어의 화자를 다른 화자와 구분하는 독특한 발음방식을 말한다. 사투리 어투가 생기는 것은 지역적 차이(방언) 때문일 수도 있고, 화자가 알고 있는 외국어의 영향 때문일 수도 있다. 언어학자들은 발음상의 세세한 차이를 나타내기 위

사투리(accent) 한 언어의 화자를 다른 화자로부터 구별짓게 하는 독특한 발음방식을 말한다.

해 변별부호를 사용한다.

이중모음

단모음(monophthong) 하나의 모음을 말한다.
이중모음(diphthong) 하나의 모음으로 시작하고 점차 다른 모음으로 이동하여 다른 모음 또는 전이음으로 끝나는 이중의 모음을 말한다.

모음을 구별하는 데는 혀의 위치와 높이, 입술의 둥글기 외에 다른 요인들도 관련 있다. 우선 모음은 하나의 발음으로 이루어졌거나 연속된 두 음으로 구성된다. 하나의 음으로 구성된 모음을 **단모음**(monophthongs)이라고 하고, 2개의 음으로 이루어진 모음을 **이중모음**(diphthongs)이라고 한다. 여기서 mono는 '하나', di는 '둘'을 의미하고, phthong은 '소리'를 의미한다. 표 2-3에 제시된 모음은 모두 단모음이며, 영어에는 3개의 대표적인 이중모음이 있다.

- fight의 [ay]
- how의 [aw]
- coy의 [ɔy]

이 이중모음은 하나의 단모음과 하나의 전이음(경과음이라고도 함)으로 구성된다. 일부 영어 화자는 위의 이중모음 외에 다른 긴장모음에 전이음을 결합하여 이중모음으로 발음하기도 한다. 이들은 [i]와 [e]를 각각 [iy]와 [ey]로 발음하며, 모음 [u]와 [o]는 각각 [uw]와 [ow]로 대치하기도 한다.

모음 [a]와 [ɔ]에 대하여

동음어(homophones) 소리는 같지만 의미나 철자가 다른 어휘쌍을 말한다.

표 2-3은 영어의 이상적인 모음도를 보여 준다. 그러나 실제로는 모든 화자가 이 표에 수록된 모든 단어를 주어진 발음대로 발음하는 것은 아니다. 예를 들어, 미국 서부해안의 사람들은 이중모음 [ɔy] 또는 [ɔr]에서 [ɔ]만을 발음하기도 하고, [ɔ] 대신에 [a]를 사용하기도 한다. 또 이들은 cot와 caught를 똑같이 [kat]로 인식한다. 즉, cot와 caught는 철자나 의미는 다르지만 발음이 동일한 **동음어**(homophones)인 셈이다. 또 어떤 영어 화자에게는 cot가 [kat]로 기술되고 caught는 [kɔt]로 기술될 수도 있다. 이 경우에 cot와 caught는 동음어가 아니다.

각 단어가 다른 화자들에 의해 발음되는 경우에는 다양한 변이형이 발생한다. 이러한 변이형의 사회언어학적인 측면에 대해서는 제7장에서 다시 논의한다.

연습문제 3 : 모음

1. 다음은 영어의 어떤 모음을 가리키는가? 음성기호를 사용하여 표기하여라.

a. 가장 높은 전설모음 ______________

b. 가장 중간에 있는 모음 ______________

c. 가장 낮은 후설모음 ______________

d. 가장 낮은 전설모음 ______________

e. 영어에서 원순음화하지 않는 모음 ______________

2. 다음 모음을 음성기호로 표기하여라.

a. hot	e. love	i. boot
b. cat	f. all	j. bet
c. hope	g. we	k. it
d. bate	h. foot	l. meat

3. 다음 모음을 포함하는 영어 단어를 5개 이상 써라. 이 책에서 예로 사용된 단어는 제외하라.

[i] ______ ______ ______ ______ ______
[ɪ] ______ ______ ______ ______ ______
[ɛ] ______ ______ ______ ______ ______
[e] ______ ______ ______ ______ ______
[æ] ______ ______ ______ ______ ______
[a] ______ ______ ______ ______ ______
[ʌ] ______ ______ ______ ______ ______
[ə] ______ ______ ______ ______ ______
[o] ______ ______ ______ ______ ______
[u] ______ ______ ______ ______ ______
[ʊ] ______ ______ ______ ______ ______
[ɔ] ______ ______ ______ ______ ______

4. 다음 단어들은 이중모음을 포함하고 있다. 이중모음을 음성기호로 표기하여라.

a. oil	e. owl	i. by
b. sigh	f. toy	j. doily
c. now	g. plough	k. sign
d. cow	h. aisle	l. brown

5. 다음 모음을 포함하는 단어들을 찾아 써라.

a. [a]	e. [ʌ]	i. [ɛ]

b. [i]
c. [æ]
d. [o]
f. [ɔ]
g. [ʊ]
h. [u]
j. [ə]
k. [ɪ]
l. [e]

6. 긴장모음과 이완모음의 차이는 무엇인가?

7. 일부 영어 화자는 긴장모음에 전이음을 덧붙여 이중모음으로 발음하기도 한다. 이들은 모음 [i]와 [e]는 각각 [iy]와 [ey]로 발음하고, 모음 [u]와 [o]는 [uw]와 [ow]로 발음한다. 전이음 [y]는 [i]와 [e]에, [w]는 [u]와 [o]에 첨가하여 이중모음을 만드는 이유는 무엇인가? (힌트 : [i], [e], [y]에 공통되는 자질과 [u], [o], [w]에 공통되는 자질이 무엇인지를 생각하여라.)

음절과 음절적 자음

성인 화자 대부분은 단어에서 몇 개의 음절이 있는가를 쉽게 알아낼 수 있지만, 언어학자들은 음절이 정확하게 무엇인지를 규정하는 데 어려움을 느낀다. 일반적으로 음절은 강세, 크기, 높이와 같은 정보를 가진 음절핵 또는 피크와 이 음절핵과 관련된 다른 요소들로 구성된다. 대개 하나의 음절은 단모음이든 이중모음이든 하나의 모음을 포함하는데, 어떤 경우에는 자음이 그 자체로 음절이 되거나 음절을 이루는 음절핵이 되기도 한다. 영어에서는 유음과 비음이 음절 또는 음절핵으로 기능하기도 한다. 자음이 음절을 구성할 때 이러한 자음을 **음절적 자음**(syllabic consonants)이라고 한다. [l], [r], [m], [n]이 음절적 자음으로 기능할 때, 이들은 [l̩], [r̩], [m̩], [n̩]에서 보듯이 각 기호 아래 작은 선을 덧붙여 음절적 자음임을 표시하거나 슈와 [ə]를 덧붙여 [əl], [ər], [əm], [ən]으로 나타내기도 한다. 음절적 자음으로 발음될 수 있는 영어 단어의 예로는 hassle [hæsl̩], brother [brʌðr̩], possum [pasm̩], sadden [sædn̩] 등이 있다. 그러나 대부분의 언어에는 음절적 자음이 없다.

음절적 자음(syllabic consonants) 특정한 단어에서 모음 대신 음절의 핵이 되는 자음으로, 비음이나 유음을 말한다.

음성적 환경

지금까지 논의한 음의 기술은 매우 이상화한 것이다. 각 음의 산출은 인접한 다른 음의 영향을 받는다. 예를 들어, key[ki]와 caw[kɔ]의 [k]음을 생각해 보자. [ki]의 [i]는 고전설모음이다. 화자가 [k]를 발음하는 동안에 혀는 벌써 모음을 발음하기 위해 모음 자리를 향해 접근하기 시작할 것이다. 한편 [ɔ]는 저모음이고 구강의 뒤쪽에서 발음된다. 그러나 화자가 [kɔ]의 [k]음을 발음하는 동안 혀는 이미 이 자리를 향해 움직이기 시작할 것이다. 그 결과 폐쇄음인 [k]를 발음하기 위한 조음점의 폐쇄는 후설모음 [ɔ]보다 전설모음인 [i]가 뒤따르는 경우에, 동일한 [k]의 발음임에도 불구하고 더 앞쪽에서 이루어질 것이다.

음 상호 간의 영향은 조음점에만 그치는 것이 아니라, 비음성(nasality)과 같은 요인에도 적용된다. 예를 들어, 이미 앞에서 언급했듯이 비음자음은 인접하는 모음에 영향을 끼치는데, 비음자음을 발음하는 동안 구개수를 낮춤으로써 주변의 모음들이 어느 정도 비음화된다. 조음점의 영향과 모음의 비음화는 특정 발음의 음성적 환경이 어떻게 실제 발음에 영향을 주는가를 보여 주는 두 가지 예에 지나지 않는다. 일반적으로 말해서, 인접하는 음들은 언제나 서로에게 영향을 끼친다. 언어에 대한 이해는 부분적으로 특정한 음이 다른 음에 어떻게 영향을 끼치는가에 대한 잠재의식적 지식이라고도 할 수 있다.

초분절음

우리는 앞에서 표 2-1과 그림 2-3에 제시된 기준에 의해 언어음을 규정해 보았으며, 이러한 기준을 통해 언어음의 음성기호를 만들 수 있었다. 음성기호의 각 기호는 **음성적 분절음**(phonetic segments), 즉 **음**(phones)을 나타낸다. 그러나 특정한 음성단위 또는 음성단위의 연쇄를 음향학적으로 분석해 보면, 기본적인 주파수, 길이, 강세 등에서 달라질 수 있다. 이러한 변화는 음성적 분절음의 수준을 넘어서는 것으로 분석되며, 이는 **초분절음**(suprasegmental) 또는 **운율자질**(prosodic features)이라고 부른다.

음성적 분절음(phonetic segment, phone) 성도에 의해 만들어지는 언어음으로, 다른 언어음과는 구별되는 개별 음을 말한다.

초분절음(suprasegmental) 음성적 분절음이 모두 같은 단어, 어구, 문장을 서로 구별해 주는 음성학적 특성을 말한다. 초분절음은 개별적인 음성적 분절음보다 더 큰 단위와 관련 있다. 운율자질(prosodic feature)이라고도 한다.

피치의 차이

언어음에서 **기본 주파수**(fundamental frequency)는 성대가 진동하는 비율을 말한다. 기본 주파수는 **피치**(pitch)로 인식되는데, 이것은 청자에 의해 낮은 정도부터 높은 정도까지의 척도로 인식된다. 피치는 분절음 하나하나의 차이 못지않게 매우 중요한 음성적 특질이다. 즉 피치는 그 자체로서 단어나 문장의 의미 또는 문장의 통사적 기능

기본 주파수(fundamental frequency) 성대가 진동하는 비율을 말한다.

피치(pitch) 높은 수준에서 낮은 수준까지의 척도로 표시되는 기본 주파수에 대한 인식을 말한다.

글상자 2-1 국제음성기호

영어의 철자법은 악명 높을 정도로 부정확한데, 종종 동일한 철자가 다른 음을 나타낸다. 예를 들어, attic의 철자 a는 [æ]로 발음되지만 always의 첫 음절에서는 [ɔ]로 발음되며, about에서는 [ə]로 발음된다. 반대로, 동일한 음이 서로 다른 철자나 철자의 조합으로 표기되기도 한다. 예를 들어, [u]음은 through, threw, thru에서 보듯이 여러 가지 철자로 표기된다. 게다가 특정 언어의 특정한 알파벳이 모든 언어의 모든 단어의 소리를 나타내는 것은 불가능하다. 어떤 언어는 영어에서는 발견되지 않는 음을 포함하고, 또 영어 단어를 표기하기 위해 사용하는 철자에서는 이러한 음을 표기하기 위한 철자가 없는 경우도 있다. 영어 알파벳은 서아프리카에서 발견되는 협착폐쇄음을 나타낼 수 없을 뿐 아니라, 다른 많은 언어에서 발견되는 수많은 다른 비영어음을 나타낼 수 없다.

이런 문제들을 해결하기 위해 1886년 프랑스에서 대부분 언어교사로 구성된 한 조직체가 철자법의 애매모호함과 비일관성을 제거하기 위한 알파벳을 고안했다. 이 조직체는 음성학교사연합으로 불리다가, 1897년부터는 현재의 이름인 국제음성학회(International Phonetic Association : IPA)로 바꾸었다. 1888년에 이 연합체는 국제음성기호의 첫 번째 버전을 발표했는데, 이 기호 체계 역시 약자는 IPA이다. 이 기호 체계의 주요 원칙은 아주 간단하다. 즉 하나의 기호는 단 하나의 음을 나타내고, 하나의 음은 단 하나의 기호로 표기된다는 것이다. 그러나 실제로 인간은 거의 무한수에 이르는 다양한 종류의 다른 언어음을 낸다. 따라서 각 음성기호는 해당 음이 산출되는 평균적인 방식을 나타낼 수밖에 없다. 음성기호의 주요 부호에 덧붙이는 여러 가지 변별부호도 있다. 이 부호는 주어진 음을 더욱 자세하게 기술할 수 있게 해 준다. 변별부호는 기존의 음성기호에 추가된 기호로서, 추가 정보를 제공하며, 음성기호의 위, 아래, 또는 뒤에 추가한다. 음성 표기를 위해 사용하는 변별부호에는 여러 가지가 있다. 세 가지 변별부호를 예로 들면 [r̩], [æ̃], [iː]가 있다. [r] 아래에 추가된 [̩]은 [r̩]이 음절적 자음의 기능을 한다는 것을 뜻하고, [æ] 위의 [˜]은 [æ]가 비음화되었다는 점을 뜻한다. [i] 뒤의 [ː]는 [i]가 보통보다 더 길게 발음된다는 점을 뜻한다. 음성기호 전체와 변별부호는 이론적으로 모든 언어의 음을 기술할 수 있다. 그러나 1888년 이후, IPA에 의해 기술할 수 없는 언어음을 포함한 언어가 다수 발견되었다. 그 결과 국제음성기호는 그에 맞추어 종종 수정되었으며, 최근의 대규모 수정은 1993년에 이루어졌고, 1996년과 2005년에도 약간의 수정이 추가되었다. 1990년대에는 IPA를 확장하여 일련의 기호와 변별부호를 추가함으로써, 예를 들어 경구개가 갈라지거나 혀가 짧은 데서 오는 발음장애가 있는 사람의 발음을 기술할 수 있게 되었다.

IPA는 가능하면 로마자 알파벳을 사용한다. 그러나 로마자에 충분한 기호가 없기 때문에 다른 기호들도 사용하는데, 어떤 기호는 로마자를 수정하여 만든 것이다. 예를 들어, 특정한 기호를 [ɔ]와 [ə]처럼 좌우로, 또는 위아래로 뒤집어서 만들었다. 또 어떤 기호는 세타라고 불리는 [θ]와 엡실론이라 불리는 [ɛ]와 같은 그리스어 문자이다. 에쓰라 불리는 [ð]는 고대 영어에 사용되던 문자로 지금도 아이슬란드어에서 사용되는 문자이다. 그러나 어떤 기호들은 완전히 새로 만들어지기도 하였다. 하나의 기호는 하나의 음을 표기하고, 하나의 음은 하나의 기호로 표기된다는 IPA의 기본 원칙은 유효하다. 그러나 북아메리카의 언어학자들은 종종 IPA의 기호와는 다른 기호들을 사용하기도 한다. 예를 들어, 북아메리카의 언어학자들은 대부분 IPA의 기호인 [ʃ] 대신에 [š]를, [ʒ] 대신에 [ž]를, [y] 대신에 [j]를 사용하며, 다른 대체형들도 더 있다. 우리는 이 책에서 북아메리카 기호들을 사용한다.

* 국제음성기호와 국제음성학회에 대한 더 많은 정보는 웹 사이트 http://www2.arts.gla.ac.uk/IPA/ipa.html을 참조할 수 있다.

을 바꿀 수 있으며, 각 소리를 여러 가지 높낮이의 척도에 따라 배치할 수 있게 해 준다. 즉 성대의 진동이 빠를수록 주어진 음의 피치는 높게 인식된다. 피치가 바뀌었다는 것을 표시하는 한 가지 방법은 피치 모양 표시선을 해당 발화의 위쪽에 표시하는 것이다. 예를 들어, 'His name is Harry'와 같은 문장은 다음과 같이 나타낼 수 있다.

1. His name is Harry?

2. His name is Harry.

3. His name is Harry?

4. His name is Harry.

특정 발화의 전반적인 피치를 **억양곡선**(intonation contour)이라고 한다. 예를 들어, 제한된 수의 (yes나 no와 같은) 개별 단어에서는 피치의 변화를 통해 의미 변화를 가져오지만, 일반적으로는 피치의 변화가 의미 변화를 가져오지는 않는다. 영어는 피치곡선이 전체 어구에 확장되기 때문에 **억양언어**(intonation language)라고 부른다. 영어에서는 문장의 억양곡선을 바꿈으로써 통사적 기능이 바뀐다. 예를 들어, 'His name is Harry'와 같은 문장은 앞에서 본 것과 같이 억양에 따라 의문문(1번), 평서문(2번), 놀람의 표현(3번), 의심의 표현(4번)이 될 수 있다.[3]

억양곡선(intonation contour) 발화의 전체적인 피치로서, 피치의 변화를 보여 주는 선을 문장 위에 나타내기도 한다.

억양언어(intonation language) 여러 가지의 억양곡선이 문장의 통사적 기능을 바꾸는 언어를 말한다.

개별 분절음 연쇄, 즉 선형적으로 나열된 개별 단어 전체에 주어지는 피치는 규칙적이고도 일관되게 의미를 바꾼다. 중국어, 타이어, 줄루어, 나바호어와 같은 언어가 이러한 특성을 가지는데, 이런 언어를 **성조언어**(tone language)라고 부른다. **성조**(tone)는 성조언어에서 동일한 분절음으로 구성된 단어를 구분하는 기능을 하는 특정한 피치 또는 피치의 변화라고 할 수 있다.

성조언어(tone language) 동일한 언어음이 피치의 차이로 인해 의미가 바뀌는 언어를 말한다.

성조(tone) 성조언어에서 같은 분절음으로 이루어진 단어들을 구별하는 피치의 특정한 변화를 말한다.

표준 중국어(또는 북경어)는 성조언어의 고전적 예이다. 예를 들어, 이 언어에서는 [ma]라는 분절음 연쇄가 다음과 같이 네 가지의 성조를 가질 수 있다.[4]

- 성조 1 : mā mother 

3) Peter Ladefoged, *A Course in Phonetics* (New York: Harcourt, Brace, Jovanovich, 1975), 96.

4) James D. McCawley, "What Is a Tone Language" in *Tone: A Linguistic Survey,* ed. Victoria A. Fromkin (New York: Academic Press, 1978), 119-120.

- 성조 2 : má hemp 

- 성조 3 : mǎ horse 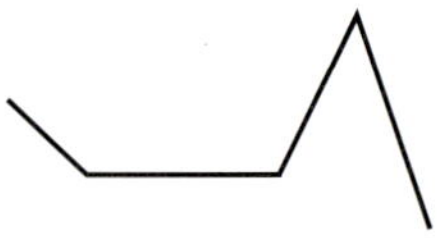 어구 끝에서  어구 끝이 아닐 때

- 성조 4 : mà scold  어구 끝에서  어구 끝이 아닐 때

모음 위의 변별부호는 네 가지 성조 중 하나를 나타낸다. 각 단어의 영어 번역의 오른쪽 기호는 성조의 높이, 모양, 지속시간을 그림으로 나타낸 것이다. 오른쪽의 수직선은 피치 크기로서 위쪽이 높은 피치를, 아래쪽이 낮은 피치를 나타낸다. 왼쪽에서 시작해서 수직선과 만나는 선은 피치의 모양을 나타낸다. 따라서 성조 1의 예에서 피치는 높게 시작해서 높게 유지되고, 성조 2의 예에서는 피치가 낮게 시작해서 높아질 때까지 일정하게 높아진다.

지속시간

지속시간(duration) 언어음이 얼마나 지속되는가 하는 시간을 말한다.

소리의 길이를 **지속시간**(duration)이라고 부른다. 소리는 매우 짧을 수도 있고, 상대적으로 길 수도 있다. 지속시간은 일종의 연속체이다. 어떤 언어음은 발음기관에 의해 만들어지는 방식 때문에 다른 언어음보다 길거나 짧아지기도 한다. 예를 들어, 영어에서 고모음은 일반적으로 저모음보다 지속시간이 짧다. 그러나 음성적 환경도 소리의 길이에 영향을 준다. 예를 들어, 영어에서는 유성자음 앞에 오는 모음이 무성자음 앞에 오는 모음보다 1.5배 정도 더 길게 발음된다. 예를 들어, need의 [i]는 neat의 [i]보다 더 길게 발음된다. 그러나 neat의 [i]음을 정상적인 길이보다 더 길게 발음한다고 해서 그것의 의미가 바뀌는 것은 아니다. 영어에서는 다른 면에서 동일한 단어쌍 중 어느 하나의 발음을 길게 한다고 해서 그것의 의미가 바뀌는 것은 아니다. 단, 예외적으로 강세나 연결부의 위치를 다르게 하기 위해 길이가 사용되기도 한다.

그러나 어떤 언어에서는 소리의 지속시간이 어휘 항목 사이의 대비를 나타내는 주요 요인이기도 하다. 예를 들어, 힌두어에서 [paka]는 ripe를 의미하고, [pakka]는 firm을 의미한다. 자음이나 모음을 되풀이하는 것은 음성 표기에서 해당 음의 길이가 길어진 것을 나타내는 한 가지 방법이다. 길어진 음은 **겹소리**(geminate)라고도 부르

겹소리(geminate) 지속시간이 짧은 동일한 언어음에 비해 두 배의 지속시간을 가지는 언어음을 말하며, 장모음이나 장자음을 말한다.

며, 대개 **단음**(singleton)이라 부르는 원래 개별 음의 두 배 정도의 길이를 가진다. 그러나 콜론이라 부르는 변별부호 [ː]을 이용해 겹소리를 나타내기도 한다. 따라서 [pakka]는 [pakːa]로 표기할 수도 있다.

단음(singleton) 겹소리에 비해 그 길이가 절반에 해당하는 개별 언어 음을 말한다.

다른 예를 들면, 다음과 같다.

- 이탈리아어에서 house는 [kasa]이고, box는 [kassa]이다.
- 핀란드어에서 I kill은 [tapan]이고, I meet는 [tapaan]이다.

이와 같이 많은 언어에서 음의 길이를 기반으로 하여 의미의 차이를 나타낸다.

강세의 차이

언어학에서 **강세**(stress)란 말은 이 단어의 일반적인 의미와 같은, 즉 강조나 다른 요소에 비해 좀 더 눈에 띄게 하는 것을 말한다. 강세는 주어진 발화의 특정 부분의 피치를 바꾸거나, 길이를 늘이거나 아니면 상대적 크기를 증가함으로써 얻어진다.

강세(stress) 강조하거나 좀 더 두드러지게 발음하는 것을 뜻한다.

음절은 강세를 포함할 수 있는 가장 작은 언어단위인 것 같다. 어떤 언어에서는 강세 유형이 완전히 예측 가능하고 변하지 않는다. 예를 들어, 핀란드어와 헝가리어에서는 강세가 언제나 첫 번째 음절에 오고, 프랑스어와 멕시코의 마야어에서도 단어의 첫 번째 음절에 강세가 자동으로 온다. 그러나 폴란드어와 아프리카의 스와힐리어에서는 단어의 마지막에서 두 번째 음절이 강세를 받는다. 영어를 포함하여 이런 언어에서는 다음절 단어의 경우 강세를 바꿈으로써 의미의 변화를 가져오기도 한다.

영어 화자들은 직관적으로 세 가지 높이의 강세 차이를 인식한다. 즉, 주 강세 또는 악센트라 불리는 제1강세, 제2강세, 비강세 음절이 그것이다. 강세를 받지 않는 음절은 종종 변별부호를 부여하지 않지만, 일부 언어학자는 음절 위에 [˘]를 사용하여 비강세 음절을 표시하기도 한다. 제1강세는 모음 위에 [´]을, 제2강세는 모음 위에 [`]을 두어 표기한다. 제1강세 하나만 있는 경우도 있다. phonetic이란 단어에서 제1강세는 두 번째 음절에 있고, 제2강세는 첫 번째 음절에 있으며, 세 번째 음절은 강세가 없다. 이러한 강세 표시를 포함한 음성 표기는 [fə̀nɛ́tɪk]과 같이 된다.

단어의 강세 유형은 문법적 의미가 있다. 예를 들어, subject란 단어에서 첫 번째 음절에 있는 강세를 두 번째 음절로 옮기면 품사가 바뀐다.

- súbject는 명사이다. The subject of his discussion was commas.
- subjéct는 동사이다. He will subject us all to that talk again.

이렇게 강세를 바꿈으로써 품사가 바뀌는 단어의 예들은 표 2-4에 제시되어 있다.

표 2-4 초분절음 : 강세

강세가 바뀜에 따라 의미가 변하는 예		
cónvict	명사	person found guilty
convíct	동사	to prove guilty
cóntent	명사	all that is contained within something
contént	형용사	satisfied with what one has
dígest	명사	a book; a periodical
digést	동사	to break down into component parts
súspect	명사	one who is suspected
suspéct	동사	to believe someone to be guilty
récord	명사	anything that is preserved as evidence; a disk with music imprinted into it
recórd	동사	to write down; to tape; or to otherwise preserve for future use
ínvalid	형용사	weak; not well; infirm
inválid	형용사	null or void
rébel	명사	a person who revolts
rebél	동사	to revolt

단어와 어구 내부에서의 강세 위치는 대부분 규칙적이고 예측 가능하다. 강세 규칙과 유형에 대해서는 제3장에서 논의할 것이다.

연결된 발화

발화는 대개 연속적이어서 일반적으로 사람들은 초당 10~20개의 언어음을 처리한다. 말할 때 사람들은 일련의 연결된 발화체를 만드는데, 청자는 이 연결 발화를 자신의 언어 능력에 기반을 두고 단어와 같은 의미단위로 분절하여 인식한다. 언어음은 발화되는 순간 '모호한 소리체', 즉 한 덩어리로 뭉뚱그려진 연결음에 불과하다. 그러나 이 언어음은 실제 산출된 것보다 더 분절적인 소리들로 인식된다. 이번 절에서 우리는 한 언어의 원어민 화자가 단어 경계를 어떻게 설정하는지를 살펴볼 것이다. 또한 각 단어가 별개의 분리된 소리로 발음되는 것과는 달리, 어떻게 연결된 소리 연쇄를 구성하는 음들을 더하거나 삭제하거나 결합함으로써 주어진 발화체를 화자가 인식하는가를 살펴볼 것이다.

초등학교 때 맞춤법시험을 본 경험이 있을 것이다. 아마도 초등학교 선생님은 dog, big, house, good, toy 등의 단어를 불러주고 학생들이 종이에 그 단어들을 쓰도록 했을 것이다. 또 나중에 이 단어들을 문장에 사용할 때에는 단어 사이에 공간을 두도록 배웠을 것이다. 그러나 이 단어들을 발음할 때는 문장 사이에 공간을 두거나 휴지부를 두지는 않는다. 인간의 언어는 대부분 연속적어서 실제 휴지부는 긴 발화 연쇄 후에나 둔다. 이러한 휴지부는 종종 문법적으로 필요한 부분에만 두게 된다. 그러나 발화가 연속적이라면, 한 단어가 끝나고 새로운 단어가 시작되는 것을 어떻게 알 수 있을까?

예를 들어, 아메리카 원주민인 모호크 족의 언어에서 [yakonʌ̃yohlũkwʌ̃hákyeʔ]와 같은 발화체가 있다면 당신은 어디에서 한 단어가 끝나고 어디에서 새로운 단어가 시작되는지를 알 수 있는가? 이 질문은 속임수나 마찬가지이다. 왜냐하면 앞에 말한 모호크어의 발화체는 한 단어이기 때문이다. 연속된 발화체를 유의미한 단어로 분절하는 한 가지 방법은 해당 언어에 대한 우리의 지식을 통해서이다. 모호크어를 모른다면 당신은 모호크어 단어에 대해서도 알지 못할 것이고, 따라서 단어 사이의 경계를 나누는 데 지식을 사용할 수 없을 것이다. 그러나 당신이 영어 화자이고 [fɪlagrinbʌkət]이란 소리 연쇄를 듣게 되면, 아마도 'filigree'n bucket'이 아니라 'fill a green bucket'과 같은 말을 들었다고 생각할 것이다. filigree는 한 단어이지만, n은 단어가 아니다. 원어민 화자의 언어 능력은 첫 번째 단어의 경계선이 틀림없이 [i]가 아니라 [l] 다음에 있다는 사실을 알 것이다. 물론 이 문장을 말하게 된 맥락은 소리 연쇄의 의미에 대한 정보도 제공한다.

언어음을 정확하게 분절하는 데 도움이 되는 다른 힌트도 있다. 서로 다른 언어는 주어진 단어의 서로 다른 자리에서 서로 다른 음소 결합이 이루어지는 것을 허용한다. 예를 들어, 네덜란드어에서 [kn]과 같은 결합은 단어의 첫 부분에서 허용되지만, 영어에서는 허용되지 않는다. 영어 단어 know는 *[kno]가 아니라 [no]와 같이 음성 표기된다는 사실을 기억하라. 따라서 영어 화자가 일련의 소리 연쇄에서 [kn] 조합을 발견하면, 그 사이에는 [aylayknet]과 같이 그들 사이에 단어 경계가 있다는 사실을 알게 된다. 즉, 이런 경우에 영어 화자는 [k]와 [n] 사이에 단어 경계를 넣어서 'I like Nate.'와 같이 이해하는 것이다.

단어 경계를 알려 주는 또 다른 힌트는 원어민 화자의 잠재의식적 지식, 즉 동일한 소리가 단어 속 위치에 따라 다르게 발음될 수 있다는 지식이다. 예를 들어, p 소리는 단어의 첫 자리에 있을 때는 다른 자리에 있을 때와는 다르게 발음된다. 즉, 단어의 첫 자리에 있을 때 p는 소위 유기음이라고 하여 공기가 터지는 소리가 더해져 발음된다. 이런 유기음화는 h의 위첨자인 [^{h}]로 나타낸다. 따라서 영어 화자는 [hip^{h}ed]와 같은 발화를 들었을 때, heap aid가 아니라 he paid와 같은 단어로 분석한다. [p^h]의 유기음화는 이 음이 단어의 첫 부분에 나온다는 사실을 알려 준다고 할 수 있다. heap

표 2-5 초분절음 : 연결부 인식

연결부의 변형과 이에 따라 의미가 변하는 예	
[gredet] [gre+det] [gred+et]	gradate gray date grade eight
[ilɛktrɪk] [ilɛkt+rɪk]	electric elect Rick
[ɪts+lɪd] [ɪt+slɪd]	its lid it slid
[ðæt+stʌf] [ðæts+tʌf]	that stuff that's tough
[ɪt+swɪŋz] [ɪts+wɪŋz]	it swings its wings
[ðə+sændwɪč+ɪz+wɛt] [ðə+sænd+wɪč+ɪz+wɛt]	The sandwich is wet. the sand, which is wet

의 [p]음은 유기음화되지 않으므로, 유기음화를 듣지 못한 청자는 p가 단어의 첫 부분이 아닌 다른 위치에 나타나는 것으로 인식하는 것이다. 이 문제는 제3장에서 좀 더 자세히 논의된다.

일련의 소리 연쇄는 대부분 한 가지 이상의 해석 가능성을 허용한다. 예를 들어, [naytret] 같은 발화는 세 가지, 즉 [naytret] nitrate, [nayt+ret] night rate, [nay+tret] nye trait(nye는 꿩을 의미)로 해석될 수 있다. 표 2-5의 예를 참고하라. 여기서 +는 **연결부**(juncture)라 부르는 휴지부를 나타낸다. 그러나 연쇄음에서는 휴지부가 인식되는 것뿐이지, 실제로 존재하는 것은 아니다. 그렇다면 청자는 화자가 [naytret]라고 말했을 때, 어떻게 그것이 nitrate인지, night rate인지, nye trait인지를 알 수 있는가? 물론 주요 힌트는 이 발화가 이루어지는 맥락, 즉 대화가 무엇에 대한 것인가 하는 점이다.

연결부(juncture) 일련의 언어음들 사이의 휴지부나 휴지부로 인식되는 부분을 말한다.

맥락만으로는 주어진 메시지를 해독하기에 충분하지 않은 경우, 음의 해석에는 잉여성이 개입한다. 즉, 인식된 연결부의 예에 따라 머뭇거림의 미세한 차이, 후두폐쇄음의 삽입, 유기음과 무기음의 대조, 피치의 높낮이, 길이의 대조, 음절 경계선에서의 실제 휴지부 등의 요인들에 의해 잉여적 힌트가 제공된다.

연결된 소리는 개별 단어들을 분리해서 발음하는 것과는 다르다. 예를 들어, 다음 문장의 각 단어를 분리해서 발음하지는 않는다.

"When is he coming to your house?" [ʍɛn ɪz hi kʌmɪŋ tʊ yʊr haws]

이와는 달리 실제로는 다음과 같이 듣게 될 것이다.

[ʍɛnzikʌmɪn̩təyʊrhaws↑].

여기서 [↑]은 휴지부 앞에서 피치가 높아지는 특성이 있는 연결부를 표시한다. 여기서 [n̩] 아래에 있는 변별부호 [̩]는 [n̩]이 모음이 없이도 음절의 역할을 한다는 것을 표시한다. 이 소리 연쇄는 다음과 같은 특성이 있다.

- 각 단어는 공간에 의해 분리되지 않았다.
- 휴지부는 음절 사이나 연쇄, 즉 문장의 마지막에 있다.
- 이상적인 음성 표기에서 많은 소리가 누락되었다. 예를 들어, [ɪz]는 [z]가 되었고, [hi]는 [i]로 축약되었으며, [ɪŋ]은 [n̩]이 되었다.

연습문제 4 : 초분절음

1. 별도의 종이에 다음 문장을 아래 유형의 문장으로 말할 때 나타나는 억양곡선을 그려라.

   "You will be there at five o'clock."

   a. 명령문　　b. 의문문　　c. 확인문

   이 문장을 다른 억양곡선으로 발음할 때 또 다른 의미가 생성되는가? 그렇다면 그 억양곡선을 그리고, 의미가 무엇인지 밝혀라.

2. 표 2-4는 주로 강세가 다른 두 쌍의 단어 목록이다. 강세의 차이는 의미의 차이를 초래한다.

   A. 이렇게 강세와 의미의 변이형이 나타나는 예를 10개 이상 찾아 써라.

   a. ____________　　f. ____________
   b. ____________　　g. ____________
   c. ____________　　h. ____________
   d. ____________　　i. ____________
   e. ____________　　j. ____________

   B. 이 예들에서 어떤 체계적인 원리를 찾아낼 수 있는가?

3. 표 2-5에서 본 것과 유사한 연결부의 예를 5개 이상 제시하여라.

음성적 철자	의미
a. ______________	______________
b. ______________	______________
c. ______________	______________
d. ______________	______________
e. ______________	______________

4. 다음 문장들에서 제1강세를 받는 부분에 [´]를 표시하여라.
   a. Mary had a little lamb. (Mary가 양을 낳았다는 사실에 대해 놀랐을 경우)
   b. Mary had a little lamb. (Mary가 양을 소유하고 있다.)
   c. The man picked up a hot rod. (뜨거운 막대기나 쇠꼬챙이)
   d. The man drove a hot rod. (자동차)
   e. I saw a blackbird. (특정한 종류의 새)
   f. I saw a black bird. (까만 색깔의 새)
   g. The plants are in a greenhouse. (식물을 키우는 특정한 집)
   h. The Joneses live in a green house. (녹색으로 칠해진 집)

요약

음성학은 음향음성학, 청음음성학, 조음음성학의 세 분야로 구분한다. 조음음성학은 언어음의 발화를 연구하는 것이다. 많은 자연 현상이 기본적으로 연속적이듯이, 인간의 발화도 이런 자연 현상의 일환이다. 한 발화의 소리는 최소한의 공백을 포함한 연속체이다. 그러나 우리는 발화가 개별적인 단어, 어구, 문장들로 구성되어 있으며, 각각은 다양한 경계에 의해 분리되어 있는 것으로 인식한다.

조음음성학을 연구하는 사람은 언어음을 음이라고 부르는 단위로 분절한다. 음이 독립적으로 기술될 수도 있지만, 실제 발화에서는 음의 이상적인 '모습'이 주변의 음성적 환경에 의해 여러 가지로 나타나기도 한다.

언어음은 공기의 흐름에 의해 시작된다. 기류는 성대가 그것을 진동함에 따라 변화를 겪으며, 이렇게 해서 생기는 음이 유성음이다. 반면에, 성대가 열리면 진동이 생기지 않으며 이렇게 해서 만들어지는 음은 무성음이다. 기류는 구강만을 통과하면서 음을 만들기도 하는데, 이렇게 만들어지는 음을 구강음이라고 한다. 또한 기류는 구강과 비강으로 흐르면서 비음을 만들기도 한다.

하나의 조음기관이 다른 조음기관에 닿으면서 기류가 변화할 때 자음이 만들어진다. 순간적인 기류의 방해는 공기가 후두에서 시작하여 입술로 나오는 동안 어느 지점에서도 일어날 수 있다. 이렇게 공기가 방해를 받는 방법은 기류가 완전히 막히는 것(폐쇄음)에서부터, 설측음의 생산에서 보듯이 기류가 최소한의 방해를 받는 것까지 매우 다양하다.

모음은 기류가 방해를 받는다기보다는 일정한 모양이 만들어질 때 생산된다. 즉 모음의 차이는 특정한 모음을 발음할 때 사용되는 공명강의 모양에 달려 있는데, 그것이 구강에서 만들어질 수도 있고, 아니면 구강과 비강 모두에서 만들어질 수도 있다. 또한 모음은 혀의 높이, 혀의 앞뒤 위치, 입술의 둥글기나 펴진 정도 등에 의해 바뀌는 구강 모양의 영향을 받기도 한다.

음성학에서 사용되는 범주는 이상적인 유형이다. 예를 들어, 폐쇄음과 같이 다른 자음보다는 해당 자음의 이상적인 정의에 더 가까운 자음도 있고, 유음과 같이 모음의 속성과 자음의 속성을 모두 가진 범주도 있다. 표 2-1에서 보았듯이 조음점과 방법은 다양하다. 언어음은 성도를 따라 어떠한 지점에서도 만들어질 수 있으며, 특정한 지점에서만 만들어지는 것은 아니다.

표 2-1과 그림 2-3에 제시된 분절음 외에도 언어음에서는 초분절음이 매우 중요하다. 피치, 발음시간, 강세의 차이점이 발화의 의미를 바꾸기도 한다. 여기에 덧붙여 연결된 발화에서 개별적 단어를 발음하지는 않는다. 연결된 발화는 말 그대로 연속되어 있지만, 청자는 연결된 발화를 분절적으로 듣는다. 이는 청자가 어디서 개별 단어가 시작되고 끝나는가를 알고, 발화를 일정 단위로 묶는 방법을 알기 때문이며, 적정한 음을 삭제, 삽입, 연결하기 때문이다.

더 읽을거리

Johnson, K., *Acoustic and Auditory Phonetics,* 2nd ed., Oxford: Blackwell, 2003.

Ladefoged, P., *A Course in Phonetics,* 5th ed., Boston: Thomson Learning, 2005.

Pullum, G.K. and W.A. Ladusau, *Phonetic Symbol Guide,* 2nd ed., Chicago: University of Chicago Press, 1997.

Small, L.H., *Fundamentals of Phonetics: A Practical Guide for Students,* 2nd ed., Boston: Allyn & Bacon, 2005.

Van Ripen, C.G., *An Introduction to General American Phonetics,* Prospect Heights, IL: Waveland Press, 1992.

참고할 웹 사이트

제3장에 제시된 웹 사이트 참조

음성학 학습 사이트(이 사이트는 모든 음을 발음해 주는 프로그램이 있다.)
http://faculty.washington.edu/dillon/PhonResources/PhonResources.html

북아메리카 음운 지도 : http://www.ling.upenn.edu/phono_atlas

국제음성협회 : http://www2.arts.gla.ac.uk/IPA/ipa.html

UCLA 음성학연구소 : http://www.humnet.ucla.edu/humnet/linguistics/faciliti/uclaplab.html

음향음성학과 일반 음향학 관련 웹 사이트 :
http://www.chass.utoronto.ca/~danhall/lin228/acoustics.html

구어 영어연구 관련 자료 :
http://faculty.washington.edu/dillon/PhonResources/PhonResources.html

런던대학의 음성학 관련 웹 사이트와의 링크 :
http://www.soas.ac.uk/linguistics/links/phonetics

개인 컴퓨터에서 음성기호를 쉽게 사용하게 해 주는 웹 사이트(IPA를 추가함으로써 음성기호를 MS Word에서 쉽게 사용할 수 있다.) :
http://www.phon.ucl.ac.uk/home/wells/eureka-ipa.doc

문자 체계와 세계의 언어들(이 사이트는 음성학을 다루는 다양한 사이트와 연결되어 있다.) :
http://www.omniglot.com

용어와 개념의 정리 : 음성학

1. ______________ 음성학은 언어음의 물리적 속성을 연구하는 분야이다.
   ______________ 음성학은 언어음의 지각을 연구하는 분야이다.
   ______________ 음성학은 언어음의 실제 발음을 연구하는 분야이다.
2. 언어는 기본적으로 ______________와(과) ______________에 의해 생산된다.
3. 성대를 진동시키면 ______________이(가) 만들어진다. 성대가 서로 떨어져 있어서 기류가 부드럽게 흘러 나가면 ______________이(가) 만들어진다.
4. 자음은 기류가 발성기관의 일부에 의해 ______________때 만들어진다.
5. 모음은 기류가 ______________때 만들어진다.

6. [b]는 다음과 같은 조음자질들에 의해 기술될 수 있다. ______________________

7. 그림에서 해당하는 부분의 명칭을 써라.

a. ______________ d. ______________ g. ______________

b. ______________ e. ______________ h. ______________

c. ______________ f. ______________ I. ______________

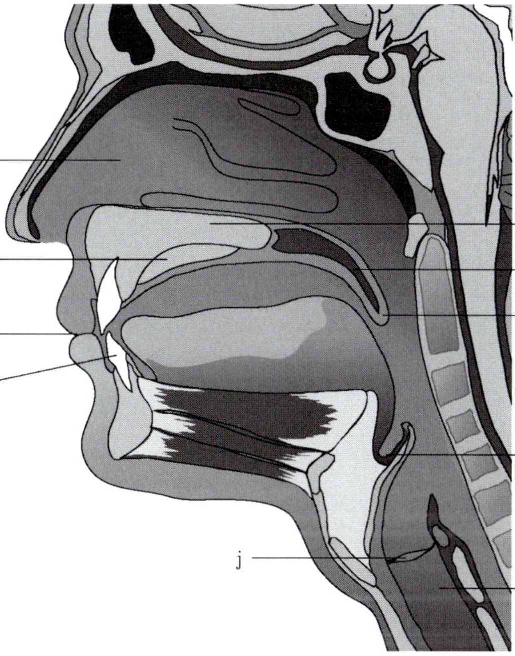

8. 영어의 세 가지 비음은 ______________, ______________, ______________(이)다.

9. 비음을 생성하는 데 있어서 ______________가 ______________짐으로써 공기가 구강과 비강 양쪽으로 지나가게 된다.

10. 음성 표기에 위첨자로 덧붙여 표시하는 [ʰ]는 해당 음이 ______________(이)라는 것을 의미한다.

11. 다음 음의 조음 방법과 조음 위치는 무엇인가?

a. [č] ______________ b. [θ] ______________

c. [n] ______________ d. [l] ______________

e. [f] ______________ f. [y] ______________

12. 마찰음과 치찰음은 때때로 한 그룹으로 묶어지고 '______________'을(를) 의미하는 라틴어 어휘를 본떠 ______________(이)라고 부른다.

13. 폐쇄음이 아닌 음들은 ______________(이)라고 부른다.

14. 모음은 언제나 거의 ______________이다.

15. 모음은 ______________을(를) 기준으로 서로 다르게 들린다.

16. 모음의 생성에서 구강의 모양은 ______________의 높이와 앞뒤로 나온 정도에 의해 영향을 받는다.
17. 영어에서 모음은 ______________ 앞에서 비음화한다.
18. 영어에는 다섯 가지 모음이 있다. 이 말은 (참/거짓) 이다.
19. 모음 [u], [ʊ], [o], [ɔ] 등은 어떤 자질을 공유하는가?
20. 이중모음이란 ______________이다.
21. 높이, 강세, 연결부 등에서 차이를 가지는 음성자질들은 ______________(이)라고 부른다.
22. 높이(피치)와 관련해서, 영어는 ______________ 언어인 반면, 중국어는 ______________ 언어이다.
23. 단어는 ______________ 제1강세를 가질 수 있다.
24. 동일한 분절음이 같은 두 단어의 강세가 서로 다르면 ______________와(과) ______________이(가) 달라질 수 있다.
25. [ays+krim]과 [ay+skrim]의 차이는 ______________의 차이이다.

단원 말 연습문제

1. 음성기호의 구성에서 각 자음과 모음의 기술에 포함되는 조음에는 어떤 것이 있는가?

____

____

____

____

____

2. 다음 각 단어를 음성 표기로 기술하여라.

a. act ______	f. mask ______	k. siege ______
b. Roy ______	g. vacillate ______	l. motion ______
c. fatigue ______	h. now ______	m. die ______
d. mouse ______	i. pawn ______	n. delicate ______
e. retreat ______	j. put ______	o. eye ______

3. 지금까지의 표기 연습문제들은 단어나 단어 속의 개별 음이 독립적으로 발음될 때의 속성을 기술하는 것이었다. 그러나 연결된 발화에서는 단어들을 독립적으로 발음하지는 않는다. 아래 어구를 한 번은 마치 각 단어가 독립적으로 발음되는 것처럼, 또 한 번은 대화에서처럼 연결된 발화로 발음되는 것처럼 표기하여라.

	이상적 표기	**연결 발화**
What will you do?	[wʌt+wɪl+yu+du]	[wʌtlyə+du]
Don't you know that?	______	______
An apple is good to eat.	______	______
Here's mud in your eye.	______	______
Will he kiss her?	______	______
Where is he?	______	______

4. 연습문제 3번의 표기를 이용하여, 각 단어의 이상적 발음이 연결 발화에서는 어떻게 바뀌는지 설명하여라.

______

______

______

5. 다음의 친숙한 구절들을 영어 표기법으로 표기하여라.

a. [gɪv mi lɪbrr̩ti ɔr gɪv mi dɛΘ]

b. [ple ɪt əgɛn sæm]

c. [frɛndz romənz kʌntrimən]

d. [o se kɛn yu si]

e. [astʌ lə vistʌ bebi]

f. [ðɛrz no ples layk hom]

g. [fɔr skɔr ɛnd sɛvən yɪrz əgo]

6. 한 언어의 성인 화자는 대부분 모국어에 없는 음이 포함된 외국어를 발음하기가 어렵다. 여러 가지 원인이 있지만 성인은 모국어에 포함된 음만을 수년 동안 발음한 결과, 조음상의 유연성을 상실한다는 것도 한 이유이다. 이러한 지적을 뒷받침하는 사례로 다음과 같이 일본어 화자들이 영어 단어를 발음하면서 겪는 일반적인 어려움을 들 수 있다.

- 일본어에는 [æ]가 없기 때문에 종종 영어의 [æ]를 [a]로 대치한다.
- 일본어에는 [f]가 없기 때문에 종종 [f]와 [h]를 구별하지 않는다.
- 일본어에는 [v]가 없기 때문에 이 음이 종종 [b]와 혼동된다.
- 일본어에는 [Θ]와 [ð]가 없기 때문에 종종 [Θ]는 [s]로 대치하고, [ð]는 [z]로 대치한다.
- [l]과 [r]은 서로 교체한다.

A. 아래 단어를 일본어 화자가 발음하는 방식으로 표기하여라.

a. lice ______　　　j. hive ______

b. shack ____________________

c. car ____________________

d. five ____________________

e. vest ____________________

f. play ____________________

g. hold ____________________

h. bale ____________________

i. think ____________________

k. vale ____________________

l. sink ____________________

m. breathe ____________________

n. fold ____________________

o. best ____________________

p. breeze ____________________

q. pray ____________________

r. rice ____________________

B. 어떤 세트의 음이 혼동될 수 있는가?

예 : pat과 pot은 일본어 화자 대부분에 의해 [pat]으로 발음될 수 있다.

____

____

____

C. 여러 가지 대체형을 설명하기 위해 어떠한 음성자질 체계를 설정할 수 있는가?

예 : 무성마찰음 [s]는 무성마찰음 [θ]를 대체하고, 유성마찰음 [z]는 유성마찰음 [ð]을 대체한다. 즉, 조음점만 달라진다.

____

____

____

3

음운부 : 음운론

The Phonological Component: Phonology

이 장에서 알아야 할 것

1. 음성학과 음운론이란 용어의 의미에는 어떤 차이가 있는가?
2. 음소와 이음이란 무엇인가?
3. 음소와 이음은 왜 구체적인 물리적 속성으로 규정하지 않고 정신적인 구조물로 간주하는가?
4. 한 언어의 음소는 어떻게 결정되는가?
5. 변별적 자질이란 무엇인가? 변별적 자질의 분석은 언어의 체계적 측면을 이해하는 데 어떻게 도움이 되는가?
6. 두 가지 주요 음운 과정은 무엇이며, 어떤 차이가 있는가?
7. "언어는 잉여자질을 포함한다."라는 말의 의미는 무엇인가?
8. 유표성이란 무엇을 지칭하는가?

음성학에서 얻는 한 가지 지식은 인간이 상당히 다양한 언어음을 산출할 수 있다는 것이다. 그러나 각 언어는 사용되는 언어음의 수를 제한하며, 개별 음은 음 체계로 조직된다. 각 언어의 음 체계는 서로 다르지만, 전 세계의 언어를 조사해 보면 흥미로운 보편적 유형이 발견된다. 이러한 음 체계의 보편적 특성들은 이 장의 다음 부분에서 논의할 것이다.

제2장의 주제였던 음성학은 언어음의 본질을 다룬다. 이에 비해 **음운론**(phonology)은 하나의 체계로서 언어 속에 뿌리박은 요인, 즉 언어음을 조직하는 데 사용되는 내적 체계를 다룬다. 먼저 음소라는 개념을 살펴보자.

음운론(phonology) 한 언어의 음 체계를 연구하는 것이다. 즉, 해당 언어에 어떤 소리가 사용되는가, 이 소리들을 결합하여 더 큰 단위를 형성하는 규칙은 무엇인가를 연구하는 것이다. 또 음운론은 보편적인 음 규칙을 포함하여 모든 언어의 음 체계를 연구한다.

언어음(phone) 다른 말로 음성단위(phonetic unit) 또는 분절음(segment)이라고 하며, 성도에 의해 만들어진 실제 음으로 다른 음들과는 구별되는 개별적이고 유일한 음으로 인식된다.

음소와 언어음의 주요 차이라는 개념

언어에 사용되는 소리는 **언어음**(phone), **음성단위**(phonetic unit), 또는 **분절음**(segment)

이라고 부른다. 음은 발화연속체로부터 추상적으로 분리된 음의 단위이며, 조음적·청각적·음향적 특성에 따라 기술된다. 예를 들어, [pʰ]는 양순음, 폐쇄음, 자음, 구강음이며 유기음이다. 약간 다른 유형의 단위인 음소는 음운론의 주요 단위이다.

음소(phoneme) 다른 음소와 대비될 때 의미의 차이를 가져오는 언어 단위로 인식된다.

음소(phoneme)는 음보다 더 추상적인 단위로, 물리적 단위라기보다는 정신적인 구조물이다. 예를 들어, p는 유기음화되지 않은 [p]로 발음될 수도 있고, 유기음화된 [pʰ]로 발음될 수도 있다. [p]와 [pʰ]는 다른 방식으로 발음되는 2개의 구체적인 물리적 소리이다. 이러한 물리적 차이는 [pʰɪt]에서처럼 p를 유기음화할 경우에 종잇조각을 입술 가까이에 대 보면 움직이지만, [spɪt]에서처럼 p를 유기음화하지 않을 경우에는 종잇조각이 움직이지 않는다는 사실을 통해서도 알 수 있다. 그러나 spit의 p를 유기음화하거나 pit의 p를 유기음화하지 않더라도, 우리는 이 단어를 다른 단어로 인식하지는 않는다. 이렇게 하면 보통 예상되는 것과는 조금 다르게 들리겠지만, 해당 단어의 의미가 바뀌는 것은 아니다. 영어에서 원어민 화자는 p가 단어의 첫 번째 음일 경우 그것을 유기음화하고, 첫 번째 자리가 아닐 경우에 유기음화하지 않아야 한다는 잠재의식적 규칙이 있다. 다른 말로 하면, 영어의 원어민 화자가 p의 두 가지 발음 중 어떤 소리를 사용할 것인가는 그것의 사용을 결정하는 규칙이 있기 때문에 예측할 수 있다. [p]와 [pʰ]는 두 가지의 다른 음이지만, 그 차이는 영어에서 그렇게 중요하지 않다. 언어학에서 개별 음 사이의 중요한 차이점은 두 음을 교체했을 때 해당 단어의 의미가 바뀌는 것이다. 예를 들어, pit에서 p 대신에 b를 넣으면 bit라는 완전히 다른 단어가 된다. pit와 bit는 다른 의미를 가지기 때문에 대조적이라고 말한다. 따라서 p와 b는 인식적으로 매우 중요하다. 영어에서는 대부분 [p]와 [b]를 서로 바꾸면 단어의 의미가 바뀐다. 그러므로 우리는 /p/와 /b/를 서로 다른 음소라고 말하는 반면에, [p]와 [pʰ]는 음소 /p/의 두 가지 다른 형태, 즉 **이음**(allophone)이라고 부른다. 모든 이음은 각괄호 속에 넣고 음소는 사선 사이에 넣는다. 음소 /b/도 /p/와 마찬가지로 다양한 발음형, 즉 이음을 가진다.

이음(allophone) 음소의 변이형이므로, 한 음소의 이음들은 서로 다른, 예측이 가능한 음성환경에서 만들어진다.

음소는 다른 음소와 비교하였을 때 의미의 차이를 가져오는 기능을 하는 것으로 인식되는 언어단위로 정의된다. 그러나 실제로 구어에서 음소는 화자와 청자가 하나의 소리로 인식하는 일련의 음이다. 음소 /b/와 /p/는 그 자체로는 아무런 의미도 가지지 않는다. 그러나 비교하는 단어의 같은 자리에서 하나의 음소만 다르고 나머지는 모두 같은 단어는 일정한 대비를 이룬다. 예를 들어, bit와 pit처럼 서로 다른 의미를 가진다. 여기서 '인식된다'는 말의 의미는 앞에서 사용된 것과 마찬가지로, 음소가 해당 음의 음향학적 속성에 상관없이 청자에게 둘이나 그 이상의 같은 소리 또는 다른 소리로 기능한다는 점을 말하는 정신적 구조물이기 때문이다. [p]와 [pʰ]는 음향학적으로, 즉 물리적으로는 다른 소리이지만 원어민 영어 화자는 언어학 과목을 듣지 않았다 하더라도 동일한 소리로 인식한다. 그러므로 원어민 화자들은 똑같이 p음이라고 부른다.

음소(phoneme)란 용어는 '소리'를 의미하는 그리스어 단어에 뿌리를 두고 있다. 그러나 음소는 실제 소리는 아니다. 앞에서도 설명했듯이 음소는 정신적 구조물이고, 따라서 아무도 음소를 들을 수는 없다. /p/의 경우, 청자는 [p]나 [pʰ] 또는 여기서 논의하지 않은 /p/의 다른 이음으로 듣게 된다. /p/와 다른 음소들은 모두 그 자체로는 아무런 물리적 속성을 가지지 않는 조직적이고 기능적인 단위이다. 음소는 소리가 아닐 뿐 아니라, 소리 자체를 지칭하는 것도 아니며 미국 수화(ASL)처럼 소리를 사용하지 않는 언어에도 존재한다. 수화의 음소에 대해서는 제9장에서 설명한다.

[p]나 [pʰ]와 같은 음은 영어의 동일한 음소인 /p/의 이음이지만, 다른 언어에서는 서로 다른 음소일 수도 있다. 예를 들어, 힌두어에서는 유기음 [pʰ]와 유기음화하지 않는 [p]는 서로 다른 음소이다.[1] 힌두어에서 [kapi]는 copy를 의미하고, [kapʰi]는 ample을 의미한다. 이렇게 유기음 여부만을 제외하고 다른 것은 모두 같은 단어들 사이에 의미 차이가 생기는 것은 힌두어에서 일정하게 발견된다. 그러나 다른 자질은 모두 같고 유기음화의 여부만 차이가 나는 것은 영어에서는 아무런 의미 차이가 없다. 즉, 영어에서 유기음화 그 자체는 의미를 바꾸지 않는다. 따라서 영어 화자의 정신적 구조물은 [p]와 [pʰ]를 동일한 소리로 범주화하는 반면에, 힌두어 화자는 이를 서로 다른 소리로 인식한다. 이는 마치 영어 화자가 [b]와 [p]를 서로 다른 소리로 인식하는 것과 같다. 결론적으로 힌두어에서 /p/와 /pʰ/는 서로 다른 음소이다(글상자 3-1 참조).

음성학과 음소론

언어학자들은 언어음에 관한 정보를 조직하도록 도와주는 음성기호를 이용하여 이전에 연구되지 않은 언어의 모든 언어음을 기술하고자 한다. 언어학자는 아직 어떤 음이 중요한지 또는 **변별적**(distinctive)인지 모르기 때문에 모든 세세한 사항까지도 기록한다. 언어학자는 이 상황에서 음성학적 분석을 수행하는 것이다. 지금까지 연구되지 않았던 언어의 음성적 분석은 일종의 **외부적**(etic) 관찰 또는 음성학적 연구이다. 어떤 의미에서 언어학자는 언덕 위에 앉아 언어공동체를 내려다보면서, 그 언어를 사용하는 화자의 잠재의식 속에서 어떤 음이 중요한지 또는 변별적인지를 알지 못한 채 해

변별적(distinctive) 언어학에서 '변별적'이란 용어는 서로 대치했을 경우 의미의 차이를 가져오는 단위를 말한다. 음소는 변별적이지만, 이음은 그렇지 않다.

외부적(etic) 연구대상이 되는 사람들에게는 무의미한 범주와 개념을 이용하여 문화적 외부자에 의해 이루어지는 연구를 말한다.

1) [역주] 한국어에서도 유기음화하지 않는 [p]와 유기음 [pʰ]는 서로 다른 음소이다. 예를 들어, 한국어에서 '발', '팔', '빨'은 다른 의미를 가진다.

글상자 3-1 다른 언어에서의 음소 수

언어학자 대부분은 표준 미국 영어의 음소 수를 약 44개로 추산한다. 브라질의 아마존 강 하구에 사는 부족인 피라하 족의 언어는 가장 적은 수의 음소를 가지고 있어서 남자는 10개의 음소를, 여자는 12개의 음소를 사용하는 것으로 알려져 있다. 일부 다른 문화권에서처럼 피라하 족의 남자와 여자는 서로 다르게 말하는데, 예를 들어, 여자는 /s/를 사용하지 않지만 남자는 사용한다. 파푸아 뉴기니의 동쪽에 있는 한 섬에서 사용되는 언어인 로토카스어에는 11개의 음소가 있고, 하와이어에는 12개의 음소가 있다.

음소의 수와 관련하여 척도의 반대쪽을 보면, 아프리카의 칼라하리사막에 사는 부족인 후 족의 언어는 음소를 가장 많이 가진 언어로서 자그마치 141개의 음소를 사용한다(정확한 숫자에 대해서는 언어학자들 사이에 약간의 견해 차이가 있다.).

터키, 조지아, 압하지아 자치공화국에서 사용되는 언어인 압하스어에서는 일부 방언의 경우 세계 언어 중 모음이 가장 적어서 단 2개밖에 없는 것으로 알려져 있다. 반면에, 파키스탄의 펀자브에서 사용되는 언어인 펀자브어에는 25개 이상의 모음이 있다.

당 언어를 기술하는 셈이다.

언어학자의 목표는 원어민 화자에게 어떤 범주의 음이 중요한가를 결정하는 것이다. 일단 가공되지 않은 원래의 자료가 수집되면 언어학자는 다음 단계로 음소적 연구를 수행한다. 연구자는 원어민 화자가 가진 음운론에 대한 공유된 지식을 밝히고자 하는데, 이때의 언어학자는 말하자면 **내부적인**(emic) 관찰 또는 음소론적 연구를 하면서 화자의 언어 능력을 도출하고자 하는 것이다. 직접적으로 음소론적 연구를 할 수 없는 이유는 원어민 화자의 언어 능력이 대부분 무의식적인 것이기 때문이다. 따라서 연구자는 화자에게 어떤 범주가 중요한지, 어떤 규칙을 이용해서 범주들을 결합하는지를 알려 주도록 부탁할 수가 없다. 이런 원리들은 연구에 의해 밝혀져야 한다. 한 가지 방법은 가능한 모든 범주에 대한 지식을 갖추고 주어진 자료에서 규칙을 찾아내는 것이다. 원어민 화자에게 질문을 하는 것은 단지 이러한 규칙의 타당성과 중요성을 검토하기 위해서일 뿐이다(글상자 3-2 참조).

내부적(emic) 연구대상이 되는 사람들에게 의미가 있는 범주와 개념을 가리킨다. 내부적 연구란 연구대상이 되는 사람들에게 어떤 것이 의미 있는가를 알아내고자 한다.

예를 들어, 음성학적 수준에서 영어가 원어가 아닌 언어학자는 영어에 대한 사전 지식이 없기 때문에 2개의 p음, 즉 [p]와 [pʰ]를 발견할 수 있을 것이다. 이 언어학자는 원어민 화자의 **발화**(utterances)를 포함한 텍스트를 수집한다. 여기서 발화란 두 침묵 또는 잠재적 침묵 사이의 언어음을 말한다. 아직 조직화하지 않은 이러한 상태에서 수집된 데이터를 **코퍼스**(corpus)라고 한다.

발화(utterances) 두 침묵이나 잠재적 침묵 사이에 만들어지는 일련의 언어음을 말한다.

코퍼스(corpus) 언어 규칙과 원리를 알아내기 위해 사용하는 언어 정보 집단을 말한다.

글상자 3-2 외부적 관찰과 내부적 관찰

외부적 관찰과 내부적 관찰이란 용어는 각각 '음성학적', '음소론적'이란 전문용어에서 나왔으며, 언어인류학자인 케네스 파이크(Kenneth Pike, 1912~2000)에 의해 처음으로 사용되었다. 인류학, 언어학 등에서 외부적 관찰이란 연구자에게는 의미가 있지만 연구대상자에게는 아무런 의미도 없는 개념과 범주를 뜻한다. 예를 들어, 양순폐쇄음이란 개념은 대부분의 사람에게는 아무런 의미도 없지만, 언어학자에게는 중요한 의미가 있다. 다시 말해, 양순폐쇄음이란 개념은 화자에게는 아무런 본질적인 의미도 없는 것이며, 언어학자가 분석을 위해 사용하는 외부적 범주이다. 내부적 관찰이란 한 사회의 구성원에게 고유의 의미를 가지는 개념을 가리킨다. 예를 들어, 영어 화자에게 bat와 mat라는 어휘에 포함된 /b/와 /m/의 차이는 중요한 의미를 가진다. 즉, /b/와 /m/은 서로 바꾸어 쓰면 의미가 바뀌는 것이다. 두 용어의 차이에 대한 더 자세한 논의는 웹 사이트 http://faculty.ircc.cc.fl.us/faculty/jlett/Article%20on%20Emics%20and%20Etics.htm을 참조하여라.

최소대립쌍과 최소대립세트

코퍼스는 주어진 언어의 규칙성을 찾아내는 데 사용된다. 이렇게 하는 한 가지 방법은 **최소대립쌍**(minimal pair)과 **최소대립세트**(minimal set)를 찾아내는 것이다. 최소대립쌍은 동일한 수의 분절음을 포함하지만, 같은 위치에서 단 하나의 음성적 차이만 있고 의미가 다른 두 형태(단어, 어구, 문장 등)로 이루어진다. 둘 이상의 형태가 비교될 때는 최소대립쌍 대신 최소대립세트란 용어를 사용한다.

> **최소대립쌍**(minimal pair) 단어, 어구, 문장 등의 두 형태로서, 같은 수의 분절음으로 이루어져 있지만 단 하나의 음성 차이를 보이고, 이로 인해 의미 차이가 발생한다.
>
> **최소대립세트**(minimal set) 단어, 어구, 문장이 같은 수의 분절음을 포함하지만, 단 하나의 음성적 차이로 인해 의미 차이가 생기는 둘 이상의 쌍을 말한다.

/kæt/ cat과 /pæt/ pat

은 최소대립쌍이다. 이 두 단어는 각각 3개의 분절음이 있고 첫 번째 자음이 다르며 의미도 다르다.

/kæt/, /pæt/, /ræt/, /bæt/, /fæt/

는 최소대립세트이다. 영어를 처음으로 연구하는 언어학자라면 해당 코퍼스 안에서 각 음성 연쇄에 대한 정의가 주어지지 않는 한, 이것이 최소대립세트인지 아닌지를 알 수 없을 것이다.

이제 [p]와 [pʰ]에 관한 첫 번째 질문으로 되돌아 가 보자. 언어학자는 최소대립쌍을 찾아내기 위해 주어진 코퍼스를 조사할 것이다. 그 결과, 연구자는 이 두 음이 단어의 같은 위치에는 나타나지 않는다는 사실을 알게 될 것이다. 즉, 이 음들은 상보적 분포를 보인다. **상보적 분포**(complementary distribution)는 주어진 음의 각각이 서로

> **상보적 분포**(complementary distribution) 개별 언어음이 서로 다른 음성적 환경에 나타나고 이음들이 서로 대비를 이루지 않는 경우를 말한다. 상보적 분포를 이루는 언어음들은 동일한 음소의 이음이다.

다른 음성적 환경에서만 나타난다는 의미이다. 즉, 이 음들은 대비되지 않는다. 다시 말해 [p]와 [pʰ]를 서로 교차해서 사용해도 의미 차이는 없으며, 두 p음의 최소대립쌍은 발생하지 않는다. 주변의 음이 두 p음 중 어느 것이 나타날 것인지를 결정한다. 이런 이유로, 영어의 원어민 화자가 선택하는 p음은 예측할 수 있다. 어떤 p음이 사용될 것인가는 선택의 문제가 아니라 이미 결정된 셈이다. 즉, 화자는 p음이 단어의 첫 번째 자리에 있고 바로 뒤에 강세를 받는 모음이 올 경우에 [pʰ]를 선택할 것이고, 나머지 경우에는 [p]를 선택할 것이다(음소 /p/에는 다른 이음도 있다.). 이 언어학자는 p음과 관련된 최소대립쌍을 발견할 수 없으므로, 이 음은 영어에서 변별적이거나 중요하지 않다고 결론 내린다. 즉, 이들은 의미 차이가 없다. 따라서 두 p음은 2개의 서로 다른 음소가 아니고 동일한 음소 /p/의 이음 또는 변이형(variant)일 뿐이다. /p/와 같은 음소는 원어민 화자에 의해 동일한 소리로 인식되는 일련의 언어음에 대한 이름이다. 한 부류를 형성하는 실제 소리들(이 경우에는 [p]와 [pʰ])은 이음이다.

겹친 분포(overlapping distribution) 동일한 음성환경 대부분에 나타나는 언어음들이 보여 주는 특성이다. 상보적 분포와는 달리 겹친 분포를 이루는 음들은 같은 음소의 이음이 아니라 별개의 음소이다. 따라서 겹친 분포를 이루는 언어음들을 대치하면 발화의 의미를 바꾸게 된다.

대체 틀(substitution frame) 서로 다른 항목에 의해 채워질 수 있는 빈칸을 가진 형식으로, 개별 음소를 확인하는 데 사용된다.

한편 /p/와 /k/뿐만 아니라 앞의 최소대립세트에서 /æt/ 앞에 오는 다른 자음들도 모두 음소이다. 이때, /p/와 /k/는 상보적 분포가 아니라 **겹친 분포**(overlapping distribution)를 보여 준다. 어떤 음이 모든 또는 대부분의 동일한 음성적 환경에 나타난다면 그 음은 겹친 분포를 보인다고 할 수 있다.

다른 항목으로 채워질 수 있는 '빈칸'을 가진 형태, 예를 들어 /_æt/과 같은 형태를 **대체 틀**(substitution frame)이라고 한다. 이 대체 틀에 끼워 넣어져서 의미 있는 단위를 만들어 내는 모든 영어의 음을 결정할 수 있는가? 표 3-1은 이렇게 해서 얻을 수 있는 결과를 목록으로 보여 준다. 빈칸에 대체되어 /_æt/의 의미를 바꿀 수 있는 모든 음은 별개의 음소이다. 한 가지 주목할 점은 어떤 음이 대체 틀의 빈칸에 들어갈 수 있을지는 예측할 수 없다는 사실이다. 동일한 음소의 이음들과는 달리 이러한 환경은 어떠한 음소가 선택될 수 있는지를 말해 주지 않는다.

영어를 구사하지 않는 언어학자는 이제 영어의 두 가지 p음이 음성적으로는 구별되지만, 음소적으로 구별되지 않는다는 점을 확정하였다. 즉, 두 소리는 서로 다르게 들리지만 서로 다른 음소는 아니다. 또한 연구자들은 /p/가 표 3-1에 없는 다른 소리들과도 음소적으로 구별된다는 사실을 발견하였다. 그것은 다른 대체 틀에 주어진 음들을 적용해 보면 알 수 있다. 예를 들어, /ŋ/은 단어의 첫 번째 자리에서 /p/를 대체할 수 없다. 한편 /p/는 다른 위치에서는 /ŋ/과 최소대립쌍을 형성할 수 있다. 예를 들어, p와 ŋ은 /sɪ_/라는 대체형에 대체되어 들어갈 수 있다. 그리하여 p는 sip /sɪp/, ŋ은 sing/sɪŋ/이란 단어를 형성한다. 언어음 /ŋ/은 영어 단어에서는 첫 번째 자리에 오지 않는다.

표 3-1 대체 틀 /_æt/의 최소대립쌍

bat /bæt/	mat /mæt/	tat /tæt/ [1]
fat /fæt/	Nat /næt/	that /ðæt/
hat /hæt/	pat /pæt/	vat /væt/
cat /kæt/	rat /ræt/	dat /dæt/ [2]
sat /sæt/	gat /gæt/ [2]	

[1] tat은 crochet, entangle, confuse 등의 의미와 더불어 일종의 cloth를 의미하는 등 여러 가지 의미를 지닌다.

[2] dat과 gat은 의미가 없다는 측면에서 영어의 단어가 아니다. 그러나 이들은 영어의 모든 음운 규칙을 따른다. 즉 이들은 의미만 있다면 충분히 영어의 어휘가 될 수 있다. 이러한 언어학적 형태를 우연공백(accidental gap)이라고 부른다. 새로운 단어가 만들어질 때, 이러한 우연공백이 사용될 수 있다. 사실 dat이란 단어는 디지털 오디오 테이프의 두문자로 사용되기도 한다. 펜을 의미하는 단어인 Bic[bɪk]는 /_ɪk/라는 대체 틀의 우연공백이지만, 그것이 실제 브랜드 이름으로 사용됨으로써 더 이상 우연공백이 아니다.

우리는 지금까지 최소대립쌍과 최소대립세트가 어떻게 한 언어의 대비음 단위, 즉 음소를 찾아내는 데 사용될 수 있는가를 보았다. 이런 방법은 한 언어의 모든 음소를 확립하는 데 언제나 충분한 것은 아니다. 실제로 어떤 언어는 최소대립쌍을 거의 가지고 있지 않다. 이런 경우에 음소는 다른 기준에 의거해서 결정된다. 이 중 몇 가지 기준은 이 장의 뒷부분에서 설명한다. 어쨌든 언어학자가 한 언어의 음소적 특성을 발견하기 시작하면 이들은 원어민 화자의 언어 능력을 탐색하게 되고, 따라서 '내부' 연구에 몰입하게 된다.

자유변이

[p]와 [pʰ]에 덧붙여, 영어를 구사하지 않는 언어학자는 /p/의 제3의 변이음을 발견할지도 모른다. 즉, [p˺]가 영어의 일부 방언에서 사용된다. [p˺]는 비개방음이다. 비개방음은 음이 소리 없이 개방될 때 만들어진다. 즉, 입을 다물고 바깥으로 나가는 압력이 중지된다. 영어에서 [p˺]나 [p]는 단어의 마지막 자리에서 만들어진다. 그러나 발음상의 차이점은 해당 단어의 의미 차이를 가져오지 않는다. [p˺]와 [p] 사이에는 최소대립쌍이 성립하지 않는다는 것이다. 이 두 소리는 상보적 분포를 형성하지 않고 **자유변이**(free variation) 관계를 보이는데, 자유변이는 음성적으로 다른 음들이 의미 변화가 없이 동일한 환경에서 나타나는 것을 말한다. [p˺]는 /p/의 이음인 셈이다. [pʰ]와 [p]의 상보적 관계와는 달리 [p˺]는 [p]와 겹친 분포를 보인다고 할 수 있다. /t/와 /k/ 역시 각각 [t], [tʰ], [t˺] 및 [k], [kʰ], [k˺]라는 이음을 가진다.

자유변이(free variation) 음성적으로 다른 언어음(이음이나 음소)이 동일한 환경에 나타나면서도 의미를 바꾸지 않는 것을 말한다.

때때로 2개의 음소는 의미의 변화 없이 자유롭게 교체할 수도 있다. 이 점을 설명해 주는 노래가 있는데, 어떤 사람은 potato란 단어를 /pəteto/라고 발음하고 또 어떤 사람들은 /pətato/라고 발음한다. 영어의 이러한 변이형을 사용하는 사람들에게

tomato 역시 /təmeto/와 /təmato/라는 두 가지 변이형을 허용한다.

그러나 tomato는 tomato이고 tomato이다. 즉, 이 단어를 어떤 식으로 발음하든 간에 그 의미는 동일하다는 것이다. 이 말은 즉 /e/와 /a/가 구별되지 않고, 따라서 영어에서 별개의 음소가 아니라는 의미인가? /pəteto/와 /pətato/, 그리고 /təmeto/와 /təmato/는 최소대립쌍이 아니다. 각 쌍은 동일한 분절음을 포함하고, 각 음은 단 하나의 분절음만 다르지만, 분절음들은 의미 차이를 가져오지 않는다. 그러나 /e/와 /a/는 다른 단어 집단을 사용함으로써 최소대립쌍을 형성할 수 있음을 보여 준다. 다음을 보자.

/het/ hate와 /hat/ hot

/kep/ cape와 /kap/ cop

potato나 tomato처럼 한 가지 의미가 하나 이상의 음소 형태로 나타날 때, 서로 다른 발음형은 해당 단어의 자유변이형이라 불린다. 이러한 변이형의 다른 사례는 pretty란 영어 단어가 [prɪti]와 [prɪDi]로 발음될 수 있다는 사실이다. 여기서 [D]는 혀가 원래의 휴식 위치로 돌아가면서 치조돌기를 한 번 치면서 만들어지는 유성반전설탄음이다. 자유변이의 어떤 경우에도 서로 다른 발음은 의미의 차이를 표시하지 않는다. 선택된 발음은 말 그대로 선택적이고 상보적 분포에서처럼 필수적인 것이 아니다.

요약하면 두 음이 최소대립쌍을 형성한다는 사실은 두 음이 별개의 음소라는 충분한 증거이다. 그러나 이 말의 반대는 참이 아니다. 특정한 맥락에서 최소대립쌍을 형성하지 않는 두 음은 여전히 별개의 음소일 수도 있다. 조사대상인 음들이 해당 언어의 다른 곳에서 최소대립쌍 속에서 발견되는지를 알기 위해서는 코퍼스를 면밀히 연구해야 한다. 그러나 이러한 탐색이 실패한다 하더라도 주어진 음이 별개의 음소가 아니라는 것을 반드시 의미하는 것은 아니다.

음소의 이름짓기

왜 p의 음소는 /pʰ/나 /p˥/가 아니라 /p/라고 부르는가? 음소의 이름을 짓는 기준은 어떤 이음이 가장 흔하게 나타나는가이다. 앞에서 언급한 세 가지의 p음 중에서 /p/가 가장 자주 나타난다. 즉 /p/음은 /pʰ/나 /p˥/보다 더 자주 발생한다. 따라서 우리는 이러한 관계를 /p/ → [p], [pʰ], [p˥]와 같이 나타낸다.

영어 화자가 [p], [pʰ], [p˥] 사이의 관계를 이해하는 것은 상대적으로 쉬울 수도 있다. 왜냐하면 이들은 모두 동일한 기호 p로 나타나는 음을 근거로 한 것이기 때문이다. 그러나 동일한 음소의 이음들이 영어와 국제음성기호로 서로 다른 문자를 사용하는 음들에 기반을 둔 것일 수도 있다. 예를 들어, 미국 원주민의 언어 중 하나인 모호크어에서는 /t/ → [t]와 [d]이기 때문이다. 단어의 끝이나 다른 자음 앞에서는 [t]로 실현된다. 그러므로 [salá:dat](pick it up)과 [ohyótsaˀ](chin)에서는 [t]가 나타난다. 반면, /t/는 모음 앞에서는 [d]로 실현되기 때문에 [odáhsaˀ](tail)이 된다. 이 모호크어 예에서 음소는 /d/가 아니라 /t/로 불려지는데, [t]가 [d]보다 더 자주 나타나기 때문이다. [p]를 [pʰ]와 구별해 주는 물리적 특성은 기음화이며, [t]와 [d] 사이의 차이는 유성성이다. 영어에서는 유성성의 구별이 서로 다른 음소를 유도하는데, 예를 들어, /t/와 /d/는 영어에서 서로 다른 음소이다. 모호크어에서는 유성성의 구별이 동일한 음소의 이음을 유도한다. 즉, [t]와 [d]는 상보적 분포를 이루고 따라서 모호크어에서 동일한 음소의 이음이다.

간략 표기와 정밀 표기

언어학자는 현장에서 할 수 있는 언어학적 연구의 첫 번째 단계에서 각 발화체를 가능한 한 음성적으로 세밀하고 쉽게 인식되도록 기록한다. 또 이 단계에서 가능한 많은 기호(변별부호와 특수문자)가 해당 언어에 대한 언어학자의 인식을 기록하기 위해 사용될 것이다. 이러한 기록 체계를 **정밀 표기**(narrow transcription) 또는 **음성 표기**(phonetic transcription)라고 부른다. 정밀 표기는 변별적 자질뿐 아니라 다른 자질들도 보여 준다.

정밀 표기(narrow transcription) 음성 표기(phonetic transcription)라고도 하며, 화자가 발음하는 실제 음을 가능한 자세하게 표기한다.

간략 표기(broad transcription) 또는 **음소 표기**(phonemic transcription)는 변별적 자질이 아닌 것은 포함하지 않는다. 발음상의 많은 세세한 사항은 간략 표기에서는 생략된다. 예를 들어, pit란 영어 단어는 간략 표기로는 /pɪt/로 표기되지만 정밀 표기로는 [pʰɪt]로 표기된다. pit의 정밀 표기는 영어에서는 변별적 기능이 없는 기음화(또는 유기음화)를 나타내지만, 간략 표기는 원어민 화자에게 의미가 있는 음의 구별로 한정된다. 그러므로 언어학자는 해당 언어의 음소가 확정되기 전에는 간략 표기를 사용할 수 없다.

간략 표기(broad transcription) 음소 표기(phonemic transcription)라고도 하며, 물리적으로 실제하는 소리가 아니라 (이음들로 이루어진 추상적 분류단위인) 음소라고 하는 이상화된 언어음으로 표기하는 것이다.

연습문제 1 : 음소, 이음, 상보적 분포, 자유변이

1. 다음 목록은 기음화된 연구개폐쇄음과 기음화되지 않은 연구개폐쇄음이다. 기음화되거나 기음화되지 않은 폐쇄음들은 특정한 음소의 이음인가 아니면 별개의 음소인가? 특정한 음소의 이음이라면, 이들의 상보적 분포를 설명하고 모든 최소 대립쌍을 제시하여라.

힌트 : 최소대립쌍이 있는지를 먼저 살펴보아라.

a. skill [skɪl]
b. ask [æsk]
c. kill [k^hɪl]
d. Cass [k^hæs]
e. king [k^hɪŋ]
f. ski [ski]
g. school [skul]
h. skull [skəl]
i. cool [k^hul]
j. key [k^hi]
k. cull [k^həl]
l. ink [ɪŋk]

2. 영어에서 설측음 l은 치경에서 [l]로 발음되거나 연구개에서 [ɫ]로 발음된다(여기서 l의 중간에 놓인 변별부호 [~]는 혀가 연구개 부분에서 발음된다는 점을 나타낸다.). 다음 목록을 살펴보고 질문에 답하여라.

a. 두 가지 l은 서로 다른 음소인가 아니면 동일한 음소의 이음인가?

b. 결론을 뒷받침할 수 있는 자료를 제시하여라.

lit [lɪt] lull [ɫʌɫ] leak [lik]
lame [lem] lea [li] lap [læp]
all [ɔɫ] low [ɫo] lop [ɫap]
let [lɛt] loot [ɫut] Luke [ɫuk]
late [let] lay [le] law [ɫɔ]
lick [lɪk] feel [fiɫ]

3. 다음 단어들을 간략 표기로 나타내어라(변별부호 [:]은 장음표시이다.).

a. [t^hap]

b. [p^{h}æ̃m]

c. [k^{h}oːd]

4. 어떤 사람은 difficult를 /dɪfɪkəlt/로 발음하고, 또 어떤 사람은 /dɪfəkəlt/로 발음한다. /ɪ/와 /ə/는 다른 환경에서는 변별적이다(즉, 이들은 최소대립쌍을 구성한다.). difficult란 단어의 여러 가지 발음에 의해 설명되는 현상을 무엇이라고 하는가? 이러한 음운 현상을 보여 주는 예를 세 가지 제시하여라.

비교언어학적 자료 : 러시아어와 영어

언어의 음소적 측면과 음운적 측면의 구별을 더 잘 이해하기 위해서 두 언어의 자료를 비교해 보자. 우리는 두 언어에서 t의 다양한 음 형태가 어떤 기능을 하는지 살펴볼 것이다.

brat란 단어를 혀끝이 윗니를 치도록 하면서 발음해 보자. 이번에는 /t/를 혀끝이 치조돌기를 치도록 하면서 발음해 보자. 이번에는 혀끝이 입속의 더 안쪽에 있는 경구개를 치면서 t를 발음하여 brat라고 말해 보자. 이 경우에 어떤 사람은 혀끝 이상을 사용하여 혀의 더 넓은 부분을 경구개에 닿게 한다(그림 3-1 참조). 동일한 t음이지만 이 세 발음에서 일정한 차이를 알 수 있다. 그러나 이렇게 발음이 다르기는 하지만 우리는 여전히 이 세 음이 동일한 음이라고 인식한다. 세 가지의 t음은 음성적으로

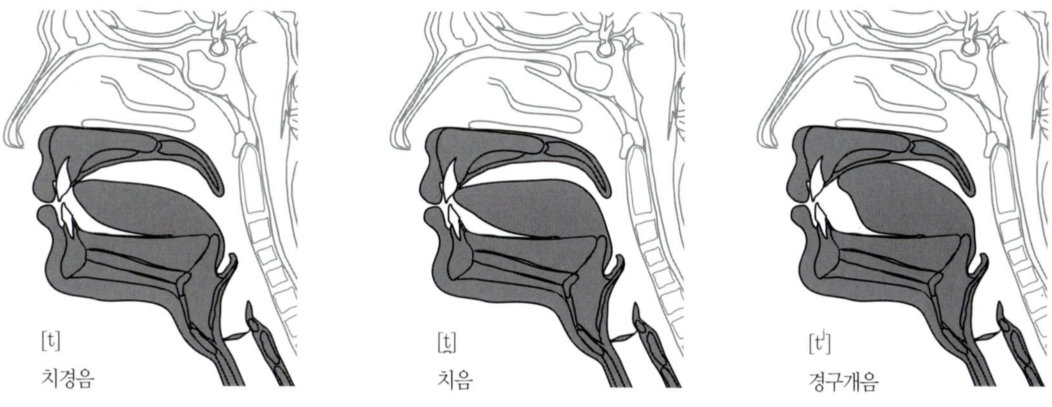

그림 3-1 t의 세 가지 발음

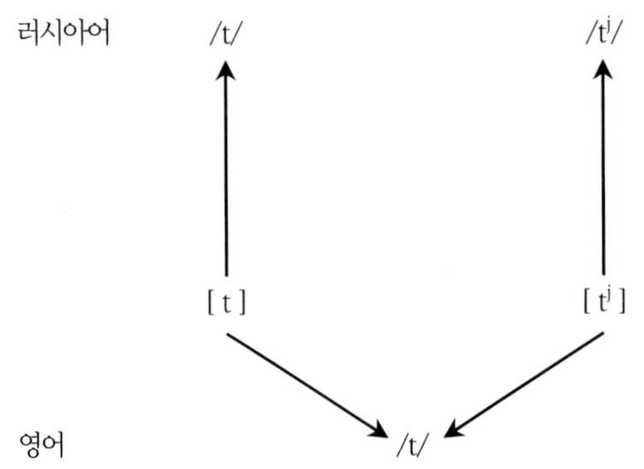

그림 3–2

영어에서 [t]와 [tʲ]는 대조를 이루지 않고 /t/라는 한 가지 음소의 이음들이다. 그러나 러시아어에서 [t]와 [tʲ]는 대조를 이루며 각각의 음소이다.

각각 [t], [t̪], [tʲ]로 표기한다. 변별부호가 없는 [t]는 치경에서 발음된다. 변별부호 [̪]과 [ʲ]은 각각 치음과 구개음을 의미한다. 영어에서는 이 세 가지 음이 모두 음소 /t/의 이음이다. 러시아어에서는 이 세 가지 음이 각각 어떻게 기능하는지 살펴보자.

러시아어에서는 [t]와 [tʲ] 사이에는 매우 중요한 차이가 있다. 러시아어 단어 /mat/는 /matʲ/와 의미가 전혀 다르다. 전자는 '마루의 매트'란 뜻이고 후자는 '어머니'란 뜻이다. 이 두 단어는 러시아어에서 최소대립쌍을 구성한다. t의 두 가지 발음형의 차이점이 러시아어 화자에게 중요한 것은 마치 cat과 pat의 첫 번째 음이 영어 화자에게 중요한 것과 마찬가지이다. 그러므로 러시아어에서 [t]와 [tʲ]는 영어에서처럼 단일 음소의 이음이 아니라 별개의 음소인 것이다(그림 3-2 참조).

각 언어는 언어음에 대한 서로 다른 인식을 구현한다. 이 말은 다른 언어의 화자들이 다양한 방식으로 가능한 음의 범위(또는 분절음)를 설정한다는 것을 의미한다. 각 언어에는 얼마 안 되는 가능한 단어만이 사용되기 때문이다. 서로 다른 언어이지만 동일한 언어음이 사용되는 경우라도, 이 언어음의 기능적 중요성은 다를 수도 있다. 일련의 언어음은 한 언어에서는 이음일 수 있지만, 다른 언어에서는 음소일 수도 있다(글상자 3-3 참조).

변별자질 분석

변별자질(distinctive feature) 음소를 구분하는 음성적 특성이다.

음소는 변별자질의 '덩어리'로 생각할 수 있다. **변별자질**(distinctive feature)은 음소를 구별하는 특질이다. 예를 들어, 영어에서 /p/는 유성성이라 불리는 단 하나의 변별자질에 의해 /b/와 음소적으로 구별된다. 즉 /b/는 유성음이고, /p/는 무성음이다. 영어에서 최소대립쌍 관계에 있는 /b/를 /p/로 바꾸는 것은 변별적이다. 다시 말해, 이러

글상자 3-3 외국어 화자는 왜 영어를 어려워할까?

제2언어를 학습하는 사람은 모국어와 동일하거나 유사한 음과 음의 조합에 대해서는 아주 쉽게 배운다. 일본어가 모국어인 화자는 영어 단어 banana를 발음하는 데 아무런 어려움도 느끼지 않을 것이다. 이 단어는 일본어에서 유사한 방식으로 발음되는 소리들을 포함하고 있으며, 게다가 이 단어의 음의 배열은 일본어의 음운 패턴을 따르고 있기 때문이다. 일본어에서 한 음절은 모음이거나 모음으로 끝나야 한다. 일본어의 이 규칙에 대한 단 하나의 예외는 Pokemon[pokiman]에서처럼 /n/으로 끝나는 것뿐이다. 일본어 화자가 일본어 패턴을 따르지 않는 외국어 단어를 발음할 때 화자는 일본어의 이 패턴을 적용한다. 예를 들어, 영어 단어 drink[drɪŋk]는 일본어에서 dorinku[dorɪŋku]로 발음될 것이다. 이 경우에도 /d/나 /r/과 같은 자음 사이에 모음이 끼어드는 것을 알 수 있다.

일본어 화자가 겪는 또 다른 어려움은 영어의 r과 l음이다. 영어에서 /r/과 /l/은 별개의 음소이지만, 일본어에는 /r/이란 음소는 있고 /l/이란 음소는 없다. 일본어 /r/은 영어의 l, d와 유사하게 들리는 이음이 있지만, 일본어 화자는 영어 단어에 포함된 l을 r로 대치하는 경향이 있다. 따라서 영어 단어 lucky는 마치 [raki]처럼 들린다.

일본인이 아닌 외국인이 영어를 배우면서 겪게 되는 어려움에는 다음과 같은 것이 있다.

- /z/와 /s/는 영어에서 별개의 음소이지만, 에스파냐어에서는 동일한 음소의 이음이다.
- /ž/와 /ǰ/는 영어에서는 별개의 음소이지만, 이탈리아어에서는 이음이다([ž]와 [ǰ]).
- /l/과 /n/은 영어에서는 별개의 음소이지만, 광둥어에서는 이음이다([l]과 [n]).
- 핀란드어에서 다음절 단어의 첫 번째 음절은 언제나 강세를 받는다. 따라서 첫 번째 음절에 강세가 없는 영어의 다음절 단어는 이 핀란드어 화자에 의해 첫 번째 음절에 강세가 주어진다.
- 영어의 /θ/와 /ð/은 세르보-크로아티아인들에 의해 각각 /t/와 /d/로 발음된다.
- 히브리어는 외국어 차용어를 제외하고는 원래 모음이 5개밖에 없고 이중모음도 없다. 따라서 이중모음을 포함한 영어 단어는 종종 잘못 발음된다.
- 프랑스인들은 단어의 첫 번째 자리에 있는 무성폐쇄음을 유기음화하지 않지만, 영어 화자는 이 음을 유기음화한다.
- 하와이어에는 음소 /t/가 없다.
- 모호크어에는 음소 /p/가 없다.

이런 점들은 영어와 다른 외국어 사이에서 발견되는 몇 가지 음성적 · 음운적 차이의 예이다. 새로운 언어를 배우는 성인에게 문제를 야기하는 또 다른 요인으로 피치, 스트레스, 지속시간 등에서 나타나는 초분절음적 차이가 있다. 이러한 음 차이로 인해 영어가 모국어가 아닌 사람이 마치 모국어 화자처럼 영어를 발음한다는 것은 쉽지 않다. 물론 그 반대 현상도 나타난다. 영어 화자는 영어에서 사용되지 않는 음을 발음하거나 음 패턴을 습득하는 데 어려움을 겪는다. 어떤 사람이 외국어 어투를 가졌다고 말할 때, 그러한 어투는 부분적으로 영어를 말하는 동안에 원래 모국어의 음운 규칙이 간섭 현상을 일으키기 때문이다.

외국어가 모국어인 사람들이 왜 영어를 배우면서 어려움을 겪게 되는가에 대해서는 웹사이트 http://www.fact-index.com/n/no/non_native_pronunciatons_of_english.html을 참고하여라.

한 교체는 의미의 차이를 가져온다. 영어를 학습하는 아동은 무의식적으로 유성성을 근거로 하여 /p/와 /b/를 구분하는 것을 배운다. 그러나 /p/는 무성음이라는 한 가지 특성뿐 아니라 여러 가지 다른 특성의 결합에서 생겨나는 음으로 생각할 수 있다. 아동은 무의식적으로 모든 음소를 일련의 방법으로 대조하는 법을 배운다. 예를 들어, /p/는 모음과 대비되는 자음이고, 비음과 대비되는 구강음이며, 마찰음과 대비되는 폐쇄음이다. 그러므로 /p/는 이 모든 자질의 집합인 셈이다. 영어에서 기음화는 변별자질이 아니었던 점을 기억하라. 즉, 기음화는 음향음성학적 자질이기는 하지만 변별적 자질은 아니다. 그 이유는, 예를 들어 [p]와 [pʰ]에서와 같은 기음화의 대비가 의미의 차이를 가져오지 않기 때문이다. 기음화는 다른 언어, 예를 들어 힌두어에서는 변별자질이다. 변별자질은 서로 다른 음소를 구분해 주지만, 비해, 동일한 음소의 이음은 그렇지 않다.

변별자질

유성성은 여러 가지 변별자질 중의 하나이므로 언어학자에 따라 사용하는 변별자질이 서로 다를 수 있다. 그러나 가장 흔하게 사용되는 변별자질의 목록은 해당 음의 조음적 특성을 근거로 하고, 일부 변별자질들은 음향음성학적 · 청음학적 자질을 근거로 하기도 한다. 인간의 두뇌가 언어음을 어떻게 구별하는가에 대한 새로운 통찰을 통해 우리는 새로운 변별자질을 발견할 수도 있을 것이다.

이 책에서 사용된 변별자질의 목록에서 각각의 변별자질은 조음음성학적 기준을 기반으로 한다. 예를 들어, [voice] 즉 유성성이란 자질은 주어진 음을 산출하는 데 있어서 성대가 움직이는가 또는 움직이지 않는가와 관련이 있기 때문에 조음음성학적이라고 할 수 있다. 우리는 이미 제2장에서 자음과 모음을 생성하기 위해 사용되는 변별자질에 대해 살펴보았다(표 2-1과 그림 2-3 참조). 사실 두 가지 변별자질의 이름인 [consonantal]과 [syllabic]은 각각 자음, 모음과 음절적 자음을 지칭한다.

- 또 다른 변별자질로는 [sonorant]가 있는데, 이는 모음, 전이음, 유음, 비음 등을 포함하는 마찰이 없는 지속음을 뜻한다.
- 일부 변별자질은 조음 방법에 따른 것이다. 앞의 제2장에서 다룬 변별자질 중 [nasal], [lateral], [continuant] 등이 조음 방법을 나타낸다.
- 일부 변별자질들은 조음 장소를 나타낸다. [tense]와 [lax] 또는 (예외적으로 짧은 지속시간을 가지는) [reduced]와 같은 자질들을 앞에서 이미 논의하였다.
- 이밖에 입술의 기능을 근거로 한 변별자질도 조음 장소에 따른 것이다. 모음을

다루면서 살펴보았던 [round]란 자질이 여기에 속한다.

- 다른 음들은 혀의 어느 부분이 관련 있는가에 의해 만들어지기도 한다. 예를 들어, 혀끝이나 혀날을 입의 앞에서 들어 올려 내는 소리를 [coronal]이라고 하고, 혀의 몸체를 입의 중간 부분에서 들어 올려 내는 소리를 [high]라고 한다. 또한 혀의 몸체를 입의 중간보다 낮은 상태로 만들어 내는 소리를 [low]라고 하며, 혀의 몸체를 경구개 뒤에서 들어 올려 내는 소리를 [back]이라고 한다.
- [strident]란 변별자질은 마찰에 의해 기류가 두 표면을 스쳐가면서 만들어지는 소리로, 아주 시끄러운 소음처럼 들리며 마찰음과 치찰음이 여기에 속한다.

여기서 설명한 변별자질의 예는 이 책의 다른 예와 연습문제에 사용될 변별자질 중 일부에 불과하며, 여기서 다루어지지 않은 변별자질도 아주 많다.

자질 매트릭스

지금까지 살펴본 변별자질은 유성성, 자음성, 음절성, 공명성, 비음성, 측음성, 지속음성, 긴장음성, 축약음성, 원순음성, 전설음성, 고음성, 저음성, 후음성, 저해음성 등이다. 유성음은 무성음과 대비되고, 비음은 구강음과 대비된다. 언어학자들은 각각의 변별자질을 +나 −로 표시한다. 이러한 자질 표기법을 **이분지 분류 체계**(binary system of classification)라고 한다. 각 변별자질은 있거나(+) 없기(−) 때문에 이분지 분류는 아주 명료하다. 어떤 음이 유성음이면 [+voice]라고 표기하는 반면, 무성음은 [−voice]로 표기한다. 앞에서 다룬 음성학 논의를 통해 이분지 음성학적 분류 체계가 가장 단순하고 내우 이상화된 것임을 알 수 있나. 즉, 우리는 음향음성학적 연구를 통해 어떤 음은 다른 음에 비해 더 유성성이 강하고, 어떤 음은 다른 음에 비해 비음성이 더 강하다는 사실을 알고 있다. 그러므로 어떤 자질이 완전히 있든가 아니면 전혀 없다는 식의 분석은 이러한 상대적 변이형을 무시하게 된다. 표 3-2는 **자질 매트릭스**(feature matrix)이다. 자질 매트릭스는 분절음을 수평축에 배치하고 변별자질을 수직축에 배치한다.

이분지 체계(binary system) 어떤 자질이 존재하거나 존재하지 않는 두 가지 가능성 중 하나로 기술하는 분류 체계이다.

자질 매트릭스(feature matrix) 분절음을 수평축에 배치하고 변별자질을 수직축에 배치한 그물망이다.

어떤 변별자질이 존재하면 그것은 +로 표시한다. 분석적 측면에서 보면 이러한 방법은 분류 체계의 약점은 아니다. 정보가 너무 많으면 오히려 분석을 흐릴 수도 있기 때문에 불필요할 수도 있다. 다음과 같은 비유를 보자. 어떤 물건을 조립 방법에 따라 조립한다고 가정해 보자. 이때 조립설명서는 스크루드라이버를 어떻게 잡고 몇 번을 돌리고, 스크루에서 부품을 어떻게 떼어 내는가 등을 세세하게 설명하지 않는다. 조립설명서는 간단하게 “B번 스크루를 B번 구멍에 넣고 단단하게 조이시오.”라고 할

표 3-2 영어 음소를 위한 자질 매트릭스

모음

특정한 음성학적 환경에 의해 모음의 일반적 조음방식이 바뀌는 경우를 제외하고는, 모든 모음은 [+voice], [+syllabic], [−consonantal], [+continuant], [+sonorant]이다.

	i	ɪ	u	ʊ	e	ɛ	ʌ	o	ɔ	æ	a	ə
High	+	+	+	+	−	−	−	−	−	−	−	−
Low	−	−	−	−	−	−	−	−	−	+	+	+
Back	−	−	+	+	−	−	+	+	+	−	+	+
Tense	+	−	+	−	+	−	−	+	−	−	−	−
Reduced	−	−	−	−	−	−	−	−	−	−	−	+
Rounded	−	−	+	+	−	−	−	+	+	−	−	−

자음

변별자질 중 low, tense, reduced는 영어 자음에는 사용되지 않는다. 모든 자음은 [−syllabic]이고, 다만 m, n, ŋ, l, r 등은 음운 환경에 따라 음절적 자음이 되며 ±로 표기한다.

	p	b	f	v	t	d	θ	ð	s	z	š	ž	k	g	m	n	ŋ	l	r	y	w	h	ʔ
Consonantal	+	+	+	+	+	+	+	+	+	+	+	+	+	+	±	±	±	±	±	−	−	−	+
Sonorant	−	−	−	−	−	−	−	−	−	−	−	−	−	−	+	+	+	+	+	+	+	+	−
Nasal	−	−	−	−	−	−	−	−	−	−	−	−	−	−	+	+	+	−	−	−	−	−	−
Continuant	−	−	+	+	−	−	+	+	+	+	+	+	−	−	−	−	−	+	+	+	+	+	−
Lateral	−	−	−	−	−	−	−	−	−	−	−	−	−	−	−	−	−	+	−	−	−	−	−
Voice	−	+	−	+	−	+	−	+	−	+	−	+	−	+	+	+	+	+	+	+	+	−	−
Anterior	+	+	+	+	+	+	+	+	+	+	−	−	−	−	+	+	−	+	+	−	−	−	−
Strident	−	−	+	+	−	−	−	−	+	+	+	+	−	−	−	−	−	−	−	−	−	−	−
High	−	−	−	−	−	−	−	−	−	−	+	+	+	+	−	−	+	−	−	+	+	−	−
Back	−	−	−	−	−	−	−	−	−	−	−	−	+	+	−	−	+	−	−	−	+	−	−

것이다. 대부분은 이 정도의 설명으로 충분하다. 음을 기술하는 것에서도 /n/은 비음이고 /p/는 비음이 아니라는 사실을 아는 것만으로도 충분하지, /n/이 어느 정도나 비음화하였는지를 알 필요는 없다. 그러나 언어학자에 따라서는 +나 −라는 단순한 값만 부여하는 것이 어떤 특정한 연구목적을 위해서는 충분하지 않을 수도 있다. 따라서 변별자질에 위계가 매겨질 수 있다. 예를 들어, pant [pæ̃nt]에서 모음 [æ]는 그 뒤에 나오는 비음인 자음 /n/의 영향으로 어느 정도 비음화된다. 그러나 /æ/가 /n/과 똑같은 정도로 비음화된 것은 아니다. 언어학자는 변별자질을 이용하여 이 점을 보여주고자 하는데, 이를 위해 숫자를 사용할 수도 있다. 예를 들어, 해당 음의 변별자질

앞에 숫자를 사용하여 [æ̃]는 [2 nasal]로, /n/은 [1 nasal]로 나타낼 수 있다. 여기에 사용된 숫자는 비음화의 정도를 표시한다. 1은 제1등급의 비음화라 하고, 2는 제2등급의 비음화라고 정할 수 있다. 이 숫자들은 상대적인 값을 나타낸다.

어떤 언어학자는 이분지 변별자질과 다른 변별자질 체계를 혼용하기도 한다. 음성학자인 피터 라데포그드(Peter Ladefoged, 1925~2006)는 양순음을 위해서 이분지 분류 체계를 사용하여 [+labial]과 [−labial]로 표기한다. 그러나 성문의 움직임과 관련이 있는 음을 나타내기 위해 사용하는 변별자질인 [glottalic]은 세 가지 값을 설정한다. 예를 들어, 성문이 위로 이동하면서 만들어지는 음은 [ejective]이고, 성문의 움직임이 없이 만들어지는 음은 [pulmonic]이며, 성문이 아래로 움직이면서 만들어지는 음은 [implosive]라고 한다. 어떤 변별자질은 한 언어에서는 이분지적이지만, 다른 언어에서는 다중적 값을 가지기도 한다. 예를 들어, 대부분의 언어에서 [voice]는 이분지 값을 가지는 것으로 충분하다. 그러나 아프리카의 수단에서 사용되는 언어인 베자어를 설명하면서 라데포그드는 유성성에 대해 다섯 가지의 값을 설정한다. 그는 이들을 각각 [glottal stop], [laryngealized], [voice], [murmur], [voiceless]라고 부른다.[2)]

자연 집단

표 3-2를 살펴보면, 어떤 음이 다른 음과 동일한 변별자질을 가지고 있는지 알 수 있다. 예를 들어, [p, t, k, b, d, g]는 모두 다음과 같은 자질을 공통으로 가진다.

+ consonantal
− sonorant
− continuant
− strident
− nasal

자음 [p, t, k, b, d, g]는 구강폐쇄음이라는 자연 집단을 이룬다. **자연 집단**(natural class)은 모든 음소의 부분집합이다. 이 부분집합은 음성적 · 변별적 자질을 공유한다.

자연 집단(natural class) 몇 가지의 음성적 자질(변별자질)을 공유하는 전체 음소집합의 부분집합이다. 자연 집단은 음운 규칙에서 매우 중요한 역할을 한다.

자연 집단의 한 가지 중요한 기능은 이 집단의 구성원이 주어진 단어 안에서 동일한 맥락에만 나타난다는 것이다. 즉, 한 자연 집단의 구성원은 해당 언어에서 거의 동일한 방식으로 행동한다는 것이다. 이러한 규칙성으로 인해, 특정한 자연 집단의 모든 구성원에 대해서는 음 하나하나 규칙을 기술할 필요가 없다. 그 대신에 주어진

2) Peter Ladefoged, "The Features of the Larynx," *Journal of Phonetics* 1 (1973), 73-83.

규칙은 해당 자연 집단 전체에 대해 설정된다. 예를 들어, 한 가지 구강폐쇄음에 적용되는 규칙은 다른 구강폐쇄음에도 똑같이 적용된다.

연습문제 2 : 변별자질과 자연 집단

1. 다음 각괄호로 묶인 분절음들 중 어떤 음이 자연 집단을 형성하는지 결정하고, 자연 집단이 생성되는 경우에 그 자연 집단을 결정하는 변별자질이 무엇인지 설명하여라.

   a. /k, g, ŋ/

   ____

   b. /n, l, r/

   ____

   c. /p, r, θ, g/

   ____

   d. /p, b, m/

   ____

   e. /i, æ, e, ɛ/

   ____

2. 다음 분절음 중 하나는 나머지와 그 성격이 다르다. 나머지 음을 자연 집단으로 만드는 변별자질이 무엇인지 설명하여라.

   a. /u, o, ʊ, i/

   ____

   b. /r, p, w, y, l/

   ____

   c. /g, n, v, p, d, m/

   ____

음소의 결합

인기 있는 단어놀이인 '스크래블(scrabble)'에서 게임 참가자는 무작위로 철자를 7개 골라서 단어를 만들어야 한다. 7개의 철자를 기존의 단어에 덧붙인다. 참여자가 단어를 만들어 낼 수 없으면 허풍을 치기도 한다. 즉, 마치 단어를 만들어 낸 것처럼 하면서 내깃돈을 올리기도 한다. 하지만 이를 잘 관찰하면, 예를 들어 *mbgo와 같은 음의 연쇄를 가지고 허풍을 치지는 않는다.[3] 이런 단어를 대면 틀림없이 공격을 받을 것이고, 영어 실력은 의심받을 것이다. 그러나 참가자가 bloop나 gloop와 같은 단어를 만들어 낸다면 상대방은 이것이 과연 영어 단어인지 아닌지를 자신할 수 없게 된다. 이런 철자 연쇄는 충분히 영어 단어가 될 수 있기 때문이다. 새로 만든 단어가 bloop 같은 것이면 이 참가자가 당연히 경기에 이기게 될 것이다. gloop를 만든 참가자는 운이 썩 좋지 않았다고밖에 할 수 없다.

bloop나 *gloop와 같은 단어로 허풍을 친 참가자는 영어에서의 음의 결합에 관한 규칙을 근거로 하여 가능한 단어를 만든 것이다. 이러한 규칙들은 모든 화자의 모국어 언어 능력의 일부이다. 경기 참가자는 결코 *mbgo와 같은 어형을 가지고 허풍을 치지는 않는데, 그 이유는 이러한 음의 결합이 영어에서는 허용되지 않기 때문이다. 영어에서는 /m/과 /b/가 결코 어두에서 연달아 나오지 않는다. 또 다른 규칙으로는 3개의 자음 연쇄가 영어 단어의 어두에서는 매우 제한된다는 사실이다. 영어에서 mbg와 같은 결합은 허용되지 않는다. 그러나 mbg는 나이지리아에서 사용되는 많은 언어 중 하나인 이그보어에서는 허용되는 음 연쇄이다.

한 언어의 모든 원어민 화자는 해당 언어의 음 결합 규칙을 잠재의식적으로 알고 있다. 그러나 이런 화자들이 자기 언어의 규칙을 모두 적어 낼 수 있는 것은 아니다. 즉, 이들은 규칙을 명시적으로 인식하는 것이 아니다. 음운론 학자들은 연구대상으로 삼는 언어의 음 체계에 대한 규칙을 가능한 한 명시적으로 밝히고자 한다. 여러 언어에서 어떠한 음 연쇄가 가능한가를 연구하는 음운론 분야를 **음운배열규칙**(phonotactics)이라고 한다.

음운배열규칙(phonotactics) 음절의 구성, 자음군, 모음 연쇄 등에서 허용되거나 제한되는 음소의 결합 현상을 연구하는 음운론의 하위 연구 분야이다.

음운 과정

우리에게 말을 하는 방법을 아무도 정식으로 가르쳐 주지 않기 때문에, 아마도 언어가 규칙으로 통제(rule-governed)된다는 것은 다른 것들(예를 들어, 수학)보다 덜 명확할 것이다. 아마도 언어학적으로 훈련되지 않은 사람은 stick, spoke, skid와 같은 단어의 형성에 관여하는 아무런 규칙도 찾아내지 못할 것이다. 물론 언어학자가 아닌 사람은 그런 규칙을 찾으려고 하지 않는다. 그러나 언어학자는 이런 단어 및 이와 유사

3) 여기서 언어형식 앞의 별표(*)는 이 언어형식이 비문법적이거나 받아들여지지 않는 것임을 나타낸다.

한 단어에서 어떤 규칙을 발견할 수 있다. 영어에서 단어의 처음에 오고 뒤에 무성폐쇄음이 뒤따르는 모든 마찰음은 무성음이 된다는 것이다. 이 외에도 많은 음운 규칙이 음 연쇄의 조합을 결정하는 방법을 명시한다. 이러한 규칙은 이상화된 형태에 새로운 요소를 추가할 것인지, 삭제할 것인지, 변형할 것인지를 결정함으로써 말하고 듣는 것을 쉽게 해 준다. 예를 들어, [hæm]이라고 발음하는 대신에 [hæ̃m]이라고 한다. [hæ̃m]이 발음하기 더 쉽기 때문이다. 모음은 영어에서 주로 비음화하지 않는다. 그러나 [m]이 비음이기 때문에 화자는 의식하지 않은 채 [m]을 조음하기 전부터 비강을 열면서 연구개(velum)를 낮춘다. 이 과정에서 선행하는 모음 [æ]가 [æ̃]로 바뀌는 결과가 나타난다. 비음에 선행하는 모음이 비음화되는 이 현상은 **필수 음운 과정**(obligatory phonological process)의 한 예다. 필수 음운 과정은 대개 무의식적으로 일어나며 일반적으로 하나의 음성적 분절음이 가지는 한 가지 자질만을 대상으로 한다. 이 필수 음운 과정은 이상화된 형태에서 비교적 극단적인 변화를 대상으로 하는 **선택 음운 과정**(optional phonological process)과 대비된다.

필수 음운 과정(obligatory phonological process) 특정 언어의 원어민 화자 대부분이 발음이나 청음을 쉽게 하기 위해 일련의 음성단위를 발화하는 데 적용하는 규칙을 말한다.

선택 음운 과정(optional phonological process) 특정 언어의 원어민 화자 대부분과는 달리 일부 화자만이 적용하는 음운 규칙으로 일종의 어투에 해당한다.

필수 음운 과정

동화(assimilation)는 하나 또는 그 이상의 음이 다른 환경에서는 공유하지 않지만, 특정한 음 조합의 경우에 공유함으로써 해당 음을 발음하기 쉽게 하는 필수 음운 과정이다. [hæm]보다 [hæ̃m]이 발음하기 더 편한 이유는 후자가 조음기관을 덜 움직이게 하기 때문이다. [m]이 비음이기 때문에 모음이 발화되는 끝 부분에서 성도의 비음환경으로 직접 이동하는 것이 더 편하다. 이러한 현상을 **조음법동화**(manner assimilation)라고 하며, 구강음인가 비음인가 하는 하나의 자질을 바꾸는 것이다. 앞의 예에서, 일반적으로는 비음이 아닌 모음 [æ]가 비음 [m]과 조음 방법이 같아진다. 이와 같은 현상은 다음 단어에서도 나타난다.

동화(assimilation) 결합된 언어음의 발음을 쉽게 하기 위해 적용하는 필수 음운 과정 중의 하나로, 결합된 언어음 중 하나가 다른 음운환경에서는 가지고 있지 않은 변별자질을 공유하게 함으로써 발음을 쉽게 하게 해 준다.

조음법동화(manner assimilation) 조음 방법이 다른 언어음을 이웃한 음의 조음 방법과 같게 함으로써 발음을 쉽게 하는 것을 말한다.

1. cat [kæt]	그러나	can [kæ̃n]
2. cut [kʌt]	그러나	come [kʌ̃m]
3. boat [bot]	그러나	bone [bõn]

영어에서 비음화된 모음은 오직 동화에 의해서만 나타난다. 프랑스어나 폴란드어 같은 다른 언어에서 비음화된 모음은 비음인 자음과 인접하지 않아도 나타날 수 있다. 동화의 또 다른 형태는 **유성동화**(voice assimilation)이다. 용어를 보면 알 수 있듯이, 언어음은 종종 유성·무성자질에서 일치한다. 일반적으로 영어에서 유음인 [l], [r]과 전이음인 [w] 같은 음은 특정한 환경에서 **무성음화**(devoiced)될 수 있다. 이러한 음성

유성동화(voice assimilation) 어떤 음이 주변에 있는 유성음으로 인해 유성음화하는 것을 말한다.

무성음화(devoiced) 어떤 음이 주변에 있는 무성음이나 무성음들로 인해 유성음 자질을 상실하는 것을 말한다.

환경은 유음 또는 전이음이 한 음절 내의 무성폐쇄음이나 마찰음 뒤에 올 때 발생한다. 예를 들어, lay[le]의 앞에 [p]가 오면 play[pl̥e]로 발음되며, 변별부호 [̥]는 무성음을 가리킨다. 다음의 예 역시 무성음화를 보여 준다.

1. ray [re] 그러나 pray [pr̥e]
2. win [wɪn] 그러나 twin [tw̥ɪn]
3. right [rayt] 그러나 fright [fr̥ayt]

무성음화의 반대 현상도 나타난다. 앞에 유성음이 오거나 뒤에 유성음이 오는 환경에서 화자는 자동으로 유성음 뒤에서는 유성음을 발음하게 되고, 반대로 무성음 뒤에서는 무성음을 발음하게 된다. 영어의 복수 규칙에서도 이런 현상이 나타난다. 우리는 cap[kʰæp]의 복수형을 자동으로 caps[kʰæps]로 할 것이다. 무성자음인 [p] 뒤에 무성자음 [s]가 온다. 이와 반대로, cab[kʰæb]은 [kʰæbz]로, bomb[bam]은 [bamz]로, zoo[zu]는 [zuz]로 복수형을 발음한다. 이 예에서 유성음 뒤에는 복수형의 유성변이형이 오게 된다.

조음법동화와 유성동화는 동화의 두 가지 유형이다. 다음 단어들을 살펴보자.

1. impatient /ɪmpešənt/
2. intangible /ɪntænǰəbl/
3. incomplete /ɪŋkəmplit/

이 예에서, 접두사 im과 in은 not을 의미한다. 그러나 이 두 가지의 다른 철자는 /ɪm/, /ɪn/, /ɪŋ/ 세 가지 발음으로 표시된다. 각 단어의 접두사 뒤에 오는 음소들을 살펴보면, 다음과 같은 일정한 패턴이 발견된다.

1. 양순음 /m/ 뒤에는 같은 양순음인 /p/가 온다.
2. 치경음 /n/ 뒤에는 치경음 /t/가 온다.
3. 연구개음 /ŋ/ 뒤에는 연구개음 /k/가 온다.

세 가지 다른 방법으로 접두사 not을 발음하는 화자는 **조음점동화**(place assimilation) 규칙을 따르고 있는 것이다. 조음점동화에서는 인접한 음이 그들의 조음 장소에 따라 동화한다.

조음점동화(place assimilation) 조음점이 다른 인접한 언어음을 같은 조음 장소에서 발음하는 것을 말한다.

앞의 제2장에서 다뤄졌던 유기음화 역시 영어의 필수 음운 과정 중의 하나이다. 이 경우 발음이 동화에서처럼 인접한 음과 가까워지지 않는 대신에 음성자질이 더해지는 현상이다. 즉, 유기음화란 단어의 시작 부분과 강세를 가진 모음의 앞에서 폐쇄음이 나타날 때 유기음이 아닌 무성폐쇄음에 유기음이 더해지는 것을 말한다. 유기음화를 따르는 예는 다음과 같다.

1. pie [pʰay]	그러나	spy [spay]
2. pin [pʰɪn]	그러나	spin [spɪn]
3. key [kʰi]	그러나	ski [ski]
4. till [tʰɪl]	그러나	still [stɪl]

우리가 살펴본 것보다 아직 언급되지 않은 필수 음운 과정은 더 많이 있다. 이 음운 현상들은 일반적으로 개별 음소를 대상으로 하고, 음의 연쇄를 발음하는 것이 좀 더 쉽도록 하는 기능을 가진다. 이를 대체하는 발음들은 주로 나타나지 않는다.

선택적 음운 과정

반면에 선택 음운 과정은 말하는 방식상의 차이만을 만든다. 선택 음운 과정에서는 /səmθɪŋ/을 /səmpm/으로 발음하는 것처럼 두드러진 발음 변화가 일어날 수 있다. 두 발음 사이에는 몇 가지 차이점이 있다.

음절성의 변화(changes in syllabicity) 이상적 발음과는 달리 음절을 바꾸어 발음하는 것을 말한다.

선택 음운 과정은 **음절성의 변화**(changes in syllabicity)를 만든다. something이라는 단어에서 마지막 음절은 /θɪŋ/과 /m̩/으로 발음되며, 어떤 음을 선택하는가 하는 것은 사람마다 다르다. 첫 번째 발음은 보통 정식으로 발음할 때 사용되며, 두 번째 발음은 보통 발화 상황에서 사용된다. 보통 발화 상황에서 우리는 readily /rɛdɪli/의 /ɪ/와 같이 강세가 없는 모음을 생략하기도 하므로 결과적으로 /rɛdli/가 된다. 또는 그와는 반대로 소리를 삽입하기도 한다. athlete의 /θl/과 같은 발음하기 어려운 자음 연쇄는 모음을 삽입함으로써 쉽게 발음할 수 있다. /æθlit/은 /æθəlit/이 된다.

필수 음운 과정에서와 마찬가지로, 선택적 과정의 몇 가지 예만을 이곳에서 소개했다. 이런 현상을 소개한 목적은 언어가 규칙에 의해 통제된다는 것을 분명하게 하기 위한 것이다.

연습문제 3 : 음운 과정

1. 다음의 단어들을 살펴보라. immoral, inconclusive, indistinct, immodest, imbalance, inconceivable, indestructible, improbable, insolube. 이 단어들에서 왜 'not'을 의미하는 접두사가 두 가지 형태로 나타나는가? 이와 관련된 음운 현상을 설명하여라.

2. 나이지리아의 앙가스어(Angas)에서 가져온 다음 자료를 보라.[4] 앙가스어에는 비음 음소가 몇 개 있는가? 각 비음 음소의 이음을 정하고, 어떤 음운 과정이 관련되는지 설명하여라.

a.	[mut] to die	h.	[pampam̥] bread
b.	[ŋgak] snake	i.	[nta zum̥] wasp
c.	[ndarm̥] bark	j.	[nfʷarm̥] head cold
d.	[nuŋ̊] to ripen	k.	[mɓlm̥] to lick
e.	[mbaŋga] drum	l.	[tam̥] bench
f.	[dondon̥] yesterday	m.	[poti] sky
g.	[dɛŋ̊] to drag		

참고 : 위첨자로 표기된 부호 [ʷ]는 해당 자음이 원순음화된 것을 의미한다. [ɓ]은 내파양순폐쇄음(implosive bilabial stop)을 표기한 것이다.

3. 위의 앙가스어 자료에서 음소, 음소의 위치, 그리고 영어에 존재하지 않는 음소의 조합을 나열하여라.

4. 다음 단어를 살펴보아라.

sign [sayn]	그러나	signature [sɪgnəčr̩] signal [sɪgnəl]
paradigm [pærədaym]	그러나	paradigmatic [pærədɪgmætɪk]
design [disayn]	그러나	designate [dɛsɪgnet]
resign [risayn]	그러나	resignation [rɛsɪgnešɪn]

4) A. Burquest, "A Preliminary Study of Angas Phonology," *Studies in Nigerian Language* (Institute of Linguistics, Zaria, Nigeria: 1971).

여기서 작용하는 음운 규칙이 어떤 것인지 설명하여라.

5. 영어 화자에게 임의로 만들어진 다음 단어의 복수형을 만들라고 한다면, 그들은 아래처럼 할 것이다(제8장의 글상자 8-1에 나오는 워그 테스트 참조).

boo [bu]는 boos [buz]	trut [trʌt]는 truts [trʌts]
hap [hæp]는 haps [hæps]	pauk [pɔk]는 pauks [pɔks]
nurch [nərč]는 nurches [nərčəz]	boag [bog]는 boags [bogz]
glab [glæb]는 glabs [glæbz]	kunch [kʌnč]는 kunches [kʌnčəz]

복수형의 세 가지 변이형의 분포를 보고 알 수 있는 음운 현상은 무엇인가?

6. 어떤 영어 화자는 warmth를 [wɔrmpΘ]로, 언어학자 놈 촘스키의 성을 [čampski]로 발음한다. 이 예에 나타난 선택 음운 현상은 무엇이며, 왜 이러한 상황에서 이 현상이 발생하는지 설명하여라.

발화의 연속적이고 복합적인 속성, 수정

이 장과 제2장에서 언어음이 차트와 표로 배열되었으며, 그것은 언어음이 유한하고 특정 개수만 존재한다는 것을 나타내는 것 같았다. 그러나 특정 음이나 일련의 음들은 다양한 방법으로 발음될 수 있다. 동화 현상으로 인해 어떤 소리의 실제 발음은 그것의 음성적 환경에 따라 달라지며, 언어음은 연속적인 방법으로 서로 섞이게 된다.

무성음 자질을 가진 음은 바로 뒤에 유성음이 올 때 갑자기 폐쇄되지 않으며 그 소리들은 서로 섞인다. 이것은 모든 변별적 자질에 해당된다. 이상화된 언어음은 여러 변별적 자질이 모인 것이다. [+consonantal]과 같은 양성값을 가지는 자질은 [−consonantal]과 같은 다른 자질과 섞일 수 있는데, 이런 특수한 자질들의 섞임은 다른 자질과는 달리 타이밍이 달라진다든가 함으로써 다르게 섞일 수도 있다. 초기의 컴퓨터 음성합성은 언어음의 이러한 연속적 속성에 주의하지 않고 각각의 이상형에서 하나씩 만들어졌기 때문에 상당히 부자연스러웠다. 그러나 오늘날의 음성합성은 특정부호로 표기되는 언어음들이 음성적 요소의 복합성에 따라 어떻게 다르게 소리가 날 것인지에 주의하기 때문에 좀 더 자연스럽게 들린다.

변별성과 잉여성

만약에 영어 화자에게 대체 틀 /_ɪt/의 빈칸을 채우라고 한다면, 어떠한 음이 대입될지 그 결과는 예측하지 못할 것이다. 아마도 그는 /pɪt/, /bɪt/, /sɪt/, /lɪt/, /mɪt/, 또는 이 대체 틀을 채울 최소단위를 구성하는 다른 수많은 조합을 말할 것이다. 그러나 만약 이 사람에게 bit과 pit을 말해 보라고 한다면, 우리는 pit의 첫소리가 유기음화가 되고 bit은 그렇지 않다는 것을 예측할 수 있다. 다시 말해, 무성폐쇄음을 어두에서 발음할 때 유기음화가 되는 것을 예측할 수 있다는 것이다. 따라서 유기음화는 이 상황에서는 잉여적인 것이고, 이것은 완전히 음성적 환경에 따른 결과이다. 음성 표기는 잉여적 자질, 즉 비변별적 자질을 포함하는 반면에, 음소 표기는 잉여적 자질을 배제한다.

영어의 **잉여성**(redundancy)의 또 다른 예는, [−consonantal]로 표시되는 분절음은 항상 [+voice]가 된다는 것이다. 이것은 영어의 모든 모음이 항상 유성음이라는 것을 의미한다. 그리고 영어에서 [+nasal]을 가진 비음인 모음은 비음인 자음 앞에 올 때만 나타나는 것이기 때문에 영어의 모음은 어말에 올 때는 항상 [−nasal]이다. 그러나 방언에서는 예외가 있다. 실제로 모든 필수 음운 과정은 잉여성의 규칙이기도 하다. 즉, 이들은 A라는 조건이 존재할 때, B라는 조건을 예측할 수 있거나 잉여적임을 말하는 것이다.

잉여성(redundancy) 이상적인 조건에서는 필요하지 않을 잉여의 정보가 제공될 때 잉여성이 발생한다. 예를 들어, 영어에서 모음이 비음화되면, 이 모음은 비음 앞에 온다는 것을 의미한다. 이런 경우에 비음을 분명히 듣지 못한다 하더라도, 비음화된 모음을 들음으로써 비음의 존재를 예측할 수 있다.

잉여성은 언어적 의사소통에서 중요한 기능을 한다. 꼭 필요한 것보다 더 많은 정보를 제공하면, 전달하고자 하는 내용은 어려운 상황에서도 정확하게 이해될 가능성이 훨씬 더 크다. 예를 들어, 단어 bill과 pill은 음성적인 차이, 즉 /p/는 무성음이고 /b/는 유성음인 것만 다른 최소대립쌍이다. 그러나 어떤 사람이 "계산서(bill) 갖다 주세요."라고 하는지 아니면 "알약(pill) 갖다 주세요."라고 하는지 시끄러운 식당에서

/p/와 /b/의 무성, 유성 차이점 하나만으로 분명하게 구분하기는 어려울 것이다. 물론 이러한 상황에서의 문맥은 혼동 없이 의미를 정확하게 해 줄 수 있다. 그러나 이 화자가 알약을 먹어야 하는 사람이고 식사도 끝났다면 잘못 이해할 가능성도 있다. 그때는 /p/와 /b/가 비변별적 측면에서도 차이점이 있을 경우 상황을 좀 더 정확하게 이해할 수 있을 것이다. 그것은 단어 pill의 /p/는 무성음일 뿐만 아니라, /b/는 없는 유기음이라는 잉여적 특징을 가진다는 것이다. 따라서 /p/와 /b/의 유성 · 무성자질만으로 둘 중의 하나를 구별하기 어려울 때는, 잉여적 유기음화가 전달 내용을 분명하게 해 줄 것이다. 잉여성, 즉 예측 가능성은 다른 많은 의사소통 체계로부터 언어를 구별짓는다. 그것은 아마도 인간 진화에 있어서 고도로 적응적인 특성이었을 것이다.

유표성

이 장에서는 언어음이 어떻게 음성적 단계와 음소적 단계에서 다른 소리와 구별될 수 있는지 알아보았다. 우리는 언어음이 여러 가지 변별적 자질에 의해서 정의될 수 있다는 것을 알게 되었다. 같은 자질을 가진 음들은 자연 집단으로 함께 묶을 수 있다. 언어음이 다른 음들과 구별되는 또 다른 방법이 있다.

유표성(markedness) 언어음의 복잡성과 희귀성에서 나타나는 대조를 말한다.

무표음(unmarked sounds) 더 기본적이고 더 흔한 음을 말한다. 아동은 유표음보다 무표음을 더 일찍 습득한다.

유표음(marked sounds) 더 복잡하고 덜 흔한 음으로서, 아동은 무표음보다 유표음을 더 늦게 습득한다.

어떤 언어학자는 언어음이 **유표성**(markedness)에서 대립하는 대립쌍으로 가장 잘 구별된다고 믿는다. 유표성은 음의 복잡성과 희귀성이란 측면에서 매우 뚜렷한 차이이다. 각 쌍의 구성원 중 하나는 **무표적**(unmarked)으로 나타나고 다른 하나는 **유표적**(marked)으로 나타난다. 그 쌍의 무표적 구성원은 나머지 구성원보다 더 기본적이고 자연적인 것으로 여겨진다. 따라서 유표적인 것은 더 복잡하고, 발생이 비교적 적게 기대되며 당연하지 않게 생각되는 것이다. 예를 들어, 양순폐쇄음 /p/와 /b/로 이루어진 대립쌍에서 /p/가 /b/보다는 더 기본적인 것으로 생각된다. /p/는 무성음 [−voice]이고 /b/는 유성음 [+voice]이기 때문이다. 자음에서는 유성자질이 더 기본적인 무성자질보다 복잡한 것으로 받아들여지는데, 유성자질은 자음에 하나의 자질이 추가되는 것이므로 복잡하게 여겨지는 것이다. 즉, /b/는 /p/에 유성자질을 추가한 것으로 생각할 수 있다. 모음에서는 유성자질 [+voice]가 예상되는 조건이므로 무표적 조건일 것이다. 유표음은 해당 대립쌍의 무표적인 음보다 발생 빈도수가 낮다. 영어의 치경마찰음 /s/와 /z/ 중에서 /s/가 /z/보다 자주 발생하고 무성음이기 때문에 무표적인 것이 된다.

어떤 음이 실제로 다른 음보다 더 기본적이고 무표적이라는 것을 알려 주는 몇 가지 증거가 있는데, 이것은 언어보편성, 언어 변화, 언어습득에 대한 연구를 통해 얻을 수 있다. 유표성이라는 개념에 대해서는 통사론에 대한 논의(제5장), 수화에 대한 논의(제9장) 및 이와 관련된 주제들을 다룰 때 논의할 것이다. 여기서는 무표성과 유표성의 구분이 필요하다는 타당성을 보여 주는 한 가지 증거를 간략하게 살펴본다.

아동의 언어습득을 연구하면 어떤 음이 다른 음보다 더 기본적이라는 사실을 알 수 있다. 아동이 규칙적으로 만들어 내는 첫 번째 음이 though /ðo/, shoe /šu/, 또는 zip /zɪp/와 같은 것이 아니라는 점을 우리는 자신 있게 예측할 수 있다. 그리고 아동이 규칙적으로 내는 첫 번째 모음이 /a/라는 것과, 이 모음이 종종 양순비음 /m/과 결합된다는 것을 자신 있게 예측할 수 있다. 이를 통해 모음 /a/가 다른 모음에 비해 더 무표적이고, 더 자연스럽다는 사실을 알 수 있다. 반대로 모음 /a/에 비해 다른 모음은 더 유표적이라고 할 수 있다. 또한 이를 통해 /m/이 [+nasal]임에도 불구하고 다른 양순음들에 비해 덜 유표적이라는 사실을 알 수 있다. 아동이 만들어 내는 첫 번째 단어는 보통 '엄마(mother)'를 가리키는 것으로 받아들여진다. 미국 아이는 mama라고 하고, 나바호 족의 아이는 /ma/라고 하며, 아프리카의 키-훙안(Ki-Hungan) 족의 아이는 /maam/이라고 말한다.

요약

음성학자들은 언어음에 대한 상세한 특성을 최대한 많이 발견하려고 시도한다. 음성 표기는 인식될 수 있는 가장 자세한 것까지 기록할 것이다. 우리는 t음을 다음과 같은 방법으로 만들 수 있다. [t], [tʰ], [t̪], [t̪ʰ], [tʲ], [tʲʰ]. 이것들은 t음의 상세 표기를 나타낸 것이며, 영어에서는 이 변이음 중 아무것도 변별적이지 않다. 왜냐하면 이들은 서로 다른 음으로 교체한다 해도 의미에서 아무런 변화를 가져오지 않기 때문이다. 러시아에서는 이 이음들 중 몇 가지는 의미가 있다. 즉 /t/와 /tʲ/는 영어에서와 같이 한 음소의 이음이 아닌 서로 다른 음소이다. 음소는 정신적인 개념이다. 기호언어의 서로 다른 물리적 소리나 기호는 같은 음소 또는 다른 음소로 인지될 수 있다.

한 언어에서 의미 있는 차이는 여러 가지 방법으로 결정될 수 있다. 한 가지 방법은 최소대립쌍과 최소대립세트를 이용하는 것이므로, 최소대립쌍과 최소대립세트는 다음과 같은 조건을 만족하는 발화체라고 할 수 있다.

1. 같은 수의 분절음이 있고,
2. 오직 단 하나의 음성적 차이가 있고,
3. 이 차이는 그 형태의 같은 위치에서 발생하며,
4. 의미의 차이가 있다.

영어에서는 앞에서 나열했던 t의 여러 가지 음의 최소대립쌍과 최소대립세트가 발견되지 않는다. 따라서 t의 변이음들은 모두 음소적으로 똑같이 /t/로 표기될 것이다. 이때 모든 비변별적 자질은 제외되었으며, 이러한 표기를 음소 표기 또는 간략 표기라고 한다.

음소는 동시에 생성되는 자질의 결과로 나타날 수 있다. 이러한 변별적 자질의 수와 성질은 논란의 대상이다. 궁극적으로 모든 언어의 음소를 나타내는 데 사용되는 하나의 목록이 만들어질 수 있으며, 변별적 자질들의 이 같은 목록은 보편적 음운론의 원리를 이해하도록 이끌어 줄 수 있다. 우리가 사용했던 목록은 17개의 자질을 포함하는데, 이 목록에 의해서 영어의 각 음소는 최소한 한 가지 자질에 의해서 다른 음소와 구분된다. 소수의 자질을 공유하고 비슷한 음성적 환경에서 같은 행동을 나타내는 음소를 자연 집단이라고 부른다. 규칙은 자연 집단에 대해 적용할 수 있다.

언어는 규칙에 의해 지배된다. 음운론은 음소가 언어에서 어떻게 작용되는지에 대한 연구와 음소의 조합을 지배하는 규칙에 대한 연구이다. 이 규칙은 단어 안에서 언어음이 어떻게 연쇄를 이루는지를 다룬다. 즉, 어떤 소리들이 여러 가지 연쇄에서 함께 이어질 수 있는지, 실제로 발화를 생성하기 위한 기저 표기의 요소를 추가하고 삭제하고 바꿀 것인지를 다룬다. 이 중 일부는 일종의 음운 규칙, 다시 말해 필수 음운 과정이다. 다른 것은 실제로는 규칙이 아니라 선택적 음운 과정이다. 필수 음운 과정은 일반적으로 하나의 음성적 분절음에서의 변화를 다루는 반면에, 선택 음운 과정은 훨씬 더 복잡해질 수 있다.

언어학자들은 언어학 규칙을 나타내기 위해 많은 표기상의 관행을 사용한다. 이러한 표기 체계는 규칙을 기록하고 유형을 파악하는 것을 좀 더 쉽게 해 준다.

언어의 일부 요소는 예측 가능한데, 영어에서 강세를 가진 모음 앞의 무성폐쇄음의 유기음화가 그 예이다. 언어의 예측 가능한 자질을 잉여적 자질이라고 한다. 인간 활동 대부분의 잉여성은 비효율적으로 여겨지지만, 언어에서의 잉여성은 비효율적이지 않으며, 그것은 '소음'이 아주 많은 환경에서도 메시지를 이해할 수 있게 해 준다.

어떤 언어음은 다른 것보다 더 자연스럽게 나타난다. 모든 언어음이 똑같이 쉽게 만들어지는 것은 아니다. 무표음은 아동의 말에서 더 빨리 발생하는 경향이 있고, 성인의 말에서 유표음이 발생하는 것보다 빈도가 높게 나타난다.

제3장에서는 음소의 조합과 기능에 기초를 둔 기본 이론 중 일부를 살펴보았으며, 제4장에서는 어떻게 다른 구성 요소로부터 단어가 형성되는지에 대해 알아볼 것이다.

더 읽을거리

Goldsmith, J. A., ed., *Phonological Theory: The Essential Readings,* Oxford: Blackwell, 2000.

Hayes, B., *Introductory Phonology,* Oxford: Blackwell, 2009.

Ladefoged, P., *Vowels and Consonants: An Introduction to the Sounds of Language,* 2nd ed., Oxford: Blackwell, 2005.

Roca, I., W. Johnson, and A. Roca, *A Course in Phonology,* Oxford: Blackwell, 2000.

참고할 웹 사이트

(다음의 웹 사이트 중 대부분은 제2장의 주제인 음성학과 이 장의 주제인 음운론에 대한 정보를 포함한다.)

북미 대륙의 음운 지도 : http://www.ling.upenn.edu/phono_atlas
스털링대학교의 온라인 음운론 : http://www.ioe.stir.ac.uk/centres/celt/index.php
UC 버클리의 음운론연구소 : http://www.linguistics.berkeley.edu/phonlab

용어와 개념의 정리 : 음운론

1. 음운론은 ______________________에 대한 것이다.
2. 영어에서 [t]와 [tʰ]는 ______________________이다.
3. 영어에서 [t]와 [b]는 ______________________이다.
4. [hɔl]과 [bɔl]은 ______________________이다.
5. 특정 음성적 환경에서 음소 /p/의 이음을 사용할지에 대한 선택은 ______________________(하)다.
6. [k]와 [kʰ]가 같은 음성적 환경에서 나타나지 않는다는 사실은 [k]와 [kʰ]가 ______________________(이)라는 사실을 보여 주는 예이다.
7. 우리가 economics를 [ikə̃nãmɪks] 또는 [ɛkə̃nãmɪks]로 말할 수 있다는 사실은 ______________________의 예이다.
8. 7번 문제에서 변별부호가 나타내는 것은 무엇인가? 이 예의 모음에 어떤 음운 과정이 작용하는가? 이러한 음운 과정은 선택적인가 필수적인가? ______________________
9. 만약 2개의 언어음이 최소대립쌍을 이룬다면, 그 두 언어음은 ______________________이다.
10. 만약 2개의 음이 최소대립쌍을 이룰 수 없다고 판명된다면, 두 음은 다른 음소일 수 없다. 이 말은 __(참/거짓)__이다.

11. 변별적 자질은 ____이다.
12. 음소는 ____________________(으)로 생각될 수 있다.
13. ____________________은(는) 분절음을 수평축에 나열하고, 변별적 자질을 수직축에 둔다.
14. 표 3-2를 살펴보아라. 어떤 음이 다음과 같이 분류될 수 있는가?
    a. [+cons], [+nasal], [+high], [−ant]
    b. [+high], [+back], [+tense], [+rounded]
    c. [+voiced], [−son], [−nasal], [+cont], [+ant], [+strid]
15. [−continuant, −voice]는 ________________(이)라고 불리는 ________________을(를) 나타낸다.
16. 자연 집단이라는 개념은 ____(하)게 해 준다.
17. 음절의 시작과 강세 모음 앞에서 발생하는 무성폐쇄음의 유기음화는 어떤 유형의 음운 과정을 보여 주는 예인가? ____________________
18. 17번 문제에서와 같은 과정은 보통 ____________________을(를) 바꾼다.
19. 앞의 설명에서 언급된 동화의 3가지 유형은 ________________, ________________, ____________________이다.
20. 음절성의 변화, 삭제, 첨가는 ____________________의 예다.
21. 20번 문제에서 언급된 음운 과정은 17번 문제에서 나왔던 음운 과정들과 ________________에서 다르다.
22. 어떤 언어에서 더 빈번하게 사용되고, 더 일찍 습득되며, 조음하기에 더 쉬운 언어음을 ____________(이)라고 부른다.
23. 언어는 특정한 발화의 의미를 이해하기에 필요한 것보다 대개 더 많은 정보를 제공한다. 이 특징을 ________________(이)라고 한다.

단원 말 연습문제

1. 아래 자료는 미국 원주민어인 디에구에뇨어(Diegueño)이다. 이 언어의 복수형을 만드는 규칙을 찾아 써라. 동사의 마지막 모음이 항상 강세를 받는 것을 고려하여라. [ː] 표시는 장모음을 나타낸다.

	단수	복수	의미
a.	/L^yap/	/L^yaːp/	(burn)
b.	/mul/	/muːl/	(gather)
c.	/chuːpul/	/chuːpuːl/	(boil)

d. /saːw/	/saw/	(eat)
e. /shuːpit/	/shuːpiːt/	(close)
f. /siː/	/sič/	(drink)
g. /maː/	/maːč/	(eat soft things)
h. /tuːnaː/	/tunaːč/	(pound)
i. /iːmaː/	/iːmaː č/	(dance)
j. /k^waː/	/k^waː č/	(crochet)
k /m was/	/m waːs/	(be soft)
l. /wir/	/wiːr/	(be hard)

2. 모음 뒤의 변별부호 [ː]는 그 모음이 장음이라는 것을 의미한다. 즉 그것은 다른 모음보다 길게 발음된다는 뜻이다. 다음의 영어 단어에서 나타나는 음운 과정을 설명하여라.

[næp]	[næːb]
[kot]	[koːd]
[bɪt]	[bɪːd]
[lut]	[luːd] / [luː]
[mit]	[miːd]
[sis]	[siːǰ]

4

형태부

The Morphological Component

이 장에서 알아야 할 것

1. 한 언어에서 단어들은 의미를 가진 기본단위로부터 어떻게 만들어지는가, 그리고 그러한 단위를 무엇이라고 하는가?
2. 위 1번 질문에서 언급된 단위의 두 가지 기본 유형은 무엇인가?
3. 형태소를 결합하여 단어를 만드는 방법을 기준으로 하여 분류한 언어 유형에는 어떤 것이 있는가?
4. 언어가 의사소통의 개방적 체계란 말의 의미는 무엇인가?
5. 새로운 단어가 만들어지는 방법에는 어떤 것이 있는가?
6. 단어의 의미가 시간이 흐르면서 변하는 방법에는 어떤 것이 있는가?

음운론은 언어의 소리 체계를 연구하는 것이다. 음운론의 최소단위는 음소이며, 음소는 혼자서는 아무 의미도 갖지 않는다. 그러나 여러 개의 음소는 특정 규칙에 따라서 함께 나열되어 언어의 의미를 가진 단위를 만들 수 있는데, 이 단위가 **형태소**(morpheme)이며, 형태소를 형성하고 조합하는 규칙을 연구하는 것이 **형태론**(morphology)이다. 형태론은 형태소가 단어를 어떻게 구성하는지를 연구하는 것이다. 좀 더 형식적으로 말하면, 형태론이란 단어의 내부 구조와 단어 내에 존재하는 내재적 관계를 다스리는 규칙에 대한 학문이다.

형태소(morpheme) 의미의 최소단위로서, 형태소를 더 작은 단위로 분해하면 의미를 유지할 수 없다.

형태론(morphology) 단어와 단어를 구성하는 단위의 구조 및 분류법을 연구하는 분야이다.

형태소

형태소는 한 언어에서 의미를 가지며 반복적으로 나타나는 가장 작은 단위이다. 여기서 '가장 작은'이라는 표현은 형태소가 다른 의미를 가진 단위로 더 이상 나눌 수 없다는 것을 의미한다. 단어 cat /kæt/은 더 작은 의미단위로 나누어질 수 없으며, 이 단어를 구성하는 더 작은 요소들이 각각의 독립적 의미를 가질 수도 없다.

cat은 그 안에 at이라는 음 조합을 가지고 있다. 단어 at의 의미는 단어 cat의 의미와 아무 관련이 없고, 남겨진 c 역시 아무 의미가 없다. 그러므로 /k/와 /æt/은 cat의 의미로 합쳐진 것이 아니다. 따라서 cat은 하나의 형태소로 이루어진 단어이다. 단어 cats/kæts/는 다르다. 이것은 2개의 형태소 cat과 -s로 나눠진다. cat은 털이 있고 다리가 4개인 고양이과 동물을 뜻하고 -s는 '둘 이상'임을 뜻한다. 두 형태소의 개별 의미가 합쳐져서 '두 마리 이상의 고양이'란 의미의 cats가 된다.

위 논의에서 형태소와 단어가 같은 표현이 아니라는 것을 알 수 있다. cat은 단어이고 cats도 단어이다. 그러나 cat은 하나의 형태소이고 cats는 2개의 형태소로 이루어져 있다. 그리고 -s는 형태소이지만, 분명히 단어는 아니다.

cat과 -s는 형태소의 유형이 다르다. cat은 혼자서도 의미를 가진 단위이지만, -s는 그렇지 않다. 다시 말해, -s는 혼자서는 쓰일 수 없기 때문에 반드시 다른 형태소와 함께 쓰여야 한다. 이런 형태소를 **결속형태소**(bound morpheme)라고 부른다. cat처럼 독립적으로 사용될 수 있는 형태소를 **자립형태소**(free morpheme)라고 부른다.

단어 cat은 자립형태소라고 부르는 것 외에 **어근**(root)이라고도 한다. 어근은 다른 단어를 형성하기 위한 기초단위 역할을 하는 형태소이지만, 항상 자립형태소인 것은 아니다. 단어는 어근에 형태소를 붙이는 것으로 이뤄질 수 있다. 붙인 결속형태소를 **접사**(affix)라고 부른다. 좀 더 자세히 설명하면, 어근 앞에 붙는 접사를 **접두사**(prefix), 어근 뒤에 붙는 접사를 **접미사**(suffix)라고 한다. cats에서 -s는 접미사이다. 접사에는 접요사와 포위접사(circumfix)도 있다(글상자 4-1 참조). 단어 predated에서 date는 어근이고, pre-는 접두사며, -ed는 접미사이다. 모든 단어가 어근에 접사를 추가하여 만드는 것은 아니다. 둘 또는 그 이상의 어근이 합쳐져서 단어를 형성할 수 있으며, 이런 단어를 **합성어**(compound)라고 한다. 영어에서는 명사와 명사, 형용사와 명사, 전치사와 전치사, 명사와 동사, 또 그 외의 다른 조합으로 합성어를 만들 수 있다. 합성어에는 schoolhouse, evergreen, into, textbook과 같은 것이 있다. 이런 합성어를 **폐쇄형 합성어**(closed-form compound)라고 한다. 이는 개별 형태소들이 함께 결합되어 있다는 의미이다. 이 개별 형태소들은 형태소의 조합으로 반드시 결합되어야만 합성어로 여겨지는 것은 아니다. 그런 단어의 예로 father-in-law와 eight-year-old 같은 하이픈으로 연결된 **하이픈 합성어**(hyphenated compound)가 있다. 합성어의 세 번째 유형으로는 형태소 사이에 빈칸이 있는 **개방형 합성어**(open-form compound)가 있다. 예를 들어, real estate, half brother와 같은 것이 있다.

합성어는 **핵**(head)에 따라서 품사가 정해진다(이 장의 끝에 있는 '**어휘범주**(품사표)' 참조). 합성어의 핵은 주제, 다시 말해 중심이 되는, 가장 일반적인, 또는 합성어

결속형태소(bound morpheme) 홀로 쓰일 수 없는 문법적 의미단위이다.

자립형태소(free morpheme) 홀로 쓰일 수 있는 문법적 의미단위이다.

어근(root) 항상 그렇지는 않지만 대부분 자립형태소로서, 어근은 단어를 구성하는 재료이며, 주어진 어근으로 만들어진 단어의 주요 의미를 결정한다.

접사(affix) 어근에 붙는 결속형태소이다.

접두사(prefix) 어근의 앞에 붙는 결속형태소이다.

접미사(suffix) 어근의 뒤에 붙는 결속형태소이다.

합성어(compound) 둘이나 그 이상의 어근으로 이루어지는 단어이다.

폐쇄형 합성어(closed-form compound) 어근들 사이에 공간이나 하이픈 없이 연결된 합성어이다.

하이픈 합성어(hyphenated compound) 어근들 사이에 하이픈이 있는 합성어이다.

개방형 합성어(open-form compound) 어근들 사이에 공간이 있는 합성어이다.

합성어의 핵(head of a compound) 합성어의 주요 부분으로, 일반적이거나 핵심적인 의미를 결정하는 부분이다. 해당 합성어의 문법적 기능을 결정한다.

어휘범주(lexical categories) (형태소가 아닌) 단어를 분류하는 주요 문법적 종류를 말한다.

글상자 4-1 접요사와 포위접사

여러 언어는 여러 가지 방법으로 단어를 만든다. 비교적 드문 일이긴 하지만, 몇몇 언어는 하나의 형태소를 다른 형태소에 끼워 넣어서 의미를 바꾼다. 어근 사이로 들어가는 형태소를 접요사라고 하며, 접요사는 태평양 제도와 아시아 지역의 언어에서 나타난다. 대표적인 예로 필리핀에서 사용되는 타갈로그어가 있다. 타갈로그어에서 접사 -in-은 어근형태소에 첨가되어 현재에서 과거로 의미를 바꾼다. '쓰다'를 뜻하는 동사 sulat는 sinulat로 바뀐다. 또 다른 필리핀어인 본톡어에서는 접요사 -um-이 명사나 형용사를 동사로 바꾼다. 형용사 fikas는 동사 fumikas 'he is becoming strong'으로 바뀐다. 접요사의 사용은 타갈로그어와 본톡어와 같은 말레이-폴리네시안 계통의 언어에서 자주 나타난다.

영어는 일반적으로 접요사를 사용하지 않는데, 한 가지 예외로 새로운 외설을 만들 때 사용한다. damn, fuckin(g), bloody 같은 단어는 fandamntastic, absofuckinlutely, infuckincredible, inbloodycredible(British English)과 같은 단어에서 접요사로 사용되었다.

어떤 언어에서는 접사가 어근 주변으로 첨가될 수도 있다. 이러한 접사를 포위접사라고 한다. 예를 들어, 히브리어와 아랍어와 같은 셈 계통 언어에서는 단어 대부분의 어근은 3개의 자음으로 줄일 수 있다. 대개 하나의 모음으로 이루어진 결속형태소는 단어의 의미를 완성하기 위해 그 자음을 둘러싼다. 자음 3개의 아랍어 조합 ktb는 글을 쓰는 과정이나 행동을 뜻하는 일반적 의미가 있다. katab 'write', kutib 'have been writing', uktab 'being written', aktub 'be writing', kutubii 'bookseller', kataba 'he wrote', yaktubu 'he writes'가 된다. 셈 계통의 언어 외의 다른 언어에서도 이런 원리를 사용한다. 예를 들어, 폴란드어의 어근 latwy는 'easy'를 의미한다. 단어 ułatwić은 'to make easy'를 뜻한다.

포위접사는 영어에서는 거의 나타나지 않는다. 그러나 초기 현대 영어에서는 진행형을 만들 때 a-를 동사 앞에 붙이고 -ing를 동사 끝에 붙여 만들었다. 예를 들어, 17세기 자료인 〈Wassail Song〉에서 다음과 같은 구절을 볼 수 있다.

Here we come a-wassailing
Among the leaves so green,
Here we come a-wand'ring
So fair to be seen.

의미의 핵심과 비슷한 것이다. 또한 핵은 합성어의 기능범주를 결정한다. 영어는 단어에서 다른 형태소보다 오른쪽에 오는 형태소가 일반적으로 핵이다. 따라서 schoolhouse, evergreen, spoon feed와 같은 단어에서 핵은 각각 house, green, feed이다. schoolhouse에서 두 자립형태소 모두 명사이므로 합성어도 명사이다. evergreen에서 ever는 부사이고 green은 형용사이다. 핵인 green이 형용사이므로, 이 합성어의 품사는 형용사이다. spoon feed에서 spoon은 명사이고 feed는 동사이므로, 합성어는 동사가 된다. 영어에서 합성어 대부분은 핵이 오른쪽에 위치하지만, secretary general과 같은 일부 단어들은 핵이 왼쪽에 있다. secretary general은 secretary의 하위 유형이다. 만일 father-in-law가 in-law의 하위 유형이라면, 이 합성어의 핵은 in-law라고 할 수 있다. 그러나 이 합성어가 father의 하위 유형이라면, father가 합성어의 핵이 된다. 스웨덴어와 같은 여러 언어에서 합성어의 핵은 주로 왼쪽에 있다.

연습문제 1 : 형태소, 합성어, 품사

A : 자립형태소와 결속형태소

1. 아래에 있는 각 단어의 형태소 사이에 (+)를 표기하여라.
2. 결속형태소에는 (B), 자립형태소에는 (F)를 표기하여라.
3. 필요할 때에는 사전을 사용하여 경계를 정하라.
4. 영어 철자에 현혹되지 마라.

예 : Reading = Read + ing F + B

a. telephone ________________

b. infirm ________________

c. farm ________________

d. reformers ________________

e. ranchers ________________

f. actor ________________

g. inaccessibility ________________

h. ducklings ________________

I. countess ________________

j. boysenberry ________________

B : 합성어와 품사

품사(parts of speech) 단어를 용법이나 기능에 따라 분류하기 위한 문법범주 체계이다.

단어를 분류하는 기능범주의 주요 부류는 많은 문법 교사가 **품사**(parts of speech)라고 부르는 것이다. 실제로 단어를 분류하는 몇몇 체계가 있다. 이 연습문제의 목표에 따라 우리는 각 단어를 여덟 가지의 범주, 즉 명사, 대명사, 형용사, 동사, 부사, 전치사, 접속사, 감탄사로 분류하는 품사의 기본 개념을 사용할 것이다. 제5장에서는 기능범주의 개념을 확장할 것이다. 만일 전통적 분류에 익숙하지 않다면 이 장의 끝에 있는 '어휘범주(품사)'를 참조하여라.

다음 합성어에서 각 어근의 품사를 쓰고, 전체 단어의 품사를 결정하여라.

예 : greenhouse	형용사/명사	명사
1. textbook		
2. hot dog		
3. beachcomber		
4. bunkhouse		
5. blacktop		
6. into		
7. forerunner		
8. takeover		
9. crybaby		
10. workman		
11. downshift		
12. empty-handed		

여러 유형의 형태소

형태소는 앞에서 언어의 되풀이되는 가장 작은 의미단위로 정의되었다. 형태소가 의미를 갖는 방법은 두 가지가 있다. 우선 전통적인 측면에서 의미의 개념은 형태소가 사물이나 행위 또는 사물과 행위의 양과 질을 지시할 수 있다는 점이다. cat은 사물을 지시하고, five cats의 five는 '-s'와 마찬가지로 양을 지시한다. 형태소는 전통적인 측면에서 의미를 갖지 않고 단순히 문법적 기능을 할 수 있다. honorary에서 honor는 자립형태소로 정의될 수 있지만 -ary는 정의하기 어렵다. 그러나 이것의 기능은 명확하다. 이것은 명사 honor를 형용사 honorary로 바꾼다. 이러한 예를 연습문제 1, A의 inaccessibility와 비교해 보자. -ity의 의미와 기능은 무엇인가?

결속형태소의 종류

결속형태소는 그 기능에 따라 분류할 수 있다. 결속형태소는 honorary의 -ary처럼 한 단어의 품사를 바꿀 수 있으며, infirm의 in-과 같이 단어의 의미를 완전히 바꿀 수도 있다. infirm과 firm은 상반되는 의미를 갖는다. 이와 같이 품사나 단어의 의미를 바꾸는 기능을 하는 형태소를 **파생형태소**(derivational morphemes)라고 한다.

파생형태소(derivational morphemes) 단어의 의미나 품사를 바꾸는 결속형태소이다.

단어 cats에서 cat의 일반적인 의미는 그대로 유지된다. 즉, cat과 cats는 모두 명사이다. 이처럼 문법적인 기능만을 수행하고 단어의 본질적인 의미나 품사를 바꾸지

굴절형태소(inflectional morphemes) 단어의 본질적 의미나 어휘범주를 바꾸지 않는 결속형태소로, (어휘범주 이외의) 분법적 기능을 바꾼다.

않는 형태소를 **굴절형태소**(inflectional morphemes)라고 한다. cats에서 -s는 단수형태 cat을 복수형태 cats로 바꾼다. 이때 -s는 복수 표지라고 불리는 굴절접미사이다.

단어 dreamed에서 -ed는 cats의 -s와 같이 굴절형태소이다. dreamed와 dream은 모두 동사이고 의미도 같다. 이때 -ed는 시제 표지라고 불리는 굴절접미사이다.

영어에서 자립형태소는 수적인 면에서 결속형태소를 훨씬 능가한다. 이러한 점은 모든 언어에 적용되는 것은 아니다. 예를 들어, 고대 그리스어의 자립형태소는 극소수에 불과하다. 영어에서 찾아볼 수 있는 결속형태소 중 대부분은 파생형태소이다. 반면에 라틴어, 러시아어, 핀란드어는 풍부한 굴절형태를 가지고 있다.

영어는 아래와 같이 8개의 굴절결속형태소가 있으며 모두 접미사이다.

복수 표지 (-s)	The pens are on the table.
소유격 (-'s, -s')	It was Andrew's car.
	They are the boys' toys.
3인칭, 단수 현재 (-s)	He always comes home late.
비교급 (-er)	This milk is fresher than that.
최상급 (-est)	This is the freshest milk.
진행형 (-ing)	He is walking down the street.
과거시제 (-ed)	She arrived late.
과거분사 (-en)	Jim has beaten his opponents.

연습문제 2 : 파생형태소와 굴절형태소

1. 각 형태소의 경계 사이에 + 표시를 하고, 각 형태소가 자립형태소(F)인지, 결속형태소(B)인지를 밝혀라.

2. 각 결속형태소에 파생이면 'D', 굴절이면 'I'를 표기하여라.

예 : deepen deep + en F + BI

a. Bill's __________

b. running __________

c. player __________

d. action __________

e. roughest __________

f. comes(Here he comes.) ______

g. friendly ______

h. unfriendly ______

i. longer ______

j. lovable ______

k. judgment ______

l. banana ______

m. slowest ______

n. quicker ______

o. unhappy ______

p. semicircle ______

q. nobody ______

r. Aaron's(It's Aaron's toy.) ______

s. broken ______

t. happily ______

이형태

이음이 음소의 변이음이듯이, **이형태**(allomorphs)는 형태소의 변이형이다. 형태소의 이형태는 동일한 의미를 갖는 소리의 다른 형태이다. 예를 들어, 영어에서 '하나 이상의' 의미를 갖는 접사 -s는 실제로 세 가지 방식으로 발음된다. mats /mæts/의 /s/, zoos /zuz/의 /z/, churches /čʌrčəz/의 /əz/, 즉 /s/, /z/, /əz/는 복수형태소 -s의 이형태라고 할 수 있다.

이형태(allomorph) 형태소의 변이형이다.

복수형태소 -s의 세 가지 이형태 중 하나를 어근에 붙이는 과정은 임의적인 것이 아니고 규칙의 지배를 받는다. 이 규칙은 유성동화라고 하는 필수 음운 과정(제3장 참조)으로서 다음과 같다.

- /s/는 /s, š, č/를 제외한 무성음 뒤에서 사용된다.
- /z/는 /z, ž, ǰ/를 제외한 모든 유성음 뒤에 사용된다.
- /əz/는 치찰음인 /s/, /z/, /š/, /ž/, /č/, /ǰ/ 뒤에서 사용된다.

형태소의 한 이형태가 특정한 음성적 환경에서 사용된다는 것을 명시한 규칙을 **형태음소 규칙**(morphophonemic rule)이라고 한다. 이런 용어는 음운론과 형태론 사이

형태음소 규칙(morphophonemic rules) 특정한 음성적 환경에서 어떤 이형태가 사용되는가를 결정하는 규칙이다.

의 상관성을 보여 준다.

다른 이형태들은 동일한 형태소를 다르게 표현할 수 있는 다른 방식에 따라 정해진다. 예를 들어, -ing로 철자되는 형태소는 /ɪn/이나 /ɪŋ/으로 발음된다. 이 경우에 화자는 둘 중 어느 것이든 마음대로 선택하여 사용할 수 있고, 선택된 음은 화자의 공식성을 드러내는 표지가 되기도 한다.

연습문제 3 : 이형태

1. [p]와 [pʰ]는 음소 /p/의 이음이지만 /s/, /z/, /əz/는 이음이 아닌 복수형태소의 이형태라고 말하는 이유를 설명하여라.

2. 불규칙형태를 배제하면, 영어의 과거시제 표지에는 세 가지의 이형태가 있다. 아래 목록에서 과거시제 표지의 세 가지 형태를 정하고, 그것들의 분포방식을 설명하여라.

bagged	hugged	fished	roughed
crammed	moved	regarded	budged
dined	buzzed	pitched	unearthed
rapped	wanted	rowed	rated
piked	clouded	relied	belonged

3. 제3장의 연습문제 3에 주어진 질문 1은 이형태란 용어를 사용하지는 않지만, 실제로는 이를 사용하고 있다. 이 문제에서 영어 not을 의미하는 접두사는 /ɪn/, /ɪm/, /ɪŋ/ 세 가지의 이음 형태를 보여 준다. 이 세 가지의 이형태는 영어 정서법으로는 in-과 im- 두 가지 형태로 표시된다. 제3장에서 이 예는 조음 위치 동화에 기반을 둔 필수 음운 과정의 사례로 사용되었다. 영어에는 not을 의미하는 다른 이형태도 있다. 그 예를 제시하고 왜 in-이나 im-이 아닌 다른 형태로 쓰이는지를 설명하여라.

4. 명사에 덧붙여 성을 표시하는 언어들은 각 성을 표시하는 굴절어미형태소를 가

진다. 남성과 여성을 동시에 표시하는 에스파냐어 명사가 이러한 경우이다. 다음 에스파냐어 어휘 자료를 분석한 후, 성을 뜻하는 결속형태소의 분포를 설명하는 규칙을 찾아 설명하여라.

niño	소년	esposo	남편	doctor	남자 의사
hija	딸	niña	소녀	professor	남자 교수
doctora	여자 의사	esposa	아내	hijo	아들
señora	여자를 부르는 공손한 표현	profesora	여자 교수	señor	남자를 부르는 공손한 표현

형태유형학

유형학(typology)은 언어의 구조적 유사성을 연구하는 언어학의 한 분야이다. 만약 언어들이 동일한 유형적 특징을 가진다면, 그 언어들은 같은 유형이라고 말할 수 있다. 때때로 역사적으로나 지리적으로 관련이 없는 언어들도 동일한 유형을 가지는 경우도 있다.

유형학(typology) 언어의 구조적 유사성을 연구하는 언어학 분야이다.

형태유형학(morphological typology)은 형태소의 단어 형성방식에 기초하여 언어를 연구하고 분류한다. 자연 현상을 제한적인 수의 유형으로 분류하는 것은 항상 인위적이므로 앞으로 논의할 유형들은 이상화된 것이다. 실제로 영어가 그중 한 예가 되겠지만 언어 대부분은 2개 이상의 원리를 결합하며, 이는 앞으로 유형학에서 논의할 것이다. 비록 일부 언어학자들이 서로 다른 분류방식을 적용하기도 하지만, 여기서는 두 가지 주요 유형에 기초한 분류 체계를 기술할 것이다. 이 체계의 두 번째 유형은 세 가지의 하위 유형을 포함한다.

형태유형학(morphological typology) 형태소가 어떻게 단어를 구성하는가에 따라 언어를 분류하고 연구하는 분야이다.

첫 번째 유형은 **분석어**(analytic) 또는 **고립어**(isolating language)라고 부르는 것이다. 이상적이고 순수분석적 언어에서는 모든 단어가 단일한 자립형태소이며, 결속형태소는 없다. 다른 언어 유형에서 결속형태소에 의해 전달되는 의미는 분석적 언어에서는 자립형태소로 전달된다. 형태소의 순서(어순)는 단지 단어의 문법적 기능, 즉 단어가 주어, 목적어, 수식어, 또는 동사인지를 전달할 뿐이다. 표준 중국어나 베트남어가 이상적인 분석적 언어에 가까운 언어이다. 표준 중국어의 예를 보자.

분석어(analytic language) 고립어(isolating language)라고도 부르며, 대부분의 단어가 단일형태소인 언어이다.

Ta	chi	fan	le.	/ta či fan lə/
He	eat	meal	Aspect[1]	

그는 그 음식을 먹었다. (먹는 행위가 종료되었음을 의미)

이 예에서 각 형태소는 각각 의미가 있다. 굴절이나 파생결속형태소는 없다.

종합어(synthetic language) 결속형태소를 이용하여 자립형태소의 문법적 기능을 표시하거나 의미에 영향을 주는 언어이다.

두 번째 유형의 언어는 형태소가 사용된 방식이나 유형에 기초하며, **종합어**(synthetic language)라고 부른다. 종합어는 의미에 영향을 끼치거나 자립형태소의 문법적 기능을 나타내기 위해 결속형태소를 사용한다.

굴절어(fusional language) 융합어(inflectional language)라고도 부르며, 종합어의 일종으로 하나의 결속형태소가 여러 가지 정보를 전달하는 언어이다.

종합어에는 세 가지 유형이 있는데, 그중 첫 번째 유형은 **굴절어**(fusional 또는 inflectional language)로, 굴절어에서는 하나의 결속형태소로 여러 가지 정보를 전달할 수 있다. 예를 들어, 러시아어 단어 komnatu(room)의 -u는 여성과 단수를 나타내는 접사, 즉 결속형태소이고 문법적으로 직접목적어(대격)를 표시한다.

교착어(agglutinating language) 종합어의 일종으로 각 결속형태소가 어근에 하나의 의미만을 추가하는 언어이다.

종합어의 두 번째 유형은 **교착어**(agglutinating language)이다. 교착어의 각 결속형태소는 오직 하나의 특정 의미만을 어근형태소에 부가한다. 예를 들어, 헝가리어는 man에 해당하는 단어가 ember이다. men이란 단어를 형성하기 위해 접미사 -em이 덧붙여진다. 러시아어의 접미사 -u가 여러 가지 정보를 제공하는 것과는 달리, -em은 단지 복수의 개념만을 어근에 덧붙인다. 따라서 헝가리어 대부분의 결속형태소는 어근에 하나의 특정 정보만을 제공하기 때문에 교착어로 분류된다.

포합어(polysynthetic language) 종합어로 각각의 단어가 다른 언어에서는 문장에 해당하는 언어이다.

종합어의 세 번째 유형으로는 **포합어**(polysynthetic language)가 있는데, 포합어에서 각 단어는 다른 언어의 문장에 대응된다. 이런 언어의 한 단어는 매우 길고 많은 형태소로 이루어진다. 이눅티투트어는 캐나다 북부에서 사용되는 북아메리카 원주민의 포합어이다. 'qasuirrsarvigssarsingitluninarnarpuq'는 놀랍게도 '누군가 완벽하게 알맞은 휴식 장소를 찾지 못했다.'라는 의미의 한 단어이다. 형태소들을 살펴보면, qasu(tired), -irr(not), -sar(cause to be), -vig(place), -ssar(for suitable), -si(find), -ngit(not), -luninar(completely), -nar(someone), -puq(third person singular)와 같이 구성되어 있다.[2)]

실제로 언어 대부분은 앞서 언급한 형태소원리를 결합한다. 이 언어들은 주로 분석적 유형에서 종합적 유형까지의 범위에 있는 것 같다. 일부 언어학자에 따르면 한 언어 내에서 각 형태소 구조는 개별적으로 분석, 굴절, 교착 또는 포합으로 분류하기도 하지만, 반대로 언어 전체를 이러한 용어로 분류하기도 한다.

1) 여기서 aspect란 동사로 표현된 행위가 완결되었는가 아닌가, 한 번 발생하는 행동인가 계속되는 행동인가를 뜻하는 용어로 우리말로 '상'이라 한다. 상과 시제는 언어학적으로 서로 다른 별개의 개념이다. 이에 대해서는 제7장에서 다시 논의한다.

2) Nancy Bonvillain, *Language, Culture, and Communication,* 4th ed., (Upper Saddle River, NJ: Prentice Hall, 2003), 21.

연습문제 4 : 형태유형학

1. 구글과 같은 검색엔진을 사용하여 '형태유형학'이란 개념을 찾아라.
   a. 앞에서 논의한 형태유형학을 근거로 하여 언어 목록을 작성하여라.
   b. 이 절에서 다룬 기준에 따라 언어를 네 가지로 분류할 경우에 생기는 문제점은 무엇인지 설명하여라.
   c. 영어는 고대 영어에서 현대 영어로 시간이 흐르면서 결속형태소를 사용하는 방식이 바뀌었는가?

2. 영어는 분석어로 분류된다. 영어는 어떤 단어에서는 분석어적 유형을 보이고, 또 어떤 경우에는 다른 언어와 같은 유형의 특성을 보인다.
   a. reformer는 'The reformer seemed to be winning support'와 같은 문장에서 어떤 유형적 패턴에 속하는가?
   b. 'Her grades were excellent'와 같은 문장에서 쓰인 her는 어떤 유형적 패턴에 속하는가?
   c. 일종의 폐 질병 이름인 pneumonoultramicroscopicsilicovolcanoconiosis는 'Pneumonoultramicroscopicsilicovolcanoconiosis is a bad disease'에서 어떤 형태적 패턴을 보이는가?
   d. 'I will go to the store'에서 will은 어떤 유형적 패턴에 속하는가?

신조어는 어떻게 만들어지는가

개방성과 생산성의 개념, 재론

어떤 범주의 어휘는 다른 어휘보다 더 큰 개방성을 보인다. 즉, **개방범주의 단어**(open classes of words 또는 content words)에 속하는 단어의 수는 증가하는 반면에, **폐쇄범주의 단어**(closed classes of words 또는 function words)에 속하는 단어의 수는 대부분 증가하지 않는다. 영어에서는 새로운 명사, 동사, 형용사, 부사 등은 언제나 새로 만들어지지만, 새로운 접속사, 전치사, 대명사, 감탄사 등은 만들어지지 않는다.

개방범주의 단어(open classes of words) 내용어(content words)라고도 부르며, (명사, 형용사, 동사, 부사처럼) 그 수가 증가할 수 있는 단어 유형을 말한다.

폐쇄범주의 단어(closed classes of words) 기능어(function words)라고도 부르며, (전치사나 대명사처럼) 그 수가 정해져 있는 단어 유형을 말한다.

마찬가지로 어떤 형태소는 매우 생산적이지만, 또 어떤 것은 그렇지 않다. 영어의 -ly, -able, -s, -ment, pre-, in- 등의 결속형태소는 수천 가지 단어와 결합할 수 있다. 그러나 어떤 형태소는 그렇게 생산적이지 않다. 예를 들어, boysen-은 영어에서 언제나 한 단어에서만 사용된다. 영어의 oxen에 포함된 굴절형태소인 -en도 생산적이지 않다. 이 형태소는 일종의 역사적 예외라고 할 수 있다. 영어에서 만들어진 새로운 명사는 대부분 -en이 아니라 -s를 사용하여 복수형을 만든다.

신조어(neologism) 새로 만들어진 단어를 말한다.

신조어(neologism)는 모든 언어에서 끊임없이 만들어진다. 인류학의 주요 원리 중 하나는 언어 사이에서는 우열이 없다는 것이다. 예를 들어, 다른 문화에 비해 첨단 기술이 뒤떨어진 문화라고 해서 그 문화의 언어가 단순한 문법을 가지는 경우는 없다. 그러나 기술적으로 더 발전한 언어가 신조어를 더 많이 가질 수는 있을 것이다. 즉 이런 문화에서는 이름을 붙여야 할 사물이 더 많아진 셈이다. 미국에는 2008년에 485,312건의 특허가 출허되었다. 이 새로운 사물들은 이름, 말하자면 일종의 표지를 가질 수밖에 없다. 신조어를 만들게 되는 이유가 단지 새로운 물질의 탄생 때문만은 아니다. 미국방언학회에 따르면, 검색엔진인 구글(Google)은 명사형이었으나 이제 '인터넷에서 검색하다'란 의미로 to google과 같이 사용되기도 한다. google이란 단어는 2001~2010의 단어로 선정되기까지 했다. 많은 신조어와 마찬가지로, 이 단어도 시간의 검증을 피해갈 수 없었다. 새로운 단어를 만드는 9개의 조어법은 다음 절에서 설명한다.

합성어

앞에서 이미 논의한 대로 합성어는 어근들을 결합하는 어형성 방법이다. 예를 들어, bunk는 일종의 침대인데, 여러 개의 bunk를 한 장소에 배치하여 숙소를 제공하는 것을 표현하기 위해 bunkhouse란 신조어가 만들어졌다. **합성법**(compounding)은 새로운 사물이나 활동에 이름을 붙이는 흔한 방식 중의 하나이다. 합성법의 다른 예로는 cross-trainer(여러 가지 운동에 사용할 수 있도록 만든 스포츠 신발), veggieburger(햄버거에 고기 대신 야채를 넣어 채식주의자를 위해 만든 햄버거), mallrat(쇼핑센터에서 시간을 보내는 젊은 사람) 등이 있다.

합성법(compounding) 하나 이상의 어근을 이용해 새로운 단어를 만드는 방법이다.

두문자어

두문자어(acronym) 하나 이상의 단어의 첫 글자나 첫 글자들을 합하여 만든 단어이다.

두문자어(acronym)는 하나 이상의 단어로 구성된 이름에서 첫 번째 글자들을 모아 만든 단어이다. FBI처럼 첫 글자를 알파벳으로 읽는 두문자 약어(initialism)와는 달리, 두문자어는 한 단어처럼 발음된다. 예를 들어, NASA는 National Aeronautics and Space Administration에서 만들어진 두문자어인데, 이를 [næsa]라고 발음한다. 두문자어는 빠르게 말할 수 있고, 기억하기 쉽기 때문에 자주 쓰인다. 어떤 경우에는 두문자어가 해당 단체나 운동의 특정한 감정을 불러일으키기도 한다. 이 점은 MADD(Mothers

글상자 4-2 역문자

웹 사이트 wordsmith.org는 회원들에게 '하루 한 단어'씩 이메일로 보낸다. 이 웹 사이트는 역문자(backronym)란 용어를 두문자(acronym)로 재해석되는 단어라고 정의한다. 즉 어떤 단어가 어원적으로 두문자이면 다시 두문자로 전환될 수 있다는 것이다. 예를 들어, backronym이란 단어는 back과 acronym의 합성어이다. 이에 대해서는 http://wordsmith.org/words/backronym.html을 참조하여라. 역문자의 예로는 다음과 같은 것들이 있다.

- PERL은 프로그래밍 언어이다. 이 이름은 Practical Extraction and Report Language의 약자이다.
- USA PATRIOT는 Uniting and Strengthening America by Providing Appropriate Tools Required to Intercept and Obstruct Terrorism의 약자이다.
- Apgar test란 신생아의 건강을 평가하는 다섯 가지 테스트이다. 이 이름은 처음에는 이 테스트의 개발자인 버지니아 아프가(Virginia Apgar)에서 나온 것이지만, 두문자 APGAR는 Appearance, Pulse, Grimace, Activity, and Respiration을 의미한다. 관련 자료는 웹 사이트 http://wordsmith.org/words/apgar_score.html을 참조하여라.
- 역문자는 두문자란 영어 단어 acronym으로도 만들 수 있다. wordsmith.org는 ACRONYM이 A Contrived Result Of Nomenclature Yielding Mechanism이라 정의한다.

모든 두문자가 그러하듯이, 역문자도 근본적으로는 기억장치이다. 이 경우에는 어떤 단어가 처음에는 두문자가 아닌 단어를 나타내는 것으로 사용자에게 이 단어가 무엇을 의미하는가를 상기시켜 주는 기능을 한다.

Against Drunk Driving)와 같은 두문자어에서도 뒷받침된다. 이 사람들은 화가 나거나(mad) 분노한(angry) 듯한 인상을 표현하기에 적당한 두문자어를 가진 셈이다. 역두문자어(backronyms)는 어떤 사실에 따라 만들어진 두문자어이다(글상자 4-2 참조).

외래 차용어

현대처럼 대도시 문화가 전 세계를 뒤덮은 경우에는 언제나 다른 문화와 접촉하게 된다. 무역, 여행, 갈등을 통해 한 언어의 어휘들이 다른 언어 체계 속으로 퍼지는 것은 흔한 일이다. 이러한 단어에는 프랑스어 chauffeur처럼 영어에서도 원래의 프랑스어 철자를 그대로 사용하는 경우도 있다. 그러나 대부분의 외래어 차용어는 약간의 변화를 겪는데, 에스파냐어 estampida는 영어에 차용되면서 stampede로 철자가 바뀌었다. 영어가 다른 언어에서 차용한 어휘를 찾아보면 다음과 같다.

- 프랑스어 : recipe, route, gopher, dime, camouflage, chowder, menu, boulevard
- 이탈리아어 : solo, piano, balcony, costume, infantry, captain, pastel, allegro,

casino

- 에스파냐어 : fiesta, pueblo, taco, plaza, guitar, bonanza, corral, pronto, rodeo, lasso, mosquito
- 미국 원주민 언어들 : Massachusetts, Mississippi, Tallahassee, hickory, sequoia, succotash, caucus, totem, igloo, chipmunk, opossum
- 독일어 : sauerkraut, noodle, pretzel, dunk, kindergarten, waltz, loafer
- 네덜란드어 : yacht, cole slaw, cookie, waffle, freight, sloop, Yankee, Santa Claus
- 이디시어 : schnook, klutz, oy vay, schlep
- 아랍어 : sofa, magazine, alcohol, mattress, algebra
- 터키어 : yogurt, tulip, jackal
- 아프리카 언어들 : tote, gorilla, zebra, gumbo, okra
- 기타 : caravan(페르시아어), kimono(일본어), tea(중국어), dungarees(힌두어), ski(노르웨이어), borscht(러시아어), whisky(게일어), trek(아프리칸스어)

에스파냐어는 아즈텍 족의 언어인 나와틀어에서 어휘를 많이 차용하였다. 예를 들어, nopalli는 nopal(선인장)이 되었고, tecolotl은 tecolote(올빼미)가 되었으며, pozolli는 pozole(옥수수죽), tzictli는 chicle(껌)이 되었다. 에스파냐어에 차용된 나와틀어의 다른 어휘들도 영어에 도입되었다. 예를 들어, xocolatl은 영어와 에스파냐어에 chocolate(초코릿)이 되었고, coyotl은 두 언어에서 모두 coyote(코요테)가 되었다. 그런가 하면 tomatl은 tomate와 tomato(토마토)가 되었고, ahuactl은 aguacate와 avocado(아보카도)가 되었다. 에스파냐어는 무어인들이 에스파냐를 지배하던 중세시대에 아랍어로부터도 어휘를 차용했다. 예를 들어, alcalde(시장), aceite(기름), arroz(쌀), arancel(요금) 등이 그것이다.

현대 일본어는 최근에 영어 어휘를 많이 차용하고, 이를 일본어 음운 규칙에 맞게 변형하여 사용한다. 예를 들어, gorin-pisu(완두콩), kissu(키스), no-komento(노코멘트), sarariman(샐러리맨) 등이 그러한 예이다.

아랍어는 다양한 언어로부터 어휘를 차용하였다. 터키어로부터 djeb(주머니), 이탈리아어로부터 bortoqan(오렌지), 프랑스어로부터 metro(지하철)과 madam(부인) 등을, 영어로부터 dish(위성) 등과 같은 어휘를 차용하였다.[3]

3) John T. Elkholy and Francine Hallcom, *A Teacher's Guide to Linguistics* (Dubuque, IA: Kendall Hunt Publishing, 2005), 4, 120.

단축

단어가 암시하듯이 **단축**(clipping)은 단어의 일부분을 잘라 짧은 형태로 만드는 것이다. gas는 gasoline에서 단축된 것이다. phone은 telephone의 단축형이고, gym은 gymnasium의 단축형이다. 단축형의 다른 예를 들면 다음과 같다.

단축(clipping) 단어의 일부분을 잘라 짧은 형태로 만드는 방법이다.

statistics	→	stat
fanatic	→	fan
permanent wave	→	perm
examination	→	exam
dormitory	→	dorm
omnibus	→	bus
narcotics agent	→	nark
corduroy+s	→	cords
detoxification	→	detox
weblog	→	blog

융합

단어는 앞에서 설명한 여러 가지 방법이 뒤섞여 만들어지기도 한다. **융합**(blending)은 두세 개의 단어를 결합하여(합성법), 새로 만들어진 단어의 일부를 잘라내고(단축), 그것을 결합한 것이다. 이렇게 해서 만들어진 새로운 단어를 **융합어**(blend)라고 한다. 융합어는 구성성분의 의미를 일부분씩 유지하며, nylon이나 betatron과 같이 종종 전문술어에 사용된다. nylon은 vinyl과 rayon을 융합하여 만든 단어이고, betatron은 beta ray와 electron의 융합어이다. 융합어는 Amerind(American Indian)처럼 일종의 약어이기도 하다. 때로는 루이스 캐롤이 'Jabberwocky'에서 miserable과 flimsy를 융합하여 처음으로 만든 단어인 mimsy처럼 장난스러울 수도 있다. 융합어는 blow와 spurt를 융합하여 만든 blurt의 예에서 보듯이 특정한 유형의 음과 결합하여 상징적 효과를 내기도 한다. 또 breakfast와 lunch의 융합어인 brunch처럼 두 사물이나 이름의 중간을 나타낼 수도 있다. 융합어에는 이밖에 situation comedy에서 만들어진 sitcom, motor hotel에서 만들어진 motel, television과 marathon에서 만들어진 telethon, Europe과 Asia에서 만들어진 Eurasia, car와 hijacking에서 만들어진 carjacking, electronic과 mail에서 만들어진 e-mail 등이 있다. electronic은 더 단축되어서 e로 쓰이기도 한다.

융합(blending) 둘 이상의 단어를 합성하여, 그 단어들의 일부를 잘라낸 후 이들을 다시 결합하여 새로운 단어를 만드는 방법이다.
융합어(blend) 융합에 의해 만들어진 새로운 단어를 말한다.

파생

파생(derivation) 파생접사를 단어에 덧붙여 새로운 단어를 만드는 방법이다.

파생(derivation)이란 파생접사를 추가하여 만든 새로운 단어를 말한다. 예를 들어, plane은 deplane이란 파생어의 어근이다. 파생접사인 de-는 plane에 덧붙여져서 새로운 단어를 만든다. 영어의 다양한 접사는 이렇게 매우 생산적으로 어형성 과정에 사용된다. 이러한 파생접사의 예를 들면, re-, un-, dis-, in-, pre-, anti-, sub-, -ly, -ness, -er, -ity, -ation, -able, -ful 등이 있다.

새로운 접사는 드물지만, 경우에 따라서는 새로운 접사가 만들어져서 새로운 단어를 만드는 데 사용된다. 예를 들어, 접두사 cyber-는 매우 흔해졌다. cyber-는 space, punk, theft와 같은 다른 단어와 결합하여 각각 cyberspace, cyberpunk, cyber-theft와 같은 파생어를 만든다. 접미사 -gate는 1972년에 있었던 워터게이트 사건 이후 파생접사로 등재되었다. 파생접사 -gate는 원래 워싱턴 D.C.에 있는 호텔 Watergate의 민주당 전국위원회 사무실에 강도가 침입하여 선거 관련 서류를 탈취한 사건에서 시작되었다. 1972년 이후, -gate는 정부 관련 사건에 사용되기 시작하였는데, 예를 들어, 레이건 정부 시절의 Irangate, 클린턴 정부 시절의 Travelgate와 Monicagate, 그리고 부시 정부 시절인 2006년 8명의 연방 검사들에 대한 근거가 불분명한 파면과 관련된 Attorneygate가 그것이다.

역형성

유추(analogy) 한 단어의 형태나 언어 현상이 다른 단어나 구조를 만들어 내는 모형으로 사용되는 것을 말한다.

역형성(back-formation) 유추에 의해 접사나 접사로 생각되는 부분을 단어에서 삭제함으로써 새로운 단어를 만드는 방법이다.

revise는 파생어 revision을 만드는 어근으로 사용될 수 있다. 이러한 어형성 과정은 파생법이다. 그러나 어떤 경우에는 새로 만들어진 단어가 기존의 어근에서 직접 만들어진 것이 아님에도, 파생법에 의해 만들어진 것처럼 보이는 단어가 있다. 예를 들어, television은 tele(transmit)와 vision(something seen)의 합성에 의해 만들어진 단어이다. 다시 말해, television은 televise에서 파생된 단어가 아니다. revision이 revise에서 만들어졌다는 사실을 유추하여 televise가 만들어진 것이다. 이러한 어형성 방법을 **유추**(analogy)라고 부른다. 유추에 의한 어형성은 이미 확립된 다른 어형성 규칙에 의해 만들어진 단어들과 같은 방식으로 만들어진다. **역형성**(back-formation)이란 용어는 televise가 어근이 아니라 실제로는 television에서 단축에 의해 만들어진 신조어라는 사실을 뜻한다. 즉, televise는 television보다 먼저 존재하지 않았고 따라서 television의 어근이 될 수 없다.

역형성의 예는 다음과 같다.

donation → donate

editor → edit

enthusiasm → enthuse

automation → automate

이 각 단어쌍에서 왼쪽에 있는 단어가 오른쪽에 있는 단어보다 먼저 존재했다.

고유명

사람은 다른 사람에게 기억되기를 좋아한다. 다른 사람에게 기억될 가능성을 높이는 한 가지 방법은 어떤 이름에 자신의 이름을 남기는 것이다. **고유명**은 식물이나 동물(Darwin's finches), 발명품(Adolph Joseph Sax의 이름을 딴 saxophone), 장소(George Washington의 이름을 딴 Washington과 Christopher Columbus의 이름을 딴 District of Columbia), 활동(Charles Cunningham Boycott의 이름을 딴 boycott), 기타 다른 사람들의 이름에서 유래한다(글상자 4-3 참조). 사람의 이름에 기반을 둔 신조어는 다음과 같다.

고유명(eponyms) 인명에서 유래한 단어를 말한다.

- ponzi scheme는 찰스 폰지(Charles Ponzi, 1882~1949)에서 유래했는데, 그는 사기로 투자계획을 세웠다.
- Braille는 루이 브라유(Louis Braille, 1809~1852)에서 유래했는데, 그는 시각장애인을 위한 인쇄기술을 개발하였다.
- Erotic은 그리스의 신인 Eros에서 왔다.
- Sadism은 사드 백작(Count Donatien Alphonse Francois de Sade, 1740~1814)에서 유래했는데, 그는 신체적 · 정신적 고통을 가하는 데서 오는 성적 쾌락을 묘사하는 책을 많이 썼다.
- Sandwich는 Sandwich가의 제4대 남작인 존 몬테규(John Montagu, 1718~1792)에서 유래했는데, 그는 자신이 도박을 하는 동안 방해받지 않기 위해 두 빵 사이에 소고기를 넣어 가져오도록 고집한 데서 샌드위치를 개발한 사람이다.
- Guillotine은 기요틴(Joseph-Ignace Guillotine, 1738~1814)에서 유래했는데, 그는 흉악범을 처형하는 기구인 단두대를 발명하였다.
- Kanye'd는 케니 웨스트(Kenny West, 1977)에서 유래했으며, 연설이 중단되었음을 의미한다.
- Mesmerize는 프란츠 메즈머(Franz Mesmer, 1734~1815)에서 유래했는데, 그는 최면술사였다.
- Dunce는 던스 스코터스(John Duns Scotus, 1265~1308)에서 유래했는데, 그는

글상자 4-3 이름의 어원학

예비 부모가 종종 걱정하는 것 중 하나는 자신의 아이에게 어떤 이름을 지어줄 것인가 하는 것이다. 때때로 어린아이는 그 부모의 이름을 따거나 선조나 친척의 이름을 따서 불린다. 또한 유명인사의 이름이나 소설의 주인공 이름을 본떠서 짓기도 하며, 어떤 경우에는 부모가 의미를 고려하여 아이의 이름을 짓기도 한다. 아이에게 붙일 이름들을 수록한 작명서는 각 이름의 의미와 그 유래를 설명해 주기도 한다.

예를 들어, Aaron이란 영어 이름은 성경에 나오는 이름인 Aharon에서 유래한다. 이 이름의 기원은 히브리어 아니면 이집트어이다. 이 이름이 히브리어 기원이라면, 그 의미는 exalted 또는 high mountain이 된다. 아론은 모세의 형들 중 한 명이다.

그런가 하면 Andrew란 이름은 그리스어 Andreas에서 유래하는데, Andreas는 '사람'을 의미하는 aner의 소유격 형태인 andros에서 왔다. Andrea와 Andriana는 Andrew의 여성형 이름이다.

때때로 미디어는 특정한 이름을 유명하게 만들기도 한다. 예를 들어, Adelheide의 별명인 Heidi는 같은 이름을 가진 유명한 소설에 의해 널리 알려지게 되었으며, Lucille의 변형인 Lucy 역시 1950년대에 텔레비전 프로인 〈I Love Lucy〉에 의해 널리 알려지게 되었다.

이름의 역사와 의미에 관한 웹 사이트는 〈Behind the Name〉으로 http://www.behindthename.com을 참고할 수 있다.

매우 뛰어난 사상가로 그의 제자들이 르네상스 사상에 반기를 들었다. 'dunse men'은 그의 명성에 오점을 남기게 된다.

- Lynch는 찰스 린치(Charles Lynch, 1736~1796)에서 유래했는데, 그는 범죄자를 교수형에 처하는 법안을 비난한, 버지니아 주의 판사였다.

제품명

신조어는 새로운 제품의 이름을 짓는 데도 필요하다. 때때로 신조어는 지금까지 논의한 어형성 방법을 통해 만들어지기도 한다. 예를 들어, Ford는 헨리 포드(Henry Ford)의 이름을 따서 만들어진 자동차 이름이다. 상표 이름은 Xerox처럼 이미 존재하는 이름을 사용하지 않고 만들어지기도 한다.

상표명은 종종 매우 광범위하게 사용되어서 해당 제품 전체를 가리키는 이름으로 받아들여지기도 한다. 예를 들어, Xerox는 비록 다른 회사가 만든 복사기라 하더라도 복사기를 처음 만든 Xerox의 이름을 따서 모든 복사기를 Xerox라고 한다. aspirin은 처음에는 제약 회사 바이엘의 제품 이름이었는데, 이제는 모든 진통제에 aspirin이란 이름을 사용한다. Jell-O는 처음에 제너럴 푸드 사가 만든 젤 모양의 디저트 이름이었는데, 지금은 그러한 유형의 모든 디저트에 사용한다. Kleenex는 킴벌리-클락 사의 얼굴용 휴지 이름이었는데, 역시 모든 티슈에 사용한다. 이러한 제품명은 처음에는 제품 자체를 지시했었지만, 지금은 그러한 종류의 모든 제품을 지칭하게 되어 복사기(xerox machine)는 이제 캐논에서 만들 수도 있고, aspirin을 존슨앤존슨 사에서 만들 수도 있으며, Jell-o는 로열 푸드 사에서 만들어질 수도 있으며, kleenex는 킴벌리-클락이 아니라 스콧 페이퍼에서 만들어질 수도 있다. 앞에서 언급하였던 Google은 명사로는 인터넷 검색엔진을 의미할 수 있고, 동사로는 인터넷 검색을 한다는 의미를 가질 수도 있다. 이 점에 있어서는 Mapquest도 마찬가지이다.

단어가 만들어지는 다른 방법들도 있지만, 지금까지 논의한 어형성 방법들이 널리 사용되며, 이러한 개방성으로 인해 언어는 매우 유연한 도구가 된다. 이러한 개방성이 없다면, 인간의 문화가 어떻게 존재할 수 있는지는 상상하기가 쉽지 않을 것이다.

연습문제 5 : 단어의 개방성

1. 이 장에서 설명한 어형성 과정에 의해서 만들어진 단어를 10개씩 더 제시하여라.

2. 다음 외래어를 검토하여 이들로부터 어떤 영어 단어가 노출되었는지를 밝혀라. 먼저 답을 추측해 보고 부록 2를 참조하여라.
   a. squunck
   b. taifung
   c. sonare

3. 영어에는 수천 개의 두문자어가 있다. 두문자어는 가장 생산적인 어형성 과정 중의 하나이다. 두문자어가 왜 이렇게 널리 사용된다고 생각하는가?

4. 영어의 knockout, weekend, supermarket, jeep, nylon, Ford는 어떤 공통의 관계가 있는가?

5. swindle은 명사인 swindler에서 역형성에 의해 만들어진 단어이다. swindle/swindler를 이용하여 역형성 과정을 설명하여라.

6. 신조어를 만들기 위한 과정에서 고유명의 용법을 설명하면서 그것이 주로 식물, 동물, 발명품, 장소, 활동 등을 가리키는 데 사용된다고 하였다. 사람의 이름을 딴 고유명 신조어에는 다른 어떤 것들이 있는가?

7. 한 집단의 사람들이 공통으로 가지는 감정이나 특성을 나타내는 두문자어를 5개 제시하여라.

단어의 의미 변화

CE[4] 약 1100년부터 1500년 사이에 사용되었던 중세 영어에서는 butcher란 단어가 염

4) 기원후의 표기는 보통 C.E.를 쓴다. 여기서 C.E.는 Common Era의 약자로서 A.D. 대신 사용한다. 또 기원전이란 의미로는 B.C. 대신에 Before the Common Era의 약자인 B.C.E.를 사용한다.

소를 도살하는 사람을 의미했었다. 현대 영어에서는 이 단어가 일반화 또는 보편화되어서 '모든 유형의 육류를 준비하거나 동물을 도살하는 사람'을 의미하게 되었다. 과거에는 girl이란 단어가 남녀를 불문하고 젊은 사람을 의미하였다. 그러나 girl의 의미가 좀 더 특수화되거나 좁아져서 지금은 젊은 여자만을 가리킨다. 어떤 단어의 의미는 완전히 바뀌기도 하였다. 예를 들어, silly는 happy를 의미했지만 이제는 그 의미가 악화 또는 부정적이 되었다. 반면에 nice란 단어는 처음에는 ignorant를 의미했지만, 지금은 상승 또는 긍정적이 되었다. 어떤 영어방언에서는 bad란 단어가 good을 의미하기도 한다. 이 경우는 의미의 역전이 일어난 것이다.

단어의 역사를 연구하는 분야를 **어원론**(etymology)이라고 한다. 어원사전은 단어를 수록하고 그것의 역사를 밝힌다. 다음 예는 온라인 어원사전에서 가져온 단어 설명이다.

어원론(etymology) 단어의 역사를 연구하는 분야이다.

> **accomplish** – c. 1380, from c. 1380, from O.Fr. acompliss-, stem of acomplir "to fulfill," from V.L. accomplere, from L. ad- "to" + complere "fill up." (see complete.) Accomplished "fully versed" is 16c.
>
> http://www.etymonline.com

이 항목은 단어 accomplish의 역사를 보여 준다. 이 단어가 처음에 사용된 것은 서기 1380년 경이고(위 설명에서 c.는 circa 즉 about을 뜻함.), 이 단어는 고대 프랑스어에서 유래했음을 알 수 있다. 또 이 고대 프랑스어는 로마의 일상어였던 통속 라틴어(Vulgar Latin)에서 유래했다. 영어의 accomplish는 비교적 단순한 역사를 가졌다. 많은 단어는 시간이 흐르면서 형태와 의미에 많은 변화가 온다. 이 점에 대해서는 제12장에서 다시 논의할 것이다.

연습문제 6 : 어원

1. 단어는 새로 만들어지기도 하지만, 기존의 단어가 의미를 바꾸기도 한다. 단어는 그 의미의 폭이 더 일반화되기도 하고 더 전문화되기도 하며, 부정적 함축을 띠기도 하고(의미악화) 긍정적 함축을 띠기도 한다(의미양화). 또 단어는 그 의미가 정반대로 바뀌기도 한다. 어원사전을 찾아보고 다음 단어들이 어떤 유형의 의미 변화를 겪었는지 살펴보아라.

   예 : 이탈리아어 ghetto에서 차용한 ghetto는 원래 고대 베니스의 유대인 거주지를

지칭하는 getto에서 유래하였다. 이탈리아어 이전의 기원에 대해서는 다른 주장도 있는데, 그중 하나는 이 단어가 이혼 또는 '별거 행위'를 뜻하는 이디시어 get에서 유래했다는 것이다(다른 어원설에 대해서는 웹 사이트 http://www.etymonline.com을 참조). 오늘날 영어의 ghetto는 의미가 일반화되어 특정 지역에서 특정한 소수 인종이 다수를 차지하는 경우를 의미하는 것으로 의미 변화를 겪었으며, 주로 아프리카계 미국인의 집단 거주지를 의미하게 되었다.

royalty____

____

____

wife____

____

____

bird____

____

____

potluck____

____

____

testimony____

____

____

crude____

____

____

knave____

____

____

hussy____

____

____

liquor____

botulism

pleasant

pen

queen

2. 어원사전을 사용하여 1번 문제에 제시된 단어들 중 3개를 정하여 의미 변화의 과정을 자세하게 설명하여라.

어휘범주(품사)

단어를 분류하는 방법에는 몇 가지가 있다. 전통적으로, 영어 교사들은 단어를 8개 품사 또는 어휘범주로 구분하였다. 그러나 8품사는 다른 많은 언어와는 무관하고 형태소 단위의 어휘적 차이점을 올바르게 나타내지도 못하는 자의적 범주이다. 비록 8품사 체계에 몇 가지 문제점이 있지만('더 읽을거리'에 제시한 벤 야고다(Ben Yagoda)의 저서 참조), 문장 내에서의 단어의 주요 기능을 설명하는 데는 전통적인 품사 구분이 좋은 출발점이다. 전통적인 품사 개념을 정리하고 여기에 몇 가지 새로운 용어와 개념을 추가할 것이다. 품사에 대한 더 자세한 논의는 웹 사이트 http://www.uottawa.ca/academic/arts/writcent/hypergrammar/partsp.html을 참조하여라.

명사

명사란 이름, 사람, 장소, 태도, 생각, 사물, 질, 상태 등을 지칭하는 단어이다. 명사는 문장의 주어나 동사의 목적어, 또는 전치사의 목적어로 쓰인다.

어떤 명사는 관사 a, an, the 뒤에 나타나기도 한다. 많은 명사는 수를 나타내기 위해 굴절어미 -s를 붙이기도 하고 소유를 나타내기 위해 -'s를 사용하기도 한다. 명사에는 여러 종류가 있고 같은 명사라도 여러 가지 하위 집단에 속할 수 있다. 고유명사는 John, California, Super Bowl, Chevrolet 등과 같이 특정한 사람, 장소, 활동, 생각, 사물을 나타낸다. 보통명사는 cow, tree, noise와 같이 손으로 만질 수 있는 명사를 지칭하고, 추상명사는 love, liberty, admiration과 같이 만질 수 없는 사물을 지칭한다. 가산명사는 dog와 같이 셀 수 있는 명사로 복수형태를 가질 수 있고, 물질명사는 butter, flour, gravel처럼 복수형이 없고 셀 수도 없는 명사를 말한다. 집합명사는 mob, flock, herd와 같이 사물의 집단을 뜻한다.

대명사

대명사는 명사나 다른 대명사를 대치하는 단어이다. 부정대명사는 특정한 지시체를 가지지 않는데, any, all, each, everyone, some 등이 그 예이다. 재귀목적대명사는 myself, yourself, herself와 같이 행위가 주어로 되돌아가는 데 쓰이거나 강조를 위해 쓰이는 어휘를 말한다. 인칭대명사는 I, you, she, he, it, we 등과 같이 특정한 사람이나 사물을 지칭하는 데 쓰이는 대명사를 말한다. 지시대명사는 this, that, these, those처럼 지시되는 사물을 나타내는 어휘를 말한다. 어떤 언어학자는 지시대명사를 한정사에 속하는 것으로 보기도 한다. 의문대명사는 who, whom, which, what처럼 의문문을 만드는 데 사용되는 어휘이다. 관계대명사는 구나 절을 다른 구나 절에 연결할 때 사용되는 어휘로 의문대명사와 같은 형태를 띤다.

형용사

형용사는 명사나 대명사를 수식한다. 형용사는 명사나 대명사의 특성이나 질을 기술한다. 영어에서 형용사는 a beautiful woman처럼 명사 앞에 쓰거나 She is beautiful처럼 is와 같은 동사 뒤에 쓴다. 어떤 형용사는 비교를 위해 굴절이 되기도 한다. 예를 들어, hot의 비교급은 hotter이고, 최상급은 hottest이다. 영어 교사들은 종종 good, happy, wonderful, ugly와 같은 서술형용사와 관사라 불리기도 하는 한정형용사를 구분하기도 한다. 영어의 관사에는 a, an, the가 있다. 관사는 명사가 특정한 사람이나 장소를 지칭하게 하거나 특정한 종류의 사람이나 사물, 장소를 지칭하게 해 준다. 언어학자들은 관사를 한정사라 부르는 어휘범주로 구분하기도 한다.

한정사

한정사란 어휘범주는 전통적인 품사 구분은 아니다. 그러나 언어학자들은 명사에 관해 어떤 것을 특정화하는 단어나 접두사를 나타내는 어휘범주를 설정하는데, 영어의 관사가 바로 이 한정사 범주에 속한다. 다른 한정사들은 this, that, these, those와 같은 지시형용사나 all, three, many, some과 같은 양태형용사이다.

동사

동사는 행동, 사건, 조건, 상태 등을 나타내는 어휘이다. 동사는 하나의 단어일 수도 있고 일련의 단어 그룹일 수도 있다. 영어에서 동사는 시제, 인칭, 수, 태, 상을 나타내기 위해 굴절형을 가지며, 세 가지의 하위 종류로 구분할 수 있다. retired와 같은 자동사는 동사의 직접목적어를 필요로 하지 않는다. 타동사는 Bruce built a house에서 보듯이 직접목적어를 취하는 동사이다. 연결동사 또는 계사는 스스로 완전한 주장, 즉 서술을 할 수 없고 직접목적어를 취하지도 않는다. 계사는 주어와 서술명사 또는 형용사를 연결하는 기능을 한다. 계사의 예로는 다음과 같은 것이 있다. My mother <u>is</u> an artist. He <u>remains</u> a good person. That pie <u>smells</u> good. 다른 계사의 예로는 be, become, look, appear, taste, feel, sound 등이 있다.

조동사

언어학자들은 조동사란 용어를 동사로 하여금 추가적인 정보를 표현할 수 있도록 '도와주는' 단어나 형태소를 지칭하는 자연범주라고 정의한다. 그런 의미에서 과거시제를 나타내는 -ed 역시 이 범주에 포함된다. 전통적으로 auxiliary verb(조동사)라 불리던 것들은 단순히 auxiliaries라 불린다. 이 범주에는 be와 have처럼 다양한 시제를 표현하기 위해 사용되는 조동사와 may, can, should, must와 같이 서법이나 태도를 표현하기 위해 사용되는 조동사가 포함된다.

부사

부사는 동사, 형용사, 다른 부사를 수식하는 어휘로, careful, today, now, often, away, absolutely 등이 여기에 속한다. 형용사와 마찬가지로 부사에는 원급, 비교급, 최상급 형태가 있다. 예를 들어, He walked <u>fast</u>. He walked <u>faster</u>. He walked <u>fastest</u>. 등에서 부사의 원급, 비교급, 최상급이 사용되었다.

전치사

전치사는 주로 The cat was on the fence에서 보듯이 구절을 이끈다. 전치사구는 대개 명사나 전치사로 끝나는데, 이때 명사나 대명사를 전치사의 목적어라고 한다. 전치사는 그것의 목적어와 문장 속의 다른 단어와의 관계를 나타내는 기능을 한다.

접속사

접속사는 단어와 단어 또는 다른 단어 연쇄를 연결하며, 여기에는 세 가지 종류가 있다. 등위접속사는 It is Rob and Becky's savings account에서 보듯이 동등한 요소들을 연결한다. 상호접속사는 짝으로 나열되는 동등한 요소들을 연결하는데, 예를 들어 Either you or I will go to the store today에서 보듯이 or와 같은 어휘를 말한다. 종속접속사는 동등하지 않은 요소들을 연결한다. 예를 들어, Because you studied very effectively, you got an A on the test에서의 Because처럼 종속적인 절과 독립적인 절을 연결한다.

감탄사

문법적으로 볼 때, 감탄사는 핵심적인 문장요소는 아니다. 감탄사는 문장에서 삭제되어도 주어진 문장의 전체적인 문법 구조가 파괴되는 것은 아니다. 감탄사는 대개 감정을 표현하기 위해 사용된다. 영어의 감탄사는 oh, well, goodness sakes, good heavens, alas, ouch, indeed 등과 같은 어휘이다.

주 : 한 단어의 어휘적 범주는 문장 내부에서의 그것의 기능에 달려있다. 그러므로 round와 같은 특정 어휘는 여섯 가지 어휘범주로 사용될 수 있다. 구체적인 내용은 웹 사이트 http://dictionary.reference.com/browse/round를 참고하여라.

연습문제 7 : 품사

1. 밑줄 그은 단어의 품사와 하위범주를 써라.

예 : Honesty(a) is the best(b) policy.

a. **추상명사** b. **서술형용사**

A. Some(a) of the boats sank(b).

a. ______________ b. ______________

B. Some people never learn.
a b

a. ____________ b. ____________

C. According to Steve, the road ends one mile down the highway.
a b c

a. ____________ b. ____________

c. ____________

D. The boxer won that round.
a b

a. ____________ b. ____________

E. The round house looked strange.
a b

a. ____________ b. ____________

F. He rounded the piece of wood.
a b

a. ____________ b. ____________

G. The piece of wood will become round.
a

a. ____________

H. He turned round.
a

a. ____________

I. He went round the river.
a

a. ____________

J. The crowd became noisy, and the police surrounded them.
a b c

a. ____________ b. ____________

c. ____________

K. Who said that you could appoint yourself?
a b c d

a. ____________ b. ____________

c. ____________ d. ____________

L. That speech would touch anyone who heard it.
a b

a. ____________ b. ____________

M. Jack will either go to the party or stay home.
a b c

a. ____________ b. ____________

c. ____________

N. Oh no, the guests are already arriving.
(a: Oh no, b: already)

a. ____________________ b. ____________________

O. The sand at the beach is contaminated.
(a: sand, b: is, c: contaminated)

a. ____________________ b. ____________________

c. ____________________

2. 1번 문제의 D에서 I까지에 나오는 round의 용법을 조사하고 어떤 결론을 내릴 수 있는지 설명하여라.

____

____

____

요약

형태론은 단어의 내부 구조를 지배하는 규칙과 단어 사이에 존재하는 상호관계를 연구하는 학문 분야이다. 형태론의 기본단위는 형태소이다. 형태소에는 두 가지 유형이 있는데, 결속형태소와 자립형태소가 그것이다. 결속형태소에는 파생형태소와 굴절형태소가 있다. 파생형태소는 단어에 추가되어, 해당 단어의 의미나 품사를 바꾸기도 한다. 굴절형태소는 단수명사를 복수명사로 바꾸는 것과 같이 문법적 기능을 전환한다.

언어는 형태소를 어떻게 사용하는가에 따라 구분할 수 있다. 분석어에서는 단어들이 단일형태소이다. 종합어에서는 결속형태소가 어근형태소에 덧붙여져서 의미를 바꾸거나 문법적 기능을 표시한다.

종합어의 세 가지 유형은 각각 굴절어, 교착어, 포합어이다. 현실적으로 언어 대부분은 여러 가지 유형론적 원리를 포함한다.

형태소는 여러 가지의 음성적 모양을 띤다. 형태소의 음성형태는 첨가되는 형태소의 음 특성에 달려 있다. 형태와 음성이 이들 잠재의식적인 결정 과정과 관련 있기 때문에 이들의 연구는 형태음소론이라고 부른다.

새로운 단어는 끊임없이 해당 언어에 도입된다. 복합어, 융합어, 두문자어, 외국어의 차용, 축약, 파생, 역형성, 고유명 등의 신조어는 신조어 형성의 가장 흔한 방법들이다.

단어는 의미에 따라, 문장 속에서 어떤 기능을 하는가, 굴절형식은 어떠한가 등에 따라 여러 가지 유형으로 구분할 수 있다. 단어를 구분하는 한 가지 방법은 품사에 따라 단어를 분류하는 것이며, 또 다른 방법은 다음 장에서 다룬다.

더 읽을거리

Aronoff, M., and Kirsten Fudeman, *What Is Morphology?* Oxford: Blackwell, 2005.

Barnhart, Robert K., and Sol Steinmetz, eds., *Chambers Dictionary of Etymology,* Edinburgh: Chambers, 1999.

Bauer, L., *Introducing Linguistic Morphology,* 2nd ed., Washington, DC: Georgetown University Press, 2004.

Coates, Richard, *Word Structure,* London: Routledge, 2000.

Crystal, David, *Words, words, words,* New York: Oxford University Press, 2006.

Haspelmath, M., *Understanding Morphology,* London: Arnold, 2002.

Lieber, R., *Introducing Morphology,* Cambridge: Cambridge University Press, 2010.

Yagoda, Ben, When You Catch an Adjective, *Kill It: The Parts of Speech, for Better and/or Worse,* New York: Broadway Books, 2007.

참고할 웹 사이트

다음은 숙어의 의미도 제공하는 온라인사전이다.

http://dictionary.cambridge.org

다음은 온라인사전, 유의어, 기타 참고 자료를 제공하는 웹 사이트이다.

http://dicitonary.reference.com

다음은 단어 게임, 세계 영어, 단어의 세계, 어원 등을 제공하는 웹 사이트이다.

http://www.askoxford.com

다음은 온라인 어원사전이다.

http://www.etymonline.com

다음은 가입자에게 하루 한 단어씩 어원과 정의 및 관련 정보를 보내 주는 웹 사이트이다.

http://wordsmith.org

용어와 개념의 정리 : 형태부

1. 언어의 유의미한 단위를 ____________________(이)라고 한다.
2. cat의 /k/는 ____________________이다.
3. schoolhouses에는 몇 개의 형태소가 있는가? ____________________
4. schoolhouses에서 school은 ____________________이고, house는 ____________________이며, -s는 ____________________이다.
5. 파생형태소에는 두 가지 기능이 있는데, 그것은 무엇인가? ____________________
6. 굴절형태소에는 어떤 기능이 있는가? ____________________
7. 영어에는 ____________________ 굴절형태소가 있다.
8. 영어는 매우 굴절적인 언어로 간주할 수 있다. 이 말은 __(참/거짓)__이다.
9. 형태소의 변이형들을 ____________________(이)라고 한다.
10. 서로 다른 이형태소들은 전적으로 문체적인 이유로 사용된다. 이 말은 __(참/거짓)__이다.
11. 접사가 생산적이란 말은 ____________________ 것을 의미한다.
12. 대명사는 단어의 개방 집단인가, 폐쇄 집단인가? ____________________
13. 형태소유형론에 비추어보았을 때, 언어의 두 가지 일반적인 유형은 무엇인가? ____________________
14. 종합어의 예를 3개만 제시하고, 서로 어떻게 다른지를 설명하여라.

____

____

____

____

____

15. 교재에서 언급했던 9개 어형성 방법은 무엇이고, 서로 어떻게 다른가?

____

____

____

____

____

____

____

____

____

16. 교재에서 언급했던 어휘범주에는 어떤 것이 있는지 밝히고, 그 정의를 제시하여라.

단원 말 연습문제

1. 영어의 the와 an은 관사라고 부르며, 각각은 두 가지 이형태소가 있다. 각각의 이형태소는 무엇이고, 어떻게 분포되는가? 이형태소들 사이에 어떤 관계가 있는가, 그렇다면 그 관계는 무엇인가?

2. 다음은 필리핀에서 사용되는 언어인 세부아노어이다. 각 인종 이름에서 해당 언어의 이름이 어떻게 도출되는가?[5)]

1a. [bisaya]	a Visayan	b. [binisaya]	the Visayan language
2a. [iŋlis]	an Englishman	b. [iniŋlis]	the English language
3a. [tagalog]	a Tagalog person	b. [tinagalog]	the Tagalog language
4a. [ilokano]	an Ilocano	b. [inilokano]	the Ilocano language
5a. [sibwano]	a Cebuano	b. [sinibwano]	the Cebuano language

3. 다음 어휘를 만들기 위해 어떤 과정이 사용되었는가?

a. photo ______

b. remake ______

c. scuba ______

d. blackbird ______

e. radar ______

f. pizza ______

g. Pyrex ______

h. sideburns ______

5) Maria Victoria R. Bunye and Elsa Paula Yap, *Cebuano Grammar Notes* (Honolulu: University of Hawaii Press, 1971).

i. sculpt ______________________

j. coke ______________________

k. mishap ______________________

4. 다음 문장에서 로마자 각각의 하위 유형과 어휘범주를 밝혀라.

a. The boy want to the market.
A B C D E F

b. He will not be able to go to the party next year.
G H I J K L M N O P Q R

c. Several friends of mine like this book.
S T U

d. Several of my friends like this.
V W X

5 통사론

Syntax

이 장에서 알아야 할 것

1. 통사론이란 무엇인가?
2. "통사론은 기본적으로 잠재의식적인 지식이다."라는 말의 의미는 무엇인가?
3. 단어보다 큰 문장 구성의 단위는 무엇인가?
4. 문법성 판단이란 무엇인가?
5. 문장 유형을 구성하는 절의 종류에 근거한 문장 유형에는 어떤 것이 있는가?
6. 의미, 기능 또는 태에 근거한 문장 유형에는 어떤 것이 있는가?
7. 언어는 규칙의 지배를 받는다. 원어민 화자가 알고 있는 일반적 통사 규칙에는 어떤 것이 있는가?
8. 문장에서 단어의 순서가 중요한 언어도 있지만, 그렇지 않은 언어도 있다. 왜 그러한가?
9. 놈 촘스키는 누구인가? 그가 언어학에 공헌한 점은 무엇인가?
10. 구 구조 규칙과 구 구조 표지는 무엇인가?
11. 언어는 계층적 구조를 가진다는 말의 의미는 무엇인가? 언어의 회귀적 속성이란 무엇인가?
12. 변형 규칙이란 무엇이며, 변형의 네 가지 기본 유형은 무엇인가?

통사론이라는 단어는 '함께'라는 의미의 그리스어 syn과 배열을 의미하는 tax로부터 파생된 단어이다. **통사론**(syntax)이란 구, 절, 문장과 같은 구조를 만들기 위해 단어와 형태소를 배열하는 것과 관련된 문법 층위이다. 또한 통사론은 이렇게 만들어진 구조가 말(소리), 수화(몸짓), 문자와 같은 외적 행위와 어떻게 결합하여 의사소통에 사용되는 구조를 이루는가를 다룬다.

통사론(syntax) 문장을 만들 때 단어와 형태소를 어떻게 배열하는가를 연구하는 문법 층위를 말한다.

통사론은 또한 개인의 언어 능력의 일부로서 기본적으로 잠재의식적인 규칙(또는 지식)과 범주를 이용해서 문장을 만드는 방법이라고 할 수도 있다. 통사론은 문장을 이루는 구성 요소의 상호관계를 다루며, 어떤 배열 규칙이 평서문, 의문문, 명령문과 같은 여러 발화 유형을 결정하는가를 다룬다. 원어민 영어 화자는 의식적으로 생각하지 않아도 '*A to going minutes I be few in will store the'와 같은 발화가 문법적 문장이 아니라는 사실을 안다. 그러나 'I will be going to the store in a few minutes'은 실제로 문법적 문장이고, 원어민 영어 화자는 이 발화가 문법적 문장이라는 사실을 자동으로 알게 된다. 구, 절, 문장을 만들기 위해 단어를 무작위로 배열하는 것은 아니다.

통사 규칙이 기본적으로 잠재의식적이라는 말에는 여러 가지 의미가 있다. 첫째, 인간은 언어 규칙을 자동으로 적용하며 자신이 특별한 일을 수행하고 있다는 사실을 인지하지 못한다. 둘째, 통사 규칙의 사용은 필수이다. 문법을 명시적으로 만들지 않는 한, 즉 의식적으로 인식하지 않는 한, 문법을 바꿀 수 없다. 물론 어떤 특정한 상황에서는 문법을 바꾸는 경우가 있다. 예를 들어, 자신의 방언과는 다른 방언을 모방하려면 자신이 사용하는 방언의 문법을 연구하고 그것을 다른 방언의 문법과 비교해야 할 것이다.

언어학자와 고고학자가 통사론을 연구할 때, 그들은 언어 화자가 통사 구조에 대해 가진 잠재의식적 지식이 무엇인가를 기술하는 데 관심이 있는 것이지, 어떻게 문장을 구성해야 하는가를 '규정'하는 데 관심이 있는 것이 아니다. 언어학자와 고고학자가 알아내는 지식을 **기술통사론**(descriptive syntax) 또는 **기술문법**(descriptive grammar)이라고 부른다. 이들은 해당 언어의 화자가 실제로 말하는 것을 듣고 그가 사용하는 규칙이 무엇인가를 찾아낸다. 이와는 달리, 영어나 다른 언어를 가르치는 교사가 문법시간에 말하거나 글을 쓰는 데 있어서 올바른 방법과 그렇지 않은 방법이 있다며 가르치는 문법을 **규범통사론**(prescriptive syntax) 또는 **규범문법**(prescriptive grammar)이라고 부른다.

기술통사론(descriptive syntax) 기술문법(descriptive grammar)이라고도 부르며, 작은 단위를 결합하여 문장을 만드는 데 사용하는 언어의 잠재의식적 규칙을 말한다. 이 용어는 이런 규칙을 연구하는 것을 의미하기도 한다.

규범통사론(prescriptive syntax) 규범문법(prescriptive grammar)이라고도 부르며, 말하거나 글을 쓰거나 수화를 하는 데 있어서 옳은 방법과 옳지 않은 방법이 있다는 개념을 말한다.

통사론 연구에는 여러 가지 방법론이 있다. 어떤 통사론 모형은 주로 언어 현상에 대한 기술을 목표로 하며, 구어, 문어, 또는 수화의 통사 규칙을 기술하는 것을 목표로 삼는다. 또 어떤 통사론 모형은 복잡한 수학적 모형을 기반으로 한다. 우리가 여기서 주로 소개하려는 통사론 모형은 **변형문법**(transformational grammar) 또는 **생성문법**(generative grammar)이라고 불리는 것으로, 기술문법적 개념과 수학적 개념 모두 사용한다. 변형문법에서는 통사론의 많은 요소가 언어 수행 자료를 연구하는 것만으로는 발견될 수 없고, 오히려 인간의 정신(두뇌)이 어떻게 작동하여 문장과 같은 통사 구조를 만드는지를 보여 주는 반사체라는 가정을 근거로 한다. 이 장 후반부의 '구 구조 규칙'에서 좀 더 자세히 논의하겠지만, 생성문법은 모든 인간언어에서 공통적으로 발견되는 보편적 유사성이 인간의 두뇌가 언어 입력 자료를 처리하는 데 사용하는 미리 정해진 유전적 프로그램의 결과라고 가정한다. 개인이 말하고 쓰고 신호로 표현하는 것은 학습된 정보를 부분적으로는 유전적으로 타고난 방식으로 처리하는 복잡

변형문법(transformational grammar) 생성문법(generative grammar)이라고도 부르며, 유한수의 규칙을 이용하여 이론적으로 무한한 수의 문장을 생성할 수 있는 통사론 모형이다.

한 체계의 결과인 셈이다. 이 처리 체계는 인간의 그리고 인간 이전의 진화의 산물이다. 사실 최근에 일부 연구자는 특정 유형의 정보를 특정한 규칙의 지배를 받는 방식으로 배열하는 인간 두뇌의 능력이 어쩌면 인간과 가장 유사한 다른 영장류 친족에게도 존재할지 모른다는 가설을 제기하였다. 다시 말해, 다른 동물뿐 아니라 다른 영장류도 연산 능력을 가지고 있을지 모른다는 것이다.[1)]

통사 구성

통사 구조의 유형

문장(sentence)은 정신적 구성 작업으로부터 시작한다. 문장이란 형태소를 무작위로 연결한 것이 아니라, 일련의 결합 규칙에 따라 만들어진 구조물이다. 문장을 만들기 위해 결합되는 단위를 **구성성분**(constituent)이라고 한다. 한 문장은 최소한 두 가지 구성성분으로 이루어지는데, 하나는 **주어**(subject)이고 다른 하나는 **서술어**(predicate)이다. 주어는 문장의 화제이고, 서술어는 화제에 대한 설명이나 주장이다. 다음 문장을 보자.

문장(sentence) 주어와 술어라는 적어도 두 가지 구성성분을 갖춘, 문법적으로 완전한 일련의 단어를 말한다.
구성성분(constituent) 더 큰 통사 구조를 만들기 위해 결합하는 단위이다.
주어(subject) 문장의 화제이다.
서술어(predicate) 화제에 대해 진술된 논평이나 주장이다.

The art student looked at a very beautiful painting.

이 문장에서 The art student는 주어이고, looked at a very beautiful painting은 서술어이다.

문장과 절의 유형

문장은 포함된 주어와 서술어의 수, 그리고 내포된 절의 유형에 따라 분류할 수 있다. 하나의 주어와 하나의 서술어로 이루어진 문장을 **단문**(simple sentence)이라고 부른다. 단문의 예는 다음과 같다.

단문(simple sentence) 하나의 주어와 서술어를 가진 문장이다.

The dog ran away.

2개의 단문을 결합하면 **중문**(compound sentences)이 된다.

중문(compound sentence) 적어도 2개의 단문이 등위접속사에 의해 연결된 문장으로, 글로 쓸 때는 접속사 대신 쉼표를 사용할 수 있다.

The dog and the cat ran away.

1) Sylvia Bongard and Andreas Nieder, "Basic Mathematical Rules Are Encoded by Primate Prefrontal Cortex Neurons," *Proceedings of the National Academy of Sciences* 107 (January 19, 2010) 2277-2282.

이 경우, 등위접속사 and에 의해 두 문장이 결합되었다. 이 중문은 The dog ran away라는 내용과 The cat ran away라는 내용을 나타낸다. 중문을 만들 때 중복되는 요소는 생략된다. 중문은 다음 문장에서 보듯이 등위접속사 없이도 만들 수 있다.

We studied all day for the test; now it is time to rest.

독립절(independent clause) 단문을 말한다.

이 경우, 세미콜론(;)이 접속사를 대신한다. 중문에 포함된 두 단문을 **독립절**(independent clause)이라고 부른다.

종속절(dependent clause) 주어와 서술어를 가지고 있지만 단문으로 혼자 쓰일 수 없으며, 문장을 완결하기 위해 독립절이 필요하다.

문장에 사용되는 또 다른 절을 **종속절**(dependent clause)이라고 부르는데, 종속절은 단문처럼 홀로 쓰일 수 없으며, 반드시 독립절에 붙어야 한다. 종속절은 주로 관계대명사나 종속접속사로 시작한다. 종속절의 예로는 다음과 같은 것이 있다.

although it is tempting

who would be traveling with us

if I come late

복문(complex sentence) 하나의 단문과 하나 이상의 종속절을 포함하는 문장이다.

하나의 단문과 하나 또는 그 이상의 종속절을 포함한 문장을 **복문**(complex sentence)이라고 부른다. 다음은 복문의 예이다.

Although it is tempting, I will not be going to Las Vegas.

These are the people who would be traveling with us.

If I come late, start without me.

중복문(compound-complex sentence) 둘 이상의 독립절과 적어도 하나의 종속절을 포함하는 문장이다.

둘 또는 그 이상의 독립절과 적어도 하나 이상의 종속절을 포함한 문장을 **중복문**(compound-complex sentence)이라고 부른다. 예를 들어 다음과 같다.

When the teacher assigned the reading for the exam, many students were stunned, but they agreed to study.

여기서 When the teacher assigned the reading for the exam은 종속절이고, many students were stunned는 단문으로 쓰일 수 있기 때문에 더 큰 문장 안에 포함된 독립절이다. 그 뒷부분의 they agreed to study 또한 마찬가지다. 이 독립절은 등위접속사 but에 의해 나머지 문장과 연결된다.

단문, 복문, 중문, 중복문과 같은 용어는 문장의 문법적 구성을 나타낸다. 문장은 그것의 의미, 목적, 태를 기준으로 분류할 수도 있다. 다음은 이런 방법으로 분류한 가장 일반적인 문장 유형이다.

평서문 : 이 문장은 진술을 제시한다. Christine just arrived.

의문문 : 이 문장은 질문을 제시한다. Has Andrew just arrived?

명령문 : 이 문장은 명령이나 요청을 제시한다. Aaron, come here.

감탄문 : 이 문장은 강하거나 갑작스런 감정을 제시한다.
Oh, if Jan were only here!

부정문 : 이 문장은 부인, 거절, 또는 긍정적인 어떤 것의 반대를 제시한다.
Darby is not here.

능동태와 수동태 : 태는 동사의 문법적 주어와 그 동사에 의해 전달되는 행동 사이의 관계이다. 영어 문장 대부분에서 문법적 주어는 동사보다 앞에 나온다. Mark hit the ball.과 같은 능동태 문장에서 보듯이, 동사의 문법적 주어는 행동이나 목적을 표현한다. 수동태에서는 주어가 동사의 동작을 받는다. 그러므로 위 문장에서 직접목적어였던 것이 문법적 주어가 되고 문법적 주어였던 것은 목적어 위치로 이동한다. 이렇게 해서 만들어진 수동태 문장은 The ball was hit by Mark.이다. 이 수동태 문장에서 전치사 by와 조동사인 was가 추가되었음을 주목하라. 전치사 by가 종종 수동태 문장을 표시하지만, 수동태 문장에 반드시 있어야 하는 것은 아니다. The computer was purchased yesterday.는 수동태 문장이다. 이 문장에서 주어(I, We, 또는 사람의 이름 등)는 생략되었다. 이 문장을 능동태로 바꾸면, I purchased the computer yesterday.와 같이 될 것이다. 이 두 예문에서 동사 hit와 purchased는 수동태이다(글상자 5-1 참조).

이 일곱 가지 문장 유형뿐 아니라 다양한 복합 유형을 만들 수 있다. 예를 들어, Don't be hit by a ball.은 부정문이고 수동태이며 명령문이다.

어구

어구(phrase)는 절의 구성성분이다. 구의 이름은 보통 해당 구를 구성하는 주요 요소 중 하나에 따라 정해지므로, 명사구, 동사구, 형용사구, 부사구, 전치사구 등으로 불린다. 구는 한 단어 또는 여러 단어의 나열이다. 예를 들어, Jack went to the store.와 같은 문장에는 여러 개의 구가 있다. 이 문장에서 Jack, went to the store, to the store, the store는 모두 구에 해당한다. 여기서 알아두어야 할 점은 하나 또는 여러 개의 단어가 구를 이룰 수 있으며, 하나의 구가 다른 구에 포함될 수도 있다는 것이다.

> **어구**(phrase) 절의 구성성분을 말한다.

어구의 핵(head of a phrase)은 해당 어구의 통사범주, 즉 명사구, 동사구, 전치사

> **어구의 핵**(head of a phrase) 해당 어구의 통사범주나 구 범주를 결정하는 단어이다.

글상자 5-1 수동태

영어 교사는 학생들에게 앞에서 설명한 방식으로 수동태 문장을 만드는 것이나 am, is, are, were와 같은 be동사 형태를 사용해서 수동태 문장을 만드는 것을 피하라고 말한다. 여기에는 그럴만한 이유가 있다. 수동태 문장은 누가 누구에게 무엇을 행하는지 또는 누가 무엇에 대해 책임이 있는지를 모호하게 하기 때문이다. The credit card payment will be made on the 15th day of the month.와 같은 수동태 문장에서 보듯이, 어떤 경우에는 to be가 사용됨으로써 특정 행위를 하는 행위자를 완전히 제거하기 때문이다. 이 문장에서는 누가 돈을 내는지를 알 수 없다. 이 문장을 읽거나 듣는 사람은 그 신용카드에 이름이 쓰인 사람이 돈을 낼 것이라고 생각할 것이다. 그러나 이 문장이 만일 여러 사람이 관련된 법적 문서의 일부라면, 카드 소유자 이외의 어떤 한 사람, 예를 들어 카드 소유자가 소속된 회사가 지급 책임을 져야 할지도 모른다. The card owner will make a credit card payment on the 15th day of the month.와 같이 능동태 문장으로 바꾸면, 누가 돈을 낼 것인지 명확해진다.

수동태를 사용하게 되면 명사구와 전치사구가 추가됨으로써 문장이 더 장황해진다. 다음은 수동태 문장의 예이다.

> Analysis and assessment of the quality of instruction by college presidents and deans is required so that suggestions for changes and improvements in instruction can be made.

이 문장을 능동태로 바꾸면 문장이 더 간결하고 확실해지는 것을 볼 수 있다.

> College presidents and deans must analyze and assess the quality of instruction so that they can make suggestions for improving instruction.

글쓰기와 말하기에서도 수동태는 존재하며, 문장을 만들어 내는 데 있어서 다양함을 더할 수 있지만 내용을 모호하게 하는 것은 피하는 것이 좋다.

구와 같은 구의 성격을 결정한다. (합성어의 핵에 대해서는 제4장에서 이미 다루었다. 단어의 어휘범주를 결정하는 것이 형태소인데, 예를 들어 합성어가 명사인지 동사인지를 결정하는 형태소가 바로 구의 핵이다.) 명사구의 핵은 명사이고, 동사구의 핵은 동사이며, 전치사구의 핵은 전치사다. 구가 한 단어로 이루어질 경우, 그 단어는 해당 어구의 핵이 된다. 만약 구가 둘 이상의 단어로 이루어지는 경우에는 중심 의미가 어느 단어에 있는지에 따라 핵을 결정한다. the boat와 같은 구에서는 boat가 구의 핵임을 쉽게 알 수 있다. 그러나 the title of the new movie와 같은 구에는 title과 movie라는 2개의 명사가 있다. 이 구는 영화의 title에 대한 것이지 movie 자체에 대한 내용이 아니므로, 어구의 핵은 title이다. 핵을 제외하고 구를 구성하는 모든 부분을 **종속어**(dependent) 또는 **어구의 종속어**(dependents of a phrase)라고 부른다. 어떤 통사론 모

어구의 종속 요소(dependents of a phrase) 어구의 핵이 아닌 모든 요소를 말한다.

형에서는 종속어를 **명시어**(specifiers)와 **보어**(complements)로 더 세분하기도 한다. 명시어는 핵의 의미를 더 정확하게 한다. 명사구에서는 한정사가 명시어이고, 동사구에서는 부사가 명시어이며, 형용사구와 전치사구에서는 정도를 나타내는 very와 more가 명시어이다. 보어는 핵에 대한 더 많은 정보를 제공한다. 즉, the new movie는 제목이 책이나 잡지나 연극의 제목이 아니라 영화 제목임을 나타낸다.

명시어(specifier) 핵의 의미를 더 정교하게 한다.
보어(complements) 핵에 대한 더 많은 정보를 제공한다.

에스파냐어, 프랑스어, 티위어, 영어와 같은 언어에서는 종속어를 핵의 오른쪽에 배치한다(핵-선행언어 또는 우분지언어라고 부른다.). 반면에, 터키어, 한국어, 일본어와 같은 언어에서는 종속어를 핵의 왼쪽에 배치하며(핵-후행언어 또는 좌분지언어라고 부른다), 특히 일본어에서는 이런 순서가 절대적이다.

명사구

명사구(noun phrase 또는 nominal phrase)는 문장에서 주어, 직접목적어, 간접목적어, 전치사의 목적어 역할을 한다. 명사구는 하나의 명사, 대명사 또는 여러 가지 더 긴 형태일 수 있다.

명사구(noun phrase, nominal phrase) 명사의 기능을 한다.

1. Julian mailed a letter.
   (Julian은 명사구로서 문장의 주어이고, a letter는 명사구로서 직접목적어이다.)
2. Mary ate the hamburger.
   (Mary와 the hamburger는 명사구이며, Mary는 주어, the hamburger는 직접목적어이다.)
3. Three people came late.
   (Three people은 명사구로서 문장의 주어이다.)
4. The girl went into the house.
   (The girl과 the house는 명사구이고, the house는 전치사의 목적어이다.)
5. He gave the card to me.
   (He는 명사구이고, me와 the card 역시 명사구이다. 이 중 me는 간접목적어이고, the card는 직접목적어이다.)

명사구는 보통 NP로 표기한다. 명사는 그 앞에 형용사나 형용사구가 올 수 있고, 형용사구는 very fast horse의 very 같은 부사나 **한정사**(determiner, 약어로 Det)라 불리는 형용사의 하위 유형이 표현될 수 있다. 영어의 한정사에는 정관사, 부정관사, 지시사, 소유형용사, 의문사가 있으며, 한정사는 지시 대상물이 특정한 것인지, 아니면 일반적인 것인지를 제한하는 기능을 한다. 관사(a, an, the)는 Art로 표기하며, the art

한정사(determiner) 명사 앞에 쓰여서 해당 명사가 구체적인 것인지, 일반적인 것인지를 표시하는 단어이다.

student에서처럼 명사가 특정한 것인지, a very beautiful painting에서와 같이 특정하지 않고 일반적인 것을 가리키는지 알 수 있게 해 준다. the art student라는 명사구에서 the는 정관사이다. the art student는 이름을 붙일 수 있는 어떤 특정 학생을 가리킨다. a very beautiful painting에서 a는 정확히 어떤 그림을 묘사하는지 구체적으로 가리키는 것이 아니므로 부정관사라고 한다. 영어의 관사는 그것이 수식하는 명사 앞에 놓이며, 이는 지시사(this boy), 소유형용사(my car), 의문사(which house)도 마찬가지다.

명사구에는 다음과 같은 예가 있다.

a. Jim	NP → N(noun이 더 작은 단위로 분해되지 않는 한, N은 noun의 약자이다.)
b. he	NP → Pro(Pro=pronoun 대명사)
c. the dog	NP → Det N(Det=determiner. 여기서 한정사는 관사이다.)
d. six dogs	NP → Num Noun(Num=numeral 기수)
e. the six dogs	NP → Det Num Noun
f. my dog	NP → Det N(여기서 한정사는 소유격이다.)
g. what dog	NP → Det N(여기서 한정사는 의문사이다.)
h. that dog	NP → Det N(여기서 한정사는 지시사이다.)

위 형식에 나타난 화살표(→)는 can be rewritten as 또는 can be expanded as 또는 is made up of 등을 의미한다. 즉, 예 (e)에서, 명사구는 관사 + 기수 + 명사로 구성된다.

동사구

동사구(verb phrase) 주어에 대한 정보를 제공한다. 동사구는 동사와 조동사, 직접목적어, 간접목적어, 수식어 등을 포함한다.

영어의 모든 문장(S로 표기한다.)은 명사구(NP)와 **동사구**(verb phrase : VP)를 포함한다. 즉, 영어 문장은 다음과 같이 최소한으로 나타낼 수 있다.

S → NP+VP

자동사는 다른 것 필요 없이 홀로 동사구를 형성할 수 있다. 다음 문장을 보자.

Fish swim

여기서 swim은 동사 하나만으로 구성된 동사구로서, VP → Verb이다.

동사구는 명사구를 포함하는 경우가 많으며, 명사구와 결합하는 동사를 타동사라고 부른다.

Mary ate the hamburger.

이 문장의 동사구는 ate the hamburger이며, VP → Verb NP로 나타낼 수 있고, the hamburger는 동사구 안에 있는 명사구이다. 제4장의 '어휘범주(또는 품사)'에서 설명한 모든 동사가 동사구를 구성할 수 있다.

기타 어구

명사구와 동사구 외에, 중요한 것으로 **형용사구**(adjective phrases : AP), **부사구**(adverb phrases : AdvP), **전치사구**(prepositional phrases : PP)가 있다. 형용사구는 형용사가 핵 역할을 하고, **수식어**(modifiers, 즉 다른 어휘 항목에 속성을 더하는 요소)를 포함할 수도 있다. 부사구는 부사가 핵이 되고 다른 부사나 형용사구를 포함할 수도 있다. 부사구는 다음과 같은 방식으로 동사를 수식한다.

1. 빈도 : They came <u>every</u> day.
2. 지속 : The students have been coming <u>for the past five days</u>.
3. 시간 : Tim will be here at 3 <u>o'clock</u>.
4. 방법 : You should do it <u>this way</u>.
5. 목적 : Christopher brought his report card home <u>to show to his father</u>.

형용사구(adjective phrase) 형용사가 이끄는 어구로서, 형용사 수식어를 포함할 수도 있다. 형용사구는 명사를 수식한다.

부사구(adverb phrase) 동사의 수식어이다.

전치사구(prepositional phrase) 전치사가 이끄는 어구이다. 전치사구는 명사구나 동사구를 수식하는 기능을 한다.

수식어(modifier) 다른 어휘 항목에 어떤 속성을 덧붙이는 요소를 말한다.

전치사구는 전치사가 핵이 되며 명사구를 내포한다. 그러나 형용사구와 부사구도 전치사를 사용할 수 있는데, 이런 경우 전치사를 포함한 구를 전치사구라고 불러야 하는가 아니면 형용사구나 부사구라고 불러야 하는가 하는 문제가 생긴다. 다음 문장을 보자.

The farmer from Iowa is going into the store.

이 문장에는 from Iowa와 into the store라는 2개의 전치사구가 있다. from Iowa는 the farmer를 수식하여, 그 농부가 어디 출신인지를 알려 준다. 이 점에서는 형용사구라고 할 수도 있고 전치사구로 볼 수도 있으므로, 일부 언어학자와 문법 교육가는 형용사적 전치사구라고 부르기도 한다. into the store는 부사구 또는 부사적 전치사구이며 농부가 어디로 가는지를 알려 줌으로써 동사를 수식한다.

연습문제 1 : 통사적 구성

1. 다음 문장의 주어와 서술어를 표시하여라.

   예 : The black cat / ate all of the cat food.
   주어 서술어

   a. I am going to the store.

   b. The clown amused us.

   c. Is this the place?

   d. Come here.

   e. We were amused by the clown.

2. 1번 문제의 d, e에 답하는 데 문제가 있는가? 있다면 그 이유를 설명하여라.

   ____

   ____

   ____

3. 자립형태소와 결속형태소, 그리고 독립절과 종속절 사이에 유사한 관계가 있는지를 설명하여라.

   ____

   ____

   ____

4. 다음 문장을 단문, 중문, 복문, 중복문으로 구분하여라.

   a. Who is at the door? ______________

   b. We will be at the restaurant in twenty minutes. ______________

   c. The children who came to the party are all from the same school.

   ____

   d. I have eaten two pies, yet my desire for sweets has not been satisfied.

   ____

   e. He walked as if someone was following him. ______________

   f. We must find a teacher who understands our needs. ______________

   g. The score was thirty-six to nothing; obviously there was little hope that the home team would win. ______________

h. All of the people enjoyed the concert and the dinner that followed it.

____

5. 다음 명사구를 약자와 화살표를 사용하여 나타내어라.

예 : a bright color NP → Art Adj N

a. the beautiful furniture ______________________

b. a cow ______________________

c. the most educated people ______________________

d. six pens ______________________

e. those pens ______________________

6. 다음 각 문장에서 명사구를 모두 표시하고, 문장에서의 기능을 설명하여라.

예 : A few people came into the movie studio.
NP-주어 NP-전치사의 목적어

a. Jill's house went on the market today.

b. All guns are bad.

c. It was a good thing that Shane came for dinner.

d. Go home. (이 문장에는 2개의 명사구가 있음에 주목하여라.)

e. Large cars require more gas.

7. NP → Det N과 같은 형식은 규칙을 표현하는 것이다. 이 형식은 명사구가 관사와 명사로 구성됨을 말해 준다. 그러나 이 규칙은 너무 일반적이며, 모든 명사 앞에 관사가 오는 것은 아니다. 이 규칙에 맞지 않는 명사 유형에는 어떤 것이 있는가?

____

____

____

8. 다음 문장에서 동사구를 모두 표시하여라.

예 : He photographed the flowers.
VP

a. The dog ran after the car.

b. Jack died.

c. The boy and the girl will buy the fish.

d. He has taken five tests.

9. 8번 문제에서 찾아낸 동사구를 형식을 이용해 표시하여라.

예 : He photographed the flower. VP → Verb NP

10. 다음 문장에서 형용사구를 모두 찾아 밑줄을 그어라.

a. The blue ball rolled away.

b. That is a really fat yellow cat.

c. The candidate was quite upset at the reception he received.

11. 다음 문장에서 부사구를 모두 찾아 밑줄을 그어라.

a. He arrived at noon.

b. She usually gets up early.

c. The farmer harvested the corn with a machine.

d. We are going to take a vacation before the prices go up.

e. The teachers all showed up to support the students.

12. 위 두 문제에서 형용사구와 부사구적 전치사구를 찾아라.

문법성 판단과 중의성

음성, 음운, 형태, 의미 등 모든 언어 층위에서와 마찬가지로, 통사 층위도 규칙의 지배를 받는다. 이러한 각 층위 또는 체계를 지배하는 규칙은 대부분 잠재의식적으로 알고 있다.

한 언어를 능숙하게 구사하는 화자는 자신이 사용하는 언어의 규칙에 대한 엄청난 잠재의식적 지식을 가지고 있는데, 이 지식을 언어 능력이라고도 부른다. 능숙한 화자의 마음속에는 모든 문법책에 있는 지식을 합한 것보다 훨씬 더 방대한 양의 지식이 있다. 한편, 우리가 알지 못하는 언어의 규칙에 대해서는 아무것도 모른다. 외국어가 우리 언어와 마찬가지로 규칙의 지배를 받는다 할지라도, 그것을 모르는 사람에게는 횡설수설하는 것으로 들릴 것이다. 심지어는 한 단어가 어디서 시작하고 어디서 끝나는지도 알 수 없을 것이며, 더 복잡한 구조는 말할 필요도 없다. 즉, 자신이 능숙하게 구사하는 언어에 대해서는 다양한 지식을 가지고 있는 반면, 배우지 않은 언어에 대해서는 아무런 지식도 없다는 것이다. 우리가 알지 못하는 언어라면 모든 언어에 나타나는 보편적 특성조차도 전혀 알 수 없을 것이다.

그러면 우리의 모국어와 우리가 학습하는 언어의 통사 규칙에 대해서 우리가 알고 있는 잠재적 지식에는 어떤 것이 있는가? 특정 언어를 능숙하게 말하는 화자는 주어진 발화가 완전한지 아닌지를 안다. 즉, 그것이 어떤 필수 부분을 빠뜨렸는지 아닌지를 안다는 것이다. 능숙한 화자는 올바른 어순, 단어 사이의 올바른 관계에 대해서도 이해하고, 종종 중의적 발화를 인식하기도 한다.

언어를 능숙하게 구사하는 화자라면 자신의 잠재의식적 지식을 바탕으로 **문법적**(grammatical) 또는 **적형식**(well-formed) 문장을 만들 수 있다. 단어들의 순서와 관계가 해당 언어의 화자가 가진 지식(규칙)과 일치하고, 필수 요소가 문장 안에 모두 포함되어 있으면 그 문장은 문법적이다.

문법적(grammatical) 적형식(well-formed)이라고도 하며, 단어의 배열이 원어민 화자의 통사지식(규칙)을 따르는 문장을 문법적이라고 말한다.

능숙한 화자는 특정 문장이 **비문법적**(ungrammatical), 즉 **부적형**(ill-formed)인지 아닌지를 바로 알 수 있다. 단어들의 순서와 관계가 해당 언어의 원어민 화자가 가진 통사지식(규칙)과 일치하지 않거나 주어진 문장이 필수 요소를 포함하지 않으면, 그 문장은 비문법적이다. 그러므로 어휘 항목을 무작위로 나열하여 문장을 만들 수는 없다.

비문법적(ungrammatical) 부적형(ill-formed)이라고도 하며, 단어의 배열이 원어민 화자의 통사지식(규칙)을 따르지 않는 문장을 비문법적이라고 말한다.

완전함에 대한 문법성 판단

다음 문장을 보자.

*That house not pretty.

영어가 모국어인 화자라면 이 문장이 불완전하다는 사실을 알 것이다. 게다가, 능숙한 영어 화자라면 이 문장이 왜 완전하지 않은지를 쉽게 알 수 있다. 이 문장에는 동사가 없다. 이 문장은 다음과 같이 올바르게 수정할 수 있다.

That house is not pretty.

모든 영어 문장은 동사를 포함한다. 동사의 필요성은 영어의 통사 규칙에서 널리 알려진 것 중 하나이다.

모든 언어에 명사와 동사가 있지만, 모든 언어의 문장이 동사를 필요로 하는 것은 아니다.

[gwaʔ a kari kaa tutuʔuli]

이 문장은 미국 원주민 언어인 야키어 문장으로 that house not pretty라는 의미로 해석할 수 있다. 이 야키어 문장에는 동사가 없지만, 문법적인 문장이다. That house는 문장의 주어이고, not pretty는 문장의 주어에 대한 설명(서술)을 제공하는 형용사구이다.

어떤 단어는 다른 단어와 반드시 함께 제시해야 한다. 예를 들어, hold라는 동사는 어떤 경우에는 그 의미를 완전하게 표현하기 위해 다른 단어가 필요하다. 다음은 문법적인 문장이 아니다.

*The boy holds.

즉, hold라는 동사는 타동사로서 직접목적어가 필요하다. 그러므로 다음과 같이 목적어가 있어야만 완성된다.

The boy holds a ball.

자동사는 직접목적어를 취하지 않는다. 자동사에 대해서는 이 장의 후반부에서 논의한다.

어순에 대한 문법성 판단

영어 화자는 다음 문장이 불완전하다는 것을 안다.

*That house not pretty

마찬가지로 영어 화자는 다음 문장에서 단어의 순서가 잘못되었음을 안다.

*You had early get up wanted

이 문장을 순서 그대로 단어 대 단어로 번역한 독일어 문장은 다음과 같이 문법적이다.

Du hattest fruh aufstehen wollen

단어의 배열 순서에 대한 규칙은 언어마다 다르다. 다음 영어 문장에서 동사만을 보면,

had wanted to get up early

단어의 순서가 조동사(had), 동사(wanted), 동사의 보어(to get up), 부사(early)임을 알 수 있다. 이에 비해 독일어 순서는 조동사(hattest), 부사(fruh), 본동사(aufstehen), 서법동사(wollen)이다.

다음과 같은 단문에서

He sees a man

Er sieht einen Mann

영어와 독일어는 모두 주어-동사-목적어(S-V-O)의 순서로 배치된다. 프랑스어, 타이어, 스와힐리어, 그 외의 많은 언어는 S-V-O 어순을 가지고 벵골어, 터키어, 페르시아어, 일본어, 나바호어는 S-O-V 어순을 가진다. 그 외에도 V-S-O(타갈로그어, 아일랜드어, 웨일스어), V-O-S(피지어, 말라가시어), O-V-S(브라질의 카리브어), O-S-V(브라질의 하반테어)와 같은 어순을 가진 언어도 있다. 또한 오스트레일리아의 토착어 중에는 어순이 자유로운 언어도 있다.

S-V-O와 같은 도식은 문장의 **선형적 어순**(linear word order), 즉 서로 다른 유형(어휘범주)의 단어들이 지켜야 하는 특정한 순서를 표시한 것이다. 선형적 어순은 종종 특정 문장의 유형을 표시한다. 예를 들어, 영어에서 S-V-O 어순은 평서문을 표시하며, 의문문을 나타내지 않는다. 의문문은

선형적 어순(linear word order) 서로 다른 유형의 단어들이 나열되는 특정한 순서를 말한다.

Did he see a man?

에서 보듯이 조동사가 문장의 맨 앞에 놓인다.

격(case)은 문장 안에서 명사, 대명사, 형용사의 기능을 나타내고 이것이 동사나 다른 단어와 어떠한 관계가 있는지를 나타낸다. 영어와 같은 분석적 언어에서 선형적 어순은 단어의 문법적 기능, 즉 격을 나타낸다. 다음 문장에서

격(case) 문장 안에서 명사, 대명사, 형용사 등이 가지는 기능과 이 단어들이 동사나 다른 단어와 관련해서 가지는 관계를 표시한다.

Dogs chase cats

dogs는 동사의 앞에 놓임으로써 문장의 주어가 되고 주격을 가진다. 이 문장을 다음과 같이

Cats chase dogs

어순을 바꾸면, 고양이들이 추격을 하고 문장의 주어는 cats가 된다. 문장에서의 위치

뿐 아니라 단어의 형태 또는 굴절형태소가 격을 표시하기도 한다. 영어의 I, me, my는 모두 '말하거나 쓰는 사람'이라는 같은 의미를 가진다. I는 이 사람이 발화의 주어(주격)임을 나타내고, me는 동사나 명제의 목적어(목적격)임을 나타내며, my는 소유격이나 속격을 나타낸다. 다음 문장에서 보듯이

This is Jack's coat

Jack's는 Jack에 굴절결속형태소 -'s를 붙인 것으로 'Jack에게 속하는'이라는 의미가 있는 소유격이다. boys와 같은 복수명사의 소유격은 boys' toys에서 보듯이 -s'로 표시한다.

고대 영어(449 C.E.~1100 C.E)와 라틴어를 비롯한 많은 언어에는 격을 표시하기 위한 여러 굴절결속형태소가 있었던 반면, 현대 영어에는 -'s와 -s' 두 가지만 존재한다. 격 어미가 많은 언어에서는 격 표시를 위해 선형적 어순이 중요하지 않다. 굴절형태소만으로도 문장에서 단어의 기능이 무엇인가를 보여 줄 수 있기 때문이다. 예를 들어, 라틴어 domus는 house를 의미하는데, -us만 보더라도 이것이 단수 주격이며 동사의 주어라는 사실을 알 수 있다. 만약 이 단어가 결속형태소 -i(domi)로 끝나면 단수 속격(of the house)이 된다. 결속형태소 -o는 단수 여격(간접목적어 또는 전치사의 목적어)을 나타내기 때문에, domo는 to the house와 같은 의미가 된다. 또 -um은 단수 목적격(직접목적어)을 나타내므로 domum은 He bought the house의 house와 같은 역할을 한다(라틴어에서는 각각의 격에 복수 어미가 따로 있다.). domus는 문장의 어느 곳에 있든지 주어의 역할을 하며, domo 또한 위치에 관계없이 간접목적어나 전치사의 목적어가 된다. domum도 마찬가지로 위치에 관계없이 직접목적어의 역할을 한다.

단어의 결합에 대한 문법성 판단

어떤 어휘범주는 문장 속에서 함께 나타날 수 있지만 또 어떤 것은 그렇지 않다. 예를 들어, 'the looked'는 영어에서 가능한 단어 결합이 아니다. 관사인 a, an, the는 동사 앞에 나타나지 않는다. 관사는 여러 유형의 명사나 동명사 앞에 나타날 수 있다. 동명사는 -ing란 어미를 가진 동사 형태를 말하며 명사와 동일한 역할을 한다. 예를 들어, 'the running of Kentucky Derby'와 같은 구절에서 running이 동명사이다.

부사는 명사를 수식하는 데 사용되지 않는다. 그러므로 능숙한 영어 화자는 '*The quickly person is home.'과 같은 문장을 비문법적으로 판단할 것이다. 또 다른 단어들은 특정한 어휘범주와 함께 나타난다. 예를 들어, 조동사는 특정한 유형의 동

사와 함께 나타난다.

타동사는 직접목적어가 필요하지만, fall과 같은 자동사는 직접목적어를 취하지 않는다(이 장의 후반부에서 다루게 될 '문장 구성성분의 명칭' 중 공기 제약에 대한 논의 참고). 그러므로 다음과 같은 문장은 문법적이다.

Jack fell.

그러나 다음 문장은 비문법적이다.

*Jack fell the stairs.

자동사는 혼자 문장을 끝내기도 하고 전치사구, 부사, 부사구와 결합하여 그것의 수식을 받기도 한다. 그러므로 다음과 같은 문장은 문법적이다.

Jack fell down the stairs.

Jack fell quickly.

Jack fell very quickly.

어떤 동사는 직접목적어를 취하기도 하고, 취하지 않기도 한다. drink란 동사는 직접목적어를 써도 되고 쓰지 않아도 되는 동사이다. 다음 두 문장 모두 문법적이다.

Annie drank.

Annie drank milk.

문법성 판단 : 몇 가지 비요소

발화의 문법성은 그 발화를 이전에 들어 본 적이 있는가 없는가에 따라 결정되는 것이 아니다. 제1장에서 살펴본 것처럼, 언어는 생산적이어서 화자가 말하거나 듣거나 보는 문장 대부분은 이전에 경험하지 못한 것이다. 발화의 문법성은 주어진 발화의 단어를 이해하는가 못하는가에 달린 것도 아니다. 어떤 화자는 'Polystyrene microbeads can be coated with a specified sensing ligand.'와 같은 문장을 이해할 수 없을지도 모르지만, 이 문장은 문법적이며 이 문장에 쓰인 모든 단어의 의미를 아는 사람은 이 문장을 이해할 수 있을 것이다. 반대의 예도 가능하다. 즉, 비문법적이라고 판단되는 어떤 문장의 의미를 이해할 수도 있다. 예를 들어, 'The people is in the room.'이란 문장의 의미를 생각해 보자. 이 문장은 그 의미를 이해할 수는 있지만 비문법적이다. 문법성은 사실성에 근거하지도 않는다. 예를 들어, 'The president of the United States is a three-year-old cat.'과 같은 문장은 문법적이긴 하지만 사실적이지는 않다.

발화의 문법성은 그것이 의미가 있는가 없는가에 달린 것도 아니다. 능숙한 화자는 주어진 문장이나 아주 긴 발화가 무의미한 단어를 포함한다 하더라도 그것이 문법적인지 아닌지를 판단할 수 있다. 루이스 캐롤(Lewis Carroll)은 무의미한 단어들로 만든 시 〈Jabberwocky〉로 유명하다. 그의 유명한 작품 『Through the Looking-Glass and What Alice Found There』(1872)에서 인용한 다음 구절은 많은 부분이 무의미한 단어로 이루어져 있음에도 불구하고, 많은 영어 화자가 문법적이라고 판단하는 문장을 만들어 내는 그의 능력을 잘 보여 준다.

'Twas brillig, and the slithy toves
Did gyre and gimble in the wabe:
All mimsy were the borogoves,
And the mome raths outgrade.

중의적 문장

문장의 문법성 외에, 능숙한 화자는 문장이 가지는 의미의 중의성을 파악할 수 있다. 하나 이상의 의미를 가지는 문장을 중의적 문장이라 한다. 다음 문장이 왜 중의적인지 알아보자.

The women appealed to all men.

이 문장에서는 appealed가 문제가 된다. 이 단어는 were desirable과 pleaded 중 어느 것을 의미하는가? 하나 이상의 의미를 가진 단어를 사용함으로써 생긴 중의성을 **어휘적 중의성**(lexical ambiguity) 또는 **다의적 중의성**(polysemantic ambiguity)이라고 한다. 어휘적 중의성은 다음과 같이 우스갯소리를 만들기 위해 종종 사용된다.

어휘적 중의성(lexical ambiguity) 다의적 중의성(polysemantic ambiguity)이라고도 하며, 한 단어나 어구가 하나 이상의 의미를 가지는 상황을 말한다.

Fish are really smart. They always are found in schools.

어휘적 중의성은 의미론적 문제로서 제6장에서 다룰 것이다. 문장성분을 하나 이상의 방법으로 구성할 수 있는데, 이렇게 해서 생기는 문장의 중의성을 **구조적 중의성**(structural ambiguity) 또는 **통사적 중의성**(syntactic ambiguity)이라고 한다. 다음 문장은 두 가지 방식으로 조직되어 있다.

구조적 중의성(structural ambiguity) 통사적 중의성(syntactic ambiguity)이라고도 하며, 한 발화체의 구성성분이 하나 이상의 방식으로 배열됨으로써 하나 이상의 의미를 만들어 내는 상황을 말한다.

Chris owns large dogs and cats.

이 문장이 중의적인 이유는 다음과 같은 의미를 가지기 때문이다.

Chris owns large dogs and cats (of any size).

여기서 large는 dogs와 연결되었을 뿐 cats와는 연결되지 않는다.

또는 다음과 같은 의미를 가지기 때문이다.

Chris owns large dogs and large cats.

여기서 large는 dogs와 cats에 모두 연결되어 있다. 이런 종류의 중의성은 구조적 의미와 관련된 것으로 이 문제는 제6장에서 다룬다.

또 다른 유형의 중의성은 단어나 구조가 중의적인 것이 아니라 문장을 이루는 구성성분이 여러 품사, 즉 어휘범주가 될 수 있기 때문에 발생한다. 이것을 **품사적 중의성**(part-of-speech ambiguity)이라고 한다.

품사적 중의성(part-of-speech ambiguity) 한 발화체의 단어가 여러 가지 어휘범주에 속하는 경우를 말한다. 예를 들어, 특정한 단어가 명사로도 동사로도 기능하는 경우이다.

Andrew will forget tomorrow.

이 문장은 Andrew가 내일 무언가를 잊어버릴 것이라는 의미와 tomorrow(내일)라고 하는 어떤 특정한 날을 잊게 된다는 두 가지 의미로 해석할 수 있다. 이 두 해석에서 tomorrow는 기본적인 의미를 그대로 가지고 있고 문장의 구성성분이 하나 이상의 방식으로 구성되지 않는다는 점을 주목하라. tomorrow가 will forget을 수식하는 부사가 될 수 있다는 점에서 중의성이 생긴다. 이런 해석은 Andrew가 언제 떠날 것인가에 대한 대답인 것이다. 또 tomorrow는 명사가 될 수도 있다. 이 경우에 tomorrow는 동사 forget의 목적어로서 무엇이 잊힐 것인가에 대한 정보를 제공한다. 구성성분을 어떻게 배열할 수 있는지 가능성을 알아보기 위해 소위 **수형도**(tree diagram)를 사용한다. 이 문장은 다음과 같은 두 가지 수형도로 표현될 수 있다.

수형도(tree diagram) 위아래를 뒤집어 놓은 나무 모양으로, 발화의 구성성분을 보여 준다. 가장 포괄적인 구성성분을 위에 배치하고 좀 더 구체적인 구성성분을 아래에 배치한다.

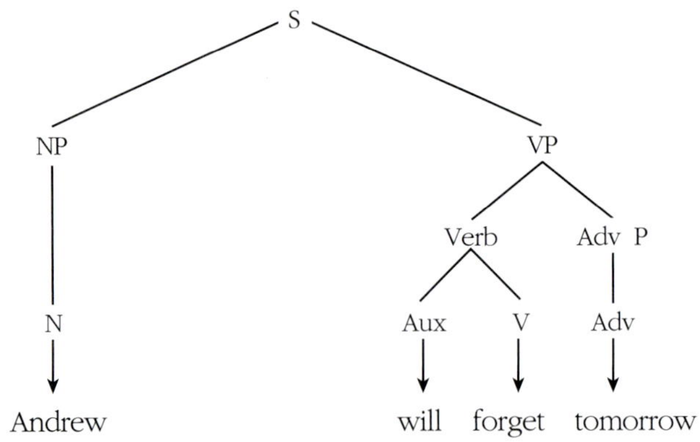

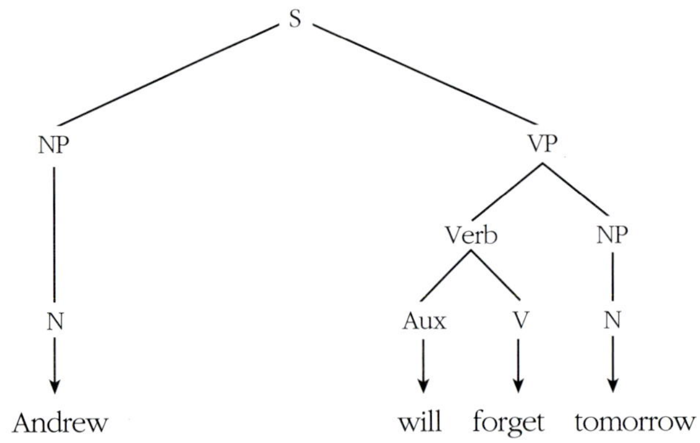

이 두 수형도는 tomorrow가 각각의 문장에서 담당하는 기능을 제외하고는 같다.

화자는 단어나 문장이 같은 것을 의미하는지 다른 것을 의미하는지를 알 수 있다. 즉, 아무도

I am going to the ball game.

이란 문장을

Your house is on fire.

와 혼동하지는 않는다.

연습문제 2 : 언어에 대한 지식

1. 다음 영어 문장은 무엇이 잘못되었는가? 어순, 불완전성, 중의성의 문제인가, 아니면 이들의 복합적인 문제인가? 각 문장을 바르게 고쳐라.

   예 : He had too much work had.

선형적 어순이 잘못되었다. 이 문장은 He had had too much work.와 같은 어순으로 고쳐져야 한다.

a. The cat a jumped over the highly fence.

b. You can't put too much water on those plants.

c. Not that is dog.

d. The jail was near the bank.

e. He saw the light.

f. Steve Tom at looked.

g. They intended to buy.

h. Into he house ran.

2. 다음 문장은 어떤 유형의 중의성과 관련 있는가?

a. One morning I shot an elephant in my pajamas. How he got into my pajamas I'll never know. (이 문장은 Groucho Marx의 농담이다.)

b. She cannot bear children.

c. He liked hot beef and turkey.

d. He has polished shoes.

e. The panda eats shoots and leaves. (이 문장은 인기 있는 책 제목의 출처로 많이 사용된다.)

f. Fruit flies like bananas.

3. 다음 문장들이 왜 중의적인지를 설명하여라.

a. The biology student drew blood.

b. There is a big earring sale today.

c. You can freeze chicken for a year, but when you defrost it, it will be /fawl/.

d. He likes to eat raw vegetables and meat.

e. Want Ad: We need a violinist and pianist, male or female. Response: Hear you need a violinist and pianist, male or female; being both, I offer my services.

4. 다음 문장에 대한 예를 두 가지씩 제시하여라.

a. Lexically ambiguous sentences.

b. Structurally ambiguous sentences.

c. Sentences that are structurally ambiguous because a constituent can function as different parts of speech.

같은 의미의 문장

영어 화자는 두 문장이 언제 같은 의미가 있는가를 판별할 수도 있다. 이런 상황은 같은 의미가 있는 2개의 다른 단어를 사용하여 문장을 만드는 것이 가능하기 때문에 발생한다. 예를 들어,

Felines are more fastidious than canines.

와 같은 문장은 다음 문장과 의미가 같다.

Cats are cleaner than dogs.

이 두 문장의 의미가 같은 이유는 feline과 cat, more fastidious와 cleaner, canine과 dog가 동의어 관계이기 때문이다(이들의 함축적 의미는 약간 다를 수 있다.).

영어 화자는 다음 두 문장도 유사한 의미가 있음을 안다.

Linguists often use large words.

Large words are often used by linguists.

이 두 문장의 의미적 유사성을 파악하는 것은 간단한 일처럼 보이지만, 복잡한

정신적 기술을 필요로 한다. 우선, 이 두 문장은 이전에 한 번도 읽거나 들은 적이 없을지도 모른다. 첫 번째 문장은 능동태이고, 두 번째 문장은 그것의 수동태형이다. 영어 화자는 이 두 문장의 의미가 같다는 사실을 안다. 이것은 바로 언어의 생산적 특성을 보여 준다.

단어들을 다른 방식으로 배열한 다른 문장도 여러 가지 이유로 의미적 유사성을 보인다. 앞에서 사용했던 문장인

Andrew will forget tomorrow

와 같은 문장은 수동태로 전환할 경우, 가능한 의미 중 하나를 잃게 된다.

Tomorrow will be forgotten by Andrew.

그리고 다음과 같은 문장은

The dog ate a biscuit.

다음과 같이 어순을 재배열하면 무의미한 문장이 된다.

A biscuit ate the dog.

구조적 측면에서 볼 때 이 문장은 아무런 문제가 없다. 문장은 반드시 사실일 필요도 없고 문장이 되기 위해 논리적일 필요도 없다.

또한 문장의 한 성분이 한 가지 유형 이상의 중의성을 야기하기도 한다. 다음 문장

The French student was late to class.

는 일반적으로 구조적 이유 때문에 중의적이다. 이 문장은 다음과 같이 재구성되거나

The student taking French was late to class.

또는

The student from France was late to class.

와 같이 재구성될 수 있다.

그러나 French라는 단어는 그 자체가 약간 다른 두 가지 의미를 지닌다. 하나는 '프랑스어'라는 의미이고 다른 하나는 '프랑스인'이라는 의미이다. 그러므로 원래 문장은 구조적 중의성과 어휘적 중의성을 모두 가진다.

연습문제 3 : 유의적 문장

다음은 의미가 유사한 문장의 쌍이다. 이 문장들이 왜 유사한가(또는 거의 유사한가)? 또 이 문장들은 유의성을 만들어 내는 방식에 있어서 서로 어떻게 다른가?

Pair 1

1a. My psychiatrist thinks that I am crazy.

1b. My shrink thinks that I am nuts.

Pair 2

2a. The will mentioned seven heirs.

2b. Seven heirs were mentioned in the will.

문장의 성분 구조

비유하자면, 문장과 마찬가지로 자동차도 구성 요소, 즉 부품으로 이루어진다고 말할 수 있다. 가장 큰 부분은 자동차 전체로서 문장에 비유할 수 있다. 자동차의 가장 작은 부품은 철, 고무, 유리, 플라스틱으로 이루어진 작은 조각인데, 이들은 문장의 개별 단어와 비유할 수 있다(단어는 물론 더 작은 단위인 형태소와 음소로 이루어진다.). 작은 부품이 모여 전체를 이루지만, 기능은 모두 다르다. 자동차라는 완성품이 만들어지기 위한 중간 단계에는 여러 형태의 부품 결합체가 있다. 제동장치는 문장의 주어를 이루는 명사구에 비유할 수 있으며, 유리는 동사구에 비유할 수 있다. 조향장치는 목적어인 명사구에 비유할 수 있고 엔진은 전치사구에 비유할 수 있다. 이 각각의 장치는 고유 기능이 있으며, 부품을 적절히 결합함으로써 기능할 수 있다. 제동장치를 구성하는 개별 부품을 엔진 부품과 결합한다면 기능을 발휘할 수 없을 것이고, 그런 부품 결합체는 자동차의 구성 요소가 될 수 없다. 이는 마치 주어의 각 성분을 전치사구의 성분과 결합하면 기능을 발휘할 수 없고, 따라서 문장의 구성성분이 될 수 없는 것과 마찬가지이다.

문장도 의미 있는 작은 단위(단어)로 이루어졌음을 알 수 있다. 이 단위들이 모여 더 큰 단위를 만들고, 이 더 큰 단위들이 결합하여 더 큰 단위를 만든다. 이렇게 해서 그 자체가 가장 큰 구성성분인 문장을 만들게 된다. 다음 문장을 보자.

The art student looked at a very beautiful painting.

각각의 단어는 의미가 있고 문장에서의 특정한 기능을 한다. 단어의 결합체도 이와 마찬가지이다.

- art student
- beautiful painting
- very beautiful painting
- at a very beautiful painting

이렇게 묶지 않고 다른 식으로 묶은 단어들은 전체 문장과 일관성 있는 관계나 기능적 관계를 가지지 못한다. 예를 들어,

- the art
- a very
- looked at a
- at a very

와 같은 어휘 집단은 문장에서 유의미한 단위로 기능하지 않는다.

그러면 a very beautiful painting은 문장의 구성성분이 되지만 at a very는 왜 될 수 없는가? a very beautiful painting은 문장 내에서 의미가 있을 뿐 아니라 독립적으로도 의미를 지닌다. 다음과 같은 질문에 대해

What did the art student look at?

우리는 다음과 같이 대답할 수 있다.

… a very beautiful painting.

at a very라고 대답할 수 있는 질문은 없다. 왜냐하면 at a very는 그 자체로 아무 의미가 없을 뿐 아니라, 지금 논의하는 문장과 관련해서도 올바른 단어 조합이 아니기 때문이다. 다시 말해, a very beautiful painting은 문장에서 그것의 기능에 대한 이

름을 부여할 수 있는데, at a very는 그렇지 못하다는 것이다.

문장의 구성성분이 배열되는 방식은 그 문장의 의미와 관련 있다. 그러나 구성성분은 비문법적으로 배열될 수도 있고, 그렇게 해서 만들어진 문장은 그 구성성분이 문법적으로 배열되었을 때 지닌 의미와 동일한 의미가 있을 수도 있다. 영어의 원어민 화자는 다음 문장이 비문법적이지만, 그것이 무엇을 의미하는지는 이해할 수 있다.

Looked the student at paintings very beautiful.

문장은 앞에서 살펴본 루이스 캐롤의 Jabberwocky 예문처럼 적형식, 즉 문법적 문장이지만 의미를 지니고 있지 않을 수도 있다.

문장 구성성분의 이름

단어

문장의 가장 작은 구성성분은 문장을 구성하는 형태소이다. 형태소는 단어를 이루고, 각 단어는 품사(어휘범주)나 품사의 하위 구분에 따른 명칭이 부여될 수 있다(제4장의 '어휘범주' 참고). 예를 들어, 앞에서 살펴본 문장을 보자.

The	art	student	looked	at	a	very	beautiful	painting.
Det	Adj	N	Verb	Prep	Det	Adv	Adj	N

어휘부

어휘부(lexicon)란 한 언어에서 단어를 형성하기 위해 사용되는 모든 형태소를 모아놓은 목록이다. 사전은 종종 단어만을 수록한다. 어휘부의 각 형태소는 상세한 내용도 동반하는데, 이 내용에는 해당 형태소의 의미, 발음, 문법적 특성이 포함된다. 어휘부는 각각의 어휘 항목이 접두사인지, 접미사인지, 어근인지를 밝힌다. 어근이라면 해당 어근의 어휘범주, 즉 품사 정보도 포함한다. 각 어근이 자신이 속한 어휘범주 내에서 어떤 하위범주에 속하는지를 밝힘으로써 **공기 제약**(co-occurrence restrictions) 정보도 밝힌다. 예를 들어, 동사가 타동사인지 자동사인지 밝힌다. 공기 제약은 형태소의 사용에 대한 제약이다. 예를 들어, 타동사는 직접목적어가 있는 문장에서만 사용할 수 있다.

어휘부(lexicon) 특정한 언어에서 사용되는 단어를 만드는 데 사용되는 모든 형태소의 목록을 말한다.

공기 제약(co-occurrence restriction) 형태소의 사용에 대한 제약을 말한다.

*The boy threw.

이 문장은 threw가 다음 문장에서 보듯이 반드시 목적어와 함께 쓰여야 하기 때문에 비문법적이다.

The boy threw the ball.

어구의 이름

어구의 이름에 대해서는 이미 앞에서 논의하였다. 어구의 종류에는 명사구, 동사구, 형용사구, 부사구, 전치사구 등이 있다. 그림 5-1에 제시된 문장을 보자.

수형도에는 어구의 성분 구조와 함께 각 단어의 이름이 제시된다. 각 구성성분의 기능을 밝힌 수형도를 **구 표지**(phrase marker) 또는 **구 구조 수형도**(phrase structure tree)라고 부른다. 그림 5-2에 있는 구 표지를 보자.

구 표지(phrase marker) 구 구조 수형도(phrase structure tree)라고도 하며, 한 발화체의 각 구성성분의 기능을 표시하는 수형도이다.

마디(node) 수형도에서 가지가 갈라지는 부분이다.

선이 갈라져 나가는 점을 **마디**(node)라고 한다. 수형도는 아래위가 뒤집어져 있다. 뿌리에 해당하는 것이 위에 있고, 위에 나와야 할 것이 가장 구체적인 성분(즉 개별 어휘)으로 나타나 있다.

The art student (명사구) / looked at a very beautiful painting. (동사구)

/ at a very beautiful painting. (전치사구)

/ a very beautiful painting. (명사구)

그림 5-1 문장의 성분 구조

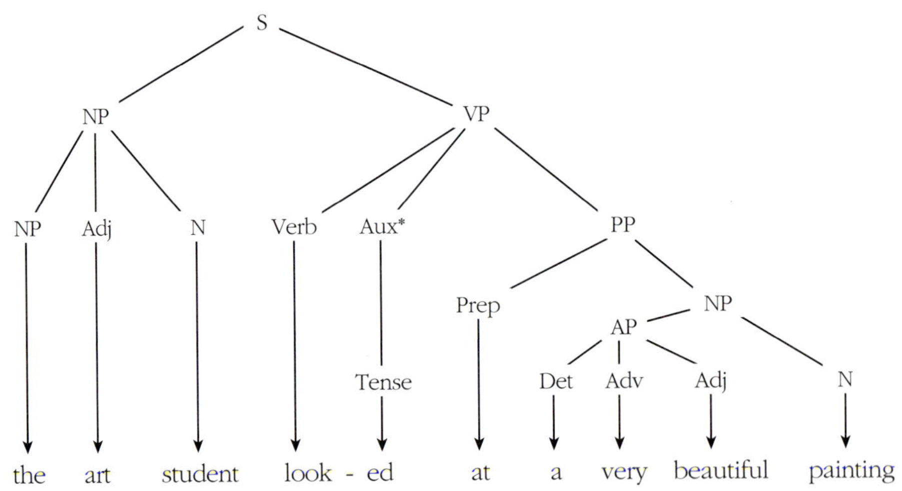

* Aux는 조동사(auxiliary)의 약자다.

그림 5-2 구 표지

그림 5-1과 그림 5-2는 언어의 계층적 구조를 보여 준다. 즉, 하나의 구성성분은 다시 더 상위의 구성성분을 이루거나 아래의 구성성분을 다스린다. 모든 구성성분은 가장 높은 층위, 즉 가장 지배적인 구성성분인 문장의 구성 요소가 된다.

연습문제 4 : 구성성분과 구 표지

1. 문장의 가장 작은 구성성분은 개별 단어이다. 다음 문장에 나오는 각 단어의 이름을 밝혀라.
   a. Fluent speakers of a language have an enormous subconscious knowledge of the rules of their language.
   b. The rabbit quickly jumped into the big hole.
   c. We visited our good friend and took in the sights on our summer trip.
   d. The boy promised to do his homework.
2. 위 문장의 구 표지를 그려라.

구 구조 규칙

앞에서 우리는 S→NP VP와 같은 도식을 규칙이라고 하였다. 이 규칙은 구성성분이 어떻게 배열되는가, 그리고 어떤 구성성분이 문장의 계층 구조인 다른 구성성분의 구성 요소가 되는가와 관련 있기 때문에 **구 구조 규칙**(phrase structure rules)이라고 부른다. 문장은 가장 일반적인 규칙(구 표지의 최상층부)에서 시작하여 가장 구체적인 규칙(구조 표지의 맨 아래)에서 끝나는 일련의 구 구조 규칙을 목록화한 것이라고 할 수 있다. 예를 들어,

구 구조 규칙(phrase structure rules) 발화의 구성성분이 어떻게 배열되는가, 어떤 구성성분이 다른 구성성분의 부분으로 쓰이는가, 즉 문장의 계층적 구조를 보여 준다.

The art student looked at a very beautiful painting.

과 같은 문장은 다음 구 구조 규칙으로 기술할 수 있다(그림 5-2의 구 표지 참조).

문장 A : The art student looked at a very beautiful painting.

S → NP VP

NP → AP N

AP → Det (Adv) Adj

VP → Verb PP

Verb → Aux V

Aux → Tense

Tense → past

PP → Prep NP

다른 문장도 이 같은 구 구조 규칙을 사용하거나 이와는 다른 구 구조 규칙을 사용하여 기술할 수 있다. 예를 들어, 다음 구 구조 규칙은 문장 B를 기술할 수 있다.

문장 B: He will look at some beautiful paintings.

S → NP VP

$$\text{NP} \rightarrow \begin{Bmatrix} \text{Pro} \\ \text{AP Noun} \end{Bmatrix}$$

AP → Adj Adj

Noun → N pl

VP → Verb PP

Verb → Aux V

Aux → Tense

Tense → future

PP → Prep NP

이 구 구조 규칙에서 Noun은 어떤 때에는 간단히 N으로 적고, 또 어떤 때에는 Noun으로 적는다. 명사가 더 세분화될 경우에 Noun으로 표기한다. 위 예에서 paintings가 Noun → N pl과 같이 더 세분화되었는데, 여기서 약어인 pl은 plural, 즉 복수를 의미한다. 일반적으로 어떤 어구의 구성성분을 더 자세하게 분석할 수 있을 때, 더 긴 표지를 먼저 쓰고 짧은 표지를 나중에 쓴다. 명사에서와 마찬가지로, 동사도 Verb → Aux V로 더 세분할 수 있다.

위에서 문장 B는 첫 번째 명사구가 문장 A와 다르다. 즉, B에서 the art student는 대명사 he로 대체되었다. 문장 B의 구 구조 규칙에서 중괄호가 NP에 사용되었는데, 중괄호는 either-or를 의미한다. 문장 B의 명사구는 대명사일 수도 있고, 형용사가 포함된 명사구(형용사 2개와 명사 1개)일 수도 있다. 각각의 명사구는 대명사와 형용사가 포함된 명사구를 동시에 포함할 수 없다. 두 문장의 시제도 서로 다르다. 구성성분을 둘러싼 괄호는 그것이 선택적이라는 것을 의미한다. 예를 들어, 문장 A의 구 구조 규칙 중 AP → Det(Adv) Adj는 문장의 두 형용사 중 하나는 부사를 포함하고 다른 하나는 그렇지 않음을 의미한다.

이제 문장 A와 B의 구 구조 규칙을 결합해 보자. 결합된 규칙은 두 문장을 동시에 기술한다. 다음을 보자.

$$S \rightarrow NP\ VP$$

$$NP \rightarrow \begin{Bmatrix} Pro \\ AP\ Noun \end{Bmatrix}$$

AP → (Det)(Adv)(Adj)Adj

Noun → N(pl)

VP → Verb PP

Verb → V Aux

Aux → Tense

$$Tense \rightarrow \begin{Bmatrix} past \\ future \end{Bmatrix}$$

PP → Prep NP

조동사 will은 미래시제를 나타내며, 과거시제를 나타내는 조동사는 없다. 이 경우에 조동사는 본동사의 일부로 간주되어서 별도의 단어가 없지만, 구 구조 규칙에는 제시된다. 굴절형태소인 -ed가 동사를 과거시제로 바꾸어 준다. 어떤 언어학자는 구 구조 규칙에서 시제를 나타내기 위해 Aux 대신에 I라는 기호를 사용하여 굴절을 나타내기도 하는데, 굴절이 영어로 inflection이기 때문이다.

또 다른 문장을 위한 규칙도 생각할 수 있으며, 그때마다 각 문장을 위한 개별적 규칙을 좀 더 일반적인 규칙으로 바꿀 수 있다. 이런 과정을 마치고 나면, 영어의 모든 가능한 문장을 위한 일반화된 규칙 집단을 만들 수 있고, 영어의 통사부를 위한 완전한 문법을 제시할 수 있다. 이러한 문법을 생성문법이라고 한다. 생성문법은 이론적으로 무한한 수의 문장을 만들 수 있는 유한수의 규칙집합이다. 이러한 규칙 체계를 통해 영어 화자가 만들 수 있는 모든 문장을 생성할 수 있다. 그리고 이런 규칙 체계는 비문법적인 문장을 만들어 내지 않는다. 무한수의 문장을 생성하는 것은 언어의 회귀적 속성에 의해 가능하다. 회귀를 통해 특정 유형의 통사 구조가 동일한 유형의 통사 구조에 추가됨으로써 무한히 긴 문장을 만들어 내거나, 무한히 많은 다른 문장을 만들 수 있게 된다(글상자 5-2 참조).

생성문법에는 몇 가지 이론이 있다. 이론에 따라, 구 구조 규칙은 서로 다르게

글상자 5-2 언어의 회귀성

행동주의자들은 어린 아동이 유한수의 대표적 문장을 배운 다음, 그 대표적인 문장의 유형을 근거로 하여 새로운 문장을 만들어 냄으로써 언어를 습득한다고 주장한다. 그러나 이러한 주장은 시의 창작이나 다른 창조적인 언어 활동, 글쓰기는 물론 일상생활에서의 생산성을 설명할 수 없다. 놈 촘스키와 그의 동료들은 생산성을 설명하는 일련의 과정을 제시했는데, 이를 회귀(recursion)라고 부른다. 예를 들어, 회귀 규칙은 명사구가 관계절과 같은 연결 요소를 이용하여 또 다른 명사구로 이루어지는 것을 허용한다. 따라서 우리는 다음과 같은 문장을 만들 수 있다.

> the boy that chased the dog that chased the cat that chased the squirrel that chased the bird that chased the bug

이런 식으로 무한히 긴 문장을 만들 수 있다.

구 구조 규칙은 회귀적 규칙이다. 예를 들어, PP → Prep NP와 같은 구 구조 규칙은 그것이 문장 내의 모든 전치사구를 생성할 수 있다는 점에서 회귀적이다. 다음을 보자.

> The people in the car on the freeway in the fast lane by the wall drove home.

여기서 규칙 PP → Prep NP는 동일한 문장에 반복적으로 적용됨으로써 점점 더 복잡한 문장을 생성할 수 있게 해 준다.

작성될 수 있다. 예를 들어, 어떤 이론에서는 조동사라는 개념이 NP나 VP만큼 기본적인 것으로 간주되고, 문장을 나타내는 구 구조 규칙의 첫 줄에 주요 구성성분으로 제시된다. 조동사는 동사와는 다른 정신적 구조물로 간주된다. 그러므로 구 구조 규칙의 첫 번째 규칙을 S → NP VP라고 쓰는 대신에, 평서문은 S → NP Aux VP, 그리고 Will you come here?와 같은 가부의문문(yes/no question)을 위해서는 S → Aux NP VP라고 쓴다.

놈 촘스키와 생성문법

놈 촘스키(Noam Chomsky)는 1928년에 태어났고 50년 이상 전 세계에서 가장 잘 알려진 언어학자이다. 그의 영향력은 언어학 이외에도 널리 발휘되고 있으며, 가장 자주 인용되는 생존 지식인이며 인류 역사를 통틀어 가장 자주 인용된 10명 중의 한 명이다. 1957년에 그는 『Syntactic Structures』라는 저서를 출간함으로써 언어연구를 혁명적으로 바꾸어 놓았다. 그의 주요 사상은 논리학과 수학에 대한 그의 관심에 의해 지대한 영향을 받았다. 1950년대에 촘스키는 당시 언어학의 주류였던 구조주의

놈 촘스키

와 단절하였다. 당시 언어학계에서는 레오나드 블룸필드(Leonard Bloomfield, 1887~1949)와 그의 동료들에 의해 구조주의 방법론이 옹호되었다. 블룸필드는 20세기의 전반부에 가장 잘 알려진 미국 구조주의 학자였다. 그가 발전시킨 구조주의 언어학은 기술 언어학적인 것으로, 종종 블룸필드 언어학으로 불리기도 한다. 그의 구조주의는 기능적 측면에서 언어음을 기술하고 분류한 후, 다음 단계로 형태소를 기술하고 분류하는 것으로 진행된다. 음운론과 형태론에서 개발된 원리로부터 더 추상적인 단위들이 분석되며, 통사론은 분석의 마지막 단계에 이루어진다. 블룸필드는 의미를 연구했지만, 다른 블룸필드학파 연구자 대부분은 의미론이 너무 추상적이어서 검증가능한(경험적) 방법으로 연구할 수 없다고 생각하여 이를 무시했다.

『Syntactic Structures』와 더불어, 촘스키는 블룸필드학파의 독주를 뒤엎기 시작했다. 촘스키의 시각에서 보면, 언어학습은 언어를 습득하려는 내적 능력에 의해 동기화되는 것이다. 이런 능력은 인간이 진화하면서 언어 정보를 분석하고 학습하는 보편적이고 생득적인 인간 능력으로 진화하였다(일부 인류학자는 hominin 대신에 hominid란 용어를 사용한다.). 이러한 보편문법을 아동은 주변 환경으로부터 최소한의 입력을 통해 언어를 학습할 수 있는 일반 규칙을 알아낸다. 이 **보편문법**(universal grammar : UG)은 일종의 보편적 청사진으로서, 아동이 모든 언어의 일반적 규칙에서 시작하여 자신의 특정한 언어에 나타나는 규칙으로 전환할 수 있도록 해 준다. 촘스키는 언어학습이 인간 진화의 결과로 얻어진 생득적인 언어습득장치에 의해 이루어진다고 주장한다. 이에 대해 제8장에서 논의할 것이다.

보편문법(universal grammar : UG) 언어습득의 생득주의 이론의 기초가 되는 음소 차이, 어순, 어구의 인식 등과 관련된 체계이다.

블룸필드 언어학은 언어 수행, 즉 화자가 실제로 말하는 것, 그리고 언어학자들이 소위 **표층 구조**(surface structure)라고 부르는 것을 강조한다. 반면에, 촘스키는 언어 능력, 즉 화자가 자신의 언어에 대해 잠재의식적으로 알고 있는 지식, 다시 말해 **심층 구조**(deep structure)라고 불리는 것을 강조한다. 촘스키 언어학의 초기 단계에는 심층 구조가 어떻게 표층 구조로 전환되는가, 무한히 많은 수의 발화가 어떻게 유한 수의 규칙과 어휘 항목으로부터 생성되는가를 규명하고자 하였다. 이러한 이유로 인해, 촘스키 언어학을 한 언어의 원어민 화자가 가진 잠재의식적 지식을 강조하는 유심론적 접근법이라고 부른다. 이러한 측면은 소위 기계적 접근법이라 불리는 블룸필드학파와 대조된다. 블룸필드학파에서는 고정된 수의 '학습된' 규칙을 이용하여 문법

표층 구조(surface structure) 통사 분석의 전통적 방법에 의해 분석되는 실제 발화를 말한다.

심층 구조(deep structure) 문장의 기본적 의미를 나타내는 매우 추상적인 언어 층위를 말한다.

적 발화를 만들어 낸다. 기계적 접근법은 유심론적 접근법에 의해 설명되는 많은 현상을 설명할 수 없다. 그중 하나가 생산성이다. 언어가 모방에 의해 학습된다는 블룸필드학파의 주장은 어떻게 아동이 제한된 수의 어휘를 이용해서 이전에 한 번도 들어보거나 말하지 못한 문장을 만들 수 있는지를 설명하지 못한다. 이에 반해 유심론적 접근법에서는 인간의 두뇌가 필요에 따라 새로운 문장을 만들어 낼 수 있도록 고안된 일종의 소프트웨어 프로그램과 같다고 주장한다.

1980년대에 촘스키는 원리와 매개변항이론을 제시했다. 보편문법이란 개념의 한 가지 문제점은 언어가 표층 구조에서 너무 다양한 모습을 보인다는 것이었다. 실제로 그런가? 원리와 매개변항이론은 비록 언어 간에 변이형이 있다 하더라도, 이런 차이점은 특정한 원리와 매개변항(한계)을 가지고 있다고 주장한다. 예를 들어, 형용사와 부사 같은 수식어는 그것이 수식하는 요소의 앞이나 뒤에 올 수 있지만, 수식되는 요소로부터 몇 단어 건너뛰어 올 수는 없다. 따라서 언어습득장치는 특정한 가능성만 허용할 뿐이지, 모든 가능성을 허용하지 않는 방향으로 '프로그램화되었다'는 것이 이 이론의 주장이다. 아동은 주변의 언어환경으로부터 자신의 언어가 어떤 가능성을 허용하는가를 배운다.

1995년, 촘스키는 그의 개념들을 더 추상화하여 소위 최소주의 또는 최소주의 프로그램을 제시하였다. 최소주의 언어이론에서 그는 모든 인간언어를 위한 단 하나의 문법 체계만이 존재한다는 개념을 제시하면서, 그의 초기 통사론의 개념화에서 제시하였던 표층 구조, 심층 구조 및 다른 개념들을 제거하였다. 이 이론에 대한 자세한 설명은 이 책의 범위를 넘는 것이다. 그러나 통사론에는 언제나 여러 이론이 경쟁해 왔고, 최소주의 역시 논란이 많은 이론이다. 촘스키의 1995년 저서를 보라. 피터 쇠렌(Peter A. M. Seuren)의 책은 촘스키의 저서에 대한 날카로운 비판적 분석을 담고 있다(이 장의 끝에 제시한 더 읽을거리 참조).

비록 여러 통사 이론이 경쟁하지만, 촘스키의 사상은 지금까지 영향력이 매우 강했고 앞으로도 그럴 것이다. 다만 이 책의 저자들이 촘스키에게 동의하지 않는 한 가지는 모든 언어학자, 심리학자, 생물학자가 인간에게 언어습득장치가 물리적으로 존재한다는 주장을 받아들이지는 않는다는 점이다. 그러나 어떤 유전자의 '결핍'이 언어습득에 문제를 일으킨다면, 최근에 발견된 FoxP2 유전자는 언어습득의 유전적 가능성을 보여 줄지도 모른다(제1장 참조).

연습문제 5 : 구 구조 규칙

1. 구 구조 규칙이란 무엇인가?

2. 연습문제 1의 8번 문제에 있는 모든 문장의 구 구조 규칙을 써라.

예 : He photographed the flowers.

S → NP VP

$$NP \rightarrow \left\{ \begin{matrix} \text{Pro} \\ \text{Det Noun} \end{matrix} \right\}$$

Noun → N pl

VP → Verb NP

Verb → Aux V

Aux → Tense

Tense → past

3. 다음 문장의 구 구조 규칙을 쓰고, 각각의 구 표지(수형도)를 그려라.

a. The cat sat on the fence.

b. Six boys are playing quietly.

c. The bad dog will bite the man.

4. 위 문제의 문장 a, b, c의 규칙을 모두 결합하여 한 세트의 일반 규칙으로 만들어라.

변형 규칙

다음 문장을 보자.

A1 The boy passed out the candy.

A2 The boy passed the candy out.

B1 Linguists often use large words.

B2 Large words are often used by linguists.

위 두 세트의 문장은 각각 동일한 의미를 지니고 있다. 그러나 각 세트의 문장 1과 2의 형식은 서로 다르다. 즉, 동일한 의미를 지니는 구 표지가 서로 다를 수 있다.

변형 규칙(transformational rules) 문장의 발화 형태(표층 구조)와 그것의 기저 의미(심층 구조)를 연결한다.

변형 규칙(transformational rules : T-rules)은 구어 형식의 문장과 그것의 기저 의미를 연결한다. 좀 더 전문적으로 말하면, 변형 규칙은 문장의 표층 구조를 심층 구조와 연결한다. 심층 구조와 표층 구조의 존재나 중요성, 그리고 변형의 유형과 중요성에 대해서는 많은 가설이 있다. 이 절에서는 이런 개념들이 처음에 어떻게 사용되었는가를 살펴본다. 통사론의 다양한 개념에 대한 자세한 논의를 위해서는 이 장 끝의 '더 읽을거리'에서 제시한 앤드류 카니(Andrew Carnie)의 저서를 보라.

표층 구조는 전통적인 통사 분석에 의해 이해되고 분석되는 실제 발화문을 말한다. 심층 구조는 초창기 생성문법에서 발화의 기본적 의미를 나타내는 매우 추상적인 층위로 제시되었다. 서로 다른 표층 구조는 동일한 심층 구조를 가질 수 있고, 서로 다른 심층 구조가 동일한 표층 구조를 가질 수도 있다.

문장 A1과 A2가 동일한 심층 구조를 가진다는 사실을 직관적으로 알 수 있다. 그러나 이 문장들의 표층 구조는 약간 다르다.

구동사(phrasal verb) 동사어간과 동사접사로 구성되는 동사구로서, 숙어적 의미나 특정한 의미를 지닌다.

동사어간(verbal base) 동사의 주요 부분이다.

동사접사(verbal particles) 특정 동사와 함께 사용되는 전치사로서, 직접목적어 명사구 앞이나 뒤에 사용된다.

passed out이란 영어 표현은 **구동사**(phrasal verbs)라고 부르는데, 동사구의 주요 부분인 **동사어간**(verbal base)과 전치사인 **동사접사**(verbal particle)를 포함하는 동사구이다. 다음 문장

The boy passed out the candy.

에서 passed out은 동사로서, passed는 동사어간이고 out은 동사접사이다. 동사접사는 동사의 일부로 간주되지만, 동사어간으로부터 분리될 수 있다. 문장 A1과 A2는 전치사가 직접목적어 명사구 앞이나 뒤에 올 수 있음을 보여 준다. 그러나 다른 문장에서는 전치사가 직접목적어 명사구의 어느 한쪽 위치로 제한되기도 한다. 다음 예에서 동사접사는 직접목적어의 왼쪽으로 제한된다.

C1 Please go over your homework tonight.

C2 *Please go your homework over tonight.

A에 제시된 두 문장에서 A1이 좀 더 기본적인 문장으로 간주되는데, 이는 동사어간과 동사접사가 함께 있기 때문이다. 이러한 어순을 기본으로 가정하면, 문장 A2는 A1의 변형된 형태라고 할 수 있다. A1과 A2를 연결해 주는 규칙을 접사이동변형이라고 부르고, 다음과 같이 쓸 수 있다.

$X_1+VB+Prt+NP+X_2 \rightarrow X1+VB+NP+Prt+X_2.$

여기서 X_1은 동사어간(VB)의 왼쪽에 있는 요소이고, X_2는 직접목적어 명사구 오른쪽에 있는 요소를 뜻한다.

접사이동변형은 다음과 같이 구 표지를 이용해 나타낼 수 있다.

기본 구 표지

아래 수형도는 기본 구 표지를 보여 준다.

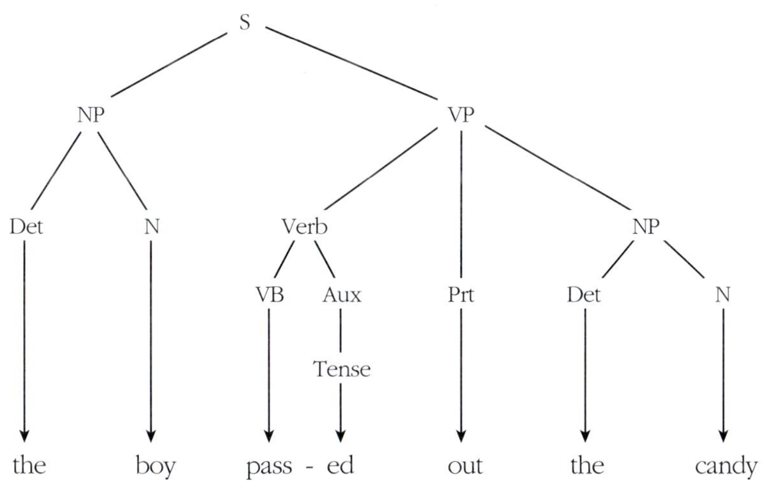

도출된 구 표지

변형 규칙이 적용된 후 얻어진 구 표지를 **도출된 구 표지**라고 부른다.

도출된 구 표지(derived phrase marker) 변형 규칙이 적용된 후의 구 표지이다.

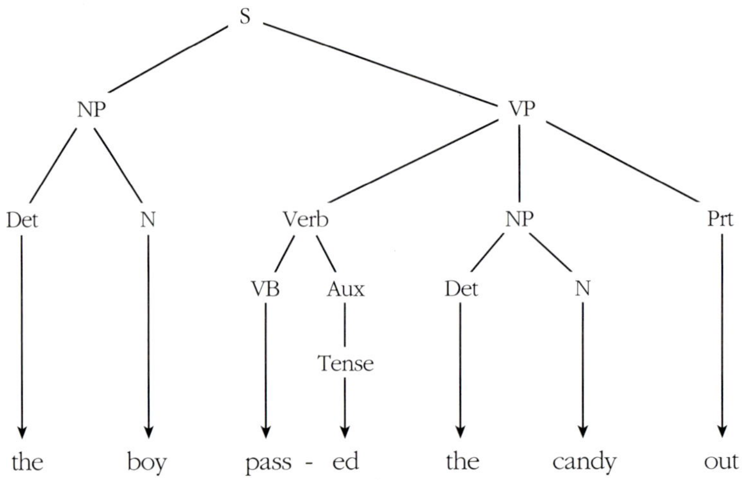

이동변형

접사이동변형은 문장 A1과 A2 사이의 관계를 설명할 수 있을 뿐 아니라, 이와 유사한 다른 경우도 설명할 수 있다. 이런 식으로 연관된 다른 유형의 문장을 살펴보면 다음과 같다.

Anthony took off his shoes.

Anthony took his shoes off.

The students passed in their tests.

The students passed their tests in.

접사이동변형은 심층 구조의 한 요소가 원래의 자리에서 다른 자리로 이동하는 이동변형 중의 하나이다.

화제화(topicalization) 일종의 이동변형으로, 기본 문장과는 다른 요소가 초점이 되거나 강조되는 문장을 만든다.

화제화(topicalization)도 이동변형의 하나이다. 화제화변형은 초점이나 강조가 기본형과 달라진 문장이다. 기본 문장인

I love Christine

은 화제화변형을 겪은 후 다음과 같이 될 수 있다.

Christine, I love.

화제화변형은 다음과 같은 추상적 규칙기호로 나타낼 수 있다.

$$X_1+V+X_2 \rightarrow X_2+X_1+V$$

기타 변형 유형

변형 규칙은 동일한 요소를 다른 위치에 가지고 있는 일련의 문장을 관련시키는 규칙이다. 변형은 이동 규칙 외에도 세 가지 다른 과정을 설명한다.

- 삭제
- 삽입
- 대치

삭제변형

변형을 겪는 문장은 변형을 겪기 이전의 문장과 동일한 의미가 있어야 한다. 변형은 의미를 바꾸지 않는다. 예를 들어,

You come here.

에서 대명사를 생략하고 다음과 같은 명령문을 만들 수 있다.

Come here.

이러한 변형을 명령문변형이라 부른다.

기본 문장의 심층 구조에서 잉여적인 요소도 생략할 수 있다. 예를 들어, 다음 문장을 보자.

If Stephen says he will study for the test, he will study for the test.

이 문장에서 두 번째 동사구의 조동사가 생략될 수 있다. 이렇게 해서 만들어진 문장은 다음과 같다.

If Stephen says he will study for the test, he will.

이러한 변형을 동사구 생략 규칙이라 부른다.

삽입변형

기본 문장에 삽입된 어휘는 새로운 의미를 추가하지 않는다. 다음 두 문장에서

A1 He knew she was here.

A2 He knew that she was here.

that은 두 번째 문장에만 삽입되었지만, 그 자체로는 아무런 의미도 가지지 않는다.

이 경우에 that의 추가는 선택적이다. 그러나 다음을 보자.

B1 *He won the race is history.

B2 That he won the race is history.

비록 그 의미는 분명하지만, B1은 문법적인 영어 문장이 아니다. B2의 that은 단지 he won을 도입하기 위해 삽입된 단어이다. 비록 he won이 문법적인 문장이지만, 여기서는 더 큰 문장의 일부분이다. 문장 B2에서 he won은 문장의 주어 역할을 하는 NP이다. 다른 문장의 일부로 사용된 문장을 내포문이라고 부른다. 따라서 he won은 더 큰 문장에서 명사구 역할을 하는 내포문이다. 표층 구조 문장을 형성하기 위해 접속사 that을 삽입하는 것을 that 삽입변형이라고 한다.

대치변형

유일한 대치변형은 다른 품사나 통사범주를 대명사로 대치하는 것이다. 예를 들어,

Tony thought that Tony was the best.

와 같은 문장은 다음과 같은 문장이 된다.

Tony thought that he was the best.

이렇게 대명사를 대치하는 것을 대명사화변형이라고 부른다. 다른 모든 변형과 마찬가지로 이 변형 역시 의미를 바꾸지 않는다.

선택적 변형과 필수적 변형

음운 규칙과 마찬가지로, 변형은 선택적(문체적)이거나 필수적이다. 접사이동변형, 화제화 규칙, 명령문변형, 동사구 생략 규칙, 대명사화 등은 모두 영어의 선택적 규칙으로, 적용되어도 되고 적용되지 않아도 된다.

ASL에서 화제화변형은 필수적이다. 즉, 목적어 신호는 언제나 먼저 만들어진다. 영어에서 접속사 that의 삽입은 필수적이다. 이 규칙은 문법적인 표층 구조를 만들기 위해 심층 구조에 반드시 적용되어야 한다.

영어의 또 다른 필수 규칙은 가부의문문 형성 규칙이다. 변형문법가들은 가부의문문의 심층 구조가 평서문의 심층 구조와 유사하지만, 문장의 첫 부분에 추상적인 요소인 Q가 추가되는 것으로 간주한다. 다음을 보자.

Q Aaron will eat his lunch

(여기서 #은 문장의 처음이나 끝을 의미한다.)

여기 제시된 형식은 변형을 겪어서 표층 구조가 되기 이전의 심층 구조이다. 변형은 단순히 첫 번째 조동사를 주어인 NP의 왼쪽으로 이동시킨다(NP+Aux+V+X→Aux+NP+V+X). 이렇게 해서 만들어진 문장은 다음과 같다.

Will Aaron eat his lunch?

일본어에서 가부의문문은 영어에서처럼 이동변형에 의해 이루어지는 것이 아니라 삽입 규칙에 의해 만들어진다. 평서문에서 의문문을 만들기 위해서는 접미사인 -ka를 동사의 끝에 붙이는데, 단어들의 순서는 바뀌지 않는다.

Kyou (watashi wa) gakkou ni ikimashita (나는) 오늘 학교에 갔다.

Kyou gakkou ni ikimashita ka? (당신은) 오늘 학교에 갔습니까?

변형의 순서

지금까지 우리는 단 하나의 변형을 거쳐 표층 구조를 생성하는 심층 구조만을 살펴보았다. 심층 구조는 여러 번의 변형을 겪을 수도 있다. 다음 두 문장을 보자.

Did the dog chase the cat?

The dog was blind.

아동은 이 두 문장을 별도로 말하겠지만, 성인 대부분은 다음과 같이 한 문장으로 말할 것이다.

Did the blind dog chase the cat?

변형문법학자들은 성인 발화의 심층 구조가 아동이 사용하는 두 문장의 심층 구조와 유사할 것이라고 가정한다. 그러나 다음에서 보듯이 한 문장이 다른 문장 속에 내포되어 있을 것으로 보인다.

[Q the dog [the dog was blind] chased the cat]

그렇다면 일련의 변형 규칙이 심층 구조를 변형하여 표층 구조로 바꿀 때 그림 5-3과 같은 순서로 진행될 것이라고 생각할 수 있다.

심층 구조	1. [Q the dog [the dog was blind] chased the cat]
대치변형	↓ 관계절변형 ↓
	2. [Q the dog [which was blind] chased the cat]
삭제변형	↓ be-삭제변형 ↓
	3. [Q the dog [blind] chased the cat]
이동변형	↓ 형용사이동변형 ↓
	4. [Q the blind dog chased the cat]
이동변형	↓ 의문문형성변형 ↓
표면 구조	5. Did the blind dog chase the cat?

그림 5-3 심층 구조로부터 표층 구조로의 변형

연습문제 6 : 변형

1. 다음 각 세트의 문장을 살펴보고, 이동 · 삭제 · 삽입 · 대치변형 중 어떤 변형이 적용되었는지를 써라. 기호 ⇒은 변형이 적용되었다는 의미이다.

   a. # a girl was on a swing # ⇒ There was a girl on a swing.

   b. # NEG Jessica will have gone to bed # ⇒ Jessica will not have gone to bed. (어떤 언어학자는 부정문을 형성하기 전에 심층 구조 앞에 부정이 놓이는 것으로 생각한다. NEG는 부정을 표시한다.)

   c. # Iris went to school early and Juan went to school early, too # ⇒ Iris went to school early and Juan did so, too.

   d. # you will leave my house # ⇒ Leave my house!

   e. # the fish, who is fat, swims slowly # ⇒ The fat fish swims slowly.

2. 변형의 이름은 다소 설명적이다. 위 1번 문제 a에서 c까지의 변형 이름을 추측할 수 있는가? 1번 문제 d와 e에 사용된 변형 규칙의 이름은 무엇인가? 각 변형 규칙이 무엇인지 설명하여라.

a. ______________________________

____

____

b. ______________________________

____

____

c. ______________________________

____

____

d. ______________________________

____

____

e. ______________________________

____

____

3. 위의 a에서 e까지의 변형 규칙은 선택적인가 필수적인가?

a. ______________

b. ______________

c. ______________

d. ______________

e. ______________

요약

문법연구는 언어의 규칙을 연구하는 것이다. 언어는 규칙의 지배를 받는 상징 체계라고 할 수 있다. 언어는 또한 다층적 규칙 체계이기도 하다. 비록 대부분 사람들이 문법을 문장 구조의 연구나 단어보다 더 큰 다른 형태에 대한 연구와 동일시하기는 하지만, 이런 생각은 통사론이라 불리는 문법의 한 층위일 뿐이다. 통사론은 형태소와 단어를 결합하여 단어보다 더 큰 언어단위를 만드는 규칙을 연구하는 분야이다. 형태론은 단어의 문법이고, 음운론은 소리의 문법이라고 할 수 있다.

문장은 (그것이 포함한 독립절과 종속절의 수와 같은) 구조에 의해서, 또는 (평서문과 명령문과 같은) 기능에 의해 정의될 수 있다. 문장은 또한 능동태이거나 수동태일 수도 있다. 절은 주어와 서술어를 포함하며, 혼자서는 문장이 되지 않는 절을 종속절이라고 한다. 어구는 주어와 서술어를 가지지 않은 문장성분을 말하며, 어구의 이름은 (예를 들어, 명사구처럼) 그것의 주요 구성성분인 어구의 핵에 따라 이름이 붙여진다. 어구는 문장 내에서 다양한 기능을 담당한다. 예를 들어, 명사구는 문장의 주어, 동사의 목적어, 전치사의 목적어가 될 수 있다.

한 언어의 능숙한 화자에게는 어떤 사람이 그에게 말을 걸 때, 그가 해당 언어의 규칙을 잘 따르고 있는지 아닌지에 대해 문법적 판단을 내릴 수 있게 해 주는 언어능력이 있다. 그렇기 때문에 어떤 사람이 말하는 것을 들어 보기만 해도 그가 외국인인지 아닌지를 금방 알 수 있다. 어떤 경우에는 외국인 화자가 완전한 문장을 사용하지 않을 수도 있다. 외국인 화자는 동사나 전치사를 빠트리기도 하고, 자신의 모국어 문법에 영어 단어를 섞어 쓰기도 한다. 외국인 화자는 어순을 틀리기도 하는데, 이는 언어에 따라 어순이 다르기 때문이다. 외국인 화자는 숙어 표현을 이해하지 못하기도 하고, 자신이 말한 문장이 왜 중의적인지를 이해하지 못할 수도 있다. 원어민 화자가 문법 규칙의 위반을 쉽게 알아낼 수 있다는 사실은 언어가 규칙지배적이라는 점을 증명한다.

1950년대에 놈 촘스키는 변형생성문법이라는 새로운 개념으로 통사론연구를 혁명적으로 바꾸었다. 이러한 생각은 우리가 말하기 전에 말하려는 것을 미리 생각한다는 점을 의미한다. 모든 인간이 자신의 경험을 언어적으로 특정한 방식으로 표현하는 선험적 능력이라 할 수 있는 보편문법은 그런 경험들을 구 구조 규칙으로 전환한다. 보편적 구 구조 규칙은 심층 구조를 만든다. 다른 사람들이 이해하기 위해 심층 구조는 언어 화자가 실제로 발화하는 표층 구조 형태로 변형되어야 한다. 우리의 경험이 일단 심층 구조로 기호화되면, 이동, 삭제, 대치, 삽입 등의 변형을 거쳐 표층 구조가 생성된다. 동일한 심층 구조는 서로 다른 언어에서 서로 다른 표층 구조를 가지며, 같은 언어 내부에서도 화자의 말하기 습관이나 상황에 따라 다른 표층 구조를 가질 수 있다. 촘스키 언어학에는 다양한 이론이 있으며, 촘스키 자신도 심층 구조와 표층 구조를 다른 개념으로 대치하는 등 초기의 생각을 많이 바꾸었다. 1995년에는 『The Minimalist Program』을 출간했는데, 여기서는 심층 구조와 표층 구조라는 개념을 제거하는 등 언어에 대해 자신이 제시한 많은 가설을 바꾸었다.[2] 언어에 대한 그의 생각은 생성문법의 대안적 가설들과 마찬가지로 계속해서 진화하고 있다.

2) 『최소주의 언어이론』, 박명관, 장영준 공역, 서울, 한국문화사, 2001.

더 읽을거리

Adger, David, *Core Syntax: A Minimalist Approach (Core Linguistics),* New York: Oxford University Press, 2003.

Carnie, Andrew, *Syntax: A Generative Introduction,* 2nd ed., Massachusetts: Blackwell, 2007.

Chomsky, Noam, *Aspects of the Theory of Syntax,* Cambridge, MA: MIT Press, 1965.

Chomsky, Noam, *The Minimalist Program,* Cambridge, MA: MIT Press, 1995.

Chomksy, Noam, *On the Nature of Language,* New York: Cambridge University Press, 2002.

Cook, Vivian James, and Mark Newson, *Chomsky's Universal Grammar: An Introduction,* 3rd ed., Oxford and Malden, MA: Blackwell, 2007.

Napoli, Donna Jo, *Syntax: Theory and Problems,* New York and Oxford: Oxford University Press, 1993.

Payne, Thomas E., *Exploring Language Structure,* Cambridge: Cambridge University Press, 2007.

Radford, Andrew, *Syntactic Theory and the Structure of English: A Minimalist Approach,* Cambridge Textbooks in Linguistics, Cambridge: Cambridge University Press, 1997.

Seuren, Pieter A. M., *Chomsky's Minimalism,* New York and Oxford: Oxford University Press, 2005.

참고할 웹 사이트

영문법에 대한 튜토리얼 제공 사이트 : http://grammar.ccc.commnet.edu/grammar

언어유형론학회 : http://www.linguistic-typology.org

놈 촘스키 아카이브에서는 촘스키와 그의 가설에 대한 논문, 인터뷰, 책, 기타 정보 등을 제공 : http://www.zmag.org/chomsky

용어와 개념의 정리 : 통사론

1. 통사론은 ______________________________ 을(를) 연구하는 학문이다.
2. 구성성분이란 ______________________________ 이다.
3. 문장의 두 가지 주요 구성성분은 ______________ 와(과) ______________ (이)라고 부른다.
4. 하나의 주어와 하나의 서술어로 구성된 문장을 ______________________ (이)라고 부른다.

5. 중문은 ______________________________(으)로 구성된다.
6. 중문의 일부분을 구성하는 단문을 ______________________________(이)라고 부른다.
7. (6번 문제에서 말한) 중문을 만들기 위해서는 적어도 ____________개의 ____________이(가) 필요하다.
8. Since it is noon, we will have lunch라는 문장에서 첫 번째 절을 ________________(이)라고 부르고, 두 번째 절을 ________________(이)라고 부른다.
9. 2개나 3개의 독립절과 적어도 하나의 종속절을 포함하는 문장을 ____________(이)라고 부른다.
10. 다음 각 문장을 능동태(A), 수동태(P) 그리고 단문(S), 중문(C), 복문(X), 중복문(C-X)으로 표시하여라. 또한 각 문장을 평서문(D), 의문문(I), 명령문(IM), 감탄문(E)으로 표시하여라.

    예 : Did the cat jump over the fence?

    답 : A, S, I

    a. Bill is here.______________________________
    b. The ball was caught.______________________________
    c. Jack and Jill went up the hill.______________________________
    d. Oh no, Jack and Jill went up the hill!______________________________
    e. Did Jack come tumbling down?______________________________
    f. Wow, I got an A and now I will be able to go to Harvard, if my parents come up with the money!
    ____
    g. The pilot looked at the new plane.______________________________
    h. The new plane was looked at by the pilot.______________________________
    i. Did the pilot look at the new plane and was he satisfied with it?______________________________
11. 어구란 ______________________________을(를) 말한다.
12. 본문에서 논의한 다섯 가지의 어구 유형을 제시하고, 각각에 대해 예를 세 가지씩 제시하여라.

    a. ______________________________
    ____
    b. ______________________________
    ____
    c. ______________________________
    ____
    d. ______________________________
    ____
    e. ______________________________

13. 다음을 정의하여라.

a. 선형적 어순 ______

b. 수형도 ______

c. 단어 유의어 ______

d. 어휘적 중의성 ______

e. 구조적 중의성 ______

14. 공기 제약이란 ______을(를) 말한다.

15. 언어의 계층 구조란 무엇인가? ______

16. 선형적 어순과 계층 구조를 다음 문장을 이용하여 설명하여라.

The big car turned the corner.

17. 문장은 ______ 경우, 문법적이다.

18. 문법성 판단은 ______에 근거를 두지 않는다.

19. 구 구조 규칙이란 무엇인가?

20. 생성문법이 무엇인지 설명하여라.

21. 언어의 회귀적 속성이란 무엇인가?

22. 변형 규칙이란 무엇인가?

23. 심층 구조와 표층 구조를 설명하여라.

24. 변형의 네 가지 기본 유형은 무엇인가?

a. ______________________

b. ______________________

c. ______________________

d. ______________________

단원 말 연습문제

1. 다음 두 단문의 구 표지를 작성하여라.

a. The dog with big teeth bit the ball.

b. The dog ran into the house.

2. 위 두 문장을 결합하여 하나의 중문으로 만들려면 어떻게 해야 하는가?

a. 문장의 일부 요소를 제거하는가?

b. 어떤 요소를 추가해야 하는가?

c. 결합한 문장을 써라.

d. 만들어진 중문의 구 표지를 제시하여라.

3. 위 두 문장을 생성할 수 있는 구 구조 규칙을 써라.

4. 1950년대부터 생성문법이라는 개념이 많은 단계를 거치면서 다양한 경쟁적 개념을 발전시켰다. 도서관 자료나 인터넷 검색을 통하여 과거 50년 동안 통사론 분야에서 이루어진 여러 개념을 간략하게 기술하여라.

6

의미론과 화용론

Semantics and Pragmatics

이 장에서 알아야 할 것

1. 무언가를 의미한다는 말은 무슨 뜻인가?
2. 한 단어 의미에는 어떤 다양한 종류가 있는가?
3. 단어의 의미자질이란 무엇인가?
4. 의미의 구성 요소는 어떻게 분석되는가?
5. 뜻이 같거나 발음이 같은 단어를 무엇이라고 하는가?
6. 단어의 의미에 대한 규칙이 깨졌을 때 무엇이라고 하는가?
7. 화용론이란 무엇인가?
8. 화행의 종류에는 무엇이 있는가?
9. 대화의 격률이란 무엇인가?
10. 범문화적으로 대화의 격률이 어떻게 다른지를 보여 주는 예로 무엇이 있는가?

의**미론**(semantics)이란 형태소, 단어, 구, 절, 문장과 같은 언어 표현의 의미를 연구하는 것이다. 가끔 의미론은 발화가 발생하는 문맥을 떠나, 메시지의 발신자나 수신자의 여러 특이성을 고려하지 않고 주어진 표현의 의미를 연구하는 것이라고 좁게 정의할 수도 있다. 문맥과 의사소통자의 특성에서 얻어진 의미를 연구하는 분야를 **화용론**(pragmatics)이라고 한다. 이 장의 전반부에서는 의미론을, 후반부에서는 화용론을 다룬다.

의미론에는 일반적으로 두 가지 유형이 있는데, **어휘의미론**(lexical semantics)은 단어의 의미를 다루고, **구조의미론**(structural semantics)은 단어보다 큰 발화의 의미를 다룬다. 어휘의미론부터 살펴보자.

의미론(semantics) 형태소, 단어, 어구, 절, 문장과 같은 언어 표현의 의미를 연구하는 분야이다.

화용론(pragmatics) 문맥이 의미에 끼치는 영향을 연구하는 분야이다.

어휘의미론(lexical semantics) 단어의 의미를 연구하는 의미론의 한 분야이다.

구조의미론(structural semantics) 단어보다 더 큰 단위의 발화의 의미를 연구하는 의미론의 한 분야이다.

단어의 의미 : 어휘의미론

어휘부(lexicon) 개인이 가진 마음속 사전으로서, 개인이 알고 있는 모든 단어의 정의를 포함한다.

화자의 머릿속에는 그가 아는 모든 단어의 정의를 담고 있는 **어휘부**(lexicon), 즉 사전이 있다고 생각할 수 있다. 발화를 들을 때, 청자는 그 단어들의 뜻을 마음속 어휘부에서 재빠르게 검색하여 해석한다. 마찬가지로, 화자가 발화를 통해 표현하고자 하는 개념이 있을 때, 그는 발화에서 사용할 올바른 단어를 마음속 어휘목록에서 찾는다. 그러나 단어가 가질 수 있는 의미에는 여러 가지가 있다.

지시물(referent) 단어가 가리키는 실제의 구체적 사물을 말한다.

지시적 의미(referential meaning) 지시물, 행위, 상태를 묘사한다.

먼저, 어떤 단어는 그것이 지시하는 실제적이고 구체적인 사물이나 개념, 즉 **지시물**(referent)을 가진다. **지시적 의미**(referential meaning)는 지시물을 가리킨다. 단어의 지시적 의미가 그 단어의 정의이다. 때로 dog란 단어는 다음 예문에서 보듯이 화자가 마음속에 가지고 있는 특정한 개를 의미한다.

Your dog is barking.

이 문장에서 지시물은 특정한 개이고, your의 지시물은 언급된 개를 소유한 특정한 사람이다.

그러나 다음 문장을 보자.

A dog is a good pet for a family with children.

이 문장에서 dog의 지시물은 전형적인 개라는 개념, 즉 dog라는 단어를 들었을 때 전형적인 영어 화자가 마음속에 가지는 정신적 영상이다. 단어는 실제 세계에 존재하지 않지만, 문화적 상징 표상으로 인해 영어 화자의 마음속 영상으로 존재하는 산타클로스, 인어, 미키마우스와 같은 가공물을 가리킬 수도 있다.

의의(sense) 문맥 속에서 지시물을 명료하게 해 주는 단어나 어구의 확장된 의미이다.

물론 구체적 지시물이 없는 사랑, 진실, 정의와 같은 추상적인 개념도 있다. 그러나 이런 개념도 영어 화자에게는 의미가 있는데, 그 이유는 지시적 의미 이상의 추가적 의미라고 할 수 있는 **의의**(sense)를 이해하기 때문이다. 이런 개념이 정확하게 무엇인가에 대해 논쟁할 수도 있지만, 무엇을 의미하는지를 우리는 알고 있다. 의의는 전형적인 화자의 마음속에 일종의 정신적인 이미지를 형성한다. 그래서 영어 화자는 구체적인 지시물을 가지는 용어를 이해하는 것과 마찬가지로, 추상적인 용어의 의미도 이해한다. 즉 의의는 구체적 지시물이 없는 어휘를 이해할 수 있게 해 준다.

의의는 동일한 구체적 지시물을 가진 두 어구 사이의 차이점을 구별해 주기도 한다. 다음 예문에서

Dr. Eisenlauer is our resident archaeologist

Dr. Eisenlauer와 our resident archaeologist는 사실 동일 인물이다. 그러므로 이 두 표현은 동일한 구체적 지시물을 가진다. 그러나 각 구절의 의의는 다르다. 따라서 앞 문장은 다음 문장들과는 다른 의미를 지닌다.

Dr. Eisenlauer is Dr. Eisenlauer

Our resident archaeologist is our resident archaeologist

이런 문장은 의미론의 또 다른 개념 구분인 지시와 의미의 차이를 보여 준다. 위의 두 구절이 동일한 지시물을 가지지만, 동일한 의미를 지닌 것은 아니다. 사실 영어의 고유명사는 특정 개인을 가리키지만, 그 고유명사의 의미는 시간이 흐르면서 모호해졌다. 자신의 고유한 이름을 구성하는 단어의 역사적 의미를 막연하게나마 아는 사람은 흔하지 않다('이름의 어원학'에 대해서는 제4장의 글상자 4-3 참조).

두 번째로, 다음 문장에서 보듯이, 지시물이 없는 대신에 관계나 특성을 표현하는 단어도 있다.

He is the teacher of the class.

이 문장에서 teacher와 class라는 단어는 구체적인 지시물이 있지만, is, the, of라는 단어는 지시물이 없고 어떠한 정신적 이미지도 만들지 않는다. 이 단어들의 의미 또는 용법은 단어 사이의 관계를 말해 준다(외국인 학습자는 종종 이 작은 단어들을 배우는 데서 많이 어려워한다.). 이 작은 단어가 바뀌었을 때 문장의 의미가 어떻게 달라지는지 생각해 보자.

He is a teacher of class.

He was the teacher of a class.

He is the teacher of a class.

*He teacher of class.

게다가 he라는 단어의 의미는 무엇인가? I, you, he, she, it, they와 같은 인칭대명사는 문장에서 사용될 때 구체적 지시물을 가진다. 그러나 그 지시물은 **가변적 지시물**(shifting referents)로서, 화자나 문장에 따라 달라진다. 앞의 예에서 he라는 단어는 구체적인 지시물을 가진다. 그러나 추가적인 정보가 없이는 그 지시물이 무엇인지를 알 수 없다. 보통 그런 정보는 대명사를 사용하기 전에 말해졌거나 쓰인 문장에서 주어진다. 예를 들어, 학기가 시작하기 전에 어떤 학생이 다른 학생에게 다음과 같이 말할 수도 있다.

가변적 지시물(shifting referents) 화자와 문장에 따라 달라지는 지시물이다. 대명사는 가변적 지시물이다.

Are you taking anthropology with Mr. Stein? He is the teacher of the class.

이 문장에서 Mr. Stein이 he라는 단어의 구체적인 지시물임을 알 수 있다. 그러나 다른 문장에서 he의 지시물은 Mr. Stein이 아닌 다른 남자나 소년일 수도 있다(이 점에 대해서는 이 장의 후반부에서 다룰 '화용론'에서 논의하겠다.).

연습문제 1 : 대명사의 지시물

1. 다음 문장에서 어떤 단어가 구체적이지만 가변적인 지시물을 가지는가?

   a. I am going to eat lunch.

   ____

   b. You look nice today.

   ____

   c. He was late for class.

   ____

   d. We are busy tonight.

   ____

   e. They have a new car.

   ____

2. 위의 각 문장에 대해 지시물을 명확하게 해 주는 새로운 소개 문장을 써라.

   a. ______________________

   b. ______________________

   c. ______________________

   d. ______________________

   e. ______________________

단어의 의미자질

의미자질(semantic properties) 화자의 마음속에 있으며 단어의 어휘 항목을 구성하는 의미 요소이다.

단어의 의미를 분석하는 한 가지 방법은 그 단어의 **의미자질**(semantic properties)을 결정하는 것이다. 의미자질은 화자의 마음속에 단어에 대한 정신적 이미지를 만드는 의미의 요소이다. 이전 절에서 man과 boy라는 단어는 대명사 he의 지시물이 될 수 있는데, 왜냐하면 이 단어 모두 공통적인 의미자질을 가지기 때문이다. 즉, 남성이라는 점과 인간이라는 점이 그것이다.

각 단어의 다른 의미자질을 살펴보자.

man – male, human, adult

boy – male, human, child

의미자질을 분석함으로써, 이 두 단어의 의미 차이는 나이 또는 인생의 단계라는 사실이 분명해졌다.

같은 사람이 인생의 다른 시기에 boy가 될 수도 있고 man이 될 수도 있다. 단어의 의미자질은 제3장에서 논의한 변별적 자질 분석과 비슷한 방법으로 +와 –의 체계를 사용하여 분석한다. 따라서 이 예는 다음과 같은 의미자질로 분석된다.

	Man	**Boy**
[adult]	+	–
[male]	+	+
[human]	+	+

물론 어휘에는 의미 속성의 산술적 총합 이상의 의미가 있다. 이 장의 다음 부분에서는 지시적 의미, 함축적 의미, 감정적 의미, 사회적 의미와 같은 여러 가지 의미의 측면을 논의할 것이다.

연습문제 2 : 단어의 의미자질

1. 다음 단어의 의미자질은 무엇인가?

   a. woman – girl

   ____

   b. mother – father

   ____

   c. sister – brother

   ____

   d. car – bicycle – motorcycle – bus – truck

   ____

   e. cat – dog – goldfish – parakeet – hamster

   ____

2. +와 − 체계를 사용하여 a에서 e까지 각 단어의 의미자질을 나타내는 표를 작성하여라.

의미자질을 공유하는 단어

단어 tree의 의미자질을 살펴보자. 이것은 (다른 식물들과 비교할 때) 키가 큰 식물이고, 줄기를 가지며, (다른 식물들과 비교할 때) 오래 산다.

의미 영역(semantic domain) 동일한 의미속성을 가진 일련의 단어들이다.

변별적 자질 분석(distinctive feature analysis) 한 단어의 의미속성을 분석하는 방법이다.

의미자질을 공유하는 단어들은 하나의 **의미 영역**(semantic domain)을 형성한다고 할 수 있다. 그러므로 'tree'라는 의미 영역에는 oak, maple, ash, birch 등이 속한다. 그뿐만 아니라 이 의미 영역에는 pine과 palm이란 단어도 포함된다.

변별적 자질 분석(distinctive feature analysis)은 의미 영역을 구성 요소로 나누는 과정이다. 다시 +와 − 체계를 사용하여 어떤 단어들이 이 영역에 속하는지 결정할 수 있다.

	Oak	**Maple**	**Ash**	**Birch**	**Pine**	**Palm**
plant	+	+	+	+	+	+
has trunk	+	+	+	+	+	+
tall	+	+	+	+	+	+
long lived	+	+	+	+	+	+
has broad leaves	+	+	+	+	−	+

이 분석을 보면 소나무와 야자나무를 나머지 나무와 구분해 주는 의미자질은 이들이 넓은 잎을 가지고 있지 않다는 것임을 알 수 있다. 물론, 식물학자는 각 나무의 변이형을 더 넓은 범위의 나무 집단으로부터 구분하는 다른 기준을 사용할지도 모른다. 그러나 대부분의 보통 사람은 나뭇잎이 1년에 한 번 떨어지는 활엽수와 떨어지지 않는 상록수로 구분한다.

의미론에서의 유표성

유표성은 의미 영역의 일부 구성원이 다른 구성원보다 더 일반적이거나 흔한 것을 말한다. 좀 더 흔한 의미 영역에 속하는 구성원은 덜 유표적인 것으로 간주된다. 특정한 의미 영역의 덜 흔하고 특이한 구성원은 더 유표적인 것으로 간주된다. 앞 절에서 tree란 단어를 처음 읽었을 때, 어떤 종류의 나무를 마음속에 떠올렸는가? 북아메리카 사람 대부분은 그림 6-1에 그려진 것과 유사한 나무를 마음속에 떠올릴 것이다.

유표성(markedness) 의미론과 관련해서 특정한 단어나 형태소가 다른 것보다 더 흔하거나 일반적이라는 개념이다.

이 나무가 북아메리카에서는 가장 흔하고 일반적인 나무이기 때문에, 이것이 tree의 가장 무표적인 의미라고 말할 수 있다. 북아메리카 사람들이 바늘처럼 가늘고 긴 나뭇잎을 가진 나무를 표시하고자 한다면, 좀 더 유표적이고 구체적인 용어인 pine tree 또는 palm tree와 같은 단어를 사용해야 할 것이다.

유표성은 특정한 언어의 화자가 세상을 어떻게 바라보는가에 대한 시각을 보여주기도 한다. 활엽수는 영국과 미국에서 가장 흔한 나무이므로 무표적 어휘인 tree로 지칭될 수 있다. 그러나 오스트레일리아 원주민인 티위 족에게는 오스트레일리아에서 볼 수 있는 사이프러스 소나무, 즉 오스트레일리아산 블루사이프러스가 가장 흔히 볼 수 있을 뿐 아니라 그들의 일상생활에서 가장 중요한 나무이기 때문에, 이 나무를 의미하는 단어인 karntirrikani가 tree를 나타내는 무표적인 어휘이다. 그뿐 아니라 plant라는 의미를 나타내는 무표적 어휘가 된다.

많은 미국인에게 slave란 단어는 그것이 아프리카계 흑인노예를 가리키는 경우 무표적이다. 노예가 다른 인종 출신일 때에는 Hebrew slave라든가 white slavery처럼 명시적으로 밝힌다. 또한 영어에는 남성에 대한 선입견이 있어서 가장 무표적이고 단순한 어휘가 남성이라는 의미속성을 가진다. 여성형을 나타내기 위해서는 단어의 모양을 바꾸어야 한다. 다음을 보자.

남성	**여성**
lion	lioness
prince	princess
actor	actress
poet	poetess
god	goddess
hero	heroine

그림 6-1 일반적 나무

이런 나무가 북아메리카에서는 가장 흔하고 일반적인 유형이다.

연습문제 3 : 유표성과 성

1. 유표성은 세상을 어떻게 인식하는가를 보여 준다. 자신의 문화적 경험을 생각해 보라. 아래 나열된 영어 어휘가 지칭하는 사람은 각 문화권에서 일반적으로 남성인가 여성인가? 또 시간이 흐르면서 이 중 일부의 성이 남성에서 여성으로, 또는 여성에서 남성으로 바뀔 것으로 생각하는가?

   a. 의사 ______________________

   b. 간호사 ______________________

   c. 유치원 교사 ______________________

   d. 교수(professor) ______________________

   e. 변호사 ______________________

   f. 비서 ______________________

   g. 최고경영자 ______________________

   h. 건설업자 ______________________

   i. 농부 ______________________

   j. 소방관 ______________________

2. 이 어휘들의 여성형을 나타내기 위해서는 어떻게 바꾸어야 하는가?

   ____

   ____

동일한 의미 영역에서의 유표성

동일한 의미 영역에서 유표성을 표시하는 방법은 가장 무표적인 것을 위에 배치하고 더 유표적인 것을 아래쪽에 배치하는 것이다. 이런 도표를 이용하면 용어 사이의 다양한 차이점을 포함할 수 있다. 예를 들어, 나무라는 영역에서 보면 넓은 잎이 있는 나무, 바늘 모양의 잎이 있는 나무, 양치류의 나무가 있다. 그뿐만 아니라 과일나무도 있고 꽃나무도 있으며, 갈색 껍질의 나무와 흰색 껍질의 나무도 있다. 치료에 쓰이는 물질을 가진 나무도 있고, (고로쇠나무처럼) 다른 재료로 사용되는 나무도 있다. 게다가 학자들은 이런 나무들을 종과 하위 종으로 분류할 수 있다. 그림 6-2의 도표를 살펴보면, 위에서 아래로 내려갈수록 용어가 더 유표적이 되는 것을 알 수 있다. 가장 유표적인 용어는 학술적 명칭으로 하나의 종이나 하위 종만을 가리킨다.

동일한 의미 영역에서의 유표성 : 또 다른 예

색채 영역에서 가장 일반적이고 가장 무표적인 색은 검은색, 흰색, 주요 삼원색(빨강, 파랑, 노랑)이다. 그러나 녹색, 주황색, 보라색과 같은 이차색도 있다. 또 이 이차색에도 담청색, 연청록색, 진분홍색처럼 더 섬세한 색상 차이가 있다. 좀 더 구체적인 용어들은 더 유표적인 용어이다. 그림 6-3에서 보듯이 색채 영역을 하나의 도표로 생각할 수 있다.

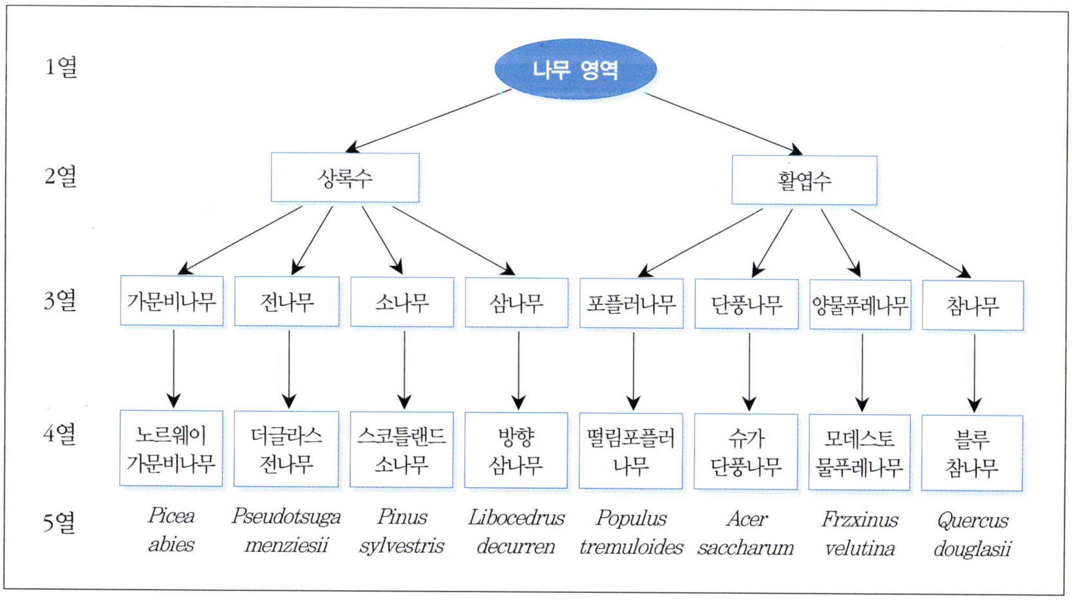

그림 6-2 나무 영역

이 분류표는 모든 나무를 다룬 것은 아니다. 예를 들어, 여기서 제시된 것보다 훨씬 더 많은 상록수와 활엽수 종류가 있고, 3열에 제시된 종 아래에는 훨씬 더 많은 하위 종이 있을 수 있다.

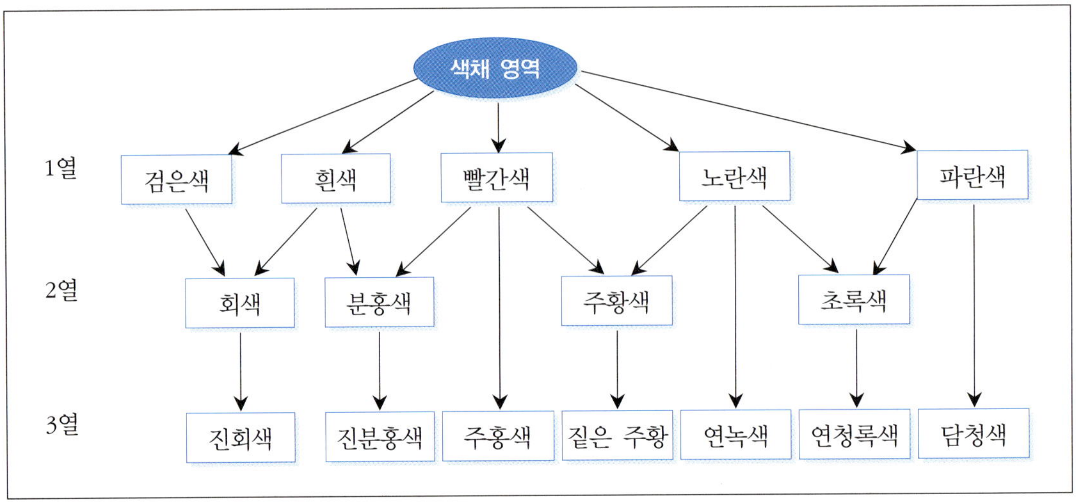

그림 6-3 색채의 의미 영역

1열의 단어들은 가장 무표적이고 일반적이며 흔하다. 2열의 단어들은 좀 더 유표적이고 더 구체적이며 덜 일반적이다. 3열의 단어들은 가장 유표적이고 가장 구체적이며 가장 보기 드문 것이다.

연습문제 4 : 의미 영역

1. 애완견이라는 의미 영역에 어떤 단어들을 포함시킬 것인가?

   a. 어떤 단어가 가장 무표적인가?

   b. 어떤 단어가 가장 유표적인가?

   c. 그림 6-2와 그림 6-3처럼 애완견의 의미 영역을 보여 주는 도표를 그려라.

2. 새라는 의미 영역에 어떤 단어를 포함시킬 것인가?

a. 어떤 단어가 가장 무표적인가?

____

b. 어떤 단어가 가장 유표적인가?

____

c. 그림 6-2와 그림 6-3처럼 새의 의미 영역을 보여 주는 도표를 그려라.

3. 음식이라는 영역에 어떤 단어를 포함시킬 것인가?

____

a. 어떤 단어가 가장 무표적인가?

____

b. 어떤 단어가 가장 유표적인가?

____

c. 그림 6-2와 그림 6-3처럼 음식의 의미 영역을 보여 주는 도표를 그려라.

-nym으로 끝나는 영어 어휘

의미나 소리가 서로 비슷한 단어가 많이 있다. 이러한 단어들은 하위어(hyponyms), 유의어(synonyms), 동음이의어(homonyms), 반의어(antonyms)이다.

하위어

먼저 의미 영역의 같은 항에 속하기 때문에 유사한 의미를 지닌 단어를 살펴보자. 예를 들어, 그림 6-3의 분홍, 주홍, 주황, 진분홍, 짙은 주황은 모두 빨간색에서 파생된 유표적이고 구체적인 색상 용어이다. 사실 빨간색이라는 색채 영역에 초점을 맞춘다면, 빨간색이 가지는 다양한 색조와 색감의 차이를 나타내는 이름을 붙일 수 있다(페인트 상점의 여러 가지 도료에 붙인 이름의 다양성과 독창성을 생각해 보라.). 빨간색의 영역에 포함되는 다양한 색채에 붙인 이름들은 여러 가지 의미자질을 공유한다. 이 단어들은 빨간색이라는 색채용어의 하위 분류를 구성하기 때문에 빨간색의 **하위어**(hyponyms)라고 부른다. 마찬가지로, maple, birch, pine 등은 tree의 하위어이다.

하위어(hyponyms) 좀 더 일반적인 단어의 하위 분류를 구성하는 특정한 단어를 말한다.

연습문제 5 : 하위어

1. 세단, 쿠페, 해치백, 컨버터블, SUV, 미니밴은 모두 ______________ 의 하위어이다.
2. 데이지, 앵초, 카네이션, 장미, 민들레는 모두 ______________ 의 하위어이다.
3. 망치, 드라이버, 드릴, 집게는 모두 ______________ 의 하위어이다.
4. 가전 제품의 하위어를 나열하여라. ______________
5. 과일의 하위어를 나열하여라. ______________
6. 가구의 하위어를 나열하여라. ______________

유의어

동일한 의미 속성을 공유함으로써 뜻이 비슷한 단어들을 **유의어**(synonyms)라고 부른다. 유의어는 소리는 다르지만, 의미는 같다. 읽거나 들은 문장을 다른 말로 바꾸어 말할 때 원래의 단어 대신에 유의어를 사용한다. 이렇게 유의어를 사용하여 문장을 다시 말하거나 쓰는 것을 **바꿔 말하기**(paraphrase)라고 한다. 영어에는 유의어가 너무 많기 때문에 화자는 자신이 의도하는 뜻과 가장 잘 맞는 단어를 골라 써야 한다. 다음 문장에서 괄호 안의 단어들은 유의어이다. 특정 단어를 선택함으로써 문장의 의미가 어떻게 바뀌는지 생각해 보자. 화자가 특정한 다른 단어를 선택할 때 어떤 영향을 주는가?

유의어(synonyms) 유사한 의미를 지닌 단어들로, 동일한 의미 속성을 가진다.

바꿔 말하기(paraphrase) 원래의 단어를 대신해서 동의어를 사용하여 문장을 다시 쓰는 것을 말한다.

A (woman or lady) always carries a (purse or pocketbook) with her.

단어 woman과 lady는 아래에서 알 수 있듯이 동일한 의미자질을 가진다.

	Woman	**Lady**
[adult]	+	+
[female]	+	+
[human]	+	+

이들은 동일한 지시물을 가질 수도 있다. 어른이고, 여성이며, 인간인 것은 때로는 woman으로, 또는 lady로 언급될 수도 있다. 이 유의어들은 동일한 **지시**(denotation)를 가진다. 사전에 실린 첫 번째 정의는 같을 것이다.

지시(denotation) 단어나 형태소의 지시적 의미로, 종종 사전에 제시된 첫 번째 의미이다.

함축(connotation) 단어나 형태소가 가지는 미묘한 의미 차이를 말한다.

그러나 이들의 **함축**(connotations)적 의미는 다르다. 즉, 각 단어는 미묘한 의미 차이가 있다. 다음에서 알 수 있듯이 각각의 단어를 사용하는 문맥이 다르다.

She is a real lady.

She is a real woman.

이 두 문장은 아주 다른 의미가 있다. 첫 번째 문장은 그 지시물이 공손하고, 친절하며, 아마도 우아하고 품위 있을 것임을 말한다. 두 번째 문장은 그녀가 완강하고 단호하다는 것을 암시하며, 또한 성적인 의미를 나타낼지도 모른다.

purse와 pocketbook이라는 단어도 같은 물건, 즉 같은 지시물을 뜻하기 때문에 동일한 지시적 의미가 있다고 말할 수 있다. 이 유의어 사이에서 차이점은 화자가 미국의 어느 지역 출신인가이다. 서부에서 purse라고 불리는 물건이 동부에서는 pocketbook이라고 불린다. 전국을 대상으로 하는 판매점에서는 이런 지역적 차이를 나타내는 용어 대신에 handbag이라는 용어를 사용한다.

사람들이 여러 가지 동의어 중 어느 특정한 하나를 선택하는 또 다른 이유는 공식성의 정도를 나타내기 위해서이다(이에 대해서는 제7장에서 다룬 '상황적 방언'을 참조하여라.). 미국 사우스다코타 주의 원주민인 라코타 슈 족은 '느린 말투'를 구분하는데, 아주 느린 말투, 보통 느린 말투, 빠른 말투 등으로 구분한다. 느린 말투에서는 담배라는 말이 /zintkalatxačanli ičahiyə/인데, 이 말은 문자적으로 아까시나무 위에 앉은 작은 새를 의미하지만, 의도된 의미는 담배를 피우기 전에 담배와 뒤섞은 식물을 의미한다. 담배를 의미하는 빠른 말투의 동의어는 /kʌnšaša/인데, 이 말의 문자적 의미는 '버드나무'이다.[1]

오스트레일리아 원주민인 티위 족은 그들의 의례와 관련된 금기사항을 지키기

1) Elizabeth S. Grobsmith, *Lakota of the Rosebud: A Contemporary Ethnography* (Belmont, CA: Wadsworth: Thomson Learning, 2001), 93.

위해 많은 동의어가 필요하다. 가까운 친척이 죽으면 1년 동안의 애도 기간에 죽은 사람의 이름이나 이름과 소리가 비슷한 단어를 언급하는 것이 금기사항이다. 따라서 금기어 대신 사용할 수 있는 다양한 동의어가 필요하다. 예를 들어, '꽃'이란 단어를 말하고 싶으면 두 가지 선택, 즉 yilokwari나 wurrinigari 중 하나를 고를 수 있다. 그들은 이 중 죽은 친척의 이름과 덜 유사하게 들리는 단어를 선택한다. 또 거북이 알을 언급해야 할 경우가 생기면 karaka나 pajipajuwu 중 하나를 선택한다. 치료 목적으로 섭취하는 어떤 벌레를 언급하기 위해서는 mwarini나 yuwurli 중 하나를 선택한다. 그들은 섬세한 의미 차이를 표현하기 위해서 동의어 중 어느 하나를 선택하는 것이 아니라, 죽은 친척의 이름과 같게 들리는가 아니면 다르게 들리가를 기준으로 동의어를 선택한다.[2)]

연습문제 6 : 유의어

각 괄호의 유의어 사이의 차이점을 설명하여라. 각 단어의 함축적 의미는 무엇인가? 어떤 이유로 이 중 하나를 선택하는가?

1. A (student or pupil) might (carry or tote) books in a (backpack, knapsack, or day pack).
   a. Student ____________________
   b. Pupil ____________________
   c. Carry ____________________
   d. Tote ____________________
   e. Backpack ____________________
   f. Knapsack ____________________
   g. Day pack ____________________

2. The (child or kid) (slept or napped) (deeply or soundly) on the (bed or cot).
   a. Child ____________________
   b. Kid ____________________
   c. Slept ____________________
   d. Napped ____________________

2) Teresa A. Ward, *Towards an Understanding of the Tiwi Language/Culture Context: A Handbook for Non-Tiwi Teachers* (Nguiu Bathurst Island, Australia: Nguiu Nginingawila Literature Production Centre, 1990), 26.

e. Deeply ______________________

f. Soundly ______________________

g. Bed ______________________

h. Cot ______________________

동음이의어

유의어와 달리, **동음이의어**(homonyms, homophones)는 발음은 같지만 의미가 다른 것이다. to, too, two 모두 발음은 같지만 각각은 완전히 다른 뜻을 가진다. tale과 tail, but과 butt, flower와 flour도 동음이의어의 예이다. 펀(pun)이라고 부르는 재담은 다른 뜻이 있지만 발음이 비슷한 단어들을 사용한 우스갯소리이다. 수수께끼를 생각해 보자.

동음이의어(homonyms, homophones) 동일한 음을 가진 단어이다.

What's black and white and /rɛd/ all over?

An embarrassed zebra! (Not a newspaper!)

정답은 /rɛd/를 read가 아닌 red로 이해하는 데 있다.

다의어(polysemy)는 두 가지 이상의 의미를 지닌 단어이다. school이라는 단어는 '배움을 위한 시설' 또는 '물고기떼'라는 두 가지 의미가 있다. 이것은 펀을 이용한 유머의 기준이다.

다의어(polysemy) 하나 이상의 의미를 지닌 단어이다.

Fish are really smart. They always are found in schools.

다의어와 동음이의어는 종종 같은 단어에서 나타나는 다른 의미에 바탕을 둔 농담의 기초가 된다. 또한 어휘의 중의성 때문에 오해의 원인이 되기도 한다.

일본 사람들은 4가 불행을 초래하는 숫자라고 생각한다. 일본어에서 /ši/는 숫자 '4'을 의미하기도 하고 '죽음'을 의미하기도 하는 동음이의어이다. 중국에서는 설날에 오렌지를 주는 풍습이 있는데, 광둥어에서 오렌지를 뜻하는 단어인 /kam/이 황금을 뜻하는 단어와 동음이의어이기 때문이다. 즉, 이들은 똑같이 발음된다.

연습문제 7 : 동음이의어

1. 동음이의어 짝을 써라.

   a. ______________________

b. ______________________

c. ______________________

d. ______________________

2. 동음이의어를 이용해서 펀을 만들어라.

____

____

3. 동음이의어가 다의어와 어떻게 다른지 설명하여라.

____

____

반의어

반의어(antonyms) 하나 이상의 의미속성이 정반대인 단어이다.

상보적 쌍(complementary pairs) 영어의 male/female처럼 이분지 관계가 있는 반의어이다.

계층적 쌍(gradable pairs) big/little처럼 서로 관련된 단어의 더 큰 집합을 구성하는 반의어로, 하나는 정도가 더 큰 것이라면 다른 하나는 정도가 더 적은 것이라고 할 수 있다.

반대의 뜻을 가진 단어들을 **반의어**(antonyms)라고 한다. 반의어는 동일한 의미자질을 많이 공유하지만 적어도 그중 한 가지는 반대이다. 반의어는 크게 세 가지로 나뉜다.

상보적 쌍(complementary pairs)은 male/female과 같이 중간 영역이 없이 이분지 관계가 있는 반의어이다. male이라는 단어는 '여성이 아닌'으로 정의할 수 있고, female은 '남성이 아닌'으로 정의될 수 있다. 마찬가지로 dead라는 단어도 '살아있지 않은'으로, alive란 단어는 '죽지 않은'으로 정의할 수 있다. 또한 asleep/awake, present/absent, animal/plant도 상보적 반의어이다. conscious/unconscious와 같은 상보적 반의어는 접두사 un-을 사용하여 만들 수 있는 영어의 반의어이다. 상보적 반의어를 만들 수 있는 다른 접두사로는 non-과 in-이 있다.

old의 반대는 young이다. 그러나 young과 old는 화자의 관점에서 상대적인 것이다. 아이의 입장에서 보면, 30세가 넘은 사람은 '늙었다'. 노인에게는 65세 이하의 사람은 '젊다'. 따라서 old/young은 **계층적 쌍**(gradable pair)이다. 사실 old는 less young을 뜻하고, young은 less old를 뜻한다. 두 단어 모두 사람이나 동물의 나이를 뜻하는 의미자질이 있다. 그러나 young은 이른 나이를 일컫는 것이고, old는 더 이후의 나이를 뜻한다. 얼마나 이른, 또는 얼마나 늦은 이라는 것은 발화의 문맥과 화자의 관점에 따라 결정된다. 계층적 반의어의 예는 다음과 같다.

big / little

high / low

fast / slow

계층적 반의어의 특징은 그것이 관련된 단어들의 더 큰 집단의 구성원이라는 점이다.

humongous–gigantic–huge–big–large–medium–little–small–tiny–miniscule

관계적 반의어(relational opposites)는 두 단어 사이의 대칭관계를 나타내는 반의어이다. parent/child의 단어쌍을 사용해 다음과 같이 말할 수 있다.

관계적 반의어(relational opposites) parent/child처럼 두 단어 사이의 대칭적 관계를 표현하는 반의어이다.

Brian is the parent of Kevin.

이 문장으로부터 다음과 같이 말할 수도 있다.

Kevin is the child of Brian.

또 teach/learn의 쌍에서 다음과 같이 말한다면,

John teaches the class.

다음과 같은 결론을 얻을 수 있다.

The class learns from John.

student/teacher, give/receive, doctor/patient는 모두 관계적 반의어이다. employer/employee는 영어의 관계적 반의어를 만들기 위해서 접미사 -er과 -ee를 사용하였다.

연습문제 8 : 반의어

1. 아래 반의어의 쌍은 상보적 반의어, 계층적 반의어, 관계적 반의어 중 어떤 것인지 써라.

   a. True / False ____________________

   b. Bright / Dark ____________________

   c. Over / Under ____________________

   d. Married / Single ____________________

   e. Doctor / Patient ____________________

   f. Stop / Go ____________________

   g. Tall / Short ____________________

   h. Buy / Sell ____________________

2. 다음 접두사를 사용하여 상보적 반의어의 쌍을 만들어라.

a. Un- ______________________

b. Non- ______________________

c. In- ______________________

3. 1번 문제에서 계층적 반의어로 선택한 반의어의 쌍을 찾아, 이것이 어떤 상위 집단에 속하는지 분석하여라.

4. 1번 문제에서 관계적 반의어로 선택한 반의어의 쌍을 찾아, 이것이 어떤 상위 집단에 속하는지 분석하여라.

____

____

____

5. 접미사 -er과 -ee를 사용하여 관계적 반의어를 만들고, 이를 이용해 문장을 만들어라.

____

____

____

다른 종류의 의미 : 구조의미론

구조의미론(structural semantics) 문장의 구조가 의미에 어떻게 기여하는가를 연구하는 분야이다.

지금까지 이 장에서는 가장 일반적이고 무표적인 뜻에서의 의미를 다루었다. 그러나 문장의 의미는 그것을 구성하는 단어들의 의미의 단순한 합 이상이다. **구조의미론**(structural semantics)은 문장의 구조가 어떻게 의미에 기여하는지에 대한 연구이다. 다음 두 문장의 의미를 생각해 보자.

1. The teacher taught the students.
2. The students taught the teacher.

두 문장은 정확히 같은 단어들로 이루어졌다. 첫 번째 문장에서는, the teacher가 주어이고 문장의 목적어인 the students를 가르치는 행동을 한다. 두 번째 문장에서 바뀐

것은 the teacher가 목적어이고 the students가 주어라는 것뿐이다. 그러나 구조 변화를 통해 이 문장의 의미는 완전히 바뀌어, 첫 번째 문장은 일상적인 일을 묘사하지만 두 번째 문장은 다소 특이한 상황을 묘사한다.

제5장에서 구조적 중의성을 다루면서, 문장에는 하나 이상의 의미가 있음을 보았다. 예로 주어진 중의적 문장 중에서, 형용사가 바로 뒤에 있는 명사만 수식하는 것인지 아니면 두 번째 명사까지도 수식하는 것인지가 분명하지 않았다. 이것은 형용사의 수식 범위에 대한 문제이다. 즉, 다음과 같은 문장에서

Chris has large dogs and cats

형용사 large의 수식 범위가 dogs만으로 제한되는지, 아니면 cats도 포함하는지가 분명하지 않다는 것이다.

중의성이 생기는 이유 중 하나는, 영어에서는 형용사가 명사 앞에 오고 따라서 형용사의 수식 범위가 그 다음에 오는 명사들에까지 확장되기 때문이다. 사실 일련의 형용사를 포함한 명사구가 있을 때, 각 형용사의 수식 범위는 형용사 앞에 나오는 명사를 제외하고 뒤에 나오는 모든 명사를 포함한다. 그러므로 영화 제목 My Big Fat Greek Wedding에서 각 형용사의 수식 범위는 뒤에 나오는 모든 단어이며, 이를 그림으로 나타내면 그림 6-4와 같다.

구조가 문장 내 단어의 의미에 영향을 주는 또 다른 방법은 문장 속에서 강조하려는 단어나 어구를 강조하는 초점 구문을 사용하는 것이다. 제2장의 초분절음 논의에서 피치의 차이가 영어 문장의 의미를 어떻게 바꾸는가를 살펴보았다. 피치는 청자의 관심을 특정 단어에 집중시킴으로써 문장의 의미에 영향을 준다. 반면, 미국 원주민 언어인 나바호어에서는 청자의 관심을 집중시키기 위해 억양을 사용하지 않는다. 대신에 일종의 결속형태소인 명사형 접사 -ga를 사용하여 특정 단어를 강조한다.

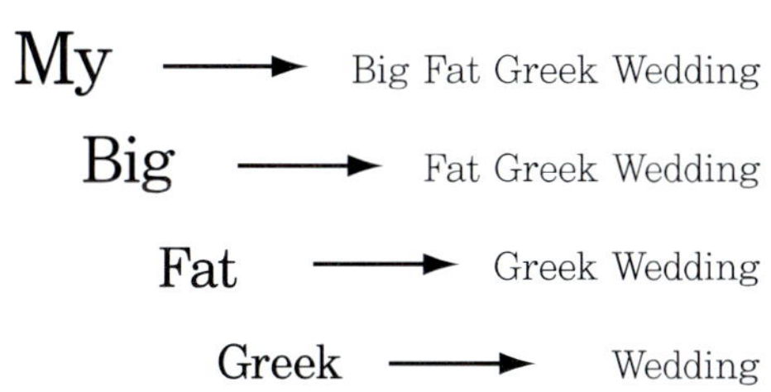

화살표의 오른쪽 단어는 왼쪽 형용사의 수식 범위를 나타낸다.

그림 6-4 형용사의 수식 범위

예를 들어, 영어에서는

My little brother lives in Tucson.

라고 끝을 내리는 억양을 사용함으로써, 문장은 동생이 어디에 사는가를 진술한다. 그러나 끝을 올리는 억양으로 바꿈으로써

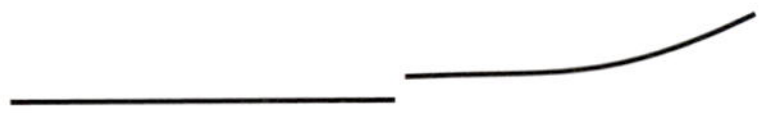

My little brother lives in Tucson.

투손에 사는 사람이 다른 사람이 아니라 바로 나의 동생임을 강조한다.

나바호어에서는 첫 번째 영어 문장과 같은 취지로 말하기 위해 다음과 같이 말한다.

sitsilí	hoozdohdi	bighan
little.brother	Tucson	third-person lives

그리고 두 번째 영어 문장과 같은 의미를 나타내려면, 나바호어에서는 다음과 같이 조사에 -ga를 덧붙인다.

sitsilí-gá	hoozdohdi	bighan
little.brother	Tucson	third-person lives

접사 -ga는 나바호어 청자가 brother에 주의를 집중하도록 함으로써 영어에서 억양이 담당하는 것과 같은 기능을 한다.[3] 위에서 살펴본 것처럼 영어의 억양과 나바호어의 접사는 문장의 중요한 부분에 청자의 주의를 집중하게 해 주는 두 가지 방식이라 하겠다.

의미 가지고 놀기

많은 경우, 가장 흥미로운 어법은 예기치 못한 방식으로 단어를 조합하여 사용하는 것이다. 작가, 시인, 코미디언, 재담가는 종종 앞에서 사용했던 예문, 즉 the students taught the teacher와 같이 뜻밖의 의미가 있는 문장을 사용한다. 문장의 구조를 바꿈

3) Joyce McDonough, "The Prosody of Interrogative and Focus Constructions in Navajo" (Rochester, NY: Department of Linguistics and Center for the Language Sciences, University of Rochester: 2002), http://urresearch.rochester.edu/fileDownloadForInstitutionalItem.action?itemId=1281&itemFileId=1531.

으로써 재미있는 언어 효과를 만들어 내는 몇 가지 방법은 다음과 같다.

모순(contradictions)은 발화의 의미자질이 다른 의미자질과 어울리지 않을 때 발생한다. 다음의 예를 보자.

모순(contradictions) 한 단어의 의미속성이 예기치 않게 다른 단어의 의미속성과 일치하지 않는 발화를 말한다.

My husband is a man.

My husband is a child.

존재를 나타내는 동사 is의 앞뒤에 오는 명사는 의미자질이 같을 것으로 기대된다. 그런데 영어에서 husband라는 개념은 'adult+'라는 의미자질을 포함하지만, child라는 개념은 'adult−'라는 의미자질을 포함하기 때문에 이 문장은 모순이다. 아프리카의 음부티 피그미 족과 같이 어떤 문화에서는 아이들이 (비록 명목뿐이긴 하지만) 결혼하는 것이 일반적이다. 이런 문화에서 두 번째 문장은 모순이 아닐 수도 있다. 그러나 미국 문화에서는 결혼한 남자가 아이일 수는 없다. 두 번째 문장은 **변칙 발화**(anomalous utterance)로서, 관련된 단어의 의미속성이 서로 맞지 않는 문장이다. 영어를 사용하는 여성 화자가 My husband is a child라고 말한다면 그 화자는 말장난을 하고 있는 것이다. 변칙 발화를 사용함으로써 화자는 남편에 대한 자신의 느낌을 말하는 것이다.

변칙 발화(anomalous utterances) 의미속성이 일치하지 않는 단어를 포함하는 발화를 말한다.

변칙 발화의 또 다른 예는 다음과 같다.

My car is hyngry.

My toothbrush is pregnant.

이 문장들에서 의미속성은 서로 맞지 않는다. 자동차와 칫솔은 무생물인데, 배고품과 임신은 살아있는 것만이 가지는 생물학적 과정이기 때문이다.

그러나 어떤 변칙 발화는 문화적으로 특수한 상징적 의미를 지니기도 한다. 예를 들어, 흔한 표현 방법은 아니지만 대부분의 영어 사용자는 'my car is hungry'라는 말을 통해 자동차에 휘발유가 필요하다는 의미로 사용한다. 변칙 발화가 이런 방식으로 사용될 때, 그것을 **은유**(metaphors)라고 한다. 은유는 상징적으로 유사하지 않은 두 가지 사물이 유사한 것으로 여겨지는 것이다. 앞 문장에서, 자동차를 암묵적으로 살아 있는 생물체에 비유하였고, 휘발유가 필요한 것을 음식이 필요한 것에 비유하였다. 미국인들은 휘발유를 많이 사용하는 자동차에 대해 'gas-guzzler'라는 어휘를 사용하는데, 이것은 자동차가 휘발유를 필요로 하는 것을 마치 생명체가 물을 필요로 하는 것으로 비유하는 것이다.

은유(metaphors) 서로 다른 어휘 항목이 상징적으로 유사하게 간주되는 변칙 발화를 말한다.

미국 애리조나 주의 웨스턴 아파치어는 신체의 일부와 자동차의 일부에 동일한 어휘를 사용함으로써 해부학적 은유를 확장하여 사용한다. 그래서 웨스턴 아파치어에서 연료관의 뚜껑을 뜻하는 단어는 입을 뜻하는 단어와 같고, 연료통을 뜻하는 단어는 배를 뜻하는 단어와 같다. 웨스턴 아파치 족은 이 문장을 이해하는 데 아무런 어려움이 없을 것이다.[4)]

시인과 작가는 묘사를 향상하기 위해 은유를 광범위하게 사용한다. 시인이 꽃이나 다른 자연 현상을 다음과 같이 사랑하는 사람에 비유하는 것은 매우 흔한 일이다.

You are my sunshine.

My love is a red rose.

1960년대의 반전운동 시기에 뉴스매체에서는 전쟁을 지지하는 입법자를 '매파'라고 불렀고, 전쟁에 반대하는 사람을 '비둘기파'라고 하였다. 매는 공격적이고 육식성이기 때문에 전쟁을 상징하는 것으로 사용되었고, 비둘기는 수동적이고 채식성이기 때문에 평화와 사랑을 상징하는 것으로 사용되었다.

모순어법(oxymorons) 모순적인 단어을 연결한 어구를 말한다.

모순어법(oxymorons)은 다음 예에서 보듯이, 모순된 단어들로 구성된 구절이다.

Sweet sorrow.

Thunderous silence.

Sedentary activity.

시인과 작가는 종종 특별한 효과를 얻고 감정을 불러일으키기 위해서 모순어법을 사용한다.

숙어(idioms) 발화의 부분적 의미와 전체 의미 사이에 모순이 있는 발화를 말한다.

숙어(idioms)는 발화를 구성하는 부분의 의미와 발화 전체의 의미 사이에 모순이 있는 발화이다. sweetheart라는 단어를 구성하는 두 단어를 살펴보자. sweet은 음식의 달콤한 맛이고, heart는 혈액을 펌프질하는 근육인 신체의 한 기관이다. 그러나 이 두 단어가 결합하면, sweetheart의 형태소가 개별적으로 의미하는 것과는 아무 상관없는 '사랑하는 사람'이란 뜻이 된다. 숙어는 제2외국어를 배우는 사람이나 다른 방언을 쓰는 사람에게 어려울 수 있다. 미국 영어의 흔한 숙어 표현을 보자.

To kick the bucket.

To buy the farm.

To bite the big one.

4) Keith H. Basso, *Western Apache Language and Culture: Essays in Linguistic Anthropology* (Tucson: The University of Arizona Press, 1990), 2-24.

글상자 6-1 숙어의 문화 간 오해

합법적이지 못한 성관계를 나타내기 위해 사용하는 숙어들을 보자.

A roll in the hay
Going all the way

인종식물학자인 마크 플로트킨(Mark Plotkin)은 우연히 남아메리카의 수리남에 사는 티리오 족의 언어에서 사용되는 숙어적 표현의 의미를 알게 되었다. 그는 식물의 의학적 용법을 연구하던 중 이것을 발견하게 되어 다음과 같이 기록하였다.

> "… 나는 식물을 채집하러 키퀘의 할머니와 함께 숲으로 들어가도 되는지를 추장에게 물었다. 이 할머니는 아주 나이가 많은 꼬부랑 할머니로 마을의 어떤 여자보다도 약용 식물에 대해 더 잘 알고 있을 것 같았기 때문이다. 충격을 받은 듯 침묵이 계속되었고, 추장은 나의 요청에 겁을 먹은 것 같았다. 내가 뭘 잘못했나? 나의 안내인은 나에게 몸을 숙이더니, 내가 지금 추장에게 그 할머니와 성관계를 가질 수 있도록 허락을 요청한 것이라고 점잖게 설명했다. 대부분의 집이 벽이 없는 문화에서는 모든 비합법적인 짝짓기는 정글에서 이루어지고 있었던 것이다. 누군가에게 청혼을 하기 위해서는 숲 속에서 만나자고 말하는 것이다. 나는 거의 웃음을 터뜨릴 뻔하였다. 내가 이도 다 빠지고, 주름이 쭈글쭈글한 노파와 숲 속에 함께 있을 경우 미덥지 못한 사람으로 받아들여지고 있다는 생각이 들었기 때문이다. 물론 그 할머니는 나름대로 아주 매력적인 사람이었지만, 외로움에 찌든 인종식물학자의 열정을 불러일으킬 수 있는 그런 사람은 아니었다."*

source : Mark J. Plotkin, *Tales of a Shaman's Apprentice* (New York: Penguin Books, 1993), 104-105.

To sleep with the fishes.

각 단어의 의미자질을 분석해도 이 구절들이 모두 to die라는 동일한 의미를 지닌다는 사실을 알 방법이 없다(글상자 6-1 참조).

연습문제 9 : 은유

1. 다음 은유적 표현의 의미를 설명하여라. 서로 다른 어떤 것들이 비유되고 있는가?
   a. "Two roads diverged in a yellow wood, and I
   I took the one less traveled by." — Robert Frost

   ____

   ____

b. "But always at my back I hear Time's wing'd chariot hurrying near."

— Andrew Marvell

c. "The Lord is my shepherd, I shall not want." — Psalm 23

d. "She is the rose, the glory of the day." — Edmund Spenser

e. "O western orb sailing the heaven." — Walt Whitman

2. 다음 미국식 숙어 표현의 의미를 설명하여라.

a. To pay through the nose

b. To hit the hay

c. To leave someone high and dry

d. To stick your neck out for someone

e. To face the music

f. To bury the hatchet

3. 스포츠 용어를 이용한 숙어 표현을 5개 열거하고, 무슨 뜻인지 설명하여라.

a.

b.

c.

d.

e.

4. 군사 용어를 활용한 숙어 표현을 5개 열거하고, 무슨 뜻인지 설명하여라.

a.

b.

c.

d.

e.

5. 음악, 정치, 또는 각자 원하는 분야의 용어를 활용한 숙어 표현을 5개 열거하고, 무슨 뜻인지 설명하여라.

a.

b.

c.

____

d. ______________________________

____

e. ______________________________

____

화용론

화용론(pragmatics) 문맥이 의미에 끼치는 영향을 연구하는 분야이다.

지금까지 단어의 의미와 조합 자체에 대해서 논의하였다. 그러나 때때로 단어의 의미는 전적으로 그것이 사용되는 문맥에 달려 있음을 보았다. **화용론**(pragmatics)은 문맥이 의미에 끼치는 영향을 연구하는 학문이다. 사실 이름에서도 알 수 있듯이 화용론은 언어의 실질적 사용에 대한 것이다. 화용론은 사람이 사회적 의미를 통해 자신의 정체성을 확립하기 위해, 감정적 의미를 통해 자신의 감정을 표현하기 위해, 수행문으로 발화 행위를 하기 위해, 다른 사람과의 대화를 수행하기 위해 언어를 어떻게 사용하는가를 연구하는 것도 포함한다.

사회적 의미

사회적 의미(social meaning) 발화에 내포된 화자의 사회적 신분에 대한 정보를 말한다.

발화의 **사회적 의미**(social meaning)는 화자의 사회적 정체성에 대해 말한다. 사실 사회적 의미는 지시물보다는 화자에 대해서 더 많은 정보를 제공한다. 다음의 문장을 보자.

1. Y'all come back now, hear!
2. Hey, man! Can ya dig this?
3. I ain't gonna do nothin'.
4. Like, for sure, that's totally awesome!
5. Let's take this offline.

이 문장들에 지시적 의미가 있지만, 청자에게 화자의 출신 지역, 사회 계층, 또는 교육 수준에 대한 정보도 알려 주기 때문에 사회적 의미도 있다. 첫 번째 문장은 화자가 미국 남부 출신이라는 것을 알려 준다. 두 번째 문장은 화자가 1950년대 비트족에 속하는 재즈 음악가이거나 1960년대 히피족임을 암시한다. 세 번째 문장은 교육받지 못한 사람을, 네 번째 문장은 1980년대의 10대 밸리걸[5]을 의미한다. 다섯 번째 문장은 소위 'Geek Speak'라 불리는 유행의 예로서, 최신 제품에 대해 이야기하는 것을 의미하며 화자가 컴퓨터업계에 있음을 암시한다.

사람들은 대화 맥락에 따라 자신에 대한 올바른 인상을 주기 위한 목적으로 화법을 바꿀 때 종종 의도적으로 언어의 사회적 의미를 고려한다. 이것을 **코드전환**(code switching)이라고 한다. 많은 아프리카계 미국인은 자신의 공동체 밖에서 사업을 수행할 때 종종 표준 미국 영어(Standard American English)를 사용하지만, 자신의 공동체 안에서 동료와 이야기할 때는 연대감을 나타내기 위해 미국 흑인 영어(African American English)를 사용한다. 좀 더 우아하고 교양 있는 발음을 하려는 미국인은 영국식 방언을 사용한다. 반면에, 권위가 있는 지위의 교육을 받은 사람이 요청을 거절할 때는 다음과 같은 노동자층의 말씨를 사용하기도 한다.

코드전환(code switching) 특정한 발화 방식에서 다른 방식으로 의도적으로 전환하는 것을 말한다.

Ain't gonna happen

이렇게 함으로써 자신도 보통의 일반인이라는 것을 보일 수 있기 때문이다.

감정적 의미

발화의 **감정적 의미**(affective meaning)는 화자의 감정을 전달한다. 화자는 유의어를 사용하여 자신의 감정적 반응을 전달하면서 상황을 묘사할 수 있다. 다음 문장들은 대략 동일한 지시적 의미가 있지만, 감정적 의미는 다르다.

감정적 의미(affective meaning) 화자의 감정을 전달한다.

1. The movie we saw was 125 minutes long.
2. We sat through a movie that was more than two hours long.
3. The movie seemed to be over in a flash even though it was actually more than two hours long.

첫 번째 문장은 중립적인 방법으로 영화의 길이를 강조하는 진술이다. 두 번째 문장은 영화의 길이에 대해서 화자가 지겹고, 지치고, 또는 어떻게 보면 재미있지 않았음을 나타낸다. 세 번째 문장은 화자가 영화를 매우 재미있게 보았음을 전달한다.

다음의 문장을 보자.

1. Person A killed person B.
2. The vicious murderer aimed his gun and shot the innocent victim.
3. The hero triumphed over the villan.

5) [역주] 미국 캘리포니아 주 헐리우드 근처에 사는 부유한 소녀를 의미하는 단어에서 차츰 그 의미가 넓어져서 1980년대에 영어를 사용하는 부유층 소녀를 의미하게 되었다.

이 문장들에서, 사실에 대한 진술은 더 많은 정보를 제공하고, 사건에 대한 화자의 태도를 표현하기 위해 다른 식으로 진술되고 있다. 대중매체, 특히 타블로이드 신문은 기사에 대한 독자의 태도에 영향을 주기 위해 두 번째와 세 번째 같은 문장을 사용한다.

연습문제 10 : 다른 의미들

1. 다음 발화의 사회적 의미를 설명하여라.
   a. Howdy, Ma'am!

   ____

   b. And like this guy, like he's so like cute.

   ____

   c. Way cool!

   ____

   d. Chill out, dude.

   ____

   e. In my day, we didn't do things like that.

   ____

   f. So, he walks into the cube farm and tells me that I am uninstalled.

   ____

2. 지시적 의미는 같지만 감정적 의미가 다른 문장을 세 쌍씩 쓰고, 이들의 감정적 의미의 차이점을 설명하여라.
   a. ______________________________

   ____

   b. ______________________________

   ____

   c. ______________________________

   ____

3. 다음에 주어진 영어 농담에서 2개의 긍정적 어휘가 부정적 의미를 어떻게 만드는지를 설명하여라. 감정적 의미, 사회적 의미, 비언어적 소통, 화용론, 구조적 의미 등의 개념을 활용하여 설명하여라.

In his English class, Professor Follett was lecturing to his students about grammar. He stated that a double negative really meant a positive. He went on to say, however, that a double positive never means a negative, to which a student in the back of the room muttered, "Yea, right." (http://uk.answers.yahoo.com/question/index?qid=20090624093915AALZkeQ)

화행

지금까지 이 장에서 다룬 모든 문장과 어구에는 그것에 포함된 단어들이 화자나 단어의 지시물에 대한 정보를 전달하기 때문에 의미가 있다. 그것들은 기술적 정보를 전달하기 때문에 기술적 문장이라 할 수 있다.

그러나 다른 문장은 사실 다른 어떤 일을 수행하는데, 이를 **화행**(speech acts)이라고 한다. 화자는 문장을 발음하는 행위 자체로써 어떤 행동을 하는 것이다. 물론 행위가 일어나기 위해서는 문장이 올바른 문맥에서 올바른 사람에 의해서 발화되어야 한다.

화행(speech acts) 겁주기, 질문하기, 내기 걸기 등과 같이 발화에 의해 어떤 행위가 수행되는 것을 말한다.

I now pronounce you husband and wife.
I hereby sentence you to ten years in jail.
I bet you a hundred dollars.
I warn you to stay away from the edge of the cliff.
I quit.
I promise to do it.

이 **수행문**(performative sentences)은 정보를 전달할 뿐만 아니라, 올바른 문맥에서는 공표하고, 선고하고, 내기를 걸고, 경고하고, 그만두고, 약속하는 행위를 수행한다. 예를 들어, 판사가 재판 끝에 "I hereby sentence you to ten years in prison"이라고 말한다면, 이 판결이 뒤집히거나 수정되지 않는 한 피고인은 감옥에서 10년을 보내게 되는 것이다. 다음 예에서 보듯이, 수행문은 정보를 요청하는 행위를 수행하는 것일 수도 있다.

수행문(performative sentences) 화행이 이루어지도록 하는 발화를 말한다.

Are you ready?

I'm asking you if you are ready.

또는 수행문은 다음과 같이 명령의 행위를 수행하는 것일 수도 있다.

Do your homework!

I'm telling you to do your homework!

연습문제 11 : 수행문

다음의 행동을 수행할 수 있는 문장을 써라.

1. apologizing

   ____

2. firing

   ____

3. hiring

   ____

4. daring

   ____

5. challenging

   ____

6. promising

   ____

7. telling

   ____

8. requesting

   ____

담화 분석

담화 분석(discourse analysis) 담화 규칙을 발견하는 절차를 말한다.
담화(discourse) 일련의 연결된 발화로 대화, 이야기, 강의, 기타 소통 행위를 말한다.

담화 분석(discourse analysis)은 대화, 이야기, 강의, 또는 다른 의사소통 사건과 같은 일련의 연결된 발화, 즉 **담화**(discourse)를 지배하는 규칙을 찾아내는 과정이다.

영어 담화의 규칙 중 하나는 담화에서 이전에 언급되었는지에 따른 부정관사

a/an과 정관사 the 간에 선택을 하는 것이다. 예를 들어, 다음 문장에서 관사의 사용을 살펴보자.

> Once upon a time there was a princess, who was very sad. You see, when the princess was born, an evil witch cast a spell. The spell could only be broken by the evil witch, if the princess did as she was told.

이 짧은 이야기 안에는 **신정보**(new information)와 **구정보**(old information), 즉 **주어진 정보**(given information)가 있다. 신정보는 청자에게 처음으로 소개되는 정보라고 화자가 생각하는 정보이다. 신정보는 관사 a 또는 an으로 명시된다. princess, evil witch, spell이 처음으로 언급되었을 때, 이 단어들은 관사 a 또는 an의 뒤에 나왔다. 그러나 이 단어들이 두 번째로 언급되었을 때는 구정보로 간주되어 정관사 the의 뒤에 나온다.

신정보(new information) 청자에게 처음으로 전달된다고 화자가 믿는 정보를 말한다.

구정보(old information) 주어진 정보(given information)라고도 하며, 청자가 이미 알고 있다고 화자가 믿거나 전에 소개했다고 생각하는 정보를 말한다.

일상 대화와 같은 비공식적인 담화에서도 신정보와 구정보는 구분된다. 학급 친구와 다음의 대화를 나눈다고 생각해 보자.

You :	I went to a party Saturday night at midnight.
Classmate :	Why so late?
You :	I went to a movie first and then to the party.

party가 처음으로 언급되었을 때는 신정보이므로 부정관사 a가 사용된다. 그러나 party가 두 번째로 언급되었을 때는 이미 어떤 party에 대해 이야기하는지 청자도 알고 있을 것이므로 구정보가 되고, 따라서 정관사 the를 사용한다. 다음 문장으로 대화를 시작한다고 가정해 보자.

> I went to the party Saturday night at midnight.

정관사 the를 사용했다는 사실은 이미 어떤 party에 대해서 이야기하는지 청자도 알고 있다는 것을 가정하며, 따라서 그것은 구정보라는 점을 암시한다. 이런 가정이 틀렸다면 청자는 다음과 같이 물을 것이다.

> What party? I didn't know about a party!

영어 대명사도 담화의 규칙에 따라 사용된다. 대명사는 문맥에 따라 의미를 바꾸는, 즉 지시를 바꾸는 단어의 속성인 **직시어**(deixis) 중 하나이다. 대명사는 담화 규칙에 따라 의미를 바꾼다는 점에서 직시어이다. 다음 대화의 대명사를 보자.

직시어(deixis) 지시체가 바뀌는 단어로서, 문맥이나 화자에 따라 의미가 바뀐다.

Richard: I have a lot of work to do. Do you?

Ed: Yes, I do.

Richard: Does Phil have a lot to do?

Ed: Yes, he does.

Richard가 I라는 대명사를 사용할 때 그 단어는 'Richard'를 지시하지만, Ed라는 사람이 대명사 I를 사용하면 그것은 'Ed'를 지시한다. 반면에, Richard가 대명사 you를 'Ed'의 뜻으로 사용하고 대화가 계속되면, Ed 역시 'Richard'의 의미를 나타내기 위해 대명사 you를 사용할 수 있다. 또 두 사람 모두 'Phil'을 의미하기 위해 대명사 he를 사용할 수 있다. 사실 he는 남자, 소년, 수컷 동물 어느 것이든 뜻할 수 있다. 그래서 지시물을 명확히 하기 위해서, Phil이 담화에서 처음 언급되었을 때는 반드시 그의 이름을 사용해야 한다. 대명사는 오직 두 번째로 언급될 때 사용할 수 있는데, 이때는 지시물이 명확한 구정보이기 때문이다.

다른 단어도 장소와 관련된 직시어가 될 수 있다. 즉, this나 that, here나 there, go나 come 등은 모두 직시어이다. 영어는 이러한 짝과 같이 거리나 위치를 구분한다.

This house is brown, but that house is blue.

이 문장에서 this와 that의 사용은 화자가 파란색 집보다 갈색 집에 더 가까이 서 있다는 사실을 알려 준다. 화자가 파란색 집에 가까이 간다면, 이번에는 파란색 집이 this house로, 갈색 집이 that house로 지칭될 것이다.

I live here. I'm going on vacation there.

While on vacation here, I send postcards to my neighbors there.

Here와 there는 화자가 말을 하는 당시에 어디에 있느냐에 따라 의미가 바뀐다.

coming과 going은 둘 다 움직임을 가리킨다는 점에서 비슷한 의미자질이 있는 동사이다. 이들은 화자의 위치에 따라 달라진다. 만약 어떤 것이 화자를 향해 움직인다면 coming이 되고, 화자로부터 멀어진다면 going이 된다.

에스파냐어, 일본어, 한국어와 같은 언어는 '이것', '그것', '저것'을 구분하는 세 가지 지시 체계가 있다. 남부 알래스카의 미국 원주민인 틀링기트 족의 언어에서는 '바로 여기의 이것', '근처의 이것', '저곳의 그것', '저 멀리의 그것'을 구분하는 네 가지 지시 체계가 있다.[6)]

6) William O'Grady, John Archibald, Mark Aronoff, and Janie Rees-Miller, *Contemporary Linguistics: An Introduction,* 5th ed. (Boston and New York: Bedford/St. Martins, 2005), 230.

전제(presupposition)는 화자가 청자가 가지고 있다고 가정하는 지식이나 상황을 말한다. 전제는 발화를 유의미하게 하기 위해서 필요하다. 전제는 담화 안에서, 문맥으로 인해 발화가 어떻게 진술되는가, 그리고 발화를 위해 어떤 단어가 선택되는가에 영향을 준다. 만약 두 사람이 서로 아는 사람에 대해서 말한다면, 그들은 더 이상의 설명 없이 단지 그 친구의 이름만을 사용할 수 있다.

전제(presupposition) 청자의 지식이나 언어 상황에 대해 화자가 가진 일련의 가정으로, 발화를 유의미하게 하기 위해 미리 가정하는 지식을 말한다.

Allan told a great joke today at lunch.

그러나 어떤 사람이 Allan을 알지 못하는 사람에게 이야기한다면, 다음 문장에서 보듯이 그 이상의 설명이 필요하다.

Allan, a colleague of mine who has a great sense of humor, told a great joke at lunch today.

물론 이 설명 후에 Allan의 정체는 구정보가 되고, 이 대화에 이어지는 문장에서는 Allan이나 he로 써도 된다.

다음 문장에서 보듯이 전제는 때때로 암시되기도 한다.

Have you stopped smoking?

이 문장은 you라는 단어로 지시된 사람이 과거에 흡연을 했고 화자가 그 사실을 알고 있다는 사실을 전제로 한다. 더구나 이 문장은 you라는 단어로 언급된 사람이 계속 흡연했는지를 화자가 알지 못한다는 사실을 전제로 하고 있다.

반면에, 다음을 보자.

Have you tried smoking?

위 문장은 화자가 이야기하는 사람이 규칙적인 흡연가라고 생각하지 않는다는 점, 그리고 그 사람이 전에 흡연을 시도했는지를 모른다는 점을 전제한다.

전제, 직시, 구정보와 신정보의 구분은 담화의 맥락 속에서 발화를 이해하는 데 도움을 주는 여러 가지 개념 중 일부이다. 글상자 6-2의 '담화 표지'를 참조하여라.

인사법

인사법(greeting rituals)은 그것이 전달하는 정보는 전혀 중요하지 않지만, 사회적 기능이 중요한 특별한 종류의 담화이다. 요컨대, 인사법은 개인 간의 사회적 유대를 형성해 주는 역할을 하는 언어 행동이다. 인사에 사용되는 단어는 문화마다 다양하지만,

인사법(greeting rituals) 특별한 종류의 담화로서, 그것이 전달하는 정보 자체로는 중요하지 않지만 사회적 기능을 위해서는 매우 중요하다.

글상자 6-2 담화 표지

담화 표지는 문장의 문법적 구성 요소는 아니지만, 화자가 대화 순서에서 자신의 차례를 시작하거나 자신의 태도를 나타낼 때 사용하는 요소이다. 흔한 담화 표지로는 oh, well, now, then, you know 등이 있다. 그러나 화자의 나이, 성, 교육, 지역에 따라 다양한 담화 표지가 사용될 수 있다.

- 미국의 10대 소녀는 종종 like로 대화를 시작한다.
  "Like this is so embarrassing."
  "Like they're staring right at us."[7)]

- 미국 공영라디오방송(NPR)의 인터뷰에 나온 학자들은 종종 so를 사용한다.
  Q : "What gave you the idea to look at objects to see if we leave a bacterial fingerprint?"
  A : "So your body is coated with bacteria inside and out …"[8)]

  Q : "Tell us about this special image (from the Hubble telescope) that was released this week."
  A : "So, well, of course it's also an image of something that is right up there in the heavens."[9)]

- 오스트레일리아 라디오방송국에서 인터뷰한 사람들은 종종 look이란 단어로 인터뷰를 시작한다. 영국 영어에서 look은 "Look, you can't just throw stuff on the floor like that."에서 알 수 있듯이 누군가를 비판하면서 다소 공격적인 메시지를 전달하는 기능을 한다. 그러나 오스트레일리아 라디오방송국 인터뷰에서 사용되는 look은 "You know" 정도의 의미이다.[10)]

  Q : "Why do you divide yourself between writing and the practice of medicine?"
  A : "Look, writing is very lonely."

  Q : "Why do you think this novel stands the test of time?"
  A : "Look, I don't know; well, I think they are universal stories."[11)]

- 대화에서 오스트레일리아인은 종종 yeah, no 등과 같은 담화 표지를 사용한다. yeah는 "I heard and understood your question and I agree you were right to ask it and the answer might be yes in some circumstances."를 의미한다. no는 but과 같은 의미가 있다.

  Q : "Did you enjoy staying at Peter and Daniel's?"
  A : "Yeah, no, unfortunately I'm allergic to cats so while their house is very comfortable, I had to take allergy medicine the whole time."[12)]

영어를 사용하는 여러 지역의 라디오나 텔레비전을 통해 그들이 자신의 대화 순서를 시작할 때 사용하는 담화 표지를 살펴보아라.

담화 표지에 대해 더 자세한 정보는 이 장의 더 읽을거리에 수록한 데보라 시프린(Deborah Schiffrin)의 『Discourse Markers』, 커스틴 피셔(Kerstin Fischer)의 『Approaches to Discourse Particles』를 참고하여라. 또한 웹 사이트 http://www.cambridge.org/catalogue/catalogue.asp?isbn=9780521357180도 관련된 주제를 다루고 있다.

---

7) *Valley Girl,* 1983, Martha Coolidge, director; Wayne Crawford and Andrew Lane, writers; Thomas Coleman, excecutive producer; MGM Home Entertainment DVD (2003).
8) *Talk of the Nation Science Friday,* "Bacterial Forensics," March 19, 2010, National Public Radio, http://www.sciencefriday.com/program/archives/201003193.
9) *Talk of the Nation Science Friday,* "The Hubble at 20," April 23, 2010, National Public Radio, http://www.sciencefriday.com/program/archives/201004232.
10) Anthea Fraser Gupta, School of English, University of Leeds, personal communication, March 31, 2010. http://www.leeds.ac.uk/english/staff/afg/.
11) *Saturday Extra,* interview with Peter Goldsworthy, April 3, 2010, Australian Broadcasting Corporation, http://www.abc.net.au/rn/saturdayextra/stories/2010/2861233.htm.
12) Peter Chalk, personal communication, April 3, 2010.

인사에 쓰이는 단어를 글자 그대로 해석하지는 않는다. 그것은 단지 인사법의 한 방식일 뿐이다. 더구나 인사법을 둘러싼 문화적 기대치는 사회마다 다르다.

영어 화자는 다음과 같은 말을 주고받음으로써 인사한다.

"Hello. How are you?"

"Fine. How about you?"

"Hi. How's it going?"

"Not bad. How about you?"

히브리어와 아랍어의 화자는 다음과 같이 인사한다.

"Peace to you."

"And to you peace."

중국어 화자는 다음과 같이 인사한다.

"Have you eaten (dinner) yet?"

각 문화권에서 인사법은 오른손으로 악수하거나, 고개를 숙이거나, 어깨를 가볍게 치거나, 껴안거나, 입을 맞추거나, 미소를 짓거나, 시선을 맞추거나, 시선을 돌리는 것과 같은 특정한 비언어적 행위가 수반되기도 한다.

그러나 많은 문화권에서 단순히 2개의 발화를 교환하는 것은 인사를 완결짓기에 충분하지 않다. 세네갈에서 인사는 bonjour, good afternoon, salaam aleikum과 같은 시작과 더불어 상대방의 이름을 여러 번 말해야 한다. 조상을 포함해서 상대방의 모든 가족에 이르기까지 성을 몇 번이고 되풀이한다. 악수가 동반된 이런 장황한 인사는 하루에 몇 번이 되더라도 누군가를 만날 때마다 반복된다. 연장자가 먼저 특별한 경의와 함께 인사를 받고, 연소자는 시선이 마주치는 것을 반드시 피해야 한다. 세네갈에서 사업을 하는 외국인은 세네갈인 동료의 사무실로 들어가거나 전화해서 간단히 업무를 말해서는 안 된다는 것을 알게 된다. 모든 대화는 반드시 장황한 인사와 함께 이루어져야 한다. 이러한 인사법은 공동체의 화합과 확대 가족 및 선조에 대한 존경심을 강조하는 아프리카의 문화적 가치를 강조하는 풍습이다.[13)]

웨스턴 아파치 족은 침묵으로 인사한다. 그들의 문화에서는 처음 만나거나 헤어졌다가 오랜 후에 다시 만나는 사람들은 서로 이야기하기에 매우 편해질 때까지 몇

13) "Cultural Etiquette—Greetings," http://www.lclark.edu/~nicole/SENEGAL/GREETINGS.HTM, November 4, 2004.

분 또는 며칠이나 몇 달 동안 침묵한다. 그들은 지속적인 관계를 맺기 위해 상대방을 가름하는 데 이 침묵의 시간을 사용한다.

영어 화자는 침묵을 지키는 아파치 족의 인사법이 무례하다고 생각할지 모르지만, 아파치 족은 영어식 인사법이 무례하고 공격적이라고 생각한다. 그들은 방으로 들어와서 큰소리로 "잘 지내시나요?" 또는 "요즘 어때요?"와 같이 사적인 질문을 하고, 주변 사람에게 "들어와요!" 또는 "앉으세요."라고 거만하게 명령하는 '백인'을 흉내 내면서 농담을 한다.[14)]

인사말의 서로 다른 지시적 의미와 인사법의 서로 다른 형식에도 불구하고, 인사는 사회적 상호작용이라는 동일한 기능을 제공한다.

대화의 격률

대화의 격률(maxims of conversation) 사람들이 대화를 나눌 때 안내 역할을 하는 문화적 기대치이다.

협동원리(cooperative principle) 대화의 격률에서 기본이 되는 것으로, 상대방과 소통하고 이해하기 위해 온 힘을 다해야 한다는 원리이다.

대화의 격률(maxims of conversation)이란 사람들이 대화를 주고받을 때 이들을 이끌어주는 문화적 기대치이다. 대화의 격률은 개인이 선의로 의사소통하고 상대방을 이해하고자 한다는 가정, 즉 **협동의 원리**(cooperative principle)를 기반으로 한다.

영어의 몇 가지 대화의 격률을 보면 다음과 같다.

양(quantity) – 필요한 것 이상도 이하도 말하지 마라.
질(quality) – 진실이라고 믿는 것만을 말하라.
관련성(relevance) – 주제에 부합하는 것만 말하라.
태도(manner) – 짧고, 간결하고, 명료해야 한다.

영어 화자가 인사를 주고받을 때, 인사말의 내용은 화자가 아프거나 화가 나도 바뀌지 않는다.

Hi. How are you?
Fine. How are you?
Fine.

그 이유는 대부분의 영어 화자는 "How are you?"라는 질문을 상대방의 건강 상태에 대한 자세한 설명을 바라는 실제적 요구가 아니라, 다만 인사법의 한 부분일 뿐이라고 이해하기 때문이다. 그들은 양(적당한 양만 말하라)의 격률과 관련성(적당한 것을 말하라)의 격률을 지키고 있다. 그래서 그들은 적절한 응답의 말로 인사에 대응

14) Keith H. Basso, 81-98.

한다. 만약 기분이 좋지 않은데 괜찮다고 말한다면, 화자의 음색과 같은 비언어적 행동이 화자의 기분 상태를 드러낼지도 모른다.

그러나 만약 의사가 진찰실을 들어오면서 당신에게

Good afternoon. How are you?

라고 말한다면 어떻게 될까? 이 경우에서 양의 격률, 관련성의 격률, 질의 격률은 당신의 신체적 상태에 대해 기술할 것을 요구할 것이다.

I have a fever, cough, and sore throat.

많은 문화권에서의 기대와 마찬가지로, 대화의 격률은 그것이 위반되었을 때 인식된다. 그래서 화자가 누군가에게 "Hi. How are you?"라고 인사했는데, 그 답변이

Terrible. My car broke down, my parents are mad at me, and I have the flu, too.

라고 하면, 화자가 보이는 즉각적 반응은 (구어나 문어로) 다음과 같을 것이다.

TMI(too much information)!

그리고 물론 화자가 실제로 아프고 의사의 정보 요청을 마치 인사말인 것처럼 생각하여 다음과 같이 대답한다면, 화자는 (진실성과 관련된) 질의 격률과 (명료함과 관련된) 태도의 격률을 위반하는 것이다.

Fine. But I have a fever, cough, and sore throat.

기타 대화의 격률

양(Quantity) – 필요한 것 이상도 이하도 말하지 마라

부모 : Where did you go?
청소년 : Out.
부모 : What did you do?
청소년 : Nothing.

물론 이 재미있는 예에서, 청소년이 '밖으로' 나갔거나 부모가 그가 무엇을 하는지를 관찰할 수 있었을 것이다. 그리고 물론 이 청소년이 '아무것도 안'하진 않았거나 그것을 하기 위해 집 밖으로 나가지 않았을 수도 있다. **양의 격률**(maxim of quantity)은 이 청소년이 어디에 갔었는지(예를 들어, 쇼핑센터, 극장, 친구 집), 그리고 무엇을 했

양의 격률(maxim of quantity) 화자는 필요한 것 이상도 이하도 말하지 않는다.

는지(예를 들어, 옷을 사거나, 특정한 영화를 봤거나, 또는 친구와 어울렸는가)에 대해 말하기를 요구한다. 이 청소년이 대화의 격률을 알 만큼 나이가 들었기 때문에, 그리고 그것을 알면서도 위반했기 때문에, 우리는 이 청소년의 대답에 특정한 감정적 의미가 있음을 알게 된다. 즉, 다음과 같은 뜻으로 해석되는 것이다.

Leave me alone. Don't pry into my private life.

질(Quality) – 진실이라고 믿는 것만을 말하라

학생 : What time is it?

친구 : A quarter after nine.

질의 격률(maxim of quality) 화자는 자신이 진실이라고 믿는 것만을 말해야 한다.

이 대화에서 **질의 격률**(Maxim of Quality)은 화자가 시간을 모른다는 것이 사실이고 친구가 신뢰할 만한 정보를 제공한다는 것도 사실일 것을 요구한다. 그러므로 화자가

No it isn't. It's actually 9:17.

이라고 되받아 말한다면, 이 대화는 질의 격률을 위반한다.

또한 이 대화는 정보를 제공하는 사람이 시간을 모를 뿐 아니라 자신이 제공하는 정보가 신뢰할 만한 것이 아님을 알고 있기 때문에 질의 격률을 위반한 것이다.

관련성(relevance) – 주제에 부합하는 것만 말하라

실외에서는 날씨에 대한 이야기로 대화를 시작할 수 있다.

Hot enough for you?

그러나 실내에서는,

Whew! It's hot in here.

Brrr! I better keep my coat on.

관련성의 격률(maxim of relevance) 화자는 대화의 주제에 적절한 것만을 말한다.

과 같은 의견이 (**관련성의 격률**을 따르면) 냉방 · 난방을 하거나, 문을 닫거나, 창문을 여는 등 실내 상황과 관련 있는 것이라면, 무엇이든지 일종의 요청으로 해석될 수 있다. 이러한 표현은 간접요청의 기능을 한다(제7장의 '간접 어투' 참조).

태도(manner) – 짧고, 간결하고, 명료해야 한다

교실에서는 교사가 수사적 질문을 사용하는 것이 허용된다. 교사가 이미 문제에 대한 답을 알고 있음을 모든 학생은 알며, 수사의문문을 사용하는 목적이 토론을 진전시키

려는 것임도 안다. 따라서 질의 격률이 위반되는 것은 아니다.

그러나 가끔 어떤 학생은 친구들과 교사에게 과시하려는 목적으로 지나치게 긴 대답을 함으로써 **태도의 격률**(특히 간결함과 명료함이 위반되면서)을 위반한다.

태도의 격률(maxim of manner) 화자는 짧고, 간결하고, 명료하게 말한다.

인류학 교사: What is "culture"?

학생 : It's the learned behavior, customs, and values of a society that the people in that society use to deal with each other and with their environment. It's passed on from one generation to the next by parents, family members, and teachers, etc., etc.

때로는 이런 대답의 감정적 의미가 다음과 같은 것임을 추측할 수 있다.

Look at me; I am smart.

비교문화적 대화의 격률

대화의 격률은 문화에 따라 다르다. 특히 태도의 격률은 문화에 따라 다양하다. 중동에서는 음식이 나오면 음식을 먹기 전에 손님이 여러 번 음식을 거절하고 주인은 음식을 여러 번 권하는 것이 태도의 격률에 맞다.

일본에서 '제지' 또는 '절제'를 뜻하는 enryo의 개념은 화자가 어떤 주제에 대한 대화를 시작할 때 말을 삼가기를 요구한다. 일본어에서의 태도의 격률은 요점을 언급하기 전에 간접적으로 돌려서 말하는 방식으로 주제에 접근하기를 요구한다. 반면에, 영어에서의 태도의 격률은 화자가 '주변을 맴돌지 않고', '직접적으로 말하기'를 요구한다. 일본인은 또한 겸손의 격률을 지킨다. 그들은 칭찬받았을 때 "고맙습니다"라는 말로 칭찬을 받아들이기보다는 칭찬을 부인한다. 선물을 줄 때, 일본인은 종종 받는 사람에게 선물이 쓸모없고 하찮은 물건이라고 말한다(글상자 6-3 참조).[15]

요약

의미론이란 의미를 연구하는 것이다. 어휘의미론은 단어의 의미를 다룬다. 화자의 머릿속에는 그가 알고 있는 모든 단어의 정의를 포함하는 어휘목록, 즉 사전이 있다. 각 단어의 지시물은 단어가 지시하는 구체적인 사물이나 추상적인 개념이다. 의미속

15) Mariana Neagu, "On Linguistic Aspects from a Cross-cultural Perspective," November 1999, http://www.generativeart.com/on/cic/99/ 2899.htm, October 26, 2010.

글상자 6-3 비교문화적 화용론

때로는 화행으로 의도된 문장이 잘못 이해될 수도 있다. 프랑스의 언어학자 자크 뫼슐레(Jacques Moeschler)는 문화내적 오해에 대한 글을 쓰면서 자신에게 일어났던 일화를 소개한다. 그는 모로코의 수도인 라바트의 한 대학에서 강연을 하도록 초청되었다. 그의 비행기가 대학으로부터 약 60마일 정도 떨어진 공항에 착륙할 예정이었기 때문에 그는 초청자에게 다음과 같은 이메일을 보냈다.

> Can you tell me how to get from the airport to Rabat?

그는 다음과 같은 답신을 받았다.

> You can take the train at the airport, with a change at Ain sbaâ station and you'll arrive at the Rabat downtown station.

매우 간단하고 직접적인 답신이다. 질문과 대답. 짧고 관련성 있으며, 명백하고, 명료하다. 그러나 뫼슐레의 설명에 따르면 프랑스어 원어민 화자는 어떤 요구를 할 때 매우 간접적으로 표현하고 청자가 그러한 숨은 의미를 잘 파악하여 응답하기를 기대한다고 한다. 정보가 아니라 어떤 행위를 기대하는 것이다. 자신의 공손하고 간접적인 요구가 제대로 이해되지 않자 뫼슐레는 다음과 같이 다시 이메일을 보냈다.

> I don't know Morocco, I have no time to plan my trip; can you please come and pick me up at the airport?

그러자 상대방은 즉각 다음과 같이 응답했다.

> Someone will come and pick you up at the airport.

뫼슐레의 결론은 서로 다른 문화권의 사람은 일종의 문화적 동화 과정으로서 메시지를 자신의 문화에서와는 다른 방식으로 이해하는 방법을 배운다는 것이다. 위에서 말한 모로코의 상대방은 첫 번째 이메일을 (영어 화자처럼 읽은 후) 여행 정보를 요청하는 단순한 것으로 이해한 후, 그 상태에서 더 이상의 해석을 하지 않은 것이다. 그러나 프랑스어 원어민 화자는 이 진술문을 자신의 문화권에서처럼 재해석하였는데, 이는 마치 영어의 원어민 화자가 "Whew! It's hot in here"와 같은 문장을 실내 온도에 대한 진술문으로만 해석하는 것이 아니라, 어떤 행동을 해달라는 간접적인 요청으로 재해석하는 것과 마찬가지이다.

source : Jacques Moeschler, "Intercultural Pragmatics: A Cognitive Approach," in Istvan Keeskes, ed., *Intercultural Pragmatics,* volume. 1, number. 1, Berlin/New York: Mouton de Gruyter, 2004. http://www.degruyter.com.

성은 화자의 마음속에 단어의 정신적 이미지를 구성하는 의미 요소이다. 의미속성은 변별적 자질 분석의 +와 − 체계를 사용하여 분석할 수 있다. 의미속성을 공유하는 단어들은 동일한 의미 영역의 구성원으로 간주된다. 의미 영역의 구성원이 다른 것에 비해 더 보편적이고 흔하다는 개념인 유표성은 한 언어의 원어민 화자가 세상에 대해 어떻게 인식하는가를 보여 준다.

의미나 소리가 서로 비슷한 단어들은 하위어, 유의어, 동음이의어, 반의어가 된다. 다른 단어의 하위 종류를 구성하는 단어를 하위어라고 부른다. 유사한 의미를 지닌 단어, 동일한 의미자질을 공유하는 단어를 유의어라고 부른다. 이것은 소리는 다르지만 의미가 같은 단어이다. 유의어는 동일한 지시, 즉 사전적 정의가 같지만 함축적 의미, 즉 미묘한 의미 차이가 있다. 유의어와 반대로, 동음이의어는 발음은 같지만 아주 다른 의미를 지닌 단어이다. 다의어는 하나 이상의 의미를 지닌다. 반대의 의미를 지닌 단어를 반의어라고 하는데, 여기에는 상보적 반의어, 계층적 반의어, 관계적 반의어가 있다.

구조의미론이란 문장의 구조가 의미에 어떻게 기여하는지를 연구하는 분야이다. 구조의미론에서 연구되는 주제로는 특히 다음과 같은 것이 있다. 한 단어의 의미자질이 예상과 달리 다른 단어의 의미자질과 일치하지 않는 발화인 모순, 모순된 단어들을 결합한 어구인 모순어법, 관련된 단어의 의미자질이 서로 일치하지 않는 변칙 발화 등이 그것이다. 이밖에 2개의 상이한 어휘를 상징적으로 서로 비슷한 것으로 사용하는 은유, 발화를 구성하는 요소들의 개별적 의미와 발화 전체의 의미 사이에 모순이 있는 숙어가 있다.

문맥과 의미의 상호작용을 연구하는 화용론은 언어의 실질적 사용을 고찰한다. 화자는 특정한 단어나 어구를 선택함으로써 발화에 사회적 의미를 부여하는데, 이를 통해 지시물보다는 화자에 대해 더 많은 것을 표현할 수 있다. 또한 특정한 단어나 어구의 선택은 발화에 감정적 의미를 덧붙이는데, 이는 화자의 감정이나 태도를 전달하는 기능을 한다. 화행은 문장을 발화함으로써 정보를 전달하는 것이 아니라 어떤 행동을 실제로 수행하게 하는 수행문이다.

화용론의 하위 분야 중 하나는 담화 분석, 즉 소통 행위라고 할 수 있는 담화의 암묵적 규칙을 발견하는 것이다. 신정보와 구정보(즉 주어진 정보)의 구분, 청자가 가진 것으로 가정된 사전지식(즉 전제)의 인정, 문맥에 따라 지시물이 바뀌는 직시어에 초점을 두는 것이 모두 여기에 속한다. 인사법은 특별한 담화이며, 사회적 기능을 위해서 중요하다.

또한 담화 분석은 사람들이 나누는 대화를 이끌어주는 문화적 기대치인 대화의 격률에 대한 분석을 포함한다. 협동의 원칙에 기반을 두며, 영어에서 대화의 격률은 양의 격률, 질의 격률, 관련성의 격률, 태도의 격률을 포함한다.

더 읽을거리

Basso, Keith H., *Western Apache Language and Culture: Essays in Linguistic Anthropology,* Tucson: The University of Arizona Press, 1990.

Bryson, Bill, *Bryson's Dictionary of Troublesome Words: A Writer's Guide to Getting it Right,* New York: Broadway Books, 2001.

Fischer, Kerstin, ed., *Approaches to Discourse Particles,* Amsterdam: Elsevier, 2006.

Gee, James P., *Introduction to Discourse Analysis: Theory and Method,* 2nd ed., London: Routledge, 2005.

Hayakawa, S. I., *Language in Thought and Action,* New York: Harcourt, Brace Jovanovich, 1972.

Huang, Yan, *Pragmatics,* New York: Oxford University Press, 2007.

Kövecses, Zoltan, *Metaphor: A Practical Introduction,* New York: Oxford University Press, 2002.

Mey, Jacob L., *Pragmatics: An Introduction,* 2nd ed., Oxford: Blackwell, 2001.

Nofsinger, Robert E., *Everyday Conversation,* Prospect Heights, Illinois: Waveland Press, 1999.

Saeed, John I., and John Saeed, *Semantics,* 2nd ed., Oxford: Blackwell, 2003.

Schiffrin, Deborah, *Discourse Markers,* Cambridge: Cambridge University Press, 1987.

Tannen, Deborah, *Conversational Style: Analyzing Talk Among Friends,* New York: Oxford University Press, 2005.

참고할 웹 사이트

「Korzybski's General Semantics: Applying Science-Mathematical Methods and Discoveries to Daily Living」은 매우 흥미로운 논문 모음집으로, 스티븐 루이스가 개발한 전자 논문 사이트 http://www.stevenlewis.info에 수록되어 있다.

언어학 분야의 다양한 주제에 대한 논문과 저서를 출판하는 Mouton de Gruyter 사는 Intercultural Pragmatics의 첫 호를 포함하여 각 저널의 일부 논문의 전문을 무료로 웹사이트 http://www.atypon-link.com/WDG/toc/iprg/2/1에서 제공한다.

의미론에 대한 웹 자료 : http://semantics-online.org

용어와 개념의 정리 : 의미론과 화용론

1. 의미론은 ________________________을(를) 연구하는 분야이다.
2. 어휘의미론은 ________________________을(를) 연구하는 분야이다.
3. 인간의 두뇌에는 한 개인이 알고 있는 모든 어휘의 정의를 포함하는 ________________이(가) 있다.
4. 어떤 어휘는 그것이 지시하는 실제의 구체적인 사물이 있다. 이러한 사물을 해당 어휘의 __________ (이)라고 부른다.
5. 어떤 경우에는 한 어휘가 화자의 마음속에 있는 특정한 대상을 의미하기도 한다. 그러나 때에 따라서는 지시가 ____________ 사물의 마음속의(유심적인) ____________일 경우도 있다.
6. 어휘는 산타클로스, 인어, 미키마우스 등 실세계에 존재하지 않는 __________ 사물을 지시하기도 한다.
7. 사랑, 진리, 정의 등은 구체적인 지시물을 가지지 않는 ________________________이다.
8. is, the, of 등과 같은 단어의 목적은 단어의 ________________________에 대해 말해 주는 것이다.
9. I, you, he, she, it, they 등과 같은 인칭대명사는 구체적인 지시를 가지지만, 이 지시는 __________ 와(과) ________________________에 따라 바뀐다.
10. 한 단어의 의미를 분석하는 한 가지 방법은 그것의 ____________________을(를) 결정하는 것이다.
11. 한 단어의 의미속성은 종종 ________________________의 체계를 이용하여 분석될 수 있다.
12. 이 체계를 ________________________(이)라고 부른다.
13. 이 체계는 또한 ________________________의 속성을 분석하는 데도 사용된다.
14. 의미속성을 공유하는 단어는 ________________________(으)로 간주된다.
15. ____________은(는) 특정한 의미 영역의 구성원이 다른 것에 비해 더 일반적이거나 흔하다는 개념이다.
16. 좀 더 일반적인 의미 영역의 구성원은 ________________________ 유표적이라고 간주된다.
17. 흔하지 않거나 일반적이지 않은 의미 영역의 구성원은 ____________________ 유표적이라고 간주된다.
18. 영어는 ________________________________는 사실로 볼 수 있듯이 남성적인 편입견이 있다.
19. 좀 더 구체적인 용어는 ________________________인 용어이다.
20. -nyms로 끝나는 어휘는 의미와 소리가 서로 유사한 어휘들이다. 이들은 __________________, __________________, __________________, ____________________을(를) 포함한다.
21. 다른 어휘의 하위집합을 구성하는 어휘는 ________________________이다.
22. 유사한 의미를 지닌 어휘, 동일한 의미속성이 있는 어휘를 ______________________(이)라고 부른다.
23. 읽었거나 들었던 문장을 ________________________할 때, 동의어를 사용하는 것이다.
24. 한 단어의 지시는 ________________________이다.
25. 한 단어의 함축은 ________________________이다.
26. 동의어와 비교할 때, ________________________은(는) 음은 같지만 의미가 다른 어휘이다.

27. ______________________ 어휘는 하나 이상의 의미를 지닌다.
28. 반대의 의미가 있는 어휘는 ______________________(이)라고 부른다.
29. ______________________은(는) 서로 부정하는 반의어이다.
30. old는 less young을 의미하고, young은 less old를 의미하기 때문에 young과 old는 ______________________(으)로 간주된다.
31. ______________________은(는) 두 단어 사이의 대칭적 관계를 표현하는 반의어이다.
32. 구조의미론은 ______________________이(가) 어떻게 의미에 기여하는가를 연구하는 분야이다.
33. ______________________은(는) 한 단어의 의미속성이 예기치 않게 다른 단어의 의미속성과 일치하지 않는 발화를 말한다.
34. ______________________은(는) 모순되는 어휘를 결합한 어구이다.
35. ______________________은(는) 관련된 어휘들의 의미속성이 일치하지 않는 모순과 유사하다.
36. 변칙적인 발화가 상징적으로 사용되면, 이들은 ______________________(이)라고 부른다.
37. ______________________은(는) 발화의 부분적 의미와 전체 발화의 의미 사이에 모순이 있는 발화이다.
38. 언어가 상황에 따라 어떻게 사용되는가를 연구하는 것을 ______________________(이)라고 부른다.
39. 한 발화의 사회적 의미는 ______________________보다 ______________________에 대해서 더 많은 것을 말한다.
40. 수행문은 정보를 전달할 뿐만 아니라, ______________________을(를) 수행할 수도 있다.
41. ______________________은(는) 대화, 이야기, 강의 등의 의사소통과 같은 연결된 발화이다.
42. 의사소통 행위를 지배하는 규칙을 발견하는 과정을 ______________________(이)라고 부른다.
43. 대명사는 지시적이다. 이 말은 대명사가 문장의 맥락에 따라 ______________________라는 의미이다.
44. 대화의 격률에는 ____________, ____________, ____________, ____________의 격률이 포함된다.

현장연구 프로젝트 : 학령 아동의 말장난과 수수께끼

가족이나 이웃의 학령 아동과 이야기를 나누고, 그들에게 수수께끼를 내거나 말장난(pun)을 해 보아라. 이번에는 그들이 당신에게 그러한 종류의 농담을 하도록 하고, 이를 면밀하게 녹음하고 적어 보아라. 그들이 당신에게 한 농담을 그들에게 설명해 보아라. 나이와 성별을 기록하는 것을 잊지 마라.

- 말장난에 사용된 동음이의어와 다의어는 어떤 것인가?
- 아동은 해당 단어들에 어떤 의미가 있는 것으로 생각하는가? 아동의 정의가 올바른 것인가?
- 같은 농담이 나이에 따라 어떻게 달라지는가? 성별에 의해서는 어떻게 달라지는가?
- 아동이 이런 농담을 성인보다 더 즐기는가? 이유는 무엇인가?

7

사회언어학과 언어인류학

Sociolinguistics and Linguistic Anthropology

이 장에서 알아야 할 것

1. 언어공동체란 무엇인가?
2. 방언이란 무엇인가? 방언은 언어와 어떻게 다른가?
3. 미국 흑인 영어의 주요 특성은 무엇인가?
4. 히스패닉 영어의 주요 특성은 무엇인가?
5. 피진어와 크리올어는 무엇인가?
6. 상황적 방언이란 무엇인가?
7. 방언과 언어변이를 근거로 한 언어적 선입견은 무엇인가?
8. 코드전환이란 무엇인가? 사람들은 왜, 언제 코드전환을 사용하는가?
9. 언어는 사회적 정체성을 어떤 방법으로 강화하는가?
10. 남성과 여성은 언어를 어떻게 서로 다르게 사용하는가?
11. 언어인류학이란 무엇인가?
12. 사피어-워프 가설은 무엇인가?
13. 언어가 문화에 영향을 끼치는가, 아니면 문화가 언어에 영향을 끼치는가?
14. 인종적 자부심은 언어민족주의와 어떻게 연관되는가?

어떤 사람이 말하는 것을 듣는 순간, 우리는 사회 체계 안에서의 그 사람의 지위에 대한 일정한 정보를 알 수 있다. **사회언어학**(sociolinguistics)이란 인종, 사회적 지위, 나이, 성별, 교육 수준 등의 사회적 요인과 언어가 어떠한 영향을 주고받는가를 연구하는 학문이다. 우리는 앞에서 이미 사회적 의미라는 개념과 같은 사회언어학의 주요 주제 중 일부를 논의했다(제6장 참조). 이 장에서는 사회언어학의 주요 주제를 좀 더 자세히 살펴보고자 한다. **언어인류학**(linguistic anthropology)은 기본적으로 인류학의 한 분야로, 언어의 진화나 언어의 분포 또는 상호관계 등에 관심을 둔다. 또한 언어인류학은 언어가 넓은 의미에서의 문화와 사회에 어떻게 영향을 끼치고, 사

사회언어학(sociolinguistics) 인종, 사회 계층, 나이, 성, 교육 수준 등과 같은 사회적 요인과 언어가 어떻게 관련되는가를 연구하는 분야이다.

언어인류학(linguistic anthropology) 인류학의 한 분야로, 특히 언어가 사고와 경험에 어떻게 영향을 주는가에 관심을 둔다.

상과 경험에 어떻게 영향을 끼치는가에 연구의 초점을 맞춘다. 이 책 전체에서 우리는 언어인류학자들의 주요 관심사를 논의하였다. 여기서는 특히 이 주제를 확장할 것이다. 이 장에서 제시되는 많은 주제는 사회언어학자는 물론 언어인류학자 모두의 관심사가 될 것이다.

개별 화자는 신체적 · 사회적 · 문화적 요인에서 생기는 독특한 말하기 방식을 가지고 있다. 음의 특정한 성조, 자주 사용되는 단어, 특징적인 숙어 표현과 어구 등이 개인에 따라 다르게 사용될 수 있다. 이런 이유 때문에 코미디언은 유명인사가 말하는 방식을 흉내 낼 수 있고, 청중은 이 코미디언이 흉내 내는 대상이 누구인지를 알 수 있다. 이런 개인적 말하기 방식을 **개인방언**(idiolect)이라고 한다. 그러나 한 개인은 다른 사람과 의사소통을 할 수 있어야 한다. 따라서 함께 살거나 일하는 사람들의 개인방언이 서로 너무 달라서 이해할 수 없을 정도가 되면 안 된다.

개인방언(idiolect) 개인의 말하는 방식을 말한다.

지역방언

언어공동체(language community)는 함께 살고, 일하고, 사귀며, 소통을 하는 사람들의 집단을 말한다. 이들이 공유하는 언어의 독특한 특성을 **방언**(dialect)이라고 부른다. 우리는 때로 방언이라는 것을 특수하고, 뉴욕시나 뉴잉글랜드 또는 남부방언과 같이 특정 지역에 한정된 것으로 생각하기도 한다. 그러나 모든 화자는 어떤 언어공동체에 속할 수밖에 없다. 따라서 모든 사람이 방언을 말하는 셈이다. **표준 미국 영어**(Standard American English : SAE)는 업무, 교육, 미디어에서 사용되는 **고급방언**이다. 영국의 고급방언은 과거에 영국 공영방송(British Broadcasting Corporation : BBC)과 너무 밀접하게 연관되어 있어서 때때로 **BBC 영어**라고 불리기도 한다.

언어공동체(language community) speech community라고도 하며, 함께 살고 일하고 사회를 구성하며, 소통하는 한 집단의 사람들을 말한다.
방언(dialect) 한 언어공동체의 공유된, 독특한 언어 특성을 말한다.
표준 미국 영어(Standard American English : SAE) 업무, 교육, 미디어에서 사용되는 미국 영어의 변종이다.
고급방언(prestige dialect) 한 사회의 상류층이 구사하는 방언을 말한다.
BBC 영어(BBC English) 영국 영어의 상류층방언으로, BBC에서 사용하는 변종이다.

의미적 변이

방언이 서로 달라지는 가장 눈에 띄는 현상은 의미 변화이다. 예를 들어, 영어의 많은 어휘 항목은 미국의 지역에 따라 서로 다른 의미를 가질 수 있다.

- Do you carry water in a pail or a bucket? Do you eat pancakes, johnnycakes, or flapjacks for breakfast? 어떤 단어를 선택하는가는 북부지방에 사는가 아니면 남부지방에 사는가에 달렸다.
- Do you drink tonic, coke, soda, or pop? Do women carry purses or pocketbooks? 이런 구분은 서부와 동부에 따라 달라진다.
- 미국 대부분 지역에서 음식을 주문하면 'For here or to go?'란 질문을 받게 된

다. 음식을 가지고 나가는 것을 take-out이라고 하는데 북부평원지대인 몬태나 주, 아이다호 주, 다코타 주에서는 이런 상황에서 'To stay or to go?'라는 질문을 받는다. 음식을 가지고 나가는 것을 여기서는 take-away라고 부른다.

어떤 어휘 항목은 미국과 영국의 방언을 구별하는 기준이 되기도 한다. 미국에서는 사람들이 식당에서 감미료를 추가로 넣는 것을 표현하는 데 동사 swipe를 사용하지만, 영국에서는 nick라는 동사를 사용한다. 미국인들은 cookies를 먹지만, 영국인들은 biscuits을 먹는다. 미국에서는 이른 저녁에 먹는 가벼운 식사를 supper라고 부르지만, 영국에서는 tea라고 부른다.

에스파냐어를 사용하는 지역에서도 어휘적 변이형이 있다. 멕시코에서는 오렌지 주스를 jugo de naranja라고 부르지만, 푸에르토리코에서는 jugo de china라고 부른다. 멕시코에서는 교통신호 중 정지신호가 alto이지만, 푸에르토리코에서는 pare이다. 멕시코에서의 에스파냐어는 아즈텍의 언어인 나와틀어에서 유래한 어휘가 많이 포함된다. 따라서 멕시코에서는 옥수수 고갱이가 elote인데, 에스파냐어를 사용하는 다른 지역에서는 이것을 choclo라고 부른다. 멕시코에서는 또 아보카도를 aguacate라고 하는데, 다른 지역에서는 palta라고 부른다.

한편, 같은 단어가 여러 지역에서 종종 서로 다른 의미로 사용되기도 한다. 미국의 북부와 서부에서 camper라는 단어는 픽업트럭을 캠핑 용도로 사용할 때 사용된다. 그러나 남부에서 이 단어는 자동차나 트럭에 매달아 끌고 가서 캠핑을 하는 트레일러를 의미한다.

영국에서 rubber는 지우개이지만, 미국에서 rubber는 신발 위에 덧신는 고무장화를 의미하고 콘돔의 동의어로도 사용된다. 영국에서 jumper는 남자가 셔츠 위에 입는 옷이지만, 미국에서는 여자가 블라우스 위에 입는 소매 없는 드레스를 의미한다.

음운적 변이

미국은 지역에 따라 음운적 변이가 있어서 같은 영어인데도 서로 다르게 발음되기도 한다. 지역적 어투가 생기는 것은 음운적 변이가 한 원인이기도 하다. 이런 발음의 차이는 그 근원이 초기 식민지 정착자들의 방언 차이에까지 거슬러 올라가는데, 초기 식민지 정착자는 영국의 서로 다른 지역에서 서로 다른 영어를 구사하던 사람들이다.

- 당신은 /pak yə ka/라고 하는가 아니면 /park yɔr kar/라고 발음하는가? /r/의 생략은 보스턴 지역 영어의 특성이다.
- 엄마의 여동생을 /ant/라 하는가 아니면 /ænt/라고 하는가? 영어 단어 eye를

단모음 /a/로 발음하는가 아니면 이중모음 /ay/로 발음하는가? 미국의 남부 사람들은 단모음으로 발음하고, 북부 사람들은 이중모음으로 발음한다.

- 당신은 /θɪs/ 대신에 /dɪs/라고 발음하고, /ðɪŋk/ 대신에 /tɪŋk/라고 발음하는가? /θ/ 대신에 /d/로, /ð/ 대신에 /t/로 발음하는 것은 뉴욕 브롱크스 사람들의 특성이다.

표준 미국 영어와 현대 영국 영어 사이에도 음운적 변이가 발견된다.

- 당신은 /təmeto/라고 발음하는가 아니면 /təmato/라고 발음하는가? /detə/라고 발음하는가 아니면 /dætə/라고 발음하는가? 미국인은 첫 번째 발음을 사용하고, 영국인은 두 번째 발음을 사용한다.

에스파냐어를 사용하는 국가 중에서도 음운적 변이가 발견된다.

- "¿Qué es esto?(이것이 무엇입니까?)"라는 문장을 멕시코인은 /ke ɛs ɛsto/로 발음하는데, 푸에르토리코인은 /s/를 생략하여 /ke ɛ ɛsto/라고 발음한다.
- 멕시코인은 gordo나 hermano의 r을 혀를 치조돌기에 접촉하는 설탄음으로 발음한다(제2장의 '영어에서 사용되지 않는 자음' 참조). 반면에, 쿠바인은 이 단어들을 설측음 /l/로 발음함으로써 마치 /goldo/나 /ɛlmano/처럼 발음한다.

형태적 변이

미국 남부 사람들은 단수 you와 복수 y'all을 구분하여 사용한다. 그러나 다른 지역의 사람들은 단수와 복수에 모두 you를 사용한다. 동시에 여러 사람과 인사를 하는 남부 사람은 다음과 같이 말할 것이다.

It's nice to see y'all. How are y'all doing?

그러나 미국의 다른 지역 사람들은 다음과 같이 말할 것이다.

It's nice to see you. How are you doing?

미국 남부의 일부 지역, 영국 북부와 남부 웨일즈에서는 3인칭 단수 현재형을 나타내는 동사 어미인 -s가 1인칭과 2인칭 단수 현재형 및 복수 현재형 모두에 사용되기도 한다. 예를 들어, 다음과 같이 말한다.

I likes to swim.

We likes to dance.

You eats at noon.[1)]

다음 예에서 보듯이, 영국 북부의 일부 지역에서는 be동사의 단수 과거형인 was가 복수 과거형인 were에 의해 대치되는 현상을 볼 수 있다.

"Her face were white like a sheet when she came in church, but afore she got to th' altar she were all one flush."[2)]

미국인은 한 집단의 사람, 장소, 사물을 가리킬 때에도 명사가 단수형이면 동사의 단수형을 사용한다. 이런 명사를 군집명사 또는 집합명사라고 한다. 다음을 보자.

The faculty is meeting this afternoon.

The band is playing on Saturday night.

Congress is in session.

Manchester United is the champion British soccer team.

그러나 영국인은 아래 예에서 보듯이 이 경우에 복수형을 사용한다.

The USA Division are now hosting their own website.

The band are playing in the lounge.

The American Congress are in session.

Manchester United are the champion British football team.

연습문제 1 : 영국 영어와 미국 영어

A. 다음 목록은 영국 영어의 표현이다. 웹 사이트에서 미국 영어에서의 정의와 비교하여라.

- American-British British-American Dictionary
  http://www.travelfurther.net/dictionaries
- British English to American English Translator.
  http://esl.about.com/library/vocabulary/blbritam.htm

---

1) Department of Linguistics, Ohio State University, *Language Files,* 8th ed. (Columbus: Ohio State University Press, 2001), 304-305.

2) Elizabeth Gaskell, *Mary Barton* (New York: Everyman's Library, Alfred A. Knopf), 1911.

1. to be made redundant ________________
2. to be sacked ________________
3. to knock someone up ________________
4. to ring someone up ________________
5. a lift ________________
6. a lorry ________________
7. a torch ________________
8. chips ________________
9. a flat ________________
10. the bonnet of a car ________________
11. the boot of a car ________________
12. petrol ________________
13. pram ________________
14. knickers ________________
15. nappie ________________
16. bum bag ________________

B. 다음 단어쌍을 음성 표기에 따라 발음해 보고, 영국 영어와 미국 영어를 구분하여라. 발음상의 차이를 알아보려면 http://www.peak.org/jeremy/dictionary/chapters를 참조하여라.

1. been /bin/ ________________
   been /bɪn/ ________________
2. schedule /skɛdyul/ ________________
   schedule /šɛdyul/ ________________
3. Renaissance /rɛnesans/ ________________
   Renaissance /rɛnɛsans/ ________________
4. lieutenant /lɛftɛnənt/ ________________
   lieutenant /lutɛnənt/ ________________
5. nasty /nasti/ ________________
   nasty /næsti/ ________________
6. pardon /pardən/ ________________
   pardon /pardn̩/ ________________

7. water /wɔtr̩/ ______________________

   water /wɔtʌ/ ______________________

C. J. K. 롤링이 해리포터 시리즈를 좀 더 미국식 영어로 집필한다고 생각해 보자.[3] 작가는 미국인 독자를 위해 다음 문장의 밑줄 친 부분을 어떻게 고쳐야 하는가?

1. "He'd done a runner."

   ____

2. "… he's going to jump out from behind a dustbin and try and do me in?"

   ____

3. "I know, mate … she's bang out of order."

   ____

4. "The Inquisitor will have powers to inspect her fellow educators and make sure that they are coming up to scratch."

   ____

5. "He is … the world's … biggest … git."

   ____

6. "Sure you don't need a lie down?"

   ____

7. "And that's our stuff you're nicking."

   ____

8. "I don't want to find my own sister snogging people in public."

   ____

9. "Ron … had taken a small wooden wireless out of his rucksack."

   ____

10. "Sit down dear, I'll knock something up."

   ____

11. "When more than half the class were staring at Hermione rather than at their books …."

   ____

3) J, K. Rowling, *Harry Potter and the Order of Phoenix* (New York: Scholastic Books), 2003; *Harry Potter and the Half Blood Prince* (New York: Scholastic Books), 2005; and *Harry Potter and the Deathly Hallows* (New York: Scholastic Books), 2007.

D. 이메일 연습

여러 곳에 있는 친구나 친척에게 이메일을 보내서 그들에게 그들 지역에서만 독특하게 사용되는 단어나 어구에 어떤 것이 있는지 물어보고, 다음 표현들을 그 지역에서는 어떻게 말하는지 알아보아라.

1. a pail or bucket
2. a lady's handbag
3. pancakes
4. a dragonfly
5. their nearest interstate highway
6. food ordered at a restaurant, but eaten elsewhere
7. carbonated drinks
8. a water faucet
9. a grocery bag
10. the closest large urban area

미국 흑인 영어

미국 흑인 영어(African American English : AAE) 아프리카계 미국인 사회가 사용하는 여러 가지 변종 영어를 통틀어 말하는 이름 중 하나이다.

미국 흑인사회에서는 소위 Black English, Spoken Soul, Ebonics, 'down home' speech, African American Vernacular English라는 다양한 이름으로 불리는 **미국 흑인 영어**(African American English : AAE)가 사용된다. 영어의 다른 모든 변이형과 마찬가지로 미국 흑인 영어는 지역에 따라, 사회적 지위에 따라, 또 세대에 따라 다르다. 미국 흑인 영어의 기원은 완전히 밝혀진 것은 아니지만, 어떤 문법적 구문은 흑인노예들이 미국에 가져온 아프리카 언어와 유사성이 있다. 미국 흑인 영어의 일종인 걸러어(Gullah) 또는 지치어(Geechee)는 서아프리카 언어들의 음운적 · 통사적 특성을 지닌다(글상자 7-1 참조). 다른 구문들은 카리브 해의 영어와 아프리카에서 유래한 크리올어와 유사하며, 어쩌면 크리올어화 과정의 결과일 수도 있다(이 장의 후반부에서 다루는 '접촉어 : 피진어와 크리올어' 참조). 또 다른 특성, 특히 음운적 특성은 백인이 영국에서 미국 남부로 가지고 온 영어의 변이형과 유사하다. 미국 흑인들이 미국 전 지역으로 퍼져나갔듯이, 이들은 문화적 유산과 공동체적 가치의 하나로 자신들의 방언을 가지고 온 것이다.

미국 흑인 영어의 특성은 종종 부정확하고, 잘못된 영어라는 오해를 받기도 한

글상자 7-1 사우스캐롤라이나 주와 조지아 주의 걸러어

미국의 사우스캐롤라이나 주와 조지아 주의 해안 평야와 도서에 사는 미국 흑인들은 아프리카의 삶과 언어를 여러 측면에서 성공적으로 보존해 왔다. 사우스캐롤라이나 주에서 이들은 스스로 걸러라 부르는데, 이 말은 아마도 서아프리카의 앙골라라는 지명에서 유래된 것 같다. 조지아 주에서는 흑인들이 지치라 불리는데, 이 이름은 라이베리아의 한 부족 이름에서 유래한다. 이 두 집단은 해초를 이용하여 바구니를 만드는 등 아프리카의 공예품 제작을 계승한 유일한 흑인공동체이다.[4)]

걸러어는 미국 흑인 영어와 여러 가지 공통점이 있다. 어휘는 기본적으로 영어지만, 음운적 특성이나 통사적 특성은 다분히 서아프리카 언어의 그것과 유사하다. 아마도 걸러어를 구사하는 가장 유명한 사람은 조엘 챈들러 해리스(Joel Chandler Harris)가 만든, 소설 주인공 대디 잭일 것이다. 이 작가는 이 밖에도 엉클 레무스, 브라더 래빗, 브라더 베어, 브라더 폭스 등을 쓰기도 했다.[5)]

일부 어휘는 걸러어에만 독특하게 나타나는데, 예를 들어, oyster는 /ašta/, hear는 /yɛdi/, dawn은 /bɪfode/로 발음된다. 이 장의 끝에 걸러어 관련 웹 사이트를 수록하였다. 이 사이트에서 당신은 이 문화와 방언에 대해 더 많은 정보를 얻을 수 있다. 걸러어로 된 유명한 연설문이나 성경 구절, 이야기, 구절, 어휘 등을 들어 볼 수 있다.

다. 또한 미국 흑인 영어의 화자는 교육을 받지 못했고 게으른 것으로 오해받는다. 이러한 부정적인 편견들을 피하기 위해서 많은 미국 흑인은 백인사회에서 사업을 하거나 직장을 구하기 위해 표준 미국 영어를 배웠다. 그러나 이들은 미국 흑인공동체에서는 인종적 자부심과 이웃 간의 연대의식을 표현하는 수단으로 미국 흑인 영어를 사용한다. 이렇게 한 가지 방식의 언어에서 다른 방식으로 바꾸는 것을 코드전환이라고 한다(제6장 참조).

음운적 차이

/r/과 /l/ 생략(/r/ and /l/ deletion) 미국 흑인 영어의 일부 변종에 나타나는 음운 특성 중의 하나이다.

미국 흑인 영어의 일부 변이형에서는 다른 방언에서도 발견되는 규칙인 **/r/과 /l/의 생략현상**(/r/ and /l/ deletion)이 있다. 보스턴방언과 뉴욕방언에서처럼, 미국 흑인 영어 화자는 car, guard, York 등과 같은 단어에서 /r/을 생략하여 /ka/, /gad/, /yɔk/로 발음한다.

유음인 /r/과 /l/은 자연 집단을 구성하므로, /l/이 일부 흑인 영어 화자에 의해

---

4) Dale Rosengarten, *Row Upon Row: Sea Grass Baskets of the South Carolina Lowcountry* (Columbia: University of South Carolina Press, 1986), 9.

5) Bill Bryson, *The Mother Tongue: English and How It Got That Way,* (New York: William Morrow & Co., 1990), 115.

생략된다 해도 놀라운 것은 아니다. 이러한 변이형에서는 help가 /hɛp/로, soul이 /so/로 발음된다.

자음군 축약 규칙(consonant cluster reduction rule) 자음군을 하나의 자음으로 축약하는 규칙이다. 표준 미국 영어에서는 이 규칙이 자음으로 시작되는 단어가 뒤따르는 경우, 어말 위치에 적용되는 데 비해, 흑인 영어에서는 다음 단어가 자음이나 모음으로 시작되어도 자음군 축약이 적용된다.

표준 미국 영어와 미국 흑인 영어에는 **자음군 축약 규칙**(consonant cluster reduction rule)이 있어서 음절말의 자음군을 자음으로 시작되는 다른 단어 앞에서 하나의 자음으로 단순화한다. 예를 들어, /st/를 /s/로, /ft/는 /f/로 축약하여 last night은 /læs nayt/로 발음하고, soft spot은 /sɔf spat/으로 발음한다. 미국 흑인 영어 화자는 두 번째 단어가 모음으로 시작하는 경우에도 이 규칙을 적용한다. 예를 들어, ast hour는 [læs awr]로 soft as는 [sɔf æz]로 발음한다.

자음군 축약 규칙은 미국 흑인 영어에서 walked의 과거시제 표시 /t/나 jogged의 과거시제 표시 /d/를 축약하기도 한다.

	표준 미국 영어	미국 흑인 영어
walked	/wɔkt/	/wɔk/
jogged	/ǰagd/	/ǰag/
ticked	/tɪkt/	/tɪk/

단모음화(monophthongization) 이중모음을 단모음으로 바꾸어 발음하는 음운 규칙이다.

표준 미국 영어에서는 이중모음으로 발음되는 많은 모음이 흑인 영어와 남부 백인방언에서는 단모음으로 발음된다. **단모음화**(monophthongization)는 이들 방언의 가장 두드러진 특성이다. 코미디언이나 배우는 종종 흑인 영어와 남부방언의 이런 특성을 소재로 삼는다.

	표준 미국 영어	미국 흑인 영어
I, eye	/ay/	/a/
like	/layk/	/lak/
time	/taym/	/tam/
my	/may/	/ma/
boil	/bɔyl/	/bɔl/
boy	/bɔy/	/bɔ/
power	/pawr̩/	/par̩/

치간마찰음(interdental fricatives) 미국 흑인 영어의 많은 방언에서 /ð/와 /θ/는 각각 /d/와 /t/로 대체되고, 또 어떤 방언에서는 /v/와 /f/로 대체된다.

뉴욕의 브롱크스방언에서는 흑인 영어의 많은 변종이 **치간마찰음**(interdental fricatives)인 /θ/와 /ð/를 변형시킨다. 예를 들어, 미국 흑인 영어에서는 무성음 /θ/를 /t/로 대체하고 유성음 /ð/를 /d/로 대체한다.

	표준 미국 영어	미국 흑인 영어
thin	/θɪn/	/tɪn/
thought	/θɔt/	/tɔt/
this	/ðɪs/	/dɪs/
that	/ðæt/	/dæt/
they	/ðe/	/de/

그러나 치간마찰음 [θ] 뒤에 [r]이 오면 [θ]가 [f]로 대치되기도 한다. 예를 들어, thirty-third St.은 브롱크스에서처럼 [tɔyti tɔyd strit]으로 들리는 것이 아니라 [fr̩ti fr̩d strit]으로 들린다.

	표준 미국 영어	미국 흑인 영어
third	/θr̩d/	/fr̩d/
three	/θri/	/fri/
throat	/θrot/	/frot/
throw	/θro/	/fro/

형태적 차이

표준 미국 영어와 미국 흑인 영어의 차이점은 아프리카 노예들이 자신들이 아프리카에서 사용하던 언어의 문법적 특성을 새로 사용하게 된 영어에 적용한 데 그 뿌리가 있다. 이런 특성 중 가장 두드러진 것은 **동사의 생략**(verb deletion)과 **동사의 상**(verb aspect)이다.

동사의 생략(verb deletion) 표준 미국 영어에서 축약되는 동사들이 미국 흑인 영어에서는 생략되는 규칙이다.

동사의 상(verb aspect) 동작의 완결성이나 지속성을 표현한다.

계사(copula) 연결동사로서, 대부분의 계사는 be동사이다.

표준 미국 영어에서는 **계사**(copula)가 축약되지만, 미국 흑인 영어에서는 생략된다. 따라서 표준 미국 영어 화자가 is와 are 대신 -'s 와 -'re를 사용하는 문장에서 미국 흑인 영어 화자는 해당 be동사를 완전히 생략한다. 즉 'He's going to work'는 'He going to work'가 되고, 'You're waiting for me'는 'You waiting for me'가 된다.

그러나 표준 미국 영어에서 축약될 수 없는 계사는 미국 흑인 영어에서도 생략될 수 없다. 따라서 'He appreciates how lucky he is'는 *'He appreciates how lucky he's'로 축약될 수 없고, *'He appreciates how lucky he'로 생략될 수도 없다.

표준 미국 영어	미국 흑인 영어
He's a great guy.	He a great guy.
They're busy.	They busy.

We're good friends.	We good friends.
She's a pretty girl.	She a pretty girl.

노벨상을 수상한 미국의 흑인 작가 토니 모리슨(Toni Morrison, 1931~)은 자신의 글이 성공할 수 있었던 요인 중 하나가 바로 미국 흑인 영어의 강력한 표현력이라고 밝힌 적이 있다. 특히 그녀는 흑인 영어가 매우 다양한 현재시제형을 가진다는 사실에 주목하였다.[6] 흑인 영어의 현재시제형은 동작의 여러 가지 상, 완결성, 지속성 등을 표현해 준다. 표준 미국 영어에는 현재시제형에 두 가지밖에 없으므로 일반적인 현재시제형과 진행시제형을 구분할 수 있을 뿐이다(진행시제형은 -ing 어미로 표현되며 진행 중인 동작을 표현한다.). 이에 비해 미국 흑인 영어 화자는 이를 더 세세하게 구분한다. 즉 현제시제형의 두 가지 상을 구분하는데, 순간적인 상과 습관적인 상의 구분이 그것이다. 표준 미국 영어 화자는 usually나 right now와 같은 부사를 사용하여 이 두 상을 구분하는데 비해, 미국 흑인 영어 화자는 습관을 나타내기 위해 원형인 be를 사용한다.

상	**표준 미국 영어**	**미국 흑인 영어**
습관	She's going to school (this semester).	She be going to school.
순간	She's going to school (right now).	She going to school.
습관	He's (always) on time.	He be on time.
순간	He's on time (at the moment).	He on time.

통사적 차이

간접의문문(indirect question) 미국 흑인 영어에서는 직접의문문의 어순을 그대로 유지한다.

미국 흑인 영어의 중요한 통사적 특성은 **간접의문문**(indirect question)의 어순이다. 제5장에서 논의했듯이, 영어에서 의문문의 어순은 평서문의 어순과 다르다. 표준 미국 영어의 화자가 의문문을 전달할 때는 두 가지 선택이 가능하다. 즉 다음 예문에서 보듯이 화자가 의문부호를 사용하고 조동사(is)를 주어(the price) 앞에 두어서 해당 의문문을 원래 발화된 대로 전달하는 방법이 있다.

I asked, "What is the price?"

또는 해당 의문문을 간접의문문으로 하는 방법이 있다. 이 경우에 의문문의 어순은

6) Thomas LeClair, "A Conversation with Toni Morrison: 'The Language Must Not Sweat'," *New Republic*, March 21, 1981, 25-29, quoted in John R. Rickford and Russell J. Rickford, *Spoken Soul: The Story of Black English* (New York: John Wiley and Sons, Inc., 2000), 4.

평서문의 어순과 같아져서 다음 예문에서 보듯이 주어(the price)가 조동사(is) 앞에 놓인다.

I wanted to know what the price is.

그러나 미국 흑인 영어 화자는 간접의문문에서도 직접의문문의 어순을 사용한다. 따라서 미국 흑인 영어에서는 간접의문문이 다음과 같은 형태가 된다.

I wanted to know what is the price.

미국 흑인 영어를 규정짓는 또 다른 특성은 **존재의 it**(existential it)이다. 사물의 존재를 나타내는 표준 미국 영어 문장은 there is나 there are로 도입된다. 이런 경우 미국 흑인 영어 문장은 it is의 축약형인 it's나 i's를 사용한다.

존재의 it(existential it) 미국 흑인 영어에서는 표준 미국 영어의 there를 it으로 대체한다.

표준 미국 영어	**미국 흑인 영어**
There's a house at the corner.	It's a house at the corner.
Is there a church nearby?	Is it a church nearby?
There's a bow on the dress.	It's a bow on the dress.
There are a lot of movies on TV tonight.	It's a lot of movies on TV tonight.

다중부정(multiple negation)은 미국 흑인 영어와 일부 다른 영어방언의 중요한 특성이다(이 점에 대해서는 다음에 나올 '히스패닉 영어' 부분을 참조). 14세기에 제프리 초서(Geoffrey Chaucer, 1343~1400)는 『The Canterbury Tales』의 수도사 부분에서 "Ther nas no man nowher so vertuous"라고 묘사하며, 16세기에 윌리엄 셰익스피어(William Shakespeare, 1564~1616)는 『Twelfth Night』에서 주인공 바이올라의 입을 통해 "Nor never none shall mistress of it be, save I alone."이라고 말하였다. 다중부정은 초기 미국 식민지시기 영어의 특성이었던 것으로 보이지만, 르네상스 이후 점차 사라진 것으로 보인다. 그러나 미국 흑인 영어는 이런 특성을 유지하였고, 부정문을 표현하기 위해 부정어를 동사뿐 아니라 명사나 대명사와도 함께 사용한다. 표준 미국 영어 화자가 "I have no dogs" 또는 "I don't have any dogs"라고 말할 때, 미국 흑인 영어 화자는 "I don't have no dogs"라고 말한다.

다중부정(multiple negation) 미국 흑인 영어와 다양한 미국 영어 변종의 특성으로서, 부정어가 명사, 동사, 수식어 앞에 여러 번 등장하는 현상이다.

미국 흑인 영어에서는 부정어가 더 많이 있는 경우도 있어서 "I don't have no dogs, no how, no where"와 같은 문장도 들을 수 있다.[7)]

7) Rickford, 123.

'Man of Words'와 미국 흑인 영어의 문체

맨 오브 워즈(man of words) 아프리카계 미국인사회에서 말을 잘하는 기술로 인해 존경받는 사람을 말한다.

그리오(griot/grio/) 아프리카사회에서 학식 있는 장로를 말하며, 이 사람은 일종의 서사시 형태로 공동체의 구전역사를 기억한다.

소위 **맨 오브 워즈**(man of words), 즉 언어의 마술을 부리는 사람에 대한 존경과 찬미는 노예들이 미국으로 가져온 아프리카 문화의 가치로서, 그들의 후손도 이러한 가치를 보존해 왔다. 아프리카에서는 뛰어난 웅변실력으로 다른 사람을 설득하여 자신을 따르도록 할 수 있는 추장이나 주술사가 이런 사람으로 간주된다. man of words는 **그리오**(griot), 즉 공동체의 구전역사를 일종의 서사시 형태로 암송할 수 있는 장로일 수도 있다. 뛰어난 언변과 웅변술은 아프리카계 미국인사회에서는 매우 높이 평가되는 자질이다.

미국 흑인사회에서는 제2차 세계대전이라든가 흑인민권운동과 같은 중요한 역사적 사건이나 개인적 경험을 노래 형태로 암송할 수 있는 기술이 뛰어난 사람도 소위 맨 오브 워즈로 간주된다. 또 농담 삼아 짓궂은 말을 주고받는 언어유희를 잘하는 사람도 맨 오브 워즈로 간주된다. 랩 음악은 강렬한 리듬과 엄격한 라임으로 볼 때 이런 아프리카 전통의 직접적인 발전형이라고 할 수 있다. 다양한 주제에 대한 랩이나 라임을 즉흥적으로 만들 수 있는 사람은 흑인사회에서 높이 평가된다. O. J. 심슨 사건의 대표 변호사였던 쟈니 코크런(Johnnie Cochran, 1937~2005)은 (증거로 제시된 장갑에 대해) 다음과 같이 말하기도 하였다.

> "If it doesn't fit, you must acquit."

그는 이 말을 미국 흑인 영어의 리듬과 라임으로 구사하였다.

종종 뛰어난 말재주가 있는 아프리카계 미국인사회의 지도자는 목회자이다. 이들은 미국 흑인 영어의 억양을 사용하지만, 이 방언의 문법적 · 음운적 특성을 사용하지는 않는다. 'I Have a Dream'이라고 알려진 유명한 연설에서 마틴 루터 킹(Dr. Martin Luther King Jr., 1929~1968)은 "I have a dream …"이라는 구절을 랩과 같은 시적 억양으로 되풀이하였다. 제시 잭슨 목사도 자신의 설교에서 미국 흑인 영어의 어휘를 사용하면서 억양, 두운, 압운, 리듬을 뒤섞어 사용했다.

> "Africa would if Africa could.
> America could if America would.
> But Africa cain't and America ain't."[8)]

8) Geneva Smitherman, *Talkin' and Testifyin': The Language of Black America* (Detroit: Wayne State University Press, 1977).

연습문제 2 : 미국 흑인 영어의 시적 문체 분석

1. 마틴 루터 킹 목사의 'I Have a Dream' 연설문을 구해서 다음 문제들에 대해 답하여라.
   a. 반복된 모든 구절을 찾아 목록으로 만들어라. 반복된 구절들의 중요성은 어떤 것인가?
   b. 각운(라임)과 두운, 즉 동일한 소리로 시작되는 단어를 찾아라. 어떤 맥락에서 라임이 나타나는가? 두운이 되는 어휘의 중요성은 무엇인가?
   c. 루터 킹 목사가 언급하거나 인용한 출처는 무엇인가? 이 출처가 되는 글들은 어떤 면에서 미국 흑인사회에서 중요한가?
   d. 은유의 사례를 찾아라. 어떤 항목들이 비교되는가? 이러한 비교의 중요성은 무엇인가?
   e. 미국 흑인 영어의 문법이나 음운론적 특성을 보여 주는 사례가 있는가? 왜 있거나 또는 없는가?
2. 미국 흑인 작가의 다른 작품을 선택해서 위와 같은 방법으로 분석하여라. 랩의 가사나 시, 소설이나 연설문 속의 대화 또는 설교문을 조사하여라.

연습문제 3 : 미국 흑인 영어

다음 각 문장이 표준 미국 영어인지 미국 흑인 영어인지 또는 양쪽 모두에서 사용되는지를 구분하여라.

1. He's a good student.
2. He wanted to know where did he work.
3. What a nice car you have.
4. You a good girl.
5. I've got a big sack.
6. It's a church around the block.
7. He be home a long time.
8. I didn't have no problem.
9. I had no friends.

10. I want to know what you did.
11. She'd be a good linguist.
12. She be going to school.
13. There's a movie at the theater.
14. He is fixing the car today.
15. They be going home every day.

히스패닉 영어

히스패닉 영어(Hispanic English : HE) 히스패닉 계통의 미국인이 구사하는 영어의 다양한 변종이다.

히스패닉계 미국인이 사용하는 영어는 다양한 변이형을 보인다. 미국 흑인 영어의 변종이 다양하듯이, **히스패닉 영어**(Hispanic English : HE)에도 매우 다양한 방언형이 존재한다. 에스파냐어를 구사하던 국가에서 온 이주자들이 사용하는 영어의 특성은 에스파냐어의 음운 체계를 영어 단어에 적용하고 어순을 영어 문장에 적용함으로써 나타났다.

음운적 차이

영어에는 12개의 주요 모음이 있다(제2장 참조). 반면에, 에스파냐어에는 /i, e, u, o, a/라는 5개의 주요 모음만 있다. 에스파냐어 화자가 5 모음 체계를 사용하여 영어 단어를 말하면, 단어 사이의 많은 차이점이 사라지고 거의 동음이의어처럼 들린다. 예를 들어, 에스파냐어에는 /ɪ/ 모음이 없기 때문에 모음 /i/가 이를 대체한다. 그 결과 lip과 leap은 /lip/으로, sip과 seep은 /sip/으로 동일하게 발음된다.

모음 /ə/도 에스파냐어에는 존재하지 않는다. 따라서 이 모음은 모음 /ɔ/로 대체되는데, 이 모음도 외국어처럼 들리기는 마찬가지이다. but과 bought는 동일하게 발음되며, done과 dawn도 유사하게 발음된다.[9)]

에스파냐어에는 /š/도 없다. 따라서 이 발음은 단어의 처음에 올 때 종종 /č/로 발음된다.

	표준 미국 영어	히스패닉 영어
Chevy	/šɛvi/	/čɛvi/
Chicago	/šəkago/	/čikago/

9) Francine Hallcom, *A Guide to Linguistics for ESL Teachers* (Dubuque, IA: Kendall/Hunt Publishing, 1995), 87-96.

에스파냐어에는 muchacho와 chico에서 보듯이 /č/음이 있지만, 이 음은 영어 단어 such와 which처럼 단어의 끝소리로는 사용되지 않는다. /č/가 단어의 끝에 오면, 에스파냐어 화자는 이를 /š/로 발음한다.

	표준 미국 영어	히스패닉 영어
such	[sʌč]	[sʌš]
which	[wɪč]	[wɪš]

에스파냐어는 어두에서 /s/로 시작하는 자음군을 허용하지 않으며, /s/를 포함하는 자음군이 반드시 모음에 뒤따라야 한다. 에스파냐어와 영어에는 **동족어**(cognate)에서 나온 단어가 많은데, 영어 단어에서 /s/로 시작하는 자음군은 에스파냐어에서는 /s/ 앞에 /ɛ/로 시작된다. 예를 들어, 영어의 school은 에스파냐어에서 escuela이고, 영어의 student는 에스파냐어에서 estudiante이며, 영어로 Spain이란 단어는 에스파냐어로는 España가 된다. 이러한 에스파냐어 음운 규칙을 영어 단어에 적용하면 다음과 같은 규칙성을 발견할 수 있다.

동족어(cognates) 유사한 뿌리언어에서 도출된 몇몇 언어에 공통으로 나타나며 유사한 의미를 지닌 어휘를 말한다.

표준 미국 영어	히스패닉 영어
stop	/ɛ/stop
stand	/ɛ/stand
Steven	/ɛ/Steven
start	/ɛ/start

한편 영어를 매우 유창하게 구사하는 에스파냐어 화자는 스스로 과도하게 수정하기도 한다. 예를 들어, especially를 specially로, expect를 spect로 고치기도 한다(글상자 7-2 참조).

통사적 차이

에스파냐어는 프랑스어, 중세 영어, 미국 흑인 영어 등과 마찬가지로 문장에 부정어가 있어도 또 하나의 부정어를 동사 앞에 둔다. 이런 문장을 영어로 번역하면, 영어 문장은 **이중부정**(double negation)이 된다.

이중부정(double negation) 한 문장을 부정하기 위해 하나 이상의 부정어를 사용하는 것을 말한다. 다중부정을 참조하여라.

표준 미국 영어	히스패닉 영어
I don't have any help.	I don't have no help.
You don't need a car.	You don't need no car.

글상자 7-2 동족어와 가짜 동족어

동족어란 둘 또는 그 이상의 서로 다른 언어에 존재하는 유사한 뿌리의 언어로부터 갈라져 나왔고 유사한 의미를 지닌 단어를 말한다(제12장 참조). 동족어를 뜻하는 cognate란 단어는 영어 단어 recognize와 동일한 라틴어 어근에서 유래한다. 종종 동족어는 너무 유사하여 쉽게 알아볼 수 있다.

에스파냐어와 영어에는 상대어를 배우는 화자가 쉽게 배울 수 있게 해 주는 동족어가 많이 있다. 영어의 nation은 에스파냐어에서 nación이며, 영어의 probably는 에스파냐어로는 probablemente이다. 영어의 problem은 에스파냐어로 problema이며, 영어의 mechanic은 에스파냐어로 mecánico이다. 사실 때로는 영어를 에스파냐어로 번역하는 것이 단지 -tion을 -ción으로, -ly를 -mente로 바꾸거나 또는 명사의 끝에 /a/나 /o/를 덧붙이는 것과 같은 단순한 작업으로 보일 수도 있다.

그러나 동족어가 아니지만 동족어로 보이는 것도 있음을 주목해야 한다. 예를 들어, libreria로부터 책을 빌릴 생각은 하지 말라. 이 에스파냐어 단어는 도서관이 아니라 bookstore란 뜻이다. 여기서는 책을 사는 것이지 빌리는 것이 아니기 때문이다. 에스파냐어 discoteca는 영어의 discotheque, 즉 녹음된 음악에 맞추어 춤을 추는 나이트클럽이 아니다. 이곳은 녹음된 음악을 파는 음악가게이다. 또 에스파냐어 lectura는 lecture가 아니고 열람실을 의미한다. 에스파냐어 advertencia는 경고이지 영어의 advertisement가 아니다. 그러나 무엇보다 중요한 것은 당신이 embarrassed와 같은 의미를 표현하고자 할 때, embarasada라는 단어를 사용해서는 안 된다는 사실이다. 이 단어를 사용하면 당신은 정말로 embarrassed 될 것이다. 에스파냐어로 embarasada는 pregnant, 즉 '임신한'이란 뜻이기 때문이다.

I don't have any homework.	I don't have no homework.
I didn't see the sign.	I didn't see no sign.

이중언어 공동체

기업체, 교육계, 전문직, 미디어 등에서 2세대 및 3세대 히스패닉계 미국인은 영어와 에스파냐어를 모두 구사한다. 이들은 영어에서 에스파냐어로 또는 에스파냐어에서 영어로, 심지어는 한 문장 안에서 코드전환을 자유자재로 할 수 있다. 예를 들어, 은행원은 문장의 긍정 표지인 OK와 대화 마지막에 나오는 bye-bye 등을 제외하고는 완전하게 에스파냐어로 대화할 수 있다. 어떤 텔레비전 아나운서는 사투리가 전혀 없는 영어를 구사하다가, 에스파냐어 사람 이름이나 장소 이름을 완벽한 에스파냐어로 발음하기도 한다. 이중부정은 이민자가 아니라 2세대 또는 3세대인 히스패닉계 미국인의 비공식적 대화에서 흔히 들린다.

이중언어를 구사하는 히스패닉계 미국인의 영어에서 발견되는 또 다른 흥미로운 통사적 특성은 영어 동사에 에스파냐어 굴절어미를 사용하는 것이다. 예를 들어, watchale나 parquiar와 같은 단어가 있다.

표준 미국 영어	**에스파냐어**	**히스패닉 영어**
Push	empujé	puché
watch out!	¡cuidado!	¡watchale!
to back up (a car)	regresar	baquiar
to park (a car)	estationar	parquiar
to eat lunch	almorzar	lonchar

에스파냐어 유산에 대한 자부심으로 인해 이들은 자신의 아이가 에스파냐어를 말하고, 읽고, 쓸 수 있도록 권장한다. 영어공동체로의 동화로 인해 이들은 에스파냐어 대화의 일부에서도 영어를 사용하기도 한다. 두 언어 사이의 이러한 코드전환은 이중언어 공동체 구성원으로서 이들의 정체성을 더욱 강화해 준다.

접촉어 : 피진과 크리올

서로 다른 언어를 구사하는 사람들이 접촉하면 서로 의사소통을 할 수 있는 방법을 모색하게 된다. 공통의 제2언어가 있는 곳에서는 당연히 이 언어가 **링구아 프랑카**(lingua franca), 즉 사업이나 기타 소통의 필요성을 충족하기 위한 공통어의 역할을 한다. 동아프리카의 많은 곳에서는 스와힐리어가 사용된다. 다시 말하면, 이 지역에서는 스와힐리어가 링구아 프랑카인 것이다. 동유럽에 사는 유대인 사이에서는 독일어의 방언인 이디시어가 링구아 프랑카 역할을 한다. 오늘날 영어는 항공과 기술 분야의 링구아 프랑카이다.

링구아 프랑카(lingua franca) 서로 다른 모국어를 구사하는 사람들에 의해 소통의 필요성이나 기타 업무 목적으로 사용되는 공통의 제2언어를 말한다.

그러나 사용할 수 있는 공통의 언어가 없을 때에는 사업, 서비스, 무역과 같은 특정한 상호관계에서 사용하기 위해 단순화한 언어가 개발된다. 이러한 언어를 **피진어**(pidgin language)라고 부른다. 이 단어는 극동지역의 중국어와 영어 사이에서 만들어진 피진어의 business라는 단어에서 나온 것으로 추측된다. 톡 피진어는 영어와 뉴기니의 언어들에 기반을 두고 만들어진 피진어이다. 또한 타이 보이는 프랑스어와 베트남어에 기반을 둔 피진어이고, 치누크어는 미국 북서부 해안에 거주하는 미국 원주민의 피진어이다. 피진어에는 아프리카어·영어, 아프리카어·프랑스어, 포르투갈어·말레이시아어 등에 근거를 둔 언어가 많다.

피진어(pidgin language) 업무, 서비스, 무역 등과 같은 특정한 목적을 위해 사용될 수 있도록 개발된 단순화한 언어로서, 공통의 언어가 없는 사람들이 접촉할 경우에 생긴다.

어떤 언어에 기반을 두고 있던 간에, 피진어에는 몇 가지 공통 특징이 있다. 우선

상층어(superstrate language) 우세언어로서, 피진어의 어휘 대부분은 상층어에서 유래한다.
하층어(substrate language) 우세어를 학습하는 토착민들의 원주민어를 말한다. 피진어는 이 하층어의 통사적 특성을 대부분 유지한다.

피진어는 지배어 또는 **상층어**(superstrate language)로부터 많은 어휘를 차용하지만, 통사적 특성은 피지배어 또는 **하층어**(substrate language)로부터 받아들인다. 예를 들어, 아프리카나 다른 유럽 식민지지역에서 생긴 피진어는 유럽 국가의 어휘가 어휘 대부분을 구성하지만, 문법의 많은 부분은 원주민어에서 나온 것이다. 그 이유는 피진어가 필요성에 의해 매우 급격하게 만들어지기 때문에, 하층어 화자는 상층어의 어휘만을 배우고 그것을 자신의 언어에 수용하기 때문이다.

피진어는 어휘의 수가 매우 제한적이어서 대략 800개에서 1,500개로 추산된다.[10] 따라서 피진어는 (일반 언어에서는 명사나 형용사와 같은 용어로 표현되는 개념을 나타내기 위해) 장황한 설명을 하게 되는데, 이런 설명은 주어진 개념에 대응하는 용어가 없기 때문에 종종 화려한 경우도 있다. 여러 가지 피진어의 몇 가지 예를 들면 dog baby(puppy), cow pig(sow), lamp belong Jesus(sun) 등과 같은 표현이 있다. 또 다른 예로는 grass가 있는데, 이는 표면에서 무수히 자라나는 것이면 무엇이나 표현하여, '수염'은 grass belong face, '머리카락'은 grass belong head로 표현된다.

피진어는 어순을 매우 중요시하는데, 그 이유는 접사를 사용하지 않기 때문이다. 동사의 시제와 상은 조동사에 의해 표시되고 자음군은 주로 축약되므로 대부분의 음절은 자음과 모음으로 구성된다.

크리올어(creole language) 피진어가 다음 세대에게 전수되어 그들의 제1언어가 되면 크레올어라고 부른다.

피진어가 다음 세대에게 전수되어 이 공동체의 제1언어가 되면, 이것을 **크리올어**(creole language)라고 부른다. 미국에 노예로 팔려 온 아프리카인들은 같은 언어를 구사하는 다른 노예들로부터 의도적으로 분리 수용되었는데, 이들이 서로 반란을 모의하는 것을 막기 위해서였다. 서로 소통하기 위해서 이들은 감시자의 언어를 상층어로 하여 일종의 피진어를 만들었다. 시간이 흐르면서 이들은 자신들만의 언어공동체를 만들었으며, 피진어는 그들 사이의, 그리고 노예로 태어난 후손과의 소통수단으로 발전하였다. 이런 과정을 **모국어화**(nativization)라고 부른다. 누구의 모국어도 아니었던 새로운 언어가 한 세대의 모국어로 탈바꿈하는 것이다. 이런 과정에서 어휘가 덧붙여짐으로써 다양한 인간 경험을 표현할 수 있는 언어로 발전한다.

모국어화(nativization) 원어가 아니었던 언어가 한 세대의 화자들의 원어가 되는 과정을 말한다.

톡 피진어는 크리올어로서, 파푸아뉴기니의 공식언어이며 정부, 방송, 학교, 교회 등에서 사용된다. 그런가 하면 하와이어 피진어로 쓰인 라디오 방송대본, 음악회 안내서, 아동도서도 있다. 일부 언어학자는 미국 흑인들이 사용하는 걸러어 및 다른 변이어들을 크리올어로 간주하기도 한다.

10) Nancy Parrot Hickerson, *Linguistic Anthropology*, 2nd ed.,(Fort Worth, TX: Harcourt College Publishers, 2000), 198.

상황적 방언

모든 사람은 여러 가지 상황에 따라 서로 다른 형태의 언어를 구사한다. 아프리카계 미국인이 미국 흑인 영어와 표준 미국 영어 사이에서 코드전환을 하듯이, 사람들은 주어진 상황, 공식성의 정도, 대화 상대자에 따라 적절한 언어 형태, 즉 **언어사용역**(register)을 선택한다. 가족이나 친구와 이야기를 나눌 때와 상점의 점원과 이야기를 나눌 때 우리는 서로 다른 형태의 언어를 구사한다. 어린아이와 이야기를 할 때에는 정부 관리와 이야기할 때와 다르게 이야기한다. 우리의 전문 분야에 대한 지식이 있는 사람과 이야기하는 경우와 이를 모르는 사람과 이야기하는 경우에 우리는 완전히 다른 형태의 언어를 구사한다. 적절한 상황적 방언, 즉 언어사용역을 구사하는 것은 다른 사람과의 끈끈한 연대감을 표현하고자 하는 욕구, 다른 사람의 감정을 상하지 않도록 공손하게 처신하려는 욕구, 또는 전문가나 동료로서의 신뢰성을 확립하려는 욕구를 나타내는 것이라고 할 수 있다.

상황적 방언(register) 주어진 상황, 공식성의 수준, 대화 상대에 알맞은 말하기 방식을 말한다. 언어사용역이라고도 한다.

인도-유럽어를 포함하는 많은 언어에는 상대적인 사회적 지위에 따라 상대방에게 말하는 법도가 있다. 에스파냐어, 프랑스어, 독일어에서는 대명사 you에 대한 어휘가 2개 있어서 하나는 공식적 상황에서 사용되며 다른 하나는 비공식적인 상황에서 사용된다. 공식적인 형태는 연장자, 윗사람, 낯선 사람에게 사용하고, 비공식적인 형태는 아이, 아랫사람, 가까운 친구에게 사용한다. 대명사 you의 두 가지 형태와 더불어 대부분의 동사에도 2인칭에 사용하는 두 가지 형태가 있다. 이런 언어를 사용할 경우에는 대명사와 동사의 선택이 상황에 의해 결정되는 셈이다.

"How are you?"와 같은 인사말은 에스파냐어에는 두 가지 형태가 있다.

¿Como estás tú? – 비공식적
¿Como está Usted? – 공식적

어떤 학생이 교수에게 비공식적 형태인 tú를 사용하여 말한다면, 그 교수는 이 학생이 너무 친근하다고 느낄 것이다. 반대로 어떤 친구에게 Usted라는 공식적 형태를 사용하여 말한다면, 상대방은 비우호적인 인상을 받고 거리감을 느낄 것이다. 영어는 18세기 이후 공식적인 you와 비공식적인 표현이었던 thee 사이의 구분이 사라졌다. 그러나 영어 화자는 친숙성의 정도를 표현하는 다른 수단을 가지고 있다.

음운적 변이형

영어 화자가 발화의 공식성 정도를 표현하는 한 가지 방법은 축약의 사용 여부이다.

일반적인 축약은 공식적 상황이든 비공식적 상황이든, 문어체와 모든 구어체 언어사용역에서 사용된다.

I am — I'm
You are — you're
He is, she is — he's, she's

사실 축약을 사용하지 않으면 매우 공식적이고 다소 엄숙한 언어 형태가 된다. 또한 축약되지 않은 문장은 축약되지 않은 단어에 강세가 추가됨으로써 초점 구문의 역할을 하기도 한다(제6장 참조). ('I'm coming'과 'I am coming'을 비교해 보라.) 다소 비공식적인 말이나 글에서는 조동사와 상 동사들이 축약된다.

공식적	**비공식적**
You should have	You should've
I could have	I could've
He would have	He would've

일상언어에서 이러한 축약은 /ʌv/로 발음되지만, 좀 더 비공식적 언어사용역에서는 슈와 /ə/로 축약된다.

	비공식적	**좀 더 비공식적인**
should've	/šʊdʌv/	/šʊdə/
could've	/kʊdʌv/	/kʊdə/
would've	/wʊdʌv/	/wʊdə/

또한 비공식적 언어사용역에서는 다음에서 보듯이 다중 축약도 가능하다.

I would have	I'd've /aydəv/ 또는 I'd'a /aydə/
I am going to	I'm gonna /am gʌnə/

앞의 제2장에서 다루었던 연결 발화는 비공식적 언어사용역의 표시이다.

영어 화자가 좀 더 비공식적으로 말하고 있다는 사실을 나타내는 또 다른 방법은 단어 끝에 나오는 /ŋ/을 /n/으로 바꾸어서 발음하는 것이다. 비공식적 언어사용역에서는 knowing이 knowin'으로, dancing이 dancin'으로, happening이 happnin'으로 발음된다.

연습문제 4 : 비공식적 영어의 축약

1. 본문에서 언급되지 않은 단어 중 어떤 영어 단어가 축약되는가?
   a. 대중잡지의 기사나 학교 신문을 읽고 어떤 단어가 축약되는지 찾아보아라.
   b. 2명의 친구가 나누는 대화를 잘 듣고 어떤 단어가 축약되는지 알아보아라.
   c. 구어의 축약형 발음이 문자 축약의 철자와 어떻게 다른가?
   d. 어떤 종류의 단어가 주로 축약되는가? 또 어떤 품사가 주로 축약되는가?

2. 다음 문장을 가능한 축약형을 이용하여 다시 써 보고, 발음상의 비형식적 축약형으로 써라. 두 가지 사이에 어떤 차이가 있는가?
   a. I am studying linguistics.

   ____

   ____

   ____

   b. I will be going to the store today.

   ____

   ____

   ____

   c. I am going to a party tonight.

   ____

   ____

   ____

   d. I am going to dance at the party.

   ____

   ____

   ____

   e. I have a large dog.

   ____

   ____

   ____

   f. I have been working a long time.

   ____

g. We would have been late if we stopped for coffee.

h. He will not need a coat today.

i. You do not have enough money.

j. That is not going to happen.

3. 다음 단어들의 발음상의 축약형을 써라.

단어	철자 축약	발음
a. I am		
b. I am not		
c. You are not		
d. He is		
e. They are		
f. I am going to		
g. I will have		
h. I did not		
I. I have		
j. I have not		

4. 어떤 대화를 듣고 화자들이 단어 끝에서 /ŋ/을 /n/으로 바꾸는지를 잘 살펴라.
   a. 어떤 단어가 바뀌었는가? 그러한 단어의 목록을 작성하여라.

   ____

   ____

   ____

   b. 대화 참여자들을 기술하여라. 이들은 친구인가? 친척인가? 아니면 학생과 교사인가? 동료인가? 판매원과 고객인가?

   ____

   ____

   ____

   c. 대화 상황을 설명하여라. 어떤 곳에서 대화가 이루어지고 있는가?

   ____

   ____

   ____

   d. /ŋ/ 대신에 /n/을 사용하는 규칙에 대해 어떤 결론을 내릴 수 있는가?

   ____

   ____

   ____

통사적 변이형

비공식적 언어사용역을 표시하는 문법적 장치는 전치사를 문장의 끝에 두는 것이다. 전치사로 끝나는 문장은 비공식적 언어, 일상언어에서 흔히 발견된다.

> "Where are you going to be at?"
>
> "Who should I send it to?"

이러한 일상 영어가 좀 더 공식적인 언어사용역으로 바뀌면 다음과 같다.

> "Where are you going to be?"
>
> "To whom should I send it?"

사실 whom이란 단어는 who의 목적격 형태인데, 아주 공식적인 상황 또는 매우 현학적인 사람에 의해서나 사용된다.

비공식적 언어에서는 공식적 형태의 영어에서 허용되지 않는 생략을 허용하기도 한다. 다음 예문과 같은 비공식적 질문에 대한 답은 한두 단어로서도 충분하지만, 의미적으로는 지우기 선으로 표시된 완전한 문장의 의미가 있다.

"Where are you going to be at?"

""The mall." ("~~I am going to be at~~ the mall.")

"Who should I send it to?"

"Dale." ("~~You should send it to~~ Dale.")

비공식적 형태의 언어사용역에서 흔히 볼 수 있는 또 다른 생략의 예는 다음과 같다.

"You going to school today?"

"Going to work today?"

위 예문 중 첫 번째에는 조동사 are가 생략된 것이고, 두 번째 예문은 조동사 are와 대명사 you가 동시에 생략된 것이다.

영어의 비공식적 스타일의 또 다른 특성은 등위접속사 and를 사용하여 단문이나 절을 반복적으로 연결하는 것이다. 다음 발화는 글쓰기에서는 단절되지 않은 하나의 절이지만, 비공식적 발화에서는 흔하게 발견된다.

"… I heard about it from David who is a gourmet cook, and he said read this article and, you know, it's a pretty good article and after I read that article …"[11]

공식적인 문체와 문어체에서는 중문이나 복문을 사용한다(제5장 참조). 비공식적 형태에서는 대부분의 문장을 능동태로 사용하는데, 공식적이고 문어적인 형태에서는 종종 수동태를 사용한다(글상자 5-1 참조).

의미적 변이

단어의 선택은 아마도 공식성, 즉 상황적 방언을 표시하는 가장 중요한 표지일 것이다. 11세기에 있었던 노르만의 영국 침략이 가져온 유산 중 하나는 영어가 원래의 조상어인 앵글로-색슨어(제12장 참조)에서 유래한 단어와 프랑스 침략군에게서 도입한 동의어를 대량으로 가지게 되었다는 점이다. 프랑스어 사용자는 귀족 지배 계층이었기 때문에, 프랑스어에서 유래한 동족어는 좀 더 공식적이고 상류층이 사용하는 단어

11) Deborah Tannen, *Conversational Style* (New York: Oxford University Press, 2004), 80.

인 경향이 있다. 반면에 앵글로-색슨 어휘는 노동자, 농민, 노예가 사용하던 언어로 비공식적이고 세속적인 어휘가 많다. 다음 동의어 사이의 서로 다른 함축적 의미를 보자.

프랑스어 기원	앵글로-색슨어 기원
perspire	sweat
expectorate	spit
beneficial	good
desire	want
abandon	leave

속어(slang)의 사용은 화자가 자신의 비공식적 언어사용역과 사회적 정체성을 나타내는 또 하나의 방법이다. 속어는 새로 만들어진 단어나 공식적인 언어 사용에서는 완전하게 받아들여지지 않은 단어이다. 많은 속어가 **금기어**(taboo word)이며, 일부 금기어는 신체 기능이나 신체 부위와 관련이 있다.[12] 아동은 공식적인 urinate란 단어 대신에 pee-pee 또는 wee-wee를 사용하도록 배우고, 가족은 주로 penis, vagina, breasts, buttocks란 단어 대신에 그들만의 속어를 만들어 사용하기도 한다. 성인은 이러한 속어의 여러 가지 다른 변이형을 사용하거나, 또는 성인만이 공유하는 더 속어적인 변이형을 사용한다. 그러나 성인은 의사의 진료를 받는 경우에는 신체의 기능이나 부위와 관련하여 좀 더 공식적인 단어를 사용한다. 금기어의 또 다른 예로는 son of a bitch, motherfucker, god damn과 같은 **욕설**(expletive)이 있다. 욕설의 주요 기능은 감정적 의미, 즉 화자의 감정을 표현하는 것이다. 인종과 관련된 형용사, 이를 테면 wop, wetback, slant eyes 등도 금기어이다. wop는 '서류 없이(without papers)', 즉 밀입국한 이탈리아인을 말하고, wetback은 불법적으로 국경선을 넘어온, 즉 리오그란데 강을 가로질러 수영해 온 멕시코인을 말하며, slant eyes는 눈꺼풀이 접혀지지 않는 아시아인을 나타낸다. 욕설과 인종 암시 속어는 공식적 언어사용역에서는 결코 사용되지 않는다.

속어(slang) 공식언어에서는 완전히 수용되지 않는 신조어를 말한다.

금기어(taboo word) 사용을 제한하는 문화적 규칙이 있는 속어를 말한다. 이 중 일부는 신체 기능이나 신체 부위와 관련이 있다.

욕설(expletive) 감정적 의미를 표현하는 기타 금기어를 말한다.

한편 TV, phone, fridge 등도 집에서 사용하는 일상적 물건을 가리키는 비공식적 단어로, 이들은 각각 television, telephone, refrigerator에서 줄인 말이다(제4장 참조). 가족과 이야기할 때는 축약형을 사용하지만, 상품 제작자에게 편지를 쓰거나 소비자 분쟁 법정에서 증언을 할 때에는 축약되기 전의 원래 형을 사용한다. boob tube, horn,

12) [역주] 이와 관련하여 『언어의 비밀』(장영준, 서울, 한국문화사, 2004, 297~299)을 참조하여라.

reefer와 같이 가사 제품을 나타내는 속어는 감정적 의미나 사회적 의미를 전달한다.

속어 표현은 대부분 집단 내에서 또는 동일 세대가 사용한다. 1930년대에 할렘의 재즈 음악가들은 뛰어난 재즈 음악가를 지칭하기 위해 cool cat이라는 표현을 사용하였다. 1950년대에는 나이 많은 사람을 지칭하는 데 Dad 또는 Daddy-o라는 신조어를 사용하였다. 1960년대의 히피들은 놀라움을 나타내기 위해 far out이란 표현을 사용하였고, 마약 복용과 관련된 감정 상태를 나타내기 위해 turn on이나 get high란 표현을 사용하기도 했다. 이들은 또 기존의 주류 문화나 기득권층과 자신들을 분리하는 것을 drop out이라고 하였다. 1980년대의 밸리 걸들은 긍정을 나타내는 용어로 totally를, 'good'을 의미하는 말로 radical의 줄임말에서 온 rad를 사용하기도 하였다. 이 당시에 사용되던 gag me with a spoon은 어떤 것이 불쾌하거나 어리석다는 의미이다. 인용문을 의미할 때에는 says 대신에 goes나 like를 사용하기도 하였다. 요즘에는 컴퓨터업계의 사람들은 소위 긱 스피크(geek speak)라 불리는 최신 유행어, 예를 들어 cube farm(작은 방으로 이루어진 사무실)이나 liveware(사람)와 같은 용어를 사용한다. 이처럼 전형적인 속어 표현의 사용은 사회적 정체성을 드러내고 집단의 연대감을 증진하는 기능을 한다.

전문어(jargon) 전문직, 스포츠, 취미, 특수 집단의 내부자간 표현을 말한다.

전문어(jargon)는 전문직, 스포츠, 취미, 또는 특수 분야의 내부자들이 사용하는 표현이다. 사실 이 책에서 볼드체로 쓰인 어휘들도 언어학이라는 특수 분야의 전문어라고 할 수 있다. 사람들은 자신의 전문직에서 사용되는 전문용어를 사용하는데, 집단 내부에서 사용할 때는 축약된 형태로 사용한다. 예를 들어, 컴퓨터 프로그래머에게는 read-only memory라는 정의를 모두 사용하는 것보다 ROM과 같은 한 단어를 사용하는 것이 더 쉽고 빠를 것이다. 전문 분야의 사람은 해당 분야의 지식을 갖춘 사람을 존중하며, 전문지식은 종종 올바른 전문어의 사용에 의해 드러나기도 한다. 어떤 의사가 contact dermatitis라는 전문용어를 사용했다면, 그것은 피부 반점이 일반적으로 바이러스, 알레르기, 신경성 등의 다양한 요인에 의해 생길 수 있지만 이 경우에는 피부 반점이 자극적인 물질과의 접촉에 의해 생겼다는 의학지식을 밝힌다.

그러나 때때로 전문어는 단순한 개념을 좀 더 중요한 것처럼 보이게 함으로써 해당 분야의 국외자들로부터 일종의 경외감을 불러일으키는 역할을 하기도 한다. 이런 배경으로 인해 종종 전문어와 관련된 유머가 만들어지기도 한다. 예를 들어, 자동차 수리공이 자동차의 작동원리를 여성 고객에게 설명하면서 전문어를 사용하는 경우가 있다. 그는 계기판의 손잡이를 설명하면서 rotary attenuator라는 전문용어를 사용하거나, 간단하게 말해도 되는 것을 아주 긴 전문용어들을 사용하여 자신의 전문가적 지식을 드러내려고 하기도 한다(글상자 7-3 참조).

글상자 7-3 이중화법

윌리엄 루츠(William Lutz)는 소통의 목적이 아니라 사람들을 혼동시키고 속이려는 의도로 만들어진 말을 지칭하기 위해 이중화법이란 용어를 만들었다. 상대방이 이해하지 못할 것이라는 사실을 알면서도 자신의 전문적 언어공동체를 벗어나서 전문어를 사용하는 것은 이중화법으로 간주될 수 있다. 의사는 아스피린을 NSAID(/ɛnsed/), 즉 nonsteroidal anti-inflammatory drug라고 부르고, 화학자는 유리를 fused silicate라고 부르며, 언어학자는 접사를 결속형태소라고 부른다. 이러한 전문용어의 의미를 알아들을 수 있을 것으로 기대되는 사람 사이에서 사용되는 한 그것은 이중화법은 아니다. 그러나 전문용어가 광고나 보험회사의 약관, 또는 회사의 연차보고서와 같이 대중이 읽을 것으로 예상되는 문서에 사용된다면 이것은 당연히 이중화법이다.

이중화법의 또 다른 형태는 완곡어법, 관료어법, 과장어법 등이다. 완곡어법은 실제보다 덜 불쾌하고 다른 사람의 감정을 덜 상하게 하는 단어를 말한다. 다른 사람의 감정을 상하지 않게 하려는 의도로 사용된 완곡어법을 이중화법이라고 할 수는 없다. 예를 들어, died 대신에 passed away라고 말하는 것은 이중화법이 아니다. 그러나 완곡어법이 정치적 이유로 사용되었을 때는 이중화법이 되기도 한다. 예를 들어, 미국의 국무성이 인권에 대한 연례보고서에서 killing이란 단어 대신 unlawful or arbitrary deprivation of life란 구절을 사용하는 것은 명백한 이중화법이다.

관료어법도 이중화법으로 사용된다. 청중에게 강한 인상을 심어 주기 위해 여러 개의 긴 단어를 아주 긴 문장에 넣어 사용하는 것은 청중과의 소통을 목적으로 한 것이 아니다. 미국 연방준비위원회 전 의장인 앨런 그린스펀(Alan Greenspan)은 이런 관료어법이 가득한 연설로 유명한데, 이런 자신의 말버릇에 대해 잘 알고 있었기 때문인지 한번은 이렇게 농담을 한 적도 있다. "I guess I should warn you, if I turn out to be particularly clear, you've probably misunderstood what I've said." 즉 "내가 여러분에게 경고하건대, 내가 특별히 말을 분명하게 하면, 아마도 여러분이 오히려 내가 한 말을 오해할지도 모르겠습니다."

과장어법은 모든 것을 중요하게 보이도록 하기 위해 상습적으로 전문용어를 남발하는 것을 말한다. 예를 들어, used car를 pre-owned car 또는 experienced car라고 하는 것이다. 방 안팎으로 회전하는 송풍기는 manually reversible, 즉 '수동으로 뒤집을 수 있는'이라고 과장된다. 이전에는 janitor라고 불리기도 했던 학교 용역원이 한때는 custodian이라고 불리다가 최근에는 plant manager라고 불린다. 요리와 바느질 등을 가르치는 학교 교사는 home economics를 가르치는 교사라고 불리다가 지금은 family and consumer studies를 가르치는 교사로 불린다.*

source : William Lutz, *Doublespeak: From Revenue Enhancement to Terminal Living: How Governments, Businesses, Advertisers and Others Use Language to Deceive You* (New York: Harper and Row, 1989).

지역방언의 사회적 의미

지역방언은 화자가 사용하는 방언을 근거로 하여 사람들이 그에 대한 일정한 판단을 한다는 점에서 사회적 의미가 있다고 할 수 있다. 방언에는 일정한 유형이 있다. 즉,

1990년대에 일본제 고급차인 인피니티는 방송 대변인으로 영국 출신의 배우 조나단 프라이스(Jonathan Pryce)를 고용하였다. 이런 일은 드문 현상은 아니다. 값비싼 첨단 고급제품을 선전하는 데는 종종 영국식 영어를 구사하는 유명 배우를 고용한다. 이들이 구사하는 영어는 미국인에게 매우 고상하게 들린다. 이러한 이미지는 곧바로 이들이 광고하는 제품에 우아함과 상류층만이 향유하는 듯한 배타성을 제공한다. 마치 이 제품을 구매함으로써 소비자 역시 상류층에 가입할 수 있다는 듯한 메시지를 전하는 것이다.

광고주가 어떤 제품을 세속적이고 친근하며 가정적인 것으로 묘사하고 싶으면 광고의 등장인물로 하여금 시골풍의 중서부 사투리를 사용하도록 한다. 주인공이 너무 똑똑하지 않은 것 같은 인상을 주려면 배우는 남부 사투리, 즉 'hillbilly' 사투리를 사용한다.

뉴욕 주의 브롱크스 사투리는 많은 코믹만화의 소재가 되었는데, 이 사투리는 특히 광고에 유머를 덧붙여 주는 것으로 유명하다. 이 지역의 영어 화자는 /θ/ 대신에 /t/를 사용하고, /r/ 발음을 생략하는 대신에 /ɔy/를 첨가하기 때문에 thirty-third street은 마치 /tɔyti tɔyd strit/처럼 발음된다. 이러한 사투리는 교육을 받지 못한 노동자 계층의 우스운 주인공을 묘사하는 데 사용된다.

이런 전형적인 어투의 효과를 인식하기 때문에 사람들은 어투를 고쳐서 자신에 대한 이미지를 바꾸고자 한다. 남부 출신의 텔레비전 뉴스계의 거물인 댄 래더(Dan Rather)와 케이티 쿠릭(Katie Couric)은 방송에서 말할 때는 절대로 남부방언을 사용하지 않는 것으로 유명하다. 그들은 전국 규모의 방송매체에서 사용하는 표준 미국 영어를 사용한다. 이렇게 함으로써 그들은 자신이 교육을 잘 받았고, 신뢰할 만한 사람이라는 인상을 준다.

반면, 미국 컨트리 음악을 하는 오스트레일리아 출신의 가수 키스 어번(Keith Urban)은 미국의 컨트리 가수에게서 기대되는 시골풍의 서부 사투리로 노래한다. 한 번도 미국의 시골에서 살아본 적이 없음에도 불구하고, 그는 시골에서 볼 수 있는 개, 트럭, 여자친구와 같은 흔한 소재에 대해 노래한다.

연습문제 5 : 전형적 방언

1. 특정 지역의 사투리를 구사하는 주인공이 등장하는 텔레비전 광고를 하나 선택하고, 사투리에 내포된 전형적인 어투를 분석하여라. 광고주는 광고의 주인공에 대해 시청자가 어떠한 것을 믿도록 하고 싶은가? 광고주는 이 제품에 대해 시청

자가 어떠한 사실을 믿기를 바라는가?

2. 특정 영어 사투리를 구사하는 텔레비전 드라마 주인공이나 영화배우를 선택하여라. 예를 들어, 〈Crazy Heart〉의 배드 블레이크, 〈Lie to Me〉의 칼 라이트만, 또는 〈Family Guy〉의 스튜이를 선택하고, 이들이 각각 어떤 방언을 사용하는지 맞혀 보아라. 이들이 해당 지역에서 왔다는 사실을 밝혀주는 특징적인 구절을 찾아보라. 해당 구절을 표준 철자법으로 쓰고, 그것을 음성학적으로도 표기하여라.

	주인공 이름	지역	어구(표준 철자)	어구(음성 표기)
a.	________	________	________	________
b.	________	________	________	________
c.	________	________	________	________
d.	________	________	________	________
e.	________	________	________	________

3. 미국을 제외하고 영국, 오스트레일리아, 인도 등 영어를 사용하는 지역에서 온 배우들이 최근에 미국의 텔레비전이나 영화에 (종종 주인공으로) 출연하는 경우가 많다. 예를 들어, 텔레비전 프로그램인 〈House, M.D.〉의 주연인 휴 로리(Hugh Laurie)는 영국인이다. 미국인 출신이 아니면서 미국에서 활동하는 영화배우나 텔레비전 배우 중 미국 표준 영어를 구사하는 경우를 찾아보아라. 그들은 어느 나라 출신인가? 그들은 작품 속에서 미국 표준 영어를 구사하는가 아니면 사투리를 구사하는가? 그들이 미국 표준 영어 이외의 방언을 구사한다면 그것은 어디 방언인가?

____

____

____

____

____

4. 자신의 지역방언을 분석하고, 지역을 나타내는 특징적인 어구나 단어에 어떤 것들이 있는지 설명하여라. 지역에 독특한 발음에는 어떤 특성이 있는가? 그것을 음성 표기로 나타내어라. 각자의 지역방언은 각자에 대해 다른 사람에게 어떤 정보와 배경을 알려 주는가? 자신이 선택한 직업 분야에서 성공하기 위해서 각자의 방언에서 어떤 것(들)을 고치고자 한다면 무엇이 있겠는가?

성과 언어

sex 남성과 여성의 생물학적 측면을 말한다.

gender 문화에 의해 결정되는 남성적 · 여성적 역할을 지칭하며 학습된 역할이다.

언어 사용과 관련하여 사람 간의 차이점이 나타나는 또 다른 요인이 바로 성(gender)이다. 생물학적으로 남성과 여성을 가리킬 때 영어로는 주로 **sex**라는 용어를 사용한다. 반면에, 문화에 의해 규정된 남성적 처신 또는 여성적 처신이라는 복잡한 학습된 개념을 지칭할 때는 **gender**라는 용어를 사용한다. 남성과 여성은 처음에 어린아이로서, 그리고 성장해서는 남자와 여자로서 그들이 속한 문화권에서 어떻게 처신하는 것이 기대에 맞게 올바르게 처신하는 것인지를 배우면서, 동시에 올바른 언어사용법에 대해서도 배운다. 어떤 언어는 대명사의 용법, 동사의 어미변형, 단어의 발음, 공식성의 정도 등에 대해 성별에 따라 서로 다른 규칙을 가진다.

히브리어는 남성과 여성에 따라 동사의 어미변형이 달라진다. 따라서 동일한 진술내용이라도 여성은 남성과는 다른 방법으로 동사의 어미를 변형시킨다.

	남성화법	**여성화법**
I write	/ani kotɛv/	/ani kotɛvɛt/
I say	/ani omɛr/	/ani omɛrɛt/
I go	/ani holɛx/[13)]	/ani holɛxɛt/
I love	/ani ohɛv/	/ani ohɛvɛt/

위에서 보듯이, 남성형은 더 짧은 무표형이다. 여성형은 남성형에 접미사를 덧붙이는 유표형이다.

히브리어는 대화 상대방의 성별에 의해서도 어형이 달라진다. 즉 2인칭대명사인 영어의 you는 히브리어에서 남성형과 여성형으로 구분하며, 이에 따라 2인칭동사형도 남성형과 여성형으로 구분한다.

	남성에게 말하는 경우	**여성에게 말하는 경우**
you	/ata/	/at/

13) /x/는 무성연구개마찰음을 나타내는 음성기호이다. 제2장의 '영어에서 사용되지 않는 자음'을 참조하여라.

How are you?	/ma šlomxa/	/ma šlomex/
I love you	/ani ohɛvɛt otxa/	/ani ohɛv otax/

그런가 하면 카리브 인디언어에서는 모든 일상 물건에 대해 남성형과 여성형을 구별하기 때문에 초기 에스파냐 탐험가들은 그곳의 남자와 여자가 서로 다른 언어를 사용한다고 보고했을 정도이다.

	여성이 말하는 경우	**남성이 말하는 경우**
rain	/kuyu/	/kunobu/
sun	/kači/	/hueyu/
canoe	/kuriala/	/ukuni/
manioc[14)]	/kawai/	/kieire/

그러나 이 언어에서도 기본적인 통사 구조와 어휘 대부분은 남녀 모두 동일하다. 언어학자들은 이 언어의 남성 어휘가 이웃 부족의 언어와 관련 있고 무역이나 전쟁과 같은 남성의 상호 접촉에서 오는 영향을 반영하는 것으로 판단한다. 사실 이러한 형태는 해당 인디언들이 링구아 프랑카를 사용하고 있다는 반증일 수도 있다.[15)]

남성언어와 여성언어가 차이를 보이는 또 다른 측면은 단어의 발음이다(글상자 3-1 참조). 시베리아의 추크치 족에서는 남성만 /r/, /c/, /g/를 발음한다. 대신에 여성은 이 자음이 사용되는 단어에서 /s/를 사용한다. 이렇게 함으로써 여성 언어가 좀 더 부드러운 [s]음이 더 많이 나타난다. '사람들'을 의미하는 단어의 경우, 남성은 /ɹamɪkɪčɪn/이라고 말하지만 여성은 /šamkıssšın/이라고 밀한다.[16)]

미국 서부평원지대에 거주하는 원주민의 언어인 우트어(Ute)에서도 동일한 단어를 성과 나이에 따라 다르게 발음한다. 30세가 되기까지는 남자나 여자나 모두 동일하게 발음한다. 그러나 30세가 넘으면서 다르게 발음하기 시작하고, 더 나이든 남자와 여자는 서로 다른 발음을 구사할 뿐 아니라 젊은 세대와도 다른 발음을 구사한다. 예를 들어, mountain lion이란 단어를 30세 이하의 사람은 /tŏk uts/라고 발음하지만, 50세 이상의 여자는 /tsŏk ŏʔtsɪ/로, 50세 이상의 남자는 /dug undz/라고 발음한다. 우트 족의 이야기꾼들은 이러한 언어적 구분을 이용하여 다양한 등장인물의 발음을 모사하여 이야기를 한층 흥미롭고 생동감 있게 전달한다.[17)]

---

14) manioc은 녹말이 다량 함유된 카사바 뿌리이다. 이 식물은 타피오카와 빵을 만드는 데 사용된다.

15) Taylor & Hoff, (1980), as cited in Nancy Parrot Hickerson, *Linguistic Anthropology,* 2nd ed. (Fort Worth, TX: Harcourt College Publishers, 2000), 212.

16) Bogoras, (1911), as cited in Nancy Parrot Hickerson, *Linguistic Anthropology,* 2nd ed. (Fort Worth, TX: Harcourt College Publishers, 2000), 210.

일본어에서는 다양한 어휘에 대해 공손형이 있다. 남자는 상황에 따라 공손형을 사용할 수도 있으나, 여자는 모든 상황에서 공손형을 사용한다. 예를 들어, '나'를 의미하는 단어의 공손형은 watashi인데 여자는 언제나 이 형태를 사용해야 한다. 그러나 남자는 이것보다 덜 공손한 형태인 boku를 사용하기도 한다.

상대방에 대한 공손형 호칭 어미는 -san인데, 이것을 상대방의 성 뒤에 덧붙인다. 일본어에는 좀 더 비공식적이고 친근한 호칭 어미로 -kun이 있다. 이 호칭 어미 역시 성에 덧붙여 사용하지만, 여자는 이 접미사를 사용할 수 없다.

"Mr. Sujishi/Mrs. Sujishi"	남자가 말할 때	여자가 말할 때
공손형	Sujishi-san	Sujishi-san
친근형	Sujishi-kun	Sujishi-san

최근에는 기업계, 정치계 등 이전에 남성만 독점하였고, 따라서 전통적으로 친근형만이 사용되던 모든 사회 영역에 여성이 진출하게 됨으로써 이런 구분이 사회적 논란이 되고 있다.

남자는 직접적인 진술을 해도 되지만 여자는 공손형인 꼬리의문문(tag question)을 덧붙여야 한다.[18)]

남자가 말할 때	Samui yo	"It's cold, I say"
여자가 말할 때	Samui wa	"It's cold, isn't it?"

영어에서도 남성언어와 여성언어 사이에 이와 유사한 차이점이 발견된다.

영어의 성 차이

영어는 남자나 여자의 구별 없이 동일한 어휘와 통사 구조를 사용한다. 영어 화자는 동일한 공식적, 비공식적, 공손형 및 간접적 어투를 사용한다. 그러나 남자와 여자는 서로 다른 상황에서는 공식적이거나 비공식적 어투를 사용하는데, 그 비율도 서로 다르게 나타난다. 예를 들어, 특정한 공손형을 사용하는 빈도나 간접화법을 사용하는 정도에 있어서 남자와 여자는 서로 차이가 있다. 이들은 대화교환과 끼어들기에 대한 기준이 서로 다르며, 또한 특정한 어휘(들)의 의미에 대해서도 서로 다르게 해석한다.

비공식적 담화에서는 단어의 끝에서 /ŋ/을 /n/으로 대치하거나 다중 축약과 속어

17) Nancy Parrot Hickerson, *Linguistic Anthropology,* 2nd ed. (Fort Worth, TX: Harcourt College Publishers, 2000), 212.

18) Ellen, Rudolph, "On Language: Women's Talk," *New York Times Magazine,* September 1, 1991.

의 사용과 같은 특성을 드러내는데, 여자보다도 남자가 이를 더 많이 사용한다. 여러 사회 계층에 대한 영국의 한 연구에 의하면, 비공식적 언어화법을 특징짓는 구문이 상류층보다는 하류층에서 더 흔하게 나타난다고 한다. 그러나 여성화법은 자신보다 상위의 계층에 속한 남성화법과 유사한 경향을 보이지만, 남성화법은 자신보다 하위층의 화법과 유사한 경향을 보이는 것으로 밝혀졌다.[19] 미국사회에서는 교육을 많이 받았거나 상류층에 속하는 사람이 자신이 'one of the guys', 즉 '하류층에 속하는 사람'이라는 사실을 남에게 알리는 방법 중 하나가 이러한 비공식적 화법을 사용하는 것이다. 성인 여자와 어린 소녀는 '숙녀처럼' 말하고 행동하도록 사회화되었기 때문에 비공식적 화법을 덜 사용한다.

모든 사람이 때와 상황에 따라 **간접적 어투**(indirect language)를 사용하지만, 여성이 남성보다 간접적 어투를 더 자주 사용하는 것으로 보인다. 여성 경영자는 자신의 비서에게 "Would you please get the central office on the phone for me?"와 같은 어투로 부탁한다. 그러나 남자 경찰관이라면 "Call the central office for me, please."와 같은 어투를 사용한다. 여성은 간접 명령을 할 때 다음과 같이 공손형 의문문을 즐겨 사용한다.

간접적 어투(indirect language) 명령문이나 명령 대신에 진술문이나 제언, 힌트 등을 사용하는 것을 말한다. 간접적 어투는 다양한 상황과 경우에 사용된다. 여성은 간접적 어투를 남성보다 더 자주 사용한다.

"Would you mind …?"
"'Can you do …?"
"Would you like to …?"

꼬리의문문(tag question)[20]은 isn't it?이나 don't you?와 같이 짧은 의문문으로서, 평서문의 끝에 추가된다. 모든 사람이 경우에 따라 꼬리의문문을 사용하지만, 여성이 남성보다 이런 형식의 감정이입적인 꼬리의문문을 더 자주 사용한다. 그 이유는 꼬리의문문이 직접적인 진술문이나 명령문을 좀 더 공손하게 보이게 하거나 대화 상대방을 좀 더 대화 속으로 끌어들이는 효과가 있기 때문이다.

꼬리의문문(tag question) isn't it? 또는 don't you?와 같은 짧은 의문문으로 평서문의 끝에 덧붙여진다.

"I think we should contact the central office, don't you?"
"I think it's great, isn't it?"
"You're ready to turn off the television and eat, aren't you?"

꼬리의문문과 같은 유형의 문법 구조를 사용하는 데 있어서 나타나는 남성과 여

19) *Language Files*, 328-330.
20) [역자] 다른 문헌에서는 tag question을 주로 '부가의문문'이라고 번역한다. 그러나 이 책에서는 '꼬리의문문'으로 번역한다.

성의 차이점은 실제적인 언어 수행의 결과라기보다는 일관성 있는 정형적 틀의 결과일지 모른다. 실험에 의하면 대학생들에게 만화 제목을 보여 주었을 때, 주인공의 성별을 정확하게 알아낸다고 한다. 그러나 다른 학생들이 쓴 짧은 글을 보고 글쓴이의 성별을 알아내는 것은 불가능한 것으로 밝혀졌다.[21)]

또 다른 전형적 차이는 여성이 남성보다 말이 더 많다는 생각이다. 그러나 실제로 관찰한 바에 의하면, 이러한 전형적 오해는 사실과 다르다. 남성과 여성을 포함하는 대부분의 대화 집단에서는 남성이 말을 더 많이 했다. 남성은 대화에서 여성보다 더 자주 말하는 순서를 차지했고, 더 긴 시간 동안 말했다. 대학생을 대상으로 한 또 다른 실험에서 남성과 여성에게 동일한 사진을 묘사하도록 하였다. 그 결과 남성은 평균 12분 동안 말한 데 비해, 여성은 단 3분 17초에 그쳤다.[22)][23)] 대학교 교수회의를 관찰한 결과, 남성이 여성보다 약 4배 정도 더 많이 발언하였으며, 교수들이 강의를 관찰한 바에 의하면, 남학생이 여학생보다 질문이나 논평을 더 많이 하는 것으로 드러났다. 여성이 남성보다 말이 더 많다는 굳어진 오해는 아마도 남성이 여성만으로 구성된 대화 집단을 관찰한 데서 온 것으로 보인다. 무의식적으로 여성이 말을 많이 하지 않을 것으로 예상했는데, 여성의 대화 집단에서 이런 기대치가 깨진 데서 오는 과장된 오해라고 생각된다.[24)]

데보라 태넌(Deborah Tannen)은 남성과 여성이 영어를 어떻게 서로 다르게 사용하는가에 대한 몇 권의 베스트셀러를 쓴 언어학자이다. 그녀의 설명에 따르면, 남녀의 대화에서 남성은 여성보다 상대방이 말하는 중에 더 자주 끼어든다. 여성이 중간에 끼어든다면 그것은 주로 화자가 말한 것에 대해 맞장구를 치거나 화자의 논지를 예를 들어 뒷받침하기 위한 것이다. 그러나 남성이 끼어들기를 하는 이유는 종종 대화의 소재를 바꾸거나 방향을 바꾸기 위한 경우가 많다. 대화를 제어하려는 힘은 특히 서로 지위가 다른 남성과 여성이 포함된 일터에서 눈에 띄게 나타난다. 직장에서의 대화를 관찰하면 여성이 남성보다 지위가 더 높은 경우에도 남성이 자신의 여성 상급자보다 50% 정도 더 자주 상대방의 말을 끊는 것으로 조사되었다.

또한 태넌은 남성과 여성이 'I'm sorry'라는 표현의 의미를 이해하는 데서도 차이를 보인다고 주장한다. "I'm sorry"라고 말하는 남성은 벌어진 사태에 대해 자신에게

21) Cheris Kramer, "Folk-linguistics: Wishy Washy Mommy Talk," *Psychology Today,* 1974, 8:82-85.

22) M. Swacker, "The Sex of Speaker as a Sociolinguistic Variable," in B. Thorne and N. Henley, eds., *Language and Sex: Difference and Dominance.* (Rowley, MA: Newbury House, 1975).

23) [역주]『영어에 관한 21가지 오해』(장영준 · 김종복 역, 서울, 한신문화사, 2001)에서도 이 주제를 다루고 있다.

24) Janet Holmes, "Women Talk Too Much," in *Exploring Language,* 10th ed., Gary Goshgarian, ed. (New York: Pearson Longman, 2004), 240-245.

쏟아진 비난을 받아들이고 사과를 함으로써 잘못을 저지르거나 실수를 한 사람의 열등한 입장 역시 받아들인다. 그러므로 남자의 세계에서는 이러한 일이 가능하면 없어야 하며, 이런 일은 흔히 있는 일이 아니다. 다시 말하면, 결과적으로 남성은 "I'm sorry"라는 말을 잘 사용하지 않는다.

반면에 여성은 끊임없이 사과하지만, 사과의 말 뒤에는 그다지 진지한 사과의 의미가 없다. "I'm sorry"라고 말하는 여성은 그냥 "그런 일이 일어나서 참 안됐군요." 정도의 의미가 있는 것이지, 자신이 그 상황에 대한 비난을 받아들인다거나 책임진다는 의미는 아니다. 사실 여성에게 있어서 사과라는 것은 비난의 수용이 아니다. 오히려 사과는 대화에 참여한 각자가 기여하도록 기대되는 일종의 부드럽게 하기 위한 시작일 뿐이다. 어떤 여성이 "I'm sorry."라고 한다면, 이 여성은 상대방이 "Oh no. It was my fault. I'm sorry."라고 말하기를 기대한다. 따라서 여성이 "I'm sorry"라고 말했는데, 상대 남성이 "Apology accepted."라고 하면, 상당히 비난을 받은 것으로 느끼고 자신의 진의가 잘못 전달되었다고 생각한다.[25)]

연습문제 6 : 대화에서의 남성과 여성

1. 서로 이야기를 나누는 비공식적 남녀 혼성 집단을 관찰하여라.
   a. 남성이 몇 번의 대화교환을 하는지 세어라.
   b. 여성이 몇 번의 대화교환을 하는지 세어라.
   c. 각 대화의 길이를 측정하여라.
   d. 남성과 여성 중 어느 쪽이 더 말을 많이 하는지 측정하여라.

2. 특정 수업에 참여하여 질문이나 논평을 하는 학생들을 관찰하여라. 질문이나 논평을 하는 남학생과 여학생의 비율이 어떤가? 반을 구성하는 남학생과 여학생의 비율을 고려했을 때 이 결과는 어떤가? 그 비율이 동일한가? 왜 그런가 또는 왜 그렇지 않은가?

3. 친구, 동료, 또는 가족 등 남성만으로 구성된 대화 집단을 관찰하여라. 그들이 어떤 주제에 대해 대화를 나누는지 기록하고, 이번에는 여성만으로 구성된 대화 집단에서 같은 점을 조사해 보아라. 화제가 동일한가? 다른가? 같다면 왜 같고, 다르다면 왜 다른가?

25) Deborah Tannen, *You Just Don't Understand* (New York: Ballantine Books, 1990), 232-233.

언어인류학

참여적 관찰자(participant observer) 문화인류학자나 인종학자들이 연구대상인 집단과 함께 사면서 그들의 문화를 연구할 때 취하는 역할이다.

문화인류학의 하위 분야로서 언어인류학은 인류학의 다양한 주제를 연구하기 위해 언어학적 연구 방법을 활용한다. 언어인류학자는 무엇보다도 문화인류학자 또는 민족지학자로서 문화 집단이나 인종 집단을 연구한다. 주어진 집단 내부에서 **참여적 관찰자**(participant observer)로 살기 때문에 무엇보다도 해당 집단의 언어를 배우는 것이 필요하다. 해당 언어를 단순히 배우기만 하는 것을 넘어서 그것을 분석하고 해당 언어의 용법을 분석함으로써 연구대상인 사람들이 어떤 세계관을 가졌는지를 밝히고자 한다. 이 장의 첫 부분에서 다루어진 주제는 언어인류학자에게는 매우 중요하다. 아래에서는 언어인류학과 관련된 다른 주제들을 다루고자 한다.

언어, 문화, 언어상대성

문화적 상대주의(cultural relativism) 문화인류학의 기본원리로서, 하나의 문화는 일관성이 있고 그 자체 안에서 서로 이해할 수 있다는 생각이다.

20세기 초에 인류학자인 프란츠 보애스(Franz Boas, 1858~1942)는 **문화적 상대주의**(cultural relativism)란 개념을 제안했는데, 이 개념은 지금까지 문화인류학의 기본원리로 받아들여지고 있다. 문화적 상대주의란 문화는 그 자체 내에서 일관성 있고 이해할 수 있다는 생각이다. 다시 말해, 특정한 문화권의 사람들이 왜 특정한 문화적 행위를 하는가를 이해하기 위해서는 해당 문화에서 답을 찾아야 한다는 것이다. 즉, 다른 외부자나 다른 문화권의 시각이 아니라 그 사람들의 시각에서 주어진 의문에 대한 답을 구해야 한다는 것이다.

또한 보애스는 모든 문화는 인간이 직면하는 보편적 문제들에 대해 똑같이 타당한 방식으로 적응한 결과라고 하였다. 모든 문화는 똑같이 복잡하고, 똑같이 도덕적이며, 똑같이 지적으로 만족스럽다. 문화는 다만 해당 문화가 전개된 환경과 역사적 발전 과정으로 인해서만 차이가 날 뿐이다. 보애스의 이런 생각은 당시로서는 다소 급진적인 생각이었다. 왜냐하면 당시에는 유럽 여러 나라와 미국이 원주민들을 열등하고 무식한 야만인 정도로 간주하던 시절이었기 때문이다.

언어적 상대주의(linguistic relativism) 각 언어는 일관성이 있고 그 자체 안에서 이해할 수 있다는 개념으로서, 언어도 문화와 마찬가지로 하나의 독특한 체계로 연구되어야 한다는 생각이다.

문화적 상대주의와 밀접하게 관련된 개념이 **언어적 상대주의**(linguistic relativism)이다. 언어적 상대주의는 다른 언어보다 더 뛰어난 언어란 존재하지 않으며, 모든 언어는 똑같이 복잡하고 표현력이 풍부하며 완전한 체계를 갖추었다는 사상이다. 각 언어는 그 자체 내에서 일관성이 있고 이해할 수 있기 때문에 하나의 독특한 체계로 연구되어야 한다. 한 언어를 다른 언어로 번역하려는 노력은 마치 특정 물건을 위해 만들어진 그릇에 다른 물건을 강제로 집어넣는 것과 같다. 언어 간의 차이점은 해당 문화 사람의 지적 능력을 반영하지 않고 그 사람들의 문화와 그것에 대해 소통하고자 하는 필요성을 반영할 뿐이다. 어떤 문화의 기술 수준이 아주 단순할 수는 있지만 그러한 사실이 그들이 단순한 통사 구조나 간단한 어휘밖에 갖추지 못한 언어를 가지고 있다는 것을 의미하지는 않는다.

20세기 초기에 언어학자 에드워드 사피어(Edward Sapir, 1884~1939)와 벤자민 리 워프(Benjamin Lee Whorf, 1897~1941)는 이러한 이론을 언어적 상대성이란 개념과 함께 발전시켰다. 그들의 이론이 이른바 **사피어-워프 가설**(Sapir-Whorf hypothesis)이다. 그들은 서로 다른 문화의 사람들이 언어적 차이 때문에 서로 다른 사상 체계를 가지며 서로 다르게 행동한다고 주장한다. 다시 말해, 개인이 세상을 바라보는 시각은 그들이 세상을 바라보고 해석하기 위해 사용하는 언어의 영향을 받는다는 것이다.

사피어-워프 가설(Sapir-Whorf hypothesis) 서로 다른 문화의 사람들은 그들이 구사하는 언어의 영향 때문에 특정한 방식으로 행동한다는 가설이다.

> 우리는 우리 공동체의 언어적 습관이 특정한 해석적 선택을 제공하기 때문에, 특정한 방식으로 세상을 보고 듣고 경험하게 된다.[26)]

따라서 어떤 사람들의 환경, 문화, 언어 사이의 관계는 자기강화적이다. 즉, 환경은 사람으로 하여금 특정한 세계관을 가지게 하고, 그러한 세계관은 언어로 표현되며, 언어는 또 그 언어를 사용하는 사람으로 하여금 그러한 세계관을 가지도록 말하고 생각하도록 강화시킨다.[27)]

사피어와 워프는 특정 언어의 어휘부가 단순히 단어와 의미의 목록이 아니라, 그 언어를 사용하는 사람들의 경험을 조직화하는 하나의 체계라는 사실에 주목하였다. 이 체계는 주어진 문화에서 중요한 것을 강조하고 그렇지 않은 것을 경시한다. 예를 들어, 영어는 snow란 단어 하나밖에 없는데, 에스키모어는 '떨어지는 눈', '바닥에 있는 눈', '딱딱하게 굳은 눈'을 나타내는 어휘를 별개로 가지고 있는가 하면, 아즈텍어는 '눈', '얼음', '추위'를 나타내는 공통의 한 단어만 가지고 있다. 일본어는 rice를 나타내는 어휘가 10개 있다. 예를 들어, freshly harvested rice, uncooked rice, cooked rice에 해당하는 어휘가 서로 다르다.[28)] 영어와 다른 많은 유럽어에는 time, beauty, justice, love와 같은 추상적 개념을 나타내는 어휘가 있지만, 어떤 언어에는 이러한 추상적 개념을 나타내는 어휘가 없다.

---

26) Edward Sapir, "The Status of Linguistics as a Science". In D.G. Mandelbaum ed., *Selected Writings of Edward Sapir in Language, Culture and Personality* (Berkeley and Los Angeles: University of California Press, 1949), 160-166. Quoted by Benjamin Lee Whorf, "The Relation of Habitual Thought and Behavior to Language," in Alessandro Duranti, ed., *Linguistic Anthropology: A Reader* (Oxford and Malden, MA: Blackwell, 2001), 363.

27) Alessandro Duranti, "Linguistic Anthropology: History, Ideas and Issues," *Linguistic Anthropology: A Reader* (Oxford and Malden, MA: Blackwell Publishers, 2001), p.11-13.

28) Sandra Lopez-Richter, "The History of Japanese Rice," originally published in *The Japan Forum,* 1996, http://www.tjf.or.jp/eng, July 28, 2003.

원래 화학공학을 공부하고 이후에 보험회사의 검사원으로 일했던 워프는 사람들이 때로는 비이성적으로 그들의 언어가 지시하는 대로 행동한다는 점에 주목하게 되었다. 그는 특히 노동자들이 휘발유가 '가득 들어 있는' 드럼통 주변에서 담배를 피우지 않으려고 조심하는 것을 알게 되었다. 그러나 이 드럼통이 '비었을' 때 그들은 부주의하게 담배를 피웠다. 문제는 빈 휘발유 드럼통이 완전히 빈 것이 아니라, 오히려 액체 휘발유보다 훨씬 더 인화성이 강한 휘발유 기체가 들어 있다는 것이다. 노동자들은 그들의 마음속 사전에 empty라는 단어를 가지고 그것에 따라 행동할 뿐, 실제로 위험이 상존한다는 물리적 현실에 따라 행동하지는 않는다.[29)]

게다가 각 언어의 문법은 해당 언어의 화자가 자신이 속한 문화권에서 중요한 개념을 표현할 수 있도록 하는 규칙을 내포하고 있다. 예를 들어, 유럽의 언어는 주어진 개체가 하나 이상 있을 때 days, boys, friends와 같은 단어에서 보듯이 복수라는 개념이 표현되도록 한다. 비록 해당 사물이 몇 개나 있는가를 밝히기 위해 이들 단어 앞에 수를 표시한다 해도, *ten day, *five boy, *seven friend라고 하지 않는다. 표준 영어에서는 주어진 사물이 2개 이상일 경우에 반드시 복수 표지가 필요하다. 해당 사물이 정확하게 몇 개인지를 밝혀주는 수 표시가 명사 앞에 있다 하더라도 명사 자체의 복수 표지는 필수적이다.

물론 영어에는 rice, sand, milk처럼 소위 불가산명사라 하여 복수형을 만들 수 없는 어휘도 있다. 이러한 명사는 연속적이고 분해할 수 없는 물질로 인식되는 사물을 지시한다. 사실 이러한 명사를 복수명사로 바꾸는 방법은 bags of rice, buckets of sand, bottles of milk처럼 가산부분명사를 바꾸는 것이다.

워프는 호피어를 연구하면서 호피어에는 복수형으로 표현될 수 없는 명사도 있음에 주목하였다. 이런 명사는 영어의 불가산명사와는 다르다. 호피어에서 day, month, season과 같은 시간의 분할 단위는 복수형이 인정되지 않는다. 워프는 이러한 명사를 실제의 복수명사와 구분하기 위해 상상의 복수형이라 불렀다. 상상의 복수형은 그런 명사에 대해서 이야기하는 사람의 마음속에서만 존재한다. 예를 들어, five boys는 5명의 성인 남자를 한 자리에 모아놓고 그들을 하나의 그룹으로 관찰할 수도 있고, 또 각각을 한 사람씩 별도로 관찰할 수도 있기 때문에 실질적 복수이다.

그러나 day, month, season 등과 같은 개념은 반드시 한 가지로만 경험될 수 있을 뿐이다. 즉, 한 번에 one day 이상을 보거나 경험할 수 없고, 우리가 주어진 시간에 경험하는 것은 '오늘'이라는 단 하루밖에 없다. 따라서 영어 화자가 days라는 복수형

29) Banjamin Lee Whorf, "The Relation of Habitual Thought and Behavior to Language," in Alessandro Duranti, ed., *Linguistic Anthropology: A Reader* (Oxford and Malden, MA: Blackwell, 2001), 364.

을 사용할 경우에 그는 마음속으로 24시간을 한 주기로 하는 특정한 기간을 상상할 것이다. 그 기간이 과거에 있었을 수도 있고, 미래에 있을 수도 있고, 또 현재에 있을 수 있음에도 불구하고, 이 기간은 당연히 상상의 시간적 덩어리이다. 그러므로 이 시간은 실질적이 아니며 관찰할 수 없다. 호피어는 이런 명사의 복수형을 허용하지 않고 호피어 화자는 개별적 날짜의 집합을 상정하지 않는다. 사실 호피어 화자는 연이은 날짜들을 서로 다르고 구분되는 것으로 인식하지 않고, 오히려 하루하루가 전날의 재현이라고 생각한다. 다음의 영어 문장을 보자.

> I studied for five days.

이 영어 문장은 호피어에서 다음과 같이 표현된다.

> I studied until the sixth day.[30)]

호피어에서 시간이 인식되는 방식은 미래의 사태에 대비하는 데 많은 중점을 두는 호피 족의 문화에서도 드러난다. 오늘은 어제가 다시 나타난 것이고, 또 미래에 다시 나타날 시간이기 때문에 오늘 이루어진 일은 미래의 같은 날에 영향을 끼친다고 보는 것이다. 이러한 문화적 특성을 관찰한 후 워프는 다음과 같이 말한다.

> 호피 족 사회는 '시작이 반이다.'라는 우리의 속담을 잘 이해하는 것 같지만, '내일은 내일이다.'라는 속담은 모르는 것 같다.[31)]

다른 언어학자들은 사피어와 워프가 제시한 가설들을 비판한다. 사피어와 워프의 가설은 **언어결정주의**(linguistic determinism) 또는 **언어상대주의의 강한 이론**(strong theory)이라고 불린다.

언어결정론(linguistic determinism) 언어가 사람들로 하여금 언어범주에 따라 사고하도록 강제한다는 이론이다.

> … 우리의 사상은 우리의 언어에 의해 결정되고 통제된다. 아무도 이 세상을 중립적으로 묘사할 수는 없다. 우리는 이 세상을 특정한 방식으로 파악하도록 (언어에 의해) 강제되고 있다. …[32)]

비판가들은 아마도 **언어상대주의의 약화된 이론**이 인간의 사고에서 언어가 차지하는 역할을 좀 더 정확하게 반영할지 모른다고 주장한다. 이들은 언어가 사고에 영향을

언어상대주의의 약한 이론(weaker theory of linguistic relativism) 언어는 사람들로 하여금 언어적 범주에 따라 특정한 방식으로 사고하도록 영향을 준다는 이론이다.

30) Whorf, 361.
31) Whorf, 372.
32) "The Linguistic Relativity Hypothesis," *Stanford Encyclopedia of Philosophy Supplement to Relativism*, http://plato.stanford.edu/entries/relativism/, April 24, 2005.

주지만, 동시에 사람들은 자신이 속한 문화에서 흔히 볼 수 있는 것이든 아니든 모든 사상을 표현할 수 있는 수단을 가지고 있다고 주장한다. 어떤 개념은 특정한 언어로 좀 더 쉽게 또 흔하게 표현할 수 있을 것이다. 그러나 다른 언어를 구사하는 화자가 동일한 개념을 표현하고자 한다면, 어휘만을 차용할 수 있다. 예를 들어, 미국에서 일본 관광객이 'optional activities or tours', 즉 임의의 활동이나 관광 중 하나를 선택하라는 제안을 받았을 때, 이 일본 관광객은 자국어에 optional에 해당하는 직접적인 상당어가 없기 때문에 이 단어를 그대로 차용한다. 그런가 하면 영어 화자는 남성성이란 에스파냐어 개념에 직접적으로 대체할 만한 어휘를 가지고 있지 않기 때문에, 에스파냐어 macho를 그대로 차용한다. 다른 경우에는 특별한 어휘 항목이 만들어지기도 한다. 예를 들어, 영어 화자는 눈이 내린 특정한 상황을 표현하기 위해 packed powder, slush, sleet와 같은 용어를 사용한다. 사람은 하나의 언어만 사용하는 것이 아니고 때로는 여러 언어를 사용하기 때문에, 모국어가 강요하는 방식으로만 사고하는 것은 아니다.

어떤 개념은 언어에 기반을 둔 것이 아니다. 사실 이런 개념은 다른 동물과 공유하는 우리의 진화 일부에 근거를 둔 것일지도 모른다(제1장 참조). 일부 미국 원주민 언어는 수를 나타내는 어휘가 매우 제한되어 있다. 그럼에도 불구하고 이들은 점을 이용해서 덧셈과 뺄셈을 하는 것은 물론, 어떤 집합이 다른 집합보다 더 큰가 또는 동일한가를 알아내는 것과 같은 수학적 과제를 수행할 수 있다. 이 원주민들이 숫자를 나타내는 어휘를 가진 사람과 다른 또는 틀린 수학적 결론에 도달하는 경우는, 다만 해당 문제가 좀 더 세밀한 정확성을 요구하는 것이거나 매우 큰 수를 다루는 경우뿐이다. 수를 나타내는 어휘가 없어도 수학문제를 해결하는 이런 능력이야말로 '인간이 언어로 표현되든 아니든 기본적인 수리적 추론에 있어서 매우 중요한 역할을 하며, 간단한 수학적 연산을 뒷받침하는 언어와는 별개의 수학적 재구능력을 다른 동물들과 공유한다.'라는 증거이다.[33] 이 경우에 언어는 좀 더 정교하고, 좀 더 복잡하며 대규모 숫자를 다루는 수학적 과제를 해결하는 데 영향을 줄 것이다.

언어가 문화에 영향을 주는가, 문화가 언어에 영향을 주는가?

언어는 문화에 영향을 준다

색채용어(color terminology) 한 언어에서 색채 스펙트럼의 분절적 색채들을 묘사하는 데 사용되는 일련의 용어이다. 영어의 색채용어는 red, blue, green, white, yellow 등을 포함한다.

언어가 문화에 어떻게 영향을 주는가를 보여 주는 하나의 예는 **색채용어**(color

33) Rochel Gelman and C.R. Gallistel, "Language and the Origin of Numerical Concepts," *Science,* vol. 30, October 15, 2004, 441-443; http://www.sciencemag.org.

terminology), 즉 한 언어에서 색채를 묘사하는 어휘이다. 모든 인간은 색채 스펙트럼을 동일한 방식으로 보지만 언어마다 그것을 구분하는 방식은 서로 다르고 그러한 스펙트럼의 분절 부분에 서로 다른 이름을 부여한다. 물론 색채 스펙트럼의 분절적 색채들은 아주 다양한 중복 부분을 포함한다. 예를 들어, blue denim jean과 유아용 pastel blue blanket은 분명 다른 색깔이지만, 여전히 blue란 이름으로 불린다. 이 색채들을 동일한 이름인 blue로 부르기 때문에 우리는 이 색채들을 동일한 범주로 간주하는 경향이 있다.

어떤 언어는 검정과 흰색 또는 어두움과 밝음만을 구분하기도 한다. 또 어떤 언어는 검정, 흰색, 붉은색을 구분하기도 한다. 이러한 언어에서는 어떤 사물을 묘사하는 사람이 그것을 가시적인 어떤 것이나 자신이 아는 어떤 색채의 다른 사물과 비교할 것이다. 예를 들어, 녹색은 잔디색으로, 보라색은 방안의 어떤 물건의 색으로 기술할 것이다.

어떤 언어는 파란색과 녹색을 하나의 용어로 묶는 것을 제외하고 유럽의 언어들과 유사한 색채용어를 가지고 있을 수도 있다. 파란색-녹색의 완벽한 예를 말하라는 질문을 받았을 때, 이런 언어의 화자는 터키옥,[34] 즉 영어의 blue와 green의 중간에 해당하는 색을 고를 것이다.

미국 원주민인 나바호와 아파치를 포함하는 아타바스칸 언어권에서는 언어범주를 사물의 수, 길이, 견고성에 따라 구분한다. 동사는 기술 대상이 된 사물의 특성에 따라 서로 다른 어미형을 가진다. 사실 이 언어에서는 수, 길이, 견고성, 휴대성, 폐쇄와 개방, 유정과 무정, 고체와 액체 등과 같은 특성을 나타낼 수 있는 어휘범주가 13개 있다.

나바호 족에서 취학 전 아동은 파란색 로프와 노란색 막대기를 본 후, 어떤 것이 더 노란색 로프에 가까운가 하는 질문을 받는다. 그러면 영어와 나바호어를 구사하는 이중언어 화자인 아동은 영어를 구사하는 아동과 마찬가지로 색채를 우선적으로 고려하여 사물을 범주화하여 노란색 막대기를 선택하는 경향이 있다. 그러나 나바호어만을 구사하는 아동은 언어의 어휘적 범주에 따라 사물을 길이와 견고성에 따라 범주화하기 때문에 이런 상황에서는 파란색 로프를 선택하는 경향이 있다.[35]

일부 연구자는 아시아 언어가 아동에게 수학을 더 배우기 쉽게 해 준다고 생각한다. 예를 들어, 숫자 11, 12, 13은 각각 10-1, 10-2, 10-3과 같은 단어로 표현되기 때문

34) [역주] 미국 원주민들이 만든 장식품인 터키석 제품이 유명하며 파란색과 녹색의 중간이거나 하늘색이 강한 옥색이라고 할 수 있다.

35) Joseph Casagrande (1960). cited in Gary Ferraro, *Cultural Anthropology,* 5th ed. (Boston, MA: Thomson Learning, 2004), 126-127.

에 아동이 이해하기 쉽다는 것이다. 이들은 21이란 숫자가 10개짜리 둘과 하나의 합이라는 식으로 배울 필요가 없다. 아시아 언어에서는 21을 2-10-1과 같이 표현한다.[36)]

문화가 언어에 영향을 준다

브라질 원주민인 피라하 족은 숫자가 없는 부족으로 유명한데, 그들은 사물이 3~4개 이상이 되면 덧셈과 뺄셈을 못하는 것으로 보인다. 언어학자들은 이 사례를 언어가 문화에 영향을 주는 증거로 해석한다. 그러나 언어인류학자인 댄 에버렛(Dan Everett)은 오히려 문화가 언어에 영향을 주는 전형적인 사례라고 주장한다. 피라하 문화는 직접적이고 경험적인 현실을 중요시하기 때문에 색채용어, 숫자, 신화, 문법적인 수식어 등을 포함하여 많은 추상적인 개념을 가지고 있지 않다. 직접 관찰할 수 있는 사물에 대한 강조는 '문법의 핵심에 반영되어' 왜 이 언어에서는 회귀성이 존재하지 않는가를 잘 설명해 준다(제1장의 글상자 1-3 참조).[37)]

친족용어(kinship terminology) 한 언어에서 가족관계를 묘사하는 데 사용되는 일련의 어휘를 말한다. 영어의 친족용어는 mother, father, brother, sister 등을 포함한다.

문화가 언어에 어떻게 영향을 주는가를 보여 주는 한 가지 사례는 **친족용어**(kinship terminology), 즉 한 언어에서 가족관계를 표현하기 위해 사용되는 어휘들이다. 예를 들어, 영미 문화는 모계 가족과 부계 가족을 구분하지 않는다. 따라서 영어 화자는 어머니의 어머니, 즉 외할머니와 아버지의 어머니, 즉 친할머니를 언어학적으로 구분하지 않는다. 이들은 모두 grandmother라고 불린다. 모계 가족과 부계 가족을 구분하는 문화에서는 이런 관계를 나타내는 별도의 친족용어가 있다. 예를 들어, 중국 아이는 어머니의 어머니와 아버지의 어머니를 구분하는 서로 다른 용어를 배우기 때문에 영어로 두 grandmother를 어떻게 다르게 부르는지 궁금해한다. 중국 문화는 부계 문화로서 아버지 쪽 가족을 중요시하는 경향이 있기 때문에, 아이는 두 조부모와 관련하여 서로 다른 권리와 책임을 가진다. 따라서 중국어에서는 두 조부모를 언어학적으로 구분한다.

그런가 하면 확대된 가족구성원이 육아의 책임을 공유하는 많은 부족사회에서는 아이가 어머니뿐만 아니라 어머니의 자매들까지도 '어머니'라고 부르며, 또한 아버지와 아버지의 형제들까지도 '아버지'라고 부른다. 이 말은 곧 아이는 마을의 어른들을 모두 '아버지'나 '어머니'로 부른다는 것을 뜻한다. 이런 문화에서는 마을의 어른들도 모든 아이를 '아들'이나 '딸'로 부른다. 이러한 이유로 아프리카에서는 "아이는 마을 전체가 키운다."라고 말하는 것이다. 아프리카의 마을은 한 아이의 '어머니'와 '아버지'인 마을 어른들로 채워져 있고, 이 부모들은 아이를 양육할 책임을 공유하며, 아이

36) Malcom Gladwell, *The Outliers* (New York: Little, Brown and Co., 2008).
37) John Colapinto, "The Reporter at Large: The Interpreter," *The New Yorker,* April 16, 2007.

들은 이 아버지와 어머니에게 복종할 의무가 있다.

문화가 언어에 어떻게 영향을 끼치는가를 보여 주는 또 다른 예는, 한 사회의 생존 활동과 관련된 것이다. 뉴기니 섬의 숲 속에 사는 농업부족인 사모 족은 농사 외에 사냥과 수집으로 삶을 이어가는 부족이다. 숲을 다니면서, 강을 따라가면서, 언덕을 오르내리면서, 그들은 하나하나의 지점을 나타내는 다양한 어휘를 가지고 있다. 사모어로 이루어진 한 글을 분석한 결과, 모든 문장의 81%가 지리적 위치를 나타내는 정보를 포함하고 있었다. 예를 들어, 어떤 접미사는 산꼭대기를 나타내기 위해 주어진 단어에 덧붙여지기도 한다. 강을 따라 올라가느냐, 내려가느냐에 따라 동사가 다른 형태를 취하기도 한다. 그런가 하면 형용사는 강의 이쪽 변인가 반대쪽 변인가에 따라 서로 다른 형태를 취한다. 사모어의 대화와 이야기의 많은 부분은 주어진 동작이 어디서 일어났는가, 사람들이 그곳에 어떻게 도착했는가를 묘사하는 것으로 채워져 있다. 위치를 강조하는 이 문화에서는 위치를 묘사하는 다양한 방법이 언어에 포함되어 있다.[38]

영어는 위치 정보를 필수 요소로 포함하지는 않는다. 이 사실로부터 우리는 영어를 사용하는 문화가 위치와 방향을 강조하는 문화가 아니라는 점을 짐작할 수 있다. 그래서인지 영어권에서는 동서남북 네 방향을 지시할 수 없는 사람이 많다는 사실과 집에 데려다 주는 사람에게 정확하게 길을 안내할 수 없는 10대가 많다는 사실을 알게 된다.

남태평양의 마셜 군도에서는 사람들이 작고 화합적인 마을에 함께 살아야 하는 필요성 때문에 상대방에 대한 비난이나 행동의 주체를 표현하는 것을 피하는 언어구조를 사용한다. 이들이 수동태를 사용하는 것은 이러한 이유 때문이다(제5장 글상자 5-1 참조). 또 다른 방법은 1인칭 단수 대신에 1인칭 복수를 사용하는 것이다. 이곳에서 연구한 한 인류학자에 의하면, 시간을 알고자 할 때 "What time do you have?"라고 묻는 대신에 "What time do we have?"라고 물어야 한다.[39]

문화가 언어에 영향을 주는 또 다른 방식은 은유의 사용이다. 제6장에서 우리는 웨스턴 아파치 족이 자동차 부품을 나타내기 위해 신체 이름을 사용하는 것을 보았다. 아파치 족은 신체 부위의 이름을 은유적으로 자동차 부품에 사용하는 것이다. 여러 문화권에서 자신에게 중요한 영역에서 유의미한 은유를 사용한다.

중국에서는 음식에 대한 은유가 널리 사용된다. 예를 들어, 할 일이 있는 사람은

38) R. Daniel Shaw, *From Longhouse to Village: Samo Social Change* (Belmont, CA: Wadsworth/Thomson Learning, 2002).

39) Holly M. Barker, *Bravo for the Marshallese: Regaining Control in a Post-Nuclear, Post-Colonial World,* (Belmont, CA: Thomson Wadsworth), 2004.

먹어야 할 쌀이 있다고 말한다. 직장을 잃은 사람은 밥그릇을 깨뜨렸다고 말한다. 충격을 받은 사람은 놀라움을 먹었다고 말하고, 인기 있는 사람은 향기를 먹었다고 말한다. 흔히 사용하는 인사는 "식사하셨어요?"이다.

미국에서는 야구가 문화의 매우 중요한 일부이다. 따라서 미국에서는 야구에서 사용되는 많은 용어가 일상생활의 은유로 사용되는 것을 볼 수 있는데, 이 점은 전혀 놀라운 일이 아니다. 예를 들어, 어떤 일을 제대로 할 수 있는 기회는 단 세 번뿐이다. 이러한 사실은 three strikes and you're out, 즉 '삼진아웃'이란 표현으로 나타난다. 어떤 일을 하는 데 있어서 시작부터 불리하다면 two strikes against you, 즉 '볼카운트 투 스트라이크'부터 시작한다고 말한다. 대략적인 추측은 ballpark guess라고 표현하며, 추측이 어느 정도 사실에 가까우면 in the ballpark, 즉 '야구장에 도달했다'라고 한다. 누군가와 협력을 하는 것을 그들과 playing ball, 즉 '야구를 한다'라고 표현한다. 협상을 잘하는 것이나 아주 영악한 사업가에 대해서는 playing hardball, 즉 '야구를 잘한다'라고 한다. 쉽게 성관계를 가지는 사람을 묘사하기 위해서는 getting to first base라고 표현한다.

20세기에 몇 차례의 전쟁을 겪고 냉전체제에서 주요 강국으로 부상함으로써, 미국에서는 군대가 삶의 중요한 부분이 되었다. 군대의 중요성은 기업, 스포츠(특히 미식축구), 건강 등 여러 영역에서 군사적 은유가 사용되면서 드러난다. 경영 분야에서는 기업의 raider(투기 목적의 공습), target audience(표적 청중), hostile takeover(적대적 인수합병) 등과 같은 용어가 사용된다. 어떤 투자회사는 그들에게 은퇴전문가 사단(an army)이 있다고 광고한다. 미식축구에서는 긴 패스를 bomb(폭격)이라고 하고, 방어 행동을 blitz(돌진)라고 하며, 공격대형 구축을 shotgun(산탄총)이라고 한다. 그런가 하면 질병에 대해 fight(싸우다)라고 하고, 질병의 invasion(침입)에 대해 defend ourselves(우리 자신을 지키다)라고 말하며, 예방 약품으로 arm ourselves(우리 자신을 무장하다)라고 말한다.

닭싸움이 매우 중요한 취미인 발리 섬에서는 닭싸움과 관련된 은유가 일상생활과 사회관계에서 빈번히 사용된다. 발리 섬의 지리적 모양은 수탉을 닮았다고 말해진다. 사랑에 빠진 남녀는 '깃털을 세운 두 닭처럼 서로를 바라본다.'라고 말하고, 거만한 사람은 '크고 장엄한 꼬리를 가지고 거리를 활보하는 꼬리 없는 수탉'과 같다고 말한다. 천국은 자신의 닭이 닭싸움에서 승리했을 때 맛볼 수 있는 기분과 같고, 지옥은 닭이 졌을 때 느끼는 기분과 같은 것이라고 말한다.[40)]

40) Mark Turner, *Cognitive Dimensions of Social Science* (New York: Oxford University Press, 2001).

연습문제 7 : 현장조사

1. 영어가 모국어가 아니며 미국에서 5년 정도 살다온 사람을 인터뷰하여라. 영어가 아닌 자신의 언어로 민담, 전설, 신화 등을 이야기하도록 하고, 그것이 전달하려는 메시지가 무엇인지 설명하여라. 이러한 이야기가 만들어진 문화에 대해 어떤 사실을 알 수 있는가? 이러한 이야기를 통해 종교적 신앙, 게임, 생활상, 가족 구성 등에 대해 알 수 있는가? 이야기를 통해 언어적 상대성, 즉 언어와 문화의 상호연관성에 대해 무엇을 알 수 있는가?

2. 시각미술을 전공하지 않은 친구, 동료, 친지를 인터뷰하여라. 상대에게 다양한 색깔이 칠해진 그림을 보여 주고, 사용된 색채의 이름을 말하도록 하여라. 주어진 이름에 따라 색채를 분류하여라.

   이제 직업이나 전공 상 색채를 사용하는 사람에게 이 인터뷰를 하여라. 예를 들어, 주택 페인트공, 도료 판매업자, 미술전공 학생, 인테리어업자를 인터뷰하여라. 이들은 비전공자와 동일한 방식으로 색채를 분류하는가? 왜 그런가 또는 왜 그렇지 않은가?

언어와 민족주의

민족(nation)이란 어휘는 일상어로서 여러 가지 의미를 지니지만, 사회과학에서는 역사와 문화, 언어를 공유하는 한 집단의 사람들을 의미한다. 많은 국가는 여러 민족으로 구성되어 있다. 민족성이란 말은 때때로 인종적 집단과 동의어로 사용되기도 한다. 예를 들어, 영국에는 오랫동안 함께 살아온 네 집단의 민족, 즉 인종적 집단인 잉글랜드인, 스코틀랜드인, 아일랜드인, 웨일스인이 있고, 나이지리아에는 약 300여 족의 인종 집단이 있다. 거의 모든 현대국가는 다민족으로 구성되어 있다. 따라서 언어는 집단정체성의 중요한 기호이다.

민족(nation) 역사와 문화, 공통의 언어를 공유하는 한 집단의 사람들이다.

미국에서 아미쉬와 같은 인종 집단은 그들의 언어를 유지하는 것을 인종적 정체성을 지키는 가장 핵심적인 과업으로 생각한다. 아미쉬는 1700년대에 스위스에서 미국으로 건너온 종교 집단이다. 이들은 집, 학교, 마을에서는 독일어의 변이형을 사용한다. 그러나 영어를 구사하는 사람과 사업상의 교류를 할 때에는 영어로 코드전환을 하는 이중언어 화자이다.

북아메리카 원주민들은 종종 첫 번째 민족이라고 일컬어진다. 많은 미국 원주민은 이중언어 화자이다. 미국에는 현재 약 175개의 원주민어가 있는 것으로 알려져 있지만, 이 중 약 20개만이 어느 정도 사람들에 의해 실제로 사용될 뿐이다. 유럽과의 접촉이 있기 전에는 지금의 미국으로 알려진 지역에서 천여 가지 이상의 언어가 사용되었을 것으로 추정된다(제12장의 '사라져가는 언어들, 다시 살아난 언어들' 참조). 언어에 어떤 일이 일어난 것인가? 언어가 사라지는 한 가지 원인은 그 언어를 구사하는 사람들이 전쟁이나 질병에 의해 사라졌기 때문이다. 또 어떤 언어는 원주민을 동화하려는 미국 정부의 정책으로 인해 사라지기도 하였다. 과거에 원주민 아이들은 영어만 가르치고 원주민어를 사용하는 것이 금지된 기숙학교에 배치되었다. 이렇게 함으로써 원주민어를 제거하고 궁극적으로는 그들의 문화를 말살하려는 것이 목적이었다. 1992년에 미국 정부는 아직 살아남은 원주민어를 보존하기 위한 목적으로 보조금을 제공하려는 취지의 원주민언어보호법을 통해 이런 관행을 뒤집었다. 하지만 이런 조치는 너무 늦었는지도 모른다. 원주민 아이들에게 더 이상 모국어를 말하는 것이 금지되지 않았지만, 전반적인 미국의 백인 문화에 동화된 정도가 너무 커서 단지 몇 가지의 원주민언어를 제외한 모든 언어가 향후 50년 이내에 사라질 것으로 보인다.[41)]

원주민언어를 되살리려는 몇 가지 시도가 있었지만, 이를 유지하려는 노력은 미국이 아닌 다른 곳에서 더욱 격렬하였다. 어떤 언어를 자국의 공식언어로 정할 것인가를 두고 내전이 벌어지기도 했다. 여러 가지 사례 중 가장 눈에 띄는 것이 바로 인도이다. 1947년에 인도가 영국으로부터 독립한 후, 어떤 언어를 인도의 공식언어로 정할 것인가에 대해 인종 집단 간 폭력적 갈등이 발생하였다. 어떤 언어가 선택되든 해당 언어는 교육적 · 경제적 · 사회적 이점을 해당 언어의 화자들에게 가져다줄 것이 확실하다. 결국 영어가 사업과 정치에서 사용되는 인도의 링구아 프랑카로 결정되었다. 그러나 민족적 갈등을 막기 위해 인도의 나머지 15개 인종언어가 지금도 해당 지역의 공식언어로 인정되었다. 여기에 덧붙여 인도의 주요 언어 집단, 즉 인종 집단은 자신들 고유의 행정구역인 주(州)를 기반으로 한다.

미국의 공용어는 무엇인가? 답은 놀랍게도 미국에는 공용어가 없다는 것이다. 독립한 이후부터 미국에서 영어를 공용어를 지정하려는 시도들이 있어 왔다. 공용어를 지정하려던 동기는 그렇게 함으로써 국가적 통일성을 강조하고 언어가 다른 국민에게서 발생하는 소통의 문제를 사전에 방지하려는 것이다. 국가언어로서의 영어는 미국에 처음 도착한 사람들, 즉 백인 앵글로색슨 개신교도들의 문화를 강조하는 기능이 있다. 영어를 공용어로 지정하기 위해 헌법을 개정하려는 헌법개정안이 회기마다 의

41) "Native American Culture: Language," http://www.ewebtribe.com/NACulture/lang.htm, March 13, 2005.

회에 제출되었다. 그러나 이러한 헌법개정안은 그때마다 실패하였다. 그러다가 2010년 2월에 30개 주가 영어를 공용어로 지정하는 주 헌법안을 통과시켰다. 한편 다른 주들은 투표용지, 운전면허 서류, 건강 관련 서류, 교육 자료와 같은 공문서를 한 가지 언어 이상으로 준비한다. 공용어가 하나 이상인 유일한 주가 하와이이다. 하와이에서는 영어와 하와이어가 공용어이다. 공용어를 지정한다는 것은 직업, 교육, 건강, 경찰, 법정 등 모든 공적 분야에 매우 중요한 영향을 끼친다. 또한 공용어를 지정한다는 것은 관련된 모든 사람에게 감정적이고 논쟁적인 중요한 이슈를 제기한다. 공용어와 관련해서는 웹 사이트 http://www.usconstitution.net/consttop_lang.html을 보라.

요약

한 언어공동체의 구성원은 해당 언어의 방언이나 여러 가지 방언형을 사용하면서 함께 살고, 일하고, 사교생활을 하며, 의사소통을 한다. 표준 미국 영어는 미국의 권위 있는 방언이고, BBC 영어는 영국에서 사용되는 권위적 방언이다. 지역방언은 의미적 변이형, 통사적 변이형, 음운론적 변이형을 보여 준다. 지역방언은 그것을 구사하는 사람들에게 특정한 선입견을 가지도록 한다는 점에서 사회적 의미를 지닌다.

미국 흑인 영어는 미국 여러 지역에서 아프리카계 미국인이 구사하는 여러 가지 영어 변이형을 통칭하는 용어로, 아프리카계 미국인의 문화적 유산과 공동체적 가치의 중요한 부분을 이룬다. 아프리카계 미국인들은 상황에 따라 표준 미국 영어와 미국 흑인 영어를 사용한다. 이렇게 한 형태의 언어에서 다른 언어로 바꾸는 것을 코드 전환이라고 한다. 미국 흑인 영어의 특성은 종종 그것이 부정확한 영어라는 오해를 불러일으킨다. 그러나 미국 흑인 영어 역시 규칙의 지배를 받는 언어로서, /r/과 /l/의 생략규칙, 마지막 자음 탈락 규칙, 단모음화, 치간마찰음인 [θ]와 [ð]의 수정 규칙과 같은 독특한 음운 규칙을 가진다. 표준 미국 영어와 미국 흑인 영어 사이의 차이점에는 동사 생략, 동사의 상, 간접의문문의 어순, 다중부정, 존재의 it 등을 포함하는 문법적 특성이 포함된다. 아프리카계 미국인의 문화에서 보존된 아프리카 문화의 한 가지 측면은 소위 man of words, 즉 언어를 잘 구사하는 사람에 대한 존중과 존경이다.

히스패닉 영어의 특성 중 일부는 에스파냐어 모음 체계와 어순을 영어 어휘와 어순에 적용하는 것이다. 이중부정과 같은 다른 특성들은 에스파냐어의 문법 규칙에 근거를 둔다. 에스파냐어와 영어를 구사하는 이중언어 화자의 또 다른 언어적 특성은 영어 동사에 에스파냐어 굴절어미를 사용하는 것이다.

문화가 서로 다른 사람들이 만나면 일종의 접촉어를 통해 원활하게 의사소통한다. 공통의 제2언어는 링구아 프랑카로 발전한다. 피진어는 특정한 접촉관계에서 사용되는 단순화된 언어로, 상층어에서 어휘를 가져오지만 통사적 특성은 하층어에서 가져온다. 피진어가 다음 세대에 의해 제1언어로 학습되면 일종의 모국어화 과정을 통해 크리올어로 발전한다.

사람들은 누구나 다양한 발화 형태, 즉 언어사용역 사이에서 코드전환을 한다. 영어 화자는 자신이 구사하는 영어의 다양한 공식성 축약, 특정한 어휘 생략, 전치사의 문장 내 위치를 통해 표현한다. 일상적 속어, 금기어, 욕, 인종 표시어를 포함하는 어휘의 선택은 공식성 또는 상황적 방언을 드러내는 가장 중요한 지시자일 것이다. 많은 속어 표현은 특정 세대의 구성원을 표시하는 전형적인 기능을 한다. 전문어는 집단 내부자와 전문가의 특수한 어휘이다.

남성과 여성은 언어를 사용하는 방식이 다르다. 어떤 언어에서 동사는 남성과 여성에 따라 서로 다르게 어미변화가 변하고, 또 어떤 언어에서는 남성과 여성에 따라 서로 다른 어휘나 발음이 사용된다. 영어에서는 여성이 남성보다 좀 더 비공식적인 언어를 사용한다. 여성은 또한 간접적인 언어, 공손한 질문, 꼬리의문문을 남성보다 더 많이 사용한다. 남성과 여성이 섞인 대화 집단에서 남성은 여성보다 더 자주 더 길게 말하고, 다른 사람이 말하고 있을 때 여성보다 더 자주 끼어들어 대화의 주제나 방향을 바꾸기도 한다.

언어인류학은 언어가 어떻게 일상생활에서 사용되는가, 그리고 언어가 다양한 문화에 어떻게 통합되어 있는가를 연구하는 문화인류학의 하위 분야이다. 문화적 상대주의는, 한 문화는 그 자체 내에서 일관성 있고 이해할 수 있다는 생각이다. 이와 밀접하게 연관된 것이 언어적 상대주의이다. 언어적 상대주의는 각 언어가 그 자체로서 일관성 있고 이해할 수 있으며 하나의 독특한 체계로서 연구되어야 한다는 생각이다. 사피어-워프 가설은 문화가 서로 다른 사람들이 서로 다르게 생각하고 행동하는데, 그 이유는 그들이 사용하는 언어가 그들로 하여금 그렇게 하도록 영향을 주기 때문이다. 다시 말해, 개인이 세상을 보는 방식은 자신의 주변을 둘러싼 세상을 해석하기 위해 사용하는 언어에 달렸다는 것이다. 사피어-워프 가설에 반대하는 사람들은 비록 언어가 문화에 영향을 주기는 하지만 문화가 언어에 영향을 주는 경우도 있다고 주장한다.

언어는 여러 인종 집단의 민족적 정체성을 이루는 중요한 부분이므로, 언어의 상실은 문화의 중요한 요소를 상실한다는 것을 의미한다. 한 국가의 공식언어로 어떤 언어를 선택할 것인가를 두고 내전이 벌어지기도 한다.

더 읽을거리

단행본

Bonvillain, Nancy, *Language, Culture, and Communication: The Meaning of Messages,* 5th ed., Upper Saddle River, NJ: Prentice Hall, 2008.

Bryson, Bill, *The Mother Tongue: English and How It Got That Way,* New York: William Morrow, 1990; and *Made in America: An Informal History of the English Language in the United States,* New York: William Morrow, 1994. 빌 브라이슨은 영국에 20년 동안 산 미국인 유머작가이다. 이 두 저서는 런던과 뉴욕에서 베스트셀러 목록에 올랐었다.

Elkholy, John T., and Francine Hallcom, *A Teacher's Guide to Linguistics,* Dubuque, IA: Kendall/Hunt Publishing, 2005. 이 책은 에스파냐어, 타갈로그어, 중국어, 페르시아어, 아르메니아어, 베트남어 등의 ESL 교사들이 맞닥뜨리는 모든 제2언어에 대해 한 단원을 할애하고 있다.

Hickerson, Nancy P., *Linguistic Anthropology,* 2nd ed., Fort Worth, TX: Harcourt, 2000.

Liu, Dilin, *Metaphor, Culture, and Worldview: The Case of American English and the Chinese Language,* Lanham, MD: University Press of America, 2002.

Lutz, William, *Doublespeak,* New York: Harper Perennial, 1990. 이 책은 영어과 교수가 쓴 풍자적이고 재미있는 것으로, 작가는 언어를 가장 특이하게 사용하는 사람에게 해마다 상을 주고 있다.

Tannen, Deborah, *Talking from Nine to Five,* New York: Avon Books, 1994; and *You Just Don't Understand: Women and Men in Conversation,* New York: Ballantine Books, 1990. 데보라 태넌은 언어에 나타나는 성 차이에 대한 베스트셀러를 많이 저술했다.

논문

다음 논문들은 모두 특별호인 *American Anthropologist: Journal of the American Anthropological Association,* Volume 105, Number 4, December 2003에 실려 있다.

Bulag, Uradyn E., "Mongolian Ethnicity and Linguisitic Anxiety in China," 753-763.

Chernela, Janet M., "Language Ideology and Women's Speech: Talking Community in the Northwest Amazon," 794-806.

England, Nora C. "Mayan Language Revival and Revitalization Politics: Linguists and Linguistic Ideologies," 733-743.

Errington, Joseph, "Getting Language Rights: The Rhetorics of Language Endangerment and Loss," 723-722.

Friedman, Jonathan, "Globalizing Languages: Ideologies and Realities of the Contemporary Global System," 744-752.

Haviland, John B., "Idelogies of Language: Some Reflections on Language and U.S. Law,"

764-774.

Maurer, Bill, "Comment: Got Language? Law, Property, and the Anthropological Imagination," 775-781.

Whiteley, Peter, "Do 'Language Rights' Serve Indigenous Interests? Some Hopi and Other Queries," 712-722.

참고할 웹 사이트

일반 언어학 관련 사이트

'Explore! Linguistics' 오리건대학교의 웹 사이트는 사회언어학을 소개하며 피진어구를 번역하는 문제를 온라인으로 제공한다.

http://logos.uoregon.edu/explore

오스틴의 텍사스대학교 언어학 웹 사이트는 양방향 활동, 여러 지역의 언어음 샘플 자료, 저명 언어학자들의 논문 전문, 다른 리소스와의 연결 등을 제공한다.

http://www.utexas.edu/courses/linguistics/resources/socioling

다음 오스트레일리아 방송국 웹 사이트에서는 톡 피진어 방송이 제공되며 텍스트 오디오를 들을 수 있다.

http://www.abc.net.au/ra/tokpisin

중국어와 일본어에서의 언어와 성에 대한 새로운 연구 결과는 다음 웹 사이트에서 볼 수 있다.

http://www.aasianst.org/absts/1997abst/inter/i106.htm

영국 영어와 미국 영어 비교를 위한 웹 사이트

영국 영어-미국 영어/미국 영어-영국 영어 사전 : http://www.travelfurther.net

영국 영어를 미국 영어로 전환시킬 수 있는 웹 사이트 :

http://esl.about.com/library/vocabulary/blbritam.htm

미국인을 위한 영국 영어 안내 : http://www.effingpot.com/slang.shtml

〈Do You Speak American?〉은 미국의 공영방송인 PBS가 제작한 다큐멘터리이다. 이 방송의 웹 사이트 http://www.pbs.org/speak에서는 미국 영어에 대한 대화식 퀴즈 등이 제공된다.

조지아주립대학교에서 언어학연구를 수행한 결과 미국 영어 지도를 제작했는데, 이 연구는 http://us.english.uga.edu에 있다.

걸러어에 대한 웹 사이트

걸러어/지치어에 대한 사전은 다음 웹 사이트에 있다.

http://gullahtours.com/gullah_words.asp

걸러/지치도서연합회는 걸러어와 지치어로 학회와 회의를 하는 조직으로, 이에 대한 정보는 다음 웹 사이트에 있다.

http://www.coax.net/people/lwf/GG_COAL.HTM

사우스캐롤라이나 주에서 초등학교 교사들을 위해 걸러어로 된 동화와 노래들이 개발되었는데, 아래 웹 사이트에서 영어 단어를 클릭하면 걸러어로 자동 번역되고 음성 자료도 제공한다.

http://www.knowitall.org/gullahtales

주기도문, 시편 23장, 마틴 루터 킹 목사의 'I Have a Dream' 연설문 등을 웹 사이트 http://www.gullahtours.com/prayers.html에서 걸러어로 들을 수 있다.

미국 국립라디오의 공식 웹 사이트에서는 걸러어와 지치어에 대한 라디오 에세이들을 들을 수 있다. 'All Things Considered'라는 프로그램에서 'Gullah'를 검색하면 자료를 볼 수 있다. http://www.npr.org

걸러/지치공동체는 이들의 언어와 문화를 보존하기 위해 매우 활발하게 활동하고 있다. 이러한 노력에 대해 알려면 다음 사이트를 참고하여라.

http://www.coastalguide.com/gullah

http://www.islandpacket.com/man/gullah/index.html

용어와 개념의 정리 : 사회언어학과 언어인류학

1. 개인이 말하는 방식을 ______________________________(이)라고 부른다.
2. 함께 살고, 일하고, 사귀고, 소통하는 일단의 사람들은 ______________________________이다.
3. 미국의 사업, 교육, 미디어 등에서 사용되는 권위 있는 방언을 ________________________(이)라고 부른다.
4. 영국의 권위 있는 방언을 ______________________________(이)라고 부른다.
5. 미국에서 많은 어휘 항목은 ______________________________에 따라 변한다.
6. 멕시코에서 사용되는 에스파냐어는 ______________________________에서 도출된 많은 단어를 포함한다.
7. 영어를 사용하는 많은 지역에서 어떤 사람은 /təmeto/라고 발음하고, 어떤 사람은 /təmato/라고 발음한다. 이것을 ______________________________(이)라고 부른다.
8. 멕시코인과 푸에르토리코인 사이의 발음상의 차이는 푸에르토리코인이 사용하는 에스파냐어가 ________ 을(를) 허용하는 규칙을 가지고 있다는 점이다.
9. 미국 남부인은 단수인 you와 ______________________________을(를) 구별한다.
10. 미국인은 집합명사에 대해 단수동사를 사용하고, 영국인은 ___________________________을(를) 사용한다.
11. 지역방언은 ______________________________ 의미가 있다.
12. ______________________________ 어투는 미국인의 귀에는 매우 우아하게 들린다.

13. 뉴욕 주의 브롱크스 출신 화자는 ________________을(를) 대체하고, ________________을(를) 삭제하며, ________________을(를) 삽입한다.
14. 아프리카의 노예들은 ________________을(를) ________________의 요소들과 결합하여 매우 독특한 방언을 구사한다.
15. 많은 아프리카계 미국인은 ________________ 표준 미국 영어를 사용하는 법을 배운다.
16. 한 가지 형태의 언어 사용에서 다른 형태로 바꾸는 것을 ________________(이)라고 부른다.
17. 미국 흑인 영어는 ________________에 대한 규칙을 가지는 영어의 여러 가지 방언 중 하나이다.
18. 표준 미국 영어에는 마지막 자음군을 ________________ 앞에서 하나의 자음으로 축약하는 규칙이 있다.
19. 미국 흑인 영어 화자는 위 규칙을 두 번째 단어가 ________________(으)로 시작할 경우에도 적용한다.
20. 미국 흑인 영어의 일부 방언은 치간마찰음 /θ/와 /ð/를 바꾸어서 이들을 무성음 ________________와(과) 유성음 ________________(으)로 발음한다.
21. 미국 흑인 영어의 가장 두드러진 특성 중 하나는 동사의 ________________와(과) 동사의 ________________이다.
22. 표준 미국 영어는 조동사가 ________________되는 것을 허용한다면 미국 흑인 영어는 조동사가 ________________되는 것을 허용한다.
23. 동사의 ________________은(는) 행동의 완결성이나 지속성 등을 나타낸다.
24. 미국 흑인 영어의 또 다른 중요한 통사적 특성은 ________________의 어순이다.
25. 아프리카계 미국인의 중요한 문화적 가치 중 하나는 ________________에 대한 존중과 찬미이다.
26. 히스패닉 영어의 특징 중 하나는 에스파냐어 ________________을(를) 영어 단어에 적용하고, 에스파냐어 ________________을(를) 영어 문장에 적용하는 것이다.
27. 영어에는 ________________ 종류의 주요 모음이 있지만, 에스파냐어에는 ________________ 종류의 모음이 있다.
28. 영어 단어가 /s/로 시작하는 경우, 에스파냐어에서는 /ɛ/로 시작되는 ________________이(가) 있다.
29. 에스파냐어는 문장 속에서 또 다른 ________________이(가) 있는 경우에도 동사 앞에서는 ________________을(를) 사용한다.
30. 두 언어 사이의 ________________은(는) 한 개인의 정체성을 이중언어사회의 구성원으로 느끼도록 강화한다.
31. ________________은(는) 서로 다른 모국어를 사용하는 사람들 사이에서 업무와 기타 활동을 위해 사용되는 언어이다.

32. ________________은(는) 특정한 상호작용에서 사용하려는 목적으로 만들어진 단순화된 언어이다.
33. 이 단순화된 언어가 ________________(으)로부터 어휘를 차용한다. 그러나 통사적 특성은 대부분 ________________에서 차용한다.
34. 이 단순화된 언어가 한 공동체의 제1언어가 될 때 ________________(이)라고 부르고, 그 과정을 ________________(이)라고 부른다.
35. 모든 사람은 서로 다른 상황에서 서로 다른 형태의 언어, 즉 ________________을(를) 사용한다.
36. 대부분의 유럽 언어에는 대명사 you를 나타내는 두 가지 어휘가 있다. 하나는 ________________이고, 다른 하나는 ________________이다.
37. 영어 화자가 언어의 공식성 수준을 나타내는 주요 방식 중의 하나는 ________________을(를) 사용하는 것이다.
38. 영어에서는 프랑스어 출신의 동족어가 더 ________________ 어휘이다. 반면에, 앵글로-색슨 어휘는 더 ________________ 어휘이다.
39. 직업, 스포츠, 취미, 전문 영역 등에서 내부자 사이에서의 표현을 ________________(이)라고 부른다.
40. 히브리어에서는 동사가 ________________와(과) ________________에 의해 서로 다르게 어미변형을 겪는다.
41. 영어에서는 남성과 여성이 공식적이고 비공식적인 언어를 ________________(으)로 사용하고 ________________에서 사용한다.
42. 여성은 남성보다 ________________을(를) 더 자주 사용한다.
43. ________________은(는) 평서문의 끝에 덧붙여진 짧은 의문문을 말한다.
44. 여성이 남성보다 말을 더 많이 한다는 일반적인 고정관념이 있다. 관찰에 의하면 이러한 선입견은 __(참/거짓)__이다.
45. 인류학자인 프란츠 보애스는 ________________(이)라는 개념을 창안하였다.
46. 45번 문제의 답은 ________________ 인류학의 기본적 주장이다.
47. 특정한 문화를 가진 사람이 왜 특정한 것을 하는가를 이해하기 위해서는 그러한 문화를 ________________에서 보아야 한다.
48. 보애스는 모든 문화가 인간이 접하는 보편적인 문제에 대한 ________________ 타당한 적응 과정이라고 주장하였다.
49. 문화가 서로 다른 한 가지 이유는 그 문화가 전개되어져 나온 ________________이(가) 다르기 때문이다.
50. 보애스의 사상은 유럽 국가들과 미국의 정부가 전 세계의 원주민을 ________________(으)로 간주하던 시대에는 다소 급진적이었다.

51. 문화상대주의와 밀접하게 연관된 개념이 ______________________ 상대주의이다.
52. 각 언어는 그 자체 안에서 ______________________ 체계이고 하나의 독특한 체계로서 연구되어야 한다.
53. 언어상대주의는 ______________________(이)라고도 한다.
54. 한 민족의 환경, 문화, 언어 사이의 관계는 ______________________적이다.
55. 한 민족은 ____________________, ____________________, ____________________을(를) 공유하는 한 집단의 사람들이다.

8

언어습득

Language Acquisition

이 장에서 알아야 할 것

1. 언어습득에서 두뇌의 발달은 어떤 역할을 하는가?
2. 언어습득의 주요 이론은 무엇인가?
3. 아동은 음운을 어떻게 습득하는가?
4. 아동은 통사와 형태를 어떻게 습득하는가?
5. 아동은 어휘를 어떻게 습득하는가?
6. 제1언어습득의 단계는 무엇인가?
7. 아동은 수화를 어떻게 습득하는가?
8. 이중언어에는 어떤 형태가 있는가?
9. 아동이 동시에 둘 또는 그 이상의 언어를 습득하는 방법을 설명하는 두 가지 주요 가설은 무엇인가?
10. 제2언어습득은 제1언어습득과 어떻게 다른가?

외국어를 유창하게 구사하는 것은 성인이 성취하기 가장 어려운 지적 과제 중 하나이다. 그러나 아동에게 언어습득은 거의 아무런 노력도 들지 않는 쉬운 일이다. 사실 아동의 언어습득은 어떤 공식적인 훈련 과정이나 입력이 없이도 성취되는 일이다. 언어습득은 예측 가능한 나이에 예측 가능한 순서로 일어난다. 약 2백만 년에 걸치는 인류 진화의 결과, 언어습득은 인간이 집단 속에서 살아가기 위해 적응한 독특한 양상이고, 인간 두뇌가 다른 동물에 비해 월등하게 커진 진화의 결과와 깊은 관련이 있다.

언어와 두뇌

인간의 두뇌는 조상 동물의 단순한 두뇌로부터 진화한 복잡한 기관이다. 인간의 두뇌

R-복합체(R-complex) 파충류의 두뇌와 유사한 인간 두뇌의 한 부분이다.

림빅 체계(limbic system) 포유류의 두뇌와 유사한 인간 두뇌의 한 부분이다.

신피질(neocortex) 인간 두뇌의 가장 큰 부위로서, 언어 기술이 있는 곳이다. 이 영역은 브로카 영역과 베르니케 영역을 포함하는 부위이다(제1장 참조).

뇌량(corpus callosum) 두뇌의 두 반구를 연결하는 부분으로 두 반구 사이의 소통을 원활하게 해 준다.

속에는 파충류성 복합체라고도 불리는 **R-복합체**(R-complex)가 있다. 두뇌의 이 오래된 부분은 파충류와 새의 두뇌와 비슷한데, 인간의 기본적인 성향과 본능이 이 안에 있다. R-복합체를 둘러싼 부분이 **림빅 체계**(limbic system), 즉 대뇌 변연계라 불리는 포유류성 두뇌이다. 포유류에서 림빅 체계는 소리에 영향을 주는 두뇌의 일부분이다(제1장 참조). 인간의 뇌에서 이 부분은 외침과 울음을 담당한다. **신피질**(neocortex)은 인간 두뇌에서 가장 큰 부분을 차지하며 언어능력을 담당하는 부분이다. 두뇌의 이 부분은 제1장에서 살펴본 브로카 영역과 베르니케 영역을 포함하며, **뇌량**(corpus callosum)을 포함한다. 뇌량은 두뇌의 양쪽 반구 사이의 소통을 원활하게 하는 부분이다.

제1언어습득과 관련된 최근의 연구는 두뇌 발달연구에 초점이 맞추어져 있다. 두뇌와 각 부분에 대해서는 http://www.psycheducation.org/emotion/triune%20brain.htm에 많은 정보가 있으므로 두뇌에 대한 가상여행을 할 수 있다.

언어습득에 대한 생각

생득주의 가설(innateness hypothesis) 아동은 음소를 구별하고, 음연쇄로부터 단어를 인식하며 문법을 처리하는 능력을 선천적으로 타고난다는 가설이다.

놈 촘스키(제5장 참조), 에릭 레네버그(Eric Lenneberg, 1921~1975)와 같은 언어학자들은 언어적 잠재성은 인간이 타고나는 것이며, 아동이 언어를 습득할 수 있는 능력이 두뇌에 하나의 장치로 탑재되어 있다고 생각한다. 이러한 가설을 **생득주의 가설**(innateness hypothesis)이라고 한다. 레네버그는 언어습득을 자연계의 생물학적 기반을 둔 다른 생득적 행동과 비교한다. 이러한 행동들은 다음과 같은 공통 특성이 있다.

- 생존을 위해 필요하기 전부터 나타난다.
- 환경에 적응한 결과로 나타나지 않는다.
- 의식적 결정의 결과가 아니다.
- 공식적인 훈련이나 교육의 결과가 아니다. 사실 공식적 학습은 거의 효과가 없다.
- 예측 가능한 순서로, 특정한 발달 단계에서 나타난다.
- 한계시기에 나타난다. 이 시기가 지난 후에는 주어진 행동을 습득하는 것이 어렵거나 불가능하다.[1]

빨기, 먹기, 물건 잡기, 걷기, 말하기 등은 모두 생물학적 기반을 둔 행동의 전형

1) Eric Lenneberg, *The Biological Foundations of Language* (New York: John Wiley & Sons, 1967).

그림 8-1
읽기와 쓰기는 공식적인 학습이 필요하다.

적인 특성을 보여 준다. 이런 행동은 아동에게 가르쳐 줄 필요가 없다. 그러나 요리, 바느질, 목공, 자전거 타기, 책 읽기, 글쓰기 등은 훈련과 교육이 필요한데, 이러한 행동은 생물학적 기반을 둔 행동이 아니기 때문이다(그림 8-1 참조).

인간의 언어습득과 관련하여 앞의 제1장에서 다루었던 침팬지를 생각해 보자. 비키는 집에서 키운 침팬지로, 네 단어를 이해하기 위해 힘든 훈련을 받았다. 부부였던 연구자에게는 마침 비키와 나이가 같은 아이가 한 명 있었으며, 그들은 비키에게 네 단어를 가르치기 위해 많은 시간을 소비하였다. 그런데 이 침팬지와 아이가 6세가 되었을 때, 아이는 전혀 공식적인 훈련이 없이도 수천 단어를 배우는 것을 보게 되었다.[2)]

생득주의 가설에 따르면 아동에게는 문법을 처리하는 타고난 능력이 있다. 아동은 음소적 차이, 어순, 구조의 인식을 포함하는 **보편문법**(universal grammar)을 가지고 태어나도록 유전적으로 결정되어 있으며, 두뇌 속에 유전적으로 가지고 있는 장치인 **언어습득장치**(language acquisition device)로 인해 아동은 언어를 습득할 수 있다. 레네버그는 **한계시기 가설**(critical period hypothesis)을 제시했는데, 이 가설에 따르면 12세에서 15세인 사춘기 이후에 언어습득장치가 기능을 멈추고 원어민 수준으로 유창하게 언어를 구사할 수 있는 능력이 사라진다고 한다. 언어습득의 한계시기를 보여 주는 최근의 예로 이주자 가정을 들 수 있다. 7세 이전에 이주해 온 아동은 새로 도착

보편문법(universal grammar : UG) 음소적 차이, 어순, 어구의 인식 등 언어습득의 생득주의 이론의 기반이 되는 체계이다.

언어습득장치(language acquisition device) 아동의 두뇌 속에 있으면서 아동이 언어를 습득할 수 있도록 해 주는 두뇌의 장치로서, 일종의 이론적 두뇌 영역이다.

한계시기 가설(critical period hypothesis) 언어습득장치가 기능을 멈추는 시기로, 원어민의 유창성을 갖춘 언어습득은 아동이 성장하면서 점차 줄어들다가 사춘기 나이 이후에 정지된다는 이론이다.

2) Catherine Hayes, *The Ape in Our House* (New York: Harper & Row, 1951).

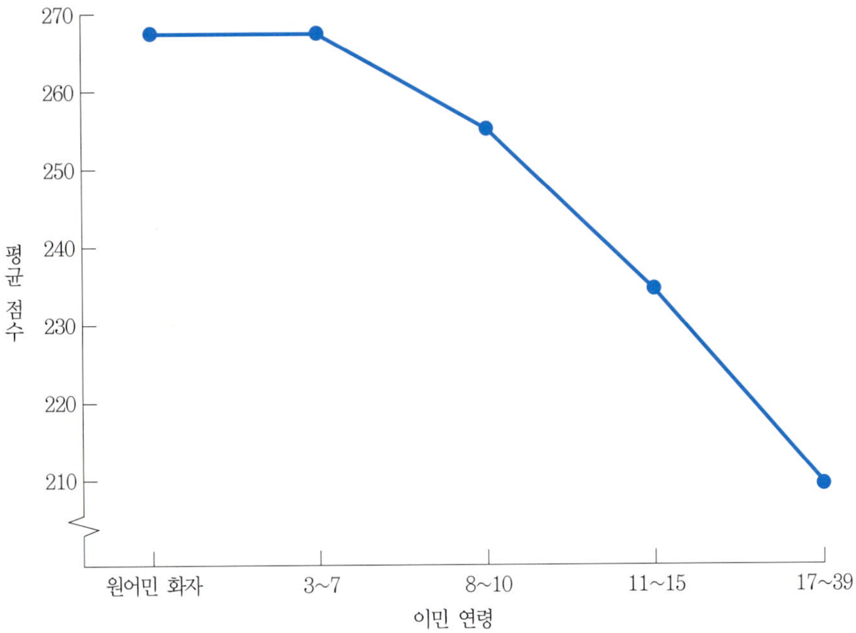

그림 8-2 제2언어에 있어서 이민 연령과 통사 능력의 상관관계

이민 당시의 나이가 많을수록, 목표지 언어의 통사 능력 시험의 점수가 낮다.

source : Reprinted from Cognitive Psychology, 21, J. Johnson and E. Newport "Critical Period of Effects in Second Language Learning," pp. 60-99. Copyright ⓒ 1989, with permission from Elsevier

한 나라의 언어를 거의 원어민 수준으로 유창하게 구사한다. 문법과 의미 시험 결과는 같은 나이의 원어민 화자의 수준과 같았다. 8세에서 15세 사이에 이주한 아동들은 문법 시험에서는 같은 나이의 원어민 화자보다 실력이 떨어졌으나 의미 시험에서는 비슷하였다. 16세 이후에 이주한 청소년은 문법과 의미 시험에서 성인 이주자보다 잘하지 못했다.[3] 그 이후에 이주한 청소년과 성인은 주어진 언어를 배우기 위해 아무리 노력하고 공부를 해도 원어민 수준의 유창성을 성취하기 쉽지 않고 대부분 사투리 어투를 지울 수 없다(그림 8-2 참조).

모방 가설(imitation hypothesis) 아동은 주변 사람들을 모방함으로써 언어를 습득한다는 이론이다.

그렇다면 아동은 언어를 습득할 수 있는 타고난 능력을 어떻게 이용하는가? 본능적으로 보면, 아동은 주변의 사람들을 흉내 내면서 언어를 배운다. 물론 아동은 그들에게 말해진 언어나 (수화의 경우) 보내진 신호를 통해 배우는데, 이러한 이론이 언어습득의 **모방 가설**(imitation hypothesis)이다. 제1장에서 우리는 단어의 의미와 소리 사이의 자의적 관계에 대해 논의하였다. 예를 들어, /dɔg/란 소리가 고양이나 소가 아니라 개를 지시한다는 사실을 배우는 것은 아동이 자신의 주변에 있는 성인의 말을 들

3) J. Johnson and E. Newport, "Critical Period Effects in Second Language Learning," *Cognitive Psychology,* 1989, 21:60-99.

음으로써 가능하다. 다른 국가에 사는 아동은 다른 언어로 말하는 성인의 말을 듣게 될 것이고, 그 결과 똑같은 동물을 나타내는 소리가 영어와는 달리 /šiɛn/, /pɛʁo/,[4] /hʊ̈nt/, /kane/[5]와 같다는 것을 배운다.

그러나 모방은 아동의 언어습득이 보여 주는 다른 측면들을 설명하지 못한다. 아동은 went 대신에 *goed, mice 대신에 *mouses라고 하기도 한다. 또 아동은 다음과 같은 잘못된 문장을 말하기도 한다.

Mama, throw the ball to me 대신에 *Mama ball

I have some suds on my hand 대신에 *I have a sud on my hand.

이런 발화는 아동이 전에 성인들로부터 결코 듣지 못한 것이고, 따라서 모방일 수 없다.

또한 모방은 아동에게 말이 별로 건네지지 않는 문화(이 장의 후반부에서 다룰 뉴기니 칼룰리어에 대한 '언어사회화 : 세 가지 예' 참조)나 미국 문화처럼 불완전한 문장들이 일상생활에서 흔히 사용되는 문화에서 보듯이, **자극의 빈곤**(poverty of stimulus)이 있을 경우 아동이 어떻게 언어를 습득하는지를 설명하지 못한다. 게다가 모방은 태어난 지 겨우 5년밖에 되지 않는 아동이 만들어 내는 언어의 생산성을 완전히 설명하지 못한다. 다른 모든 성인과 마찬가지로 아동은 그들이 전에 들어 보지 못한 문장도 산출하고 이해한다.

자극의 빈곤(poverty of stimulus) 아동이 말을 들을 수 없거나 일상 대화에서 불완전한 문장들이 흔히 발생하는 상황에서 자극의 빈곤이 일어난다.

한편 **강화 가설**(reinforcement hypothesis)은 아동이 문법적인 발화를 했을 때는 긍정적인 강화에 의해, 잘못된 발화를 했을 때는 부정적 강화로 교정을 받음으로써 언어를 배운다는 가설이다. 그러나 아동의 언어습득에 대한 연구와 사례에 의하면 부모와 아동을 돌보는 사람은 주로 아동의 말에 반응만 할 뿐 강화를 하지는 않는다. 예를 들어, 3세 아동이 다음과 같이 말한다면

강화 가설(reinforcement hypothesis) 아동은 문법적 발화를 만들어 냈을 때 긍정적 강화를 받고, 부정적인 발화를 만들어 냈을 때 수정해 주는 부정적 강화를 받아 언어를 습득한다는 가설이다.

Doggie go outside?

부모의 반응은 그 개가 밖에 있는가, 아닌가에 따라 단순히 yes나 no일 뿐이다. 그들은 아동이 한 말의 문법을 고쳐 주지 않는다.

부모가 아이의 문법을 고쳐 주려고 해도 종종 좌절할 뿐이다. 어떤 부모와 5세 아동의 재미있는 이야기를 보자.

4) /ʁ/은 떨림소리 r을 나타내는 음성기호이다. 제2장의 '영어에서 사용되지 않는 자음'을 참조하여라.
5) chien(프랑스어), perro(에스파냐어), Hundt(독일어), cane(이탈리아어)

아동 : Nobody won't play with me!

부모 : No, "Nobody will play with me."

아동 : Nobody won't play with you, too?

상호작용 가설(interactionist hypothesis) 타고난 언어습득 능력을 통해 아동이 주변 환경에서 듣는 언어로부터 규칙들을 추출하고, 음운, 의미, 통사 규칙들을 구성하면서 언어를 습득한다는 가설이다.

구성주의(constructivism) 상호작용 가설의 다른 이름이다.

상호작용 가설(interactionist hypothesis)은 **구성주의**(constructivism)라고도 불리며, 아동은 타고난 언어 능력을 통해 주변에서 들을 수 있는 언어의 규칙을 추출하여 음운론, 의미론, 통사론을 구성한다고 가정한다. 사실 타고난 언어 능력이란 언어의 패턴을 찾아내고, 패턴에 대한 규칙을 형성하며, 그 규칙을 새로운 발화에 적용하는 능력을 말한다. 지금까지 이 장에서 제시한 모든 예에서 주어진 문장을 만들어 낸 아동들은 영어의 문장 어순이 S-V인지 S-V-O인지를 알고 있음을 보여 준다. 또한 아동은 어미 /d/와 /t/, /əd/가 동사의 과거시제를 만든다는 사실과 접미사 /s/, /z/, /əz/가 명사의 복수형을 만든다는 사실을 알고 있음을 보여 준다. 아동은 부정어 not을 조동사 do와 함께 사용할 경우 동사를 부정하게 된다는 사실을 알고 있으며, 축약형인 don't의 용법에 대해서도 배웠다. 이런 모든 규칙은 영어의 올바른 규칙이다. 그러나 아동이 만들어 낸 발화는 주어진 규칙이 잘못 적용되거나 불완전하게 적용되었기 때문에 부정확하다. 상호작용, 관찰, 시행착오 등을 통해 아동은 5~10세 동안 주변의 언어를 배우게 된다.

아동은 어떻게 언어의 구성 요소를 배우는가?

아동은 태어나기 전부터 이미 모국어의 '선율'을 들음으로써 언어습득을 시작하는 것으로 보인다. 태어난 이후에 아동은 처음에 구구소리를 내고 인간언어의 옹알이를 시작하며, 이후 한 단어, 두 단어, 그리고 좀 더 긴 문장을 발화하는 법을 배운다. 그 후 아동은 수천, 수만 단어의 의미를 배우는 데 수년간의 시간을 보낸다.

음운

아동은 자궁 속에서 9개월 무렵부터 이미 피치(제2장 참조)와 같은 모국어의 운율 특성을 습득한다는 증거가 있다. 예를 들어, 태어난 지 3일째에 독일 아이의 울음소리와 프랑스 아이의 울음소리는 서로 다르다. 프랑스 아이는 일관되게 피치의 끝을 올리면서 우는 데 비해, 독일 아이의 울음소리는 피치가 올라갔다가 내려간다(그림 8-3 참조). 이러한 유형은 해당 아이를 돌보는 성인의 전반적인 운율적 특성과 일치한다. 이 연구를 수행한 비르기트 멤피(Birgit Mampe)는 아이가 태어난 지 3일 만에 자신을 돌보는 성인의 언어 선율을 배웠을 수 있다는 가능성을 배제하지 않았다. 그러나 멤

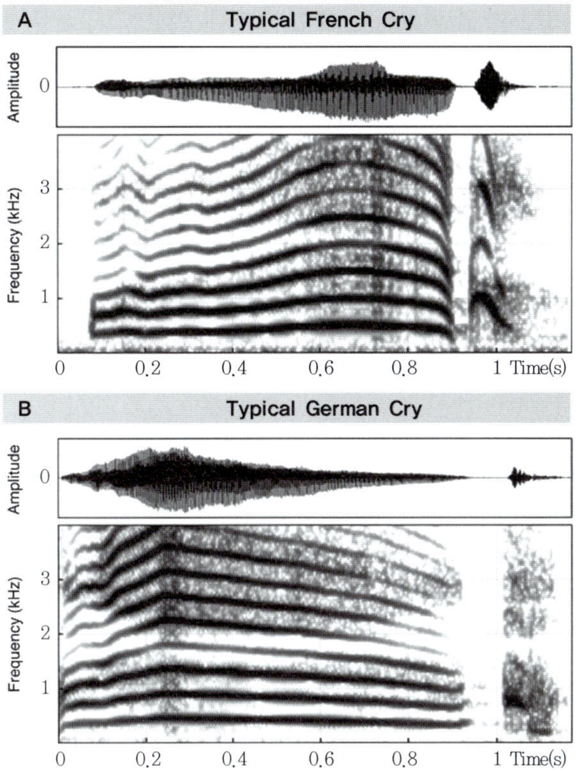

그림 8-3

전형적인 독일 아이와 프랑스 아이의 주파수(피치) 패턴의 차이를 보여 주는 음성 분석 스펙트로그램

source : Reprinted from *Current Biology*, 19, (15 December 2009), Birgit Mampe, et. al., "Newborns' Cry Melody is Shaped by Their Native Language," pp. 1994-1997, Copyright ⓒ 2009, with permission from Elesevier

피는 언어의 운율적 특성이 거의 방해받지 않고 태반 벽을 통과해서 태아의 귀에 들린다는 다른 연구 결과들을 근거로 해서 언어습득이 자궁에서부터 시작될 가능성이 크다고 주장한다.[6)]

태어난 지 몇 달 이내에 아이는 언어음을 내기 시작한다. 처음으로 나오는 **구구소리**(cooing)는 모두 모음으로 ahh, ooh, æhh, iiih 등과 같은 소리이다. 태어난 지 약 4개월에서 6개월이 되면 아이는 **옹알이**(babbling)를 한다. 옹알이는 자음과 모음이 교체되는 소리로 bababa, gagaga, mamama처럼 들린다. 구구소리와 옹알이를 하는 동안에 아이는 많은 음성을 조합하는 실험을 하는 셈이다. 아이는 인간언어에 사용되는 음소적인 소리라면 무엇이든 반응을 보인다. 그것이 아이의 주변에서 들을 수 있는 언어에서 음소적인가 아닌가는 상관없다. 예를 들어, 실험에 의하면 일본의 아이를 포함하여 모든 아이는 /l/과 /r/을 서로 다른 음소로 인식한다. 시간이 흐르면서 일본

구구소리(cooing) 아이가 내는 첫 번째 언어음으로서 ahh, æhh 등과 같은 모음으로 이루어진 소리이다.

옹알이(babbling) 태어난 지 약 4개월에서 6개월 사이의 아이가 내는 언어음으로서, bababa, gagaga, mamama처럼 자음과 모음을 교대로 발성한다.

6) Birgit Mampe, et al., "Newborns' Cry Melody Is Shaped by Their Native Language," *Current Biology*, 19 (December 15, 2009), 1994-1997.

어를 구사하는 아이는 이 소리들을 동일한 음소의 이음으로 인식하고 이를 구분하는 데 어려움을 겪게 된다. 영어를 구사하는 가족의 아이는 (제3장에서 다룬 러시아어 음소들인) /t/와 /tʲ/를 서로 다른 소리로 인식하지만, 나이가 들면 이 소리들을 구별하는 데 어려움을 겪는다. 태어난 지 6개월이 지나면 아이는 자신의 언어에서 사용되는 음소의 구조를 배우기 시작하고, 다른 언어에서의 음소 구분에 대해서는 반응을 보이지 않게 된다. 그러나 아이가 처음에는 모든 언어의 잠재적 음소가 되는 소리들을 구분할 수 있다는 사실은 보편문법의 음운부가 존재함을 보여 주는 증거로 해석되어 왔다.

소리를 구분할 수 있는 능력은 산출할 수 있는 능력보다 선행한다. 아이의 전형적인 틀린 발음을 살펴보면 다음과 같다.

banana를	/nænæ/로
fish를	/fis/로
doggie를	/dai/로
juice를	/dus/로
thank you를	/titu/로

아이는 전형적인 잘못된 발음으로 단어를 발음하기 시작하면서 이를 고쳐 주려는 성인의 시도를 전혀 받아들이지 않고, 오히려 자신의 잘못된 발음을 흉내 내려는 성인을 보면서 좌절감을 느낀다. 아이는 단어의 발음을 정확하게 듣지만, 아직 발음을 정확하게 내지 못하는 것뿐이다. 아이의 발음은 성인이 생각하는 것보다는 더 정확하다. 아이의 발화를 음성분석기로 분석하면, banana의 첫음절이나 doggie의 중간 자음과 같이 생략되는 요소가 실제로는 발화되는 것을 볼 수 있다. 즉, 이렇게 생략된 음들은 발화되지만 너무 미세해서 우리의 귀에 들리지 않는 것뿐이다. 좀 더 어렵고 유표적 자음인 /š/, /θ/, /ǰ/는 좀 더 쉽고 무표적 자음인 /s/, /t/, /d/와 같은 음으로 대체되는 것 같다. 그러나 여기서도 음성분석기는 이 음들이 /s/, /t/, /d/와는 다소 다르게 발음되고 있음을 보여 준다. 따라서 성인은 /fɪs/와 /dus/의 마지막에 나오는 자음을 동일한 것으로 듣지만, 아이(와 음성분석기)는 이들이 서로 다른 소리임을 인식한다.

통사

일어문(holophrases) 영유아가 내뱉는 한 단어짜리 발화로 이러한 발화는 완전한 한 문장의 의미를 표현한다.

아이의 첫 번째 단어는 단어가 아니라 문장이다. 12개월 된 아이가 cat이라고 말한다면, 이것은 'There is a cat' 또는 'I want to pet the cat' 또는 'Keep that cat away from me!' 등을 의미하는 하나의 문장이다. 이런 한 단어짜리 발화를 **일어문**(holophrases)

이라고 부르는데, 이것은 완전한 또는 나누어지지 않은 구절이기 때문이다. 언어습득의 이 단계를 **일어문 단계**(holophrastic stage)라고 부른다. 전형적인 일어문과 그것의 의미는 다음과 같다.

일어문 단계(holophrastic stage) 아동이 일어문을 사용하는 언어습득단계이다.

ball	I want the ball.
	Throw me the ball.
	I see a ball.
mama	Come here, mama.
	That purse belongs to mama.
	There is mama.
bird	There's a bird outside.
	I hear a bird.
	Let's go look at the bird.
	I see a picture of a bird.

어떤 일어문은 한 단어 이상인 발화이지만 아동에게는 하나의 단어로 인식된다. 예를 들어, 영어의 I love you, thank you, Jingle Bells, there it is와 같은 발화는 비록 한 단어 이상이지만 한 단어로 인식된다.

두 단어 단계(two word stage)는 태어난 지 18개월 무렵부터 시작된다. 이때 아이는 단어들을 결합하여 두 단어짜리 발화를 하기 시작한다. 그러나 이 단어들은 그저 무작위로 함께 말한 두 단어가 아니라 서로 문법적 관계가 있는 두 단어로서, 성인의 문장이 표현하는 것과 똑같은 방식으로 완전한 생각을 표현하는 단위이다. 종종 아이의 두 단어 발화가 표현하는 문법적 관계는 행위자-행동, 행동-대상, 소유자-소유, 행동-위치 등이다.

두 단어 단계(two word stage) 생후 약 18개월에 시작하며 아이가 두 단어를 구사하는 단계이다.

행위자-행동	Doggie run
행동-대상	Push ball
소유자-소유물	Mammy car
행동-위치	Ride car

이러한 발화를 만들어 내는 기저의 통사 구조가 있다는 사실은 아이가 적절한 단어로 대체하여 새로운 문장을 만들어 내는 것을 보면 명백하다.

Kitty run

Doggie eat

Push block

Throw ball

Daddy car

Mommy house

Ride bus

Sit car

이러한 발화를 완전한 영어 문장으로 확장한다면, 아이가 이미 영어의 어순을 사용하고 있다는 사실을 알게 될 것이다. 즉, 이 발화들은 영어의 S-V 어순을 따른다.

전보문(telegraphic speech) 아이는 두 단어 문장에 좀 더 많은 어휘들을 추가하면서 전보문 형태의 문장을 발화한다.

아이는 더 많은 단어를 두 단어 문장에 덧붙이기 시작하며, 이런 발화를 **전보문**(telegraphic speech)이라고 한다. 이 발화는 단어 하나하나마다 비용이 들기 때문에 비용을 줄이기 위해 조동사, 관사, 대명사, am · are · is와 같은 연결사를 생략하는 전보와 닮았다. 여러 가지 측면에서 전보문 단계의 발화는 두 단어 발화의 확장이다. 수식어를 추가하여 throw blue ball 또는 sit car now와 같은 전보문을 만들 수 있다. 대상이나 위치가 더해져서 doggie eat food 또는 kitty run outside와 같은 전보문을 만들 수도 있다. 물론 몇 가지 전형적인 수식어들, 예를 들어 my, mine, no!와 같은 몇 가지 수식어는 다른 아이들과 사귀는 방법을 배우거나 자신의 독립을 주장하려는 2세 아동에게는 특별한 의미가 있을 수도 있다.

연습문제 1 : 초기의 언어습득

3세 내지 5세 아동의 부모를 인터뷰하여 아동의 언어 발달과 관련된 다음 질문들에 대해 가능한 한 답하여라.

1. 아동의 현재 나이, 성별, 언어 발달단계는 무엇인가? 집에서 사용하는 언어는 무엇인가?

___

___

___

2. 아이가 언제 구구소리와 옹알이를 시작했는가? 그 소리는 어떤 것이었나? (부모의 대답을 음성적으로 표기하여라.)

3. 아동의 첫 번째 단어(들)는 무엇이었는가? 아동이 몇 세 때 첫 번째 단어를 말하였는가?

4. 아동의 첫 번째 일어문 발화의 의미는 무엇인가?

5. 아동의 두 단어 발화는 어떤 것인가? 그것의 의미는 무엇인가?

6. 아동의 발달에 대한 부모의 기억은 이 장에서 제시한 정보와 어떻게 다른가? 차이가 있다면 그러한 차이는 왜 생긴다고 생각하는가? 당신의 결론을 분석하고 논의하여라.

형태소

아동의 언어가 좀 더 복잡해질수록 아동은 기본 어휘에 결속형태소를 덧붙이기 시작한다. 아동이 습득하는 첫 번째 결속형태소 중의 하나는 복수 표지이다. 사실 아동은 복수 표지의 습득에 있어서 세 단계를 겪는 것 같다. 첫 번째 단계에서 아동은 주변에서 듣는 것을 모방한다.

단수	복수
mouse	mice
child	children
suds	suds
sip	sips
dog	dogs
house	houses

그러나 패턴을 찾아 그것을 규칙으로 적용하려는 아동의 타고난 성향으로 인해 두 번째 단계에서 아동은 규칙을 **과일반화**(overgeneralize)하는 경향이 있다. 예를 들어, 복수형을 만들기 위해 /s/, /z/, /əz/를 덧붙이는 규칙을 모든 영어 단어에 적용하는 것이다. 글상자 8-1은 유명한 언어학적 실험인 워그 테스트이다. 이 실험에서 아동은 복수형 규칙을 습득했음을 보여 준다. 아동은 심지어 suds와 gauze라는 단어가 복수형을 취할 수 없는 불가산물질명사인데도 불구하고, 단어가 /z/로 끝났기 때문에 복수형으로 인식한다. 이 단계에서 아동은 다음과 같이 발화한다.

과일반화(overgeneralization) 아동이 특정한 형태론적 규칙이나 어휘 개념을 습득한 후, 그것을 너무 과도하게 적용하는 것을 말한다. overextension이라고도 한다.

단수	복수
mouse	mouses
child	childs
children	childrens
sud	suds
gau	gauze
sheep	sheeps

이런 규칙 적용방식은 과거시제 표지 /t/, /d/, /əd/의 습득에도 적용된다. 즉, 두 번째 단계에서 went 대신에 *goed, broke 대신에 *breaked, ran 대신에 *runned와 같이 발화한다.

아동은 4세나 5세가 되어서야 세 번째 단계에 도달하는데, 이 단계가 되면 아동은 규칙에 예외가 있다는 사실을 알게 된다. 제12장에서 논의하겠지만, 언어 변화가 점진적으로 일어나는데, 이때 언어공동체는 규칙의 예외를 무시하게 되었다.

연습문제 2 : 언어 발달에 대한 부모의 인식

1. 좀 더 연령이 높은 아동의 부모를 인터뷰하여 그들이 기억하는 아동의 언어 발달과 관련하여 다음 질문들에 답하여라.
   a. 아동은 지금 몇 살인가? 아동의 언어 발달에 대해 어떻게 기억하고 있는가? 아동의 단어목록이나 말한 것을 'baby book'과 같은 노트로 보관하고 있는가? 아니면 아동의 단어나 말한 것을 가족의 이야깃거리로 기억하는가? 아니면 아동이 말하는 것을 녹화한 비디오테이프가 있는가?

   ____

   ____

   b. 아동이 저지른 언어 실수 중 어떤 재미있는 것들을 기억하는가? mouses나 goed와 같은 단어들을 말했는가?

   ____

   ____

의미

약 6개월이 되면서 아이는 언급된 사물이나 사람을 바라봄으로써 단어의 의미를 이해했음을 보여 준다. 아이는 첫 번째 단어를 약 1세 무렵에 발화한다. 1세 무렵부터 아이는 하루에 약 열 단어 정도를 배우다가 6세가 되면 사용할 수 있는 어휘인 **생산적 어휘**(productive vocabulary)는 약 1만 4천 개가 되고, 듣고 이해할 수 있는 어휘인 **수용적 어휘**(receptive vocabulary)는 생산적 어휘의 2배 정도가 된다. 이러한 엄청난 과업을 아이는 어떻게 달성할 수 있을까? 아이는 주변의 성인들로부터 들을 수 있는 수많은 소리로부터 어떻게 언어음을 구별하여 각각의 소리에 정확한 의미를 부여할 수 있을까?

생산적 어휘(productive vocabulary) 개인이 실제 사용할 수 있는 어휘들로 구성된다.

수용적 어휘(receptive vocabulary) 개인이 이해할 수 있는 어휘들로 구성된다.

1세 아동이 마당에서 이웃집의 지붕 위에 앉아 있는 고양이를 보았고, 엄마가 고양이를 가리키며 "저 고양이를 봐."라고 말했다고 해 보자. 1세가 되기까지 아이는 '________을 봐.'라는 지시문을 자주 들었을 것이고, 이 지시문이 ________ 부분에 오는 특정한 사물에 주의를 집중시키기 위한 것이라는 점을 알 것이다. 이 경우에 빈칸은 '고양이'로 채워진다. 그러나 아이는 '고양이'가 지시하는 것이 무엇인가를 어떻게 알 수 있는가? 그것이 집인지, 지붕인지, 굴뚝인지, 하늘인지, 구름인지, 지붕에 드리워진 나무 그림자인지, 아니면 고양이인지를 어떻게 아는가? 이 모든 사물은 엄마가 가리키는 방향과 동일한 곳에 있다. 게다가 아이는 '고양이'란 단어가 동물 전체를 가리키는지, 꼬리나 입과 같은 신체의 부위를 가리키는지를 어떻게 알 수 있는가? 아이는 '고양이'란 단어가 '개'라고 불리는 다른 동물이 아니라, 작고 털이 많은 특정한 동물을 가리킨다는 사실을 어떻게 알 수 있는가?

음운과 형태의 습득에서와 마찬가지로, 의미의 습득 또한 아동으로 하여금 단어의 의미를 추출할 수 있도록 안내하는 보편적인 원리들을 따른다. 무엇보다도 아동은 식별하는 단어가 사물의 부분이나 속성이 아니라 전체에 적용된다고 가정한다. 따라서 '고양이'나 '워그(글상자 8-1 참조)'라는 단어의 경우에도, 아동은 이 단어가 주어진 동물 전체에 적용되는 것이지 신체 부위나 색채, 또는 질감에만 적용되는 것이 아니라는 사실을 안다. 따라서 앞에서 설명한 상황에서 아동은 주어진 '고양이'란 단어를 동물 전체에 적용할 것이다. 왜냐하면 아동은 동물은 전체를 볼 수 있지만, 하늘이나 집, 나무는 단지 일부만 볼 수 있기 때문이다.

과일반화(overextension) 아동이 한 단어의 개념을 습득한 후, 그것을 너무 넓게 적용하는 것을 말한다.

다음으로 아동은 단어에 대한 자신의 이해를 세련화하는 과정을 시작한다. 우선 아동은 자신이 알고 있는 단어의 의미를 확장하여 유사한 속성을 지닌 사물에까지 주어진 단어를 적용한다. 이러한 **과일반화**(overextension)는 앞에서 언급한 통사에서의 과일반화와 유사하다. 예를 들어, 이 작은 동물이 '고양이'라고 불린다는 사실을 배운 아동은 과일반화를 통해 이 단어를 모든 작은 동물이나 심지어는 크든 작든 모든 동물에게 적용할 수도 있다. 사실 이 나이에는 '고양이'의 정의가 '4개의 다리를 가진 털이 있는 동물'일 수도 있다. 아동에게는 '고양이'의 범주에 개, 소, 말, 토끼, 양, 쥐, 햄스터 등이 모두 포함될 수도 있다. 첫 번째 단어에 '강아지'가 포함되는 아동은 이 단어를 새, 고양이, 말, 판다, 원숭이 등에게도 적용할지 모른다. 이런 아동은 '물고기'란 단어를 거북이, 바다표범, 강치, 개구리, 수달 등 물에서 발견되는 모든 동물을 지칭하는 데 사용할 것이다.

아동은 주변에서 발견되는 사물을 체계적으로 범주화한다. 실험에 의하면 아이는 처음에는 사물의 크기, 모양, 질감에 관심을 기울인다. 앞에서 설명한 '고양이'와 '강아지'의 확대 적용은 모양과 질감을 기반으로 한 것이다. 즉, 다리가 4개인가 2개인가, 그리고 털인가 깃털인가 아니면 털이 없는 가죽인가를 근거로 한 것이다. 영어를 구사하는 아동은 종종 ball이란 단어를 배우고 그것을 (모양에 따라) 모든 둥근 사물에 적용한다. 어떤 아동은 같은 단어를 (크기에 따라) 벌레, 빵부스러기, 자갈 등을 지칭하는 데도 사용한다. 또한 영어를 구사하는 아동은 모든 남자를 (크기와 모양에 따라) Daddy라고 지칭하기도 한다. 그러나 그들은 사물을 색채에 따라 범주화하지는 않는다. 사실 색채 이름과 색채에 의한 사물의 연상은 유치원 교재, 저학년 교육 과정,

글상자 8-1 워그 테스트

1950년대의 유명한 언어학적 실험에서 진 버코 글리슨(Jean Berko Gleason)은 아동에게 아무런 특징도 없는 동물의 연필선 그림을 보여주고 "This is a wug."라고 말하였다.

다음으로 그녀는 아동에게 이 동물이 두 마리 있는 그림을 보여 주고 이렇게 말하였다.

"Now here is another one. There are two of them. There are two ______________?" 약 3세 아동은 빈칸에 채워 넣을 정확한 복수형인 wugs를 대답할 수 있었다. 이 단어는 아동이 전에 결코 들은 적이 없는 단어이다.

이 복수형태는 형태론적으로 정확할 뿐 아니라, 음운론적으로도 올바른 것이었다. 즉, 복수 어미 -s가 /z/로 발음되었던 것이다. 복수형 어미 -s가 유성자음인 /g/ 뒤에 나오기 때문이다. 또 다른 꾸며낸 동물인 bik가 제시되었을 때, 복수형 형태소는 /s/로 발음되었다. 이 복수형 어미는 무성자음 /k/ 뒤에 나오기 때문이다. tass라 불리는 또 다른 사물이 복수화되었을 때, 이 복수형 어미는 /əz/로 발음되었다.

이 모든 실험은 소유격, 시제, (행동을 수행하는 사람을 지칭하기 위해 동사에 덧붙이는 어미인) 행위자 -er 등을 만드는 형태소를 포함하였다.

이 실험에 의하면, 아동은 형태소적 · 음운적 규칙을 찾아낼 수 있었고 그 규칙들을 새로운 상황에 적용할 수 있었다. 다른 말로 하면, 아동의 언어는 생산적이다.

당신도 할 수 있는 실험은 취학 전 아동에게 워그 테스트와 비슷한 질문을 하는 것이다. 넌센스 단어를 만들어서 단순한 그림으로 그린 후, 그것을 아이에게 보여 주고 복수형과 과거시제형을 위한 규칙을 말하도록 유도하여라.

추가 정보를 원하면 http://www.wikipedia.org/wiki/Wug_Test 또는 http://www.psych-sci.manchester.ac.uk/research/groups/languageandcommunication/maxplanck를 참조하여라.

〈Sesame Street〉과 같은 일부 텔레비전 프로그램에서 공식적으로 가르치기도 한다. 영어 화자가 사물을 색채에 의해 범주화하는 데 영향을 주는 것은 바로 영어라는 언어의 영향력에 대한 결과이다. 앞의 제7장에서 ('언어가 문화에 영향을 준다'라는 부분에서) 언급된 것처럼, 나바호어를 구사하는 아동은 사물을 (수, 길이, 견고성, 휴대성 등과 관련된) 어휘범주에 따라 범주화하는 방법을 배운다.

모든 성인 어휘는 일련의 의미를 포함한다. 의미를 배우는 데 있어서 아동의 과제는 성인이 해당 어휘에 부과하는 의미의 범위를 파악하는 것이다. 이와 관련하여 아동이 저지르는 '실수'는 주어진 어휘에 부과하는 의미의 범위가 성인의 그것과 다른 데서 오는 결과이다. 예를 들어, '개'에 대한 성인의 정의는 치와와와 세인트버나드처럼 아주 다르게 보이는 동물까지도 포함한다는 사실을 주목하자. 이 두 동물과 비교할 때, 고양이와 작은 테리어 개는 오히려 훨씬 더 비슷하게 보인다. 영어에서 성인은 아버지, 할아버지, 삼촌을 구분한다. 그러나 많은 아프리카 언어와 아메리카 원주민어에서 이 남자들은 동일한 친족어로 지칭된다. 따라서 자신이 아는 모든 남자를 Daddy로 부르는 아동은 영어로는 '틀린 것'이지만, 그가 다른 언어를 배운다면 '옳은 것'이다.

아동이 과일반화를 하는 또 다른 이유는 그가 모든 사물을 지칭할 어휘를 가지고 있지 않기 때문이다. 따라서 아동은 자신이 가진 어휘를 사용하는 것일 뿐이다(글상자 8-2 참조)(적은 어휘량은 피진어에서 화려한 어구를 남용하는 것과 동일한 상황이다. 앞의 제7장에서 다룬 '접촉어 : 피진어와 크리올어' 참조).

아동이 특정한 범주의 범위를 좁히고 어휘를 더 많이 습득해야 한다는 사실을 알게 되면서 과일반화의 반대인 **과소일반화**(underextension) 과정을 겪는다. 이 단계

과소일반화(underextension) 아동이 특정한 어휘의 정의를 습득한 후 그것을 너무 협소하게 적용하는 것을 말한다.

글상자 8–2 6세 아동의 어휘

6살 사만다는 부모가 남의 집에 세를 들어 사는데, 조부모에게 집의 소유주가 누구인지를 물었다. 자기 소유의 집에 사는 조부모는 당황해서 아이에게 '소유주'가 무슨 뜻인지 되물었다. 사만다는 '소유주'에 대한 자신의 정의를 말했다. "아시잖아요. 무언가 부러지면 그를 불러 부서진 것을 고치도록 하잖아요."

사만다는 아빠의 자동차가 고장이 나서 정비공에게 자동차를 가져가야 했을 때 벌어진 일을 전하면서, '견인차'란 용어를 알지 못했기 때문에 그들이 '뒤에 자동차들을 끌고 가는 픽업트럭'이 올 때까지 기다려야 했다고 말했다.

6세인 다니엘은 LP 레코드 앨범을 CD라고 불렀다. 또 다른 아동은 earbud와 headphone을 결합하여 hearphone이라는 신조어를 만들어 내기도 하였다. 또 어떤 아이는 성냥을 firestick이라고 불렀다. 문장의 맨 뒤에는 무엇이 올까? pyramid라고 답을 한 아동도 있었다.

에서 chair와 같은 어휘는 다른 의자는 제외하고 오직 아동의 특별한 의자만을 지칭하는 데 사용될 수 있고, 마찬가지로 dog란 단어도 아동 가족의 특별한 애완동물만을 지칭하는 데 사용된다.

과일반화와 과소일반화 과정은 취학 전까지 이루어지며, 그 과정을 통해 아동의 어휘부와 어휘부의 등재 어휘들이 수정되고 세련된다. 학교를 다니는 동안, 그리고 사춘기 이후에도 이런 과정은 공식적인 교육을 통해 계속된다. 초등학생은 '포유류'란 단어를 과소일반화함으로써 돌고래와 고래와 같은 해양 포유류는 포함하지 않는다. 사실 아동은 '동물'이란 단어도 과소일반화함으로써 물고기, 곤충, 원생생물을 제외한다. 인류학 시간에 대학생들은 유인원을 포함하는 비인간 영장류를 지칭하기 위해 '원숭이'라는 단어를 과일반화할 수는 없다는 사실을 알게 된다.

대명사는 아동에게 또 다른 문제를 제기한다. 대명사는 누가 그것을 말하는가, 또 누구에게 말해지는가에 따라 그 의미가 바뀌기 때문이다. 3세가 되기 전에 아동은 일반적으로 대명사가 아닌 명사만을 사용한다. 따라서 아동은 다음과 같은 문장을 사용한다.

Daddy throw Kevin ball.
Theo see Mama.

이 문장들은 다음과 같은 의미로 사용된 것이다.

(You) throw the ball to me.
I see you.

you나 me와 같은 대명사를 정확하게 사용하기 전에 아동은 이런 대명사들을 혼동하기도 한다. 또는 대명사를 별도의 단어가 아니라 앞에서 나온 명사의 확장으로 사용하기도 한다. 엄마가 "Do you want me to carry you?"라고 말하는 것을 들은 두 살 아이는 엄마의 팔을 잡고 "Carry you!"라고 대답할 것이다.

대화의 화용론적 규칙은 화자가 지시대상을 결정하기 위해 대명사를 사용하기 전에 먼저 고유명사나 명사를 사용할 것을 요구한다(제6장의 '담화 분석' 참조). 약 3~4세 아동이 언제나 이렇게 하는 것은 아니므로, 아동의 말을 이해하는 것은 쉽지 않다. 또한 아동은 다음과 같은 말을 사용하기도 한다.

He took my ball!
She wants to go too.

He came to my house.

대명사가 지시하는 대상이 누구인지를 설명하지 않고 처음부터 이런 문장을 사용하기 때문에 성인은 이 말을 이해하기가 쉽지 않다.

연습문제 3 : 의미와 아동

1. 3~5세 아동의 부모를 인터뷰하여 아동의 단어에 대한 정의를 알아보아라.
   a. 아동은 몇 세인가? 각 단어의 정의가 타당했을 때 아이는 몇 세였는가?

   b. 아동은 어떤 단어들을 말했는가? 그들의 정의는 무엇이었는가?

   c. 부모는 아동이 의미하는 것을 어떻게 알았는가?

   d. 아동은 과일반화를 하는가 아니면 과소일반화를 하는가?

2. 부모와 대화하는 아동을 관찰하여라. 아동이 일정한 시간, 예를 들어 10분 동안 말하는 모든 것을 기록하여라.
   a. 아이는 몇 세인가? 상황과 활동을 서술하여라.

   b. 아동이 하는 발화의 의미를 설명하여라. 만약 아동의 발화가 일어문이라면, 그 의도된 의미를 써라.

c. 아동이 말한 단어의 목록을 작성하고 그것을 품사별로 범주화하여라. 어떤 품사가 많이 나타나는가? 어떤 품사가 없는가?

d. 아동의 용법에 따라 단어들을 규정하여라.

e. 복수화와 과거시제 형성에 사용된 아동의 규칙은 어떤 것인가?

f. 아동의 발화를 설명하는 문법을 작성하여라.

취학 전과 그 이후

아동은 나이를 먹음에 따라, 그리고 언어가 능숙해질수록 예측 가능한 순서로, 그리고 예측 가능한 시간 내에, 언어 능숙도를 결정하는 요소들을 습득한다. 예를 들어, 현재 진행형 결속형태소인 -ing는 주로 걸음마 동안에 습득하는 첫 번째 문법형태소이다. 취학 전 나이에는 전치사 in, on, 소유격 -'s, 관사인 a, the 등을 습득한다. 표 8-1은 14개의 문법형태소가 약 90% 정도 정확하게 사용되는 언어습득시기를 보여 준다.

부정문과 의문문 형성은 취학 전 아동의 통사론에서 나타나는 두 가지 중요한 발전이다. 2세 아동은 부정어 no, don't, not 중 어느 것이나 문장의 앞에 놓아 부정문을 만든다.

표 8-1 문법형태소의 습득 순서

문법형태소	예	습득 연령(생후 개월 수)
현재진행형	Mama eating	19~28
전치사 in	Doggie in car	27~30
전치사 on	Kitty on chair	27~30
규칙복수	Ladies going	27~33
불규칙 과거형	Mama went to Ralph's	25~46
소유격	Kevin's car	26~40
축약되지 않은 be	Lucy was crying	27~39
관사 a, the	Daddy fixing the bike	28~46
규칙 과거형	Mama washed	26~48
규칙 3인칭 단수	Sami eats	26~46
불규칙 3인칭 단수	Theo has pancake	28~50
축약되지 않은 조동사	I was looking	29~48
축약된 be동사	Dale's busy	29~49
축약된 조동사	John's cooking	30~50

source : L. Hulit and M. Howard, *Born to Talk: An Introduction to Speech and Language Development*, Boston, MA: Allyn & Bacon, 2006. Adapted from R. Brown, *A First Language: The Early Years*, Cambridge: Harvard University Press, 1973; and J. Miller, *Assessing Language Production in Children: Experimental Procedures*, Baltimore, MD: University Park Press, 1981.

Don't that one. (Not that one.)

No vacuum. (Don't use the vacuum cleaner.)

Not buckled. (My car seat's not buckled.)

3.5세가 되면 아동은 좀 더 길고 복잡한 문장을 구사하기 시작하는데, 부정어를 주어와 서술어 사이에 놓기 시작하지만, 여전히 이 둘을 구분하지는 못한다.

That don't Scooter. (That's not Scooter; it's another cat.)

I not close it. (I didn't close it.)

I no want it. (I don't want it.)

이 나이에 아동은 don't, won't, can't와 같은 단어들을 하나의 단위로 생각하지, 축약형이라고는 생각하지 않는다. 아동은 이런 축약 조동사를 축약되지 않는 형태로는 사용하지 않고, do, will, can과 같은 긍정형으로도 사용하지 않는다. 4세 무렵이 되면 정확한 형태가 정확한 위치에 나타나기 시작하고, 조동사 couldn't, wouldn't, shouldn't 등과 더불어 과거형 축약인 wasn't와 같은 형태도 나타난다.

2세 아동은 평서문을 올려 말함으로써, 즉 상승억양으로 의문문을 만들고, 이와 더불어 질문을 하는 몸짓을 한다. 이 나이에 yes/no 의문문과 의문사의문문은 같은 형식으로 나타난다.

Mama home? (Is Mama home?)

Daddy go? (Where did Daddy go?)

2세 무렵부터 3세 사이에 아동은 what, where, who와 같은 어휘를 사용하기 시작한다.

What old are you?

Where Daddy go?

Who that?

3세 무렵이 되면, 아동은 why, how, when 등을 사용하여 의문사의문문을 만든다. 아동의 문법에서 의문사가 출현하는 순서는 what, who, where가 구체적인 지시물을 가진다는 점에서 이것이 먼저 나타나는 것을 이해할 수 있다. 그러나 의문사 when은 아동이 이해하기에는 어려운 시간 개념을 나타내고, why와 how는 성인에게도 대답하기 어려운 복잡한 질문을 포함하기 때문에 늦게 습득된다. 3세 무렵이 되면, yes/no 의문문도 정확하게 사용하기 시작하는데, 즉 조동사와 주어의 순서가 바뀐 올바른 어순이 나타난다.

Can Grannie go with me?

Do you have a cookie?

아동은 학령기가 되어서야 조동사와 부정어가 포함된 복잡한 의문문을 구사할 수 있게 된다.

Don't you want to go with me?

취학 전 아동은 화용론, 즉 대화의 규칙과 언어의 사용에 대한 규칙도 습득하는 것 같다. 3세가 넘으면 아동은 자기에게 말하는 사람이 언제 말을 멈추는지를 알게 되는데, 이 말은 그들이 언제 대화를 시작하고 멈추는지를 안다는 것을 뜻한다. 또 아동은 1초 이상의 말 멈춤이 대화 상대자가 대답을 하지 않을 것이라는 것을 의미한다는 점을 이해한다. 3.5세가 되면 아동은 대화에 이어지는 순서 각각은 이전 대화와 유사한 화제를 포함하고 있어야 한다는 것도 알게 된다. 아동은 또 지금 하는 이야기보다 더 재미있거나 흥미로운 화제로 전환하기 위해서 어떤 전략을 사용해야 하는지

도 알게 된다. 예를 들어, 기차에 관심이 있는 아이는

Speaking of choo choos …

와 같이 말함으로써 비록 이전의 대화가 기차에 대한 것이 아니었더라도 기차에 대한 화제를 꺼낼 줄 알게 된다.

취학 전 아동의 64%가 아직 습득하지 못한 한 가지 대화 요소는 개인적 · 사회적 거리에 따른 목소리의 적절한 크기이다. 아동은 대부분 너무 큰 소리로 말한다(제11장 참조). 유치원 교사가 아동에게 실내에서 말하는 목소리로 말하도록 늘 가르치는 것도 이런 이유 때문이다.

대화 보정(conversation repair) 청자가 이해하지 못했다고 화자가 느낄 때 발화를 수정하거나 더 자세하게 하려는 시도를 말한다.

화용론의 또 다른 특성인 **대화 보정**(conversation repair)은 청자가 메시지를 이해하지 못했음을 화자가 알아챘을 때 일어난다. 화자는 메시지를 분명하게 전하기 위해 수정하거나 진술을 바꾸어 다시 말한다. 교사나 부모는 종종 메시지를 길게 늘이고 예를 들면서 더 많은 정보를 제공한다. 그들은 원래의 말과 비슷한 다른 어휘를 사용하여 정보를 다시 전달하기도 한다. 성인이 "뭐라고?"라고 말할 때, 1~2세 아동은 원래 들은 말을 다르게 발음하려고 한다. 2.5~3세 아동은 대명사 대신 명사를 사용하거나 발화를 간단하게 다시 말하기도 한다. 나이를 먹을수록 아동의 대화 기술은 바뀌지 않지만, 문제를 분석하고 잘못 이해한 부분에 주의를 기울이는 능력은 증가한다. 또한 이 시기에는 여러 가지 시도를 하는 인내심도 증가한다. 5세 아동은 전형적으로 2번 정도 시도한 후에는 그만둔다. 그러나 9세 아동은 5번에서 6번 정도 시도하는데, 매번 잘못 전달된 부분을 정확하게 꼬집어 낸다.

취학 전 아동은 간접언어(제7장 참조)를 쉽게 오해한다. 예를 들어, 3세 아동은 전화를 받았을 때 "Is your mother home?"과 같은 질문을 받으면 (전화를 바꾸어달라는) 간접적 청유문으로서가 아니라 단순한 yes/no 의문문으로 받아들인다. 그러나 5세 아동은 이러한 간접적 요청을 이해하는 능력을 지니고 있다. 취학 전 아동은 말을 문자 그대로 받아들인다. 그러므로 다음과 같이 정중한 질문이나 간접적인 힌트를 곧이곧대로 해석하는 경향이 있다.

Would you like to clean your room?

Can you pick up your toys?

Your toys are all over the floor.

또한 언어를 문자 그대로 받아들이기 때문에 어휘의 다중적 의미를 바탕으로 한 농담이나 유머도 이해하지 못한다. 그러나 약 6~9세 아동은 다음과 같이 음운적 유

사성을 이용한 농담을 이해한다.

What's black and white and /rɛd/ all over?
(여기서 /rɛd/가 read이면 답은 a newspaper이고, red이면 당황한 얼룩말이나 비슷한 동물이다.)

9~12세 아동은 다음과 같이 두 가지 이상의 의미가 있는 어휘를 이용한 농담을 이해한다.

What has four wheels and flies? (답은 청소차나 비행기)

아동이 이러한 농담을 즐길 수 있게 되면, 그 나이의 아동들에게 인기 있는 수수께끼 관련 책도 읽을 수 있게 된다. 이 아동은 언어적으로 복잡한 문장들의 통사 구조도 이해할 수 있다(글상자 8-3 참조).

언어사회화 : 세 가지 사례

오스트레일리아의 티위 족

인류학자들이 언어습득에 관심을 두는 이유 중의 하나는 아동이 언어를 배우면서 문화를 배우기 때문이다. 아동에게 가르치는 어휘들은 아동으로 하여금 해당 문화에서 무엇이 중요한지를 배우도록 유도한다. 티위 족의 아동이 그들의 친족어 체계를 배우는 방식은 이러한 점을 보여 주는 좋은 사례이다. 티위 족은 오스트레일리아의 원주민으로 4개의 모계 부족으로 나뉘어 있다. 모계 부족 사람들은 여자 쪽을 통해 공통의 모계 조상까지 거슬러 올라간다. 티위 족은 친족어 체계가 매우 복잡한데, 특히 성별 차이와 친족구성원을 강조한다. 예를 들어, 딸을 나타내는 어휘는 두 가지가 있는데, miraninga는 아빠가 사용하는 용어이고 mwaninga는 엄마가 사용하는 용어이다. 엄마가 사용하는 용어는 그 딸이 자신의 종족임을 표현하고, 아빠가 사용하는 용어는 그 딸이 자신의 부족구성원이 아닌 친족임을 표현한다. 부모 중 한 사람이 다른 형제를 나타내는 용어도 하나가 아니라 2개여서, 엄마만 같은 형제를 나타내는 용어와 아빠만 같은 형제를 나타내는 용어가 서로 다르다. 이러한 친족용어는 일상 대화에서 사용된다. 티위어에서 사람의 이름을 사용하는 것은 모욕이기 때문이다. 다른 사람에게 말을 거는 올바른 방법은 친족용어를 사용하는 것이다. 따라서 티위 족 아동이 처음으로 배우는 말이 바로 친족용어라는 사실은 조금도 놀라운 일이 아니다. 아동은 어려서부터 그들이 접촉하게 되는 모든 사람과 어떤 혈연관계가 있는지, 결혼 가능한

글상자 8-3 5세~10세 아동의 통사 구조 습득

놈 촘스키의 부인인 캐럴 촘스키(Carol Chomsky)는 학령기 아동의 언어습득을 연구하면서, 구문의 복잡성으로 인해 5세가 넘어야 습득되는 것으로 보이는 네 가지 통사 구조를 조사하였다. 그녀는 의미적 힌트가 전혀 없는 문장들을 고안하여 아동이 통사 구조만을 이용하여 주어진 문장의 의미를 파악하도록 했다. 즉, 그녀는 주어진 문장을 이해하기 어렵게 하는 조건이 적어도 한 가지 이상씩 있는 구문을 선택하였는데, 그 조건이란 언어의 일반적인 패턴의 예외이거나 특정 구문에서만 작동하는 제한이었다.

그녀가 사용한 문장은 다음과 같은 것이었다. 2개의 명사구가 있는 문장에서 주어는 동사에 가장 가까운 것이었다. 예를 들어,

Kevin tells (asks, orders, begs, requests) Theo to pick up the toys

와 같은 문장인데, 그러면 테오는 주어진 과업을 수행한다. 그러나 다음과 같은 문장이 주어지면 테오는 과업을 행하지 않는다.

Kevin promises Theo to pick up the toys

이 문장에서 보듯이 promise와 같은 동사가 있는 문장은 일반적인 문장과는 다소 다른 특성이 있다. 아동은 5.5~9세가 되어서야 그러한 예외적 특성을 파악한다. 다시 말해, 많은 아동은 9세가 되기 전에는 이런 종류의 문장을 들으면 테오가 장난감을 집어들 것이라고 생각하는 것이다.

촘스키의 연구는 아동이 사용된 동사의 의미를 파악하고 있음을 증명했다. 즉 약속한다는 것이 무엇을 의미하는지를 알고 누군가에게 그렇게 말하는 것이 무엇을 의미하는지를 아동이 알고 있는 것이다. 그러나 그녀가 지적하다시피, 발화를 완전히 이해하는 데는 두 가지 요소가 필요하다. 즉, 아이는 우선 어휘부를 알아야 하고 어휘가 문장 속에서 어떻게 사용되는지(즉 통사)를 알아야 한다.

초등학교 1학년을 가르치는 교사가 학생들에게 다음과 같이 말한다면,

I promise you to bring cookies to school tomorrow

일부 아동은 부모에게 학교에 과자를 가져가야 한다고 말할지도 모른다.

source : Carol Chomsky, *The Acquisition of Syntax in Children from 5 to 10,* Cambridge, MA: The MIT Press, 1969.

잠재적 배우자인지, 또는 같은 부족의 구성원인지 아니면 다른 부족의 구성원인지를 배운다.[7)]

7) Teresa A. Ward, *Towards an Understandings of the Tiwi Language/Culture Context,* Bathurst Island, Australia: Nguiu Nginingawila Literature Production Centre, 1990, 13-17.

뉴기니의 칼룰리 족

아동이 자신의 언어에 대해 '무엇을' 배우는가 하는 문제보다 더 중요한 것은 그것이 '어떻게' 가르쳐지는가이다. 아동은 언어에 익숙해짐에 따라 언어를 통해 그들의 문화에 익숙해진다. 아동에 대한 사람들의 생각과 기대치는 그들이 아동을 다루는 방식과 아동에게 말하는 내용에 영향을 준다. 중산층의 영국계 미국인은 아동을 사회적 존재로 대한다. 즉, 아동의 눈을 바라보고 대화를 걸며, 소위 'baby talk'라고 불리는 단순화된 어형을 사용하고, 가장된 대화를 나눌 뿐 아니라 아동의 소리나 몸짓의 의미나 의도를 해석하려고 노력한다.

칼룰리 족은 말을 잘하는 것과 언어를 사용하여 원하거나 필요로 하는 것을 얻어내는 것에 중요한 가치를 부여한다. 그들은 아기에게 말을 하지는 않는다. 아기는 아직 무력할 뿐 아니라 이해하지도 못한다고 생각하기 때문이다. 아기는 하루 종일 업혀 있거나 부모의 손에 들려 있지만, 엄마는 아기에게 영국계 미국인이 하듯이 '가장된 대화'를 하지 않는다. 게다가 이들은 아기의 눈을 직접 바라보지 않는다. 이들의 예의로는 사람의 눈을 직접 바라보는 것이 금지되기 때문이다. 그러나 엄마는 아기를 대신해서 좀 더 나이가 많은 아이에게 말을 건다. 그들은 아기가 좀 더 자라거나 큰 아이들과 놀 수 있는 나이가 되면, 아기가 아이들에게 말할 것을 직설적인 올바른 언어를 사용하여 말하지, 'baby talk'를 사용하지 않는다. 다른 말로 하면, 엄마는 아기에게 말을 걸지 않지만, 아기에게 올바른 언어의 모형을 보여 주는 것이다.

칼룰리 족에서는 옹알이와 다른 소리들은 언어의 전조로 간주되지 않는다. 아기는 '엄마'를 뜻하는 /nɔ/와 '가슴'을 뜻하는 /bo/와 같은 단어를 정확하게 말할 수 있은 후에만 언어를 습득하기 시작한 것으로 간주된다. 그런 후에도 엄마는 아이와 대화를 나누지 않는다. 그 대신에 엄마는 다른 사람들에게 올바른 발화로 말하는 방법을 아이에게 가르친다. '이렇게 말해'라는 의미의 /ɛlɛma/라는 명령을 통해, 엄마는 아이에게 "Whose is it?" 또는 "is it yours?"와 같은 말들을 어떻게 해야 하는지를 보여 준다. 이런 교육을 통해 아동은 다른 사람에게 올바르게 말하고 그들과 사귀는 방법을 배운다. 칼룰리 족은 다른 사람의 의도나 생각을 해석하는 것을 피한다. 그들의 언어는 간접적인 인용을 허용하지 않는다. 따라서 엄마는 아이가 무슨 말을 하는지 해석하거나 추측하려고 하지 않고, 이해할 수 없는 것은 의미 없는 말로 간주한다. 아이가 무언가를 이해하지 못하면, 아이는 화자에게 /ɛlɛma/란 명령을 통해 설명을 해 주도록 부탁한다.

서사모아 족

서사모아 사람들은 매우 계층화한 사회에 살며 지금도 언어학습과 관련하여 매우 다른 생각을 한다. 그들의 가정은 사회 계층을 반영한다. 즉, 어린 사람은 가장 낮은 지위에 있다. 어른들은 아이에게 명령을 통해 말하지만, '가장된 대화'는 하지 않는다. 그들은 아기가 장난스럽고 강한 의지를 가지기를 기대하며, 그들의 첫 번째 단어가 /tae/(shit)와 같은 것이기를 기대한다. 알아들을 수 없는 발화는 동물의 소리이거나 외국어로 간주한다. 아이는 말하기를 배우자마자 사회 계층이 낮은 사람이 하는 것, 예를 들어 지위가 높은 사람에게 메시지를 전달하는 일부터 하도록 훈련받는다. 따라서 일어문 단계의 아이는 엄마에 의해 집의 손님에게 한 단어짜리 메시지를 전하도록 훈련받는다. 3세가 되면 아이는 다른 집으로 메시지를 암기해서 전달하는 훈련을 받는다.[8)]

연습문제 4 : 언어사회화와 어린 아동

1. 대화를 하는 부모와 어린 아동을 살펴보아라. 그들이 사용하는 언어와 그들의 인종적 배경에 주목하여라.
   a. 부모는 아동에게 어떻게 말하는가? 유아어를 사용하는가? 단순화한 문장을 사용하는가?

   ____

   b. 그들은 눈을 바라보는가?

   ____

   c. 부모는 아동에게 질문을 하는가?

   ____

   d. 부모는 아동의 말을 해석하려고 하는가?

   ____

   e. 부모가 아동에게 진술문을 사용하도록 가르치는가?

   ____

   f. 아동은 부모와의 의사소통을 통해 자신의 문화에 대해 무엇을 배우는가?

   ____

8) Elinor Ochs and Bambi B. Schieffelin, "Language Acquisition and Socialization: Three Developmental Stories and Their Implications," in Alessandro Duranti, ed., *Linguistic Anthropology: A Reader*, Malden, MA: Blackwell, 2001, 264-301.

2. 인종적 배경이 다른 부모와 아동을 관찰하고, 1번 문제에서 사용한 동일한 질문들에 답하여라. 여기서의 대답들을 이전에 했던 관찰과 비교하여라.
   a. 어떠한 문화적 차이가 관찰에서 나타난 차이점을 설명하는가?

   ____

   b. 당신이 공동체에서 발견하는 이런 문화적 차이점을 어떻게 설명하겠는가?

   ____

수화의 습득

청각장애 부모에게서 태어난 청각장애 아동은 음성언어를 배우는 아동과 거의 같은 방식으로, 거의 같은 습득단계를 거치면서 수화를 습득한다. 청각장애 부모에게서 태어난 비청각장애 아동은 부모가 사용하는 수화와 자기 주변의 공동체에서 사용하는 음성언어를 동시에 배운다(글상자 9-2 참조). 이들은 처음에는 입이나 손으로 옹알이를 하고, 그후에 예측 가능한 실수가 포함된 하나의 수화를 만든다. 이는 비청각장애 아동의 발음에서 나타나는 예측 가능한 실수들과 유사하다. 예를 들어, 이들은 정확한 동작과 손 모양으로 수화를 하지만 신호의 위치에서 실수를 하기도 하는데, 청각장애 부모에게서 태어난 3세 아동은 '귀엽다'라는 신호를 뺨이 아니라 턱에서 만든다.

수화를 배우는 아동은 신호를 결합하는 규칙을 배울 때, 기능어에 해당하는 신호는 생략한다. 이는 마치 말을 할 수 있는 아동이 전보문과 같은 발화를 하는 것과 같다. 기능어에 해당하는 신호가 나타나는 시기는 비청각장애 아동에게서 기능어가 나타나는 시기와 같다.

수화를 사용하는 아동은 말을 하는 아동과 동일하게 대명사에 대해 어려움을 겪는다. 대명사 I와 you는 자신이나 상대방을 가리킴으로써 표시되지만, 수화를 사용하는 아동은 이런 대명사를 사람의 방향으로 표시하는 지시어로서가 아니라, 상징적인 신호나 단어로 인식한다(제11장 참조). 수화를 사용하는 아동은 I와 you를 말하는 아동과 같은 방식으로, 같은 시기에 반대로 생각한다.

모든 아동은 청각장애가 있든 그렇지 않든 말을 하거나 수화를 할 수 있기 훨씬 전부터 표상 행위라 불리는 유의미한 몸짓을 한다(제11장 참조). 부모는 아이가 첫 단어를 말하기 몇 개월 전부터 몸짓을 통해 소통할 수 있다는 사실을 알고 있다. 9개월 된 아이가 손을 흔들어 'bye-bye'를 표현하거나 팔을 내밀어 들어 올려 달라고 하거나 또는 배고프다는 표현을 하기 위해 입으로 과장된 씹는 동작을 하는 것은 드문

그림 8-4

9개월 된, 아직 말을 하기 이른 아이가 “How big is the baby?”란 질문을 받자 “So big!”이란 뜻의 몸짓을 하고 있다.

글상자 8-4 베이비신호

데이비스에 있는 캘리포니아대학교의 심리학 교수인 린다 아크레돌로(Linda Acredolo) 박사와 캘리포니아 스타니슬라우스주립대학의 심리학 교수인 수잔 굿윈(Susan Goodwyn) 박사는 아이가 말을 배우기 전에 몸짓신호를 배워서 자신의 요구사항을 부모에게 알릴 수 있도록 해 주는 프로그램을 개발하였다. ‘베이비신호’, 즉 상징적 몸짓은 미국 수화(ASL)를 기반으로 한 것으로 아이에게 ASL을 배울 수 있는 근거를 제공한다. “우리의 목적은 의사소통과 관련하여 아이의 능력이 얼마나 뛰어난가를 부모가 이해할 수 있도록 도와주는 것입니다.”라고 굿윈은 말한다. “아이는 우리가 생각하는 것보다 훨씬 더 똑똑하고 자신의 메시지를 전하는 능력이 뛰어납니다. 아이에게 어떤 능력이 있는지를 부모가 이해함으로써 그들이 아이가 어렸을 때부터 관계를 맺을 수 있게 하는 것이 매우 중요합니다.”

유아의 학습과 관련하여 그들이 책에서 인용하는 연구의 일부는 다음과 같다.

- 신생아는 태내에 있을 때 엄마가 읽어 준 닥터 수스(Dr. Seuss) 이야기를 알 수 있다.
- 9개월에서 12개월 된 아이에게 집에서 만든 단순한 수화를 사용하도록 권장하는 것은 좌절의 수위를 낮춰줄 뿐 아니라 언어학습을 쉽게 해 주고 IQ를 높여 준다.
- 3세 아동이 더 많은 동요를 알수록, 그 아동은 책 읽기를 배울 준비가 더 잘 되어 있다.

베이비신호 프로그램에 대해 더 많은 정보를 원하면 웹 사이트 http://www.babysigns.com을 참조하여라.

일이 아니다(그림 8-4 참조). 소리를 듣는 아기에게 체계적으로 수화를 가르치는 프로그램이 개발되어서 부모와 아기 사이의 초기 의사소통을 원활하게 하기도 한다(글상자 8-4 참조).

이중언어

대부분의 사람은 하나 이상의 언어를 습득한다. 아동이 태어나면서부터 둘 이상의 언어를 습득할 때 이것을 **공시이중언어**(simultaneous bilingualism)라고 부른다. 공시이중언어는 가정에서 하나 이상의 언어를 사용할 때 일어난다. 캐나다의 퀘벡 주에서는 아동이 부모 중 한쪽이 프랑스어를 사용하고 다른 한쪽이 영어를 사용하는 가정에서 양육되는 일이 흔하다. 사하라 남부의 아프리카에서는 아동이 둘 또는 세 가지의 원주민어를 말하는 가정에서 자라며, 미국에서는 영어를 사용하는 가정에 고용된, 외국어를 사용하는 보모에 의해 아동이 돌봐지기도 한다. 이민자 가정에서 조부모는 아동에게 이민 전 나라의 언어를 사용하고 부모와 나이 많은 형제들은 영어를 사용하기도 한다.

공시이중언어(simultaneous bilingualism) 어린 아동이 태어나면서부터 둘 이상의 언어를 습득하는 것을 말한다.

순차적 이중언어(sequential bilingualism)는 아동이 첫 번째 언어를 습득한 이후에 제2언어를 습득하면서 발생한다. 미국의 이민자 가정에서 태어난 나이 많은 아동은 학교에 다니기 전에는 조상의 언어를 사용하다가 학교에 다니면서부터는 영어를 배우기 시작한다. 다양한 종족을 통합하는 장치로 영어를 링구아 프랑카로 결정한 인도에서는 아동이 영어를 공교육의 일부로서만 습득하기도 한다. 중국 남부에서는 가정에서는 광둥어를 습득하지만 학교에서는 공식언어인 표준 중국어를 습득한다. 아동이 다중언어를 동시에 습득하든 아니면 순차적으로 습득하든, 사춘기 이전의 한계시기에 습득해야만 모국어 수준의 유창성을 획득할 수 있다.

순차적 이중언어(sequential bilingualism) 어린 아동이 제1언어를 습득한 이후에 제2언어를 습득하는 것을 말한다.

이중언어에 대한 태도는 더 큰 문화공동체의 태도를 반영한다. 예를 들어, 아르메니아인은 개인이 더 많은 언어를 구사할수록, 더 잘 교육받은 것이고 더 능력 있는 사람이 된다고 생각한다. 그들은 넷, 다섯, 또는 여섯 가지의 언어를 구사할 수 있다는 사실에 자부심을 느끼며, 아동이 아르메니아어, 러시아어, 시리아어, 그리스어, 아랍어 등을 구사할 수 있도록 가르친다. 스위스는 크고 강력한 유럽의 이웃국가들에 둘러싸인 작은 나라이다. 많은 스위스인은 독일어, 프랑스어, 이탈리아어 등 3개 국어를 구사할 수 있다는 점을 자랑스러워한다. 또한 룩셈부르크라는 작은 유럽국가에서는 사람들이 영어, 프랑스어, 독일어, 네덜란드어, 플라망어를 자유자재로 섞어 사용하는 것을 볼 수 있다.

미국은 고립주의의 역사를 가지고 있다. 단일어주의에 대한 강조는 이런 태도를 드러낸다. 20세기 초에 미국에는 영어를 사용하지 않는 국가, 특히 동유럽과 남유럽으로부터의 이민자가 대량으로 유입되었다. 새로운 이민자들이 하루 빨리 미국사회에 동화되는 것이 바로 학교교육의 목표였다. 이러한 목표의 일환으로 부모는 아동에게 오직 영어만을 사용하도록 권장하였다. 부모는 또 두 가지 언어를 듣는 것은 아동을 혼란에 빠뜨릴 것이라는 충고를 들었다. 1929년 이중언어를 구사하는 이민자 아동들과 하나의 언어만을 구사하는 미국 본토 태생 아동들의 IQ 검사 결과를 비교한 연구에 의하면, 하나의 언어만을 사용하는 본토 태생 아동이 일관성 있게 점수가 높았다. 이민자 아동이 유전적으로 열등하다고 결론 내리는 대신에, 당시의 진보적인 사상가들은 이중언어환경이 아동의 점수를 떨어뜨렸다고 결론지었다. 본토 태생의 아동은 중산층이었고 이민자 아동은 가난한 하층민이었지만, 이러한 사회경제적 배경의 차이는 고려되지 않았다. 캐나다와 이스라엘에서 수행된 후기의 연구에 의하면, 사회경제적 배경이 유사하면 오히려 이중언어를 사용하는 아동이 단일언어를 사용하는 아동보다 여러 가지 유리한 점이 있음이 밝혀졌다. 이들의 발견에 의하면, 이중언어를 사용하는 아동은 특정한 문제를 해결하는 데 훨씬 더 뛰어났다. 예를 들어, 정신적 유연성이 더 뛰어났고 언어의 작동원리에 대한 이해가 더 높았다.[9]

이중언어습득에 대한 이론

아동이 어떻게 둘 또는 그 이상의 언어를 습득하는가를 설명하는 데는 크게 두 가지 주요 가설이 있으며, 각각에는 찬반 견해가 있다. 첫 번째 가설은 **단일 체계 가설**(unitary system hypothesis)이고, 다른 하나는 **별도 체계 가설**(separate systems hypothesis)이다.

단일 체계 가설(unitary system hypothesis) 아동이 둘 이상의 언어에 노출되어서 하나의 어휘부와 하나의 의미 규칙을 구성한 후 양쪽 언어에 적용한다는 가설이다.

별도 체계 가설(separate systems hypothesis) 아동이 둘 이상의 언어에 노출되어서 처음부터 두 언어를 구별하고, 서로 다른 음운 체계, 어휘부, 의미 체계를 구축한다는 가설이다.

단일 체계 가설의 찬성론자들은 둘이나 그 이상의 언어에 노출된 아동은 두 언어를 모두 포괄하는 하나의 어휘부와 하나의 의미 규칙집합을 구성함으로써 언어습득을 시작한다고 생각한다. 나중에 아동은 공통의 어휘집합을 각 언어의 어휘부로 분리하지만, 공통의 의미 규칙을 계속해서 유지한다. 약 3세가 되면, 아동은 의미 규칙도 구분하여 별도의 규칙 체계를 발전시킨다. 단일 체계 가설을 뒷받침하는 언어혼합의 한 가지 사례는 2세 프랑스어·영어 사용자이다. 이 아동은 영어를 사용하는 보모에게 beurre on bread라고 말한다. bread는 영어이고 beurre는 프랑스어이다.

별도 체계 가설을 주장하는 연구자들은 아동이 처음부터 두 가지 언어를 구별하

9) Erika Hoff, *Language Development* (Belmont, CA: Wadsworth Publishing, 2001), 366-391.

고 별도의 음운, 어휘, 의미 체계를 구성한다고 생각한다. 이 연구자들은 앞에서 언급한 프랑스어 · 영어를 구사하는 2세 아동의 언어혼합 사례를 일종의 코드전환으로 간주한다. 이는 마치 에스파냐어 화자가 대화 중에 OK나 bye와 같은 영어 단어를 사용하는 경우와 유사하다. 이들은 또 이런 사례를 제한된 어휘부를 가진 아동이 가장 적절한 어휘를 사용하려고 노력하는 것으로 해석하기도 한다. 영어 어휘를 사용할 수 없을 때 프랑스어 어휘를 사용하는 것이다(글상자 8-2 '6세 아동의 어휘부' 참조).

이중언어 사용 아동에 대한 몇몇 연구에 의하면, 각 언어에서의 이들의 어휘수는 동일한 연령의 단일언어 사용 아동의 어휘수보다 약간 적다고 한다. 그러나 이들이 구사하는 모든 언어의 어휘 총량을 고려하면, 그 크기는 단일언어 사용 아동의 어휘수보다 훨씬 더 많다. 플로리다 남부에 위치한 한 유치원에서 에스파냐어 · 영어를 구사하는 이중언어 사용 아동들의 어휘수를 조사한 결과에 의하면, 겹치는 어휘는 단지 30%에 불과했다. 다시 말해, 아동이 사용하는 어휘의 30%만이 dog/perro, sister/hermana, milk/leche와 같은 번역등가어였다.[10] 이 아동들의 어휘에서 70%는 그들이 사용하는 다른 언어에서 등가어를 찾을 수 없는 별개의 어휘였다. 이 연구는 어휘 대부분이 다른 언어에서 겹치지 않기 때문에 단일 체계 가설을 뒷받침하는 증거로 오랫동안 인용되어 왔다. 그러나 별도 체계 가설의 옹호론자들은 이런 사례가 증명하는 것은 아동이 서로 다른 상황에서 서로 다른 언어를 배운다는 것이라고 주장한다. 예를 들어, 부모가 식사시간에 집에서 에스파냐어를 사용하기 때문에 아동은 rice, beans, bread, butter 등에 대한 영어 어휘를 잘 모른다. 그리고 영어는 유치원에서만 사용하기 때문에 아동은 puzzle, finger paints, octopus, antelope, kangaroo 등 동물을 나타내는 에스파냐어는 잘 모른다. 어휘가 겹치는 것은 아동의 경험이 겹치는 영역에서뿐이다. 이러한 영역에서 아동은 양쪽 언어의 해당 어휘들을 습득한다.

이중언어 사용 아동은 단일언어 사용 아동이 겪는 것과 동일한 통사적 발달 과정, 즉 일어문 단계, 두 단어 단계, 전보문 단계 등을 겪는다. 흥미로운 것은 이들의 발화 실수가 각 언어의 단일언어 사용 아동이 하는 발화 실수와 같다는 것이다. 예를 들어, 영어를 사용하는 아동은 전보문 단계에서 동사 어미를 생략한다.

doggie eat food (doggie eat<u>s</u> food)
kitty run outside (kitty run<u>s</u> outside)

반면에, 에스파냐어를 사용하는 아동은 동사 어미를 생략하지 않는다. 에스파냐어와

10) Hoff, 372.

영어를 사용하는 이중언어 사용 아동은 영어에서는 동사 어미를 생략하지만, 에스파냐어를 사용할 때는 이를 생략하지 않는다. 이러한 사실은 별도 체계 가설을 뒷받침하는 또 다른 증거로 사용되었고, 때로는 '하나의 두뇌 속에 2개의 단일어 사용 화자'가 있는 것으로 언급되기도 하였다.[11]

사춘기 이후의 제2언어학습

새로운 나라로 이민을 했기 때문이든 학위를 따기 위한 학술적 필요성 때문이든, 아니면 자기 계발을 위한 교육적 목적 때문이든 사춘기 이후에 언어를 배우면 제1언어습득과는 다소 다른 과정을 겪게 된다. 교실에서나 아니면 제2언어 사용자와의 접촉을 통해서든 사춘기 이후의 외국어학습은 제1언어습득과는 달리 다소 지적인 활동이다. 이런 활동은 발음연습, 문법연습, 어휘 암기 등과 같은 지적 훈련이 필요하다. 또는 이런 활동은 다소 덜 공식적이고 단순하게 원어민 화자의 말을 면밀하게 청취하고 어휘의 의미를 물어보거나 발화된 문장들을 분석하고 모방하는 단순한 훈련이 필요할지도 모른다. 어떤 경우이든 새로운 언어의 어휘지식과 문법지식은 우리 두뇌에서 제1언어와는 다른 위치에 저장된다(글상자 8-5 참조). 제2언어를 학습하면서 겪는 많은 어려움은 제1언어에서 오는 간섭 현상이다.

음운

제1언어습득의 초기 단계에서 아동은 자신의 언어에서 음소 기능을 하는 소리를 배운다. 제1언어의 음운 체계는 종종 제2언어의 음운 체계를 학습하는 데 간섭작용을 한다. 외국어 화자가 영어를 발음하면서 겪는 어려움이나 영어 화자가 아프리카어의 혀 차는 소리를 발음하면서, 또는 독일어의 구개마찰음을 발음하면서 겪는 어려움을 생각해 보라(제3장의 글상자 3-2 참조). 제1언어의 음 체계에 존재하지 않는 언어음들은 제2언어 교실에서 시연과 발음연습을 통해 어렵게 학습한다.

또한 제2언어 학습자들은 어떤 음이 음소적이고 그렇지 않은가를 배워야 한다. 교실에서의 훈련을 통해 러시아어를 배우는 영어 화자는 /t/와 /tʲ/의 차이점을 배운다(제3장의 그림 3-2 참조). 에스파냐어 학습자는 치조돌기를 한 번 치는 설탄음 r과 두 번 치는 전동음 r의 차이를 구별할 수 있어야 한다. 영어를 학습하는 일본인 학생은 /l/과 /r/의 차이를 인식하는 것을 배운다.

11) Victoria Fromkin, et al., *An Introduction to Language,* 7th ed. (Boston: Heinle/Thompson, 2003), 377.

글상자 8-5 제2인지 측면

제2언어(와 그 이후의 언어)는 제1언어와는 두뇌의 다른 부분에 존재하는 것 같다. 즉 이것은 인간의 두뇌에서 제1언어가 저장된 것과는 다른 영역에 저장된다. 외국어를 이용하여 자신을 표현하려는 사람은 계속 노력하면 제2언어 영역에까지는 도달할 수 있지만, 틀린 언어를 구사하기도 한다. 스트레스를 받거나, 명료하게 생각하지 못할 때, 또는 특정한 외국어로 좀 더 유창하게 말할 때, 이런 일은 흔히 일어난다.

동유럽의 어떤 곳에서 병원에 입원하여 강한 투약처방을 받는 한 미국인이 불가리아어를 사용하는 간호사에게 자신의 상태를 설명하려고 애쓰면서, 몇 개 안 되는 불가리아어 어휘들을 찾고 있었다. 적절한 불가리아어 어휘를 발견하지 못하자, 이 환자는 에스파냐어로 "Agua con hielo, por favor" 즉 "얼음 냉수 좀 주세요."라고 말했다.

한 중국인 인류학자가 미국의 동료를 방문했을 때 오스트리아에서 온 방문객을 만나게 되었다. 저녁시간에 미국인은 이 국제적인 방문객들과 영어로 대화하면서 지나가는 말로 오스트리아에서 온 방문객에게 "Ch'ing-lai, puke-ch'I."라고 말했다. 이 미국인은 자기도 모르게 유럽인에게 중국말로 "많이 드세요."라고 말했던 것이다.

이런 대화를 듣고 있던 중국인 인류학자는 에스파냐어를 사용하는 미국인 학생이 에스파냐어를 사용하여 일본인 관광객과 의사소통을 하려는 것을 본다 하더라도, 그것이 전혀 이상한 일이 아닐 것이라고 생각하게 되었다.

source : Huang Shu-min, *Distant Mirror: America as a Foreign Culture,* Belmont, CA: Wadsworth Publishing, 1993.

형태와 통사

영어 이외의 언어 사용자가 영어를 외국어로 배울 경우에는 해당 모국어의 동사형과 복수형 규칙들로 인해 실수할 수도 있다. 예를 들어, 에스파냐어에서는 동사의 굴절형이 주어를 암시하기 때문에 많은 문장에서 주어가 생략된다. 영어를 배우는 에스파냐어 화자는 그와 유사한 문장에서 다음과 같은 문장을 만들어 내는데, 이는 제1언어인 에스파냐어의 간섭 현상 때문이다.

*Is not here.

*Are in school.

*Use the car.

이것의 올바른 문장은 각각 다음과 같다.

He is not here.

They are in school.

I use the car.

반면, 에스파냐어를 배우는 영어 화자 학습자는 언제나 대명사를 사용하는데, 영어에서 대명사의 사용은 필수이기 때문이다. 그 결과 다음과 같은 문장을 만들기도 한다.

Él tiene un lápiz. (He has a pencil.)

Yo hablo el español. (I speak Spanish.)

Ellos estudian en la escuela. (They study at school.)

이러한 문장들은 기본적으로는 맞지만, él, yo, ellos 등의 주어를 포함하는 문장은 다소 과장된 문장으로 들리는 것으로 에스파냐어에서는 흔하지 않은 용법이다.

아시아 언어가 모국어인 화자는 영어를 배우면서 관사의 용법을 익히는 데 어려움을 겪는다. 이들의 언어에는 관사가 없기 때문에 관사를 완전히 생략하거나 부정확하게 사용한다. 미국인과 결혼한 일본인 학생은 제2언어 수업시간에 영어로 자신을 소개하면서 다음과 같이 말한다.

I am <u>the</u> musician; my wife is <u>the</u> teacher.

이 절은 영어로는 비문법적이지 않지만, 이 문장에서는 부정확하게 사용되었다(제6장의 '담화 분석' 참조). 이 문장을 정확하게 고치기 위해서는 다음과 같은 도입 문장이 필요하다.

In my family there is a musician and a teacher.

이러한 도입부 문장이 없다면, 일본인 학생은 다음과 같이 말했어야 한다.

I am <u>a</u> musician; my wife is <u>a</u> teacher.

형용사가 명사 뒤에 나오는 언어가 모국어인 사람은 영어를 배우면서 똑같은 형태를 사용하여 다음과 같은 구절을 만들기도 한다.

*house red

*class small

*chair rocking

이들의 올바른 영어 표현법은 다음과 같다.

red house

small class

rocking chair

제2언어 학습자들은 S-V-O, S-O-V, V-S-O와 같은 제1언어의 어순을 제2언어에도 전이하는 경향이 있다(제5장 참조). 이런 경향 때문에 학생들은 자신의 모국어 어순과 유사한 어순을 가진 외국어를 더 쉽게 배운다. 이탈리아어, 에스파냐어, 포르투갈어와 같은 로맨스어는 모두 영어와 어순이 같다. 그러나 독일어에서는 어떤 문장은 S-V-O이고 어떤 문장은 S-O-V의 어순을 가지기 때문에 독일어를 배우는 영어 화자는 어려움을 겪는다.

제1언어가 굴절어미가 없는 분석어나 고립어인 경우, 제2언어를 배우는 사람은 종종 굴절어미를 무시하기도 한다(제4장 참조). 베트남어나 캄보디아어 화자는 영어의 복수형 어미와 과거시제 어미를 '삼켜버리'거나 탈락시키는 경향이 있다.

제2언어 화자의 외국어 어투는 제1언어의 (음운 체계, 형태, 통사 등의) 특성들이 제2언어에 **화석화**되어 음운적 · 문법적 실수를 야기하기 때문이다. 이러한 '실수'들은 제1언어의 규칙의 산물이기 때문에, 이런 제1언어 배경을 가진 제2언어 학습자는 새로운 언어를 배우는 데 있어서 유사한 어투를 보이고 유사한 어려움을 겪는다.

화석화(fossilization) 사춘기를 지나서 제2언어를 배우기 시작할 경우에 제1언어의 특성들이 제2언어에 그대로 전이되어 '외국어 어투'를 유지하는 것을 말한다.

요약

제1언어습득과 관련된 최근 연구는 대부분 두뇌 발달에 대한 연구에 집중되었다. 많은 언어학자가 언어를 습득할 수 있는 잠재적 능력은 인간에게 타고난 것이고, 아동은 언어를 습득할 수 있는 유전적 능력을 두뇌에 장착한 채 태어난다고 생각한다. 이러한 생득주의 가설은 언어 능력이 음소의 구분, 어순, 어구의 인식과 관련된 일종의 보편문법을 타고 난다고 주장한다. 두뇌에 장착된 언어 능력은 언어습득장치라고 불리며, 이 장치는 한계시기 가설에 의하면 사춘기 이전에만 작동하는 것으로 알려졌다. 언어습득장치는 여러 상황에서 자극의 빈곤에도 불구하고 올바르게 작동한다. 언어습득에 대한 다른 제안에는 모방 가설, 강화 가설, 상호작용 가설(구성주의) 등이 있다. 아동은 생득적 언어 능력을 이용하여 언어의 규칙을 추출하는 것으로 보인다. 생후 몇 개월 이내에 아이는 구구소리와 옹알이를 시작한다.

1세가 될 무렵 아이는 한 단어짜리 발화를 하기 시작한다. 한 단어 발화를 일어문이라 부르며, 언어습득의 이 단계는 일어문 단계라 불린다. 생후 약 18개월이 지나면서 아이는 두 단어 단계로 접어드는데, 이 단계에서는 아이가 행위자–행동, 행동–

대상, 소유자-소유, 행위-위치 등과 같은 어휘들을 결합한다. 아이가 더 많은 어휘를 덧붙임에 따라, 아이의 발화는 전보문이라 불리는 단계로 발전한다. 아이가 형태소 규칙을 배우기 시작함에 따라 복수형 표지를 배우고, 이 규칙을 과일반화하기도 한다.

아이는 이미 생후 6개월부터 언급된 사물이나 사람을 쳐다봄으로써 자신이 어휘의 의미를 이해하고 있음을 보여 준다. 6세가 되면 아동의 생산적 어휘는 약 1만 4천 개에 이르며, 수용적 어휘는 훨씬 더 많다. 형태부의 경우 아동은 어휘의 의미를 과일반화하기도 하고 과소일반화하기도 한다. 성인의 어휘는 일련의 의미 영역을 포함한다. 의미를 습득하는 아동의 과제는 바로 성인이 각 어휘에 할당하는 이런 의미의 범위를 파악하는 것이다. 아동은 자신이 속한 문화권의 믿음 체계와 사상에 따라 언어의 사용을 통해 사회에 적응한다.

청각장애 부모에게서 태어난 청각장애 아동은 음성언어를 배우는 아동과 거의 동일한 방법으로 동일한 단계를 거치면서 수화(기호언어)를 습득한다. 청각장애 부모에게서 태어난 비청각장애 아동은 부모에게서 수화를 배우고 자신의 주변에서 음성언어도 배운다. 이들은 처음에 입과 손으로 옹알이를 하고, 그 다음 단계에서 예측 가능한 실수를 하면서 한 단어에 해당하는 신호를 만들어 내는데, 이 실수들은 비청각장애 아동이 발음에서 저지르는 실수와 비슷하다.

아동은 공시이중언어나 순차적 이중언어의 결과로 하나 이상의 언어를 습득하기도 한다. 공시이중언어는 아동이 태어나면서부터 둘 또는 그 이상의 언어를 습득하는 것을 말하고, 순차적 이중언어는 아동이 제1언어를 습득한 이후에 제2언어를 학습하는 상황을 말한다. 아동이 어떻게 둘 또는 그 이상의 언어를 습득하는가를 설명하는 이론으로 단일 체계 가설과 별도 체계 가설이라는 두 가지 주요 가설이 있다.

사춘기 이후에 언어를 학습하는 것은 발음연습, 문법연습, 어휘의 암기와 같은 지적 과정이다. 제2언어는 인간의 두뇌 속에서 제1언어와는 다른 부분에 저장된다. 제2언어를 학습하면서 겪는 많은 어려움은 제1언어의 음운 체계, 형태소, 통사의 특성이 제2언어에 화석화되어 나타남으로써 음운적 · 문법적 실수를 야기하기 때문이다.

더 읽을거리

Carroll, David W., *Psychology of Language,* 5th ed., Belmont, CA: Wadsworth/Thomson Learning, 2008.

Elkholy, John T, and Francine Hallcom, *A Teacher's Guide to Linguistics,* Dubuque, IA: Kendell Hunt Publishing, 2005.

Gleason, Jean Berko, *The Development of Language,* 7th ed., Boston, MA: Allyn & Bacon, 2009.

Grosjean, Fancois, *Life with Two Languages,* Cambridge, MA: Harvard University Press, 1982.

Hallcom, Francine, *A Guide to Linguistics for ESL Teachers,* Dubuque, IA: Kendell Hunt Publishing, 1995.

Hoff, Erika, *Language Development,* 4th ed., Belmont, CA: Wadsworth/Thomson Learning, 2009.

Hulit, Lloyd M., and Merle R. Howard, *Born to Talk: An Introduction to Speech and Language Development,* Boston, MA: Allyn & Bacon, 2006.

O'Grady, William, *How Children Learn Language,* Cambridge, UK: Cambridge University Press, 2009.

Piaget, Jean, *The Language and Thought of the Child,* Cleveland, OH: Meridian Books, 1955.

Pinker, Steven, *The Language Instinct: How the Mind Creates Language,* New York: William Morrow, 1994.

Pinker, Steven, *The Blank Slate: The Modern Denial of Human Nature,* New York: Viking Penguin, 2002.

Rymer, Russ, *Genie: A Scientific Tragedy,* New York: Harper Collins, 1993.

참고할 웹 사이트

두뇌에 대한 자료는 다음 웹 사이트에서 'brain'으로 검색 : http://www.howstuffworks.com

두뇌에 대한 가상투어 관련 웹 사이트 :
http://www.psycheducation.org/emotion/triune%20brain.htm

wugs에 대한 정보 웹 사이트 : http://www.wikipedia.org/wiki/Wug_Test

wugs의 사진 관련 웹 사이트 : http://childes.psy.cmu.edu/topics/wugs/01wug.jpg

베이비신호 관련 웹 사이트 : http://www.babysigns.com

제2언어습득 관련 웹 사이트 : http://www.indiana.edu/~ssla

제2언어습득에 대한 연구로는 무톤(Mouton de Gruyter) 출판사가 제공하는 언어학 분야 저널들이 무료로 공람을 허용하는 여러 논문을 참고할 수 있다. 유럽 국가들의 이중언어와 삼중언어 상황에 대한 논문을 소장한 「International Journal of the Sociology of Language」를 참고하려면 다음 웹 사이트를 보라.
http://www.atypon-link.com/WDG/toc/ijsl/2005/171

용어와 개념의 정리 : 언어습득

1. 인간의 두뇌에는 ______________________이(가) 있는데, 이는 파충류와 새의 두뇌와 유사하다. 그 안에 우리의 기본적 ______________________이(가) 있다.
2. 1번 문제에 대한 답에 ______________________, 즉 포유류성 두뇌가 있고, 이 부분은 동물의 부르는 소리에 영향을 준다. 인간에게서 이 부분은 ______________________을 담당한다.
3. 언어 기술이 장착된 부분은 ______________________이다. 이 영역은 ______________________ 영역과 ______________________ 영역을 포함하는 두뇌의 일부이다.
4. ______________________와(과) ______________________ 같은 언어학자들은 언어의 잠재적 능력이 인간에게 타고난 것이라고 생각한다.
5. 이러한 생각은 ______________________(이)라고 알려져 있다.
6. 생물학적 기반을 둔 행동의 사례로는 ______________________, ______________________, ______________________ 등이 있다.
7. 요리, 바느질, 목수일, 자전거 타기, 독서, 글쓰기 등은 훈련과 가르침을 필요로 한다. 이러한 행동은 ______________________.
8. 생득주의 가설은 아동이 일종의 ______________________을(를) 타고난다고 주장한다.
9. 아동의 두뇌 속에는 언어를 배울 수 있게 해 주는 유전적 장치가 있는데, 이를 ______________________(이)라고 부른다.
10. ______________________은(는) 사춘기 이후에 언어습득장치가 기능을 멈춘다고 주장한다.
11. 모방 가설은 ______________________ 상황에서도 아동이 언어를 배울 수 있는 능력을 설명하지 못한다.
12. ______________________은(는) 아동이 문법적인 발화를 할 때 긍정적인 강화를 하고, 틀린 발화를 할 때 고쳐 주는 것에 의해 아동이 언어를 습득한다고 주장한다.
13. ______________________(이)라고 알려진 ______________________은(는) 아동이 타고난 언어 능력을 이용하여 언어의 규칙을 추출하고 모국어의 음운, 의미, 통사 규칙들을 구성한다고 주장한다.
14. 생후 몇 개월 이내에 아기는 언어적 음을 만들기 시작하는데, 첫 번째 소리는 ______________________이고, 그 다음에 나는 소리는 ______________________(이)라고 부른다.
15. 한 단어짜리 발화는 일어문이라고 불리는데, 이것은 ______________________이기 때문이다. 언어습득의 이러한 단계를 ______________________(이)라고 한다.
16. 더 긴 발화는 ______________________(이)라고 불리는데, 그 이유는 이들이 기능어가 생략된 전보문과 닮았기 때문이다.
17. 패턴을 알아내고 그것들을 규칙으로 적용하려는 타고난 기질로 인해 아동은 규칙을 ______________________

그것들을 단어에 적용한다.

18. 생산적 어휘는 ______________________(으)로 구성되고, 수용적 어휘는 ____________________(으)로 구성된다.

19. 아동은 식별 어휘가 __________________________에 적용되는 것이지 _________________________에 적용되는 것이 아니라고 가정한다.

20. 아동은 어휘에 대한 이해력을 세련화하는 과정을 시작할 때 처음에는 아는 어휘의 의미를 유사한 속성을 지닌 사물들로 확장한다. 이러한 특성을 ____________________________(이)라고 한다.

21. 자신이 아는 모든 남자를 Daddy라고 부르는 아이는 영어로는 '틀리지만' 만일 _____________________ 면 '옳을 수도' 있다.

22. 아동은 넓은 범주가 좁혀져야 한다는 사실을 알게 되고 더 많은 어휘를 습득함에 따라, _____________ 단계를 겪는다.

23. 사람들이 유인원 모두를 지칭하기 위해 monkey란 어휘를 사용할 때, 그것은 ____________________이다.

24. ___________________________은(는) 아동에게는 문제가 된다. 왜냐하면 그들의 의미는 누가 말하는가, 그리고 누구에게 말하는가에 따라 ____________________________ 때문이다.

25. 티위 족의 친족어 체계는 ___________________________ 차이를 강조한다.

26. 칼룰리 족은 아동에 대해 어떻게 생각하는가?

____

____

27. 사모아의 3세 아동은 어떻게 하도록 훈련받는가?

____

____

28. 중산층 영국계 미국인은 어떤 방식으로 그들의 아동을 사회적 존재로 대우하는가?

____

____

29. 청각장애 부모에게서 태어난 청각장애 아이는 마치 비청각장애 아동이 음성언어를 배우는 것과 ____________________________ 기존 언어를 습득한다.

30. 처음에 수화를 사용하는 아동은 ________________________ 실수를 하면서 한 단어에 해당하는 기호를 만들어 내는데, 이 기호는 비청각장애 아동의 ____________________________ 실수와 비유된다.

31. 수화를 사용하는 아동이 신호를 만들 때, 전보문에서처럼 _________________________을(를) 생략한다.

32. 공시이중언어는 _____________________________ 때 만들어진다.

33. 아동이 유치원에 입학한 이후에 제2언어나 제3의 언어를 학습한다면 이것은 ________________(이)라고 할 수 있다.

34. 단일 체계 가설은 이중언어 사용 아동이 처음에 두 언어를 ____________(으)로 배운다고 주장한다.
35. 별도 체계 가설은 이중언어 사용 아동이 ____________함으로써 처음부터 2개의 언어를 배운다고 주장한다.
36. '하나의 두뇌 속에 2개의 단일언어 화자'가 존재한다는 개념은 이중언어 아동이 ____________ 한 것을 가리킨다.
37. 사춘기 이후에 언어를 배우는 것은 ____________ 과정으로서 ____________ 연습, ____________ 연습, ____________ 암기와 같은 지적 과정을 포함한다.
38. 제1언어 음운 체계는 종종 제2언어를 학습하는 데 ____________을(를) 일으킨다.
39. 제2언어 화자의 외국어 어투는 제2언어 속에 제1언어의 특성들이 ____________된 결과이다.

9

수화

Sign Language

이 장에서 알아야 할 것

1. 오늘날 언어학자들이 수화를 말하기 또는 쓰기와 동등한 언어적 표현으로 간주하는 이유는 무엇인가?
2. 수화에 대한 일부 잘못된 개념은 무엇인가?
3. 음소라는 용어가 수화에 어떻게 적용될 수 있는가?
4. 비청각장애 아동의 말하기습득과 청각장애 아동의 수화습득은 같은가?
5. 윌리엄 스토키(William Stokoe)는 누구였으며, 그가 수화에 대해 주장한 바는 무엇인가?
6. 수화의 주요 매개변수는 무엇인가?
7. 수화의 형태론과 통사론에 대하여 언어학자는 어떻게 기술하는가?
8. 수화 사용자는 대화 상황에 따라 다르게 신호하는가?

뇌를 심하게 다친 사람이나 정신질환자, 학대를 받은 사람만이 언어 능력을 습득하지 못하거나 유지하지 못할 뿐이다. 인간은 청각장애, 언어장애, 시각장애, 여러 가지 두뇌 손상, 정서적 불안정, 심각한 심리적 상태에서도 언어를 습득한다. 이번 장은 청각장애인의 언어 능력을 다룬다.

deaf and dumb[1]라는 표현은 부적절한 표현이다. dumb라는 단어의 두 가지 상식적인 의미는 말을 하지 못하는 것과 똑똑하지 않은 것이다. 사실 대부분의 청각장애인이 실제로 말을 못하지는 않는다. 또한 많은 사람이 청각장애인은 지능이 낮다고 생각한다. 이런 편견은 인간이 말을 하지 않고서는 복잡한 사고를 형성하거나 효과적으로 다른 사람과 의사소통할 수 없다는 잘못된 관념에 기인한다. 이런 편견 때문에 청각장애 아동은 흔히 구술 방식의 의사소통을 학습하도록 강요받는다. 이 장의 목적은 인간의 언어 능력이 말하기나 듣기에만 국한되지 않는다는 것을 보여 주는 것이다.

1) [역주] deaf는 청각장애(인), dumb는 '언어장애(인), 멍청한'을 뜻한다.

언어는 인간의 다양한 정신적 잠재력 중 어휘와 어휘 항목을 결합하는 규칙(문법)과 관련된 정신적 능력이다. 언어로 사용되기 위해서는 반드시 그 언어적 잠재력이 개인의 두뇌로부터 발산되어야 하고, 어떤 수단을 통해서 수신자의 두뇌에 전달되어야 한다. 말하기는 언어를 전달하는 하나의 체계이다. 그러나 청각-음성 방식만이 언어 정보가 전달되고 받아들여지는 유일한 경로는 아니다. 언어는 수화나 쓰기를 사용한 수지-시각적 경로를 통해서도 전달될 수 있다.

물론 말하기가 신호하기보다 장점이 더 많지만, 수지-시각적 전달 체계 역시 고유한 장점이 있다. 쓰기는 영속적인 기록을 제공하는 반면에, 말은 기록되지 않는 한 급속히 사라진다. 수화는 소음이 많은 환경에서나 정숙이 요구되는 상황에서 사용될 수 있다. 예를 들어, 아프리카의 부시먼은 사냥할 때 동작언어를 사용한다.

보통 미국인은 'OK'를 의미하는 수신호처럼 사전적 의미를 전달하는 수신호나 몸짓신호를 100개 정도는 알고 있을 것이다. 그러나 이런 신호를 사용하는 것은 완전한 수화를 사용하는 것과 구별된다. 이번 장에서 우리는 표정이나 몸짓과 같은 비청각적 장치와 함께 사용되는 완전한 언어로서의 신호 체계에 대하여 살펴볼 것이다.

수화의 본질

일부 사람은 수화가 보편적인 언어라고 주장하였지만, 이는 사실과 다르다. 수화가 보편적이라고 주장하는 사람들은 그것이 도상적이라서 누구라도 쉽게 이해할 수 있기 때문이라고 말한다. **도상기호**(iconic sign)란, 마치 그림처럼 어떤 현상을 모방적으로 표현한 것이다. 비록 어떤 특정한 수화에 사용되는 몇몇 신호가 도상적 속성을 지니고 있다고는 하지만, 대부분의 신호는 이를 지니고 있지 않다. 또한 몇몇 신호에 도상적 속성이 있다는 사실이 하나의 보편적 수화가 존재한다는 것을 의미하는 것도 아니다. 심지어 도상적 신호조차도 그 신호가 어떤 특정한 문화나 특정한 수화에 속하기 때문에 자의적이다.[2] 막연하게 한 그루의 나무처럼 보이는 신호는 어쩌면 그 특정한 신호를 사용하는 집단의 사람들에게만 나무처럼 보일지도 모른다. 여타 집단은 아마도 나무를 가리키기 위해 다른 신호를 사용할 수도 있다. 따라서 이처럼 특정의 도상적 나무신호를 사용하는 것은 임의적이다. 신호는 그것이 비록 도상적이라 하더라도 여전히 자의적일 수 있는 것이다.

도상기호(iconic sign) 해당 기호가 표상하는 사물 자체를 닮은 것을 도상기호라고 한다.

도상적 신호는 어느 정도 구어에서의 **의성어**(onomatopoeia)에 비유할 수 있다.

의성어(onomatopoeia) 어휘가 자연계의 소리를 모사한다고 생각될 때 일어나는 현상을 말한다.

2) William C. Stokoe, "Sign Language Structure," *Annual Review of Anthropology* 9 (1980), 365-390.

의성어로 간주되는 단어는 그 대상이나 상황에서 만들어진 소리를 흉내 낸다. buzz, bang, thump, crack, bow-wow와 같은 단어를 의성어라 부른다. 이 단어들은 도상적 신호와 마찬가지로 한 언어에서 또 다른 언어로의 번역이 쉽지 않다. 프랑스어에서 개 짖는 소리는 bow-wow가 아닌 oua-oua라는 소리로 표현된다. 마찬가지로 독일어에서는 wau-wau 또는 wuff-wuff, 이탈리아어에서는 bau-bau, 알바니아어에서는 ham-ham, 그리고 중국어에서는 wang-wang이라는 소리로 표현된다. 이렇게 표현방식이 다양하다는 것은 의성어가 단순히 그 대상의 소리를 모방하는 것이 아니라, 그 소리를 나름대로 해석함을 의미한다. 도상적 신호도 마찬가지이다. 즉, 도상적 신호는 그것이 표현하고자 하는 대상에 대한 해석이다. 수화는 음성언어보다 훨씬 도상적인데, 그 이유는 수화 사용자가 3차원 공간을 활용하기 때문이다. 예를 들어, 수화 사용자는 자신의 신호가 표현하고자 하는 대상을 직접 묘사하듯이 허공에 그림을 그릴 수 있다.

서로 다른 수화를 사용하는 사람들은 서로 다른 구어를 사용하는 사람들보다 서로 더 쉽게 이해시킬 수 있다. 서로 다른 구어를 사용하는 사람들이 의사소통을 할 때 그들은 몸동작을 사용할 것이다. 청각장애인은 들을 수 있는 사람보다 비언어적 신호의 사용을 훨씬 더 많이 경험한다. 물론 서로 다른 수화를 사용하는 청각장애인이 서로 다른 구어를 사용하는 사람보다 더 수월하게 의사소통을 할 수 있는 것은 아니지만, 이들은 대부분 비언어적으로 더 쉽게 의사소통할 수 있다.[3] 이렇게 비언어적으로 효율적인 의사소통을 할 수 있는 능력 때문에 수화가 보편적 언어라는 잘못된 개념을 가지게 된 것이다.

세상에 수많은 구어가 있듯이, 서로 이해 불가능한 수많은 수화가 있다. 서로 다른 구어를 사용하는 사람들은 의사소통하기 위해 일종의 링구아 프랑카로서 수화를 사용할 수도 있다. 미국 원주민 사이에서 사용되었던 수화가 이에 해당한다(그림 9-1 참조). 또 다른 사람들은 부시먼이 사냥을 하기 위해 사용했던 것처럼, 특별한 목적을 위해 수화를 사용한다(그림 9-1 참조). 청각장애인이 사용하는 수많은 수화도 있다. 전 세계의 청각장애인이 사용하는 수화에는 오스트레일리아 수화, 브라질 수화, 영국 수화, 덴마크 수화, 핀란드 수화, 프랑스 수화, 일본 수화, 대만 수화, 타이 수화 등이 있다. 가장 많은 연구가 이루어진 수화는 미국 수화(American Sign Language : ASL)이며, 이러한 이유로 우리는 이제 ASL에 초점을 맞추어 논의할 것이다.

3) Robbin M. Battison and I. King Jordan, "Cross-Cultural Communication with Foreign Signers: Facts and Fancy," *Sign Language Studies* 10 (1976), 53-68.

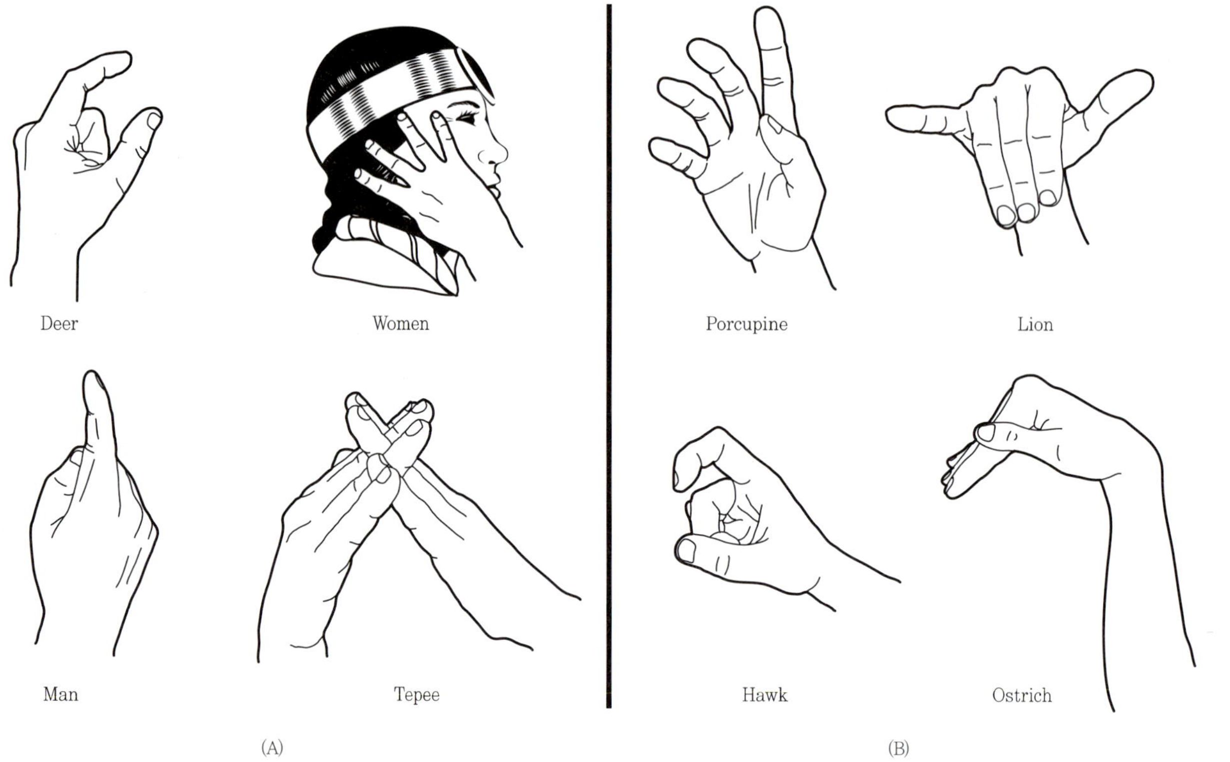

그림 9-1 수화
(A) 미국 원주민 부족 간의 신호, (B) 아프리카 원주민인 !Kung 족의 사냥신호

미국 수화란 무엇인가?

수신호로 기호화된 영어(manually coded English : MCE) 구어 영어의 문법을 기반으로 만들어진 수화의 일종이다. 대부분은 미국 수화로부터 차용한 것으로, 영어 단어를 직접 나타내는 체계이다.

접촉신호(contact sign) 구어로 말하자면 피진어와 유사한 것으로, 특정 내용에 대해 소통하기 위해 수화자 사용자들이 이용한다.

몇 가지 예외가 있지만, ASL은 공청회나 텔레비전에서 사용되는 청각장애인을 위한 통역에서 사용되는 언어와는 다르다. 이런 통역이나 일반적으로 학교에서 사용되는 수화는 **수신호로 기호화된 영어**(manually coded English : MCE)의 한 형태이다. 이런 형태의 수화는 구어체 영어문법에 기반을 두어 인위적으로 개발된 체계이며, 여기에서 사용되는 신호는 대부분이 ASL로부터 차용되었고, 영어 단어들을 직접적으로 상징한다. MCE는 Seeing Exact English(SEE1)와 Signing Exact English(SEE2), 그리고 Signed English 등 많은 형태로 존재한다. MCE 외에도 수화 사용자는 **접촉신호**(contact sign)를 사용하기도 한다. 앞의 제7장에서 논의된 구어체 피진어와 같이, 접촉신호는 특정한 주제를 소통하기 위한 필요성에 의해 여러 가지 언어가 결합한 것이다. 주로 기본적인 영문법이 준수되지만, 문법적인 영어 문장의 많은 요소가 무시될 수 있다. 다음과 같은 영어 문장은

He is coming right now.

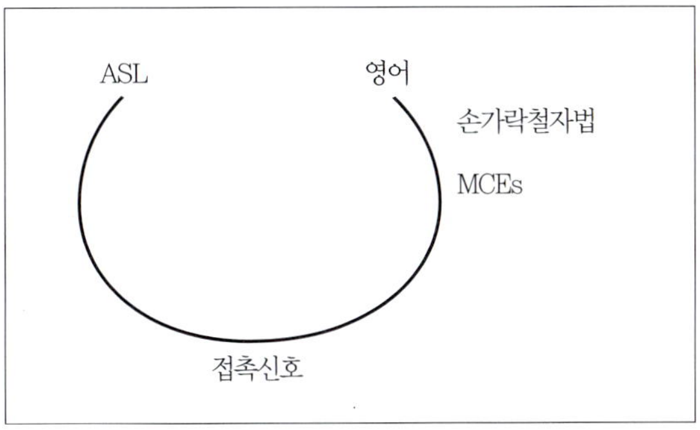

그림 9-2 ASL, 영어, 기타 소통 체계

ASL은 영어에 기초한 것이 아니다. 모든 피진어와 같이 접촉언어는 하나 이상의 언어 형태의 결합이다. 여기에서 그 언어는 ASL과 영어이다. 그림의 오른쪽 위로 이동할수록 수화 체계는 점점 더 영어의 영향을 받는다.

아래와 같이 표현될 수 있다.

He come now.

접촉신호의 한 가지 형태에는 개념적으로 정확한 신호 영어(conceptually accurate signed English : CASE)라고 불리는 접촉신호가 있으며, 청각장애인에게 통역해 주는 사람은 CASE를 사용한다. CASE 사용자는 ASL에서 사용되는 의미에 기초하여 신호를 선택하고, 그 신호는 영어의 어순에 따라 사용되며, 대체로 그런 신호들은 영어로 말할 수 있다. 인위적으로 만들어진 MCE와는 달리, 접촉신호는 ASL과 영어의 자연스러운 결합 형태이다. **손가락철자법**(fingerspelling) 역시 수화에 사용할 수 있다. 손가락철자법에서 서로 다른 손 모양은 서로 다른 철사를 나타낸다(그림 9-2 참조). 즉, 구어체 언어의 단어들은 손가락철자법을 통해 직접 철자화할 수 있다(그림 9-3 참조).

손가락철자법(fingerspelling) 여러 가지 손 모양이 알파벳의 여러 글자를 나타낸다. 구어의 단어를 손가락으로 직접 철자를 쓸 수 있다.

MCE나 손가락철자법과는 달리, ASL은 영어와 완전히 다른 언어이다. 이 언어는 영어나 다른 어떤 음성언어에 바탕을 두고 만들어진 것이 아니다. 현재의 ASL은 프랑스 수화와 미국에서 사용되던 초창기 토착 수화의 결합으로 1800년대에 탄생하였다(글상자 9-1 참조).

ASL신호는 대략적으로만 영어로 번역될 수 있고, 영어 역시 대략적으로만 ASL신호로 번역될 수 있다. 심지어 ASL에서 영어로 그 뜻이 밀접하게 번역되는 단어도 두 언어에서 발화되는 형태는 서로 다르다. 예를 들어, 단어 대 신호의 번역이 가능한 ASL신호 순서인

FINISH TOUCH EUROPE?

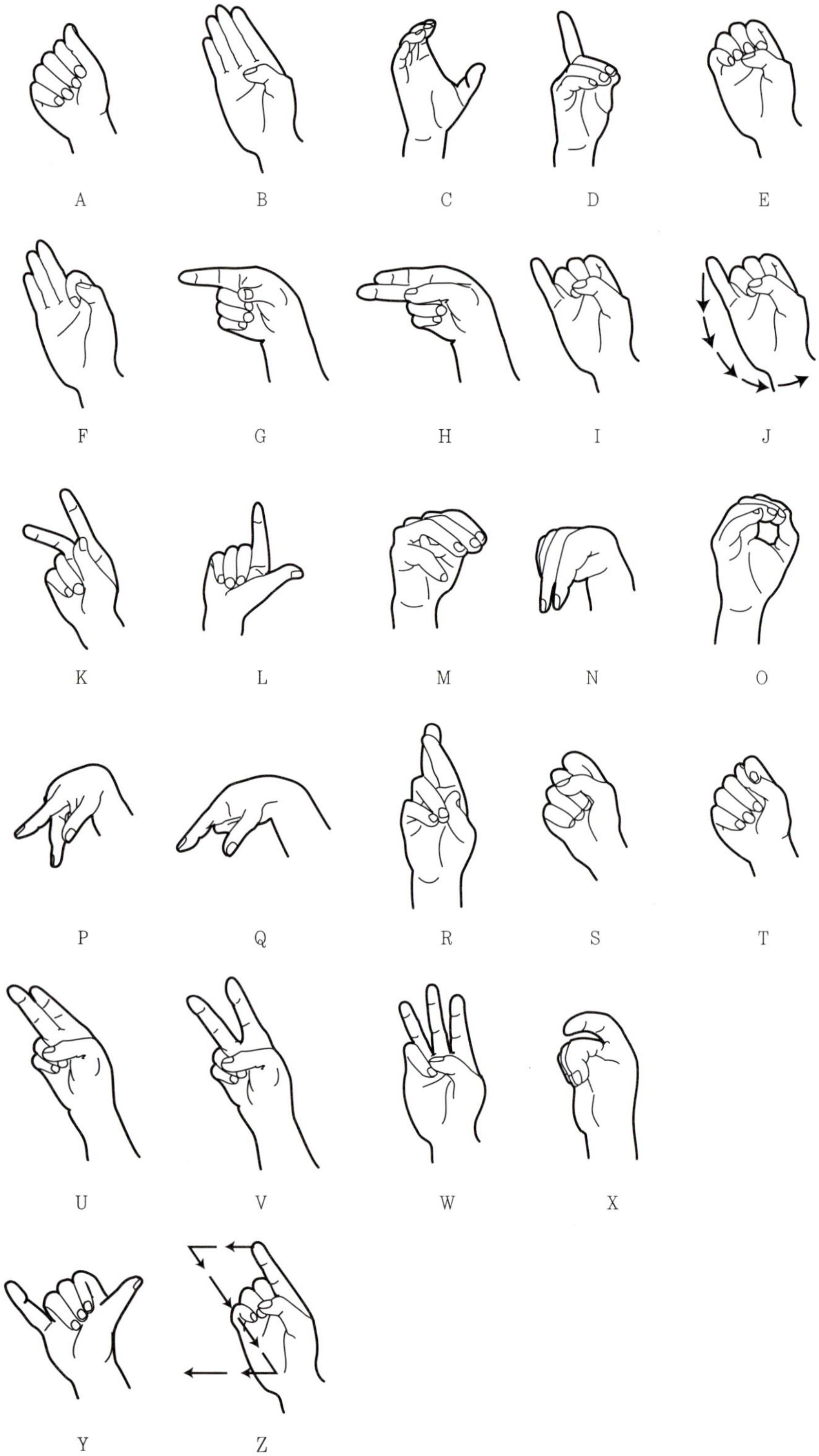

그림 9-3 미국 수화 알파벳

이 그림은 옆에서 관찰한 모양이다. 실제로는 여기에 소개된 손 모양의 알파벳 철자가 의사소통하는 사람을 향해야 한다.

source : Reprinted by permission of Gallaudet University Press.

글상자 9-1 미국에서의 수화교육

미국 수화(ASL)와 프랑스어의 관계는 토마스 홉킨스 갈로데(Thomas Hopkins Gallaudet, 1787~1851)에 의해 시작되었다. 1814년, 수습 변호사였던 갈로데는 앨리스 칵스웰이라는 어린 소녀를 만났다. 앨리스는 청각장애인이었다. 이 당시 미국에는 청각장애인을 위한 학교가 없었고, 이에 갈로데는 앨리스나 다른 청각장애인들에게 의사소통법을 가르치는 데 흥미를 두기 시작했다. 갈로데와 앨리스의 아버지는 청각장애 학교가 있는 영국과 프랑스로 가기 위해 모금을 했으며, 그곳에서 미국에 청각장애 학교를 설립하고자 하는 염원을 이룰 수 있는 도움을 얻고자 했다. 갈로데의 첫 방문은 영국 런던에 있던 한 청각장애 학교였다. 불행하게도 그 학교의 운영자들은 자신들의 교육 방법은 비밀이라, 갈로데가 학교에서 제시하는 조항에 동의하지 않는 이상 교육 방법을 전수할 수 없다고 거절하였다. 갈로데는 그 조항들이 현실적이지도, 공정하지도 않다고 여겨 이를 받아들이지 않았다.

런던에 머물 당시 갈로데는 프랑스 수화시연회에 대한 한 광고를 보게 되었다. 그는 시연회에 찾아갔고 그곳에서 프랑스에서 수화를 가르친다는 2명의 청각장애인을 만났다. 그중 한 사람이 로랑 클레르크(Laurent Clerc, 1785~1869)였다. 1816년 갈로데는 파리에 소재한 왕립농아연구소를 방문하여 프랑스 수화를 배우기 시작하였다. 이후, 클레르크는 미국으로 건너와 갈로데에게 계속 수화를 가르쳤고, 청각장애 학교를 설립하기 위해 많은 도움을 주었다. 마침내 1817년 코네티컷 주의 하트퍼드에 미국 최초의 청각장애 학교가 설립되었고, 앨리스 칵스웰과 다른 6명의 청각장애인이 첫 번째 입학생이 되었다. 이런 노력은 1856년 청각장애인을 위한 첫 번째 대학이 설립되는 토대가 되었다. 갈로데의 자녀인 에드워드 갈로데(Edward Minor Gallaudet, 1837~1917)가 이 대학의 초대 총장이 되었다. 1864년 에이브러햄 링컨의 서명 아래, 의회는 이 대학에서 학사 학위를 수여할 수 있는 권한을 승인하였다. 갈로데대학교로 불리는 이 학교는 현재 1,250명의 학부생과 700명의 대학원생을 보유하고 있다.

이 학교에 대한 더 많은 정보를 얻고 싶다면, 아래의 웹 사이트를 방문하여라.

http://www.gallaudet.edu

http://learningtogive.org/papers/paper98.html

은 문법적으로 올바른 ASL 문장이지만 올바른 영어 어순은 아니다. 그뿐만 아니라, 이 ASL 문장의 뜻도 불분명하다. 영어로 표현되는 그 의미는 다음과 같다.

Have you been to Europe?[4)]

ASL은 자체의 문법이 있는 복잡한 구조의 언어이다. 이 언어는 언어학자들이 모든 언어가 갖추어야 할 근본적인 속성이라고 간주한 속성들을 지닌다. ASL은 미국과

4) Dennis Cokely, "Foreword," in *The American Sign Language: Lexical and Grammatical Notes with Translation Exercises* (Silver Spring, MD: National Association of the Deaf, 1976).

캐나다에 사는 수많은 청각장애인의 모국어이다. 대체로 교육적인 환경에서 비청각장애인과의 공적인 소통을 위해 사용되는 MCE나 손가락철자법과는 달리, ASL은 역사적으로 청각장애 집단 내에서 거의 배타적으로 사용되어 왔다. ASL을 모국어로 하는 사용자에게 있어서, 그들 언어의 기호화와 해독화는 영어와 아무런 연관 없이 이루어진다.

ASL의 습득

청각장애 아동은 어디에서 ASL을 학습하는가? 이 질문에 대한 대답은 아동이 처한 상황에 따라 다르다. 전체 청각장애 아동의 10%만이 청각장애 부모에게서 태어났다(영어로 deaf와 Deaf를 구별하여 쓰는 이유는 글상자 9-2 참조). 이 10%의 아동은 ASL을 학습하는 데 대체로 아무런 문제가 없다. 이들의 부모가 ASL을 알고 있다면—대부분의 부모는 알고 있다—그 자녀는 비청각장애 아이가 말하기를 배우는 것처럼 쉽고 효율적으로 ASL과 여타 시각적인 방식의 언어 전달법을 습득한다. 반면에, 비청각장애 부모에게서 태어난 청각장애 아동은 ASL을 습득하는 데 있어서 이제까지 상당히 불리한 조건에 놓여 있었다. 비교적 최근까지도 대부분의 비청각장애 부모는 ASL이나 다른 수화를 배우는 데 거의 노력을 기울이지 않았다. 그 대신에 이들은 청각장애 아동이 입 모양을 읽고 따라할 수 있도록 가르치는 데 초점을 맞췄다.

선천적 청각장애인이 음성언어를 사용하여 의사소통하는 것은 수화를 이용하는 것만큼 효율적이지 못하다. 청각장애 아동이 음성언어를 아주 어릴 때부터 배우기 시작한다 할지라도 크게 다르지 않다. 따라서 비청각장애 부모에게서 태어난 청각장애 아동이 의사소통을 하는 데에 있어 불리한 조건에 있다는 것은 명백하다. 이러한 악조건은 부모뿐 아니라 청각장애 학교에 의해서도 만연하다. 학교는 대부분 구술방식만을 배타적으로 고집하였다. 그러나 수화를 사용하는 환경에 놓여 있지 않던 청각장애 아동도 궁극적으로 ASL을 습득할 수 있었는데, 그것은 교사나 부모로부터가 아니라 동료로부터 배울 수 있던 것이었다. 여러 가지 사회적인 이유가 있겠지만, 청각장애인은 그들끼리만 교류하고 서로로부터 배우는 경향이 있다. 청각장애인이 청각장애 집단에서만 어울리고자 하는 강한 욕망은 이 집단의 약 5%만이 다른 청각장애인보다 비청각장애인과 결혼하고 싶다고 말한 사실로 잘 드러난다(글상자 9-2 참조).[5] 최근 연구는 청각장애 부모에게서 태어난 청각장애 아동이 음성언어 환경에서 자란 청각장애 아동과 비교할 때, 대체로 더 수월하게 심리적 · 인지적 · 언어적 · 사회적 ·

5) Anders Lunde, quoted in William C. Stokoe, *Sign Language Structure*, (Silver Spring, MD: Linstok Press, 1978), 23.

글상자 9-2 청각장애와 청각장애인 문화

소리가 더 이상 어떤 의미가 되지 못하는 사람은 청각장애인으로 여겨진다. 난청인 사람은 음성언어를 이해하기 위해 보청기를 사용할 수도 있다. 미국에서는 약 1,000명의 유아 가운데 한 명이 완전 청각장애인으로 태어나고, 22명 중 한 명은 난청으로 태어난다. 미국 인구의 약 2,400만 명이 청각장애인이나 난청이다. 청각장애의 약 60%는 유전이며, 나머지는 질병이나 부상에 의한 것이다.

사람들은 그들이 편안히 느끼는 상대방과 교제하려는 경향이 있다. 청각장애인은 다른 청각장애인*과 결혼하려는 경향이 있으며, 청각장애인과 비청각장애인과의 결혼에 있어서 그 이혼율은 청각장애인 간의 이혼율보다 훨씬 더 높다. 청각장애인은 그들의 전통과 경험을 공유하기 위하여 청각장애인 자녀를 가지기를 종종 원한다. 많은 청각장애인은 그들이 특별한 문화 집단에 속한다고 느낀다. 비청각장애인 심지어 청각장애 부모가 있는 비청각장애인조차 청각장애인 문화에 거의 받아들여지지 않는다. 청각장애인 공동체라고도 불리는 청각장애인 문화는 공유된 언어(미국과 캐나다에서는 ASL)와 공유된 가치, 신념, 행동, 생존 기술, 경험과 전통 등에 의해 특징지어진다. 많은 청각장애인은 그들만의 예술, 문화, 오락, 정치적 견해를 함께 나눈다. 다른 하위 집단처럼 청각장애 집단의 구성원도 그들의 문화를 가지며 청각장애에 대한 자부심을 느낀다. 이러한 자부심과 저항은 1988년 비청각장애인이었던 엘리자베스 진저가 갈로데대학교의 새 총장 경선에서 2명의 최종 청각장애인 후보를 누르고 임명되었을 때 표출되었다. 청각장애 학생들은 Deaf President Now Movement로 알려진 행동을 통해 그 임명에 성공적으로 이의를 제기하였다. 진저는 그 항의 데모가 시작된 지 일주일 후에 사임하였다. 청각장애인 I. 킹 조던이 새로운 총장에 임명되었고 대학 재단이사회도 대부분 청각장애인 이사로 재구성되었다. 이 일은 다른 소수그룹 운동과 유사한 청각장애인의 힘을 보여 주는 운동의 발단으로 여겨진다. 2006년에 갈로데대학교 이사회는 조던을 교체하였고, 그는 은퇴하였다. 조던의 교체에 반대하는 항의가 있었는데, 이유는 새로운 총장으로 임명된 청각장애인 제인 페르난데스가 ASL을 학습하지 않았기 때문이다. 페르난데스의 임명은 취소되었고 다시 로버트 R. 다빌라가 총장이 되었다. 그는 캘리포니아 청각장애 학교와 갈로데대학교 출신으로 8세 때부터 청각을 잃은 멕시코계 미국인이다. 2010년에는 미국청각장애인협회 회장이었던 T. 알란 허위츠가 갈로데대학교의 10대 총장으로 취임하였다.

청각장애에 대한 부가적인 통계는 웹 사이트 http://www.deaf-culture-online.com을 참조하라.

* 영어로 deaf를 대문자 D로 시작하여 Deaf로 표기하면, 그것은 문화적 공동체나 그 구성원을 지칭한다.

source : Carol A. Padden, with Tom Humphries, *Deaf in America: Voices from a Culture* (Cambridge, MA: Harvard University Press, 1991).

교육적 · 가족적 발달을 이루는 것으로 보고하였다. 비청각장애 부모와 청각장애 학교가 이 점을 인식하고 민감하게 반응하기 시작했다. 오늘날 청각장애 자녀가 의사소통을 원활히 할 수 있도록 하고, 그들의 지적 · 사회적 성장을 돕기 위해, 수화를 배우는

종합적 소통교육(total communication teaching) 가능한 한 모든 채널과 소통 유형을 이용하여 학습이 이루어지는 교육원리를 말한다.

비청각장애 부모의 수는 점점 늘고 있다. 또한 현재 많은 청각장애 학교에서는 **종합적 소통교육**(total communication teaching)의 개념을 받아들이고 있다. 용어가 암시하듯이 이러한 철학을 바탕으로 교육받은 청각장애 아동은 ASL, MCE, 손가락철자법, 여타 신호 방법을 접할 수 있을 뿐만 아니라, 말하기, 읽기, 쓰기 등의 훈련을 받는다. 그들은 보청기의 사용을 권유받기도 한다.

수화론(cherology) 이전에 수화의 음운론이라 칭하던 것을 지칭하는 용어이다.

ASL이 언어적 의미에서 하나의 진정한 언어라면, 언어적인 분석의 대상이 되어야 한다. 학자들은 ASL이 이전에 **수화론**(cherology)이라고 불리던 자체의 음운 구조, 형태 구조, 통사 구조를 가지고 있다는 것을 밝혔다. ASL에 대한 연구는 인간의 의사소통의 본질을 연구하는 거의 모든 분야에 새로운 시각을 제공하기 때문에 우리는 ASL 연구를 통해 밝혀진 사실들을 간략히 살펴볼 것이다. 다음 절들은 ASL에 대한 종합적 개관이라기보다는 ASL이 말하기에서와 유사한 규칙들을 준수하는 하나의 언어 능력 전달 체계라는 것을 보여 준다.

ASL 음운론

그리스어 어원 phone은 소리와 음성을 의미한다. 그러므로 phonology, phoneme, allophone과 같은 용어를 소리를 사용하지 않는 언어의 개념에 사용한다는 것은 왠지 부적절해 보인다. 수화학의 선구자 윌리엄 스토키(William Stokoe, 1919~2000)는 phone-을 사용하는 위 용어들을 각각 **수화론**(Gxherology), **수화소**(chereme), **이수화**(allocher)로 바꾸는 것을 제안하였다.[6] 결합어 형태의 cher-(/ker/)는 handy를 의미한다. 그럼에도 불구하고, 오늘날의 수화학자들은 음성언어에 사용되는 용어를 그대로 사용한다. 제3장에서 소개되었듯이 음소는 물리적 단위가 아니라 정신적 구조이다. 음소를 듣는 사람은 아무도 없다. 윌리엄 스토키가 설명한 수화에 사용되는 단위는 구성이나 기능적인 관점에서 음성언어에서 사용되는 단위와 동등하다. 따라서 언어학자들은 음운론, 음소, 이음과 같은 용어를 음성언어에서뿐만 아니라, 수화에서도 사용한다. 음성언어의 음소를 듣지 못하듯이 수화의 음소를 볼 수는 없다. 우리는 사실 개념적으로 동일한 음소라 인식되는 이음들을 듣거나 보고 있는 것이다.

DEZ(designator) 특정한 수화기호를 나타내는 손 모양이다.

SIG(signation) 수화기호에 사용되는 동작의 유형이다.

TAB(tabula) 특정한 수화기호가 만들어지는 위치이다.

손바닥방향(palm orientation) 단순히 방향이라고도 하며, 손바닥이 향하는 방향이다.

1960년 스토키는 수화신호를 분석하는 데 사용할 수 있는 세 가지 변별적 특성을 소개하였다. 스토키는 그가 직접 이름 지은 **DEZ**(designator), **SIG**(signation), **TAB**(tabula)라는 특성을 동시에 결합함으로써 신호가 생성되는 것으로 보았다. 한 언어학자는 여기에 짧게는 **ORI**(orientation)라고도 알려진 **손바닥방향**(palm orientation)을 수

6) Robert Hoffmeister and Ronnie Wilbur, "The Acquisition of Sign Language," in Harlan Lane and Francois Grosjean, *Recent Perspectives on American Sign Language* (Hillsdale, NY: Lawrence Erlbaum, 1980), 61-78.

화의 주요 특성 또는 **매개변수**(parameter)로 추가하였다.

매개변수(parameter) 수화기호의 특성이나 특성의 유형을 말한다.

- DEZ는 팔과 손의 모양처럼 움직이는 대상을 기술한다.
- SIG는 그 신호를 하기 위해 필요한 동작을 말한다.
- TAB은 수화 사용자의 몸이나 얼굴, 머리 부위 같은 신호가 만들어지는 위치를 가리킨다. TAB은 말하기 음소의 조음 장소에 비유할 수 있다.
- 손바닥방향(ORI)은 손이 쥐어지는 방향이다.

만약 DEZ가 눈처럼 상대적으로 고정된 위치에 있는 신체의 일부라면, TAB은 언급될 필요가 없다. 모든 언어음이 폐쇄음, 유성음, 비음 등의 성질로 정의될 수 있듯이, 모든 신호는 위와 같은 세 가지 성질로 정의할 수 있다.

예를 들어, sorry를 의미하는 ASL신호는 아래와 같이 분석된다.

- DEZ = 알파벳 A를 가리키는 손 모양(그림 9-3 참조)
- TAB = 몸통 부분과 심장 부위
- SIG = 원 모양의 회귀 동작(그림 9-4 참조)

음성언어에서 한 형태소의 실제 음들은 분리될 수 있으며 하나하나씩 생성된다. 수화에서는 한 형태소의 음소들이 모두 동시에 생성된다.

그림 9-4 ASL에서의 sorry를 의미하는 기호

sorry라는 단어를 만들기 위해 로마자 A 모양으로 쥔 손을(DEZ) 심장 부위에서(TAB) 원 모양으로 돌리는 동작을 하고(SIG) 그 손바닥의 방향은 몸을 향하고 있다(ORI). 그림 9-3과 9-5를 참조하여라.

손으로 형성된 미국 수화는 손짓의 행동이 일어나는 곳을 보여 주기 위하여 우선 TAB기호와 더불어 쓰인다.

- Ø 수화 사용자 몸의 앞에서
- ○ 얼굴이나 머리 부위
- ∩ 이마 또는 정수리
- ⊔ 얼굴 중간, 코, 눈
- ∪ 턱, 얼굴 아래쪽
- ʒ 뺨, 얼굴의 옆, 귀
- π 목, 목구멍
- [] 몸통(어깨에서 엉덩이까지)
- \ 팔 위쪽
- √ 팔의 전박(前膊), 팔꿈치
- a 손등, 손목
- D 손목의 안쪽

다음은 동작을 취하는 손의 모양과 자세*를 나타내는 DEZ이다.

- A 쥔 손
- Ȧ 엄지를 편 손
- B 편 손
- B̈ 구부러진 손
- 5 완전히 펼친 손
- C 곡선 모양의 굽은 손
- E 오므린 손
- F 고리와 세 손가락의 손
- G 집게손가락의 손
- H 둘로 겹친 손가락의 손
- I 새끼손가락의 손
- K 손가락철자 'k'의 손
- L 각을 잡은 손, 엄지와 집게
- 3 엄지와 처음 두 손가락을 편 손
- M -와 유사한
- R 두 번째 손가락이 집게손가락과 교차
- V̇ '승리'를 의미하는 손, 편 손
- W 세 손가락을 편, 새끼손가락 위에 놓인 엄지
- X 집게손가락을 구부린
- Ẏ 손가락철자 'y'의 손
- 8 편 손의 중지

다음은 손짓의 동작을 보여 주는 하나 또는 그 이상의 SIG 기호이다.

동작

- ^ 위로
- v 아래로
- N 위아래로
- > 오른쪽으로
- < 왼쪽으로
- ≥ 옆으로
- T 수화 사용자를 향하여
- ⊥ 수화 사용자로부터 멀리
- I 앞뒤로
- ᘓ 원을 이루어

내적 특성(손이나 손가락)

- ↄ 구부리다
- ◢ 흔들다
- □ 열다
- ✖ 닫다

상호동작 : 손과 손 또는 손과 몸

- × 다가가다
- × 접촉하다
- ⊠ 연결하다 또는 붙잡다
- † 교차하다
- ⊙ 들어가다
- ÷ 분리하다
- ꟸ 교환하다
- ~ 번갈아하다

* 아래에 쓰인 기호는 어떻게 DEZ(D)를 실행하는지를 보여 준다.

- D_a 손바닥을 위로 향한(손바닥을 위나 뒤로)
- D_D 손바닥을 아래로 향한(손바닥을 아래나 바깥쪽으로)
- √D 수직에 가까운 전박
- $D_<$ 돌출한 손가락을 왼쪽으로

상세한 행동을 보여 주는 변별부호이다.

- ⅄ 정확히 위로 향하는 동작
- ×·· 반복적인 접촉 행동

그림 9-5 언어학자가 수화신호를 표기할 때 사용하는 기호

왼쪽 세로 단 중간의 별표(*)는 이 그림의 오른쪽 세로 단 아래쪽에 제시한 아래첨자를 의미한다.

source : William Stokoe, *Sign Language Structure,* rev. ed. (Silver Spring, MD: Linstok Press, 1978), 26.

스토키는 ASL에 사용되는 55개의 음소를 가려내었다(12개의 TAB 음소, 21개의 DEZ 음소, 22개의 SIG 음소). 그림 9-5는 55개의 TAB, DEZ, SIG 음소와 그 음소를 가리키기 위해 언어학자들이 사용하는 기호를 열거하고 있다.

또한 6개의 방향음소가 있는데, 이 6개 손바닥방향은 안쪽, 바깥, 왼쪽, 오른쪽, 앞쪽 또는 뒤쪽으로 향한다.

음성언어 sorry가 /sori/라는 음소들로 이루어지듯이, sorry를 의미하는 ASL신호는 /[ ] ɷ A/라고 하는 음소들이 동시적으로 생성되면서 만들어진다(그림 9-4 참조).

음성언어에 최소대립쌍이 존재하듯이, 수화에도 최소대립쌍이 존재한다. father를 의미하는 ASL신호는 손바닥을 활짝 펴고(5-hand라고 부르기도 한다.), 이마를(TAB) 두드리는 동작인데(SIG), 손바닥은 오른쪽을 향한다(ORI). mother를 의미하는 신호는 손을 활짝 펴서 턱을 두드림과 동시에 그 손바닥은 오른쪽을 향한다. 여기에서 father와 mother는 최소대립쌍이다. 이 두 신호는 TAB음소를 제외하면 정확히 같다. 이마에서 턱으로 TAB을 변경함으로써 그 신호의 의미를 바꾼다. 이와 유사한 방식은 이마를 두드리는 횟수인데, father를 의미하기 위해 이마를 두드리거나 mother를 의미하기 위해 턱을 두드리는 횟수는 한 번이다. 만약 둥근 모양으로 두 번씩 두드린다면, 그 단어는 grandfather 또는 grandmother로 의미가 각각 변한다. 이러한 경우 최소대립쌍은 SIG의 변경에 의해 만들어진다.

DEZ, TAB, SIG, ORI 이외에도 신호의 의미를 결정하는 매개변수는 아래 항목을 포함한다.

- 신체와 접촉하는 손의 부분
- 한 손이 다른 한 손과 마주하는 방향
- 몸이나 표정을 포함한 수화의 비수화적 매개변수 역시 매우 중요하다.

ASL의 두 가지 음운론적 규칙은 **대칭조건**(symmetry condition)과 **관할조건**(dominant condition)이다. ASL신호는 한 손을 사용할 수도 있고 두 손을 사용할 수도 있다. 대칭조건은 두 손으로 만들어진 신호가 움직일 때 두 손의 DEZ가 반드시 같아야 한다는 것을 말한다. 손바닥의 방향 역시 같거나 한 손은 다른 한 손이 거울에 비춰진 모양이 되어야 한다. 관할조건은 문법적인 규칙으로서 두 손을 사용하는 신호에서 한 손만 움직일 경우, 움직이지 않는 손은 반드시 여섯 가지 손 모양 중 하나의 모양을 취해야 한다는 것을 말한다. 이러한 여섯 가지 손 모양은 ASL에서 가장 무표적인 손 모양이다(표 9-1과 '유표성과 ASL' 부분 참조). 이 규칙은 예외가 있지만, 그러한 예외조차 규칙을 따른다.

대칭조건(symmetry condition) 두 손을 움직여서 수화기호를 보내는 경우에 DEZ가 동일해야 한다는 조건이다.

관할조건(dominant condition) 두 손을 사용하는 수화기호에서 한 손만 움직이면 나머지 움직이지 않는 손은 여섯 가지 중의 한 가지 모양을 해야 하는 조건이다.

표 9-1 ASL에서 사용되는 여섯 가지 손 모양

이름	설명
S-hand	주먹 쥔 모양
B-hand	손가락이 벌려지지 않은 손바닥
5-hand	B-hand에서 손가락이 따로따로 벌려진 모양
G-hand	엄지손가락과 집게손가락이 펴진 주먹 모양
C-hand	반원 모양
O-hand	손가락 끝이 모두 엄지와 붙어 원을 형성한 모양

source : Ronnie Wilbur, "The Linguistic Description of American Sign Language," in *Recent Perspectives of American Sign Language,* eds. Harlan Lane and Francois Grosjean (Hillsdale, NJ: Lawrence Erlbaum, 1980), 9.

ASL에 사용되는 비수화적 문법신호

DEZ, SIG, TAB, ORI 이외에도 수화 사용자는 눈썹, 입, 어깨, 머리, 몸의 움직임을 포함하는 비수화적 문법신호를 사용하여 신호의 의미를 변경한다. 다시 말해, 비수화적 문법신호에 변화를 줌으로써 최소대립쌍을 만들 수 있다.

비수화적 문법신호는 다양한 문법적 기능을 한다. 그중 하나는 문장 유형을 표시하는 것이다. 눈썹을 치켜세움으로써 평서문을 가부의문문으로 바꿀 수 있다. 예를 들어, 'I understand'를 의미하기 위해 수화자는 I UNDERSTAND를 신호하면서 눈썹은 움직이지 않고 고개만 끄덕인다. 반면에 'Do you understand?'를 의미하기 위해서 수화자는 YOU UNDERSTAND를 신호하면서 머리를 약간 앞으로 숙이고 두 눈썹을 치켜세운다. 비수화적 문법신호의 또 다른 문법적 기능에는 동사를 신호할 때 동사가 어떻게 발생하는지를 알려 주는 부사적 정보를 제공하는 기능 또는 형용사를 신호할 때 그 정도나 양을 설명하는 형용사적 정보를 제공하는 기능이 있다.

유표성과 ASL

음성언어의 음소에 적용되는 대부분의 원리가 수화의 음소에도 적용된다. 예를 들어, 어떤 소리는 다른 소리보다 더 두드러지게 들린다. 신호의 구성 요소도 마찬가지이다. 예를 들어, 표 9-1에 있는 여섯 가지 DEZ는 ASL에서 가장 무표적인 손 모양이다. 표 9-1의 손 모양은 모든 수화에서 찾아볼 수 있다. 이 모양들은 가장 구별하기 쉬운 것들로, 여섯 가지 손 모양은 그 외의 다른 모든 손 모양을 다 합친 것보다 더 빈번하게 사용된다. 또한 이 여섯 가지 손 모양은 청각장애 아동이 가장 먼저 습득하는 DEZ이기도 하다.[7]

• • •
글상자 9-3 청각장애인을 위한 통역

이 책을 읽는 독자 대부분은 교실이나 공청회, 또는 오락 행사에서 수화를 사용하는 사람을 본 적이 있을 것이다. 그 사람이 바로 수화통역사이다. 이 통역사는 청각장애인과 난청자, 비청각장애인 사이의 의사소통을 원활하게 하기 위해서, 음성 메시지를 수화로 변환하거나, 수화 메시지를 말이나 글로 변환한다. 이것이 통역이란 용어를 사용하는 가장 일반적인 경우이다. 또한 통역이란 용어는 좀 더 구체적으로 ASL을 음성언어로 바꾸거나 음성언어를 ASL로 바꾸는 것을 의미하기도 있다. 만약 영어와 같은 음성언어를 MCE나 CASE의 변형 형태로 전환한다면, 통역 대신에 음역이란 용어가 사용된다. 통역과 음역은 1960년대 후반에 이르러서야 직업으로 인식되었다. 그 이전에는 청각장애인과 난청자가 비청각장애인과 의사소통할 수 있도록 도와주던 사람의 대다수가 자원봉사자였다. 이 자원봉사자들은 대부분 청각장애인의 친척이거나 교사였다.

1964년 인디애나의 볼스테이트대학교에서 열린 한 회의의 결과로 수화통역협회라는 기구가 결성되었다. 수화통역협회는 통역사를 훈련하고 그들에게 자격증을 수여하며 윤리적 기준을 제공하였다. 2003년에 이 협회는 약 4천 명의 공인된 회원을 보유하였고, 학생 회원을 포함한 약 6천 명의 여타 회원을 보유하였다.

통역이나 통역직에 대하여 더 알고 싶으면 웹 사이트 http://www.rid.org를 참조하여라.

잉여성과 ASL

잉여성은 음성언어에서와 마찬가지로 수화의 특성 중 하나이다. 잉여성은 특정한 메시지를 이상적으로 소통하기 위해서 절대적으로 필요한 양의 정보보다 더 많은 정보가 제공되는 언어적 조건을 뜻한다. 잉여성은 특정 정보가 주어졌다는 사실로부터 어떤 언어적 정보가 주어졌음을 예측할 수 있게 해 준다. 음운론적 예를 들면, 유기음에서의 잉여성이 있다. 유기음은 무성폐쇄음이 강세 모음 앞에 올 경우, 예측 가능하다(즉 잉여적이다.). 잉여성은 메시지에 실린 정보에 대한 다양한 실마리를 제공함으로써 잡음이 심한 환경에서 잘못된 소통이 이루어지는 것을 방지할 수 있다.

ASL에도 잉여적인 상황이 존재한다. 예를 들어, 두 손이 각각 서로 다른 모양을 취하여 만들어지는 많은 신호에서, 우리는 단지 한 손만이 움직일 것이라는 것을 예측할 수 있다. 게다가 움직이지 않는 손은 표 9-1에 열거된 여섯 가지 손 모양 중 하나를 취할 것이라는 것도 예측할 수 있다. 따라서 만약 움직이는 한 손만이 온전히 보이는 상황에서, 이렇게 체계화된 예측성은 대화의 맥락과 더불어 그 메시지를 이해하는 데 충분한 정보를 제공한다. 또한 ASL에는 구어체 언어에서의 동화, 생략, 삽입 등과

7) Willam C. Stokoe, "Sign Language Structure," *Studies in Linguistics Occasional Paper,* 8 (Buffalo: University of Buffalo Press, 1960).

비유할 수 있는 언어적 처리 과정 역시 나타난다.[8]

ASL의 형태론과 통사론

ASL에 대하여 기술된 형태소적 · 통사적 처리 과정이 음운론적 처리 과정보다 많지는 않지만, 언어 분석을 위한 근본원리는 ASL을 연구하는 데에도 여전히 타당성이 있어 보인다. 그럼에도, 이런 수지-시각적 경로는 청각-음성 경로의 소통과 비교할 때 가능한 의사소통방식을 추가하기도 하고, 또 어떤 방식은 빠져야 하기도 한다. 예를 들어, ASL에서 3차원 공간을 사용하는 것은 음성언어에서는 불가능한 음운론적 · 형태소적 · 통사적 기제를 가능하게 한다.

굴절과 3차원 공간

많은 언어의 단어들은 굴절에 의해 변경될 수 있다. 문법 표지를 사용함으로써 한 단어의 문법적 중요성을 결정할 수 있다. 이렇게 하는 한 가지 방법은 접사를 추가하는 것이다. 문법적으로 어떻게 사용되느냐에 따라, 동사 move는 moved, moving, 또는 moves의 형태로 나타날 수 있다. 이 단어들은 모두 동사이며, 거의 동일한 의미를 지닌다. 이 단어들은 원형동사 move에 굴절형태소인 -ed, -ing, -s를 추가함으로써 변형되었다. 일련의 단어는 같은 어휘 기저에 파생형태소를 추가함으로써 도출될 수도 있다. 동사 move는 형태음소적 교체를 통해 형용사 movable이나 명사 mover 또는 motion으로 바꿀 수 있다. 형태소 -able, -er, -tion은 단일 원형으로부터 다른 단어를 도출하는 데 사용된다.

중국어 같은 일부 언어는 어떠한 형태소적 교체도 허용하지 않는다. 즉 중국어 단어는 기본적으로 형태를 바꿀 수 없다. 영어 같은 언어들은 파생 형태가 풍부하지만, 상대적으로 굴절적 변이는 많지 않다. 라틴어와 나바호어 같은 언어는 여전히 다양한 형태의 굴절 현상을 보인다.

ASL은 상당 정도 굴절어이다. ASL은 다른 이유도 있지만, 아래의 문법적 결정을 위해 굴절을 사용한다.

- 수 – 단수, 복수, 삼수 등
- 분포 양상 – each, certain ones, unspecified ones와 같은 것
- 시간적 상 – 예를 들어, for a long time, regularly, over and over again

8) P. Boyes, "Developmental Phonology of ASL," *Working Papers*, Salk Institute for Biological Studies, 1973; H. Lane, P. Boyes-Braem, and U. Bellugi, "Preliminaries to a Distinctive Feature Analysis of Handshapes in American Sign Language," *Cognitive Psychology* 8 (1976), 276.

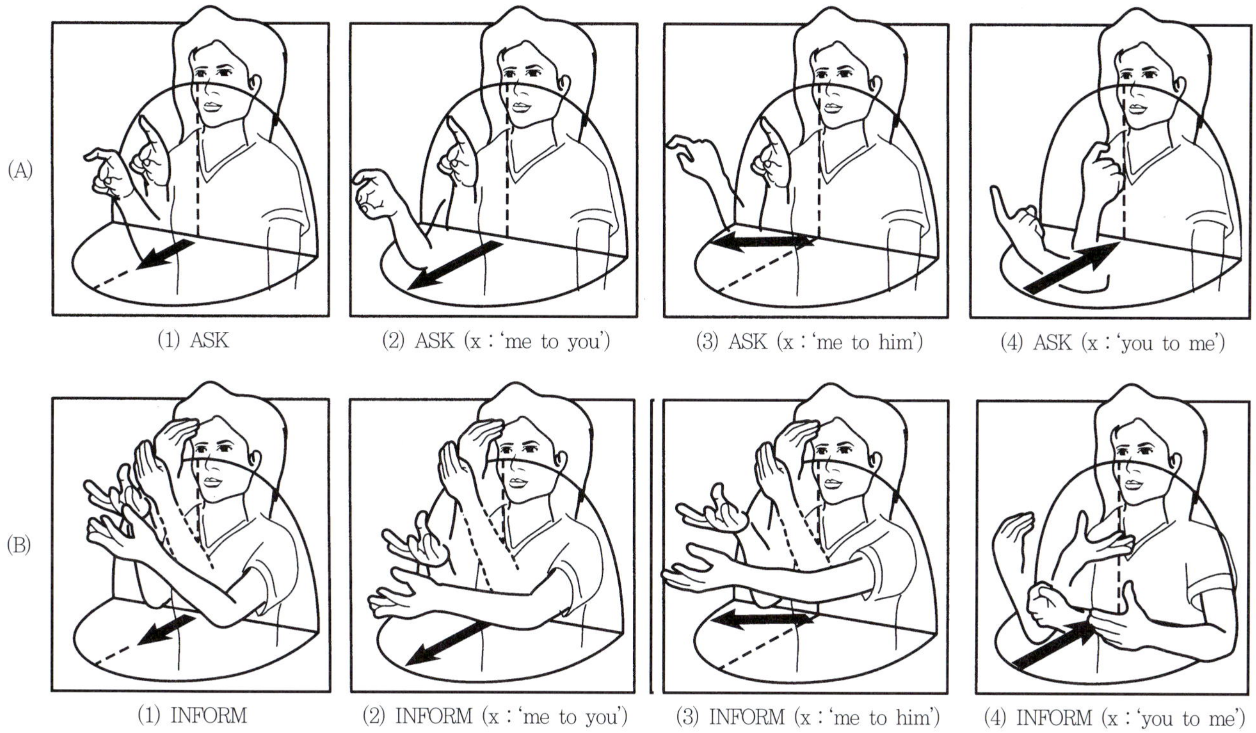

그림 9-6 ASL에서의 색인 참조

여기서 x는 지시 변화를 겪은 형태를 나타내는 신호이다. (A)는 기본적인 한 손 신호 ask의 지시적 대상이 1인칭, 2인칭, 3인칭 단수로 변화한 형태이다. (B)는 같은 지시적 변화가 두 손 신호에 나타난 경우이다. (B-4) 이 형태의 신호는 NEW ADDRESS, INFORM [x : 'you to me'], NOT YET과 같은 문장에서 사용한다. 이를 번역하면 'You haven't informed me of your new address yet.'이 된다.

source : Reprinted by permission of the publisher from *The Signs of Language* by Edward S. Klima and Ursula Bellugi, Cambridge, MA: Harvard University Press, Copyright © 1979 by the President and Fellows of Harvard College, p. 278.

- 시간적 초점 – starting to, gradually, progressively와 같은 것
- 방식 – 예를 들어, with ease, with difficulty, with enthusiasm, slowly, quickly
- 정도 – 예를 들어, a little bit, very, excessively
- 상호성 – 상호적 관계나 행위를 가리킨다.
- 색인 – 동사에 대한 인칭지시를 바꾼다.[9)]

비록 ASL이 굴절이 풍부한 언어이기는 하지만, 굴절어를 형성하는 방법은 음성언어에서 사용되는 것과는 다르다. 어근에 일련의 접사를 추가하는 대신에 ASL은 신호자에게 주어진 3차원 공간을 활용하거나, 표정과 같은 다른 기법을 사용하기도 한다. 그림 9-6은 앞서 열거한 여덟 가지 범주 중 하나인 지시적 색인이 단어 ask와 inform에 어떻게 작용되는가를 보여 준다.

9) Edward S. Klima, and Ursula Bellugi, *The Signs of Language* (Cambridge, MA: Harvard University Press, 1979), 273-274.

ASL에는 문장이 있는가?

이 질문에 대한 대답은 '있다'이다. ASL에서 문장은 하나의 분명한 단위이다. 발화는 전형적으로 신호상자라 불리는 공간에서 만들어지는데, 이는 몸 앞과 허리, 머리에 의해 설정되고 몸의 양옆 몇 인치 정도로 확대된다. 또한 문장은 동시에 발생하는 여러 가지 언어적 특성에 의해 구별할 수 있다. 예를 들어, 비수화적 문법신호는 가부의 문문, 조건문, 수사의문문 등을 표시하고, 어떤 어휘는 문장의 형식을 표시한다. 예를 들어, KNOW+는 화제화를, SUPPOSE는 조건문을 표시한다. 그리고 문장 사이의 구분은 눈을 깜박이거나, 잠시 신호를 멈추거나, 또는 몸을 기대면서 표현한다. ASL에 꼭 필요한 동시다발적인 비수화적 문법신호가 없다면 ASL 문장은 문법적이지 않을 것이다.

비수화적 신호의 사용은 수화 사용자가 발화의 전달 속도를 증가시키는 하나의 방법이다. 음성언어의 의미는 굴절형태소와 파생형태소를 사용함으로써 변화시킬 수 있다. 그러나 명심할 것은 하나의 음성언어 단어를 생산하는 것보다 하나의 신호를 생산하는 데 더 오랜 시간이 걸린다는 것이다. 밝혀진 바로는, 언어에 대한 인지는 정보의 전이가 어느 정도 일정한 비율로 유지될 때 가능하다는 것이다. ASL에서 이러한 흐름은 대체로 표정이나 신체 움직임을 통해 원형의 의미를 수정함으로써 유지된다.

니카라과 수화 : 새로운 언어의 탄생

특정 음성언어의 기원은 먼 과거 속에 잊혔다. 그러나 1980년대 중반, 완전히 새로운 언어의 기원을 연구할 기회가 놀랍게 등장하였다. 니카라과의 청각장애인들은 주로 시골 지역에 흩어져 살고 있었다. 대부분의 청각장애인은 다른 청각장애인과 만날 기회가 없었고, 따라서 청각장애인사회는 발전하지 못하였다. 사실 귀먹음이란 주변의 다른 사람들로부터 고립되어 청각장애로 낙인찍힌 상태를 말하는 것이었다. 청각장애 성인은 대체로 결혼을 하지 않았기 때문에 유전적인 귀먹음은 만연하지 않았다. 따라서 청각장애 아동은 자신에게 수화를 가르쳐 줄 청각장애 부모가 없었다. 실제로 니카라과의 청각장애인이 사용할 수 있는 수화란 존재하지 않았고, 대부분의 니카라과 청각장애인은 제한된 수의 **가정신호**(home signs)만을 사용하였다. 가정신호는 청각장애인들과 이들의 가까운 가족이 일상생활이나 활동에서 소통하기 위해 개발되었다. 서로 다른 청각장애인들이 사용하는 가정신호가 유사한 경우도 있었지만, 이러한 신호는 기본적으로 개인만의 독특한 신호였다.

가정신호(home signs) 일상생활의 물건이나 활동에 대해 소통하는 것을 돕기 위해 청각장애인과 그의 친척들이 만든 수화이다.

이러한 상황은 1970년대에 이르러 바뀌기 시작하였다. 산디니스타가 니카라과

정권을 잡은 1979년, 이들이 주창한 사회 개혁 프로그램 중의 하나는 청각장애인에게 교육을 제공하는 것이었다. 니카라과 전 지역의 청각장애인들은 한 학교로 옮겨졌다. 그 학교의 교사들은 수화 사용자가 아니었으며, 그들의 임무는 이 학생들에게 에스파냐어 읽기와 수학과 같은 기초 기술을 가르치는 것이었다. 교사들은 손가락철자법을 가르치려 했지만, 실패하였다. 학생들은 에스파냐어의 음성언어를 몰랐고, 이런 상태의 학생들에게 전혀 알지 못하는 언어를 읽도록 가르친다는 것은 불가능하였다.

대신 이 학교에서 일어난 현상은 이 학교의 어린 학생들을 연구하기 시작한 언어학자들을 깜짝 놀라게 하였다. 학생들이 궁극적으로 자신들만의 독특한 수화를 창조한 것이다. 이런 수화의 개발은 단계적으로 이루어졌다. 첫 단계에서 아동들은 자신이 사용하던 가정신호를 사용하여 서로 의사소통을 시도하였고, 이를 통해 상대방의 독특한 가정신호를 배우고 이를 자신의 가정신호에 접목하면서 피진어와 유사한 의사소통 체계로 발전시켜 나갔다(제7장 참조). 다음 단계에서 이 피진어 체계는 점점 확대되었고 훨씬 더 많은 정보를 전달할 수 있게 되었으며, 자체의 구조 또한 더욱 복잡하게 변하였다. 즉 이들의 피진어 체계는 크리올어로 전환되었다(제7장 참조).

재미있는 사실은 이들의 피진어 체계를 크리올어로 전환시키는 데 가장 창의적이었던 사람들이 바로 어린 아동들이었다는 점이다. 우리는 어릴수록 언어를 자동으로 쉽게 습득한다는 사실을 알고 있다. 그들은 아무런 동기나 자극이 없어도 언어를 습득한다(제8장 참조). 어린 아동들이 그 학교에 다니기 시작하면서, 이들은 메마른 피진어 문법을 풍성하게 하여 활짝 만개한 새로운 언어 체계로 전환한 것이다. 그들은 자신들이 그런 일을 하고 있다고 깨달았을까? 물론 그렇지 않았다.

이에 대한 한 가지 설명은 어린 아동들이 아직 언어습득의 결정적 시기에 있었기 때문에, 이들의 언어습득장치(제8장 참조)는 나이가 더 많은 아동이나 성인이 사용하던 피진어 체계에 언어의 보편적 특성을 더할 수 있도록 허용하였다는 것이다.

모든 언어학자가 언어습득장치의 존재를 믿지는 않는다. 따라서 새로운 언어가 창조되는 과정을 설명하는 대안적인 의견도 나왔다. 일부 심리학자는 언어습득장치의 존재를 인정하기보다는 아동이 보유한, 의사소통을 포함한 다양한 문제를 해결할 수 있는 일반적인 정신적 능력의 탁월함을 이유로 든다. 어떤 의견이 옳던 간에, 니카라과 수화의 발생 과정은 언어학자들이 언어의 형태를 바라보는 새로운 시각을 가질 수 있게 하였는데, 이것은 언어가 발생한 상태부터 완전한 언어가 된 상태를 모두 아우르는 것이다.[10] 니카라과 수화를 연구한 최초의 언어학자는 주디 쉐퍼드-키글

10) Laura Helmuth, "From the Mouths (and Hands) of Babes," *Science* 293 (September 7, 2001), 1758-1759.

(Judy Shepard-Kegl)이며, 그녀는 지금 니카라과 수화 프로젝트의 대표이다. 니카라과 수화에 대한 더 많은 정보는 웹 사이트 http://en.academic.ru/dic.nsf/enwiki/213303 에서 찾아볼 수 있다.

수화의 사회적 차원

수화는 음성언어와 똑같은 사회적 의미를 전달한다. 제6장에서 우리는 대화의 격률연구를 포함한 담화 분석을 논의하였다. 대화의 격률은 사람들의 대화를 인도하는 문화적 기대감을 말한다. ASL에서 나타나는 격률 중의 하나는 반드시 한 번에 한 사람씩 신호를 하는 것이다. 다른 사람이 신호를 끝내기 전에 신호를 시작하는 사람은 대화의 격률을 위반한 무례한 사람으로 취급받을 것이다. 음성언어가 사용되는 상황에서 만약 당신이 대화를 나누는 사람들 사이를 지나쳐야 한다면, 관습상 "Excuse me."라고 말한다. 그러나 수화를 나누는 두 사람 사이를 지나치는 경우에는 이런 행위가 ASL 대화를 중단시킬 수 있기 때문에 위와 같은 사과를 하는 것은 부적절할 수도 있다. 따라서 이러한 경우에 취할 수 있는 관습상 적절한 행동은 수화 사용자들의 대화를 더 오래 방해하지 않도록 신속하게 지나치는 것이다.[11)]

언어사용역, 즉 상황적 방언이란 상황, 형식성의 정도 및 대화의 상대에 따라 적절하게 사용되는 말투를 말한다(제7장 참조). 음성언어에서와 같이 수화에도 언어사용역에 따른 차이가 있다. 예를 들어, 비공식적인 상황에서는 공식적인 상황에서 사용되는 두 손 신호가 한 손 신호로 대체될 수 있다(그림 9-7 참조). 형식성의 정도에 따라 바뀌는 또 다른 ASL 언어사용역은 신호가 만들어지는 장소가 언어사용역을 바꿀 수 있다는 것, 수사학적인 질문은 공식적인 장소에서 더 흔히 볼 수 있다는 것, 'pea-brain'과 같은 속어는 반드시 비형식적인 대화에서만 나타난다는 것, 그리고 화제화(제5장 참조)는 비형식적 대화에서 주로 나타난다는 것 등을 들 수 있다.[12)]

요약

ASL에 대한 지금까지의 간단한 소개로 다음과 같은 결론을 내릴 수 있다. 첫째, 수화를 사용하는 환경에서의 청각장애 아동은 비청각장애 아동이 말하기를 배우는 것처럼, 아주 쉽게 수지-시각 방식의 의사소통법을 습득한다는 사실로 미루어 언어는 말

11) Clayton Valli, Ceil Lucas, and Cecil Lucas, *Linguistics of American Sign Language*, 3rd ed. (Washington, DC: Gallaudet University Press, 2001), 177-179.

12) Valli, 179-180.

공식 신호 : 커피

비공식 신호 : 커피

공식 신호 : 사람들

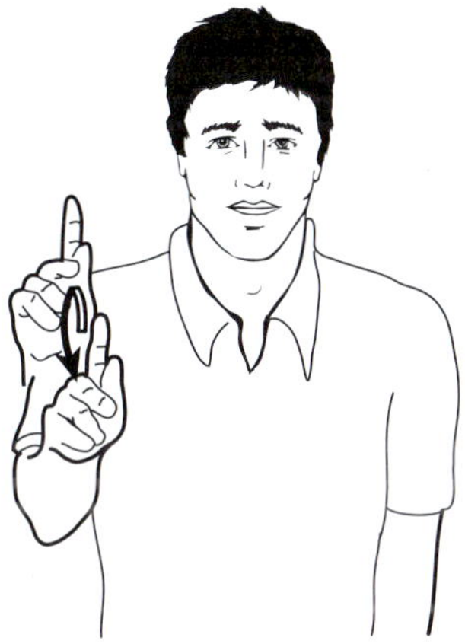

비공식 신호 : 사람들

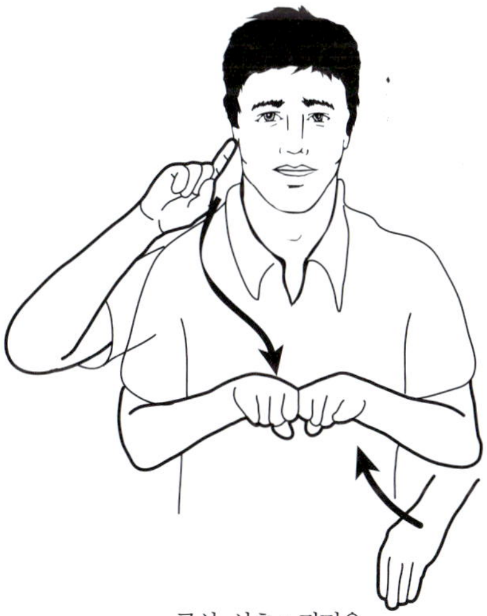

공식 신호 : 귀먹은

비공식 신호 : 귀먹은

그림 9-7 미국 수화에서 나타나는 상황적 방언의 예

source : From Ceil Lucas and Clayton Valli. *Linguistics of American Sign Language,* 3rd ed. (Washington, DC: Gallaudet University Press, 2001) Copyright ⓒ 2001 Gallaudet University Press. Reprinted by permission.

하기라는 등식은 성립하지 않는다. 말하기가 언어 능력 전달수단의 하나라면 수화는 또 다른 수단이다. 둘째, 언어적으로 소통하고자 하는 인간의 욕망은 매우 강하다. 언어적 전달의 한 통로가 막혔을 때 인간은 또 다른 길을 찾을 것이다. 셋째, 음운론, 형태론, 통사론 및 의미론의 기본적 원리는 수화와 음성언어에서 놀라울 정도로 유사하다. 지금까지의 진술을 두 문장으로 요약하면 아래와 같다.

- 인간의 언어 능력은 인간 진화 과정에서 생긴 해부학적이고 신경학적인 특성의 결과이다.
- 이러한 능력은 말하기나 듣기에만 국한된 것은 아니다.

수화의 구조는 몇몇의 매개변수를 통한 변이에 토대를 둔다. 이런 매개변수는 손모양, 신호의 위치, 신호의 움직임, 손바닥방향, 신체와 접촉하는 손의 부분, 양손이 서로를 향하는 방향, 그리고 비수지적 신호를 포함한다. 매개변수의 사용을 통해, 음소, 최소대립쌍, 절, 문장 등이 만들어질 수 있다. 이러한 형태는 음성언어에서만큼이나 다양하다. ASL과 다른 모든 수화에는 음운론적 · 형태소적 · 통사적 규칙이 있다.

더 읽을거리

Armstrong, David F., and Sherman E. Wilcox, *The Gestural Origin of Language (Perspective on Deafness),* New York: Oxford University Press, 2007.

Lane, Harlan, Robert Hoffmeister, Ben Bahan, *A Journey into the DEAF-WORLD,* San Diego, CA: DawnSignPress, 1996.

Lucas, Ceil, Robert Bayley, and Clayton Valli, *What's Your Sign for Pizza? An Introduction to Variation in American Sign Language,* Washington, DC: Gallaudet Unversity Press, 2003.

Paul, P.V., *Language and Deafness,* 4th ed., Sudbury, MA: Jones and Bartlett, 2009. 이 책은 청각장애 학생의 언어와 문자해독 능력 발달에 대한 연구들을 소개한다.

Sternberg, Martin L., and Herbert Rogoff, *American Sign Language,* New York: Harper-Collins, 1998.

Stokoe, William C., *Sign Language Structure,* rev. ed., Silver Spring, MD: Linstok Press, 1978. 이 책은 스토키의 ASL 언어학연구에 대한 개괄서이다.

Valli, Clayton, Ceil Lucas, and Kristin J. Mulrooney, *Linguistics of American Sign Language,* 4th ed., Washington, DC: Gallaudet University Press, 2006.

참고할 웹 사이트

미국 수화 브라우저

http://commtechlab.msu.edu/sites/aslweb/browser.htm

보스턴대학교 미국 수화 프로젝트의 링크

http://www.bu.edu/asllrp/site.html

미국수화교사협회에서도 수화 연구자에게 유용한 리소스를 제공한다.

http://www.aslta.org

아래 사이트는 수화의 언어학을 다룬 저널들을 제공한다.

http://gupress.gallaudet.edu/SLS.html

아래 사이트는 청각장애인을 위한 통역, 청각장애인 문화, 기타 이슈를 다룬다.

http://www.aslinfo.com

아래 사이트는 ASL 언어학과 관련된 다른 사이트들과 링크가 되어 있다.

http://www.angelfire.com/ny4/linguisticsofasl

니카라과 수화 프로젝트에 대한 정보는 다음 사이트에서 찾을 수 있다.

http://en.academic.ru/dic.nsf/enwiki/213303

ASL과 청각장애 문제에 대한 기타 사이트에는 다음과 같은 것이 있다.

http://www.nad.org

http://clerccenter.gallaudet.edu/InfoToGo/549.html

http://www.tucows.com/preview/205271

용어와 개념의 정리 : 수화

1. 인간의 언어 능력은 ______________ 또는 ______________에 국한되는 것은 아니다.
2. 언어는 ______________ 및 ______________와(과) 관련되는 ______________ 잠재적인 것이다.
3. 말하기에 대한 수화의 장점은 ______________, ______________, ______________이다.
4. 모든 사람이 수화를 안다. 이러한 주장은 (참/거짓) 이다.
5. 수화는 ______________ 언어가 아니다.
6. 그림과 같은 신호를 ______________(이)라고 부른다.
7. 수화는 대부분 도상적이 아닌 신호들로 구성된다. 이 주장은 (참/거짓) 이다.
8. 수화가 사용되는 세 가지 이유는 ______________, ______________,

_______________이다.

9. 공개 토론회에서 우리가 통상적으로 보는 수화 유형은 _______________이다.
10. ASL은 영어와는 전적으로 _______________ 언어이다.
11. ASL에는 자체의 문법이 있다. 이 주장은 __(참/거짓)__이다.
12. 대략 _______________%의 청각장애 아동만이 청각장애 부모에게서 태어난다.
13. 들을 수 있는 부모는 전통적으로 그들의 청각장애 아동을 _______________(으)로부터 단념시키고 그들이 _______________와(과) _______________을(를) 사용하거나 배우도록 격려한다.
14. 신호를 학습하지 않는 선천적인 청각장애인은 통상적으로 의사소통에 약점을 가지고 있다. 이 주장은 __(참/거짓)__ 이다.
15. 수화론은 오늘날 _______________(이)라고 불리는 것의 옛 이름이다.
16. 하나의 ASL신호는 동시에 만들어진 네 가지 자질로 구성된 상징으로 생각할 수 있다. 신호의 장소를 뜻하는 자질을 _______________(이)라고 부르며 신호의 행동을 뜻하는 자질은 _______________(이)라고 부른다. 행동 모습을 뜻하는 자질은 _______________(이)라 부르고, 손바닥이 향하는 방향을 뜻하는 것은 _______________(이)라고 부른다.
17. 스토키는 ASL에 대한 55개의 _______________을(를) 구분하였다.
18. 16번 문제에 대한 대답에 추가하여, 수화의 다른 매개변수에는 _______________ 등이 포함된다.
19. 비수화적 문법신호를 영어로 _______________라 한다.
20. 비수화적 문법신호에는 _______________이(가) 포함된다.
21. 빈번하게 사용되고 기본적이며 쉽게 형성되는 소리나 신호를 _______________(이)라고 부른다.
22. ASL은 다음과 같은 방식에서 잉여성을 보여 준다. _______________
23. ASL은 굴절언어이다. 이 주장은 __(참/거짓)__이다.
24. ASL은 굴절을 위해 _______________을(를) 사용한다.
25. ASL에서 끊임없는 정보의 흐름은 종종 _______________의 사용으로 보충된다.
26. 니카라과 수화는 언어학자에게 _______________을(를) 위한 드문 기회를 제공하였다.
27. 수화 사용자들이 상황에 따라 다른 신호를 사용하게 된다는 사실은 수화에서의 _______________에 의한 사례이다.

단원 말 연습문제 : 수화

1. 청취력이 있는 일반 미국인은 100개 미만의 신호를 이해하고 사용한다. 신호들은 특정한 사전류의 정의가 있는 손짓이나 몸짓이다(제11장 참조). 적어도 6개의 이러한 신호들을 기술하여라.

예 : 평화나 승리를 나타내는 데 2개의 손가락으로 V자형을 만든다.

2. 1번 문제에 답으로 제시한 신호의 DEZ, SIG, TAB, ORI를 설명하여라. 그림 9-5를 참조하여라. 이런 목록이 언제나 적절한 것이 아니라는 것을 알게 될 것이다. 그런 경우 각각에 대한 자신의 DEZ, SIG, TAB, ORI 기술을 고안하고 기호를 만들어라.

3. 대부분의 신호는 하나의 단어나 짧은 구를 나타낸다. 종종 신호들은 합쳐져서 좀 더 긴 구나 문장을 만든다. 미국인이 신호로 만들 수 있는 6개의 구, 문장, 또는 일련의 문장을 열거하여라.

예 : 입술에 손가락 대기(QUIET), 손에서 검지를 펴서 앞뒤로 움직이기(COME IN), 손가락으로 의자를 가리키기(SIT DOWN), 한 손가락을 위로 똑바로 펴기(WAIT A MINUTE).

"조용히 들어와 의자에 앉으세요. 잠시만 기다리세요."

4. 1번 문제부터 3번 문제까지에 대한 대답으로 제시한 신호들과 연속신호들에 표정이나 자세 변화가 수반되는가?

5. 제한된 상황에서 100여 개의 신호를 사용하는 것이 수화를 구성하는가? 왜 그런지 또는 그렇지 않은지를 설명하여라.

6. 한 언어와 언어에 대한 전달 체계의 차이는 무엇인가?

7. ASL이 언어인가? 설명하여라.

8. ASL연구가 언어가 말하기나 듣기에 의존하지 않는다는 것을 어떻게 보여 주는가?

10

문자 체계

Writing Systems

이 장에서 알아야 할 것

1. 문자는 언어에 대한 시각적 해석이다. 문자가 시각적으로 해석될 수 있는 세 가지 주요 방법에는 어떤 것이 있는가?
2. 중국어 문자 체계는 다른 어떤 문자보다도 오래 사용되어 왔다. 중국어 문자 체계가 지금까지 살아남은 이유는 무엇인가?
3. 음절문자원리란 무엇인가?
4. 많은 언어학자가 영어 철자법의 비일관성이라 여기는 것의 기능은 무엇인가?
5. 의사소통 체계로서 문자와 말은 어떻게 다른가?
6. 문자의 기원에 대한 견해에는 무엇이 있는가?
7. 자극 확산이란 무엇이고, 이러한 현상에 의해 만들어진 문자는 어떤 것이 있는가?

문자(writing)는 언어의 시각적 표현이다. 처음에는 단지 소수의 필사자만이 문자를 사용하였다. 1400년경에 이동식 활자가 발명되면서 문서의 대량 생산이 가능해졌다. 오늘날에 이르러서는 누구나 인터넷상에 정보를 올릴 수 있는 시대가 되었다. 당신은 이러한 정보 또는 잘못된 정보의 대량 확산이 미래의 문화적 발전에 끼치는 결과가 무엇이라고 보는가?

문자(writing) 언어단위인 음소, 음절, 형태소 등을 시각적 이미지로 나타내는 체계이다.

사람들이 처음으로 관습적인 표지를 사용하여 지식과 새로운 발견을 표현하게 되면서 인류 문화 발달의 새로운 시대가 전개되기 시작하였다. 즉, 정보의 전이는 의사소통자들이 항상 그 자리에 있어야 한다는 물리적인 제약과 그들이 살아 있어야 가능하다는 시간적 제약에서 해방된 것이다. 음성언어나 수화와는 달리 글로 표현된 메시지는 급속하게 사라지지 않는다.

문자는 음성언어와 수화에 대해 이차적이다

문자는 다른 언어 전달 체계, 즉 음성언어나 수화에 대하여 여러 가지 면에서 이차적이다. 문자는 음성언어와 수화를 기초로 한다. 음성언어나 수화가 문자에 기초한다고는 생각할 수 없다. 수화에 기초한 문자는 많은 발전을 이루지 못했으므로, 우리는 음성언어에 기초한 문자에 초점을 맞출 것이다. 문자를 통해 언어를 표현하는 세 가지 방법을 다음 절에서 논의할 것이다.

문자는 인간이 쓰기를 한 시간보다 말하기를 한 시간이 훨씬 더 오래되었다는 점에서 역시 음성언어에 대하여 이차적이다. 정확한 시점에 대한 학자 간의 동의는 이루어지지 않았지만, 언어의 기원을 연구하는 학자들은 언어를 처리할 수 있는 두뇌 영역의 진화가 200만 년 전 고대 인류로부터 시작되었다고 믿는다. 이들의 두개골에서 이런 두뇌 영역을 발견할 수 있다. 자연선택은 언어 능력의 진화를 부추겼는데, 이십만 년 전의 인류는 오늘날과 유사한 방식으로 언어를 사용한 것으로 추정된다. 진정한 의미의 문자 체계는 약 5,200년 전부터 시작되었다. 언어보다 훨씬 최근에 발생했을 뿐만 아니라, 상당히 구체적이고 선천적인 쓰기나 읽기 기술을 가능하게 한 자연선택의 과정이 있었다고 보기에는 그 시간이 너무 짧다.

이렇게 오랜 기간을 통해 진화한 인간의 언어는 인간에게 언어를 습득할 수 있는 선척적인 능력을 주었다(제8장 참조). 그러나 문자는 반드시 부모나 학교에서 공식적 · 후천적으로 습득해야 한다.

위에 제시한 이유 외에도, 모든 사람은 사회적으로 완전히 고립되어 있거나 어떤 질병으로 인해 언어를 습득하지 못하는 상황이 아닌 이상, 자연스럽고 빠르게 동일한 습득단계를 거쳐 언어를 습득한다는 사실이 문자가 언어에 대하여 이차적이라 여기는 또 다른 이유이다. 인간이 문자를 습득하는 방식은 언어를 습득하는 방식과 전혀 다르다. 많은 아동이 읽고 쓰는 것을 배우는 데 어려워하고, 오랜 시간이 걸리며, 습득하는 방식 또한 서로 다르다. 게다가 많은 음성언어는 심지어 문자를 보유하고 있지 않다. 한편 문자가 있지만 보편적인 교육을 실시하지 않는 문화는 문맹률이 높을 것이다.

여러 가지 문자

동굴이나 도시 담장에 그려진 그림은 그 이미지를 해석할 수 있는 사람에게 이야기를 들려주고 있다고 할 수 있다. 그러나 그림을 그리는 것은 진정한 의미의 문자가 아니다. 그림 그리기는 사물과 사건을 표현하는 반면에, 진정한 문자는 음성언어 요소를 시각적으로 표현한 것이다.

서로 다른 문자는 서로 다른 방식으로 말이나 언어의 원리를 반영한다. 문자에는 세 가지 유형이 있는데, 이는 말을 문자로 표현하는 방법에 따라 구분된다. 첫 번째 유형은 **표의문자**(logographic writing/word-writing)로, 사용된 기호가 단어나 형태소 전부를 상징한다. 두 번째 유형은 **음절문자**(syllabic writing)로, 각각의 문자는 하나의 음절을 상징한다. 세 번째 유형은 **알파벳문자**(alphabetic writing)라고 불리는데, 각각의 기호는 이상적으로 음소를 상징한다. 각각의 문자는 이 유형 중 하나를 지배적 방식으로 택하지만, 사실 각 문자는 이런 유형을 다소 혼합한다.

표의문자(logographic writing) 해당 상징기호가 전체 단어나 형태소를 나타낸다. word-writing이라고도 한다.
음절문자(syllabic writing) 각 기호는 하나의 음절을 나타낸다.
알파벳문자(alphabetic writing) 각 기호는 이상적으로는 하나의 특정한 음소를 나타낸다.

영어는 알파벳문자라고 말할 수 있지만, 세 가지 유형 모두를 사용한다. 예를 들어, 문자 P는 알파벳기호로서 음소적으로 /p/로 표현되는 소리의 집합을 표현한다. 음소 /p/는 [p]와 [p^h]를 포함한 다양한 이음을 말한다. 반면에, 어떤 영어문자는 표의적이다. 예를 들어, 타자기나 컴퓨터 키보드의 한 열에서 볼 수 있는 기호들은 **표의문자**(logogram)이다. 아라비아숫자 1, 2, 3, 등과 같은 키가 이에 해당한다. 숫자 3은 영어에 사용되는 three라는 전체로서의 한 단어, 또는 독일어, 프랑스어, 그리스어, 이탈리아어, 일본어 등 수많은 언어의 문자 체계에서 동일한 개념을 상징한다. 각각의 언어에서 3이라는 개념은 서로 다른 소리의 단어로 불릴 것이다. 그러므로 3이라는 기호는 특정한 음소적 가치 또는 발음을 수반하는 것이 아니다. 이와 유사하게, ¢, @, #, $, %, ?, &, *, 5 등은 모두 표의적 기호이고, ♀(여성), ♂(남성)처럼 더 전문적인 기호들 역시 모두 표의문자이다. 이런 기호들은 각각 서로 다른 언어를 사용하는 사람들의 머릿속에 똑같은 기본 개념을 형성시킬 것이다.

표의문자(logogram) 발음을 나타내지 않은 채 특정한 개념을 나타내는 문자기호를 말한다. ideograms라고도 한다.

또한 영어에는 음절기호가 사용된다. 예를 들어, 일부 사람은 barbecue를 축약된 형태의 bar-b-q로 표기한다. 여기에서 두 번째 b는 (/bi/로 발음되기도 하는) 음절 /bə/를 상징하고, q는 음절 /kyu/를 상징한다. 개별적인 자음을 상징하는 OK(okay), PJs(pajamas)나 FBI, CPA, TNT와 같은 두문자어에 사용되는 기호가 어떻게 음절을 표현하는지 이해할 수 있겠는가?

표의문자

그림에서는 묘사된 이미지를 통해 어떤 이야기를 말한다. 사슴을 향해 창을 던지고 있는 한 남자를 그린 그림은 다음과 같이 해석될 수 있다. "그 남자는 사슴을 죽인다." 그러나 이 그림은 어떤 형태의 언어적 단위도 반영하지 않으며, 또한 단어나 음절 및 음소로 구성되어 있지도 않다. 그림은 그려진 내용 전체로서 의미를 전달하는 장치이다. 그러나 만일 우리에게 '남자(man), 죽이다(kill), 사슴(deer)'을 각각 상징하는 Ω, Θ, ξ라는 약속된 기호가 있다고 가정하면, 우리는 사실 그림을 그릴 필요가 없을 것이다. 대신에 우리는 이 세 가지 단어 기호들로 구성된 한 문장을 만들기 위해, 이것들을 연결할 수 있을 것이다.

Ω Θ ξ는 '남자가 사슴을 죽인다'를 의미한다.

상형문자(pictogram) 단순화된 그림처럼 보이는 문자로 그것이 나타내는 사물을 직접적으로 나타낸다. pictograph라고도 한다.

표의문자가 그것이 상징하는 대상과 시각적으로 닮았을 때, 그것을 **상형문자**(pictogram) 또는 **그림문자**(pictograph)라고 부른다.

동굴 벽이나 캔버스에 그려진 그림은 다음과 같은 세 가지 점에서 표의문자와 다르다.

- 표의문자는 그것이 상징하는 것과 시각적으로 비슷하든지 그렇지 않든지 간에 약속된 기호를 사용한다.
- 이러한 기호는 단어나 개별 형태소와 같은 언어단위를 상징한다.
- 표의문자기호가 배열된 순서는 구어에서 사용되는 어순을 반영한다.

완전한 표의문자는 셀 수 없이 많은 기호와 기호의 조합이 필요할 것이다. 또한 그 언어에 존재하는 각각의 단어를 기호화할 수 있는 방법이 필요할 것이다. 이러한 점은 이 문자를 습득하는 데 엄청난 어려움이 있음을 짐작케 한다. 알려진 대로 완전한 표의문자는 비실용적이기 때문에 존재하지 않는다. 대신에 현대나 고대의 모든 표의문자는 음절 및 알파벳기호를 포함한다. 이러한 이유로 표의문자가 지배적인 문자 체계를 **표의음성문자**(logophonetic writing)라 칭하는 것이 더 정확하다. 대부분의 표의음성문자는 표의기호와 음절기호를 병용하기 때문에 **표의음절**(logo-syllabic)**문자**라고 불린다. 이집트어문자는 표의문자기호와 모음을 제외한 자음기호를 결합한다.

표의음성문자(logophonetic writing) 주로 표의문자기호를 사용하는 문자로서, 음을 나타내는 기호 또는 표의문자기호의 구성 요소를 포함하기도 한다.

표의음절적(logo-syllabic) 표의문자와 음절문자를 모두 포함하는 표의문자를 말한다.

음절문자원리

문자의 발전 과정에서 가장 중요한 단계는 약속된 의미를 지닌 기호를 발명한 것이었다. 아마도 두 번째로 중요했던 단계는 이런 기호들이 단어가 아닌 소리를 상징하게

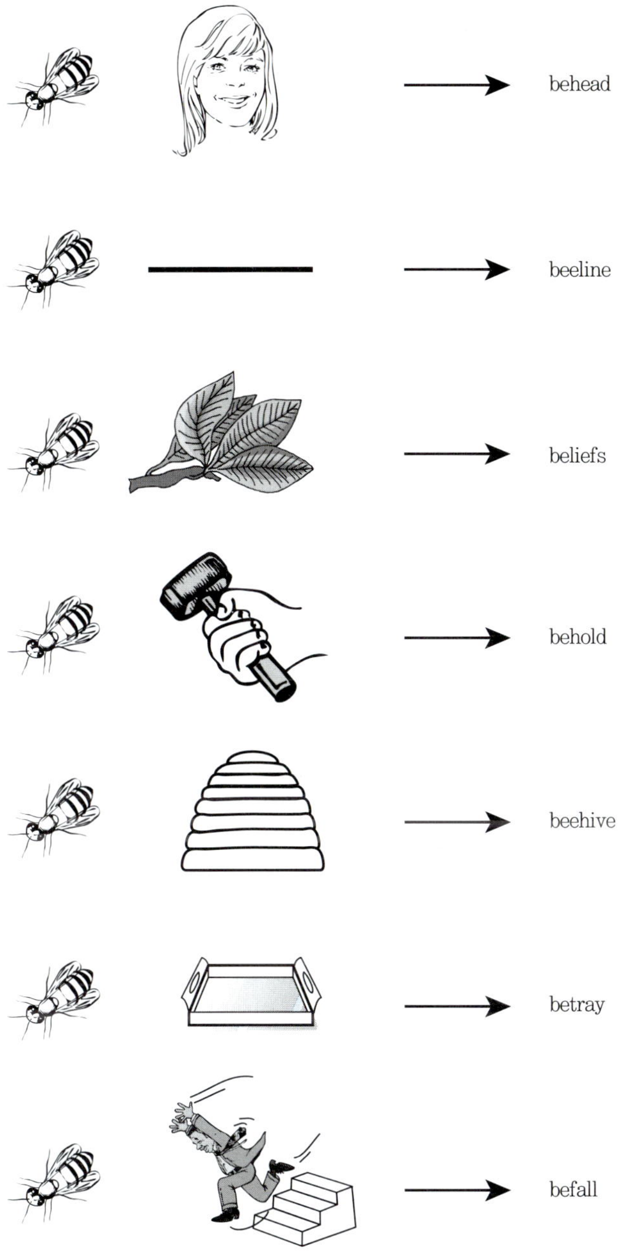

그림 10-1 음절문자의 원리

지금은 [bi]라는 소리와 연관된 시각적 기호 와 또 다른 특정 소리와 연관된 다른 시각적 기호를 함께 사용하면, before 이 외에도 기호를 사용하여 수많은 단어를 만들 수 있다. 이런 단어에는 위 단어들이 포함될 것이다.

된 단계였을 것이다. 이런 기호의 **음성화**(phonetization)가 일어나면서부터 그 기호는 그것이 상징하는 소리가 포함된 모든 단어를 표현하는 데 사용될 수 있었다. 예를 들어, 표의문자기호인 ‘ 〈〈〈〈’가 원래 ‘four’를 의미하고, 표의문자기호 는 원래 ‘bee’

음성화(phonetization) 표의문자 기호가 소리를 나타내는 것으로 바뀌는 과정을 말한다.

표 10-1 표의음절문자 체계

문자 체계	지역	대략적 기원	해독 여부
수메르어	메소포타미아	5100 BP	예
이집트어	이집트	5000 BP	예
초기 엘람어	엘람(서남 페르시아)	4500 BP	아니오
초기 인도어	인도(인더스 강 유역)	4200 BP	아니오
크레타어	크레타, 그리스	4000 BP	아니오
선형문자 A	크레타	3800 BP	아니오
히타이트어	터키, 시리아	3500 BP	시초문자 제외
중국어	중국	3300 BP	예

BP는 'before the present'를 뜻한다.

를 의미했을 것이다. 그러나 만일 '‹‹‹‹'가 음절 /fɔr/를 상징하고 이 음절 /bi/를 상징했다면,  ‹‹‹‹의 조합은 'bee four' 또는 'before'를 의미했을 것이다(그림 10-1 참조). 여기서 주목할 점은 before에 사용된 기호들이 원래의 표의문자 또는 단어의 뜻을 상징하던 기호로서 가졌던 의미와는 아무 관련 없이 음절기호로 쓰인다는 것이다.

음절문자원리(rebus principle) 하나의 음절 단어를 상징했던 기호가 그것이 나타냈던 단어가 아니라 음절을 나타내게 되는 과정을 말한다.

모든 일음절 단어를 상징했던 기호들을 단어가 아닌 음절로서 사용하는 것을 **음절문자원리**(rebus principle)라고 부른다. 음절문자원리는 표의문자원리를 보완하여 완전한 문자 체계가 발전하도록 하였다. 알파벳문자원리가 발명되기 전까지 표의문자 기호는 광범위하게 사용되었다. 비록 표면적으로 표의문자기호는 음절문자원리에 의해 완전히 대체된 것으로 보일 수 있지만, 사실 표의문자기호를 사용하지 않는 음절문자는 대부분의 언어에서 비효율적이다. 왜 비효율적이라 말하는지 음절문자 체계를 다룬 절에서 알게 될 것이다.

이집트에서 중국에 이르는 광범위한 지역에 서로 다르고 완전히 발달된 표의음절문자 8개가 존재하였다. 이 8개의 문자에는 문자 형태를 갖춘 고대 수메르어와 이집트어의 문자가 포함된다(표 10-1 참조). 신대륙 문자 체계는 이 8개 구대륙 문자 체계의 음성화 발달 정도에는 결코 미치지 못했다(글상자 10-4 참조). 마야문자, 아즈텍문자나 다른 신대륙의 문자는 완전한 표의음절문자가 아니다.

연습문제 1 : 표의문자와 음절문자원리

1. 음절문자로 된 아래의 문장이나 구를 번역하여라.

   a. 

   b. 

   c. 2  2 

   d. A 

   e. JC  A 

2. 각자 발명한 음절문자의 다섯 가지 예를 적어라.

   a. ______________________________

   b. ______________________________

   c. ______________________________

   d. ______________________________

   e. ______________________________

중국어 문자 : 표의음절문자의 예

중국문자는 현대의 문자 체계 중 가장 표의문자적이다. 그러나 중국어 문자 역시 음절기호를 사용하며, 최근에는 알파벳기호를 채택하였다. 여기서는 중국어 문자 체계의 표의문자적 속성만을 살펴볼 것이다.

각각의 표의문자는 하나의 단어나 개념을 상징한다. 예를 들어, 기호 또는 철자 月의 뜻은 moon, 子의 뜻은 child, 大는 big을 의미한다. to move를 의미하는 動과 같은 의미는 기호의 조합으로 표현된다. 대부분의 조합기호는 추상적 개념을 표현하기 위해 사용된다. 예를 들어, good이란 개념은 표의기호인 女(woman)와 子(child)를 결합함으로써 표현된다. 중국인 및 다른 많은 민족에게 여자와 아이는 다산을 상징하고, 다산은 좋은 것(to be good 好)으로 생각된다. 또 다른 중국어 기호는 하나의 표의문자적 요소와 발음의 단서를 제공하는 또 다른 요소를 지니고 있다. 그러나 발음의 단서를 제공하는 요소가 도움이 되지 않을 수도 있는데, 그 이유는 그 기호가

그림 10-2 중국어 문자의 예

처음 사용된 이래로 발음이 변했기 때문이다. 1990년에 발행된 한 중국어사전에는 비록 대부분의 문자가 지금은 사용되지 않지만 56,000개 이상의 기호와 기호 조합이 열거되어 있다. 한편, 글을 읽을 수 있는 사람이라 간주되기 위해서는 약 2,000~3,000개의 기호를 알아야 하고, 중국 대학생이라면 5,000개 정도의 중국어 문자를 알고 있을 것이다(그림 10-2 참조).

현존하는 표의문자가 아주 드물다는 사실은 확실히 전혀 이상할 것이 없다. 음성언어를 반영하기 위해서 이처럼 많은 기호가 필요하다는 사실은 이런 문자의 주요한 단점이다. 읽고 쓰기 위해 2,000~5,000개 기호를 습득해야 한다는 것은 중국어 문자가 어렵고 시간 소모적임을 뜻한다. 특히 26개의 알파벳기호만을 습득해도 되는 영어와 비교할 때 이런 단점은 더 분명해진다.

과거에는 중국어 문자를 습득하는 것과 관련된 어려움이 권력자들에게 이롭게 작용하였다. 고위층 사람들은 중국어 문자를 습득하기에 충분한 시간이 있었지만, 하위층 사람들은 그렇지 못했다. 정보에 대한 하위층의 접근을 제약하는 것은 고위층이 지배구조를 더욱 쉽게 유지하도록 하였다. 그럼에도 불구하고 중국어 문자 체계를 배우기 쉽게 하려는 시도가 2,200년을 거슬러 올라가는 무렵부터 나타났다. 당시 한 중국어학자는 문자를 만들기 위해 필요한 획수를 줄임으로써 약 3,000개의 중국어 문자를 개정하였다. 오랜 기간에 걸쳐서 중국어 문자를 단순화하기 위한 또 다른 시도가 있었다. 1958년 중국 정부가 로마자 알파벳기호를 채택하고 이를 표의문자와 연계하여 사용함으로써 아동이 읽을 수 있도록 가르치면서 또 다른 개혁이 시작되었다. 이런 음소적 기호들은 새로운 외래어를 음역하는 데 사용되기도 한다. 여기서 짚고 넘어갈 것은 이 새로운 알파벳문자 체계가 궁극적으로 표의문자 체계를 대체할 것이라는 점이다. 그러나 표의문자는 중국 문화의 커다란 부분으로 존재해 왔기 때문에, 이런 교체는 서서히 진행될 것이다. 로마자기호를 추가한 지 거의 50년이 지났지만, 중국문자는 여전히 구어체 중국어를 표현하는 주요한 방법이다.

전통 외에도 중국어 문자가 고집되는 또 다른 이유가 있다. 사실 중국어는 한족 언어라 호칭되는 여러 개의 연관된 언어들이다. 약 93%의 중국인이 방언이라고도 불리는 7개의 언어 중 하나를 사용한다. 여기에는 표준 중국어와 광둥어가 포함된다. 이 7개의 중국어는 각각 수많은 하위 유형을 지니고 있다. 중국어의 한 변형을 사용하는 사람은 또 다른 변형을 사용하는 사람이 말하는 것을 이해하지 못한다. 그러나 대부분의 표의문자기호는 발음이 아니라 개념을 지칭하기 때문에, 글을 읽을 수 있는 모든 중국인은 어떤 중국어 변형을 말하든 간에 수많은 중국어기호가 지닌 표의문자적 요소를 이해할 수 있다. 이런 능력은 아라비아숫자를 사용하는 모든 사람이 3이라는 기호의 의미를 인지할 수 있는 능력에 비유할 수 있다. 알파벳 상징화가 영어, 독일어, 에스파냐어에서 각각 three /θri/, drei /dray/, tres /trɛs/와 같은 발음을 상징하는 것과는 달리, 기호 3은 하나의 개념을 상징한다. 중국인들에게 그들의 문자는 비록 서로 이해할 수 없는 말을 사용하더라도 통합된 하나의 문화를 이룰 수 있게 하는 주요 요소 중 하나인 것이다(글상자 10-1 참조).

음절문자

bar-b-q라는 철자에서 알 수 있듯이, 현대의 영어문자는 종종 음절원리를 사용한다. 표의문자와는 달리 음절문자의 각 기호는 하나의 특정한 음소적 가치를 지닌다. bar-b-q에서 두 번째 b는 /bi/라는 음소적 가치를 지니며, 만일 영어가 음절 지배적 체계라면 기호 b는 문자 체계 전반에 걸쳐 /bi/를 상징하는 데 사용될 수 있을 것이다. 표의문자적 기호는 단어를 어떻게 발음해야 하는지 알려 주지 않지만, 음절기호는 알려 준다. 한 언어에 사용되는 음절의 수는 언제나 단어나 형태소의 수보다 적기 때문에, 음절문자는 표의문자보다 더 적은 수의 기호를 사용할 것이다.

일본어는 음절문자를 사용하는 현대어이다. 사실 일본어는 표의문자기호, 음절기호, 그리고 알파벳기호를 모두 사용하는 혼합문자이다. 그러나 중국어 문자는 표의문자가 지배적인 반면에, 일본어 문자는 음절문자가 지배적이다.

일본인은 중국문자를 '차용하여' 칸지(kanji)라 불렀는데, 이 문자가 자신들의 언어와 항상 잘 들어맞지는 않는다는 것을 발견하였다. 중국어는 **비굴절어**(noninflecting language)로, 동사 및 명사의 변화에 따른 문법적 표지를 사용하지 않는다. 반면에, 일본어는 예를 들어 시제 표지를 사용하는 복잡하게 굴절되는 언어이다. 일본인은 중국어에서 나타나는 표지의 부재를 히라가나와 가타카나라는 두 가지 음절 표기법으로 극복하였는데, 각각의 표기법에는 일본어의 음절을 상징하는 46개 기본적 기호가 사용된다. 일본어의 어떤 단어라도 이 같은 기호를 사용하여 표기할 수 있다. 그럼에

비굴절어(noninflecting language) 굴절형태소가 없는 언어이다.

글상자 10-1 여성의 문자

전통적인 중국 문화는 상당히 남성 지향적이었다. 여성은 어떤 공식 교육도 받지 않았고 쓰는 법을 배우지도 않았다. 약 천 년 전, 송나라 황제의 한 첩이 자매들과 의사소통을 하기 위한 비밀 서체를 발명하였다. 이 비밀 코드가 표의음절문자에 상반되는 음성에 기초한 첫 번째 중국어 문자였다. 이 문자는 누슈라 불린다. 여기에 쓰인 단어 nu(女)와 shu(書)는 '여성의 문자'를 의미한다. 이 문자는 후난 성 장융에서 유래하고 발전하였다. 일부 누슈문자는 '남성문자'에 기초하였고 다른 문자들은 창조되었다. 이 문자는 일반적인 중국문자에 비해 더 둥그스레하고 흘림이 강했다(아래 그림 참조).

후난 성 여성의 관습 중 하나는 여성 사이에서 매우 강한 결속력이 존재했다는 것이다. 이러한 '의자매'는 결혼하여 남편이 사는 동네로 떠나면서 언젠가는 이별하기 마련이었다. 이별의 아픔을 극복하는 한 가지 방법은 일기 같은 것을 쓰는 것이었다. 결혼한 지 3일째 되는 날, 신부의 친척들이 방문하고 신부는 『삼일서』라 불리는 책을 받는데, 이 책에는 의자매들이 전하는 시와 함께 행운과 희망이 기록되어 있었다. 책의 나머지 부분은 일기장으로 사용하기 위해 공란으로 남겨졌다.

중국어학자들은 최근에 이르러서야 이 문자에 어느 정도 관심을 두기 시작하였다. 2003년에 누슈문자사전이 발행되었지만, 실존한 문자의 일부만이 수록되어 있다. 불행하게도 누슈문자를 아는 마지막 여성이 2004년에 작고하였다.

19세기 후난 성 여성의 삶과 누슈문자에 대한 소설인 리사 시(Lisa See)의 『Snow Flower and the Secret Fan』이 2005년 랜덤 하우스 출판사에서 간행되었다.

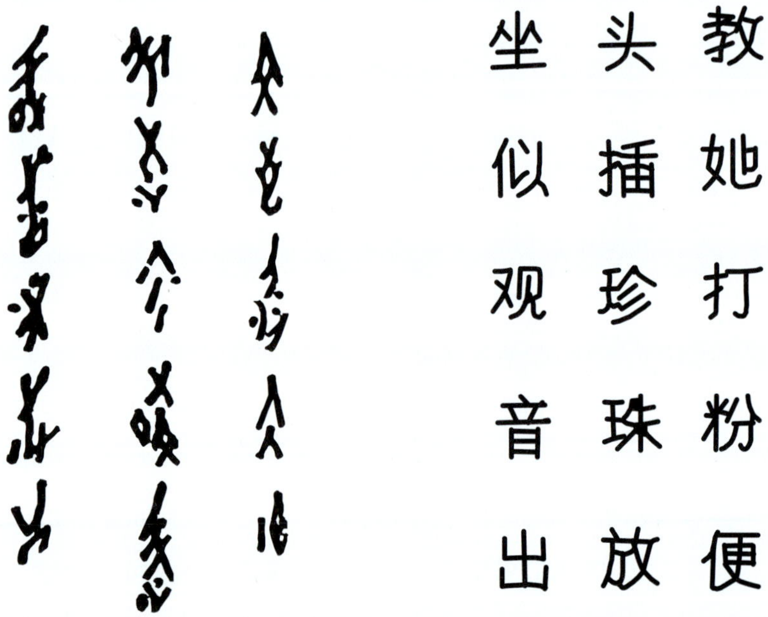

누슈문자 전통적인 중국어 문자

source : Damien EcElroy, "Race against Time to Save Ancient Chinese Language," *Scotland on Sunday,* April 7, 2002.

그림 10-3 일본어 문자의 예

도, 일본인은 약 1,850개의 표의문자적 기호를 동시에 사용한다. 이 기호들은 일부 원형형태소를 표현하거나 (영어의 to, two, too처럼 의미는 다르지만 동일하게 발음되는 단어들을 뜻하는) **동음어**(homophone)를 구별할 때 사용한다. 현대일본어는 로만지라 불리는 일부 로마자 알파벳기호를 사용하기도 한다.

동음어(homophone) 소리는 동일하지만 의미가 다른 단어들을 말한다.

일본어는 음절문자의 이상적인 언어이다. 일부 예외가 있지만, 일본어 단어는 CV(단일자음 뒤에 단일모음이 뒤따름.) 유형을 취하는 일련의 음절로 구성된다. 한 가지 예외는 일부 일본어 단어가 단일모음으로 종결될 수 있다는 것과 Pokemon [pokiman]에서 볼 수 있듯이 /n/ 소리가 단어의 끝에 생성될 수 있다는 것이다. 일반적인 일본어 유형의 예를 영어에서 찾아보면, papa(CVCV)와 macaroni(CVCVCVCV)와 같은 단어가 있다. 그러나 영어에는 다른 형태의 음절 형식도 많다. 예를 들어, crash, thought, string은 단음절 단어이다. 이 단어들은 각각 CCVC, CVC, CCCVC의 음절 구조를 가진다. 영어에 사용되는 이런 단어들과 다른 수많은 음절적 가능성은 일본어 문자에서는 별도의 음절기호를 사용하도록 할 것이다. 이런 이유로 일본어에서 사용되는 제한된 수에 비해 훨씬 많은 음절기호가 필요할 것이다. 음절문자는 일본어처럼 자음군이 별로 없는 언어에 가장 적합하다. CV 음절 순서가 지배적인 일본어 표현을 위해서는 음절문자 체계가 알파벳문자 체계보다 훨씬 축약적이고, 표의문자 체계보다는 덜 성가시다(그림 10-3 참조). 글상자 10-2는 고대에 많이 사용되던 음절문자를 어떻게 해독하는가를 다룬 내용이다.

글상자 10-2 고대 음절문자 : 선형문자 B

고대의 많은 문자가 여전히 해독되지 않고 있다. 여기에는 간단하게 선형문자 A라고 알려진 약 3,800년 전에 크레타 섬에서 사용되기 시작한 문자가 포함된다. 이 문자가 상징하는 것은 여전히 미지의 상태이다. 그리스 본토에서도 발견된 또 다른 크레타의 문자는 선형문자 B로 언급되는데, 약 3,500년 전에 사용되었다. 이 필사본은 상형문자 필사본 및 선형문자 A와 함께 고고학자 아더 에반스 경(Sir Arthur Evans, 1851~1941)에 의해 1900년에 처음 발견되었다. 에반스를 놀라게 한 사실은 1939년에 선형문자 B가 새겨진 점토판이 그리스 본토에서 발견된 것이다. 에반스는 선형문자 B가 크레타 섬에서만 사용되었다고 여겼다. 에반스가 선형문자 B에 대한 일부 중요한 사실을 발견한 것은 사실이지만, 그는 그 문자를 해독할 수 없었다. 그 후, 언어학에 관심이 있는 건축가이자 고전어학자인 마이클 벤트리스(Michael Ventris, 1922~1956)와 언어학자인 존 채드윅(John Chadwick, 1920~1998)이 이 문자를 완전히 해독하고 그 초기 결과를 1953년에 발표하였다.

에반스는 선형문자 B가 크레타 섬의 미노스 왕에 의해 사용된 고대 언어를 상징하는 것으로 확신했고, 그 언어를 미노아어라 호칭하였다. 미노아어는 그리스어와 관련이 없다. 벤트리스가 14세 때 학교의 현장답사로 미노아 문화 전시회를 방문했고, 그곳에서 에반스의 강의를 들었다. 그는 미노아 문화와 에반스의 강의에 매료되었고, 궁극적으로 채드윅의 도움에 힘입어 선형문자 B가 그리스어의 초기 형태를 상징한다는 것을 증명할 수 있었다. 표의문자가 지배적인 선형문자 A와는 달리, 선형문자 B는 음절 지배적이었으나 많은 수의 표의문자기호와 기초 십진법 숫자를 포함하고 있었다. 벤트리스와 채드윅이 선형문자 B에 대한 결정적인 업적을 발표한 직후인 1956년, 벤트리스는 교통사고로 사망했다. 벤트리스와 채드윅이 선형문자 B를 해독한 방법과 이 문자에 사용된 기호들을 보려면 아래의 자료들을 참고하여라.

Chadwick, John, *The Decipherment of Linear B*, Cambridge, MA: Cambridge University Press, 1990.

Ancient Scripts.com: www.ancientscripts.com/linearb.html

연습문제 2 : 음절문자원리와 음절문자

1. 다음 문장을 번역하여라.

a. I C Y ______________________

b. V W 4 K ______________________

c. C A B? ______________________

d. U R O K ______________________

e.  ______________________

2. 다음 단어, 구, 또는 문장을 번역하여라.

   a. NE ____________________

   b. I M MT ____________________

   c. U R KG ____________________

   d. I NV U ____________________

   e. 2 X S ____________________

   f.  ____________________

   g. 2  ____________________

   h. UR A QT ____________________

3. 음절원리는 종종 개인화된 자동차 번호판을 만드는 데 사용된다. 음절원리를 사용하여 가능한 번호판을 5개 만들어라.

번호판	**해석**
____________	____________
____________	____________
____________	____________
____________	____________
____________	____________

4. 명칭의 일부만이라도 음절원리를 사용하는 상품, 상점, 서비스 등의 이름을 열거하여라.

5. 음절문자원리와 음절원리를 사용하여 간단한 이야기를 만들거나 누군가에게 편지를 써 보아라.

6. 음절문자원리의 한계점은 무엇인가? 음절원리의 한계점은 무엇인가?

알파벳문자

문자소(graphemes) 알파벳기호를 말한다.

영어에는 26개, 러시아어에는 36개, 히브리어에는 22개의 **문자소**(graphemes)가 있다. 이상적으로는 하나의 문자가 하나의 특정한 음소를 상징한다. 말로써 생성되는 모든 소리가 알파벳으로 표현되어야 하는 실질적인 이유는 없다. 영어에서 [p]와 [pʰ]를 상징하는 다른 문자를 사용함으로써 얻고자 하는 목적은 없다. 모든 영어 화자는 음소 /p/의 이음들이 보여 주는 상보적 분포를 무의식적으로 알고 있기 때문에, pin[pʰɪn]에서의 p와 spin[spɪn]에서의 p를 상징하는 서로 다른 문자를 사용한다는 것은 비효율적일 것이다. 영어 화자의 언어 능력은 적절한 맥락에서 유기음을 사용하도록 지시할 것이다.

영어는 f, r, v, m과 같은 문자처럼 하나의 알파벳문자가 하나의 음소를 상징하는 이상적인 문자 체계에 가깝다. 이러한 알파벳문자는 대체로 하나의 음소만을 상징한다. 그러나 많은 문자가 사실 다양한 음소를 상징할 수 있다. 단어 sat, physics, sure, vision에 사용된 문자 s는 각각 음소 /s/, /z/, /š/, /ž/를 상징할 수 있다. 반대로 많은 문자와 문자의 조합은 많은 음소를 표현할 수 있다. kit, chlorine, cap, exceed, clique, tack에서와 같이 음소 /k/는 각각 k, ch, c, x, que, ck로 쓸 수 있다.

역사적인 이유로 핀란드어와 터키어 같은 일부 문자는 영어보다 이상적인 알파벳원리에 더 가깝게 접근한다. 많은 나라에서 다양한 방식의 문자 개혁이 이루어졌다. 예를 들어, 1922년 터키 정부는 아랍어 문자를 버리고 로마자 형태의 알파벳을 채택하였다. 언어학자들은 이상적인 알파벳원리에 따라 이 새로운 알파벳을 고안하였다. 그럼에도 불구하고 80년을 약간 넘는 동안 구어체 터키어의 유형에 일부 변화가 일어났고, 이러한 변화는 이상적인 '하나의 알파벳문자-하나의 음소' 문자 체계에 새로운 비일관성을 만들어 냈다.

철자 쓰기와 말

말이 알파벳문자보다 더 빠르게 변한다는 사실은 놀라운 일이 아니다. 우리가 그들에게 직접 말하는 것이 아니기 때문에 과거 사람들이 단어를 얼마나 빠르게 말했는지는 별로 중요하지 않다. 정작 문제가 되는 것은 우리 조상의 문자가 우리가 사용하는 문자와 유사하다는 것이다. 예를 들어, 만약 말하기 방식이 변하듯이 철자 쓰기가 지속적으로 변했다면, 과거의 문자는 이를 해석할 수 있도록 훈련받은 사람들을 제외하고는 아무도 해석할 수 없을 것이다. '하나의 알파벳문자-하나의 음소'원리가 비일관적이라는 사실은 부분적으로 말과 문자의 서로 다른 변화 속도에 기인한다. 대부분의 현대 영어 철자법은 대략 400년 전에 생성되었다. 말하기 방식은 이 기간에 엄청나게 많은 변화를 거듭하였고, 현대의 말하기 방식은 아마도 생성된 지 100년도 안 될 것이다.

학자들이 철자 쓰기와 말의 관계에 시간이 끼치는 영향을 배제하려 시도하였으나, 그 결과는 종종 비일관성을 확대하였다. 15세기와 16세기 초기 영어 개혁가들은 중세 영어 철자법을 성공적으로 변경하였다. 한 단어의 철자를 그에 대한 발음과 일치하도록 하기보다는, 철자와 그 단어가 파생된 원래의 언어가 일치하도록 하였다. 만일 어떤 영어 단어의 유래가 라틴어라면, 이에 대한 영어 철자법은 라틴어의 철자법과 같게 만들어질 것이다. 예를 들어, b는 발음되지 않지만 중세 영어 단어 dette는 라틴어 debitum에서 유래한 debt로 바뀌었다.

이후의 개혁가들은 철자법이 영어의 음소에 좀 더 밀접하게 일치되도록 함으로써 르네상스 시대의 어휘를 바꾸려고 하였다. 이 중 주목할 만한 시도는 시어도어 루스벨트(Theodore Roosevelt, 1858~1919)가 light나 night의 gh와 같이 발음되지 않는 철자나 철자 조합을 제거하려고 한 것이다. 고대 영어에서 음성적으로 /x/로 상징되는 이런 철자 조합은 연구개무성마찰음과 같이 발음되었지만, 대략 15세기 이후 묵음화되었다. 루스벨트 대통령은 이 단어들이 묵음 철자가 빠진 형태인 lite와 nite로 각각 철자되기를 원하였다. 의회는 대통령의 제안에 부정적으로 반응하였다. 아마도 의회는 만약 미래의 세대가 다른 방식의 철자법을 사용한다면 과거의 문자를 번역하는 데 문제가 될 것이라고 생각했을 수도 있다. 그러나 이들의 이유는 다른 데 있던 것으로 보인다. 한 문화의 문자 전통은 대체로 그 문화 전체와 아주 밀접하게 연관되어 있기 때문에, 문자를 함부로 변경한다는 것은 그 문화 자체를 변경하는 것으로 여겨졌다. 그럼에도, 시간의 흐름에 따라 묵음 gh는 문자에 반영되는 것처럼 보인다. 오늘날 lite나 brite처럼 간략화한 철자법을 사용하는 제조업자, 광고업자, 상점의 수가 점점 늘고 있다(표 10-2, 10-3 참조).

표 10-2 철자법 개혁 : Lite나 Brite로 철자화된 이름의 상품 또는 회사의 예

상품 또는 회사명	설명
Lite Diet Bread	1954년 lite를 사용한 최초의 상품으로, 이름은 더 적은 칼로리를 뜻한다.
Lite beer	1970년대 초기에 시작된 저칼로리 맥주에 lite를 사용한 최초의 회사가 Miller 사였다.
Lite-Brite	1967년에 첫 판매된 Hasbro 사의 장난감
Bite-Lite	밤 낚시를 위한 장비
Mity-Lite	상용 가구 제조업자
Myoplex Lite	다이어트 보조제
Mag-Lite	회전등의 한 유형
Rail-Lite	산업용 레일에 사용되는 경량 합성금속
Brite Computers	컴퓨터 보안회사
Brite Eyes	안약의 유형
Clean and Brite	얼룩 제거제

표 10-3 철자법 개혁 : 비전통적인 철자법이 사용된 상품이나 회사의 예

상품 또는 회사명	설명
Construx	1983년에 소개된 한 장난감
Construx software	소프트웨어 개발업체
Classic Trax	음반사(trax라는 용어는 많은 음반과 회사를 뜻하기 위해 사용)
Blinx	안약과 컴퓨터 게임의 한 유형
Ty-D-Bol	변기 청소용품
Quik	인스턴트 음료 상품
Playskool	Hasbro 사의 장난감
Luvs	기저귀
Hefty-Steel-Sak	쓰레기 봉투
Glo-Mor products	야광테이프와 야광펜
Mor-Glo	바닥 관리 상품
Freefoto.com	다양한 주제의 사진을 무료로 제공하는 웹 사이트
Fantastik	청소용품
Tinder-Quik	시화(fire-starting) 상품

영어의 철자법은 실제로 아주 나쁜가?

해가 지기 시작하는 무렵의 시간대를 night나 nite로 철자화한다고 해서 실제로 상관 있는가? 만약 알파벳원리가 좀 더 엄밀하게 지켜진다면, 아동은 더 빠르게 읽을 수 있게 되고 제2언어로 영어를 학습하는 사람은 영어 문자를 더 쉽게 습득할 것이다.

반면에, 알파벳원리가 순수하게 적용된다면 수많은 추가적 기호가 필요할 것이다. 예를 들어, mats와 zoos에서의 어말 자음은 서로 다른 음소들이다. 첫 번째 단어에서는 음소 /s/가 사용되고(/mæts/), 두 번째 단어에는 음소 /z/가 사용된다(/zuz/). 일부 철자법 개혁가들은 이런 단어나 이와 유사한 대조가 철자화되어 소리의 상이성을 보일 수 있도록 제안하였다. 그러나 이런 변화는 단지 문자 체계를 더 복잡하게 하는 결과를 초래할 것이다. 명사의 어말에 사용되는 철자 s는 하나의 문법적 변별성, 즉 복수라는 구분을 뜻할 뿐이다. 하나의 기호로 할 수 있는 것을 굳이 다른 기호들을 사용할 이유가 무엇인가? 원어민 화자가 무의식적으로 알고 있는 것은 어떤 명사는 /s/를 추가하여 복수화되고, 어떤 것은 /z/를 추가하며, 또 어떤 단어는 pauses/pɔzəz/에서와 같이 /əz/를 추가함으로써 복수화된다는 것이다. 이것은 화자가 지닌 형태음소적 능력의 일부이다. 큰소리로 읽을 때 화자는 자동으로 그 -s를 바르게 읽을 것이다. 그러나 우리는 대부분 큰소리로 읽지 않는다. mats를 mats로 철자화하거나 zoos를 zooz로 철자화한다면 접미사 -s와 -z가 같은 형태소를 가진 이음이라는 사실을 불분명하게 할 뿐 아니라 아마도 읽는 속도를 늦출 것이다.

일부 문자소-음소 불일치는 사실 상당한 가치가 있다. 과거와의 연계성 상실이라는 점을 제외하면, 실용적인 관점에서 nite나 lite로 표기하는 철자법을 반대할 이유를 찾기 어렵다. 그렇다고 해서 모든 gh 조합 묶음이 영어 문자 체계에서 사라져야 하는가? might를 mite로 써야 하는가? 이런 식으로 철자법을 바꾸는 것은 문제가 된다. mite로 표기된 단어는 이미 작은 진드기, 작은 대상이나 적은 금액의 금전, 곡류의 스무 번째 부분 등 많은 의미를 지니고 있다. might와 mite는 동음어로서 같은 소리가 나지만, 의미와 철자가 다르다. 철자 구분은 아래와 같은 동음어에서 나타나듯이 어느 정도 표의문자적이다.

might/mite
to/too/two
their/there/they're
heir/air

맥락과 상관없이 서로 다르게 철자화한 단어들은 어떻게 발음되는가를 알려 주는 것이 아니라 그 단어의 의미를 직접적으로 지시한다. 이미 언급했듯이 일본어 음절 쓰기는 동음어 사이를 구분하기 위하여 중국어 표의문자를 사용한다. 이와 유사한 방식으로 two라는 단어를 보면 그것이 also가 아닌 숫자 2를 뜻함을 자동으로 알게 된다. 말하기에서 동음어의 의미는 전적으로 맥락에 기초하여 추출되어야 한다. 그뿐만 아니라 동음어에 대한 서로 다른 철자법은 문법적 기능을 나타낼 수도 있다. 동음어인 passed/past에서 -ed는 passed가 동사임을 바로 나타낸다.

영어 문자에는 오로지 맥락을 통해서만 구별할 수 있는 단어들이 있다. mite의 다양한 의미는 이러한 예의 하나이다. 의미가 다르지만 철자가 같은 단어들을 **동형이의어**(homograph)라고 부른다. 만약 동형이의어가 똑같이 발음된다면 동음어와 같이 **동음이의어**(homonym)라고 부르며, 아래의 경우처럼 발음이 같지 않다면 **동형이음어**(heteronym)라고 한다.

동형이의어(homograph) 철자는 같고 의미가 다른 어휘들을 말한다.
동음이의어(homonym) homophone과 homograph를 말한다.
동형이음어(heteronym) 동일하게 발음되지 않는 동형이의어들을 말한다.

lead(안내하다) / lead(금속의 한 종류)

bow(활) / bow(배의 일부분)

동형이의어는 동음이의어의 표의문자적 특성이 없다.

말에 끼친 문자의 영향

이상적인 알파벳원리로 접근하면 문자는 발음에 대하여 보수적인 영향을 끼친다. 만약 '한 음소-한 문자소' 일치가 존재한다면, 한 단어를 읽는 모든 사람이 표준방식으로 발음하기를 기대할 수 있다. 사실 철자된 단어가 한 단어의 전통적인 발음을 변경시킬 수 있다. 예를 들어, often에서 t는 한때 절대로 발음되지 않았다. 그것은 sigh에서의 g와 같이 묵음이었다. 그러나 오늘날 많은 사람이 이 단어를 /ɔftən/과 같이 발음한다. 문자 형태에서의 t의 존재가 발음에 영향을 끼친 것이다. 이런 현상을 **철자발음**(spelling pronunciation)이라고 부른다.

철자발음(spelling pronunciation) 한 어휘가 발음이 원래의 것이 아니거나 의도된 발음이 아니더라도 철자되는 대로 발음되는 것을 말한다. 이러한 현상은 종종 해당 언어에 도입된 외국어 차용어에서 발생한다.

철자발음은 종종 한 언어에 차용되는 외국어 단어에 대해 나타난다. 독일어 단어인 Neanderthal에서의 마지막 음절은 독일어에서 /tal/과 같이 발음된다. 독일 사람이 이 단어를 발음하는 것을 듣지 못한 영어 화자는 통상적으로 마지막 음절을 /θal/과 같이 발음한다. 이런 발음은 th로 써진 영어 단어의 통상적인 두 가지 발음 중 하나를 따른다. /ð/는 th의 또 다른 발음이다. 독일어 철자법 개혁으로 묵음 h는 그들의 철자체계에서 제거되었다. 이 단어는 현재 독일에서 Neandertal로 철자된다. 비록 일부 미국인은 이 새로운 철자법을 따르지만, 대부분의 미국인 화자는 아직도 마지막 음절을 /θal/과 같이 발음한다.

문자는 축약을 통해서 발음에 영향을 끼치기도 한다. 만약 음절적으로 발음되는 알파벳기호가 없다면, FBI, CPR, NBA 등과 같은 형태는 존재하지 않을 것이다. FBI와 같은 두문자에서 각각의 문자는 문자로서 발음된다. 축약의 또 다른 유형은 단어를 영어의 음운론적 체계에 따라 발음되도록 이끈다. 북대서양조약기구(North Atlantic

글상자 10-3 Aphableitc Sepllnig와 Wrod Rneogticotin

이 글상자의 제목에 쓰인 것처럼 이 책의 저자들이 철자법을 모르는 것은 아니다. 2003년 9월, 아래의 익명으로 된 광고가 인터넷에 삽시간에 퍼졌다.

Aoccdrnig to a rscheearch at Cmabrigde Uinervtisy, it deosn't mttaer in waht oredr the ltteers in a wrod are, the olny iprmoetnt tihng is taht the frist and lsat ltteer be at the rghit pclae. The rset can be a toatl mses and you can sitll raed it wouthit porbelm. Tihs is bcuseae the huamn mnid deos not raed ervey lteter by istlef, but the wrod as a wlohe.

이 글은 표준 철자법으로는 다음과 같다.

According to a researcher [sic] at Cambridge University, it doesn't matter in what order the letters in a word are, the only important thing is that the first and last letter be at the right place. The rest can be a total mess and you can still read it without problem. This is because the human mind does not read every letter by itself but the word as a whole.

이 책의 저자들은 인터넷 또는 다른 대중매체나 개별 자료에 있는 정보가 글이나 말로 되어 있다는 이유만으로 모든 내용이 정확하다고 볼 수는 없다고 학생들에게 말한다. 표면상으로 위에 제시된 예문은 그럴듯하게 보인다. 그리고 독자는 발음되어 나오는 소리가 아닌 단어의 모양으로 인식하기에 문자는 일종의 표의문자라는 견해를 지지하는 것처럼 보인다. 결론적으로 대부분의 사람은 위의 뒤죽박죽된 단어들을 읽을 수 있다. 그러나 이러한 표기(바이러스처럼 퍼질 수 있는 문화적 발명)는 사실 농담이다. 진실인 부분도 있지만, 이는 언어학자들이 알고 있는 인간의 사고가 단어를 인식하는 방식을 단순화한 것이다.

케임브리지대학교 인지두뇌학부의 언어학자인 맷 데이비스(Matt Davis)는 다음과 같이 지적한다.

- 케임브리지대학교의 누구도 이와 같은 정보와 관련 없다.
- 뒤죽박죽된 문자 일부는 salt와 slat에서 볼 수 있듯이 대안적으로 가능한 의미를 가질 수 있다. 앞에 사용된 단어들은 한 가지 이상의 실제 단어가 될 수 없다.
- 2개나 3개의 문자를 사용하는 짧은 단어들은 뒤섞이지 않는다.
- the와 and 기능어는 짧아지려는 경향이 있고 뒤섞이지 않는다. 이것은 글 의미의 맥락을 설정하는 데 도움을 주고, 문장을 더 읽기 쉽게 하여 문장의 문법적 구조를 보존하는 것을 도와준다.
- 뒤섞인 예문의 두 번째 문장에 있는 15개의 단어 중 8개의 단어는 뒤섞이지 않았다.
- 단어들이 임의로 뒤섞인 것은 아니다. 뒤섞인 문자의 대부분은 원래의 위치와 가깝게 뒤섞여 있다. 예를 들어, 여기에 사용된 제목 중 alphabetic(aphableitc)은 recognition(rneogticotin)보다 읽기 쉬울 것이다. 첫 번째의 경우 정규 철자법에서 나란히 놓이는 문자들이 서로 가깝게 붙어 있지만, 두 번째는 원래 붙어있는 문자들이 더 멀리 떨어져 있다.
- total을 (ttaol이 아닌) toalt로 표기한 것처럼, 일부 뒤섞인 단어들은 그 단어가 발음되는 방식을 보존하기 위해 가깝게 놓여 있다.
- 예문은 어느 정도 예측할 수 있다. 단어와 그 단어에 뒤따르는 일부 단어를 맥락을 통해 추측할 수 있다.

비록 뒤범벅된 메시지에서 제시된 주장이 조작된 환경하에서 부분적으로 사실이라고 하더라도, 읽기의 정신적 처리 과정은 훨씬 더 복잡하다. 데이비스는 사람들이 비록 단어에서 각각의 철자를 통상적으로 읽지 않는다고 하더라도, 정확한 단어 모양이 그 단어를 해석하기 쉽게 하는 정보를 제공한다고 지적한다. 예를 들어, 단어 eXPeRiMeNTiNG이 이런 식으로 철자화되면, 이 단어를 읽는 속도를 늦춘다.

데이비스는 여기에 소개된 논점을 논하고 다른 언어로 된 뒤섞인 글에 대한 예시를 제공하며 읽기의 처리 과정에 대한 서적 정보를 http://www.mrc-cbu.cam.ac.uk/people/matt.davis/cmabridge에서 제공한다.

Treaty Organization)를 각 단어의 첫 문자를 사용해 NATO를 만든 것처럼 만들어지는 두문자어가 이 유형이다(제4장 참조). 이런 단어는 각 문자의 이름을 그대로 발음하여 /ɛn+e+ti+o/라고 하지 않고, 마치 하나의 단어처럼 /neto/라고 발음한다.

문자와 말 : 추가 고려사항

문자 체계가 구어 체계보다 좀 더 보수적이라는 것은 이미 언급하였다. 이 점은 이해할 만하다. 우리는 구어적 환경에서 비공식적으로 말을 습득한다. '정확성'이라는 규범적 규칙을 염려하는 부모와 교사는 공식적으로 글쓰기를 가르친다. 말할 때는 문장을 전치사로 끝내거나 수식어를 생략해도 교정받지 않는다. 그러나 글쓰기에서는 철자나 문법의 모든 사소한 오류를 교정받는다. 결과적으로 사람은 말할 때보다 글을 쓸 때 좀 더 공식적이고 신중해지는 경향을 보인다. 구어 소통보다는 문자 소통을 준비하는 시간이 대체로 길다. 글을 쓸 때는 어떤 특정한 기준에 준하도록 편집할 수 있다. 오늘날 철자와 문법은 컴퓨터 문서 작성 프로그램을 통해서 검사할 수도 있다. 게다가 글은 급속히 사라지는 것이 아니기 때문에, 과거에 말하던 방식이 현재 발음에 영향을 끼치는 것보다 과거에 작성된 글이 현재의 글쓰기 방식에 끼치는 영향이 더 크다. 부분적으로나마 이러한 이유 때문에 발음에서의 변화는 종종 문자에 반영되지 않는다.

문자가 말과 다른 또 다른 점은 말의 초분절적 양상을 문자로써 완벽하게 표현하지 못하는 것이다. 음성학을 다룬 제2장에서 지속시간의 개념을 논의하였다. 예를 들어, 아래와 같은 문장을 작성할 수 있다.

When is he coming to your house?

그러나 원어민 화자는 각 단어 사이에 휴지를 두지 않는다. 아마도 아래처럼 말할 것이다.

[wɛnzikʌmn̩ + təyrhaws↑]?

구두점(위 문장에서의 의문부호와 같은 것)과 대문자화는 억양과 리듬을 나타내는데 도움을 준다. 그러나 이런 것들은 그 문장이 어떻게 발음되는지를 완전하고 정확하게 나타내지 않는다. 아래의 문장을 보라.

The urge to communicate by means other than speech has been apparent in the archaeological record for at least 32,000 years.

이런 구어체 형태의 문장에서는 보통 communicate와 speech 다음에 휴지가 있을 것이다. 그러나 휴지를 알리는 구두점은 없다. 이 문장의 문어적 형태의 구두점은 구어적 형태를 정확하게 반영하지 않는다. 반면에, 구두점은 이것이 사용되지 않았다면 중의적이 될 수 있는 사항을 명확하게 할 수 있다. 다음에 제시된 두 문장의 구분을 구어적으로 나타내려면 맥락을 통해야만 가능할 것이다. 그러나 문어적으로는 완벽하게 분명하다.

Your son's grades are not what they should be.
Your sons' grades are not what they should be.

아포스트로피의 위치가 구어적 발화의 두 가지 가능한 의미를 명확히 해 준다.

구어적 형태와 문어적 형태에는 각각 고유한 잠재성과 제약성이 있다. 문어의 장점 중 하나는 복잡한 글을 필요한 만큼 다시 읽을 수 있다는 것이다. 이러한 이유로 문어적 형태는 종종 구어적 형태보다 통사적으로 더 복잡하다. 영어 원어민 화자는 아래와 같은 문장을 거의 말하지 않을 것이다.

The car that my brother who is in the oil business bought is a gas-guzzler.

만약 이런 문장을 들으면, 비문법적이고 혼란스럽게 들릴 것이다. 그러나 이 문장은 비록 문체적으로는 나쁘겠지만 이해할 만하다. 처음 읽고 올바로 해독하지 못하더라도, 다시 읽을 수 있다.

문자와 말은 연관되어 있지만 서로 다른 체계이다. 비록 별도의 형태소를 구분하지는 않더라도 문자는 구어에 사용되는 단어를 표현한다. 음절문자와 알파벳문자는 비록 한 소리-한 기호에 기반을 두지 않더라도 구어의 소리 체계를 표현한다. 그리고 구두점과 대문자화는 통사적 구조를 표시한다. 그럼에도, 이것은 구어적 발화의 통사적 구조와는 다른 방식으로 이루어진다. 이러한 이유로 '좋은' 말투와 '좋은' 문체는 서로 다른 규범적 규칙에 의해 결정된다.

대부분의 언어학자는 문자가 말에 이차적이라고 생각한다. 역사적으로 말은 문자보다 훨씬 오래되었다. 비록 정확한 기원은 논란의 여지가 있지만, 인간은 수십만 년 전부터 말을 하였다. 더 정확하게는 40,000년 전이다. 문자를 사용한 지는 단지 5,100년이 되었을 뿐이다. 이제 문자의 역사에 대해 간략하게 살펴보자.

연습문제 3 : 알파벳원리와 철자

1. 음절문자원리와 음절 체계를 사용하여 다섯 문장으로 된 글을 쓴 다음, 똑같은 것을 알파벳문자로 작성하여라. 어떤 방법이 더 효과적인가? 이유는?

2. 페니키아인은 알파벳원리를 광범위하게 사용한 최초의 사람이었다. 그들은 이런 원리를 더 발전시킨 그리스인에게 이 원리를 소개하였다. 페니키아 알파벳은 모음에 대한 기호가 없으며, 19개의 자음기호가 있다. 모음소리는 맥락에 의해 만들어진다. 다음 영어 문장들은 모음이 없이 작성되었다. 무슨 뜻인지 알 수 있는가?

   a. Ths s clssrm.

   b. Wnt rlly gd grds? Thn d yr hmwrk.

   c. Thy strtd slw, bt pckd p spd.

   d. Nglsh pprchs th dl f n grphm fr n phnm wth sch lttrs s f, r, v, nd m.

3. 표 10-3은 광고업자들이 전통적인 철자법을 어떻게 변경시켜 왔는지 보여 주는 예이다. 직접 관찰한 이런 현상의 예를 추가하여라.

4. 다음 문장들을 통해서 표현되는 문제점은 무엇인가?

   a. The school had a great principle.

   b. He was arrested for disturbing the piece.

   c. The movie cost to dollars.

문자의 역사

인간 문화의 모든 것이 그러하듯이 알파벳문자 체계는 이전 시대의 발전 결과물이다. 이번 절에서 문자의 유래와 발전을 설명하는 일부 견해를 살펴볼 것이다.

비문자적 시각 소통

인간이 언어가 아닌 다른 수단으로 의사소통하려 했다는 사실은 적어도 32,000년 전의 고고학적 기록에서 분명히 드러난다. 유럽에서는 대략 이 시기에 고대 예술가들이 옥석에 여성이나 불완전한 동물 형상을 그렸다. 또 비슷한 시기에 프랑스의 그로토 쇼베와 라스코동굴과 같은 장소에는 예술가들이 명암과 색을 아름답게 칠하고 검은색 윤곽으로 커다란 들소 그림을 그렸다(그림 10-4). 그림은 유럽의 다른 지역에서도 발견되었고, 남북아메리카, 아프리카, 오스트레일리아에서도 발견되었다.

의사소통을 위해 그려지거나 색칠된 이미지는 **서술 표현적**(descriptive-representative)이며, 이 이미지는 이야기를 말한다. 현대의 많은 도로 표지는 비슷한 역할을 한다. 추락하는 바위를 보여 주는 표시는 이 길에 위험성이 있다는 가능성을 말한다(그림 10-5 (1)). 서구 문화에 노출된 많은 사람은 사용하는 언어와 상관없이 이런 표지를

서술 표현적(descriptive-representative) 묘사한 내용이 그것이 기술하는 사물과 닮아 보이는 관계가 있는 것을 말한다.

그림 10-4 동굴 예술(프랑스 라스코)

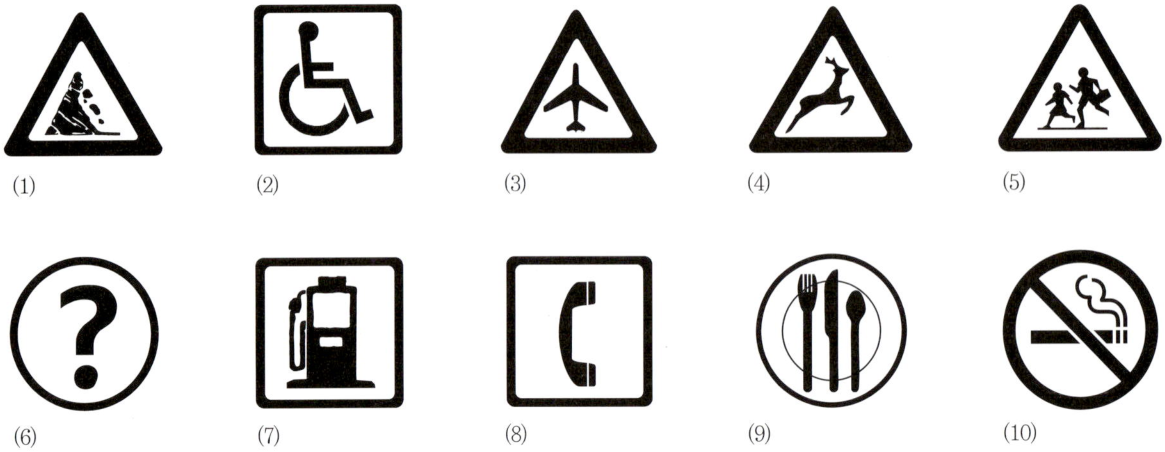

그림 10-5 현대의 그림문자

해석한다. 도로 표지나 많은 동굴 그림은 표현하려는 대상과 직접적인 도상적 관계가 있다.

어떤 시각적 표상은 이야기를 하지 않는다. 이 시각적 장치는 보는 사람이 특정한 사람이나 사건, 노래, 전설, 단서를 확인하거나 기억하도록 하고, 계산을 하기 위해 사용된다. 이런 장치들은 **확인 · 기억**(identifying-mnemonic)이라고 부른다. 동굴 벽에 손으로 형판을 만든 것은 서명 역할을 하는 그림문자적 확인 · 기억 이미지였을 것이다. 로빈슨 크루소의 사선 표시로 된 경과일 표시는 그 섬에서 그의 체류기간을 기억하기 위해 확인 · 기억장치를 사용한 것이었다. 많은 확인 · 기억장치는 도상적이 아니

확인 · 기억 표상(identifying-mnemonic representation) 계산하는 데 도움이 되거나 응시자로 하여금 특정한 사람, 사건, 노래, 이야기 등을 기억하거나 식별하는 데 도움이 되는 시각기호를 말한다.

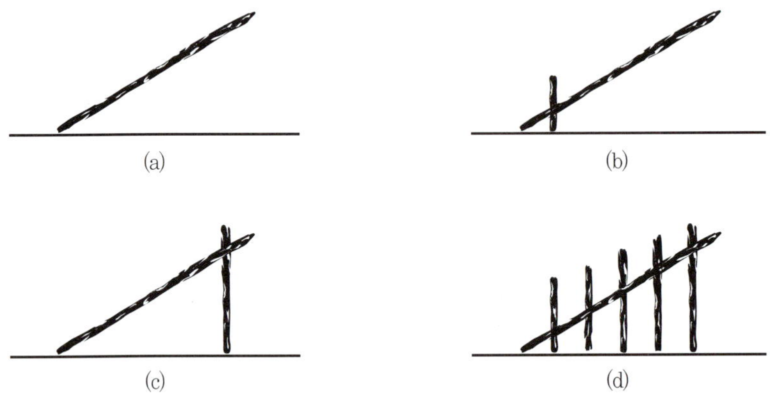

그림 10-6 아브나키 막대

a. 이 막대는 어떤 장소에 도착하기 위한 방향을 나타낸다.
b. 짧게 수직으로 세운 막대는 목적지가 가까이 있음을 나타낸다.
c. 길게 수직으로 세운 막대는 먼 거리를 나타낸다.
d. 수직으로 세운 막대들은 특정 목표지까지 가는 데 걸리는 날짜를 나타낸다.

그림 10-7 1430~1532년경 페루의 키푸

다. 예를 들어, 미국 북동부 원주민의 한 종족인 아브나키인은 그림 10-6에 나온 방법처럼 땅에 막대기를 놓음으로써 여행의 방향, 거리, 예상되는 기간을 표현하였다. 페루의 잉카 원주민은 여러 가지 기억장치를 사용했는데, 가장 정확한 것은 키푸(quipu)였다. 그것은 매듭지어진 색줄을 모은 것이었다. 비록 키푸의 정확한 특성과 용도는 논란거리이지만, 계산이나 기록 보존을 위해 사용했다는 설이 가장 타당해 보인다(그림 10-7). 또 다른 사람들은 계산을 하기 위해서 조약돌이나 다른 물체를 사용하였다.

이러한 서술 표현적 또는 확인 · 기억적 방법은 문자가 아니다. 즉 그림 이야기, 막대기, 줄, 조약돌은 언어적 구조(소리 또는 형태소)를 표현하지 않는다. 이것들은 단순히 정보를 제공하거나 계산을 하기 위해 사용된 시각적 장치이다.

문자의 기원과 발전에 대한 두 가지 관점

여기 소개된 방법이나 그와 유사한 시각적 표현 중 직접적으로 문자를 발전시킨 것이 있는가? 잉카의 키푸와 아브나키 족의 막대는 너무 전문화되었고 문자와는 거리가 멀어서, 문자의 발명을 가져온 자극제라고는 할 수 없다. 그럼에도, 대부분의 언어학자와 역사학자는 확인·기억범주의 좀 더 일반적인 표현 형태가 문자를 태동시켰다고 믿는다. 서술 표현적 표현법들은 예술적인 전통과 밀접하게 연관되어 있으므로 문자의 태동을 직접적으로 이끌었다고 생각하지 않는다.

많은 학자는 초기의 시각적 표시와 문자 사이의 직접적인 관련성을 부정한다. 이들은 문자의 탄생과 관련하여 구체적인 것에서 추상적인 것으로의 발전 대신에, 문자가 그 뿌리를 추상적인 기호에 두고 있었다고 믿는다. 가장 초기의 동굴 그림이 나타난 시기 이래로 사람들은 점, 선 및 다양한 추상적 표시를 그림 위나 주변에 표시하였다. 또한 이런 표시들은 뼈나 다른 물체 위에도 새겼다. 일부 학자는 이런 추상적 표시들이 문자의 뿌리이고, 아마도 달력 및 수학의 기원일 것이라 생각한다.[1)]

데니스 슈만트-베세라트(Denis Schmandt-Besserat)는 이런 생각을 옹호한다.[2)] 짧게는 9,000년 정도 거슬러 올라가는, 근동에서 발견된 자료들이 그녀의 의견을 뒷받침한다. 그녀는 수천 개에 이르는 다양한 추상적 표시가 담긴 이 시기의 구체, 원반체, 원추 모양의 물건을 조사하였다. 점토로 된 토큰 중 일부는 동물이나 물건을 표현한 것처럼 보인다(그림 10-8 참조). 이는 문자보다 많게는 5,000년 앞선 것이고 농산물, 가축, 원료 및 제조품들을 측정하는 데 사용한 것으로 추정된다. 이런 물건들은 기억장치이다. 약 5,200년 전, 둥근 모양의 '점토 봉투'가 이 토큰을 담기 위해 고안되었다

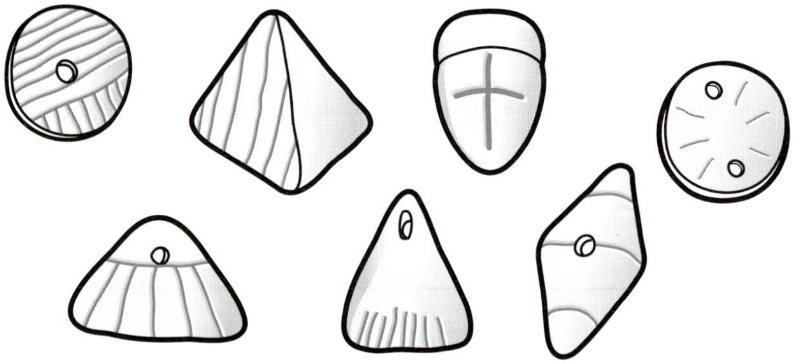

그림 10-8 점토 토큰

1) Marshack, "Upper Paleolithic Notation and Symbol," *Science* 178 (November 24, 1972), 817-828; and A. Marshack, *The Roots of Civilization* (New York: McGraw-Hill, 1972).

2) Denise Schmandt-Besserat, *When Writing Came About* (Austin: University of Texas Press, 1996).

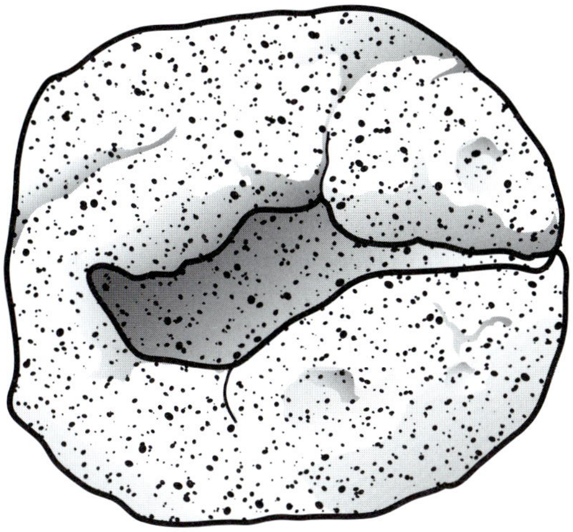

그림 10-9 점토 봉투

(그림 10-9 참조).

수송품을 받은 사람은 봉투를 열어 동봉된 토큰을 셀 수 있었다. 만약 10개의 양 토큰과 5개의 암소 토큰이 있다면, 이는 수송품에 포함된 동물의 예상 수이다. 이후에는 이 토큰들이 봉투 안에 봉해지기 전에 봉투의 바깥 면에 각인되었다. 이는 봉투를 열기 전에 내용물을 확인할 수 있도록 하였다. 표시물이 토큰으로 대체되었듯이 이런 단순한 변화는 문자의 발명을 가져왔으며, 궁극적으로 추상적 기호를 표시한 판이 움푹 파인 봉투를 대체하였다. 초기 수메르어 문자나 이집트의 상형문자와 같은 더 상징적인 기호가 문자라는 일반적 개념이 생긴 후에 나타났다.

이러한 시나리오를 뒷받침하는 강력한 증거가 있다. 우루크의 수메르에서 발견된 약 5,100년 정도 된 최초의 점토판은 평면이 아니다. 이 점토판들은 원형 점토 봉투를 떠오르게 하는 볼록한 모양이다. 또한 다양한 우루크 판 위에 새겨진 1,500개의 기호 대부분은 현실적인 표상이 아니라 추상적인 표의문자이다(그림 10-10 참조).

문자의 역사에 대한 개요

문자의 궁극적인 기원이 현실적인 그림이거나 추상적 기호이거나 또는 두 가지 모두이건 간에, 확실한 사실은 5,100년 전 수메르에서 문자가 사용되었다는 것이다. 최초의 문자에는 표의문자와 더불어 음절기호와 자음기호가 포함되어 있었다. 표의음성적 체계로부터 음절적 기호를 사용하여 모든, 또는 대부분의 정보를 전달하는 문자 체계가 발전하였다. 예를 들어, 기원전 2,000년 중반 초기에 우가리타인, 페니키아인, 히브리인 등의 셈 족이 이집트어 표의음성문자를 다양한 음절문자로 발전시켰다. 일

구체적 그림에서 추상적 기호로의 문자 발달
그림문자 기호와 지시 사이의 직접적(비자의적) 관계 ↓ **표의문자** 기호가 형태소나 단어를 표현 ↓ **음절문자화** 기호가 음—처음에는 음절, 다음에는 개별 음—을 표현

추상적 기원과 문자의 발달
추상적 표시 동굴 벽, 뼈나 기타 물건의 표면 위에 구체적인 대상(동물, 물건, 시간 단위 등)을 나타내기 위하여 표시 ↓ **점토 토큰** 몇 가지의 추상적 기호를 표시한 토큰 ↓ **평판** 선형적 순서로 배열한 추상적 기호 ↓ **실제적인 일부 기호** 일부 기호가 특정 개념과 행위를 나타내기 위하여 그림으로 표현 ↓ **음절문자화** 기호가 음—처음에는 음절, 다음에는 개별 음—으로 표현

그림 10-10 문자의 유래와 발전에 대한 두 가지 관점

북셈어 음절문자(Northern Semitic syllabary) 셈 족에 의해 초기의 표의 음성 체계로부터 개발된 음절문자이다.

부 언어학자는 이 체계를 **북셈어 음절문자**(Northern Semitic syllabary)라고 부른다.

그리스인들은 최초의 완전한 알파벳문자를 고안하였다. 사실 '알파벳'이라는 단어는 그리스 알파벳의 처음 두 문자인 alpha와 beta로부터 파생되었다. 그리스인들은 기본적으로는 음절적이지만 개별적 자음을 나타내는 기호를 허용했던 페니키아문자를 차용하여 채택하였다. 모음이 자체의 기호를 통해 지시되지 않았으므로, 페니키아 문자는 완전히 알파벳을 사용한 것은 아니었다. 그리스인들은 모음 표시를 위해 일부 페니키아 자음을 사용하고 그리스어 자음 표시를 위해 다른 음절기호들을 축소하였다. 따라서 최초의 그리스어 기호는 자음이거나 모음인 단일소리만을 표시하였고, 소리의 결합은 표현하지 않았다. 그리스 알파벳은 널리 퍼졌고, 서구 형태는 이 책에

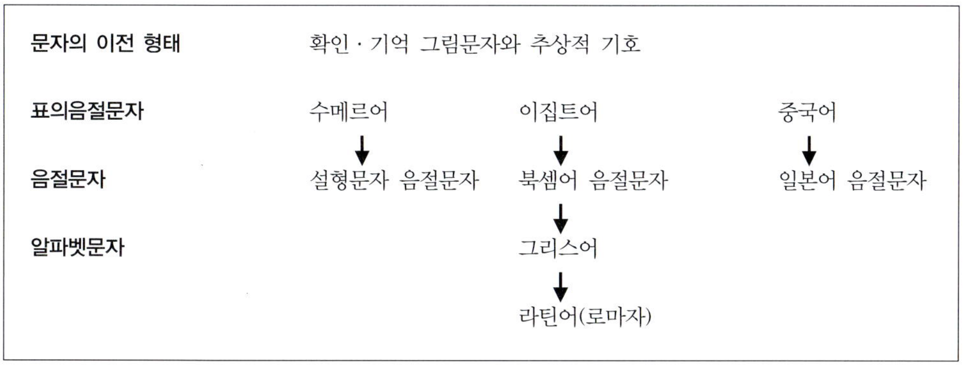

그림 10-11 세계에서 사용되던 일부 고대 문자 체계와 현대 문자 체계의 관계

쓰인 로마 알파벳 형태로 발전하였다(그림 10-11과 고대 및 현대 문자 체계 개관을 다룬 다음 절 참조).

구대륙의 문자가 한 번에 발명되었는지 아니면 여러 번에 걸쳐서 발명되었는지는 논의되어야 할 문제이다. 일부 학자는 8개 표의음절문자의 기원이 모두 독립적이라고 주장한다(그림 10-11은 이 중 세 가지를 포함). 다른 학자들은 단일 기원을 주장한다. 이들은 진정한 문자가 서구 세계 어디에선가 개발되었고, 이후 직 · 간접적 접촉을 통해 다른 지역으로 **확산**(diffusing)되었다고 본다. 초기 문자의 형태는 서로 아주 많이 다르다고 간주되는데, 그 이유는 대부분 그러한 문자의 실제 형태가 아닌 그 개념만이 확산되었기 때문이다. 이런 유형의 확산은 **자극 확산**(stimulus diffusion)이라 불린다. 콜럼버스가 미 대륙을 발견하기 이전의 신대륙 문자는 구대륙 문자와는 독립적으로 고안되었다.

확산(diffusing) 문화 현상이나 사물이 하나의 지리적 위치에서 다른 곳으로 퍼져나가는 과정을 말한다.

자극 확산(stimulus diffusion) 실제적인 문화적 항목은 아니지만 그것의 개념이 한 지역에서 다른 지역으로 확산되는 과정을 말한다.

고대 문자와 현대 문자의 개관

설형문자는 쐐기 모양의 철필을 사용하여 부드러운 점토에 눌러서 만들었다. 이 문자는 대략 5,000년 전에 개발되었고 수메르인, 바빌로니아인, 아시리아인, 우라샨인, 히타이트인, 엘람인, 페르시아인, 시리아인 등이 사용하였다.

많은 쐐기기호는 초기의 수메르어 상형문자를 회전하여 만들었는데, 이후 일련의 선형적 필법으로 바뀌었다. 설형문자는 수평으로 쓰였고 표의음절적이었다(그림 10-12 참조).

상형문자는 '신성한 조각'을 의미한다. 이 명칭은 성직자들이 상형문자를 사용했다는 사실에서 유래하였다. 비록 '상형문자'라는 단어가 이집트와 관련이 있다고 하더라도, 비슷한 기호 체계가 근동아시아, 인도, 중앙아메리카의 다른 지역에서도 사용되

그림 10-12 수메르의 문자와 설형문자

었다. 이집트 상형문자는 단순화한 두 가지 변형이 발전하였다. 민중문자 형태는 점토 위에 신속하게 쓰기 위해 사용되었고, 성직자용 신관서체는 공식적인 글에 사용되었다. 이집트 상형문자는 기본적으로 표의음절문자였지만, 일부 자음기호를 가지고 있었다. 페니키아인이 이집트 상형문자의 음절과 알파벳 측면 모두를 발전시켰지만, 알파벳원리를 완성시키지는 못하였다. 이 과제는 그리스인에게 남겨졌다(그림 10-13 참조).

중국어 문자는 중국어, 일본어, 한국어 글에 사용된다. 중국어 문자는 약 4,000년간 오직 약간의 변화만 있은 채 계속 사용되어 왔다. 이런 사실은 중국문자가 오늘날

이집트 상형문자								
상형문자					신관문자			민중문자

2900~2800 BCE	2700~2600 BCE	2000~1800 BCE	약 1500 BCE	500~100 BCE	약 1900 BCE	약 1300 BCE	약 200 BCE	400~100 BCE

그림 10-13 이집트 상형문자

중국어 문자					
人	狗	猫	山	水	大
사람	개	고양이	산	물	크다

그림 10-14 중국어 문자

사용되는 가장 오래된 문자임을 보여 준다. 중국어를 표현하기 위해 사용되는 중국어 문자는 표의음절문자이다(그림 10-14 참조).

일본어는 다른 문제 체계들로 표현된다. 그중 하나는 로마지이다. 로마지는 로마자 형태의 글자로, 상표나 광고에 사용되는데 주로 외국인의 편의를 위해 사용된다. 두 번째 문자 유형은 카나(kana)로 불리는데 전통적인 중국어 기호보다는 단순한 기호들을 채택한다. 카나에는 두 가지 유형이 있는데 하나는 히라가나라고 부르고, 다른 하나는 가타카나라고 부른다(그림 10-15 참조). 히라가나는 약간 더 각이 진 가타카나보다는 좀 더 구부러져 있다. 카나의 두 가지 유형 모두 음절을 표현하는 데 사용되며, 약간의 예외가 있다. 세 번째 문자 체계는 칸지(kanji, 漢子)라 부르는데, 중국어 유형의 표의문자로 만들어졌다. 이 문자 체계들의 또 다른 기능과 이것이 일본어 문자 체계에 어떻게 '혼합'되었는가에 대한 논의는 http://home.vicnet.net.au/~zideas/writjap.htm을 참조하여라.

가타카나(카나의 한 유형)					
이 문자는 음절적이며, 중국 문자에서 개발된 것으로 일본에서 사용한다.					
セ se	サ sa	ケ ke	キ ki	ホ fo	ヒ fi
ソ so	シ ši	コ ko	ク ku	マ ma	フ fu
タ ta	ス su			ミ mi	

그림 10-15 가타카나

세쿼이아

체로키문자는 음절적이다. 이 문자는 세쿼이아(Sequoia, 1770~1843)라는 테네시 출신의 미국 원주민에 의해 1821년경에 창안되었다. 체로키 음절문자표에 사용되는 많은 기호는 라틴문자에서 유래하였다. 이것은 하나의 개념이 한 문화에서 다른 문화로 전파되고 이후 개념을 받아들이는 문화의 필요와 관습에 따라 채택되는 과정인 자극 확산의 좋은 예이다. 자극 확산 또한 고대 문자의 확산 요인이 될 수 있다. 비록 일부 학자가 7개 고대 표의음절문자 모두 또는 대부분이 독립적으로 유래했다고 보지만, 또 다른 학자들은 이 체계 모두가 수메르어에서부터 발전된 것이라 본다. 이러한 발전은 대부분 직접적 차용에 반대되는 자극 확산에 기인하는 것이다(그림 10-16 참조).

가장 초기의 신대륙 문자는 지금으로부터 대략 2,600년 전에 나타났다. 이것이 멕시코 남서부의 올멕문자이다. 올멕문자는 카스카할 블록이라 불리는 판석 위에 새겨졌으며, 28개의 기호가 있다. 다른 신대륙 문자는 멕시코 남부에서 온두라스에 이르는 마야, 멕시코 중부의 아즈텍, 멕시코 남서부의 미스텍 사이에서 발전하였다. 신대륙 문자는 고대 세계 문자와는 독립적으로 창안된 것으로 보인다. 비록 우리가 이러한 기호를 문자라고 부르지만, 이 기호들은 완전한 표의음절문자로 발전하지 못한 것으로 보인다. 신대륙 문자는 아직 어느 것도 완전히 해독되지 못하였다(그림 10-17 참조).

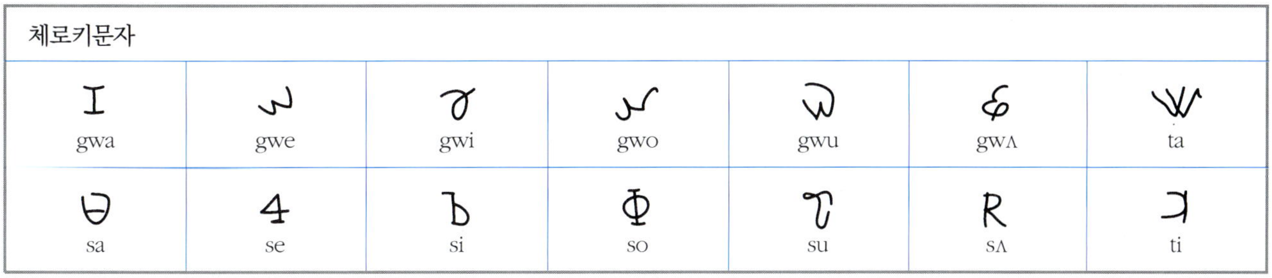

그림 10-16 체로키문자

그림 10-17 라틴아메리카의 상형문자 : 마야의 월력

source : Hans Jensen, *Sign, Symbol, and Script* (New York: G. P. Putnam, 1969); and Joyce Marcus, "Zapotec Writing," *Scientific American* 242 (February 1980), 50-64.

아랍어 문자는 1,600년 전 북셈어의 음절문자로부터 발전하였다. 이 문자는 알파벳적이다. 아랍문자의 한 가지 특성은 같은 문자가 여러 가지 형태를 가진다는 점이다. 글자의 형태는 그것이 단어에서 나타나는 위치에 의해 결정된다. 그림 10-18은 아랍문자의 일부 글자 형태를 보여 준다. 아랍문자에 대한 더 많은 정보는 http://www.ancientscripts.com/arabic.html을 참조하여라.

키릴문자는 러시아, 세르비아, 불가리아 및 그 밖의 지역에서 사용된다. 이 문자는 1,100년 전 성 키릴(St. Cyril)에 의해 개발되었고, 그리스어에서 유래하였다(그림 10-19 참조).

대부분의 서유럽 언어는 현재 로마자로 표기되는데, 이는 페니키아문자를 거쳐 그리스문자로부터 발전되었다. 로마 알파벳은 로마제국의 팽창과 함께 널리 퍼졌다(그림 10-20 참조).

현대 아랍문자					
괄호 속의 알파벳은 음가이다.					
 (a)	 (g)	 (h)	 (z)	 (r)	 (l)
 (b)	 (d)	 (w)	 (n)	 (k)	 (t)

그림 10-18 현대 아랍문자

키릴문자					
음가	a	b	v	h	d
원래의 키릴문자					
러시아어	а	б	В	г	д

그림 10-19 키릴문자

초기 그리스문자		
그리스문자는 2900년 전 페니키아문자에서 발전하였다.		
 (A)	 (D)	 (Z)
 (B)	 (E)	 (H)
 (G와 C)	 (F)	 (TH)

라틴문자와 로마자

A	D	G	J	M	P	S	V	Y
B	E	H	K	N	Q	T	W	Z
C	F	I	L	O	R	U	X	

그림 10-20 초기 그리스문자와 현대 로마문자

인쇄술

이집트의 알렉산드리아도서관(글상자 10-5 참조)에 있는 두루마리 책들은 수공으로 만들어졌다. 원본의 복사본 역시 손으로 만들어졌다. 이것은 지루하고 시간 소모적인 과업이었다. 고대 도서관의 파괴로 인한 정보의 비극적인 유실이 초래된 원인은 부분적으로 그곳에 소장된 많은 문서의 복사본이 없었다는 사실이었다. 이와는 대조적으로, 2007년 『Harry Potter and the Deathly Hallows』은 초판이 미국에서만 1,200만 부 출판되었다. 판본인쇄의 발명으로 문서의 대량 생산이 가능해졌다. 최초의 인쇄기는 이동식 활자로 되어 있지 않았다. 목판에 손으로 삽화와 약간의 글을 새긴 다음, 삽화에 대한 설명이 인쇄되었다. 이 방식은 손으로 복사본을 만들던 것에 비하면 일종의 개선이었다. 일단 판이 준비되면 다량의 복사본을 제작할 수 있었다. 그럼에도, 각 페이지를 손으로 조각하는 과정은 시간 소모적이고 노동 집약적이었다. 이런 방법으로 만들어진 최초의 책은 중국의 『금강경』이었다. 이 책은 서기 868년에 발행되었다. 유럽에서 사용되기 시작한 목판인쇄보다 거의 600년을 앞서는 것이었다. 유럽에서의 목판인쇄는 트럼프를 만드는 데에도 사용되었지만, 주로 교회에 의해 종교적 문서를 재생산하는 데 사용되었다.

이동식 활자의 발명은 인쇄를 훨씬 빠르게 하였다. 목판인쇄 기술을 선도했던 것처럼 이 새로운 기술을 선도한 사람은 중국인이었다. 서기 1041년에 중국인은 글을 횡렬로 만들 수 있는 이동식 활자체를 발명하였다. 중국의 활자체는 점토로 만들어졌고, 당연히 중국어 문자를 표기하였다. 그러나 다량의 복사본을 만드는 과정을 개혁한 것은 독일의 요하네스 구텐베르크(Johannes Gutenberg, 1397~1468)에 의해 발명된 인쇄기였다. 중국의 활자체와는 달리 구텐베르크의 이동식 활자체는 각각의 문자에 해당하는 금속판으로 만들어졌다. 인쇄기 자체는 나무였고, 포도주를 짜는 기계 모양이었다. 구텐베르크의 판본으로 인쇄된 세계 최초의 책은 성경이었다. 마인츠 성경 또는 42행 성경으로 알려진 구텐베르크 성경은 1455년에 완성되었다. 1477년 윌리엄 캑스턴(William Caxton, 1422~1491)이 영국에서 이동식 활자를 사용한 최초의 책을 만들었다. 1400년대 말 유럽에는 250개 이상의 도시에 인쇄소가 설립되었다.

인쇄된 언어의 확산은 문예부흥사상을 확산하고 궁극적으로 1700년대의 정치혁명과 산업혁명을 가속화하는 데 도움이 되었다. 이것은 문학과 과학이 과거보다 더 많은 사람에게 확산되도록 하였다. 과학적 정보가 상대적으로 많은 수의 독자에게 주어졌던 점은 1800년대의 과학혁명으로 인도하는 데 도움이 되었다. 보답으로 과학혁명은 더 빠르고 더 효율적인 인쇄를 가능하게 했다. 예를 들어, 1814년에 증기로 움직이는 인쇄기가 손으로 작업하는 인쇄기를 대체하기 시작하였고, 1800년대 후반에는 식자조판의 개선이 이루어졌다. 점점 더 많은 사람이 인쇄물을 읽기 시작하면서 선진국 사람들의 공동의식 역시 지역주의를 벗어나 더욱 세계적으로 바뀌기 시작하였다. 이동식 인쇄가 현대사회에 끼친 영향을 분석한 마샬 맥루한(Marshall McLuhan, 1911~1980)의 고전 작품인 『The Gutenberg Galaxy: The Making of Typographic Man』을 참조하여라.[3]

컴퓨터에 대한 짧은 글

말을 하거나 신호할 수 있는 능력은 인간 행동의 모든 양상과 밀접히 관련되어 있다. 글을 통해 메시지를 그 상태로 보존하는 최근의 능력은 문명의 발전을 이끈 원동력이다. 문자는 중앙 집권적인 정부의 운영, 정확한 기록 유지, 그리고 방대한 양의 정보의 축적 · 저장 · 확산을 가능하게 하였다. 알렉산드리아도서관이 파괴되면서 엄청난 양의 정보가 유실되었다(글상자 10-4 참조). 이런 유형의 유실은 판본인쇄와 특히 이동식 활자의 발전으로 줄었다. 오늘날 컴퓨터 및 이와 관련된 인터넷과 CD, DVD 등과 같은 기록장치는 중요하거나 중요하지 않은 많은 정보를 줄 것이 확실하다. 인터넷의 정보는 분산되어 있고, 많은 양의 정보가 완전히 유실될 가능성은 적다. 또한 정보는 수많은 사람과 기관에 의해 CD, DVD 등으로 복사되어 저장된다.

컴퓨터의 사용으로 전통적으로 글을 통해 다루어졌던 많은 일이 더 효율적으로 이루어진다. 수백만 권의 책과 메시지 등의 자료는 인터넷을 통해 접할 수 있다. 한때 상대적으로 특별한 소수만 접할 수 있던 자료들이 점점 더 많이 일반 대중에게 허용되며, 인터넷에 접할 수 있는 누구라도 인류의 집단적 지식 대부분을 접할 수 있다. 이용할 수 있는 정보의 다양성과 양, 컴퓨터를 사용할 수 있는 사람의 수가 급속히 증가하고 있다. 정보에 대한 접근 외에도 컴퓨터는 전자우편, 전 세계에 있는 기업이나 정보화 체계 사이의 즉각적인 연결, 양방향 교육, 한 언어에서 다른 언어로의 즉각적인 번역, 그리고 수많은 다른 가능성을 열어 준다.

아마도 컴퓨터의 가장 위대한 점은 수 세기를 통해서 문자에 의해 축적된 지식을 전 세계적으로 평등하게 확산시킨다는 점일 것이다. 컴퓨터의 중요성은 의심할 여지 없이 이보다 더 광범위해질 것이다. 그러나 문자가 말을 대신하지 못하는 것처럼 컴

3) H. Marshall McLuhan, *The Gutenberg Galaxy: The Making of Typographic Man* (Toronto: University of Toronto Press, 1962).

4) A. Abbott, "New Alexandria Library: A Temple of Knowledge," *Nature* 419 (October 10, 2002), 556.

글상자 10-4 알렉산드리아도서관

처음에 문자는 주로 회계를 위해 사용된 것으로 보인다. 최초의 문서 상당수가 곡물, 가축, 무기를 포함한 다양한 유형의 완제품 같은 품목의 목록이었다. 그러나 2,300년 전까지는 이미 다양한 주제에 대한 무수히 많은 글이 존재하였다. 이 시기에 알렉산더는 이집트에 알렉산드리아라는 도시를 건설하였다. 알렉산더의 후계자인 프톨레마이오스 1세는 기원전 283년에 알렉산드리아박물관(도서관)을 세웠고, 알렉산드리아는 고대 세계의 문화적 · 지식적 · 정치적 및 경제적 중심지가 되었다. 이 점을 보여 주는 한 가지 상징이 알렉산드리아도서관이었는데, 전성기 때는 시인들의 작품 및 철학, 과학, 정치 및 수학과 같은 주제에 대하여 축적된 지식을 포함한 약 40만에서 70만 권의 두루마리 책이 소장되었던 것으로 추정된다. 두루마리 책 외에도 이 박물관에는 동물원, 해부 시설, 식물원, 심지어 관측소도 있었다.

알렉산드리아도서관에서는 수많은 지적 성취가 이루어졌다. "그곳에서 유클리드가 『기하학의 원리』라는 책을 저술했으며, 헤로필루스는 지능의 중심이 심장이 아닌 두뇌라는 것을 밝혔다. 또한 에라토스테네스는 단지 140km의 오차로 지구의 둘레를 추정하였고, 히파쿠스는 일 년의 길이를 6.5분 오차 내에서 계산하였다."[4]

불행하게도 이 도서관은 소장된 많은 지식과 함께 파괴되었다. 소장품이 있던 그 장대한 건물들이 어떻게 언제 없어졌는지는 역사의 미스터리이다. 대부분 이 도서관이 불타 없어졌다는 가설을 세우지만, 누구의 책임이었거나 정확히 언제 이 일이 발생했는가는 아직 논의되고 있다. 이 도서관은 서기 300년 전에 이미 사라졌다. 도서관의 파괴로 사라진 정보는 특히 과학과 기술 분야에서 수 세기의 발전을 지연시켰을 것이다. 2002년 10월 알렉산드리아에 알렉산드리아도서관이라 명명된, 1억 2천만 달러의 비용이 든 새로운 도서관이 설립되었다. 알렉산드리아는 더 이상 세계 학문의 중심지가 아니며, 도서관의 높은 설립 비용은 논쟁거리이다. 많은 사람이 그 돈이 지금은 가난한 이 나라에 좀 더 효과적으로 쓰일 수 있었다고 생각한다. 그럼에도, 고대 사회의 경이 중 하나였던 것을 재건한 동기는 문자가 현대 사회에 끼친 중요성을 인식한다는 것이다.

Bibliotheca Alexandria의 웹 사이트 주소는 http://www.bibalex.org이다.

퓨터도 문자나 말을 대신하지는 않을 것이다. 인간의 문화는 기본적으로 부가적이다. 컴퓨터는 의사소통을 향한 인간의 욕망을 충족시켜 주는 부가적 장치이다.

요약

문자의 중요성은 구어처럼 급속하게 사라지지 않는다는 사실에 있다. 문자는 메시지의 영속과 문화의 기하학적 누적을 허용한다. 그러나 문자는 언어에 대하여 이차적인데, 그 이유는 말(또는 노래)로 중재되는 조상어로부터 별도로 존재하는 진정한 문자 체계가 없기 때문이다. 문자는 구어와 수화의 시각적 표현이다.

문자에는 세 가지 기본 유형이 있고, 각각의 유형은 언어에 대하여 서로 다른 친밀성을 나타낸다. 표의문자는 단어나 형태소 전체를 상징하는 기호를 사용한다. 같은 의미를 지닌 똑같은 표의문자는 서로 다른 언어나 방언에서 완전히 다르게 발음될 수 있다. 나머지 2개의 문자는 소리(음절이나 음소)를 상징하는 기호를 사용한다. 한 가지 유형의 기호를 사용하는 문자 체계는 없다. 그러나 대부분의 현대 문자는 알파벳(음소)이 지배적이다. 알파벳문자에서 한 음소-한 문자소 일치는 대부분 시간이 지나면서 약해진다. 철자법 불일치는 일부 독자와 작가를 어리둥절하게 할지도 모른다. 그러나 대부분의 불일치는 원어민 독자와 작가가 대체로 무의식적으로 알고 있는 규칙에 따른다. 똑같은 소리에 서로 다른 철자법을 사용하는 것과 같은 일부 철자법 문제는 사실 의미를 구별하기 위한 표의문자적 방식을 제공하므로 유용하다. 우리는 their라는 문자 형태가 소유격이라는 것을 이 단어가 발음되는 방법에 의한 것이 아닌, 이 단어가 취한 시각적 모양에서 알 수 있다. 이런 시각적 모양은 there와 they're라는 시각적 모양과도 구분된다.

문자의 기원과 진화에 대한 전통적인 견해는 그림(예를 들어, 동굴 벽화)이 표의문자로 진화했다고 본다. 이 논리에서는 표의문자가 음절문자원리에 의해 음절을 상징하게 되었다. 이 시기에서 우리는 표의음절문자를 가지게 된다. 우리는 음절기호가 글로 된 메시지의 전부나 대부분을 전달할 수 있는 단계에서 그 문자를 음절적이라고 말한다. 이런 음절기호가 줄어 단일자음과 단일모음을 상징하면서 알파벳문자가 태동한다. 그리스인은 그들이 사용하던 언어의 모든 자음과 모음을 상징하는 기호를 사용하는 최초의 알파벳을 만들었다.

일부 학자는 문자가 그림이 아닌 추상적인 기호에서 발전했다고 주장한다. 고고학적 자료들은 초기 동굴 예술과 뼈나 돌로 만들어진 더 작은 물체에 장식된 추상적 기호들을 밝혔다. 우리는 대략 9,000년 전부터 시작된 이런 추상적 표시가 새겨진 많은 점토 토큰을 볼 수 있다. 이 점토 토큰 중 많은 것이 나중에(약 5,100년 전) 발견된 최초의 문자인 수메르어의 일부분과 유사하다. 최초의 문자는 전적으로 손으로 작성되었다. 최초의 문자가 고안되고 나서 수천 년이 지난 후, 판본인쇄가 발명되었다. 오늘날은 컴퓨터가 문자의 생산과 확산을 돕는다. 컴퓨터를 사용하면 세계의 어느 곳이나 어느 시기에 생성된 정보라도 거의 바로 찾아내고 가져올 수 있다.

더 읽을거리

Coe, Michael D., *Reading the Maya Glyphs,* New York: Thames and Hudson, 2002.

Coulmas, Florian, *Writing Systems: An Introduction to Their Linguistic Analysis,* Cambridge: Cambridge University Press, 2003.

Coulmas, Florian, *The Blackwell Encyclopedia of Writing Systems,* Oxford: Blackwell, 1999.

Fischer, Steven R., *The History of Writing,* London: Reaktion Books, 2005.

Goldman, David, *A Is for Ox,* New York: Graphison, 1987. 이 책은 여러 문자 체계에 대한 개설서이다.

McLuhan, H. Marshall, *The Gutenberg Galaxy: The Making of Typographic Man,* Toronto: University of Toronto Press, 1962.

Robertson, Andrew, *The Story of Writing: Alphabets, Hieroglyphics, and Pictograms,* 2nd ed., London: Thames and Hudson, 2007.

Schmandt-Besserat, Denise, *When Writing Came About,* Austin: University of Texas Press, 1996.

참고할 웹 사이트

고대 문자－이 사이트들은 고대 문자와 관련된 자료들을 제공한다.

http://www.ancientscripts.com

http://www.wam.umd.edu/～rfradkin/alphapage.html

신대륙 문자－이 사이트는 마야문자와 기타 관련된 문자들에 대한 정보를 제공한다.

http://wwww.angelfire.com/ca/humanorigins/writing.html#maya

오리건대학교－다양한 문자의 모습을 보여 준다.

http://logos.uoregon.edu/explore/orthography/index.html

용어와 개념의 정리 : 문자 체계

1. 문자의 세 가지 기본 유형은 ________________, ________________, ________________이다.
2. 아라비아숫자 3, #, $, !와 같은 기호는 사실 ________________이다.
3. 동굴 벽의 그림은 문자가 아니다. 왜냐하면 ________________을(를) 표시하는 단위(기호)가 없기 때문이다.
4. 표의문자는 항상 음절기호를 포함한다. 따라서 이런 체계에 ________________ 같은 명칭을 붙이는 것이 더 정확하다.
5. 문자의 발전에서 가장 중요한 단계는 ________________이다.
6. 이 글에 따르면 문자 발전에서 두 번째로 중요한 단계는 ________________이다.

7. 한때 일음절 단어를 상징하던 기호를 음절과 같이 채택하는 것을 ________________(이)라고 부른다.
8. 많은 완전한 표의음절문자가 신대륙에서 발전하였다. 이 진술은 (참/거짓) 이다.
9. ________________은(는) 현대 문자 체계 중에서 가장 표의문자적이다.
10. 각각의 표의문자는 ________________을(를) 상징한다.
11. 중국인 대학생은 대략 ________________개의 표의문자를 알고 있다.
12. 중국어 문자 체계가 지속된 이유는 ________________와(과) ________________ 때문이다.
13. 일본어는 음절문자와 잘 조화되는데, 이는 일본어 음절이 통상적으로 ________________ 형태를 취하기 때문이다.
14. 알파벳문자에 대한 기술적 명칭이 ________________이다.
15. 알파벳기호는 이상적으로 ________________을(를) 상징한다.
16. 대부분의 알파벳문자는 하나의 문자–하나의 음소 일치에 아주 가깝다. 이 진술은 (참/거짓) 이다.
17. 하나의 문자소가 하나의 음소와 불일치한다는 것은 사실 부분적으로는 ________________ 때문이다.
18. 문자소-음소 불일치는 그러한 불일치가 ________________에는 아주 가치 있는 것이 될 수 있다.
19. 원래 다르게 발음되지만 철자법에 따라 발음되는 현상을 ________________(이)라고 한다.
20. 의사소통을 위해 그려지거나 색칠된 이미지는 ________________이다.
21. 이야기를 말하는 시각적 표현은 ________________(이)라고 불린다.
22. 문자를 연구하는 대부분의 역사학자는 서술 표현적 그림문자가 직접적으로 문자를 태동하게 하였다고 생각한다. 이 주장은 (참/거짓) 이다.
23. 데니스 슈만트-베세라트는 다양한 ________________ 표시로 새겨진 작은 대상물이 실제적인 ________________(으)로 이끄는 기억장치였다고 생각한다.
24. 최초의 진정한 문자가 만들어진 것은 대략 ____________ 전이다. 이것은 ____________에서 발전되었으며 ________________적이다.
25. 음절문자는 ________________ 사람들에 의해 발전하였고, 이런 문자들은 집합적으로 ________________(이)라고 불린다.
26. 최초의 완전한 알파벳 체계는 ________________에 의해 발명되었다.
27. 유럽에서 이동식 활자를 사용한 최초의 판본인쇄를 발명한 사람은 ________________이다.
28. 이동식 활자로 유럽에서 인쇄된 최초의 책은 ________________(이)라고 불렸다. 이것은 ________________년에 인쇄되었다.
29. 판본인쇄에 의해 가능해진 정보의 급속하고 광범위한 확산의 사회문화적 영향은 ________________

이다.

30. 컴퓨터의 다섯 가지 사회문화적 기능은 ______________, ______________, ______________, ______________, ______________이다.

단원 말 연습문제

1. 이 책은 영어 알파벳문자 체계와 함께 사용되는 수많은 표의문자기호를 언급한다. 얼마나 많은 추가적인 표의문자기호를 떠올릴 수 있는가? 열거하여라.

2. 10개의 생략형을 음역하여라. 이런 음역은 영어가 일부 맥락에서 음절기호를 유지한다는 것을 어떻게 보여 주는가?

   예 : CPR (cardiopulmonary resuscitation) /si + pi + ar/.

3. /bi/가 아닌 음절을 상징하는 표의문자기호(그림 10-1의 별과 같은)를 하나 고안하고, 그림 10-1에서 예시된 것처럼 그 음절과 또 다른 음절들을 이용하여 가능한 많은 난어를 만들어라. 그림 10-1과 당신이 한 작업이 어떻게 음절문자원리를 보여 주는가?

4. 알파벳원리의 문자가 표의음절문자와 음절문자보다 좋은 점은 무엇인가?

5. 같은 알파벳문자는 서로 다른 소리를 상징하는 데 사용될 수 있다. 이 책에 사용된 예는 s가 mats/mæts/, zoos/zuz/, pauses/pɔzəz/에서와 같이 /s/, /z/, /əz/음을 상징하는 데 사용되는 것이다. 이 경우에서 모든 s음은 특정한 문법적 구분, 즉 복수를 의미한다. 같은 알파벳문자가 구분을 표시하기 위해 사용되지만 서로 다른 맥락에서 다르게 발음되는 두 가지의 문법적 구분을 열거하여라. 왜 이런 현상이 발생하는지 설명하여라.

6. zoos를 zooz 또는 zuz로 철자화하는 것이 더 효율적인가? 설명하여라.

7. 동음어, 동형이의어, 동음이의어, 동철이의어의 차이는 무엇인가? 각각에 대해 다섯 가지씩 열거하여라.

8. 동음어의 표의문자적 기능을 설명하여라.

9. 철자발음이라는 용어를 설명하여라. 이 책에서 사용되지 않은 철자발음의 예를 찾을 수 있는가?

10. 말과 비교하여 당신이 찾을 수 있는 문자의 형태와, 구조, 기능의 차이점을 가능한 한 많이 열거하여라.

11. 이 책에서 언급된 문자의 기원과 발전에 대한 두 가지 관점은 무엇인가? 당신의 의견은 어디에 더 가까운가? 대답을 증명하여라.

12. 일부 사람은 페니키아인이 알파벳을 발명했다고 말하는데, 우리는 그리스인이 발명했다고 말한다. 이에 대하여 왜 두 가지 의견이 존재하는가? 이 책의 자료가 아닌 다른 자료를 통해 이 문제에 대하여 답하여라('더 읽을거리'와 '참고할 웹 사이트' 참조).

11

비언어적 의사소통

Nonverbal Communication

이 장에서 알아야 할 것

1. 언어적 의사소통과 비언어적 의사소통의 차이점은 무엇인가?
2. 인간이 비언어적 의사소통을 광범위하게 사용하는가?
3. 이 장에서 논의된 비언어적 의사소통의 주요 범주는 무엇인가?
4. 서로 다른 문화의 사람들은 서로 다른 비언어적 의사소통 방식을 보이는가?
5. 비언어적 의사소통지침서에 유의해야 할 이유는 무엇인가?
6. 표정과 물리적 매력의 개념들에 대한 연구는 인간의 행동이 선천적인 생물학적 요소와 후천적인 문화적 요소에 의해 영향받을 수 있다는 점을 어떻게 설명하는가?

인간의 의사소통은 끊임없이 변하는 상태들의 조화이다. 발화는 급속하게 만들어지고, 급속하게 만들어진 것만큼 빨리 사라진다. 다양한 정서적 상태와 스트레스의 정도에 따라 신체의 냄새도 변하고, 의사소통자들은 그들의 자세, 팔의 움직임, 머리의 움직임을 바꾸며 일반적으로 그들이 만들어 내는 소리와 공시적으로 움직인다. 아마도 당신은 소리를 끄고 텔레비전을 보는 사람을 보았을 것이다. 그런 이미지들이 생생하게 설명하는 것은 단지 음성 경로만이 아니라 신체 전체가 의사소통에 사용된다는 것이다.

50년 전에는 비언어적 의사소통이라고 알려진 것을 살펴보기에 한 단원으로도 충분했을 것이다. 비록 그리스인들이 비언어적 의사소통에 대한 언급을 한 적이 있고, 찰스 다윈이 이 주제에 대한 책을 1872년에 저술했었지만, 비언어적 의사소통에 대한 현대적인 연구는 사실상 1950년대에 시작되었다.[1] 실제로 1956년이 되어서야 비로소

1) Charles Darwin, *The Expression of Emotions in Man and Animals* (London: John Murray, 1872). 이 책의 복사본이 1965년 시카고대학교 출판부에서 간행되었다.

비언어적 의사소통이라는 용어가 책의 제목으로 사용되었다(쥐르겐 뤼슈와 웰돈 키스의 『Nonverbal Communication: Notes on the Visual Perception of Human Relations』이 그것이다.). 오늘날 비언어적 의사소통에 대한 연구는 역동적으로 확장되고 있다. 수많은 글과 논문이 대중잡지 및 전문학술지에서 매월 발간되며, 대중서와 전문서도 늘어나고 있다. 심지어는 〈Lie to Me〉와 같은 텔레비전 프로그램도 만들어졌는데, 범죄 수사에서 비언어적 실마리를 분석하는 것이 매우 유용함을 보여 주는 프로그램이다.

'비언어적'의 의미는 무엇인가?

한 경찰관이 과속으로 달리던 운전자를 정지시킨다. 경찰관은 계속 험상궂게 쳐다보며 운전자의 차창에 가까이 가서 뻣뻣한 자세로 "면허증 좀 보여 주실까요?"라고 말한다. 운전자는 지갑을 뒤적거리며 미간을 찌푸리고, 눈을 부릅뜨며, 콧구멍을 실룩거리며 소심한 목소리로 "제가 무슨 잘못을 했나요?"라고 대꾸한다. 즉각적인 대답을 듣지 못한 운전자는 안절부절못하며 다리를 떨기 시작한다.

이 대화에서 전달되는 메시지의 일부만이 단어에 의지한다. 다른 모든 메시지는 비언어적으로 전달되고 있다. **비언어적 의사소통**(nonverbal communication)은 일반적으로 같은 장소에 있는 사람 사이에 발생하는 의사소통으로서, 말이나 글 또는 수화 신호가 아닌 수단에 의해 이루어진다. 뻣뻣한 자세, 굳은 시선, 그리고 운전자의 영역에 대한 공간적 '침범'은 경찰관이 가진 권위와 지배성이라는 개념을 전달했을 것이다. 운전자의 뒤적거림, 다리 떨기, 당황스러운 표정은 불안, 초조, 노여움이라는 메시지를 전달했을 것이다. 비언어적 행동은 대인관계를 형성하고 규제하며 유지하는 데 중요하다. 비언어적 행동에는 여러 가지 유형이 있지만, 이 장에서는 여덟 가지 유형의 형태와 기능을 살펴볼 것이다. 이 여덟 가지 유형은 동작학적 행위, 정서 표현, 눈의 움직임, 신체적 외양, 접촉 행동, 준언어, 근접공간학, 의사소통에 대한 물리적 환경의 효과이다.

비언어적 의사소통(nonverbal communication) 말이나 글로 단어를 사용하거나 수화의 신호를 사용하지 않고 대화자의 면전에서 이루어지는 소통 행위이다.

동작학적 행위

개인은 말을 할 때 마치 온몸으로 섬세한 춤을 추면서 팔과 손으로 악단을 지휘하는 것처럼 보인다. 신체의 움직임을 통한 의사소통을 연구하는 것, 즉 신체언어의 연구를 **동작학**(kinesics)이라고 부른다.

동작학(kinesics) 신체의 움직임으로 소통하는 체계를 연구하는 분야이다.

신체의 섬세한 의사소통적 '춤'은 매우 유형화되어 있다. 개인의 움직임, 즉 동작학적 행위는 대체로 그 개인의 말과 몸에 공시적이고, 상대방의 말과 신체 움직임에도 공시적이다. 화제를 전환할 때 자세를 바꾸기도 하는데, 이를 보던 사람은 그 행동을 따라 할 수도 있다. 머리를 끄덕이거나 기울이고, 눈이 커지거나 째려보기도 한다. 또한 문장이 시작되고 끝날 때, 곤란한 상황에서 화제를 전환할 때, 또는 상대의 움직임에 따라서 시선을 바꾸기도 한다. 의자에 앉아 있는 사람들은 동시에 다리의 자세를 바꾸기도 하고, 지나가는 사람을 쳐다보기도 하며, 때로는 손과 팔 동작으로 지나가는 사람을 묘사하면서, 서로를 쳐다보거나, 상대의 움직임에 따라 자신의 위치를 바꾸기도 한다. 이들은 신체언어와 말의 공시화가 지속되는 동안 때때로 'OK'와 같은 수신호를 하기도 한다. 동작학적 행위인 표상 행위, 강조 행위, 규정 행위, 적응 행위에 대하여 더 자세히 살펴보자.

표상 행위

앞에서 언급했던 'OK' 신호와 손을 들고 첫 번째 손가락과 두 번째 손가락으로 V자 모양을 취해 만드는 평화나 승리의 신호가 표상 행위의 예이다. **표상 행위**(emblems)는 매우 구체적인 의미를 지니는 비언어적 행위이다. 많은 표상 행위가 손으로 이루어지지만, 얼굴로 나타내는 표상 행위도 있다. 예를 들어, 놀라움을 나타낼 때는 입이 벌어지고 턱이 내려가기도 한다. 어깨의 들썩임은 답을 모르거나 또는 그것에 대하여 말하고 싶지 않다는 것을 표현하는 표상 행위이다(그림 11-1 참조). 다른 비언어적 행동과 비교해서 말에 가장 덜 의존적이기 때문에 표상 행위는 **언어독립적 몸짓**(speech-independent gestures) 또는 **자립적 몸짓**(autonomous gestures)이라고 부른다.

표상 행위(emblems) 매우 특정한 의미가 있지만 다른 신체 움직임처럼 언어에 종속적이지 않은 손, 팔, 얼굴, 기타 신체기관의 움직임을 말한다. speech-independent gestures 또는 autonomous gestures라고도 한다.

표상 행위의 수와 종류는 문화마다 다르다. 미국인은 100개 이하의 표상 행위를 사용하는 반면에, 이스라엘 학생들은 250개 이상을 사용한다.[2] 미국 문화에서 동의는 머리를 앞으로 끄덕이거나 앞뒤로 끄덕이는 표상적 행동으로 나타나지만, 다른 문화에서의 동의는 아주 다르게 표현된다.

> 캘커타의 벵골인 하인은 동의를 표현하는 데 머리를 한쪽 어깨에서 다른 쪽 어깨로 빠르게, 주로 네 번 흔드는데, 델리의 모슬렘 소년은 목을 살짝 돌리면서 머리를 대각선 방향의 뒤쪽으로 움직인다. 그리고 캔디의 신할리즈 족 사람은 놀랍도록 우아한 턱의 돌림으로 머리를 비스듬히 오른쪽 앞 방향으로 구부리는데, 이런 행동은 대체로 팔을 부분적으로 교차시키고 손바닥은 위를 향하며, 발이 교차된

2) Mark L. Knapp and Judith A. Hall, *Nonverbal Communication in Human Interaction*, 5th ed. (Belmont, CA: Wadsworth, 2002), 240.

그림 11-1 표상 행위
'OK'를 뜻하는 손 표상은 대부분의 미국인이 아는 많은 표상 행위 중 하나이다.

인사를 수반한다.[3)]

반면에, 로버트 사이츠(Robert L. Saitz)와 에드워드 서벤카(Edward J. Cervenka)가 미국과 콜롬비아의 문화를 비교한 연구에서 발견했듯이, 똑같은 표상적 행위들이 서로 다른 문화에서 사용되기도 한다. 예를 들어, 두 문화 모두에서 동의를 표현하는 데 머리 끄덕임을 사용하고, 노여움을 표현하기 위해 주먹을 흔들고, good-bye의 표현을 위해 손을 흔들며, 거절을 나타내기 위해 엄지손가락을 아래로 향하는 행위를 취한다는 사실을 발견하였다.[4)]

강조 행위

강조 행위(illustrators) 언어에 수반되는 비언어적 행동으로서 의미를 명료하게 하거나 강조하는 기능을 한다.
언어 관련 행위(speech-related gestures) 언어와 잘 조율된 또는 언어에 수반되는 신체 동작으로서, 이러한 행위는 강조 행위와 규정 행위를 포함한다.

강조 행위(illustrators)는 말을 수반해서 말한 것을 명확히 하거나 강조하는 역할을 하는 비언어적 행동이다. 강조 행위는 규정 행위와 더불어 종종 **언어 관련 행위**(speech-related gestures)라고 분류되기도 한다. 강조 행위의 예는 다음과 같다.

- 위치를 지시하기 위해 대상물을 가리키는 것
- 사건의 진행 속도를 강조하기 위해 특정한 리듬으로 팔과 손을 움직이는 것
- 사물 사이의 공간적 관계를 보여 주기 위해 공중에서 손가락을 움직이는 것
- 요점을 강조하기 위해 주먹을 아래쪽으로 빠르게 움직이는 것
- 당신의 방이 동생의 방보다 크다는 것을 강조하기 위해 손을 사용하는 것과 같이, 손을 사용하여 어떤 공간의 상대적인 크기를 표현하는 것
- 당신이 말하는 육체적 행동이 힘들다는 것을 강조하기 위하여 얼굴과 몸으로 '숨을 헐떡이는' 움직임을 취하는 것

3) W. Labarre, "The Cultural Basis of Emotion and Gesture," *Journal of Personality*, 16 (September, 1947), 50-51.
4) R. Saitz and E. Cervenka, *Columbian and North American Gestures* (The Hague: Mouton Press, 1973).

규정 행위

카메라 영역 밖에 서 있는 텔레비전 쇼 감독은 일련의 손짓신호와 신체 움직임을 통해 카메라 앞의 출연자들이 대화 속도를 빠르게 해야 하는지, 똑같은 속도로 계속해야 하는지, 천천히 해야 하는지, 광고를 위해 중단해야 하는지를 알려 준다. 일상의 의사소통에서도 언제 대화를 계속해야 하는지, 언제 상대방이 대화를 시작하도록 허용할 것인지, 언제 반복하거나 상세하게 말해야 하는지, 언제 안녕이라고 말해야 하는지를 알아야 한다. 텔레비전 감독의 역할은 일상생활의 특정한 비언어적 습관에 해당하는데, 말하기와 듣기의 주고받는 속성을 규제하는 이런 습관을 **규정 행위**(regulators)라고 부른다.

규정 행위(regulators) 말하기와 듣기에서 말 차례 바꾸기에 영향을 주거나 이를 형성하는 동작을 말한다.

화자의 말을 청자가 이해하는지 알 수 없을 때, 화자는 자신의 목소리에 불확실성을 담고 말하는 경우가 있다. 이것을 발견한 청자는 화자에게 계속 말하라는 취지로 손 동작을 만들 것이다. 또 다른 순간에, 이 청자는 빠르고 반복적으로 고개를 끄덕이면서 화자로부터 시선을 돌리거나, 이 행동을 한꺼번에 사용할 수도 있다. 이러한 행동은 화자가 말하는 차례를 그만두라는 것을 의미할 수도 있다. 손의 움직임, 눈의 방향이나 응시, 머리의 끄덕임은 대화를 조정하는 비언어적 수단의 일부이다.

적응 행위

자신을 쿡쿡 찌르기, 긁기, 팔짱 끼기, 손과 발의 불안정한 움직임, 책상 위에 연필을 두드리기 등은 적응 행위의 예이다. 적응 행위는 의사소통을 의도하지는 않지만, 그런 행동을 보는 사람은 그에 대한 어떤 판단을 내릴 수 있는 비언어적 행동이다. **적응 행위**(adaptors)는 사적인 욕구를 만족시키는 기능을 하는 동작이다.

적응 행위(adaptors) 불안함과 같은 개인적 욕구를 충족시키는 신체 동작으로, 소통을 위한 것은 아니다.

적응 행위는 생리적·심리적 대처법으로 유년기에 발달하는 것으로 생각된다. 어떤 적응 행위는 걱정이 늘어날수록 더 자주 나타난다. 또 다른 적응 행위는 과거 진화 과정의 일부였던 행동이 부분적으로 남아 있는 것으로 생각된다. 예를 들어, 심리학자인 폴 에크만은 손과 발의 불안정한 움직임을 도주 반응의 잠복 상태로 본다. 다른 동물이 너무 가까이 다가오면 뒤로 물러서는 동물은 도주 행위를 보이고 있는 것이다.

동작학적 행동은 표상 행위, 강조 행위, 정서 표현, 규정 행위, 적응 행위가 복잡하게 조합된 것이다. 일부 학자는 이러한 복잡성은 언어단위와 유사한 동작단위에 의해 분석될 수 있다고 생각한다. 따라서 예를 들어, **동작소**(kinemes)라고 불리는 단위는 음소에 비유될 수 있다. 이러한 비유는 일부에서 지지하고, 또 일부에서는 비판한다. 레이 버드휘스텔(Ray Birdwhistell, 1918~1994)이 쓴 『Kinesics and Context』는 언

동작소(kinemes) 일부 연구자가 동작학 분석의 기초단위로 간주하는 요소로, 언어 분석에서 일종의 음소와 같은 개념이다.

어학과 동작학의 유사한 관계를 논의한다.[5)]

정서 표현

정서 표현(affect displays) 소통자들의 실제 감정이나 가장된 감정을 소통하는 동작을 말한다.

정서라는 단어는 감정을 의미한다. 예술가, 특히 만화가와 삽화가는 붓과 연필을 몇 번 놀려서 정서 상태를 잘 드러내는 모습의 사람을 그린다(그림 11-2 참조). 머리를 숙이고 손을 깍지 끼고 팔을 신체의 중간까지 늘어뜨리고 다리를 꼬고 있는 모습의 그림은 수줍음을 그린 것처럼 보인다. 주먹을 쥔 긴장된 신체는 노여움과 싸울 준비가 됨을 표현할 수 있다. 물론 예술가는 이런 이미지를 실생활에서 가져온다. 신체의 다양한 모습은 그 동작을 취하는 사람의 감정적 상태를 일정한 방식으로 보여 준다. 사람이 경험하거나 꾸며내는 감정 상태를 표현하는 신체의 움직임을 **정서 표현**(affect displays)이라고 부른다.

신체 전체나 일부분이 감정을 표현하는 데 사용되지만, 얼굴은 감정 상태를 전달하는 주요 부분이다. 얼굴은 감정 상태의 변화를 가장 빠르게 나타낼 수 있는 신체의 부분일 것이다. 지금까지 얼굴에서는 수천 가지의 근육 움직임이 조합될 수 있음이 밝혀졌다(그림 11-3 참조).[6)]

표정은 보편적으로 이해되는가? 1973년 폴 에크만은 5개의 개화된 문화권에서 행복, 공포, 노여움, 놀람, 슬픔, 역겨움 · 경멸의 감정을 분별하는 데 있어서 다소 높은 범문화적 정확성을 증명하는 논문을 출판하였다. 조사 대상이었던 문화가 모두 유사한 대중매체에 노출되었기 때문에 이런 사실이 결과에 영향을 끼쳤다고 주장할 수

그림 11-2 정서 표현
만화가에 의해 표현된 수줍음과 다른 감정

5) Ray L. Birdwhistell, *Kinesics and Context* (Philadelphia: University of Pennsylvania Press, 1970).
6) Paul Ekman, "Methods of Measuring Facial Action," in eds. K. R. Scherer and Paul Ekman, *Handbook of Methods in Nonverbal Research* (Cambridge: Cambridge University Press, 1982), 45-90.

그림 11-3 표정
만화가에 의해 묘사된 표정

도 있다. 그러나 에크만은 뉴기니에서도 이야기를 듣고 그 이야기에 묘사된 감정을 표현하는 사진을 골라내도록 요구받은 사람들에게서 감정을 분별하는 높은 정확도를 발견할 수 있었다.[7]

이는 표정을 이해하는 능력과 다른 비언어적 의사소통 방법을 이해하는 능력이 선천적이라는 것을 의미하는가? 얼굴에 의해 만들어지지 않는 다른 비언어적 행동을 보편적으로 이해한다는 증거는 아직까지 거의 없다. 그러나 앞 절에서 언급했던 여섯 가지 주요 감정의 이해를 담당하는 유전적(선천적) 요소가 있다는 주장을 뒷받침하는 독립적인 증거가 적어도 네 가지 있다. 첫 번째 증거는 에크만에 의한 비교문화적 연구이다. 두 번째 증거는 시각장애 아동에 대한 연구에서 나온다. 선천적 시각장애 아동은 차이점도 있긴 하지만, 전체적으로는 비시각장애 아동과 크게 다르지 않은 무의식적 표정을 만들어 낸다.[8] 시각장애 아동은 관찰을 통해 표정을 학습했을 리가 없으므로, 이런 연구에서 가정하는 것은 얼굴 표현에는 유전적 요소가 있다는 것이다.

세 번째 증거는 인간이 아닌 영장류의 연구에서 나타난다. 동물원을 방문하는 대부분의 사람은 아마도 유인원과 원숭이들이 보여 주는 인간과 유사한 행동을 인식하기도 하고 언급하기도 하였을 것이다. 이런 유사성은 대부분 우연한 것이 아니라, 비슷한 진화적 배경의 결과인 것으로 보인다.[9] 인간과 비인간 영장류에게 나타나는 어

7) Paul Ekman, "Cross-Cultural Studies of Facial Expression," in ed. P. Ekman, *Darwin and Facial Expression,* (New York: Academic Press, 1973).

8) I. Eibl-Eibesfeldt, *Ethology, the Biology of Behavior.* 2nd ed., (New York: Holt, Rinehart and Winston, 1975), 450-454.

떤 감정들은 매우 유사하고, 또한 그런 감정이 생기는 이유도 호전성, 애정, 놀이, 공포와 같이 매우 유사하다. 네 번째 증거는 두뇌영상연구에서 발견된다. 두뇌영상에 의하면, 사람의 경우 다양한 표정을 만드는 감정은 대부분 두뇌의 동일한 영역에서 처리되고, 다른 감정들은 두뇌의 다른 영역에서 처리된다.[10)]

얼굴 표상(facial emblems) 예를 들어, 미소는 행복을 의미하는 것과 같이, 매우 구체적인 의미를 지니는 동작을 말한다. 얼굴 표상은 반드시 언어에 수반되는 것은 아니다.

의미를 쉽게 해석할 수 있다는 의미에서 사전적 정의가 있다고 할 수 있는 표정은 종종 **얼굴 표상**(facial emblems)이라고 불린다. 얼굴 표상은 비얼굴 표상과 마찬가지로 일반적으로 언어독립적 행위이다. 얼굴 표상은 말을 동반해야만 이해되는 것은 아니다.

앞에서 말한 여섯 가지 표정은 보편적으로 이해되지만, 미소와 같은 특정한 표정이 언제 어떻게 사용되는가에 대해서는 문화적 차이가 있다. 북아메리카의 아동들은 학교에서 단체 사진을 찍을 때 미소를 짓지만, 러시아 아동들은 진지한 표정을 짓는다. 발리 사람들은 가까운 친지의 장례식에서 웃거나 미소를 짓는데, 울음은 나약함을 드러내고 친지의 죽음을 불러온 사악한 혼령이 또 다른 피해를 줄지도 모른다는 믿음 때문이다. 파리 사람은 불친절하다고 외부 사람들이 느끼는 한 가지 이유는, 다른 문화권 사람과는 달리, 그들이 공공장소에서 우연히 눈이 마주친 방문객에게 미소를 짓지 않기 때문일지도 모른다.

눈의 다양한 표상

응시(gaze) 바라보는 것을 말한다.
상호응시(mutual gaze) 사람들이 서로 바라보는 것을 말한다.

얼굴에서 가장 표현력이 있는 부위 중의 하나가 눈이다. 타인과 의사소통할 때 우리가 눈으로 하는 것 중의 하나는 분명 상대방을 바라보거나 그 환경에 놓인 사물을 바라본다는 것이다. **응시**(gaze)라는 용어는 바라보는 행동을 가리키고, **상호응시**(mutual gaze)라는 용어는 사람들이 서로 쳐다보는 것을 가리킨다. 마크 냅(Mark L. Knapp)은 많은 연구를 조사한 후 응시의 다섯 가지 기능을 열거하였는데, 의사소통의 흐름 조정, 반응의 추적, 인지 행동의 검토, 감정의 표현, 대인관계의 성격 소통이 그것이다.[11)]

응시하기는 여러 가지 방식으로 의사소통을 규제한다. 특정한 방식으로 상대를 응시한다는 것은 '나는 의사소통할 준비가 되어 있다.'라는 것을 말하고, 시선을 피하

9) S. Chevalier-Skolnikoff, "Facial Expressions of Emotion in Nonhuman Primates," in ed. Paul Ekman, *Darwin and Facial Expression* (New York: Academic Press, 1973).

10) M. L. Philips, et. al., "A Specific Neural Substrate for Perceiving Facial Expressions of Disgust," *Nature* 389 (1977), 495-498.

11) Knapp and Hall, 2002, 350-351.

는 것은 더 이상 의사소통하고 싶지 않다는 것을 뜻할 수 있다. 의사소통의 한 경로를 시작하거나 끝내는 것에 추가하여, 응시하기는 차례 바꾸기를 통제하는 하나의 방법이다. 앞에서 이미 동작학적 행동의 규정 행위에 대하여 언급하였는데, 응시하기 또한 상호작용의 규제를 도와준다. 응시하기와 시선 피하기 및 응시 길이는 언제 이야기를 시작하거나 중단해야 하는지에 대하여 참여자에게 무의식적인 단서를 제공한다.

또한 응시하기는 피드백의 역할을 한다. 만약 어떤 사람이 당신이 이야기할 때 당신에게 시선 집중을 거의 하지 않고 있다면, 미국인은 이 행동을 태만하고 무관심한 것으로 받아들인다. 물론 언제나 그런 것은 아니다. 특정한 감정적 · 심리적 상태에 있는 사람은 시선을 마주하지 않으면서 다른 사람의 이야기를 들을 수도 있다. 또한 다른 문화권의 사람은 응시에 대해 다른 태도를 보인다. 보스니아의 이슬람교도와 일부 전통적인 베트남인은 어릴 적부터 이성이나 손윗사람을 똑바로 바라보지 않도록 교육받는다.[12] 라틴아메리카와 아시아의 아동들은 권위 있는 사람을 똑바로 바라보지 않도록 교육받는다. 응시 방식이 문화적으로 상대적이기 때문에 종종 부정확한 결론이 나온다. 교사는 아동이 자신을 바라보지 않는 것은 그가 말하는 것에 흥미가 없기 때문이라고 생각할 수도 있다. 반대로 교사를 응시하지 않고 말하는 아동은 부정직한 것으로 생각할 수도 있다. 그러나 이런 결론은 권위 있는 사람을 똑바로 바라보지 말 것을 요구하는 문화적 가치에 기초한 방식일 수 있다. 자신과 다른 문화권의 사람과 접하는 교사, 의료 종사자, 국제 여행가, 외국인 노동자의 고용주는 응시 방식의 차이점과 비언어적 의사소통의 서로 다른 요소를 인식해야 한다.

응시 방식은 화자가 사실적인 것에 대해 말하는지 또는 추상적이나 복잡한 개념에 대해 말하는지에 따라 바뀐다. 만약 대화 주제가 어려운 인지 활동을 필요로 하는 것일 경우, 일반적으로 화자를 가끔 응시하는 사람이라 하더라도 생각하는 동안 시선을 완전히 돌리거나 눈을 감을 수도 있다.

눈은 얼굴에서 감정을 보여 주는 가장 표현적인 부분이다. 표정에 대한 절에서 논의된 여섯 가지 감정 각각은 누구나 만들 수 있고 이해할 수 있는 눈의 형상으로 나타난다. 예를 들어, 공포에 질린 눈은 눈썹이 올라가고 찡그린 모습이다. 위쪽 눈꺼풀을 치켜뜨는 것은 홍채 주변의 흰자위를 노출한다. 아래쪽 눈꺼풀은 일그러진다.

응시하기와 상호응시는 사람 사이의 관계에 의해서도 만들어진다. 우리의 문화가 우리를 다른 방식으로 사회화하지 않는 한, 우리는 우리가 흥미를 느끼는 사물이나 사람을 보는 경향이 있다. 사람들은 종종 저명인사를 바라본다. 우리는 또한 우리

12) G. A. Galanti, *Caring for Patients from Different Cultures,* 2nd ed. (Philadelphia: University of Pennsylvania Press, 1997), 26.

글상자 11-1 눈 : 동공의 팽창과 수축

1950년대 후반 심리학자인 에크하르트 헤스(Eckhard Hess, 1916~1986)는 눈동자 움직임의 의사소통 효과를 연구하였다. 이 연구는 궁극적으로 동공역학이라 불리는 비언어적 의사소통연구 분야로 발전하였다. 불빛이 어두운 데서는 눈동자가 팽창하고 불빛이 밝은 데서는 수축된다고 하는 것은 일반 상식이다. 헤스와 그의 동료들은 사람이 즐거운 것이나 감정적으로 만족스런 것을 볼 때는 동공이 팽창하고, 추한 것이나 감정적으로 불쾌한 것을 볼 때 동공이 수축되는가를 밝히고자 하였다. 예를 들어, 그는 여성은 아기, 아기를 데리고 있는 여자, 또는 남성미가 넘치는 남자의 그림을 보았을 때 동공이 가장 많이 팽창되지만, 남성은 나체 여성의 그림을 보았을 때 동공이 가장 많이 팽창된다는 사실을 발견하였다. 또 다른 실험에서, 헤스는 사진 속 여성의 눈을 작게 바꾸어서 남성들에게 보여 주었을 경우, 남성은 눈의 크기가 다른 여성 그림을 보았을 때와는 다른 반응을 보인다는 점을 발견하였다. 평균적으로 남성의 눈동자는 작은 눈동자의 여성 그림을 볼 때보다 큰 눈동자를 가진 여성의 그림을 바라볼 때 두 배로 팽창되었다. 헤스의 연구가 출판된 얼마 후 범죄학자들과 광고주들이 이에 아주 많은 관심을 두게 되었다. 범죄학자는 어떤 사람이 심문받을 때 그 사람의 눈을 촬영하거나 녹화함으로써 그 사람의 거짓말 여부를 조사할 수 있다고 생각하였다. 광고주들은 인쇄물 광고에서 모델의 눈동자가 크게 보이도록 함으로써, 판매 상품에 사람들이 좀 더 관심을 두게 될 것이라고 생각하였다. 그러나 헤스의 최초 연구 이래 수행된 많은 연구는 이러한 의견을 지지하지 않으려는 경향이 있다. 그의 연구 수행 방법에 있어서 많은 약점이 발견되었기 때문이다.

source : Mark L. Knapp and Judith A. Hall, *Nonverbal Communication in Human Interaction,* 5th ed. (Belmont, CA: Wadsworth, 2002), 366-369.

가 좋아하는 사람이나 싫어하는 사람을 종종 응시하지만, 우리가 특별한 의견을 가지지 않았거나 관심이 없는 사람에 대해서는 거의 바라보지 않는다. 물론 연인 사이의 상호적 응시는 노래나 드라마에 흔히 나타난다(글상자 11-1 참조).

신체적 외양

비록 다음과 같은 극명한 대조는 관찰되지 않을 것 같지만, 어떤 여성이 부르카(머리에서부터 발끝까지 덮는 이슬람교 여성의 옷)를 입었을 때와 거의 벗은 거나 마찬가지인 목욕용 의상을 입었을 때 그것을 보는 사람은 아주 다르게 반응할지도 모른다. 신체적 외양은 배우자 선택, 일자리 구하기, 사회적이고 직업적인 지위, 다른 사람을 설득하는 능력 및 기타 거의 모든 인간 상호작용에 영향을 끼치는 강력한 의사소통 형식이다. 자신의 신체적 외양에 대한 인식은 자존심에 영향을 끼치고, 그것은 또한 연쇄적으로 그가 다른 사람과 상호작용하는 방식에 영향을 끼친다.

사람의 외양은 그들이 어떻게 옷을 입고, 어떤 유형의 신체 장식을 하며(문신, 피어싱, 보석, 흉터 자국 등), 키, 몸무게, 매력 등 어떤 물리적 특성을 지녔는가에 좌우된다. 의상과 신체 장식은 일반적으로 문화적 관습을 따른다. 이런 관습은 개인이 결혼했는지, 남성다움이나 여성다움을 일으키는지, 어떤 부족이나 집단의 일원인지, 그들이 어떤 사회의 어떤 하위 그룹에 참여하는지, 어떤 사회적 지위가 있는지 및 기타 사회문화적 사실을 알려 준다.

서구사회에서 특정 직업의 의복은 강력한 의사소통자이다. 사람들은 간호사나 성직자 의복을 입은 사람보다는 경찰관 복장을 한 사람에게 다르게 반응한다. 낡고 주름진 옷을 입고 샌들을 신은 채 구직 면접을 보는 사람은 면접관에게 부주의하거나 하류층 사람이라는 메시지를 전달할 수 있다. 펜실베이니아의 신실한 아미쉬 장로에게는 화려한 옷이 허영심을 의미할 수도 있다. 아미쉬 문화는 허영심에 대해 부정적 가치를 부여하고, 그들의 의복은 이런 개념을 상징화한다. 아미쉬 여성은 공공장소에서 단색으로 된 의상만을 입는데, 이런 양식은 여러 세대에 걸쳐 변하지 않는다. 남성은 300년 전에 그들의 조상이 입었던 것과 비슷한 검정색 양복을 입는다. 아미쉬인에게는 자신들의 볼품없는 의상이 겸손과 나머지 세상으로부터 격리되고자 하는 소망을 상징한다.

신체 장식은 많은 다른 메시지를 전달할 수 있다. 왕의 왕관이나 미국 원주민 추장의 독수리 깃털로 장식된 머리 장식물은 높은 지위를 나타낸다. 또 라이베리아의 크펠르 문화에서는 젊은 남성의 등에 있는 상처가 그들이 더 이상 어린아이가 아니고 성인이라는 것을 나타낸다. 모로코의 어떤 집단에서 보디페인팅은 페인팅한 사람을 사악한 것으로부터 보호하기 위한 것이며 수단의 여성에게 보디페인팅은 남편에 대한 사랑을 표현한다. 미국 남서부의 원주민인 호피 족에서 여자아이의 머리에 호박꽃을 묶는 것은 그녀가 미혼이라는 것을 나타낸다. 또한 알래스카 남동부의 틀링기트족은 포틀래치라 불리는 축연을 주최하는 것으로 자신의 조카와 손자의 사회적 지위를 높일 수 있다. 포틀래치 축제에서는 아이의 귀에 피어싱을 하는데, 피어싱을 많이 할수록 아이에게 더 높은 지위를 부여한다. 북아메리카와 유럽 일부에서 왼손 네 번째 손가락에 끼는 반지는 기혼임을 표시한다. 유럽의 다른 지역에서는 결혼반지를 오른손의 네 번째 손가락에 끼기도 한다.

매력이라는 개념도 의미를 지닌다. 무엇이 매력적인가 하는 것은 문화에 따라 매우 다르다. 많은 비서구사회, 특히 식량이 부족한 사회에서는 신체가 큰 여성이 빈약한 여성보다 더 매력적인 것으로 간주된다. 실제로 많은 사회에서 뚱뚱하다는 것은 풍요함, 부유함, 지혜로움과 관련된다. 과거 서아프리카의 누에르 족 사이에서는 여자아이의 몸무게를 늘리기 위해서 강제로 음식을 먹도록 했다. 몸무게가 많이 나가는 여자아이가 높은 지위의 남성과 결혼하기 때문이다. 그러나 현대 미국사회에서는 뚱뚱함과 사회적인 지위의 관계가 반대가 되었다. 뚱뚱한 사람은 높은 지위를 얻기가 어렵다.[13] 또한 미국에서는 남성이든 여성이든 뚱뚱하다는 것은 게으름, 어리석음, 초라함 및 다른 부정적인 특성과 관련 있다. 미국사회에서 날씬한 사람은 '너무 살찐' 사람보다 결혼을 좀 더 일찍 하고, 일자리를 얻는 데 좀 더 효과적이며, 정치적인 자리에 더 쉽게 선출되기도 한다. 날씬함이 매력적이라는 개념은 대중매체와 비만 줄이기 산업을 통해 문화적으로 확산되고 있다.

몸무게의 의미는 문화에 따라 상대적이다. 그러나 신체적 매력과 관련된 어떤 요소들은 강력한 유전적이고 진화적인 요소를 가지고 있는 것으로 보인다. 예를 들어, 두툼한 입술, 흠집 없고 부드러운 살결, 광택이 나는 머리카락은 전체적인 건강함과 관련되고 특히 다산성과 관련된다. 신체적 매력이라는 개념을 만들어 낸 중요한 두 가지 다른 요소는 여성의 허리-엉덩이의 비율과 남녀 모두에 적용되는 신체 대칭이다. 허리-엉덩이 비율은 엉덩이 둘레 길이로 나뉜 허리의 둘레 길이이다. 폐경기 이전의 건강한 여성의 비율은 0.67과 0.80 사이이다. 남성의 평균 비율은 대략 0.85에서 0.95 사이이다. 많은 연구에 의하면, 정상 범위에 속하는 여성이 그 영역 밖에 속하는 사람보다 신체적으로 더 건강하고 가임성이 크다는 것이다. 연구자들은 또 여러 문화권에서 남성이 정상적인 허리-엉덩이 비율을 가진 여성을 더 매력적이라고 생각하므로, 이러한 여성은 좀 더 일찍 그리고 빈번하게 결혼 상대자로 선택되며, 따라서 아이를 더 많이 가지게 된다는 사실을 발견하였다.[14] 다시 말해서, 이상적인 허리-엉덩이 비율에 의해 판단된 아름다움은 실제적으로 건강과 다산의 본질적인 신호이다.[15] 이상적인 허리-엉덩이 비율은 선택되고, 이상적 범위를 벗어난 허리-엉덩이 비율은 선택되지 않는 것이다. 이러한 개념에 대한 좀 더 전문적인 논의를 위해서는 각주 14와 15의 출처를 참조하여라.

신체 대칭 또한 신체적 매력의 등급 판단에서 보편적인 요소가 되는 것 같다. 좌우 양쪽으로 대칭적인 얼굴인 사람이 보편적으로 비대칭적인 사람보다는 더 매력적으로 인식된다. 일란성 쌍둥이는 발달상의 차이로 인해 종종 얼굴 대칭에서 차이가

13) David M. Buss, *The Evolution of Desire: Strategies of Human Mating,* (New York: Basic Books, 1994), 56.
14) Adrian Furnham, Melanie Dias, and Alastair McClelland, "The Role of Body Weight, Waist-to-Hip Ratio, and Breast Size in Judgments of Female Attractiveness," *Sex Roles: A Journal of Research,* (August 1998), 311-326.
15) Devendra Singh, "Female Mate Value at a Glance: Relationship of Waist-to Hip Ratio to Health, Fecundity and Attractiveness," *Neuroendocrinology Letters,* 23 supplement 4, (December 2002), 81-91.

있다. 한 연구에서 실험대상자들은 일란성 쌍둥이의 사진을 보고 이들의 매력도를 판단하도록 요청받았다.[16] 좀 더 좌우 대칭적인 얼굴인 쌍둥이가 좀 더 매력적인 것으로 일관되게 판단되었다. 허리-엉덩이 비율에서와 마찬가지로, 좌우 양측의 대칭도 일반적인 건강 및 번식성과 관련된다.

신체적 매력이라는 개념은 선천성(본성)과 후천성(양육) 사이의 관계를 나타내는 훌륭한 주제이다. 사람들이 아름답다고 생각하는 많은 특성은 문화적으로 특정한 관습에 의해 결정된다(후천적). 그러나 허리-엉덩이 비율, 얼굴 대칭과 같은 몇 가지 특성은 생물학적 진화의 결과(선천적)이고 건강과 풍요로움을 나타낸다.

접촉 행동

> 피부는 마치 덮개처럼 우리의 전신을 덮고 있는데, 가장 오래되고 가장 민감한 신체 기관이고, 첫 번째 의사소통 매개물이며, 가장 효율적인 보호자이다.[17]

피부는 신체의 가장 크고 아마도 가장 분명한 조직일 것이다. 피부나 옷에 접촉하는 것은 긍정적 효과와 부정적 효과를 모두 줄 수 있다. 접촉 행동의 연구를 **촉각학**(haptics)이라고 부른다. 촉각학 연구가 보여 주는 것은 의사소통의 이런 유형이 예전에 생각했던 것보다는 인간에게 훨씬 더 중요하다는 것이다. 인간은 **포유동물**(mammal)인데, 즉 일정한 신체 온도를 유지하고 유선, 머리털, 4개의 심방 · 심실로 된 심장과 다른 변별적 특성을 지닌' 동물이다. 많은 다른 동물과 달리 포유동물은 상당히 많은 접촉을 한다. 실제로 모든 암컷 포유동물은 새끼를 돌보고 핥거나 이빨이나 손을 사용하여 새끼를 씻긴다.

촉각학(haptics) 촉각 행위를 연구하는 분야이다.

포유동물(mammal) 척추동물 중 포유류를 말한다. 인간은 침팬지, 개코원숭이, 개, 고양이, 기타 4천여 가지 다른 동물과 함께 포유류를 구성한다.

인간, 유인원, 원숭이, 원원류 및 안경원숭이는 **영장류**(primates) 포유동물이다. 거의 모든 영장류가 서로 접촉하는 데 오랜 시간을 보낸다. 이것은 특히 손과 입을 사용해 해충, 오물, 작은 가지, 죽은 피부 등을 제거하는 돌보기 행동으로 성취된다. 비록 대부분의 비인간 영장류가 인간보다는 돌보기에 더 많은 시간을 보내지만, 인간 역시 머리 손질, 멋 내기, 머리 깎기 등을 하면서, 또는 친척, 친구, 전문가들로 하여금 그런 일을 대신 하도록 하면서 많은 시간을 보낸다. 열대지방과 같은 특정 환경에서 사는 사람은 서로 상대방의 이나 다른 해충을 제거해 주면서 많은 시간을 소비한다.

영장류(primates) 포유류를 구분하는 하위범주로서 인간, 원숭이, 유인원, 원원류 등을 포함하는 집단이다.

16) L. Mealey, R. Bridgstock, and G. C. Townsend, "Symmetry and Perceived Facial Attractiveness: A Monozygotic Co-Twin Comparision," *Journal of Personality and Social Psychology* 76 (January 1999). 151-158.

17) Ashley Montagu, *Touching: The Human Significance of the Skin,* 3rd ed. (New York: Columbia University Press, 1986), 1.

그림 11-4 돌보기 행동

돌보기는 털이나 머리카락으로부터 오물을 제거하기도 하지만, 관심과 애정을 전달하는 의사소통 수단이기도 하다. 비인간 영장류 사이에서 돌보기는 동물 집단에서의 사회적 서열 체계인 지배 위계를 나타내기도 한다(그림 11-4 참조).

애슐리 몬테규(Ashley Montagu, 1905~1999)는 촉각적 의사소통을 개인의 정상적 발전에 필수적인 것으로 보았다. 그는 돌보기의 진화를 다음과 같이 요약한다. 핥기에서 시작해서 어떤 원원류에서는 특별히 변화된 이빨을 일종의 빗으로 사용하고, 원숭이와 유인원은 비록 입을 사용하기도 하지만 기본적으로 손가락을 이용하여 돌보며, 이러한 행위가 인간에게서는 손으로 어루만지기나 애무하기로 발전했다는 것이다. 그는 다음과 같이 결론을 내렸다.

> … 손으로 어루만지기가 아이에게 주는 중요성은 다른 포유동물 새끼가 핥기를 경험하는 것만큼 중요한 것이다. 사랑할 수 있는 능력을 만들어 낸 요소 중 하나가 핥아주기 또는 그와 동등한 유쾌한 접촉 자극의 형태라는 사실은 명백한 것 같다.[18]

접촉의 양은 문화에 따라 아주 다르다. 푸에르토리코의 한 카페에 한 시간 동안 앉아 있는 연인은 서로 180번 만진다. 파리에서 접촉 양은 한 시간 동안 대략 110번이지만, 플로리다 주 게인즈빌에서는 한 시간에 두 번 정도로 낮은 것 같고, 런던에서는 접촉이 전혀 없을 수도 있다.[19]

준언어

때론 말하는 내용보다 어떻게 말하는가가 더 중요하다. 말하기가 전혀 없는 어떤 메시지는 웃거나 울 때와 같이 엄청난 양의 정보를 전달한다. **준언어**(paralanguage)는 비언어적 체계이지만, 언어를 대체하거나 언어를 수반하는 음성적 단서이다. 준언어적 자질에는 가성, 과도하게 큰소리로 말하기, 비음성, 기식성, 삐걱거리기, 낄낄대는 웃음 등이 포함된다. 이런 요소는 모든 언어적 의사소통에서 중요하며, 법정에서도 마찬가지이다. 증인의 음성 성조, 답변 길이, 말하기 속도 및 다른 준언어적 자질은 증인의 성실성에 대한 배심원의 인식에 영향을 끼친다.[20]

준언어(paralanguage) 성대의 소리를 사용하는 비언어적 체계로서, 언어를 동반하거나 대치한다.

준언어와 정형화

체격, 피부색, 머리 모양 등을 근거로 어떤 개인이나 집단에 대한 선입견을 가지듯이, 우리는 음성에 대한 선입견을 가지기도 한다. 예를 들어, 미국인은 종종 유기음으로 말하는 여성이 활발한 개성을 지녔지만 천박한 성격이라고 정형화한다. 이와 똑같은 목소리를 가진 남성은 실제보다 어리게 판단될 수도 있다. 고음의 남자 음성은 종종 여성적 특성이라고 간주되지만, 여성에서는 과도하게 외향적인 성격이라고 간주된다.[21] 비록 이런 정형화의 정확성에 문제가 있다고 하더라도, 정형화는 다른 사람을 인식하는 데 영향을 끼치고, 따라서 의사소통하는 방식에도 영향을 준다.

우리는 우리 자신이 속한 집단의 사람들을 정형화하는 것 외에도, 음성적 단서에 기초하여 다른 집단의 사람을 정형화한다. 예를 들어, 외국어의 준언어적 자질은 해당 외국어 사용자와 외국어 자체를 정형화하는 데 기여한다. 어떤 사람은 프랑스어를

---

18) Montagu, 1986, 35-36.

19) S.M.Jourard, "An Exploratory Study of Body Accessibility," *British Journal of Social and Clinical Psychology* 5 (1966), 221-231. Also see: D.C. Barnlund, "Communicative Styles in Two Cultures: Japan and the United States," in eds. A. Kendon, R.M. Harris, and Mary Ritchie Key, *Organization of Behavior in Face-to-Face Interaction* (The Hague: Mouton, 1975).

20) William M. O'Barr and J.M. Conley, "When a Juror Watches a Lawyer," in eds. William Haviland and R.J. Gordon, *Talking About People,* 2nd ed. (Mountain View, CA: Mayfield, 1993), 43-45.

21) D.W. Addington, "The Relationship of Selected Vocal Characteristics to Personality Perception," *Speech Monographs* 35 (1968), 492-503.

사랑의 언어로 정형화하는 반면, 어떤 언어는 거칠고 뒤범벅이거나 쌀쌀맞은 언어라고 정형화한다. 이런 요소는 준언어적 자질이 타인에 대한 우리의 태도를 형성하는 데 있어서, 그리고 발화의 정보를 해석하는 데 있어서 매우 중요하다는 것을 보여 준다. 실제 단어가 없을 때, 또는 모르는 언어를 들을 때조차도, 특정한 견해가 형성될 수 있고 피치, 톤, 비음성, 리듬, 휴지 방식 및 다른 비언어적 음성 단서에 의해 특정한 감정이 생길 수 있다.

근접공간학

근접공간학(proxemics) 공간의 사회학적 의미를 분석하는 연구 분야로서, 메시지를 전달하기 위해 어떻게 공간을 사용하는가 하는 방식을 연구하거나 이러한 공간 용법이 문화에 따라 어떻게 다른가를 연구하는 분야이다.

한 사람이 식당으로 들어가서 종업원에게 자리를 부탁한다. 배고픈 이 사람이 단순하게 먼저 빈 자리에 앉게 되는가? 아마도 그렇지 않을 것이다. 나이, 성, 문화적 배경 및 다양한 다른 요인에 의해, 이 사람은 심리적으로 편안한 장소를 발견하게 될 것이다. 인간의 상호작용에서 이루어지는 공간 사용에 대한 연구를 **근접공간학**(proxemics)이라고 부른다. 앉을 장소나 서 있을 장소를 선택하는 데 있어서, 그리고 주변의 공간을 어떻게 차지하는가에 있어서, 우리는 유쾌함이나 불쾌함, 공포, 우려, 신뢰, 회의, 지위, 지도력 및 다른 광범위한 다양한 상태를 주고받는다.[22]

사람마다 공간을 다르게 사용하듯이, 서로 다른 문화에서 공간이 사용되는 방식은 다르다. 근접공간학 연구의 선구자인 고고학자 에드워드 홀(Edward T. Hall, 1914~2009)은 그가 만든 용어인 근접공간학을 다음과 같이 일반화한다.

> 다른 민족 태생의 사람들은 서로 다른 유형의 공간을 필요로 하는데, 왜냐하면 접촉을 좋아하는 사람과 좋아하지 않는 사람이 있기 때문이다. 이탈리아 사람처럼, 청각적으로 다른 모든 사람과 관련되길 바라는 사람이 있고, 독일 사람처럼 다른 세계의 사람으로부터 자신을 격리하는 구조를 바라는 사람도 있다.[23]

홀은 그가 연구한 미국인 집단에 의해 사용되는 네 가지 거리 구역을 정의하였다. 그는 이 집단을 중산층의 건강한 성인으로 기술하였는데, 주로 북동부 해안지대 출신이다.[24] 그는 대인 거리를 각각 친근한 거리, 개인적 거리, 사회적 거리, 공적 거리라고 불렀다. 친근한 거리는 0에서 18인치 사이로, 보통 가장 친한 친구와 친척에게만 허용되는 구역이다. 만약 낯선 사람이 18인치 내에 있는 '보이지 않는 장벽'이라

22) Edward T. Hall, *The Hidden Dimension* (Garden City, NJ: Doubleday-Anchor Books, 1966).
23) Edward T. Hall, "Human Needs and Inhuman Cities," *Ekistics* 27 (1969), 183.
24) Hall, 1966, 116.

표 11-1 거리와 행동

거리 분류	피트	가능한 행동
친근한 거리	0~1.5	애정 행위, 씨름, 위로, 방어가 이 거리에서 생긴다. 발성이 가장 적고 통상적으로 저음이거나 속삭임으로 제약받는다.
개인적 거리	1.5~4	이러한 거리의 좀 더 가까운 단계에서 우리는 다른 사람을 붙들거나 껴안을 수 있다. 좀 더 먼 거리에서 사람들은 개인적 관심 주제를 논의할 수 있는데, 교수와 학생이 성적을 논의하는 것과 같은 것이다.
사회적 거리	4~12	이 거리의 좀 더 가까운 단계에서 비개인적인 용무가 수행된다. 사람들은 사회적 모임에서 4~7피트 떨어져 있게 되고, 7~12 피트에서 좀 더 형식적인 용무가 생길 수 있다.
공적 거리	12~25+	대중 연설이 이 거리에서 발생한다. 목소리가 크고 신중한 어휘 선택이 이루어지며 좀 더 공식적인 문장을 사용한다.

여기서 논의하는 행동들은 미국의 북동부 해안에 사는 중산층의 건강한 성인 미국인에게, 여러 가지 거리에서 일어날 수 있는 행동을 말한다.

source : Edward T. Hall, *The Hidden Dimension* (Garden City, NJ: Doubleday-Anchor Books, 1966), 114-129.

불리는 구역으로 들어갈 경우, 집단 구성원은 조바심을 내고 그 경계를 유지하려는 동작학적 행동을 한다. 18인치를 유지하기 위해 물러서기도 하고, 방어적 자세를 취하거나, 또는 실제로 그 사람을 반대쪽으로 밀어내기도 한다. 애정 행위나 위로하기 등과 같은 가까운 신체 접촉은 바로 이 친밀한 거리에서 이루어진다. 다른 거리 내에서도 표준화된 행동 유형이 발생한다(표 11-1 참조).

친밀한 거리와 개인적 거리 사이의 18인치 경계는 거리를 결정하는 미국인의 평균치이다. 문화가 달라지면, 거리 관념도 달라지고, 그에 따라 행동도 달라진다. 홀은 아랍인의 공간 사용에서 나타나는 일반적인 요소와 예기치 않은 상황에 대해 기술하였다. 그에 따르면, 아랍인은 공공장소에서의 혼잡, 고성, 냄새, 부딪치기와 떠밀기, 대화할 때 너무 가까이 서는 것 등의 특성을 보이는데, 이는 대부분의 미국인을 불쾌하게 할 수 있는 행동이다.[25)]

친근한 공간에 대한 미국인과 아랍인의 개념 차이는 미국이 주로 역사에서 대부분 넓게 확 트인 시골 지역이었다는 사실과 관련될 수 있다. 미국은 상대적으로 최근에서야 도시화되었다. 많은 아랍 문화는 이집트처럼 대략 5,000년 동안 밀집된 도시 문명에서 살아왔다. 이런 차이가 공간의 사회적 사용에 대한 감수성의 차이를 초래했

25) Hall, 1966, 154-165. See also: Kenneth Friedman, "Learning the Arabs' Silent Language: Edward T. Hall Interviewed by Kenneth Friedman," *Psychology Today* 13 (August 1979), 44-54.

글상자 11-2 근접공간학적 발견

학자들은 다음과 같은 사실을 발견하였다.

1. 사람들은 주차 공간에 대하여 매우 예민하게 반응한다. 사람들은 방금 발견한 주차 공간에 대해 방어적이 될 뿐만 아니라, 어떤 사람이 그 자리를 기다리고 있을 경우 그들이 점유한 공간을 좀 더 천천히 떠난다.
2. 독일인 사업가와 대학의 행정 요원은 묵직한 사무실 문을 닫아둔다. 미국인은 이것을 독일인의 냉담함과 비밀스러움의 척도라고 해석한다. 독일인은 미국인의 개방 정책을 매우 느슨하고 비사업적이라고 본다.
3. 사람들은 집을 떠났다가 온 후에는 침입자의 흔적이 있는지를 점검하기 위해 이리저리 둘러본다. 이런 수색 행동은 모든 포유동물 사이에 공통적이다.
4. 미국담장협회는 대략 72,000마일의 주거용 담장이 매년 미국 가정의 담장을 위해 구매된다고 말한다.

근접공간에 대한 더 많은 내용은 웹 사이트 http://members.aol.com/doder1/proxemi1.htm을 참조하여라.

을 것이다.

공간의 사용은 가구 배치 방식이 대화를 촉진하기도 하고 제한하기도 하는 것처럼, 상호작용을 규제하는 데 있어서 중요하다. 개인이 방이나 테이블에서 차지하는 자리는 그 사람의 나이, 성, 태도, 지도력의 정도와 지위, 진행 중인 화제와 과업에 의해 영향을 받는다.[26] 각각의 문화에는 자체의 근접공학적 규칙이 있는데, 규칙의 침해는 많은 문제를 초래할 수 있다. 다른 사람의 공간적 요구를 오해하거나 그런 요구가 위반될 때 생기는 반응이 여행자가 다른 문화에서 종종 경험하는 문화적 충격의 주요 요소이다(글상자 11-2 참조).

물리적 환경

물리적 환경과 사회적 환경의 특성은 의사소통 방식에 영향을 끼친다. 우리는 친근하게 받아들이는 환경에서 좀 더 관대해지고 편안해진다. 벽은 어두운 색이며, 가구는 사람들이 널찍하게 떨어져 앉도록 배치된 집에서는 온화함을 느낄 수 없을 것이고, 적어도 처음에는 상호작용을 억제할 것이다. 어떤 집들은 '들어오세요. 앉아서 이야기

26) Robert Sommer, *Personal Space* (Englewood Cliffs, NJ: Prentice-Hall, 1969).

• • •
글상자 11-3 색의 의미

색채는 서로 다른 문화에서 서로 다른 의미를 지닌다. 그래서 다른 문화권으로 여행하는 사람은 그들이 선물을 어떻게 포장하는지, 지역 주민에게 어떤 색의 꽃을 주는지, 그들이 어떤 색의 옷을 입는지 등에 대해 유의할 필요가 있다. 예를 들어, 중국과 아시아의 많은 지역에서 빨간색은 행운이나 행복과 관련된다. 그래서 빨간색으로 선물을 포장하거나 빨간색 꽃을 주는 것이 좋다. 그러나 한국에서는 빨간색 잉크를 족보에서 죽은 친척의 이름을 쓰는 데 사용한다. 또한 미국에서 빨간색은 종종 분노 및 노여움과 관련되는데, 빨간색 잉크는 부채와 관련된다. 아시아에서는 검은색 대신에 흰색이 종종 애도의 색이다. 만약 아시아 사람이 서양의 병원에 들어갈 때 흰색 천은 환자가 죽게 될 것이라는 것을 암시할 수 있다. 그러나 미국에서 흰색은 종종 결혼, 세례, 최초의 성찬식과 같은 행복한 경우와 관련된다.

국제적인 사업을 하는 회사는 로고, 포장, 웹 사이트, 무역박람회에서의 부스, 광고 등에 사용하는 색채에 유념할 필요가 있다. 한 문화권에서 긍정적인 연상을 일으키는 색채나 색채의 조합은 다른 문화권에서는 반대 효과를 낼 수도 있다. 예를 들어, 흰색은 아시아 문화권에서 애도와 관련되므로, 기업은 아시아에서 판촉할 때에는 흰색을 피해야 한다.

아래는 색에 대하여 일부 다른 문화적 관련성이다.

- 보라색은 브라질에서는 죽음, 일본에서는 죄와 공포, 미국에서는 위엄과 권위, 나바호인에게는 행복, 폴란드인에게는 노여움과 공포를 나타낸다.
- 노란색은 중국인에게는 신성한 색이며, 프랑스에서는 질투를, 그리스인에게는 슬픔을 의미한다.
- 북아메리카에서 녹색은 질투나 시기심, 또는 환경에 대한 걱정을 나타낸다.
- 파란색은 일본에서는 사악함을 나타내는 색이지만, 이스라엘에서는 신성함의 색이다.

합시다.'라고 말하는 듯하다.

주변 환경의 색과 소리 또한 그곳에서 발생하는 상호작용에 영향을 끼친다. 비록 연구의 결론이 확정적인 것은 아니지만, 어떤 색채는 학문적 성취와 관련 있다. 한 고전적인 연구에 의하면, 학생들의 IQ 검사는 흰색, 검은색, 갈색 방에서보다는 파란색, 노란색, 연녹색, 주황색 방에서 더 좋은 결과가 나타났다.[27] 학생들은 또한 다른 색으로 칠해진 교실에서보다 주황색으로 칠해진 교실에서 덜 공격적이었다. 실내 장식가들은 다양한 감정과 느낌을 표현하게 되는 환경을 만들기 위해 색채를 사용한다. 예를 들어, 빨간색은 흥분을 느끼게 한다고 생각하는 반면에, 파란색은 진정을 느끼게 한다고 생각한다(글상자 11-3 참조).

---

27) "Blue Is Beautiful," *Time*, September 17, 1973, 66.

환경의 소음도 환경에서 발생하는 의사소통에 영향을 끼친다. 과도하게 소란스러운 주변은 사람들에게 두통을 줄 수 있고 상호작용을 짧게 줄일 수 있다. 음악은 사람을 자극하고, 위로하고 선동할 수 있다. 빠른 음악은 사람을 더 빠르게 움직이도록 격려할 수 있고, 느린 음악은 천천히 움직이도록 할 수 있다. 사업가들은 상점에서 사람들의 행동에 영향을 끼치는 데 음악을 사용한다. 예를 들어, 느린 음악을 들려줌으로써 사람들이 더 오래 머물고 더 많이 구매하도록 할 수 있다.

또 다른 환경 요소는 조명이다. 예를 들어, 조명은 친밀감이나 그것의 결여를 지각하게 할 수 있다. 조명이 흐린 방에서 우연히 만난 사람에게 친밀한 질문을 하면, 상대방은 상당히 불안해할 수 있다.[28] 방안의 물건 또한 의사소통에 영향을 끼칠 수 있다. 사람은 무서운 그림이 많은 방보다는 수수하고 평범한 방에서 다르게 반응한다. 어떤 물건은 상호작용을 시작하게 해 주는 말문 트기의 역할을 하기도 한다.

가구 배치는 대인적 상호작용을 부추길 수도 있고, 억제할 수도 있다. 1950년대에 대형 정신병원에서 이루어진 한 연구에 의하면, 단지 가구들을 재배치함으로써 환자들의 대화량이 두 배 가까이 증가했다고 한다. 물론 문화적 요인도 작용한다. 인류학자인 홀은 자신이 인터뷰한 중국인 피시험자가 얼굴을 마주 보는 대면 인터뷰에 겁을 먹었다고 기술한다. 이 중국인은 그런 배치보다는 옆으로 나란히 앉아서 인터뷰하는 것을 더 편안해하고 이야기도 더 많이 했다고 한다.[29]

지침서 : 당부의 말

1971년에 비언어적 의사소통에 대한 책이 『How to Read a Person Like a Book』이라는 제목으로 출판되었다.[30] 이 책에서 저자들은 신체 움직임에 대한 지식을 통한 사업 성공을 안내하고자 하였다. 다른 유사한 책들도 거의 모든 대인관계에서의 성공을 약속할 뿐 아니라, 자기 자신을 더 잘 앎으로써 정신적 · 육체적 건강을 제고할 수 있다고 주장한다.[31] 사람들의 언어적 기법이 다양하듯이 비언어적 기법도 다양하다는 것이 잘 입증되었다.[32] 비록 그런 기법을 학습하기 위한 유전적 잠재성이 사람마다

28) S.J. Carr and J.M. Dabbs, "The Effect of Lighting, Distance, and Intimacy of Topic on Verbal and Visual Behavior," *Sociometry* 37 (1974), 592-600.

29) Edward T. Hall, "Proxemics: the Study of Man's Spatial Relations," in ed. Norman Klein, *Cultures, Curers, and Contagion* (Novato, CA: Chandler and Sharp, Inc., 1979).

30) G.I. Nierenberg and H.H. Calero, *How to Read a Person Like a Book* (New York: Pocketbooks, reissue edition, 1990).

31) 또 다른 인기 있는 저서로는 다음과 같은 것이 있다. Julius Fast, *Body Language* (New York: M. Evans, 1970); Julius Fast, *The Body Language of Sex, Power, and Aggression* (New York: Harcourt, Brace, Jovanovich, 1977); Desmond Morris, *Manwatching: A Field Guide to Human Behavior* (New York: Abrams, 1977); and Wayne W. Dyer, *Your Erroneous Zones* (New York: Funk and Wagnalls, 1976).

다르지만, 비언어적 메시지를 부호화하고 해독하는 능력은 학습된다. 따라서 비언어적 소통 능력이 낮은 사람은 그런 기술을 향상시키는 법을 배울 수 있다. 이 주장의 타당성을 의심할 이유는 없다. 대중을 대상으로 한 많은 지침서가 믿을 수 있는 지침을 줄 수도 있다. 그러나 이런 책들은 인간 행동의 복잡성, 유연성, 변이성에 충분한 관심을 두지 않는다. 다양한 사람에게서 나타나는 동일한 형태의 비언어적 행동이 아주 다른 내용을 가질 수도 있다. 또한 하나의 행동 형태가 다른 맥락에서 다른 의미를 지닐 수도 있다. 비언어적 기술에 대한 연구가 진행 중이고 흥미롭지만, 그 연구는 대중서적에 제시된 대부분의 주장을 뒷받침하기에는 아직 초기 단계에 있다.

요약

언어는 정보를 전달한다. 동시에 전달자는 비언어적으로 수많은 다른 메시지를 보낸다. 이런 비언어적 메시지는 언어적 메시지를 강화·대조·강조하거나 약화하거나 수정할 수 있다. 종종 비언어적 메시지는 언어적 메시지보다 더 중요하다.

신체의 움직임은 표상 행위를 통해 매우 특정한 정보에서부터 적응 행위를 통해 개인의 불안에 대한 느낌에 이르기까지 모든 것을 나타낼 수 있다. 손은 공중에 그림을 그려 강조 행위를 하거나, 말하는 속도를 조절하는 데 사용할 수 있다. 우리는 접촉에 의해 안심시키거나 꾸짖기도 하고, 어떤 사람이 우리의 보이지 않는 장벽으로 진입해 올 경우 불쾌감을 표시한다. 개인이 말하는 전반적인 방식은 그에 대한 정형화된 이미지를 사람들에게 심어 준다. 말하는 방식은 다른 사람에게서 우리가 받는 메시지와 우리가 보내는 메시지에 영향을 끼친다. 우리가 상대방을 바라보는 방식과 상대방이 우리를 응시하는 방식은 표정과 마찬가지로 여러 가지 인상을 전달한다. 메시지 전달자의 의도와 관련하여 이런 인상은 정확하게 또는 부정확하게 해석될 수 있다.

사람의 외양은 그들이 가졌거나 갖지 못한 직업, 사회적으로 교제하는 사람들, 다른 사람이 그들을 얼마나 진지하게 대우하는가, 그들이 지닌 자부심 등을 포함하여 생활의 여러 가지 중요한 요소에 영향을 끼친다. 미의 표준과 긍정적인 개인의 모습은 문화에 따라, 하위문화에 따라, 시대에 따라 달라진다.

비록 신체적 매력으로 간주되는 것이 문화에 따라 상대적이라 하더라도 신체적 매력의 지각에 영향을 끼치는 선천적이고 보편적인 요소가 있다. 여기에는 신체 대칭

32) Robert Rosenthal, ed., *Skill in Nonverbal Communication: Individual Differences* (Cambridge: Oelgeschlager, Gann and Hain, 1979).

과 여성의 허리-엉덩이 비율이 포함된다.

물리적 환경과 사회적 환경의 특성 또한 의사소통에 영향을 끼친다. 환경은 우호적이거나 비우호적으로, 친근하거나 불친절한 것으로, 형식적이거나 비형식적인 것으로, 또는 포근하거나 두려운 것으로 인식될 수 있다. 예를 들어, 방의 색깔은 자극을 주거나 동요를 일으킬 수 있으며, 소음은 상호작용을 촉진하거나 위축할 수 있다.

더 읽을거리

Axtell, Roger E., *Essential Do's and Taboos: The Complete Guide to International Business and Leisure Travel,* New York, Wiley and Sons, 2008. 이 책은 비언어 의사소통의 변이형들과 문화에 따라 정상적이기도 하고 문제를 일으키기도 하는 행동들에 대해 중점적으로 다룬다.

Ekman, Paul, and Erika Rosenburg, *What the Face Reveals,* (2nd ed., New York: Oxford University Press, 2005. 폴 에크만은 얼굴 표현의 비언어적 연구 분야를 개척한 선구자 중의 한 사람이다.

Hendry, Joy, and C. W. Watson, *An Anthropology of Indirect Communication,* New York: Routledge, 2001. 이 책은 인류학적 측면에서 여러 가지 비언어적 의사소통의 유형들에 대한 다양한 설명을 제공한다.

Knapp, Mark, and Judith Hall, *Nonverbal Communication in Human Interaction,* 7th ed., Boston, MA: Wadsworth, 2010. 이 책은 비언어적 의사소통연구의 입문서이다.

Simmons, Ann M. "Where Fat Is a Mark of Beauty," *Los Angeles Times,* September 30, 1998, in *Annual Editions: Anthropology,* ed. Elvio Angeloni, New York: McGraw Hill, 2011.

Ting-Toomey, Stella, *Communication across Cultures,* New York: Guilford Press, 1999. 이 책은 언어적·비언어적 소통을 비교문화적으로 분석한 연구서이다.

참고할 웹 사이트

다음 웹 사이트는 아마도 참조할 유일한 사이트일 것이다. 이 사이트는 폴 에크만, 에드워드 홀, 낸시 헨리 등 비언어 의사소통연구 분야의 선구자들을 포함한 많은 연구자의 웹 사이트를 연결하였다. 비언어적 의사소통에 대한 학교 웹 사이트, 저널, 전문서 등을 연결한 링크도 있다.

http://www3.usal.es/-nonverbal/varios.htm

「The Journal of Nonverbal Communication」은 다음 웹 사이트에서 찾아볼 수 있다.

http://springerlink.metapress.com/content/104925/

아래 웹 사이트는 비언어소통연구센터이다.

http://members.aol.com/nonverbal2/index.htm

산타크루즈 소재 캘리포니아주립대학교의 비언어소통연구 웹 사이트는 다음과 같다.

http://nonverbal.ucsc.edu

용어와 개념의 정리 : 비언어적 의사소통

1. 비언어적 의사소통이란 ____________________을(를) 말한다.
2. 신체 움직임으로 의사소통하는 것에 대한 연구를 ____________________(이)라 부른다.
3. 의사소통을 위한 춤 동작이 있다고 말할 때, 그 의미는 ____________________는 것이다.
4. 어떤 사람에게 정숙하라고 신호하기 위해 입에 손가락을 대고 있는 것은 동작학적 행동의 어떤 유형에 해당하는가? ____________________
5. 몸 앞으로 팔을 뻗음으로써 방금 잡은 큰 고기를 묘사하는 것은 ____________________의 한 예이다.
6. 연필로 자신을 반복적으로 두드리는 것은 ____________________(이)라고 불리는 비언어적 행동이다.
7. 어깨를 으쓱거리는 비언어적 행동은 ____________________이다.
8. 미소는 ____________________(이)라고 불린다.
9. 감정을 전달하기 위한 주요 부분은 ____________________이다.
10. 기본적인 표정을 만들고 그에 반응하는 것은 타고난 선천적인 행동임을 뒷받침하는 네 가지 증거가 있다. 이들은 ____________________, ____________________, ____________________, ____________________이다.
11. 말하기와 듣기의 순서를 조절하는 비언어적 행동을 ____________________(이)라고 부른다.
12. ____________________은(는) 개인적 욕구를 충족시키는 기능을 하는 조작이다.
13. 얼굴에 의해 표현되는 여섯 가지 기본적인 감정은 ____________________이다.
14. 이번 장에서 논의했던 응시 및 상호응시의 다섯 가지 기능은 무엇인가?____________________, ____________________, ____________________, ____________________, ____________________
15. 이 글에서 논의된 다섯 가지 동작학적 행동 중에서 가장 의식적으로 만들어진 유형은 ____________________이고, 가장 무의식적으로 만들어진 유형은 ____________________이다.
16. 돌보기 기능은 ____________________와(과) ____________________이다. 비인간 영장류에서도 이것은 ____________________(으)로 나타난다.
17. 비언어적 체계이지만 언어를 대체하거나 언어가 수반되는 음성적 단서를 ____________________(이)라고 부른다.

18. 인간 상호작용에서 공간의 활용에 대한 연구를 ______________________________(이)라고 부른다.
19. 에드워드 홀이 연구한 사람들 중 미국인은 평균적으로 낯선 사람이 ____________________________ 이상 가까이 다가설 경우 조바심을 느낀다. 이런 거리 공간을 ______________________________(이)라고 부르고 이 거리 주변의 모든 방향으로 확대되는 지역을 개인의 ______________________________(이)라고 부른다.
20. 우리는 매력적이라고 판단하게 되는 어떤 요소들이 사회화 과정을 통해 학습된다는 사실을 논의하였다. 선천적일 뿐 아니라 수백만 년에 걸친 생물학적 진화의 결과인 아름다움을 판단하는 요소에는 어떤 것이 있는가? ____
21. 의사소통에 영향을 끼치는 물리적 환경이나 사회적 환경의 요인은 ____________________________________ ____이다.

단원 말 연습문제

1. 소리를 끄고 텔레비전 프로그램을 보아라. 사람들이 화면에서 대화하는 동안 일어나는 신체 움직임과 얼굴 움직임에 대해 무엇을 말할 수 있는가?

2. 녹화된 텔레비전 프로그램이나 영화를 소리를 끄고 보아라. 어떤 정보가 전달되는지 또는 무엇에 대한 이야기인지 추측하여라. 말하는 것에 대한 당신의 인상이 정확했는가? 추측하는 데 있어서 어떤 유형의 정보가 가장 정확했는가? 특별한 정보, 태도, 관계 특성 등에 대한 당신의 결론을 설명하여라.

3. 이런 연습은 마지막 연습 후에 만들어진 점수표와 관련된다. 식당, 공원이나 사회적 집회와 같이 사람들이 한동안 머무는 장소에서의 대화를 관찰하여라. 당신은 표상 행위, 강조 행위, 규정 행위, 적응 행위 및 기타 비언어적 행동의 예를 볼 수 있는가? 자료를 수집하기 위하여 점수표 형식을 사용하여라. 당신이 관찰하는 모든 동작을 기록하고 참여자, 동작의 의미, 맥락 등을 적어라.

4. 3번 문제를 수행한 후에 다음 질문에 답하여라.
   a. 다른 이성이 섞여서 상호작용할 때 비언어적 행동 방식(사용된 행동 유형, 행위자들의 빈도 및 강도, 누가 상호작용을 시작하고 끝내는지 등)에는 어떤 차이가 있는가? 즉, 한 남성과 다른 여성, 한 여성과 다른 여성, 2명의 남성과 1명의 여성 등과 같은 경우이다.
   b. 상호작용자의 나이가 어떤 효과를 주는가?
   c. 상호작용자의 숫자가 어떤 효과를 주는가?
   d. 다른 장소에서 연습문제를 수행했다면 달라진 배경으로 인해 비언어적 유형에서 어떤 차이점이 발견되는가?
   e. 각자가 작성한 점수표를 기준으로 할 때 어떤 새로운 관찰이나 결론이 도출될 수 있는가?

5. 음악, 환경의 색, 가구 배치, 건축 디자인과 같은 것이 인간의 의사소통에 어떻게 영향을 끼치는가?

6. 10명 이상의 사람에게 그들이 말하지 않는 다양한 언어를 영어와 비교했을 때 소리가 어떻게 특성화되는지를 물어보아라. 즉, 다른 언어가 영어보다 더 거슬리는지, 더 단조로운지, 더 빠르게 말하는지 등이다. 자료를 수집한 후 다음과 같이 그것을 분석하여라. 어떤 언어가 대부분의 사람에 의해 비슷하게 특성화되는가? 이런 특성화가 타당하다고 생각하는가? 정형화가 외국어를 말하는 사람에 대한 청자의 지각에 영향을 끼친다고 생각하는가?

비언어적 의사소통 점수표

* 이 점수표를 필요한 수만큼 복사하여 사용하여라.

시작 시각 : ________________

종료 시각 : ________________

약 2~4명의 대화자

A = 나이, S = 성

비언어적 행동	관찰된 횟수				의견
	참여자 1 A S	참여자 2 A S	참여자 3 A S	참여자 4 A S	
표상 행위					
강조 행위					
규정 행위					
적응 행위					
접촉 행위					
자리 이동					
기타 행위					

12

역사언어학

Historical Linguistics

이 장에서 알아야 할 것

1. 언어가 시간이 경과하면서 변하는 주요 원인은 무엇인가?
2. 아우구스트 슐라이허와 요하네스 슈미트, 윌리엄 존스 경이 역사언어학 연구에 기여한 것은 무엇인가?
3. 어족이란 무엇인가? 원시어란 무엇인가?
4. 비교법은 언어 사이의 관계와 원시어를 재구성하는 데 어떻게 사용되는가?
5. 어족수형도 모형과 언어관계 및 변화의 파도 모형은 어떻게 다른가?
6. 동족어란 무엇인가?
7. 관계성 가설과 규칙성 가설은 무엇인가?
8. 그림의 법칙은 무엇인가?
9. 조건적 음운 변화와 무조건적 음운 변화의 차이점은 무엇인가?
10. 형태론적 변화의 예로 무엇이 있는가? 통사적 변화의 예로 무엇이 있는가?
11. 영어에서 사회문화적 변화와 의미론적 변화의 예로 무엇이 있는가? 사회문화적 변화와 의미론적 변화는 서로 어떻게 관련되는가?
12. 언어학자들은 어떤 방법으로 후손어가 조상어로부터 변화되는 비율을 결정하는가?
13. 인도-유럽어의 기원 장소에 대해 이견을 보이는 두 가지 가설은 무엇인가?
14. 영어가 국제어로서 매우 광범위하게 사용되는 이유는 무엇인가? 영어의 세계적 확산을 말할 때 '영어들'의 확산이라고 말하는 것이 좀 더 정확한 이유는 무엇인가?

문화의 모든 요소는 시간이 지남에 따라 변한다. 정치제도, 경제제도, 종교, 혈족관계, 예술은 시간이 지나면서 모두 바뀐다. 문화 변화는 다양한 이유로 발생한다. 사람들의 이동이 새로운 사상, 가치, 신념, 행동 및 언어를 확산한다. 사람들의 이동은 평화적인 상거래와 여행 때문이거나, 침략과 전쟁 때문일 수 있다. 사람들이 언어를 가지고 여러 지역으로 이동하기 때문에 한 지역에서 발전된 언어가 널리 확산될 수 있다. 예를 들어, 대영제국의 영토 확장은 17세기 초부터 시작하여 세계 전 지역으로 영어를 확산하는 계기가 되었다. 제1차 세계대전 말기에 영국인은 세계 인구의 약 25%에 달하는 사람들에게 영어를 전하였다. 한 언어가 확산될 때, 그 언어는 그 지역에서 이미 사용되던 언어(들)의 영향을 받는다. 이 때문에 영어는 나이지리아, 인도, 홍콩, 미얀마, 오스트레일리아, 뉴질랜드, 미국 및 세계의 다른 지역에서 약간씩 다르게 사용되고 있다. 이보다 훨씬 이전에 로마인들이 유럽의 대부분을 식민지화하였을 때 비슷한 사건이 발생하였다. 실제로 현대 프랑스어는 어떤 의미에서는 프랑스에서 말해지는 현대 라틴어와 같은 것이고, 에스파냐어는 에스파냐와 라틴아메리카에서 말해지는 현대 라틴어이며, 이탈리아어는 이탈리아에서 사용되는 현대 라틴어이다. 또한 한 언어가 다른 지역으로 확산되면서, 후손 언어는 서로에게서 다양한 정도로 고립될 수 있다. 즉, 여러 후손어 중 한 언어에서 발생한 변화가 다른 언어로 확산되지 않을 수 있다. 점점 더 많은 변화가 나타나면서 같은 조상어에서 유래한 언어들은 고립으로 인해 점점 더 다르게 될 수도 있다.

반면, 사람이 이동한다고 해서 문화 변화가 생기지는 않는다. 문화적 요소는 신지식을 수용하거나 물리적 환경 변화를 수용하기 위하여 변할 수 있다. 예를 들어, 어떤 자원이 줄거나 고갈되면 경제 체제가 변할 것이다. 언어에서 보면, 새로운 발명이나 발견이 있을 때, 이것에 새로운 명칭을 사용해야 한다. 또한 미국사회의 랩퍼와 같은 한 사회 내의 하위 집단이 새로운 표현을 도입하거나, 또는 그러한 표현의 문법을 표준 용법과 다르게 바꿀 수도 있다. 한 언어사회의 기존 세대가 이런 변화를 순수성의 상실로 여길지라도, 해당 언어의 신세대가 창조하는 이런 변화는 궁극적으로 그 세대 및 그 이후 세대의 일상어가 될 것이다.

역사언어학(historical linguistics) 비교언어학과 같다.
비교언어학(comparative linguistics) 시간이 경과함에 따라 언어는 어떻게 변하는가, 서로 다른 언어 상호 간의 관계는 무엇인가 등을 연구한다.
통시언어학(diachronic linguistics) 역사언어학과 같다.
공시언어학(synchronic linguistics) 특정하게 주어진 시간에 나타나는 언어의 모습을 연구하는 분야이다.

역사언어학(historical linguistics) 또는 **비교언어학**(comparative linguistics)은 시간이 지남에 따라 언어가 어떻게 변하며 언어 사이의 관계가 어떠한지를 연구하는 학문 분야이다. 역사언어학자는 언어의 변화 과정, 언어 사이의 계통관계 및 언어의 집단적 분류에 대하여 연구한다. **통시언어학**(diachronic linguistics; dia는 through를 의미하고, chronic은 time을 의미한다.)은 언어학에서 역사적 연구 방법을 지칭하는 데 사용된다. 비역사적 연구는 **공시언어학**(synchronic linguistics; syn은 same을 의미한다.)이라고 불린다. 공시언어학은 제시된 한 시점에서의 언어를 연구한다.

언어 간의 관계

세계 각지에서 현재 사용되는 언어의 수는 한 언어의 방언에 대비해서 언어가 무엇인가를 정의하는 기준에 따라 달라진다. 그럼에도, 세계 언어에 대한 가장 큰 데이터베이스인 에스놀로그(Ethnologue)는 228개국에서 사용되는 6,909가지 언어를 열거한다.[1]

역사언어학의 한 가지 사실은 언어들이 서로 밀접하게 관련될 수도 있고, 최소한으로 관련될 수도 있으며, 또는 전혀 무관할 수도 있다는 것이다. 둘 이상의 언어가 밀접하게 관련되는 한 가지 이유는 그들이 같은 조상어에서 파생되었기 때문이다. 즉, 생물학적 유추를 사용하면 이들은 서로 유전적으로 관련되어 있으며 한 **어족**(language family)이라고 불린다. 실제로 하나의 공통어에서 파생된 언어들을 **후손어**(descendent languages)라고 부른다. 예를 들어, 포르투갈어, 에스파냐어, 카탈로니아어, 프랑스어, 이탈리아어, 루마니아어는 모두 라틴어에서 파생되어 각 지역 토착어와 혼합된 후손어이다. 언어학자들은 이 언어들과 많은 다른 언어를 합하여 **라틴어**(Latin languages), 즉 **로맨스어**(Romance language)로 분류한다. 아이슬란드어, 노르웨이어, 스웨덴어, 덴마크어, 영어, 네덜란드어, 독일어, 이디시어 등 여러 가지 다른 언어는 게르만어이다. 언어학자들은 어족수형도 모형과 파도 모형 두 가지 방식으로 언어 관계성을 보여준다.

어족(language family) 동일한 조상어로부터 갈라져 나온 언어들의 집단이다.

후손어(descendent languages) 공통의 조상어에서 갈라진 언어들을 말한다.

라틴어(Latin languages) 로맨스어와 같다.

로맨스어(Romance language) 라틴어로부터 갈라져 나온 일련의 언어군을 말한다.

어족수형도 모형

언어관계의 **어족수형도 모형**(family tree model)은 1861년 아우구스트 슐라이허(August Schleicher, 1822~1868)에 의해 고안되었다. 그림 12-1에서 보듯이, 어족수형도 모형에 기초한 도표는 **원시어**(proto-language)라 불리는 언어가 도표의 최상단에서 출발한다. 원시어는 조상어로서, 이로부터 많은 언어가 파생되었다고 가정한다. 접두사인 proto-는 before를 의미하는데, 원시어는 재구성된 언어이고 따라서 가설적인 언어이다. 그림 12-1에 도표화된 원시어는 **원시 인도-유럽어**(Proto-Indo-European)이다. 원시 인도-유럽어에서 파생되어 나온 모든 언어를 인도-유럽어라고 부른다. 다른 언어 집단에 대해서도 정도의 차이는 있지만 원시어들이 재구성되었다. 예를 들어, 미국 원주민 언어인 블랙풋어, 미크맥어, 크리어, 오지브와어 등을 포함하는 원시 알곤킨어가 재구성되었고, 또 다른 미국 원주민 언어인 나바호어, 아파치어, 치페와이언어 등을 포함하는 원시 애서배스카어가 재구성되었다. 라틴아메리카 원주민어인 사포텍어, 오토미어 등을 포함하는 원시 오토-망구안어가 재구성되었으며, 인도의 남부언어들의 조상어인 원시 드라비다어가 재구성되었다. 알곤킨어, 애서배스카어, 오토-망구안어, 드라비다어 등은 라틴어, 게르만어와 함께 세계의 여섯 가지 어족을 구성한다. 다른 어족은 표 12-1에 열거되어 있다.

어족수형도 모형(family tree model) 언어의 관계를 일종의 유전적 관계가 있는 것처럼 수형도로 표시한 모형이다. 한 어군에 속하는 모든 언어는 원시어라고 불리는 동일한 조상어로부터 갈라져 나온 것으로 간주한다.

원시어(proto-language) 여러 언어가 도출된 공통의 조상어를 말한다.

원시 인도-유럽어(Proto-Indo-European) 많은 언어학자는 유럽, 서아시아, 인도 일부의 약 144개 현대어와 사어가 모두 공통의 언어에서 갈라졌다고 간주하며, 그 언어의 이름을 원시 인도-유럽어라 한다. 이 지역에서 사용되는 모든 언어가 원시 인도-유럽어에서 발전한 것은 아니다.

인도-유럽어에는 대략 144개 언어가 포함된 여러 가지 하위 유형이 있다. 하위

1) *Ethnologue*, www.ethnologue.com, April 30, 2010.

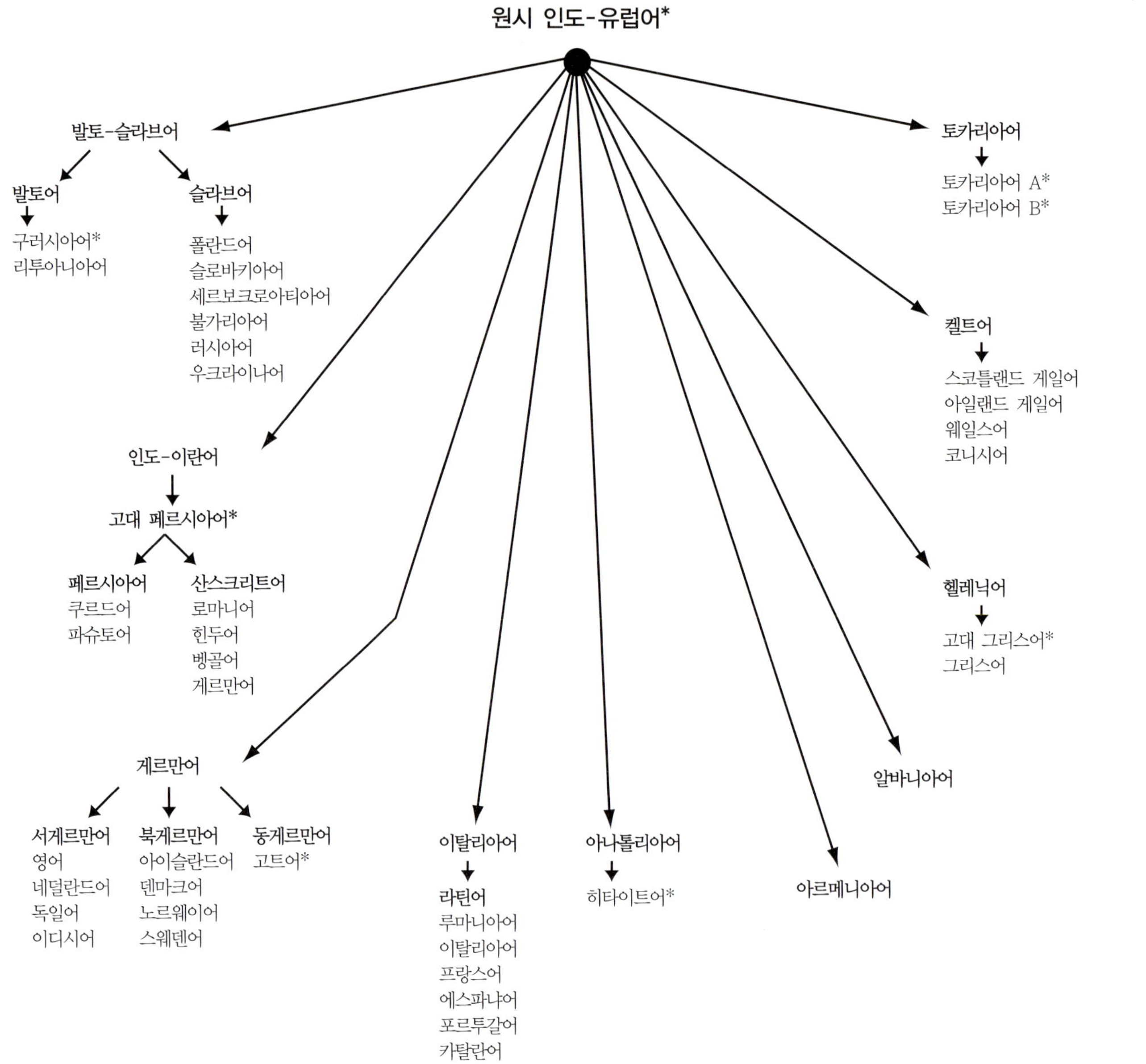

그림 12-1 인도-유럽어 어족수형도

인도-유럽어 어족에는 144개의 언어가 있다. 이 도표는 전체적인 것이 아니고, 인도-유럽어의 한 표본이다. 별표는 재구성된 형태임을 뜻한다.

조상어(ancestor language) 언어 관계를 나타내는 어족수형도 모형에서 각 언어가 가지는 관계를 나타내는 용어로서, 후손어들이 나온 공통의 언어를 조상어라고 한다.

자매어(sister languages) 후손어 사이의 관계를 자매어라고 한다.

규칙성 가설(regularity hypothesis) 같은 조상어에서 갈라져 나온 언어들은 수많은 유사성을 공유한다는 가설이다.

유형 중 게르만어와 이탈리아어가 그림 12-1에 제시되어 있다. 게르만어, 이탈리아어 및 다른 하위 유형은 **조상어**(ancestor language)인 원시 인도-유럽어의 후손어이다. 인도-유럽어의 열 가지 하위 유형은 서로 **자매어**(sister languages) 관계에 있다. 어족수형도 모형은 원시어에서 갈라져 나온 하위 언어들이 시간의 경과와 함께 규칙적인 방식으로 변한다는 것을 가정한다. 이런 개념을 **규칙성 가설**(regularity hypothesis)이라고 부른다. 또한 어족수형도 모형은 언어 사이에 발견되는 많은 유사성은 그 언어들이

표 12-1 세계 어족의 예

어족	주요 지역
피노-우그리아	북스칸디나비아, 동유럽, 서북아시아 일부 지역
오스트로-아시아	동인도에서 베트남에 이르는 광범위한 지역
오스트로네시아	마다가스카르, 인도네시아, 태평양 일부 지역
오스트레일리아	오스트레일리아
인도-태평양	뉴기니아
아시아-아프리카	북아프리카와 사우디아라비아 반도
니제르-콩고	중앙아프리카와 남아프리카
나일로-사하라	중앙아프리카와 북중앙아프리카
코시안	남아프리카
중국-티베트	중국, 미얀마, 타이, 티베트 및 아시아와 인도의 여러 지역
에스키모-알류트	북알래스카와 캐나다 북부
마야	멕시코 남부와 과테말라

상당히 포괄적인 어족 목록과, 이 어족에 속하는 개별 언어 및 이에 대한 정보를 제공하는 웹 사이트로 연결되는 링크는 www.ethnologue.com/family_index.asp를 참조하여라.

하나의 조상어에서 파생된 것임을 보여 준다고 가정한다. 이런 개념을 **관계 가설**(relatedness hypothesis)이라고 부른다. 원시어는 서로 관계가 있다고 가정되는 언어들의 유사성을 비교함으로써 재구성된다.

관계 가설(relatedness hypothesis) 규칙성 가설과 같다.

월리엄 존스 경(Sir William Jones, 1746~1794)은 여러 언어 사이의 유사성을 형식적으로 기술한 첫 번째 사람이다. 존스 경은 48세로 죽을 때까지 28개 국어를 말할 수 있었던 언어학 천재였다. 1786년 인도의 대법원 판사였던 존스 경은 산스크리트어가 라틴어 및 그리스어와 관련 있다는 증거를 보여 주는 저서를 출판하였다. 산스크리트어는 지금도 인도와 아시아의 여러 지역에서 사용되는 고대 언어이다.

그는 또한 산스크리트어, 라틴어, 그리스어가 고트어, 켈트어, 페르시아어와 관련 있다고 믿었다. 그의 연구는 산스크리트어, 라틴어, 그리스어, 고트어, 켈트어, 페르시아어에 하나의 조상어인 원시 인도-유럽어가 있다는 것을 최초로 구체적으로 보여 준 것이었다. 영어를 포함한 다른 언어들이 이 자매어에 추가되었다. 표 12-2는 일부 영어 어휘와 인도-유럽어에서 발견되는 동족어를 열거한 것이다.

존스 경은 이 언어들에서 같은 의미를 지니는 많은 어휘가 음소적으로 아주 유사하다는 점을 인지하였다. 이런 어휘쌍이나 어휘집합을 **동족어**(cognates)라고 부른다. 존스 경은 동족어가 유사한 이유는 그들이 같은 조상어에서 파생되었기 때문이라고 가정하였다. 이것이 관련성 가설의 주된 전제이다. 이 가정은 한 단어의 소리와 의미

동족어(cognates) 공통의 조상어에서 갈라져 나온 여러 언어에 나타나는 서로 관련된 어휘집단을 가리킨다.

표 12-2 다섯 가지 인도-유럽어에서 사용되는 일부 어휘 비교

산스크리트어	그리스어	라틴어	고트어	영어
pitar	pater	pater	fadar	father
padam	poda	pedem	fotu	foot
bhratar	phrater	frater	brother	brother
bharami	phero	fero	baira	bear
sanah	henee	senex	sinista	senile
trayas	tris	tres	thri	three
dasha	deka	decem	taihun	ten
sata	he-katon	centum	hund(rath)	hundred

* 이 중 많은 단어가 격, 수, 성에 따라 다른 어미를 가진다.

가 자의적 관계를 맺고 있기 때문에 만들어졌다(제1장과 제2장 참조). 만약 소리와 의미가 필연적으로(인과관계적으로) 서로 관련되어 있다면, 동일한 의미를 지닌 어휘들은 모든 언어에서 동일한 소리를 지닐 것이다. 이는 사실과 다르다. 따라서 이 언어들에서 발견되는 소리와 의미의 유사성은 이들이 하나의 공통적인 기원을 가지기 때문이다. 표 12-2는 각각의 언어가 공통의 조상어, 즉 원시 인도-유럽어로부터 규칙적인 방식으로 파생되었음을 보여 준다(규칙성 가설).

존스 경의 결론은 고대 및 현대 언어들에 대한 그의 지식과 그들의 관계성에 대한 그의 직관에 기초한다. 덴마크 학자인 라스무스 라스크(Rasmus Rask, 1787~1832)는 존스 경의 결론을 토대로 하여 일부 언어에서 발견되는 음의 차이에 대한 규칙성을 최초로 형식화하였다. 예를 들어, 그는 그리스어의 어떤 음이 게르만어의 어떤 음과 규칙적으로 일치하고 있음을 파악하였다. 예를 들어, 그리스어 phrater와 phero의 ph음은 영어(brother, bear)와 독일어(der Brüder, der Bär)에서 일관되게 b가 되었다.

독일인 언어학자이자 우화 수집가인 야콥 그림(Jakob Grimm, 1785~1863)은 음 차이의 규칙성에 대한 라스크의 연구를 확장하였다. 1819년에서 1822년 사이에 저술한 네 권의 책에서 그림이 내린 결론은 **그림의 법칙**(Grimm's law) 또는 **제1게르만어 자음 이동**(first germanic sound shift)으로 알려져 있다. 그림은 조상어에서 후손어로의 음 변화에 대한 최초의 심층적인 연구를 제공하였을 뿐만 아니라, 역사언어학 발전에 큰 영향을 끼친 비교연구에 대한 정확한 방법론을 소개하였다.

> **그림의 법칙**(Grimm's Law) 야콥 그림이 제안한 언어법칙으로, 원시 인도-유럽어에서 그것의 후손어로 발전하면서 자음이 겪은 일정한 음 변화를 말한다. 제1게르만어 자음 이동이라고도 한다.
>
> **제1게르만어 자음 이동**(first Germanic sound shift) 그림의 법칙과 같다.

영어는 게르만어 중 하나이다. 그림은 원시 인도-유럽어의 /p/, /t/, /k/가 영어에서 체계적으로 /f/, /θ/, /h/로 변한다는 것을 발견하였다. 이런 변화와 다른 음 변화 현상이 표 12-3에 나타나 있다. 그림은 자신이 세운 법칙에 대한 예외가 있다는 점에

표 12-3 그림에 의해 발견된 자음의 이동

원시 인도-유럽어	*b^h	*d^h	*g^h	*b	*d	*g	*p	*t	*k
	↓	↓	↓	↓	↓	↓	↓	↓	↓
영어	b	d	g	p	t	k	f	θ	x or h

별표(*)는 해당 언어 형태가 재구성된 언어의 일부라는 것을 뜻한다. [x]는 무성연구개마찰음에 대한 음소 상징인데 Bach라는 이름의 마지막 음이고 Chanukah란 단어에서의 초성이다. 이 소리는 마치 목을 맑게 하려 내는 소리에 의해 만들어진다.

서 그의 법칙이 진정한 법칙이 아니라는 점을 인지하고 있었다. 그러나 다른 언어학자들은 그림의 연구를 확장하였고, 그림의 법칙에 대한 예외도 설명하였다.

표 12-3은 그림의 법칙이 세 가지 자연 집단에서 음 변화가 규칙적으로 관련된다는 것을 보여 준다. [b^h], [d^h], [g^h]는 유성유기폐쇄음이라 부르는 음의 자연 집단이다. 이 음들은 체계적으로 유성무기폐쇄음이 된다. 유성폐쇄음인 [b], [d], [g]는 각각 무성폐쇄음인 [p], [t], [k]로 변한다. 다음으로 [p], [t], [k]는 무성마찰음이 된다. 원시 인도-유럽어로부터 게르만어로의 이 세 가지 변화는 게르만어군을 정의하는 데 많은 도움이 되는데, 그 이유는 이런 연쇄적 음 변화가 다른 인도-유럽어에서는 발생하지 않기 때문이다. 그림은 고지독일어라 불리는 게르만어의 한 형태에만 관련되는 또 다른 체계적 음 변화(제2게르만어 자음 이동)도 발견하였다.

원시 인도-유럽어에서 재구성된 형태들은 비교 방법에 의해 확립되었다. **비교 방법**(comparative method)은 언어들이 지닌 유사성을 살펴보는 것이다. 비교를 통한 재구성이 언어의 모든 층위에서 수행될 수 있지만, 음운론적 비교가 가장 흔하다. 현대 인도-유럽어와 고대 인도-유럽어에 대한 분석을 통해 언어학자는 원시 인도-유럽어에 */p/ 음소가 있었다고 결론 내렸다. 통계 분석과 다른 기법들을 적용함으로써 원시 인도-유럽어의 모든 음소가 재구성되었다. 이런 재구성과 동족어 분석을 통해 원시 인도-유럽어의 어휘도 재구성할 수 있다. 원시 인도-유럽어의 father와 foot을 재구성한 단어들은 각각 */pəter/와 */ped/이다. 라틴어와 그리스어에는 */p/가 있지만(표 12-2 참조), 원시 인도-유럽어 */p/는 영어에서는 father와 foot에서 보듯이 체계적으로 /f/로 대체되었다.

비교 방법(comparative method) 언어들에 나타나는 유사성을 보고, 언어 사이의 관계를 결정하며 조상어를 재구성하는 방법이다.

일부 언어학자는 원시 인도-유럽어가 같은 수준의 다른 원시어들과 합하여 더 포괄적인 **대어족**(superfamilies 또는 macrofamilies)을 구성할 수 있다고 제안하여 왔다. 원시-세계(Proto-World)라는 용어는 모든 또는 대부분의 현대 언어가 유래했을 것으로 추정되는 하나의 가정적인 조상어를 말한다(글상자 12-1 참조). 원시 인도-유

대어족(superfamilies, macrofamilies) 원시어의 집단을 말한다.

글상자 12-1 대어족과 원시 세계어

대어족은 하나 이상의 원시어 집단이다. 대어족 중 하나가 노스트라틱(Nostratic)이다. 덴마크 언어학자인 홀거 페더슨(Holger Pederson, 1867~1953)은 1903년에 원시어들을 구성원으로 가지는 상위 원시어인 노스트라틱의 존재를 제안하였다. 페더슨은 인도-유럽어, 우랄어, 아시아-아프리카어, 에스키모-알류트어 등의 어족을 합쳐서 노스트라틱으로 집단화하였다. 1903년 이래 많은 언어학자가 노스트라틱에 추가하거나 또는 배제해야 할 다양한 언어 집단을 제안하고 있다. 미국 언어학자 조셉 그린버그(Joseph H. Greenberg, 1915~2001)는 유라시아틱이라 부르는 또 다른 대어족을 제안하였다. 일부 언어학자가 노스트라틱의 한 가지로 간주하는 유라시아틱은 인도-유럽어, 우랄어, 알타이어, 아이누어, 일본어, 한국어, 일부 동부 시베리아 언어를 포함한다. 이밖에 다른 대어족도 제안되고 있다.

더 큰 언어 집단을 만드는 이런 과정의 다음 단계는 대어족들을 더 큰 집단으로 만드는 것이다. 이 집단 중에서 가장 큰 집단이 원시 세계어라 불리는, 모든 현대 언어의 조상어인 원시어이다. 때때로 '병합파'라고 불린 조셉 그린버그와 그의 동료들은 프로토-월드, 즉 원시 세계어 개념의 옹호자였다.

성서에 나오는 바벨탑 이야기에서, 모든 인간은 한때 같은 언어를 사용하는 것으로 보인다. 이 통합된 인류는 천국에 이르는 탑을 세우려고 했으나, 이로 인해 신으로부터 벌을 받게 되었다. 신은 그 탑을 만들려는 인간의 일치된 시도가 계속되지 못하도록 이들이 서로 다른 언어를 사용하게 하였다. 이 사건 이후 사람들은 서로 다른 말을 사용하는 세상의 여러 지역으로 흩어졌다(창세기 11장). 이것이 상이한 많은 언어가 존재하는 이유에 대한 성서적 설명이다.

성서적 설명과는 달리, 원시 세계어에 대한 그린버그의 생각은 진화 개념에 기초한다. 자연인류학자들은 현대의 호모 사피엔스가 아프리카에서 진화했다는 강력한 증거를 가지고 있다. 그린버그는 원시 세계어가 이 초기 현대인의 언어였고, 이들이 대략 200,000년 전부터 아프리카 밖으로 나오기 시작하면서 함께 이동했다고 생각한다. 사람들이 세계의 다양한 지역으로 확산되었기 때문에 시간이 경과하면서 원시 세계어는 오늘날의 수천 가지 언어로 진화되었다. 모든 초기 인류를 위한 하나의 기원적 언어가 있었다는 개념을 단일기원론이라고 부른다.

대어족이 존재한다는 개념은 이것이 최초로 제안된 이래로 논쟁에 휩싸였다. 하나의 원시 세계어가 재구성될 수 있다거나 또는 그런 것이 있었다는 개념은 대어족이라는 개념보다도 지지를 얻지 못했다. 단일기원 개념은 논란의 소지가 있다. 예를 들어, 우리가 수화를 완전한 언어로 인정한다면(제9장 참조), 적어도 수화는 음성언어와 다른 별도의 기원이 있을 것이다.[2] 현대 언어들이 하나 이상의 기원을 가질 수 있다는 개념이 다중기원론(polygenesis)이다. 음성언어에 대한 '단일기원 대 다중기원' 논쟁이 계속되고 있다. 대어족 개념과 원시 세계어 개념이 가지는 하나의 큰 문제점은 이들의 가정된 존재 이래 경과된 시간의 길이이다. 언어 변화의 속도를 연구하는 언어학자들은 일반적으로 대략 10,000이나 이보다 적은 시간이 지난 후에는 비교를 위한 충분한 동족어가 존재하지 않을 것이며, 더 나아가 동족어처럼 보이는 어휘쌍이나 어휘집합이 우연적인 유사성일 수도 있다고 동의한다. 다시 말해, 자매어로 분류할 수 있었던 언어들이 그러한 유전적 관계에 대한 모든 자취를 상실하게 된다는 것이다. 다음 절에서 이러한 이유들을 살펴볼 것이다.

원시 세계어의 어휘들에 대한 가상적인 재구성은 최초 인류의 최초 어휘 중의 일부가 "yaba daba do"이었다고 말하는 것보다 더 부정확할 수도 있다.[3]

---

2) J.C. Salmons and B.D. Joseph, "Nostratic: Sifting the Evidence," *Current Issues in Linguistic Theory* 142 (Amsterdam and Philadelphia: John Benjamins Publishing, 1998), 3-7.

3) John McWhorter, *The Power of Babel: A Natural History of Language* (New York: Times Books/Henry Holt, 2001).

럽어는 대부분의 역사언어학자가 타당하다고 간주하는, 인도-유럽어들을 위한 가장 일반적인 재구성 언어이다. 원시 게르만어, 원시 발토-슬라브어, 원시 켈트어, 원시 인도이란어와 같은 좀 더 구체적인 원시어들로 재구성되었다. 사실 부분적으로는 이렇게 좀 더 구체적인 원시어들을 재구성함으로써 언어학자가 상위의 원시 인도-유럽어를 재구성할 수 있었다.

언어 관련성에 있어서 어족수형도 모형에는 몇 가지 문제점이 있다. 그림 12-1에서 보듯이, 어족수형도 모형은 조상어가 정확히 동시에 여러 후손어로 분열된다는 것과 그 분열이 매우 빠르다는 것을 함축한다. 또한 어족수형도 모형은 이런 분열이 완결된 것으로, 그리고 조상어나 후손어 사이 또는 자매어 사이에 더 이상의 접촉이 없는 것으로 그려낸다. 이 가정은 모두 옳지 않다. 언어 변화는 대체적으로 점진적이고 자매어는 서로 다른 속도로 조상어로부터 갈라져 나올 수 있다. 자매어 화자는 서로 접촉하고 다른 조상어와도 접촉할 수 있다. 예를 들어, 서유럽에 대한 로마인의 영향력이 감소한 뒤에도 다양한 로맨스어를 사용하던 화자들은 교회 및 기타 수단을 통해 라틴어를 접한다. 프랑스는 로맨스어를 사용하는 에스파냐 및 다른 여러 나라와 이웃하고 있다. 이 국가들은 서로 끊임없이 교역하거나 전쟁을 치렀고, 이를 통해 이들의 언어는 서로 접촉하게 되었다.

어족수형도 모형은 같은 어족이 아닌 언어 사이의 관계를 보여 주지 않는다. 예를 들어, 서로 다른 어족에 속하는 언어들은 피진어나 크리올어를 형성할 수 있다(제7장 참조). 그러나 이런 관계는 어족수형도 모형에는 나타나지 않는다. 또한 이 모형은 한 언어 내의 방언적 차이점도 보여 주지 않는다. 예를 들어, 영어는 마치 통일된 언어처럼 도표에 열거되어 있다. 그러나 영어는 영국, 북아메리카, 오스트레일리아, 인도, 홍콩 등 영어가 확산된 모든 지역에서 다르게 사용되고 있다. 그리고 이런 지역 내에서도 (예를 들어, 미국의 남부와 북동부에서 보듯이) 각 지방에 따라 다르게 사용되고 있다.

파도 모형

1872년에 요하네스 슈미트(Johannes Schmidt, 1843~1901)는 어족수형도 모형의 일부 부적절성을 주장하면서 언어관계의 **파도 모형**(wave model)을 제안하였다. 파도 모형에서 하나의 특성이나 여러 개의 특성을 공유하는 언어들 주변에 원이 그려진다. 하나의 원 이내에 있는 모든 언어는 원에 의해 정의된 특성을 공유한다. 그림 12-2는 인도-유럽어 일부에 대한 파도 모형이다.

파도 모형(wave model) 어족수형도 모형의 일부 약점을 보완하기 위해 제시된 언어 간의 관계 모형으로서, 마치 조그만 물체가 파도를 일으키면 파도가 중심에서 가장자리로 퍼져 나가듯이 특정한 언어 변화가 중심점에서 가장자리로 퍼져 나간다는 이론이다. 변화는 지역에 따라 다른 비율로 진행된다. 어떤 변화는 다른 변화를 유발하고, 어떤 변화는 또 다른 변화를 야기하기도 한다.

어족수형도 모형보다 나은 파도 모형의 한 가지 장점은 언어들이 어떻게 관련되

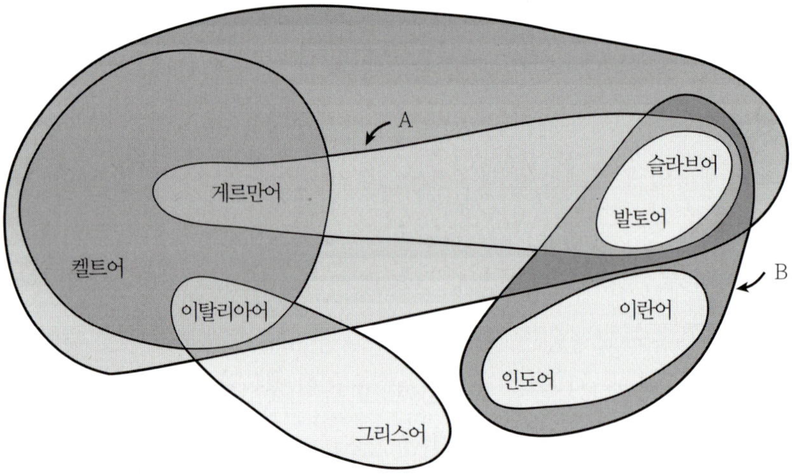

그림 12-2 언어 연관성의 파도 모형

원 A에 포함된 언어들은 [m]을 포함한 복수형 격 어미를 가진다. 원 B에 포함된 언어들은 과도한 구개음화 현상을 보인다. 좀 더 자세한 설명은 교재를 참조하여라.

는지를 좀 더 정확하게 보여 준다는 것이다. 예를 들어, 그림 12-2에서 발트어, 슬라브어, 게르만어 등은 하나의 원(A)으로 둘러싸여 있다. 그 이유는 많은 다른 인도-유럽어가 유기음 b [bʰ]를 포함하는 복수형 격 어미를 가진 반면에, 이 언어들은 [m]으로 끝나는 복수형 격 어미를 가지기 때문이다. 또 게르만어를 제외한 발트어, 슬라브어, 인도어, 이란어 등이 하나의 원(B)으로 둘러싸여 있다. 이 원에 포함된 언어들은 상당한 양의 구개음화(구개음이 아닌 음을 구개음으로 만드는 음운 규칙)를 공통으로 가지기 때문이다. 구개음화는 인도-유럽어 중에서 원 B로 둘러싸인 언어에서만 배타적으로 발견된다. 파도 모형에 있는 각각의 원은 그 안에 포함된 언어들이 공통으로 지닌 언어적 자질을 설명한다.

확산(diffuse) 한 장소에서 다른 장소로 퍼져 나가는 것을 말한다.

또한 파도 모형은 음운론적 · 형태소적 · 통사적 자질이 한 지역에서 다른 지역으로 이동하여 퍼지는 **확산**(diffuse) 개념을 나타낸다. 대체로 사회문화적 중요성이 있는 한 지역에서부터 확산하기 시작한 어떤 자질은 다른 지역에 도달하여 거부되거나, 있는 그대로 수용되거나, 또는 해당 지역의 기존 언어 체계에 적합하도록 변형되어 수용된다. 너무 고립된 지역으로는 이런 자질이 확산되지 않을 수도 있다. 서로 다른 언어적 자질은 서로 다른 속도로 확산될 것이다. 파도 모형의 원들은 한 언어가 통일된 체계가 아니라 자체 내에 변이형(방언)을 가지고 있음을 보여 준다.

파도 모형이 어족수형도 모형의 일부 약점을 보완하지만, 이 모형 역시 결점이 있다. 파도 모형의 도표는 해석하는 데 많은 어려움이 있을 수 있다. 언어 사이에 새로운 유사성이 발견되면 더 많은 원이 모형에 추가될 것이다. 또한 파도 모형은 시간이 경과함에 따라 언어가 어떻게 변하는가를 보여 주는(통시적) 것이 아니라, 한 시점에서의 언어들의 관계(공시적)를 보여 준다. 이 모형은 대체로 인접한 언어, 원 안에 포함된 언어의 관계만을 보여 준다. 우리는 서로 인접하지 않은 많은 언어가 무역, 전쟁 등 다른 요인으로 인해 서로 영향을 끼칠 수 있다는 것을 알고 있다. 어족수형도 모형이나 파도 모형이 언어 사이의 유사성에 대하여 서술하지 않은 한 가지 사실은 유전적으로 관계 없는 언어들도 문화 간의 접촉, 확률 유사성, 언어 보편성 등 많은 요인으로 인해 유사성을 지닐 수 있다는 점이다.

비록 어족수형도 모형과 파도 모형이 각각 결점을 지니고 있기는 하지만, 두 모형은 함께 사용된다면 언어들이 서로 어떻게 연관되어 있는지를 언어학자가 그려볼 수 있게 해 준다는 점에서, 그리고 언어 변화를 추적하는 데 있어서 그 가치가 있다. 언어 사이의 관계는 실제로는 이런 모형이 개별적으로나 함께 보여 줄 수 있는 것보다 훨씬 더 복잡하다. 이런 이유로 단절적 균형이라고 불리는 생물학적 진화 모형에 기반을 둔 더 복잡한 모형들이 고안되었다. 이에 대해서는 R. M. W. 딕슨의 『The Rise and Fall of Languages』를 참고할 수 있다.[4]

언어 변화의 유형

지금까지 언어 변화의 예시로서 음 변화를 사용하였고, 이에 대하여 좀 더 상세하게 살펴볼 것이다. 의미론적 변화와 사회문화적 변화와 마찬가지로 언어에는 형태소적 변화와 통사적 변화도 있다.

음 변화

음 변화(sound change)는 언어음이 가진 하나 이상의 변별적 자질이 다른 자질이나 자질들로 변하는 것이다. 앞에서 이미 그림의 법칙에 의해 기술된 음 변화에 대하여 살펴보았다. 그림의 법칙은 무조건적 음 변화의 한 예를 보여 준다. **무조건적 음 변화**(unconditioned sound change)는 한 언어에서 약간의 예외가 있지만 모든 곳에서 자생적으로 발생하는 음 변화이다. 예를 들어, 원시 인도-유럽어의 /b/가 있던 모든 곳에는 영어 및 다른 게르만 언어에서 /p/가 있다. 다시 말해, /b/는 어떤 음소적 환경에서만이 아니라 거의 모든 환경에서 /p/로 변한 것이다. 이것은 하나의 변별적 자질이 다른 자질로 교체된다는 음 변화의 정의 때문이다. 이 예에서는 [+voice] 자질이

음 변화(sound change) 특정한 분절음의 하나 이상의 변별적 자질이 변하는 것이다.

무조건적 음 변화(unconditioned sound change) 특별한 이유 없이 한 언어의 모든 곳에서 발생한 것으로 보이는 음 변화이다.

4) R.M.W. Dixon, *The Rise and Fall of Language* (Cambridge: Cambridge University Press, 1997).

표 12-4 대모음전환

중세 영어 단어	현대 영어 단어	의미
[huːs]	[haws]	house
[wiːf]	[wayf]	wife
[seːn]	[siːn]	seen
[goːs]	[guːs]	goose
[naːmə]	[neːm]	name
[hɔːm]	[hoːm]	home
[sɛː]	[siː]	sea

[−voice] 자질로 교체되었다.

대모음전환(Great Vowel Shift) 대모음전환은 중세 영어 때 장모음에 발생한 무조건적 음 변화이다.

무조건적 음 변화의 또 다른 예는 **대모음전환**(Great Vowel Shift)이다. 대모음전환은 대략 서기 1400년(중세 영어가 사용되던 시기)과 서기 1700년(현대 영어의 시기) 사이에 발생하였다. 대모음전환은 모든 중세 영어 장모음의 위치를 변화시켰다. 예를 들어, 중세 영어 장모음 [uː]는 음소적 환경과 상관없이 일관되게 현대 영어 이중모음인 [aw]가 되었다. 따라서 중세 영어 단어 mouse[muːs]는 현대 영어에서 [maws]가 되었다. 모두 합해서 일곱 가지 중세 영어 모음이 대모음전환에 의해 교체되었는데, 이 변화는 표 12-4에 요약되어 있다.

조건적 음 변화

조건적 음 변화(conditioned sound change) 특정한 음운환경에서만 발생한다.

조건적 음 변화(conditioned sound change)는 음성환경에 따라 좌우된다. 예를 들어, 고대 영어의 /f/는 현대 영어에서 /v/가 되었다. 이런 변화는 영어의 모든 곳에서 발생하는 것은 아니다. 그렇게 되었다면 이것은 무조건적 음 변화가 되었을 것이다. 그 대신에 이 음 변화는 고대 영어 /f/가 2개의 모음 사이에 나타날 경우에만 발생한다. 모음은 보통 유성음이고 /f/는 무성음이다. 현대 영어에서 /f/는 유성모음과 동화되어 유성음이 된다. 유성음화된 /f/가 /v/이다. 예를 들어, 고대 영어 heofonum은 현대 영어 heavens가 되었고, yfel은 evil이 되었으며, aefen은 even(ing)이 되었다. 이것을 유성음동화라고 부른다. 생략의 일부 유형도 조건 변화이다. 많은 영어 어휘가 어말에서 묵음 'e'로 철자된다. 중세 영어 말기에, 이전에는 발음되었던 어말의 비강세 모음 /ə/가 철자에서는 유지되었지만 발음에서는 생략되었다. 비강세 모음 생략은 모든 곳에서 발생하는 것이 아니라, 어말 자리에서만 발생하기 때문에 조건 변화이다. 동화와 생략은 많은 유형의 조건적 음 변화 중 두 가지이다.

글상자 12-2 영어의 역사

오늘날 영국제도로 알려진 곳에서 사용되던 언어가 영어만은 아니었다. 영어가 도달하기 이전에 웨일스어, 콘월어, 스코틀랜드어, 게일어, 맹크스어, 아일랜드 게일어를 포함한 다양한 켈트어가 그곳에서 사용되었으며, 이 언어들은 지금도 사용되고 있다. 영국제도는 대략 기독교가 시작되던 시기에 로마의 침략을 받았다. 로마인은 거의 400년간 머물렀지만 이 시기에 라틴어는 켈트어에 최소한의 영향만을 끼쳤을 뿐이다. 서기 410년에 로마인들이 영국제도를 떠나면서 이 섬들은 외부의 침략에 취약해졌다. 서기 449년에 게르만 부족인 앵글 족, 색슨 족, 주트 족이 오늘날의 독일과 덴마크에 해당하는 지역으로부터 영국을 침략하였다. England와 English라는 이름은 the Angles를 가리킨다. 앵글 족, 색슨 족, 주트 족은 오늘날 네덜란드의 북동지역에서 아주 소수의 사람이 사용하는 현대 프리지아어와 유사한 언어인 고대 영어를 사용하였다. 따라서 고대 영어라고 불리는 시기는 서기 449년에 시작하며, 고대 영어는 고대 독일어와 아주 유사하였다.

서기 597년에 앵글로-색슨 족이 기독교로 개종하면서 라틴어가 브리튼어를 변화시켰다. 라틴어는 교회의 언어였다. 이 시기에 라틴어 어휘가 기본적으로 게르만어적인 영어 어휘 체계로 흘러 들어갔다. 8세기와 9세기에 바이킹 족이 덴마크지역으로부터 영국 섬들을 침략하며 sky와 ski에서와 같이 sk- 소리를 가진 어휘들을 전하였다. 그 다음의 대규모 침략은 서기 1066년 노르만 프랑스인의 침략이다. 노르만 영주들은 그들과 매일 접촉하는 영국인들이 프랑스어를 강제로 사용하도록 하였다. 라틴어 중 하나인 프랑스어는 영어에 많은 영향을 끼쳤다. 라틴어 유래의 10,000개나 되는 새로운 단어가 서기 1066년부터 영어로 흘러들어 갔다. 격 어미의 축소를 포함한 구조적 변화도 일어났다(표 12-5 참조). 이런 변화는 아주 중요하기 때문에 역사언어학자들은 노르만 침략 직후부터 서기 1500년까지의 시기를 중세 영어라고 부른다.

현대 영어는 대략 서기 1500년부터 현재까지의 영어로, 문예부흥시기부터 시작되었다. 많은 고전 라틴어와 그리스어 어휘가 영어에 들어왔다. 굴절어미들이 한층 더 축소되었다(표 12-5 참조). 당신은 셰익스피어(William Shakespeare, 1564~1616)의 작품을 통해 초기 현대 영어에 익숙할 것이다. 오늘날 사용하는 영어를 현대 영어라고 부르기도 하지만, 셰익스피어의 작품들과 비교하면 1500년대 후반 이래로 상당히 많은 변화가 있었음을 알 수 있다.

지금까지 영어 발달에 대한 아주 간략한 개요를 살펴보았다. 이 주제에 대한 추가적인 정보는 이 장에서 논의된다. 이 장 끝의 '더 읽을거리'에 열거된 목록들도 영어의 역사에 대한 상세한 설명을 한다.

sources : Robert McCrum, William Cran (contributor), and Robert MacNeil, *The Story of English,* rev. ed., New York: Penguin, (1993); Thomas Pyles and John Algeo, *Origins and Development of the English Language,* 4th ed., London: Harcourt, Brace, 1993; and Yudhijit Bhattacharjee, "From Heofonum to Heavens," *Science* 303 (February 27, 2004), 1326-1328.

연습문제 1 : 음 변화

1. 인터넷이나 출판된 자료를 찾아서 무조건적 음 변화의 다른 예(그림의 법칙, 대모음전환에서 기술된 것과 다른 예)들을 열거하여라.

2. 앞에서 동화와 생략을 조건적 음 변화의 예로 논의하였다. 조건적 음 변화의 다른 예에 대하여 조사하여라.

형태 변화

형태 변화(morphological changes) 해당 언어의 어휘들에서 발생하는 변화로, 단어의 의미 변화와 새로운 단어의 추가, 유추 등을 포함한다.

언어에는 **형태 변화**(morphological changes)도 발생한다. 가장 분명한 예는 새로운 어휘의 추가나 기존 어휘의 의미가 변하는 것이다. 제4장에서 새로운 어휘를 만드는 데 사용되는 몇 가지 과정을 논의하였다. 이 과정에는 합성, 융합, 두문자, 외국어 차용, 단축, 파생, 역형성, 인명과 상호의 사용 등이 포함된다. 또한 제4장에서 한 어휘의 의미가 어떻게 확대되고, 축소되며, 고상하게 되고, 비속화되며, 반대가 될 수 있는지도 논의하였다. 이런 개념들을 복습하기 위해서는 제4장을 참조하여라. 이런 변화를 어휘의 의미 변화라고 부른다.

어휘와 결속형태소는 소실될 수 있다. 셰익스피어 작품을 읽으면, to know를 의미했던 wot와 같은 많은 어휘가 영어에서 더 이상 사용되지 않는다는 것을 알 수 있다. 일부 영어사전에서 최근에 사라진 어휘는 snollygoster(짓궂고 파렴치한 사람)와 ten-cent-store이다. 머지않아 드물게 사용되거나 전혀 사용되지 않을 어휘는 typewriter, floppy disk, record player 등 이제는 대체되어 사용되지 않는 기술을 뜻하는 어휘들일 것이다. 통사 변화에 대한 다음 절에서 많은 굴절형태소가 현대 영어에서 어떻게 사라졌는가를 살펴볼 것이다.

한 언어에서 어휘가 추가되거나 소실되고 굴절을 나타내는 결속형태소가 소실되는 것 외에, 새로운 결속형태소는 거의 추가되지 않는다. 새로운 결속형태소가 추가된 유명한 예는 워싱턴 DC의 한 호텔과 사무실 단지의 이름인 Watergate에서 잘려 나온 접미사(결속파생형태소) -gate이다. 1972년 워터게이트 호텔에 있던 미국 민주당 전국위원회의 본부를 부수고 침입했던 강도단이 체포되었다. 이 강도단은 닉슨 대통령 정부와 연관되어 있었고, 결과적으로 이 스캔들로 닉슨은 중도에 사임한 최초의 대통령이 되었다. -gate라는 요소는 합성어인 Watergate에서 잘려 나왔을 뿐만 아니라, Watergate에서의 gate와는 완전히 다른 의미를 지닌 접미사로 재분석되었다. 접미사 -gate는 불미스런 사건을 뜻하는 다른 명칭들에 추가되어 나타나기 시작하였다. 자립형태소 gate는 이런 의미를 지니고 있지 않았다. 1976년에 Koreagate라는 단어가 소개되었고, Billygate, debategate, Irangate, nannygate, hairgate, Camillagate, travelgate, Gizmodogate, filegate, Monicagate, Angolagate, Fajitagate, Katrinagate, Tigergate 등이 뒤따라 소개되었다. 이런 각각의 스캔들이 무엇을 의미하는지는 http://en.wikipedia.org/wiki/List_of_scandals_with_%22-gate%22_suffix에서 볼 수 있다.

언어 변화를 초래하는 또 다른 형태소적 과정도 있다. 그중 하나는 **유추**라고 불린다. 어떤 유사점이나 비슷한 요소가 있지만 그 외에는 아주 상이한 것 사이의 비교를 유추라고 부른다. 언어 변화연구에서 유추 또는 유추적 변화는 한 언어에서 지배적인 언어 유형이 그 유형에 대한 예외를 대체할 때 발생한다. 예를 들어, 현대 영어에서 명사를 복수화하는 데 사용되는 지배적인 유형은 -s를 추가하는 것이다. 그러나 실제로는 음성환경에 따라 /s/, /z/, /əz/가 추가된다(제3장 참조). 영어의 이전 단계에서 어휘는 격에 따라 여러 방식으로 복수화되었다. 이런 복수형 중 하나가 -en이다. 따라서 ox를 복수화하는 방법은 oxen이었다. 대부분의 영어 화자는 아직도 ox의 복수로서 oxen을 사용한다. fox의 복수형 중 하나는 foxen이었고, cow의 복수형은 cowen이었다. 그러나 오늘날 표준 영어 화자는 foxen이나 cowen이라고 말하지 않는다. 대신 foxes 및 cows라고 말한다. 일종의 단순화 과정인 유추 변화는 이런 형태가 현대 영어의 지배적인 복수형을 따르도록 한다. 실제로 오늘날 일부 사전은 ox 복수형의 가능한 형태로 oxes를 열거한다. 유추는 외국어에서 차용한 어휘에도 적용된다. 예를 들어, 라틴어에서 영어로 들어온 phenomenon과 cactus는 라틴어에서 phenomena와 cacti처럼 복수화된다. 영어 화자는 이 어휘들의 복수형을 지배적인 유형에 따라 phenomenons와 cactuses로 말한다. 사실 일부 화자는 phenomenas라고 말하듯이 이렇게 차용된 어휘의 외국어 복수형을 한 번 더 복수화할 수도 있다. 또 다른 예는 단어 agendum으로, agenda가 라틴어 복수형이다. 대부분의 영어 화자는 agenda를 단수형으로 사용하고, 영어식 복수형인 agendas를 파생하기 위해 라틴어 복수형을 다시 복수화한다. 유추는 복수화 이외의 언어 범주에도 적용되고, 모든 경우에서 불규칙 형태의 수가 줄어들어 그 언어를 내적으로 더 일관성 있게 한다.

유추(analogy) 유추적 변화라고도 하며, 한 언어의 지배적인 언어적 유형이 예외 현상을 대체하는 것을 말한다.

현대 영어의 복수화 규칙에 대하여 한 가지 더 말할 수 있다. 때로는 유추가 발생하는 대신에 복수 표지(형태소)가 모두 제거된다. 그리스 어휘 criterion은 criteria로 복수화되었다. 많은 영어 화자는 그리스어 단수를 없애고, 단수 및 복수형 모두 criteria를 사용한다.

연습문제 2 : 유추 변화

1. 복수형 이외의 유추 변화의 예를 제시하여라. 예를 들어, 과거시제 등을 생각할 수 있다.
2. 한때는 criteria처럼 복수형 외래어가 단수와 복수 두 가지 모두로 사용되던 예를 제시하여라.

통사 변화

통사 변화(syntactic changes) 단어보다 더 큰 단위에서의 구조 규칙의 변화를 말한다.

고대 영어가 현대 영어로 바뀌면서 발생한 일반적인 **통사 변화**(syntactic changes)에는 굴절어미의 상실(제5장 참조), 전치사 강화, 어순의 중요성 증대 등이다(제5장 참조). 표 12-5는 stone을 의미하는 단어에 대한 고대 영어, 중세 영어, 현대 영어에서의 격 어미를 열거한 것이다.

표 12-5를 통해서 격 어미가 고대 영어의 5개(-es, -e, -as, -a, -um)에서 중세 영어 3개(-es, -e, -as, 때로는 -em을 포함하여 4개)로 줄고, 현대 영어에서는 2개(-s, -'s 또는 s')로 줄었다는 사실을 알 수 있다. 현대 영어에서는 단지 복수형과 소유격만 표시되기 때문에 명사의 기능은 문장에서의 위치, 즉 어순에 의존한다. 고대 영어에서 격 어미는 그 단어의 기능을 말해 주었기 때문에(중세 영어에서는 그 정도가 약했지만), 어순은 거의 또는 전혀 중요하지 않았다. 고대 영어 stanum(여격 복수)은 문장의 어느 위치에 나타나도 -um이라는 격 표지 때문에 간접목적어가 되거나 전치사의 목적어가 된다. 현대 영어에는 여격 표지가 없기 때문에 전치사는 이전보다 더 큰 중요성을 지닌다.

현대 영어가 고대 영어와 또 다른 점은 현대 독일어처럼 고대 영어가 성을 구별했다는 것이다. 예를 들어, 3인칭 단수 지시대명사에는 세 가지 형태가 있었는데, /se/는 남성형, /pæt/은 중성형, /seo/는 여성형이었다. 현대 영어에서는 격이나 성과 관련 없이 3인칭 단수 지시대명사인 that 형태가 사용된다. 이런 예는 영어에서 발생한 통사적 변화의 한 표본일 뿐이다.

표 12-5 고대 영어에서 현대 영어로의 격 어미 축소

stan(stone)의 격 변화		
	고대 영어	
	단수	복수
주격	stan	stanas
속격	stanes	stana
여격	stane	stanum
대격	stan	stanas
	중세 영어	
	단수	복수
주격	stan	stanas
속격	stanes	stane
여격	stane	stane(m)
대격	stan	stanes
	현대 영어	
	단수	복수
주격	stone	stones
속격	stone's	stones'
여격	stone	stones
대격	stone	stones

격의 정의와 각각의 격에 대한 기능은 제5장 참조

연습문제 3 : 영어의 통사 변화

다음 웹 사이트를 살펴보는 것을 시작으로, 영어의 통사 변화에 대한 인터넷 자료를 조사하여라. www.answers.com/topic/declension-in-english

1. 고대 영어에서부터 현대 영어까지 발음은 어떻게 변하였는가?

___

___

2. 영어의 역사에서 발생했던 다른 통사적 변화들을 찾아라.

의미 변화와 사회문화적 변화

의미 변화의 한 유형은 형태소 변화에서 논의했던 어휘 의미 변화이다. 형태소가 의미를 수반하기 때문에 형태소의 변화는 종종 의미 변화를 초래한다. 한 언어에서 발생하는 좀 더 광범위한 의미 변화도 있다. 예를 들어, 특정 영역에 포함된 의미가 변할 수도 있다. 한 예로, 1970년대까지 의료 전문가들은 일반적으로 동성애를 질병의 영역으로 분류하였고 이에 대한 하위범주(하위어)를 정신적 장애와 감성적 장애로 분류하였다. 1973년 미국정신병리학회는 질병으로 분류했던 동성애를 목록에서 삭제하였다. 1975년 미국심리학회는 병리학회의 이 결정을 지지하였다. 동성애를 질병이 아닌 '대안적 생활양식'으로 다시 규정한 것은 그 정의에서 [+illness]라는 의미속성을 제거함으로써 어휘의 의미 변화를 가져온 것이다. 의미 영역 안으로의 변화나 밖으로의 변화는 사회문화적 변화에 따른 것이다. **사회문화적 변화**(sociocultural changes)는 한 언어의 변화에 영향을 끼치는 문화적 변화나, 반대로 문화의 변화에 기여하는 언어적 변화를 말한다. 동성애에 대한 정의를 바꾸게 된 것은 부분적으로, 1960년대와 1970년대에 있었던 시민권에 대한 좀 더 광범위한 관심과 인간의 성욕에 대한 새로운 과학적 자료에 기인한다. 동성애에 대한 새로운 정의는 동성애자가 아이를 입양할 수 있게 하고, 최근에는 일부 주에서 결혼할 수 있도록 허용하는 추가적인 사회 변화를 이끌었다. 법률 영역에서는 불법적이던 것이 합법적이 되거나(예를 들어, 주간 고속도로에서 자동차의 최대 허용속도 증가) 합법적이던 것이 불법적이 될 수도 있다(최대 허용속도의 감소). 속도에 대한 법 조항의 변화는 석유자원 보존이나 교통사고 사망에 대한 사회적 관심 때문에 초래될 수도 있다.

사회문화적 변화(sociocultural changes) 문화적 변화로 인해 언어 변화가 초래되는 것을 말하며, 언어의 변화가 문화적 변화를 초래하기도 한다.

영어에 나타나는 사회문화적 변화와 의미 변화의 또 다른 예는 단어 man, 접미사 −man, 특정 인칭대명사의 사용에서의 변화이다. 1960년대와 1970년대에 영어의 성차별적 요소를 없애려는 의식적인 시도가 있었다. 그런 변화 중 일부는 실제로 발생하였다. 예를 들어, 모든 인류를 의미할 때 사용하던 man이란 어휘를 제거한 것이다. 인류학은 인간(man)의 연구로 정의되는 것이 아니라, 인간들(humans)의 연구로 정의된다. 또 다른 변화는 직업에 대한 접미사 −man이나 −men을 제거한 것이다. 한때 postmen, policemen, firemen, salesmen, chairmen이었던 어휘는 지금은 postal workers, police officers, firefighters, sales associates, chairpersons(또는 chairs)이다. 의미속성 [+man]이 이런 단어와 구에서 사라졌다.

미국인 대부분은 더 이상 일반적인 사람을 지칭하는 데 인칭대명사 he, him, his를 사용하지 않는다. 과거에는 다음과 같은 문장을 흔하게 말하였다.

It is the student's responsibility to know the date for each test, so he should consult the course outline for those dates.

이 문장은 오늘날 아마도 다음과 같이 말할 것이다.

It is the student's responsibility to know the date for each test, so he or she should consult the course outline for those dates.

아마도 성을 완전히 회피하는 훨씬 더 좋은 방법은 이 문장을 복수화하는 것이다.

It is the students' responsibility to know the date for each test, so they should consult the course outlines.

이런 변화는 임의적인 것이 아니다. 영어에서 성별 지시를 제거하는 것은 미국사회 내의 여성의 변화하는 역할에 대한 응답이었다. 미국에서는 1920년까지 여성이 연방 선거에서 투표할 수 없었다. 서구와 대부분의 다른 문화권에서 여성의 역할은 역사를 통틀어 오랫동안 가사일과 생식 임무를 수행하는 것이었다. 여성은 '돈벌이를 하는 사람'이자 보호자로 인식되었던 남편을 '사랑하고, 존경하고, 복종'해야 했다. 오늘날 여성은 일반적으로 남성과 동일한 직업을 수행할 수 있고(이전에 군대에서 남성만이 할 수 있었던 역할도 포함), 이상적으로 여성과 남성은 같은 법적 권리가 있다. 남성 지향적 언어에서 성 중립적 언어로의 변화는 미국과 서구사회에서의 여성의 변화된 역할을 반영한다. 언어 변화 자체가 문화에 대한 피드백 효과를 가지는가? 물론 그렇다. 학자들은 다음과 같은 문장을 볼 때, 남성과 여성이 아닌, 남성만이 동식물의 재배법을 개발했다는 잘못된 인식을 심어 준다고 주장한다.[5)]

Man developed domestication of plants and animals 10,000 to 12,000 years ago.

물론 영어에는 아직도 성차별이 있다. 스포츠의 man-to-man 방어라는 용어는 여전히 많은 여자 농구팀에서 person-to-person 방어 대신에 사용된다. 또한 스포츠 아나운서들은 여성 스포츠 경기를 남성의 경기와 비교하지만 그 반대로는 하지 않는다.[6)] 유머나 음악에서만큼 성차별적인 언어가 더 많이 나타나는 곳은 없다. 여성은 종종 유머에서 dumb blondes, Jewish American princess, mothers-in-law로 격하된다.

---

5) James, B. Parks and Mary A. Roberston, "Development and Validation of an Instrument to Measure Attitudes Toward Sexist/Non-sexist Language," *Sex Roles* 42 (2000), 415-438.

6) James, B. Parks and Mary A. Robertson, "Influence of Age, Gender, and Context on Attitudes Toward Sexist/Non-sexist Language," *Sex Roles* 38 (1998), 477-494.

어떤 랩 음악에서는 여성이 bitches나 또는 whores로 비하되기도 한다.

언어가 변하는 데 시간이 얼마나 걸리는가?

이 질문에 대한 답은 분명한 답이 없다는 것이다. 언어 변화의 잠재적 속도는 언어 접촉과 언어적 고립의 영향을 받는다. 접촉과 고립은 언어마다 다르고, 같은 언어에서도 시대에 따라 다르기 때문에 변화 속도에 대한 절대적인 주장을 할 수 없다. 또한 어떤 문화에서는 음 변화와 같은 특정한 유형의 언어 변화를 거부한다. 예를 들어, 프랑스인은 프랑스학술원이라는 정부 기구를 가지고 있는데, 이 기구는 프랑스어로 들어온 외국어 어휘를 프랑스어 소리가 나는 단어로 대체한다. 이렇게 만들어진 많은 어휘는 대체된 어휘와의 음소적 유사성이 전혀 없다. 미국 문화처럼 변화를 강조하는 문화의 어휘사전은 좀 더 보수적인 문화에서보다 더 빠르게 확대될 것이다. 미국과 많은 다른 문화권에서 신기술, 새로운 사회적 추세, 신개념은 많은 새로운 어휘를 필요로 한다.

어휘통계학(lexicostatistics) 언어 사이 또는 언어와 방언 사이의 역사적 관계에 대한 가설들을 개발하는 기술로서, 수천 개의 언어와 방언이 언제 서로 갈라지게 되었는가를 동족어의 통계 분석을 통해 밝힌다.

핵심 어휘(core vocabulary) 모든 또는 대부분의 언어에 보편적이라고 생각되는 개념을 나타내는 100~200개의 어휘를 말한다.

언어연대학(glottochronology) 자매어들이 조상어로부터 분리된 시간의 양을 측정하는 학문 분야이다. 언어연대학은 특정한 시간 동안에 핵심 어휘들에 발생한 변화의 양을 계산한다.

후손어가 조상어로부터 분리된 지 얼마나 되었는지를 측정하는 방법이 있다. 이 방법 중 하나를 **어휘통계학**(lexicostatistics)이라 부른다. 어휘통계학은 언어학자인 모리스 스와데시(Morris Swadesh, 1909~1967)에 의해 최초로 제안되었는데, 동족어들에 대한 통계적 분석에 기초하였다. 어휘통계학의 전제는 더 많은 동족어가 존재할수록 해당 언어 사이에 더 많은 관련성이 존재한다는 것이다. 스와데시는 한 언어의 모든 어휘를 비교한 것이 아니라, **핵심 어휘**(core vocabulary)라 불리는 100개나 200개의 어휘를 비교하였다. 핵심 어휘는 모든 또는 대다수의 언어에서 보편적 개념을 나타내는 어휘들로 이루어진다. 예를 들어, blood, eye, skin, cloud, red, leaf, star, wet, I, you, man 등이다. 스와데시와 그의 동료들은 한 걸음 더 나아가 핵심 어휘에 대한 변화 속도인 **언어연대학**(glottochronology)을 발전시켰다. 스와데시는 라틴어와 로맨스어와 같이 역사적 관련성이 있는 것으로 알려진 언어들을 연구하였다. 어휘통계학 기법을 사용하여 그는 후손어가 1,000년마다 조상어로부터 물려받은 동족어의 14%를 상실한다는 것을 확인하였다. 따라서 분열 후 1,000년이 지나면 모든 후손어에 동족어의 86%만 남는다. 또 1,000년이 지난 후에는 86%의 14%가 상실되므로 조상어로부터 물려받은 동족어의 74%가 남는다. 1,000년마다 동족어의 14%가 자연적으로 바뀌게 되어 마침내는 남은 동족어들이 동족어로 인정받지 못하는 정도가 되거나 다른 언어와의 접촉에서 얻은 차용어로 대체된다.

스와데시는 처음에 변화의 역사 기록을 접할 수 있었던 언어를 기반으로 변화 속도를 설정하였다. 이렇게 해서 설정한 변화 속도는 마치 물질에 포함된 방사성 동위원소의 방사능 붕괴 속도나 DNA의 유전자 변화 속도와 유사하다. 스와데시 등에 의해 창안되고 개발된 기법에 기초하여 여러 원시어의 후손어에 대한 시간 간격이 계산되었다. 원시 인도-유럽어가 10개 어족으로 분열된 시기는 대략 5,000년에서 6,000년 전으로 제시되었다.[7)]

어휘통계학과 언어연대학의 개념은 아직도 논란의 여지가 있다. 많은 언어학자는 동족어에 대한 단순한 통계적 분석이 언어 관련성에 대한 정확한 그림을 제공할 것이라고 생각하지는 않는다. 예를 들어, 세 가지 후손어에 각각 동족어의 60%, 60%, 50%가 남아 있다고 가정해 보자. 이런 상황은 앞의 두 언어가 세 번째 언어보다 더 밀접하게 연관되어 있다고 생각하게 할 것이다. 그러나 세 번째 언어는 앞의 두 언어와 기원적으로 덜 관련되거나 더 멀게 관련되어 있기 때문이 아니라, 두 언어보다 더 많은 외국어와의 접촉이 있었기 때문에 동족어가 적게 남아있을 수도 있다. 또한 대다수의 언어학자는 모든 언어에서 동족어의 14%가 일관되게 상실된다는 주장에 대해 의문을 가진다.

그렇다면 원시 인도-유럽어를 사용한 사람들은 어디에 살고 있었는가? 원시 인도-유럽어의 위치에 대한 증거는 언어학적 증거와 고고학적 증거로부터 나온다. 동족어집합을 살펴보는 것은 이 사람들이 살던 지역에 대한 증거를 제공한다. 학자들은 스와데시의 핵심 어휘를 살펴보는 대신에 구체적으로 장소를 나타낼 수 있는 어휘집합을 조사하였다. 이 연구에는 기후, 토지의 물리적 특성, 나무 유형, 야생 동물과 가축의 유형, 문화 유물이 포함된다. 예를 들어, 원시 인도-유럽어에는 tiger, camel, monkey, palm, desert, rice, gold, iron, ocean, ship과 같은 어휘의 동족어집합이 없다. 반면에, snow, cold, winter, oak, birch, willow, bear, wolf, beaver, otter, deer, horse, sheep, goat, pig, cow, herd, wheel, axle, timber, yoke, wagon, oxen, seed, weave, sew 같은 어휘의 동족어들은 있다. 초기의 동족어와 비동족어 비교를 포함한 어휘목록을 조사한 학자들은 원시 인도-유럽어의 고향이 우크라이나 동부지역이었다고 결론 내렸다. 예를 들어, 파울 프리드리히는 여러 가지 나무 유형에 대한 동족어가 대략 5,000년 전 우크라이나 동부지대에 있었다고 생각되는 나무들을 가리키고 있다는 점을 발견하였다.[8)]

고고학적 증거도 인도-유럽어의 우크라이나 기원설을 확인해 주는 것 같다. 마

7) Philip Baldi, *An Introduction to the Indo-European Languages* (Carbondale, IL: Southern Illinois University Press, 1983) 12.

8) Paul Friedrich, *Proto-Indo-European Trees: The Arboreal System of a Prehistoric People* (Chicago: University of Chicago Press, 1970), 168.

리야 김부티에네(Marija Gimbutas, 1921~1994) 등이 5,000~6,000년 전에 우크라이나에서 살았던 쿠르간 고분 축조인들이 인도-유럽어의 공통적 동족어를 반영하는 문화유물과 문화체계를 갖추고 있었다는 사실을 발견하였다. 예를 들어, 쿠르간인들은 가축화한 말과 소를 사육하였고, 목축을 하고 농사를 지었으며, 마차도 가지고 있었다. 이들은 천을 직조하였고, 겨울에는 춥고 눈이 많은 기후에서 살았다.[9)]

또한 쿠르간인은 4,000~6,000년 전에 동부 우크라이나로부터 유럽과 중동으로 이주하기 시작하였다. 하나의 가설은 이들이 점령한 지역의 토착어를 완전히 교체하거나 부분적으로 교체했다는 것이다. 그러나 일부 사람은 고립되어 살았기 때문에 쿠르간의 침략으로부터 구제받을 수 있었다. 아마도 이런 이유로 에스파냐의 외딴 산으로 둘러싸인 바스크지역의 사람들이 사용하는 바스크어가 인도-유럽어 그룹에 속하지 않는지도 모른다.

모든 학자가 이런 시나리오에 동의하지는 않는다. 고고학자인 콜린 렌프루는 원시 인도-유럽어 문화의 기원이 5,000~6,000년 전보다는 약간 더 일찍 발생했던 것으로 생각한다. 그의 고고학적 증거는 원시 인도-유럽어 문화가 대략 6,000~7,000년 전에 터키에서 기원되었음을 보여 준다. 그는 원시 인도-유럽어 문화가 농경의 확산과 더불어 이 지역에서부터 유럽과 중동의 여러 지역으로 퍼져 나간 것으로 본다.[10)] 일부 학자도 이 **농경-언어 확산 가설**(farming-language dispersal hypothesis)을 지지한다. 예를 들어, 고고학자인 피터 벨우드는 마다가스카르에서 이스터 섬으로 확산된 오스트로네시아어가 중국에서 대만과 폴리네시아로 확산된 한 원시어로부터 유래되었다는 의견을 제시하였다.[11)]

농경-언어 확산 가설(farming-language dispersal hypothesis) 원시 인도-유럽어와 같은 고대의 언어가 농경민족이 새로운 농지를 찾아 흩어지면서 함께 퍼져 나갔다는 가설이다.

비록 언어와 문화에 대한 언어학적 재구성과 고고학적 재구성 모두 많은 언어학자와 고고학자에 의해 정확하지 않다고 간주되지만, 이런 가설들은 문화역사 및 언어역사, 그리고 선사 시대에 대한 근사치를 제공한다. 이 가설들은 특히 시간 간격을 측정하는 데 있어서 제한적이다. 언어연대학의 기본 전제를 받아들인다 하더라도, 시간 경과에 따른 동족어의 축소 비율로 7,000에서 10,000년 이상된 원시어의 기원을 추론하는 것은 불가능하다. 그 시기까지 추정할 만한 충분한 동족어가 없고, 동족어처럼 보이는 것은 사실 우연적인 유사성일 수도 있기 때문이다. 따라서 원시 세계어(글상자 12-1 참조)가 100,000에서 200,000년 전에 발생했다는 주장은 회의적이며, 재

9) Marija Gimbutas, "An Archaeologist's View of PIE," *Journal of Indo-European Studies* 2 (1975), 293-295.

10) Colin Renfrew, *Archaeology and Language: The Puzzle of Indo-European Origins* (London: Jonathan Cape, 1987).

11) Peter Bellwood and Colin Renfrew, eds., *Examining the Farming/Language Dispersal Hypothesis* (Cambridge University: McDonald Institute for Archaeological Research, 2002).

구성된 원시 세계어 어휘라는 것은 더욱 회의적이다.

전산언어학자들은(제2장에서 제7장 참조) 컴퓨터 모형을 사용하여 언어 변화와 언어 간의 역사적 관계를 탐구하는 시도를 하고 있다. 컴퓨터 모형은 언어 변화와 언어 간 관계의 근본을 이루는 다양한 과정을 발견할 수 있도록 도와준다. 또한 컴퓨터 모형은 언어 변화에 영향을 끼치는 다양한 요인의 영향력을 언어학자들이 좀 더 정확히 측정할 수 있도록 해 준다.

사라지는, 재등장하는, 태어나는 언어

아동은 언어를 통해 문화를 학습한다. 언어는 어휘사전과 문법에서 역사와 현재의 문화를 반영한다. 한 문화가 언어를 상실한다는 것은 그 문화의 커다란 부분을 잃는 것과 같다. 세계의 6,912개 언어 중 90%가 100,000명 미만의 사람에 의해 사용되며, 약 360개의 언어는 50명 미만의 화자만이 사용한다. 오늘날 단지 5개의 언어가 세계 인구 약 43%에 달하는 사람들의 모국어이다. 5개 언어와 그 언어의 모국어 사용자 수는 대략 표준 중국어(10억 명 이상), 영어(5억 1천만 명), 힌두어(4억 9천7백만 명), 에스파냐어(3억 9천2백만 명), 러시아어(2억 7천7백만 명)이다. 일부 학자는 100,000명 미만의 사람들에 의해 사용되는 대부분의 언어가 21세기 말에 사라질 것이라고 경고한다(글상자 12-3 참조).[12]

글상자 12-3 한 고대 언어의 마지막 사용자

2010년 1월 28일, 보라는 이름의 할머니가 죽었다. 그녀의 죽음은 그녀가 보라고 불리던 한 고대 언어의 마지막 사용자였기 때문에 매우 의미심장한 것이다. 보 할머니와 그녀의 언어는 벵골 만에 있는 인도 소속의 섬인 안다만제도 문화의 한 축이었다. 그러나 보어는 아마도 6천 년에서 7천 년 전에 아프리카에서 유래한 언어로 알려졌다. 안다만제도를 이루는 5개의 큰 섬 중 가장 큰 그레이트 안다만에서는 약 10개의 언어가 사용되었었다. 오늘날 그곳에는 단 하나의 언어만이 남아 있고, 그 언어의 사용자는 50명 남짓이다. 안다만제도에서의 언어의 사멸은 유일한 예가 아니다. 언어의 다양성이 놀라울 정도로 급격하게 사라지고 있다. 보 할머니의 육성을 포함하여 보어를 들어 보려면 2010년 2월 4일에 방송된 앨러스테어 로슨의 BBC 온라인 뉴스 〈Last Speaker of Ancient Language of Bo Dies in India〉를 들어 보아라. 웹 사이트는 http://news.bbc.co.uk/2/hi/south_asia/8498534.stm이다.

12) Stephen A. Wurm, *Atlas of the World's Languages in Danger of Disappearing: New Revised Edition* (New York: UNESCO, 2001).

언어는 왜 사라지는가? 생물학적 유기체와 마찬가지로, 언어가 소멸하는 방식에는 두 가지가 있다. 화석 인간인 직립원인은 오래전에 소멸하였다. 이 화석 인간 중 일부가 호모 사피엔스로 진화하였다. 비록 직립원인이라 불리는 인류가 더는 존재하지 않지만, 이들의 후손(우리)이 살고 있다. 따라서 언어가 소멸되는 한 가지 방식은 그 외의 어떤 것으로 변하는 것이다. 원시 인도-유럽어를 사용하는 사람은 아무도 없지만, 이 언어에서 유래한 많은 현대 언어가 사용되고 있다.

언어가 소멸하는 또 다른 방식은 해당 언어가 완전히 죽는 것이다. 공룡 대부분은 현대에 후손을 남기지 않았으며, 많은 언어는 어떠한 직접적인 후손도 없이 사멸하였다. 이런 일은 한 종족에 대한 완전한 학살 때문에 발생할 수 있다. 예를 들어, 오스트레일리아 근처의 한 섬에 살던 태즈메이니아 족은 영국인들에 의해 모두 살해되었고, 그들과 함께 그들의 언어도 사멸되었다. 또한 한 언어는 한 민족의 문화를 완전히 파괴하는 문화 말살로 인해 완전히 사멸할 수도 있다. 많은 식민지 권력자는 토착민의 아이들을 붙잡아 기숙학교에 넣고, 이들이 모국어를 사용하거나 다른 토속 문화 활동을 하지 못하도록 강요하였다. 이에 대한 두 가지 유명한 예는 오스트레일리아 정부와 미국 정부의 각 원주민에 대한 정책이다. 이 두 가지 예에서, 수많은 토착 언어는 완전히 소멸하거나 사용자 대부분을 잃었고, 새로운 사용자가 없기 때문에 소멸 직전이다. 오스트레일리아의 토착 문화 말살정책은 1970년대에 들어서야 중단되었는데, 영화 〈Rabbit-Proof Fence〉에 그 실체가 잘 묘사되어 있다.[13)]

언어 사멸은 의식적인 계획에 의해 발생하지는 않는다. 현재 제2언어 및 외국어로 가장 널리 사용되는 영어의 확산은 수많은 토착언어를 위협한다. 일부 사회에서 영어는 부를 상징하고, 급속히 확대되어 가는 세계 경제 속에서 경제적으로나 학문적으로 살아남기 위해서는 영어를 점점 더 필수적으로 사용해야 하는 상황이 되고 있다. 유럽연합은 여러 개의 공용어를 지정하였다. 그러나 영어는 업무나 기타 활동 영역에서 어느 공용어보다도 훨씬 자주 광범위하게 사용되고 있다(그림 12-3 참조). 사회의 많은 젊은 구성원은 모국어보다는 영어를 사용하고 있다.

많은 사회가 모국어 소실에 대해 그것을 부활하려는 시도를 하고 있다. 켈트어, 코니시어, 웨일스어가 그 예이다. 코니시어는 1777년까지 영국 남서부에서 사용되었다. 아마도 그 해에 마지막 코니시어 화자가 죽었을 것이다. 그러나 20세기에 들어서, 남아 있는 기록 문서와 코니시어 화자의 후손이 보유한 지식을 이용하여 코니시어는 재구성되었고 일부 학교에서 가르쳤다. 오늘날 약 2,000명이 코니시어를 구사한다.

13) *Rabbit-Proof Fence,* directed by Phillip Noyce, screenplay by Christine Olsen from a book by Doris Pilkington, produced by Phillip Noyce, Christine Olsen, and John Winter, 2002.

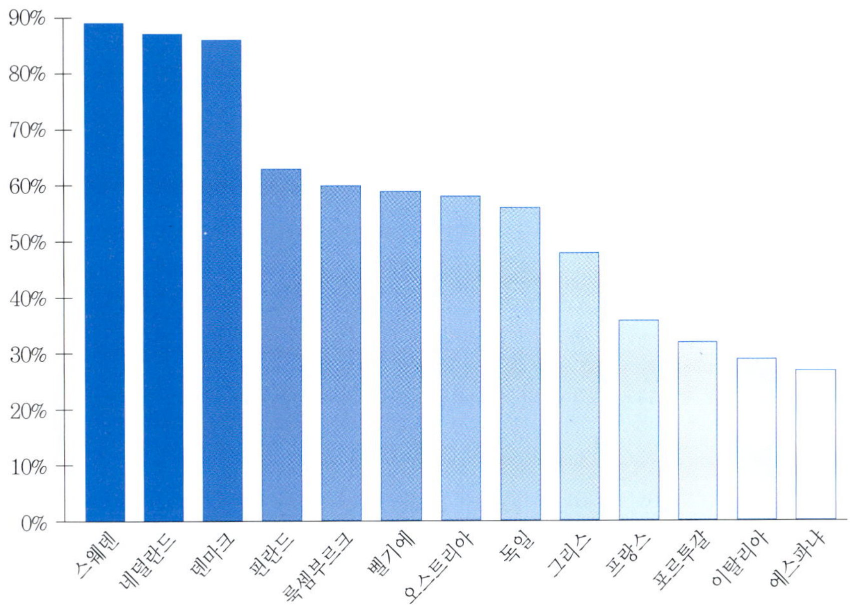

그림 12-3 모국어 외에 영어를 말한다고 답한 일부 유럽연합 인구의 비율

source : Data from European Commission report based on a survey done in December 2005 and published in February 2006. See report at http://ec.europa.edu/public_opinion/archives/ebs/ebs_243_en_pdf.

웨일스어는 아직도 일상에서 가장 흔하게 사용되는 켈트어로서, 웨일스에서 사용될 뿐 아니라 미국과 아르헨티나로 이주한 웨일스 이민자들에 의해서도 사용되고 있다. 그러나 1980년대까지만 해도 웨일스인의 19% 미만이 웨일스어를 구사했을 뿐이고, 화자 대다수는 65세 이상이었다. 즉, 이 언어는 죽어가고 있었다. 그러나 이런 상황은 1980년대와 1990년대에 코니시어처럼 웨일스어가 학교에서 가르쳐지기 시작하면서부터 달라졌다. 1982년에 웨일스에 있는 한 텔레비전 방송국은 웨일스어로 방송하기 시작하였다. 웨일스어의 부활은 웨일스어로 된 문학, 드라마, 노래에 대한 관심의 부활을 가져왔다.

현대 히브리어도 부활한 언어이다. 비록 히브리어가 중세를 통해 현대에 이르기까지 종교의식과 학문언어로 살아남았다고 하더라도, 음성언어로서는 사라졌었다. 19세기 후반 엘리에제르 벤-예후다(Eliezer Ben-Yehuda, 1858~1922)는 구어로서의 히브리어 부활운동을 이끌었다. 운동은 성공적이었고, 1922년 팔레스타인의 영국인 지배자들은 히브리어를 팔레스타인에 사는 유대인들의 공식언어로 인정하였다.

언어 부활은 세계의 여러 지역에서 진행되고 있다. 인류학자들과 언어학자들이 미국 원주민이 그들의 언어를 다시 사용하는 것을 돕고 있으며, 하와이와 남태평양 섬들에는 언어를 부활하려는 프로그램들이 진행되고 있다. 실제로 언어 부활은 오늘날 전 세계에 확산되고 있다. 그러나 동시에 세계화가 확산되고 있으므로, 이런 노력은 상반된다. 많은 민족 집단이 그들의 민족적 유산을 부활하고자 하며, 그런 시도 중 최우선 순위가 언어를 부활하는 것이다.

또 다른 현상도 주목할 만한 가치가 있다. 새로운 언어와 방언이 만들어지고 있다. 물론 이런 일은 항상 일어나고 있었다. 제7장에서 우리는 피진어와 크리올어를 논의하였다. 이 혼합어들은 서로 다른 언어를 사용하는 사람들이 접촉하면서 발생한다. 오늘날 세계 여러 지역 출신의 사람으로 구성된 도시들이 성장하면서, 언어의 혼합화 속도도 아주 빠르다. 그 결과, 영어를 포함하여 새로운 언어 변종들이 생겨나고 있다. 세계 곳곳으로 퍼지는 영어의 확산에 대해 말할 때, 영어가 아니라 '영어들'의 확산이라고 말하는 것이 아마도 좀 더 정확할 것이다.[14)]

영어의 확산

영어는 그것을 모국어로 삼는 화자의 수라는 측면에서 볼 때 감소하고 있다. 이는 표준 중국어, 힌두어, 아랍어를 사용하는 인구의 증가와 더불어, 세계 여러 다른 지역에서의 인구 증가의 결과이다. 미국, 캐나다, 영국, 오스트레일리아 등 영어가 모국어인 국가의 출생률이 세계의 많은 다른 지역에서보다 낮아지는 추세이다. 1950년대에 세계 인구의 약 9%가 영어를 모국어로 사용했는데, 2050년에는 그 숫자가 대략 5% 정도로 하락할 것으로 예상한다.[15)]

비록 영어의 원어민 화자 수가 줄고 있지만, 세계적으로 영어의 변종을 제2언어로 사용하는 화자의 수는 증가하고 있다. 일부 추산에 의하면, 2017년에는 30억 명의 인구, 즉 이때 추산되는 전 세계 인구의 43%가 영어를 모국어로, 제2언어로, 또는 외국어로 구사할 것이다(http://www.nytimes.com/2007/04/09/word/asia/09iht-englede.1.5198685.html 참조).

영어가 세상의 한 작은 구석에서 소수의 사람이 사용하던 언어에서 일약 국제어로 탈바꿈한 것은 17세기에 대영제국이 아메리카, 아시아, 아프리카, 인도, 오세아니아로 확장하면서 시작되었다. 산업과 기술에서의 영국의 우월성은 이런 확산이 이어지도록 하였다. 이후, 주로 제2차 세계대전 이후로, 미국의 경제력과 문화가 가진 매력은 영어를 지구상 대부분 지역으로 확산시켰다. 미국과 영국의 영화, 텔레비전 그

14) David Graddol, "The Future of Language," *Science* 303 (February 27, 2004), 1329-1331.

15) David Graddol, in *English in a Changing World* (AILA Review 13), eds. David Graddol and U. H. Meinhof, (London: Association Internationale de Linguistique Applique, 1999), 57-68.

리고 다른 형식의 오락 문화는 대중화되었고 전 세계로 보급되었다. 미국은 과학연구의 중심지가 되었고, 오늘날 세계 과학저널의 80~90%가 영어로 인쇄되고 있다. 교육언어도 점차 영어가 차지하였고, 세계 여러 지역의 대학생들(특히 대학원생)에게 있어 영어의 사용은 점점 더 필수적이 되었다. 사실상 모든 국가에서 항공기 조종사와 상선 선장들은 그들의 기지와 소통하기 위해 영어를 사용한다.

1980년대에 개인용 컴퓨터와 인터넷은 영어를 확산하는 새로운 전파자가 되었다. 인터넷의 개념과 발명이 미국에서 이루어졌기 때문에 인터넷 관련 기초 데이터들은 대부분 영어로 되어 있었다. 1990년에 대략 90%의 인터넷 정보가 영어로 올려졌다. 이 점유율은 세계 각지에서 많은 사람이 영어가 아닌 다른 언어로 정보를 게재하면서, 2005년에는 65~70%로 낮아졌다(http://www.internetworldstats.com/stats7htm 참조). 그러나 영어는 세계 어느 곳에서 정보가 생산되었든 간에 여전히 과학, 국제기구, 인터넷 대학에서 지배적으로 사용되는 언어이다.[16] 또한 이메일이나 인스턴트 메시지를 통해 인터넷상에서 국제적으로 소통하는 사람들은 대부분 영어를 사용한다.

교육, 상업, 정치, 기타 분야에서뿐만 아니라 인터넷상에서 펼쳐지는 영어 지배력은 일종의 전 세계적 사회 계급을 만드는 한 요인이다. 영어를 말하지 못하거나 읽지 못하는 사람은 21세기에 경제적으로 성공하는 데 필요한 많은 정보에 접근하지 못하기 때문에 세계적으로 더 낮은 사회적 지위로 격하된다.

새로운 전문용어

더 많은 사람이 국제적으로 소통하기 위해 영어를 사용하게 됨과 동시에, 새로운 전문용어(제7장 참조)들이 등장하고 있다. 다양한 분야에서 전문화가 심화되고 새로운 분야의 지식이 부상함에 따라, 점점 더 많은 전문용어가 상대적으로 소수의 사람에 의해서만 이해되고 있다. 예를 들어, 컴퓨터 데이터베이스를 사용해 유전자 정보에 대한 분석, 비교 및 가설을 제안하는 생물정보학 전공자는 심지어 많은 생물학자조차 이해하지 못하는 어휘를 사용하게 될지도 모른다. alu, contig, expressed sequence tag(EST), open reading frame(ORF), orthologue, uniGene 등의 단어나 구가 생물정보학에서 사용된다. 이런 용어들은 언어학 용어와 마찬가지로 많은 전문용어에 덧붙인 또 하나의 예일 뿐이다. 생물정보학의 용어들이 영어로 되어 있지만, 이러한 전문용어와 다른 많은 전문용어는 영어 사용자 대부분에게 외국어처럼 낯선 것이다.

16) David Crystal, *English as a Global Language*, 2nd ed. (Cambridge: Cambridge University Press, 2003).

요약

모든 문화 요소와 마찬가지로, 언어도 시간의 경과에 따라 변한다. 역사언어학은 이런 변화를 연구하며, 언어 사이의 관계에 대하여 연구한다. 윌리엄 존스 경이 언어 사이의 친족관계를 처음으로 체계적으로 기술하였다. 서로 다른 언어에 나타나는 동족어를 비교 분석함으로써 그는 고대 언어인 산스크리트어, 라틴어, 그리스어가 같은 조상어에서 파생되었다는 점을 보여 주었다. 이 3개의 언어와 현재 약 141개에 달하는 언어가 약 6,000년 전에 사용되었던 언어로 재구성한 원시 인도-유럽어로부터 발전되었을 것으로 추정된다. 어족수형도 모형이나 파도 모형은 공통의 원시어를 가지는 언어 사이의 관계를 나타낼 수 있다. 언어관계를 나타내는 이 두 가지 모형은 모두 결점이 있지만, 함께 사용하면 공통의 원시어에서 후손어들이 어떻게 파생되었는지, 그리고 현대 어족이 서로 어떻게 관련되었는지를 잘 보여 준다.

야콥 그림은 언어 변화가 얼마나 규칙적이고 체계적인가를 보여 줌으로써 역사언어학에 공헌하였다. 그림의 법칙은 원시 인도-유럽어에 나타나는 특정한 음의 자연 집단이 영어를 포함한 게르만어에서 규칙적으로 다른 음으로 바뀌는 것을 보여 주었다. 일부 언어학자는 인도-유럽어뿐만 아니라 다른 언어 집단에서 많은 규칙적 음 변화를 발견하였다. 그림의 법칙은 무조건적 음 변화의 한 예이다. 무조건적 음 변화는 해당 언어 전체에서 발생한다. 모든 원시 인도-유럽어 /p/는 게르만어에서 /f/로 바뀌었다. 사실 '모든'은 일종의 과장이며, 많은 무조건적 변화에는 예외가 존재한다. 무조건적 음 변화 이외에도 조건적 음 변화가 있다. 조건적 음 변화는 조상어의 한 음이 후손어에서 다른 음으로 변하지만, 주변 음과의 동화와 같은 특정한 조건에서만 발생한다.

일부 언어학자는 원시어들을 대어족과 같은 더 포괄적인 그룹으로 집단화할 수 있다고 주장하였다. 가장 포괄적인 범주는 원시 세계어가 될 것이고, 이는 모든 현대 언어의 조상어이다. 언어학자들은 이러한 생각에 회의적인데, 그 이유는 원시 세계어만큼 오래된 원시어가 재구성된다는 것은 거의 불가능하기 때문이다. 모든 언어학자가 모든 현대 언어가 하나의 공통적인 출처에서 파생되었다(단일기원)는 사실에 동의하는 것도 아니다. 일부 언어학자는 여러 초기 언어가 있었고 그것들에서 현대 언어가 파생되었을 것(다중기원)으로 추정한다.

언어 변화는 음 변화에만 관련되는 것은 아니다. 언어는 형태적으로나 통사적으로 변할 수 있고, 이들이 문화적 가치를 어떻게 반영하느냐에 따라서 의미적으로도 변할 수 있다.

일부 언어학자는 어휘통계학과 언어연대학과 같은 기법을 사용하여 조상어와 후손어 사이에 발생한 분열 이래의 언어 변화의 속도와 양을 측정하려고 시도하였다. 비록 이에 대한 신뢰성과 타당성은 의문의 여지가 있지만, 원시 인도-유럽어가 약 5,000년에서 6,000년 전 사이에 사용되었다고 하는 부분적인 공감대가 형성되었다. 그럼에도, 일부 학자는 이보다 1,000년 정도 이전에 원시 인도-유럽어가 사용되었을 것이라고 생각한다.

식물과 동물이 놀라운 속도로 사라지고 있듯이, 언어도 빠른 속도로 사라지고 있다. 세계 언어의 90%에 달하는 많은 언어가 100년 이내에 사라질 수도 있다. 동시에 전 세계에서 사멸된 언어와 사멸되는 언어들을 되살리려는 움직임도 나타난다. 한 언어는 문화적 요소일뿐만 아니라, 민족 정체성을 표현하는 가장 가치 있는 상징 중의 하나이다. 따라서 한 문화의 언어를 부활하려는 시도는 민족적 정체성을 재확립하거나 유지하려는 시도와 함께 이루어진다.

많은 언어가 사라지고 있는 동시에, 새로운 언어 또는 언어의 변종들이 나타나고 있다. 이런 많은 변화는 영어의 전 세계적 확산에 기초한다. 17세기 대영제국의 확장과 이후 미국 문화의 지배력으로 영어가 확산하면서 수많은 피진어와 크리올어가 형성되었고, 또한 계속 형성되고 있다. 새로운 지식의 영역과 전문 분야가 생겨나면서, 전문어라 불리는 특정한 어휘가 만들어졌다.

더 읽을거리

Bellwood, Peter and Colin Renfrew, eds., *Examining the Farming/Language Dispersal Hypothesis* Cambridge University: McDonald Institute for Archaeological Research, 2002.

Bryson, Bill, *The Mother Tongue: English and How It Got That Way,* New York: William Morrow and Co., 1990.

Campbell, Lyle, *Historical Linguistics: An Introduction,* 2nd ed., Cambridge, MA: MIT Press, 2005.

Crowley, Terry, *An Introduction to Historical Linguistics,* 4th ed., Auckland: Oxford University Press, 2010.

Crystal, David, *English as a Global Language,* 2nd ed., Cambridge: Cambridge University Press, 2003.

McWhorter, John, *The Power of Babel: A Natural History of Language,* New York: Times Books/Henry Holt, 2001.

Millar, Robert, M, *Trask's Historical Linguistics,* New York: Oxford University Press, 2008.

Stanlaw, James, *Japanese English: Language and Culture Contact (Asian Englishes Today),* Hong Kong: Hong Kong University Press, 2004.

참고할 웹 사이트

다음 웹 사이트는 유럽 언어들을 보여 주고 언어 간의 간단한 비교언어학적 분석을 제시한다.
http://www.ielanguages.com/eurolang.html

다음 웹 사이트는 세계의 언어들에 대한 가장 광범위한 데이터베이스를 제공한다. 여기에는 언어연구 소프트웨어 12,000개 항목에 이르는 언어학 관련 참고문헌, 기타 매우 유용한 언어학 관련 리소스를 제공한다.
http://www.ethnologue.com

다음 웹 사이트는 전 세계 주요 어족들에 대한 정보와 참고문헌을 제공한다.
http://www.krysstal.com/langfams.html

다음 웹 사이트는 세계의 국제영어협회이다.
http://www.iaweworks.org

다음 웹 사이트는 전산언어학회 홈페이지로 많은 링크가 있다.
http://www.aclweb.org

다음 웹 사이트는 영어의 역사에 대한 개관을 제공한다.
http://www.merriam-webster.com/help/fag/history.htm

다음 웹 사이트는 유럽연합 회원국에서 사용되는 언어를 다루는 위원회에서 발행하는 데이터를 제공한다.
http://ec.europa.eu/education/languages/languages-of-europe/index_en.htm

용어와 개념의 정리 : 역사언어학

1. 역사언어학은 ______________ 와(과) ______________ 을(를) 연구하는 것이다.
2. ______________ 모형은 서로 추가적인 접촉이 없는 많은 후손어로 급격히 분열되는 것을 보여 준다.
3. ______________ 모형은 언어 집단을 둘러싸는 일련의 포괄적인 원들로서, 언어들의 상대적 관계를 나타낸다.
4. 어족수형도 모형은 시간에 따라 언어가 어떻게 변하는지에 대한 여러 가지를 함축한다. 이 중 두 가지는 ______________ 가설과 ______________ 가설에 의해 나타난다.
5. 비교 방법 중의 하나는 같은 의미와 아주 유사한 음소적 구조를 가진 서로 다른 언어들에서 사용되는 어휘를

찾아보는 것이다. 이러한 어휘쌍 또는 어휘집합을 ______________________(이)라고 부른다.

6. 한 조상어에 나타나는 어휘들의 음소적 특성은 그 후손어의 한 음에서 다른 음으로 균일하게 변한 일부 음을 제외하면, 대체로 후손어 어휘들에서 나타나는 음소적 특성과 아주 유사하다. 이러한 변화를 ______________________(이)라고 부른다.
7. 원시어는 ______________________ 언어이다.
8. 규칙적 음 변화에 대한 최초의 심도 있는 연구가 ______________________에 의해 성취되었는데, 그는 원시 인도-유럽어에서부터 후손어인 ______________________에서 특정한 자음이 어떻게 변하였는지를 보여 주었다.
9. 8번 문제에서의 음 변화는 ______________________개의 자연 집단과 관련이 있다.
10. 9번 문제에서 언급된 음 변화는 원시 인도-유럽어의 어떤 음 집단으로부터 어떤 게르만어 음으로 변화하였는가?______________________
11. 일부 언어학자가 최초의 인류언어라고 믿는 가설적 언어에 주어진 명칭은 ______________________이다.
12. 단일기원으로부터 모든 언어가 생겼다는 개념은 ______________________(이)라고 불리고 ______________________와(과) 반대된다.
13. 10,000년 전보다 이전에 존재했던 어떤 언어를 재구성하는 것과 관련된 한 가지 문제점은 비교하기에 충분할 정도로 많은 ______________________을(를) 발견할 수 없다는 것이다.
14. 대모음전환은 현대 영어에서 ______________________(으)로 변화된 ______________________(고대, 중세, 현대) 영어 장모음과 관련된다.
15. 무조건적 음 변화는 조상어에서의 한 음이 후손어에서 다른 음으로 바뀌는 것이다. 종종 예외가 있지만, 이러한 변화는 ______________________에서 생긴다.
16. 조건적 음 변화는 오직 ______________________에서 생긴다.
17. 이 책에서 형태적 변화에 대한 예는 가장 빈번하거나 규칙적인 형태로 교체되는 불규칙적 형태와 관련된다. 이런 과정을 ______________________(이)라고 부른다.
18. 고대 영어가 현대 영어로 바뀔 때 생긴 세 가지 통사적 변화는 ______________________, ______________________, ______________________이다.
19. 동족어에 대한 통계적 분석은 ______________________(이)라고 불린다.
20. ______________________은(는) 19번 문제와 언어연대학 모두에서 선구자였다.
21. 오늘날 모든 언어학자는 어휘들이 1,000년마다 14%의 비율로 변한다고 믿는다. 이 말은 __(참/거짓)__이다.
22. 약 5,000년에서 6,000년 전에 살았던 집단의 이름이 본래의 인도-유럽어 화자들로 주장되었다. 이 집단은 ______________________이고 ______________________에 살았다.
23. 콜린 렌프루는 인도-유럽어의 기원이 약 ______________________년 전, ______________________ 지역이라고 생각하였다.

24. 오늘날 세계에서 사용하는 언어는 대략 ______________개이다. 대략 ______________ %가 100,000 미만의 화자들에 의해 사용되고, 많은 언어가 ______________의 위험에 처해 있다.

25. 가장 많은 원어민 화자를 보유한 언어는 ______________이고 ______________가 두 번째이다.

26. 영어가 전 세계로 확산된 여섯 가지 이유는 ______________
____
____
____
______________이다.

27. 직업적 전문화를 나타내기 위한 용어를 ______________(이)라고 한다.

28. phoneme, morpheme, grapheme과 같은 용어는 ______________ 분야의 ______________이다

부록 1

용어와 개념의 정리 모범답안

Answers to Reviews of Terms and Concepts

제1장 서론 : 의사소통의 본질

1. 정보를 전달함으로써 타인의 행동에 영향을 끼치는 행위이다.
2. 변화이다.
3. 의사소통
4. 어휘부(단어들), 문법(소리, 단어, 문장 등을 결합하는 규칙)
5. 규칙
6. 음운론, 형태론(또는 형태적 규칙), 통사론, 의미론
7. 잠재의식적인 것
8. 언어 능력
9. 언어 수행
10. 마음(두뇌)
11. 음성언어(말), 수화, 문자언어(글)
12. 듣기, 말
13. 동시성
14. 거짓
15. 방향, 거리, 특성(참조 : 바람의 속도, 식재료의 농축된 설탕과 같은 물질을 전달할 수도 있다.)
16. 페로몬, 후각적
17. 잉여성
18. 더 짧, 더 많은 기능들을 제공할 수, 더 길, 짝짓기 의식에서와, 한정된 용도로서의 기능
19. 거짓
20. 넓은 범위
21. 개방성, 생산성
22. 무한, 거짓

23. 불연속적(분절적)
24. 자의적
25. 발신자(화자)나 수신자(청자) 바로 앞에 놓여 있는 것이 아닌 사건이나 사물에 대해 말하는 능력
26. 조작
27. 자극결속적, 자극결속적이지 않
28. 미국 수화(ASL), 침팬지
29. 고릴라, 더 많은
30. 거짓
31. 허버트 테라스(Herbert S. Terrace)
32. 유인원이 자극 반응 방법으로 반응하였음, 클레버 한스 효과가 한 요인이었음
33. 참
34. 브로카 영역, 베르니케 영역
35. 좌
36. 본문 참조

제2장 음운부 : 음성학

1. 음향, 청각, 조음
2. 호흡기, 소화기관
3. 유성음, 무성음
4. 방해를 받을
5. 거의 또는 전혀 닫히거나 방해받지 않을
6. 구강, 양순, 폐쇄음, 자음 또는 유성음
7. a. 비강 f. 연구개
   b. 입술 g. 구개수
   c. 이 h. 후두개
   d. 치조돌기(치경) i. 호흡기
   e. 경구개 j. 성대
8. [m], [n], [ŋ]
9. 연구개, 내려
10. 유기음
11. a. 경구개파찰음 d. 치경설측음
    b. 치마찰음 e. 순치마찰음
    c. 치경비음 f. 경구개전이음(활음)
12. 쉿소리, sibilant(치찰음)

13. 지속음
14. 유성음
15. 공명실로 사용되는 구강의 모양, 입술의 둥글기, 입술의 평평함
16. 혀
17. 비강자음
18. 거짓
19. 원순후설고모음 또는 중모음들이다.
20. 단모음과 활음, 두 소리로 구성되는 모음
21. 초분절음
22. 억양, 성조
23. 하나의
24. 의미, 품사
25. 연결부

제3장 음운부 : 음운론

1. 언어음을 체계화하는 데 이용되는 고유 체계
2. 음소 /t/의 이음
3. 서로 다른 음소
4. 최소대립쌍
5. 예측 가능(또한 의무적이고 잠재적으로 형성된)
6. 상보적 분포, 음소 /k/의 이음
7. 자유변이
8. 비음화, 조음동화, 필수적이다.
9. 서로 다른 음소
10. 거짓(최소대립쌍 분석은 언어의 음소를 입증하는 유일한 방법이다.)
11. 한 언어단위를 다른 언어단위와 구분하는 특성
12. 모든 변별자질의 합; 이 자질들은 동시에 발생한다
13. 자질 매트릭스
14. a. [ŋ], b. [u], c. [v]
15. 자연 집단, 무성폐쇄음
16. 개별 음 대신 전체 유형의 음 규칙을 만든다. 이는 또한 음 사이의 관계를 알기 쉽게 해 준다.
17. 필수 음운 과정
18. 단일 음소 분절음의 단일자질
19. 유성성, 조음 방법, 조음 위치

20. 선택적 음운 과정
21. 종종 훨씬 변화가 심하다. 어투가 관여한다. 원래 형태로 발음될 수 있는 단어의 발음을 바꾼다.
22. 무표적
23. 잉여성

제4장 형태부

1. 형태소
2. 음소
3. 3개
4. 자립형태소(어근), 자립형태소(어근), 결속형태소(굴절)
5. 품사 변화, 의미 변화
6. 복수형 (수) 표시, 소유, 진행, 시간 등과 같은 문법 기능을 담당한다.
7. 아홉 가지의
8. 거짓
9. 이형태
10. 거짓(이형태의 선택은 규칙지배적이고 필수적이다.)
11. 새로 만든 어근을 포함하여 수많은 서로 다른 어근이 첨부될 수 있다.
12. 폐쇄 집단
13. 분석적, 종합적
14. 융합어, 교착어, 종합어
15. 합성어, 두문자 형성, 외래어 차용, 단축, 융합, 파생, 역파생, 고유명 사용, 상표
16. 본문 참조

제5장 통사론

1. 단어보다 큰 언어단위
2. 문장단위
3. 주어, 서술어
4. 단문
5. 단문(독립절)
6. 독립절
7. 2, 독립절
8. 종속절, 독립절
9. 중복문
10. a. ASD

b. PSD

c. ACD(Jack went up the hill and Jill went up the hill)

d. ACE

e. ASI

f. AC-XE

g. ASD

h. PSD

i. ACI

11. 절의 어떤 성분
12. 명사구, 동사구, 형용사구, 부사구, 전치사구(구체적인 예는 다양한 답이 가능)
13. 용어 해설 참조
14. 형태소 사용에 대한 제한
15. 언어의 계층 구조는 문장의 한 성분이 때로는 다른 성분의 일부가 된다는 사실을 보여 준다. 가장 큰 성분은 문장이고, 가장 작은 성분은 개별 형태소이다.
16. 다양한 답이 가능
17. 단어의 연쇄와 단어 사이의 관계는 주어진 언어를 능숙하게 구사하는 사람의 통사지식과 일치하고 필요한 모든 문법 요소를 포함하는
18. 특정한 발화를 이전에 들어 보았는가, 문장 속의 단어들을 이해하고 있는가, 사실성이 있는가, 의미가 통하는가
19. 언어의 선형적 어순과 계층 구조를 설명해 주는 규칙
20. 모든 문법적 문장을 생성해 주는 문법
21. 언어의 회귀성은 규칙을 반복하여 적용함으로써 통사범주를 다른 범주 안에 끊임없이 내포할 수 있게 해 준다.
22. 실제 발화를 기저 의미와 관련시켜 주는 규칙
23. 심층 구조는 기본 의미를 나타내는 언어의 추상적인 계층이다. 표층 구조는 실제로 말하는 구조이다.
24. 이동, 삭제, 삽입, 대치

제6장 의미론과 화용론

1. 형태소, 단어, 구, 절, 문장과 같은 언어 표현의 의미
2. 단어 의미
3. 어휘부(또는 사전)
4. 지시물
5. 전형적인, 이미지
6. 조작된(거짓의)

7. 추상적 개념
8. 관계
9. 각각의 화자, 각 문장
10. 의미자질
11. +, −
12. 변별적 자질 분석
13. 음소
14. 의미 영역
15. 유표성
16. 덜
17. 더
18. 일반적으로 무표적인 형태의 단순한 단어는 의미 속성으로서 남성자질이 있다
19. 더 유표적
20. 하위어, 동의어, 동음어, 반의어
21. 하위어
22. 동의어
23. 환언(또는 바꿔 말하기)
24. 사전의 첫 번째 정의
25. 의미의 미묘한 차이
26. 동음어
27. 다의적
28. 반의어
29. 상보적인 쌍
30. 계층적 쌍
31. 관계적 반의어
32. 문장 구조
33. 모순
34. 모순어법
35. 변칙 발화
36. 은유
37. 관용어(숙어)
38. 화용론
39. 지시물, 화자
40. 단언하기, 판결 내리기, 내기, 경고하기, 포기하기, 약속하기 등
41. 담화

42. 담화 분석
43. 지시물을 바꾼다
44. 양, 질, 관련성, 태도, 방법

제7장 사회언어학과 언어인류학

1. 개인방언
2. 언어공동체
3. 표준 미국 영어(SAE)
4. BBC 영어
5. 지역
6. 나와틀어, 아즈텍어
7. 음운변이(자유변이)
8. /s/ 삭제
9. 복수 y'all
10. 복수형 동사
11. 사회적
12. 영국식
13. /θ/ 대신 /t/, /r/, /ɔy/
14. 주인의 언어, 아프리카어
15. 학교에서 또는 백인사회에서 사업을 하거나 일하는 동안에
16. 코드전환
17. /r/과 /l/ 탈락
18. 자음으로 시작하는 다른 단어
19. 모음
20. /t/, /d/
21. 삭제, 상
22. 축약, 삭제
23. 상
24. 간접의문문
25. 맨 오브 워즈(또는 말에 능한 사람)
26. 음운 체계, 어순
27. 열두 가지, 다섯 가지
28. 동족어
29. 부정어, 부정
30. 코드전환

31. 링구아 프랑카
32. 피진어
33. 상부어(상층언어), 하층어(기층언어)
34. 크리올어, 모국어화
35. 언어사용역(상황적 방언)
36. 공식적, 비공식적
37. 축약
38. 공식적, 비공식적
39. 전문어
40. 남성, 여성
41. 서로 다른 비율, 서로 다른 상황
42. 간접 어투
43. 부가의문문(꼬리의문문)
44. 거짓
45. 문화상대주의
46. 문화
47. 내부
48. 동등하게
49. 환경
50. 하층의 무식한 야만인
51. 언어
52. 일관되고 알기 쉬운
53. 사피어-워프 가설
54. 자기강화
55. 역사, 문화, 공통언어

제8장 언어습득

1. R-복합체, 충동과 본능
2. 대뇌변연계, 소리 지르기와 울기
3. 신피질, 브로카, 베르니케
4. 놈 촘스키, 에릭 레네버그
5. 생득주의 가설
6. 빨기, 먹기, 물건 잡기, 걷기, 말하기
7. 생물학적 근거에 의하지 않는다.
8. 보편문법

9. 언어습득장치
10. 한계시기 가설
11. 자극의 빈곤
12. 강화 가설
13. 상호작용 가설, 구성주의
14. 구구소리, 옹알이
15. 완전한 구, 일어문 단계
16. 전보문 단계
17. 과일반화하여
18. 사용할 수 있는 단어, 들어서 이해할 수 있는 단어
19. 전체 사물, 부분 또는 속성
20. 과일반화
21. 남성 인척 모두가 동일한 이름으로 불리는 언어를 배운다.
22. 과소일반화
23. 과일반화
24. 대명사, 지시물이 바뀌기
25. 성
26. 그들의 눈을 똑바로 쳐다본다, 그들과 이야기를 나눈다, 그들에게 질문을 한다, 그들이 말하는 것을 이해하려고 한다.
27. 그들은 속수무책이고 아무것도 이해할 수 없다.
28. 지위가 높은 사람에게 메시지를 전달한다.
29. 매우 동일한 방식으로
30. 예측 가능한, 발음
31. 기능어
32. 두 언어를 동시에 배울 때
33. 순차적 이중언어
34. 단일어휘부 및 단일집합의 의미 규칙
35. 서로 다른 음운 체계, 어휘부, 의미 체계를 구성함
36. 각 언어에서 단일어를 사용하는 아동의 실수에 대응하는 실수를
37. 지적인, 발음, 문법, 어휘
38. 간섭 현상
39. 화석화

제9장 수화

1. 음성언어, 듣기
2. 어휘부, 문법, 마음의
3. 본문 참조
4. 거짓
5. 보편적
6. 도상(아이콘)
7. 참
8. 사냥용, 청각장애인, 링구아 프랑카
9. 손을 사용한 영어
10. 다른
11. 참
12. 10
13. 수화, 음성언어, 입술 읽기
14. 참
15. 음운론
16. TAB(tabulation), SIG(signation), DEZ(designator), ORI(orientation/palm orientation)
17. 음소
18. 몸과 연결된 손의 여러 부위, 두 손을 서로 특정 방향으로 움직이는 것, 손을 사용하지 않은 신호
19. Non-manual grammatical signals(NMGs)
20. 눈썹, 입, 어깨, 머리, 몸의 움직임
21. 무표적
22. 본문 참조
23. 참
24. 3차원 공간
25. 얼굴 움직임과 다른 신체 부위의 움직임을 통한 문법적 신호
26. 새로운 언어의 생성과 발전에 대한 연구
27. 언어사용역(상황적 방언)의 차이

제10장 문자 체계

1. 표의문자, 음절문자, 음소문자
2. 표의문자
3. 언어단위
4. 표의-음절

5. 관습적 의미를 지니는 기호의 발명
6. 기호가 소리를 나타날 때
7. 음절문자원리
8. 거짓
9. 중국어
10. 단어 또는 개념
11. 5,000
12. 전통, 서로 다른 형태의 중국어를 구사하는 사람들이 문자를 통하여 서로 이해할 수 있다는 사실
13. CV
14. 문자소
15. 음소
16. 거짓
17. 말과 글의 변화 속도가 서로 다르기
18. 동음어를 구분해 줄 경우
19. 철자발음
20. 도상적
21. 서술 표현적, 확인 · 기억적
22. 거짓
23. 추상적, 문자
24. 5,100년, 수메르, 표의-음절
25. 셈 족, 북셈어 음절문자표
26. 그리스인
27. 요하네스 구텐베르크(Johannes Gutenberg)
28. 구텐베르크 성서, 서기 1455
29. 본문 참조
30. 본문 참조

제11장 비언어적 의사소통

1. 음성언어, 글, 수화의 신호가 아닌 다른 수단으로 사람 사이에서 발생하는 의사소통
2. 동작학
3. 의사소통을 하는 사람들의 몸짓과 말에는 매우 유형화된 동시성이 있다
4. 표상 행위
5. 강조 행위
6. 적응 행위

7. 표상
8. 정서 표현
9. 얼굴
10. 비교문화적 연구, 시각장애 아동연구, 영장류연구, 뇌 영상연구
11. 규정 행위
12. 적응 행위
13. 공포, 분노, 행복, 슬픔, 놀람, 혐오/경멸
14. 소통의 흐름 규제, 피드백 모니터링, 인지 활동의 반영, 감정 표현, 대인관계 본질의 소통
15. 표상 행위, 적응 행위
16. 털이나 머리카락에서 이물질을 제거하는 것, 격려와 애정을 표현하는 것, 지배적 형태
17. 준언어
18. 근접공간학
19. 18인치, 친밀한 거리, 보이지 않는 벽
20. 도톰한 입술, 매끄럽고 부드러운 피부, 빛나는 머릿결, 여성의 허리와 엉덩이의 비율과 신체 균형
21. 색채, 소리, 빛, 물체와 공간 내 물체의 위치

제12장 역사언어학

1. 언어 변화, 상이한 언어 사이의 상관관계
2. 어족수형도
3. 파도
4. 규칙성, 상관성
5. 동족어
6. 규칙적 음 변화, 무조건적 음 변화
7. 재구성된
8. 야콥 그림, 게르만어
9. 3
10. 유성유기폐쇄음에서 유성무기폐쇄음, 유성폐쇄음에서 무성폐쇄음으로, 무성폐쇄음에서 무성마찰음으로
11. 원시 세계어
12. 단일기원설, 다중기원설
13. 동족어
14. 장모음과 이중모음, 중세
15. 모든 음성환경
16. 특정한 음성환경

17. 유추
18. 굴절형 (격) 어미의 손실, 전치사 강조, 어순의 중요성 증가
19. 어휘통계학
20. 모리스 스와데시(Morris Swadesh)
21. 거짓
22. 쿠르간인, 우크라이나 동부
23. 6,000~7,000, 터키
24. 6,902, 90, 소멸
25. 중국어, 에스파냐어
26. 본문 참조
27. 전문어
28. 전문어, 언어학

부록 2

연습문제 예시 답안

Answers to Selected Exercises

제1장 : 연습문제 답안(일부)

단원 말 연습문제

2. 모든 의사소통 체계는 다른 특성보다도 메시지의 발신자, 수신자, 소통의 통로, 코드, 피드백이 있다는 것이다.
4. 언어 능력은 화자의 머릿속에 있는 언어에 대한 모든 문법지식과 어휘지식을 말한다. 언어지식 대부분은 잠재의식적이다. 언어 수행은 실제로 발화를 산출하는 행위를 말한다.
6. 어휘부는 한 언어의 모든 의미단위로 구성된다. 개인의 어휘부는 그의 머릿속에 저장된 모든 어휘이다. 문법은 어휘 항목을 표준적인 방식으로 결합하는 규칙의 집합이다.
8. 인간은 말하기, 쓰기, 수화를 통해 소통한다.
10. 알렉스와 같은 어떤 새는 (언어에 대한 광의의 정의에서) 언어 요소를 배울 수 있다고 일부 언어학자는 주장하지만, 대부분의 언어학자는 이 새는 흉내를 내고 있을 뿐이라고, 즉 새는 이해하지 못한 채 오로지 들은 것을 반복할 뿐이라고 생각한다.
12. 표 12-1 참조
14. 클레버 한스 효과는 피실험자에게 미묘하고 무의식적인 힌트를 주는 (그럼으로써 결과적으로 실험의 결과를 왜곡하는) 것을 말한다.

제2장 : 연습문제 답안(일부)

연습문제 1

1. b. [m] d. [v] f. [č] h. [g] j. [ð]
4. b. [v] d. [r] f. [š] h. [č] j. [z] l. [p] n. [b] p. [d] r. [ǰ] t. [n] v. [ð] x. [š]
5. b. [v] d. [p] f. [g] h. [n] j. [k] l. [ð] n. [z] p. [l] r. [k] t. [r]
6. b. [h] d. [ð] f. [ŋ] h. [ŋ] j. [θ], [ŋ] l. [θ]

연습문제 2

1. b. anger d. who f. philosophy h. teethe j. comb l. knight

연습문제 3

1. b. /ə/ d. /æ/
2. b. /æ/ d. /e/ f. /ɔ/ h. /ʊ/ j. /ɛ/ l. /i/
4. b. /ay/ d. /aw/ f. /ɔy/ h. /ay/ j. /ɔy/ l. /aw/

연습문제 4

4. b. hád d. hót rod f. bláck h. gréen

단원 말 연습문제

2. a. /ækt/ b. /rɔy/ c. /fətig/ d. /maws/ e. /ritrit/
   f. /mæsk/ g. /vasəlet/ h. /naw/ i. /pɔn/ j. /pʊt/
   k. /siž/ or /sij̆/ l. /mošən/ m. /day/ n. /dɛləkɛt/ o. /ay/
4. 본문 참조

제3장 : 연습문제 답안(일부)

연습문제 1

2. a. 음소 /l/의 이음
   b. 상보적 분포관계이다.
   [l]은 전설모음 앞 어두에서 발생한다.
   [ɫ]은 [l] 위치에서는 절대 일어날 수 없다. 중설 또는 후설모음 앞의 어두나 어미에서 발생한다.
4. 자유변이, 다양한 예가 가능하다.

연습문제 2

2. a. [i]는 적절하지 않다. 나머지 소리는 [+back, +round]의 자질을 공유한다.
   b. [p]는 적절하지 않다. 나머지 소리는 [+sonorant, −nasal]의 자질을 공유한다.
   c. [v]는 여기에 포함되지 않는다. 나머지 소리는 [+consonantal, −sonorant, −continuant, −strident]의 특성이 있다.

연습문제 3

2. 필수 음운 과정은 무성음화이다. 비음은 단어의 끝에서 무성음화된다. [m]과 [m̥]는 음소

/m/의 이음이다. [ŋ]와 [ŋ̥]는 음소 [ŋ]의 이음이다. [n]과 [ŋ̥]은 음소 /n/의 이음이다.

4. 이 음운 규칙은 g-삭제라고 불린다. /g/는 음절 끝에 있는 비음 앞에서 발생할 때 삭제된다. 그러나 비음이 음절 끝에 있지 않다면 /g/는 삭제되지 않고 발음된다.
6. 삽입이라고 부르는 선택적 음운 과정이다. 의문문에서 단어에 /p/를 삽입하면 발음하기 쉽다.

단원 말 연습문제

2. 영어에서 모음은 유성자음 앞이나 단어의 끝에서 길어진다. 이런 음운 과정은 필수적이다.

제4장 : 연습문제 답안(일부)

연습문제 1, Part A

b. *infirm* −in+firm B+F

in-은 not을 의미하는 접두사이다.

firm은 (이 단어에서) well 또는 strong을 의미한다.

d. *reformers* re+form+er+s B+F+B+B

re-는 anew를 의미하는 접두사이다.

form은 to build를 의미하는 자립형태소이다.

-er는 접미사로 동사를 명사로 바꾼다.

-s는 복수형 접미사이다.

f. *actor* act+or F+B

act는 perform을 의미한다.

-or는 동사를 명사로 바꾼다. 또한 남성형을 표시하는 기능이 있다.

h. *ducklings* duck+ling+s F+B+B

duck은 동물을 나타낸다.

-ling는 young을 의미하는 지소사이다.

-s는 복수형 표지이다.

j. *boysenberry* boysen+berry B+F

이 단어는 논란이 있는 형태이다. 분명한 것은 berry가 자립형태소라는 점이다. 그러나 boysen-은 다른 형태와는 쓰이지 않는데, 위 단어를 두 형태소로 분류할 수 있을까? 논리적인 관점에서 boysen-, cran-, huckle-이 서로 다른 종류의 딸기를 나타낸다는 것을 안다. 그러므로 이들은 실제로 의미를 지니고 있다. 이들은 berry와 결합해야 하며, 따라서 결속형태소라 부른다.

연습문제, Part B

2. *hot dog* 형용사+명사 명사

   참조 : 합성어는 별개의 두 단어로 나타난다. hot dog는 문법적으로 구가 아닌 복합어로 여겨진다. 즉 hot dog은 뜨거운 개가 아닌 핫도그라는 음식을 의미한다. greenhouse와 비교하면, greenhouse는 항상 초록색의 집만을 의미하는 것이 아니라, 특정 종류의 식물을 키울 수 있는 장소로도 쓰인다. hot dog와 greenhouse는 개념적으로는 유사한 방법으로 만들어진다.

4. *bunkhouse* 명사+명사 명사
6. *into* 전치사+전치사 전치사
8. *takeover* 동사+전치사 명사
10. *workman* 동사+명사 명사
12. *empty-handed* 형용사+형용사 형용사

    참조 : 하이픈으로 연결한 단어는 hot dog와 같이 복합어이다. 위의 2번 참조.

연습문제 2, Part 1

b. *running* run+ing F+BI

   -ing는 진행형이라 부른다.

   참조 : n 중복은 철자 규정이다. 그러므로 두 번째 n을 설명할 필요가 없다. 관련 형태소는 run과 -ing이다.

d. *action* act+ion F+BD

   -ion은 품사를 바꾼다.

f. *comes* come+s F+BI

   -s는 3인칭 단수형 표지이다.

h. *Unfriendly* un+friend+ly BD+F+BD

   -un과 -ly 모두 파생형태소이다. -un은 단어의 의미를 바꾸고 -ly는 품사를 바꾼다.

j. *lovable* love+able F+BD

   -able는 품사를 바꾼다.

l. *banana* banana F

   참조 : 단어와 형태소의 개념이 서로 동의어가 아닌 것과 마찬가지로 형태소와 음절의 개념도 다르다. 예를 들어 banana는 한 개의 자립형태소로 구성되는 3음절 단어인 반면, love는 한 개의 자립형태소인 1음절 단어이다.

n. *quicker* quick+er F+BI

p. *semicircle* semi+circle BD+F

r. *Aaron's* Aaron+'s F+BI

t. *happily* happy+ly F+BD

연습문제 3

2. /d/, /t/, /əd/.
   a. /d/는 c에서 제시한 예와 함께 유성음으로 끝나는 단어에 붙는다.
   b. /t/는 c에서 제시한 예와 함께 무성음으로 끝나는 단어에 붙는다.
   c. /əd/는 치경폐쇄음에 붙는다. 영어 화자는 모음을 장모음과 단모음으로 구분하는 것과 달리 자음은 구분하지 않기 때문에 /ə/를 삽입한다. 영어 화자는 /ret/을 /rett/와, /klawd/를 /klawdd/와 구분하지 않는다. 그러므로 /retəd/와 /klawdəd/를 형성하기 위하여 /ə/를 삽입한다.
4. 에스파냐어에서 남성형은 대개 -o로 끝나고, 여성형은 -a로 끝난다. 그러나 남성형이 자음으로 끝나면 여성형은 -a로 끝난다. 남성형이 -a로 끝나면, 이것은 여성형으로도 쓰인다. 일부 에스파냐어 어휘는 실제 성과는 아무런 상관없는 문법성을 가지고 있다.

   영어의 the에 해당하는 에스파냐어 관사는 el과 la 두 가지가 있다. el 다음에 나오는 명사는 남성이고(el amigo는 남성 친구), la 다음에 나오는 명사는 여성이다(la amiga는 여성 친구).

연습문제 4

2. a. reformer. 이 단어는 각각 의미와 기능을 지닌 여러 형태소로 이루어진 접합 과정을 보여 준다.
   b. her. 이 단어는 굴절 과정을 보여 준다. Her는 여성, 단수, 3인칭의 정보를 지닌다.
   c. *pneumonoultramicroscopicsilicovolcanokoniosis.* 이 단어는 너무 길기 때문에 포합원리(polysynthetic principle)를 바탕으로 형성된 것처럼 보일 수 있다. 비록 어느 정도 이 같은 특성을 지니지만, 이 단어는 문장은 아니다. 접합의 결과라고 보는 것이 좋다.
   d. "I will go"에서 쓰인 것과 같은 will은 분석적 패턴을 따르는 것으로 설명할 수 있다. will은 미래를 나타내는 단어이다. 영어에서 유사한 유형의 개념들이 결속형태소에 의해 표현된다.

연습문제 5

2. a. skunk (알곤킨 원주민어에서)
   b. typhoon (중국어에서)
   c. sonata (이탈리아어에서)
4. 모두 지난 125년간 조어된 (또는 새로운 의미를 갖게 된) 영어 단어들이다.
6. 천체, 신제품, 거리, 건물, 새로운 제조 과정, 의류 등의 명칭은 종종 사람의 이름에서 따온다.

연습문제 7

2. round는 다양한 품사를 지닌다. 품사는 단어의 철자가 아닌 문장 속에서의 사용에 의해 결정된다. 문장 어순에서의 위치와도 관련 있다.

단원 말 연습문제

2. 언어의 이름을 만들기 위하여 인종 집단의 이름에 -in-을 첨가한다. -in-은 모음이 아닌 첫소리 다음에 첨가한다. 모음으로 시작하는 인종 집단의 경우에는 접두사로 첨가된다. -in이 첫 자음 다음에 올 경우, 접두사나 접미사로 볼 수 없다. 이 경우에는 삽입사(infix)인데, 단어의 중간에 온다. 일부 언어학자가 man/men과 같은 변이형이 삽입사의 결과에 근접한 것이라고 주장하기는 하지만, 영어에는 삽입사가 없다. 이 경우 어근은 m-n이고 삽입사는 -a-는 단수형을 만들 때, -e-는 복수형을 만들 때 넣는다. 이 어근은 자립 형태소도, 통상적인 형태도 아니라는 것에 주의해야 한다.
3. a. 단축형(photograph에서)
   b. 파생(re-와 make의 결합)
   c. 두문자(self-contained under-water, breathing apparatus)
   d. 합성어(black과 bird)
   e. 두문자(radio detecting and ranging)
   f. 외래 차용어(이탈리아어)
   g. 직업명
   h. 고유명(Burnside 장군의 이름에서 유래)
   I. 역형성(sculptor에서)
   j. 직업명
   k. 융합(mistake와 happening의 결합)
4. A. 한정사(관사)
   B. 명사(보통명사, 구상명사, 가산명사)
   C. 동사(자동사)
   D. 전치사(한 단어)
   E. 형용사(한정형용사)
   F. 명사(보통명사, 구상명사, 가산명사)
   G. 대명사(인칭대명사)
   H. 동사(조동사)
   I. 부사(긍정적 정도)
   J. 동사(계사)
   K. 형용사(서술형용사)
   L. 동사 to go의 일부

M. 동사(자동사)
N. 전치사(한 단어)
O. 한정사(관사)
P. 명사(보통명사, 구상명사, 가산명사)
Q. 형용사(서술형용사)
R. 명사(보통명사, 구상명사, 가산명사)
S. 한정사(양태)
T. 명사(보통명사, 구상명사, 가산명사)
U. 명사(보통명사, 구상명사, 가산명사)
V. 한정사(양태)
W. 대명사(소유)
X. 동사(타동사)

제5장 : 연습문제 답안(일부)

연습문제 1

2. d에서 문장의 주어는 you로 본다. 문장 e는 수동문이고 평서문의 S-V-O의 일반 어순과 다르다. 대신 수동문의 어순은 O-V-S이다. 따라서 연습문제 1-1B의 능동문 b에서와 마찬가지로 문장 주어는 the clown이다.
4. a. 단문
   b. 단문
   c. 복문
   d. 중문
   e. 복문
   f. 복문
   g. 중복문
   h. 중문
6. a. Jill's house—주어
   the market—전치사의 목적어
   b. All guns—주어
   c. It—주어
   Shane—종속절의 주어
   dinner—전치사의 목적어
   d. You—주어
   home—동사의 목적어
   e. large cars—주어

more gas—동사의 목적어

8. a. ran after the car
   b. died
   c. will bury the fish
   d. has taken five tests

10. a. the blue
   b. a fat yellow
   c. quite upset

12. at noon
   with a machine
   before the prices go up

연습문제 2

2. a. 구조적 중의성 – 전치사구 in my pajamas를 지시하는가 아니면 코끼리를 지시하는가?
   b. 어휘적 중의성 – Bear는 '낳다(give birth to)'나 '참다(tolerate)'를 의미한다.
   c. 구조적 중의성 – 형용사 hot은 turkey에도 적용되는가?
   d. 품사적 중의성 – polished는 Bill의 신발을 수식하는 형용사이거나 과거의 Bill의 행동을 나타내는 동사가 될 수 있다.
   e. 품사적 중의성 – shoots and leaves는 판다가 먹는 먹이를 나타내는 명사인가 또는 음식을 먹은 후에 판다의 행동을 나타내는 동사인가?
   f. 품사적 중의성 – flies는 곤충을 의미할 수도 있고 동사로 쓰일 수도 있다.

연습문제 4

1b. The(Det) rabbit(N) quickly(Adv) jumped(Verb) into(Prep) the(Det) big(Adj) hole(N)

1d. The(Det) boy(N) who(Pro) broke(Verb) the(Det) window(N) promised(Verb) to(Prt) pay(VB) for(Prep) it(Pro) to(Prt) be(Aux) repaired(Verb).

연습문제 5

2. a. S → NP VP
   NP → Det N
   VP → Verb PP
   Verb → Aux V
   Aux → Tense
   Tense → past
   PP → Pep NP

b. S → NP VP

NP → N

VP → Verb

Verb → Aux V

Aux → Tense

Tense → past

c. S → NP VP

NP → Det N Conj Det N

VP → Verb NP

Verb → Aux V

Aux → tense

Tense → future

d. S → NP VP

$$NP \rightarrow \left\{ \begin{array}{l} \text{Pro} \\ \text{Num Noun} \end{array} \right\}$$

Noun → N pl

VP → Aux Verb NP

Aux → Tense

Tense → past

단원 말 연습문제

2. a. 그렇다, the dog은 두 번째 문장에서 왔음

b. 그렇다, and는 두 문장을 연결하는 접속사임.

c. The dog with big teeth bit the ball and ran into the house.

d. 교수자와 상의할 것

4. 다양한 답이 가능하다.

제6장 : 연습문제 답안(일부)

연습문제 2

2. a.

	여자(Woman)	소녀(Girl)
[성인]	+	−
[여성]	+	+
[사람]	+	+

b.

	어머니	아버지
[성인]	+	+
[남성]	−	+
[부모]	+	+

c.

	자매	형제
[성인]	±	±
[남성]	−	+
[부모가 같음]	+	+

d.

	차	자전거	오토바이	버스	트럭
운송수단	+	+	+	+	+
네 바퀴	+	−	−	+	+
모터	+	−	+	+	+
승객	+	−	−	+	−
운송	−	−	−	−	+
영업용	−	−	−	+	+

e.

	고양이	개	금붕어	앵무새	햄스터
동물	+	+	+	+	+
포유류	+	+	−	−	+
애완용	+	+	+	+	+
육식동물	+	+	−	−	−
우리/용기	−	−	+	+	+
울기	+	+	−	+	−

제7장 : 연습문제 답안(일부)

연습문제 3

1. SAE 2. AAE 3. 둘 다 4. AAE 5. SAE 6. AAE 7. AAE 8. AAE
9. SAE 10. SAE 11. SAE 12. AAE 13. SAE 14. SAE 15. AAE

제9장 : 연습문제 답안(일부)

단원 말 연습문제

2. 답안은 1번 답에서 열거한 표상 행위에 따라 결정된다. 가능한 답은, 'V' 상징은 TAB는 수화자의 신체 앞에(ø), DEZ는 V자 모양의 펼친 손에(V), SIG는 신체에 떨어져(⊥) 있다.

4. 그렇다. 표정과 자세 변화는 ASL 의사소통에서 항상 중요하다. 직접 의미, 굴절, 감정, 구두점 등의 모든 단계에서 의미를 표현한다.
6. 전달 체계는 다른 사람에게 언어적 정보를 전달하는 방법이다. ASL은 듣기나 말에 의존하지 않는 전달 체계이다.
8. ASL을 사용하는 사람은 듣기와 말을 하지 않고 필요한 것, 감정, 정보를 언어적으로 표현할 수 있다. ASL도 영어와 마찬가지로 언어이다. ASL은 개방성, 생산성, 치환, 자의성, 언어의 다른 설계적 특징을 보인다.

제10장 : 연습문제 답안(일부)

연습문제 2

2. a. any
   b. I am empty.
   c. You are cagey.
   d. I envy you.
   e. to excess
   f. orchid
   g. toucans(the bird)
   h. You are a cutie.
4. 열거한 것은 다양할 것이며, 학생 각각의 목록은 다를 것이다. 공통되는 명칭 한두 개는 La-Z-Boy Chairs와 U-Haul Trucks이다.
6. 음절문자원리는 개별적 기호(편지, 그림, 숫자)로 단어를 표현하는 문자 체계이다. 주된 제한은 긴 메시지를 쓰는 데 너무 많은 기호가 필요하다는 것이다. 그리고 기호의 모든 의미를 익혀야만 한다. I나 eye를 나타내는 과 같은 기호는 쉽기 때문에 영어를 구사하는 대부분의 사람은 기호를 해석하는 데 어려움이 없을 것이다. 그러나 연습문제 1에 사용된 기호 은 문제가 될 것이다. 첫째, 예술가의 재능은 부분적으로 읽는 사람의 해석에 영향을 줄 것이다. 둘째, 문맥에서 기호를 이해하는 데 읽은 사람의 지식과 능력이 중요할 것이다. 그림은 암양을 나타내는 ewe이어야 하는데 you와 발음이 같다. 셋째, 많은 추상적인 개념은 음절문자원리로 표현하기 어렵다.

   음절문자는 (비음절 단어가 아니라면) 단어 전체가 아닌 음절을 나타내기 위하여 기호를 사용한다. 음절문자가 한 음절 단어를 나타낼 때 그 효과는 음절문자원리와 유사하다. 대부분의 언어가 이런 방법으로 그림을 이용하여 표현되는 수백, 수천 개의 기호가 필요할 것이라는 점에서 음절문자는 제한적이다. 그러나 그 숫자는 음절문자원리보다 적을 것이다. 또한 음절문자는 (소리는 같지만 의미는 다른) 동음이의어 간의 차이를 구별할 수 없다. 동음이의어를 나타내기 위해 음절문자원리가 필요하다.

연습문제 3

2. a. This is a classroom.
   b. 좋은 성적을 받고 싶습니까? 그러면 숙제를 하세요.
   c. 그들은 처음에 천천히 시작했지만 나중에 속도를 냈다.
   d. 영어는 f, r, v, m과 같은 글자의 경우 한 음소에 대하여 한 글자소를 갖는 이상적 상태를 이루었다.
4. 이들은 동음이의어 문제이다. 문장 c에서 to는 분명히 잘못된 것이다. two이어야 한다. 문장 a와 b는 중의적이다. 일부 문맥에서는 옳을 수 있다. 그러나 문장에서 principle이 사람을 지시하는 것이라면 철자는 principal이어야 한다. 그리고 b에서 piece가 'the general quiet and calmness'를 의미한다면 철자는 peace이어야 한다.

부록 3

현장실습 연습문제

Fieldwork Exercises

연습문제 1 : 쌍방 대화의 언어 행위를 관찰하고 분석하기

언어 행위는 우리가 행하고 관찰할 수 있는 가장 흔한 행위 중 하나이다. 그러나 이런 행동을 주의 깊게 살펴보지 않는다면, 대부분의 행동 특성은 모호하거나 분석할 수 없다. 언어학자, 인류학자, 심리학자, 사회학자와 그 밖의 행동사회과학자는 언어 행위가 인간의 본질에 대해 무엇을 말하는지를 이해하기 위하여 언어에 관심을 둔다. 주의 깊게 관찰하는 것이 그 첫 번째 단계이다. 주의 깊게 관찰하면 놀랍게도 무언가를 이해할 수 있게 된다. 다음의 간단한 관찰적 연습문제는 희망하건대 당신이 언어의 일부 복잡한 속성에 관심을 두도록 할 것이다.

현장실습에서 지켜야 할 규범 : 사람들의 허락 없이 그들의 말을 녹음하지 마라. 특히 사람들의 사적인 대화를 그들에게 알리지 않고 녹음하지 마라. 아동은 부모의 허락하에 녹음하라.

Part A : 자료 수집

1. 다음 대상인 간의 대화를 녹음하라(참조 : 모든 학생이 다음에 언급한 모든 유형의 사람을 다 면접할 수 있는 것은 아니다.).
   a. 4~6세의 아동 2명
   b. 10대 2명
      - 남성-남성
      - 여성-여성
      - 남성-여성
   c. 성인 2명
      - 남성-남성
      - 여성-여성
      - 남성-여성

d. 원하는 조합으로 이루어진 2명

예 : 상대적으로 젊은 여성에게 말을 거는 더 나이 많은 남성, 부모나 친구에게 영화나 책의 줄거리 같은 것을 설명하는 아이, 휠체어를 탄 사람이 휠체어를 타지 않은 사람에게 말을 거는 것 등

참조 : 이런 실험은 시간이 걸리기 때문에 그룹으로 작업하길 원할 것이다. 전체 실험을 읽은 후에 개인별로 별개의 일을 할당하여라. 그리고 Part B를 답하기 위한 자료를 공동으로 취합하여라.

2. (학교에서, 집에서, 친구 집이나 파티 등에서) 진행 중인 대화의 녹음을 시도할 수 있다. 그리고 이 같은 상황을 만들 수도 있다. 두 사람이 공동으로 어떤 주제에 대하여 대화하도록 하라.

3. 대화를 10분 간격으로 이용할 것이라면 적어도 10분간 두 사람의 대화를 녹음해야 한다.

자료 용지

실험대상 간 대화 : 10분

참조 : 이 용지를 필요한 수만큼 복사하여라.

지시사항 : 두 대화자를 각각 'A'와 'B'로 구분하여라. 모든 질문에 답하여라.

1. 연령(필요하다면 근삿값 표시)
   대화자 A ____________________ 대화자 B ____________________

2. 성별
   대화자 A ____________________ 대화자 B ____________________

3. 신체적 외모(일반적인 관찰)
   대화자 A
   ____
   ____
   ____

   대화자 B
   ____
   ____
   ____
   ____

4. 대화시간(스톱워치를 이용하여 대화자 간의 대화의 시작과 끝을 매시간 기록하여라. 그리고 개인별 말한 총시간도 기록하여라.)

   대화자 A의 시간 ______________________ /10분

   대화자 B의 시간 ______________________ /10분

   대화자 A가 말한 시간의 % ______________________

   대화자 B가 말한 시간의 % ______________________

   대화하지 않은 시간의 % ______________________

5. 대화자 A가 대화자 B의 말을 도중에서 방해한 횟수 ____________

   대화자 B가 대화자 A의 말을 도중에서 방해한 횟수 ____________

6. 한 실험대상이 다른 실험대상에 대해 다음 유형의 '행동'을 한 횟수

   A가 B에게 질문 ____________ B가 A에게 질문 ____________

   A가 B에게 요구 ____________ B가 A에게 요구 ____________

   A가 B에게 지시 ____________ B가 A에게 지시 ____________

   A가 B에게 정정 ____________ B가 A에게 정정 ____________

7. 다음을 언급한 횟수

	대화자 A	대화자 B
과거 사건	____________	____________
미래 사건	____________	____________

8. 명확한 설명을 요구한 횟수

   대화자 A ____________ 대화자 B ____________

만약 각 대화의 시작 또는 끝이 포함된 경우라면, 다음 9번, 10번, 11번의 질문에 답하여라.

9. 누가 첫 단어를 말했나? 누가 마지막 단어를 말했나?

   첫 단어 (대화의 시작) ____________

   마지막 단어 (대화의 끝) ____________

10. 누가 대화를 시작했나? 어떻게 시작했나?

    ____

    ____

    ____

11. 누가 대화를 마쳤나? 어떻게 마쳤나?

    ____

    ____

12. 총평

Part B : 자료 분석

연습문제 1은 있는 그대로 연습이다. 타당한 일반화가 되기 위하여 충분한 증거를 수집하지 못했을 것이다. 그러나 중단하지 말고 연습문제처럼 당신의 자료에서 규칙성을 찾아보아라. 물론 더 많은 자료를 수집한다면 더 나은 규칙성을 만들 수 있을 것이다. 교수자가 허용한다면 Part A의 제안에 따라 다른 학생의 자료까지 합쳐 정보를 모아라.

1. 실험대상의 연령에 대하여 어떤 일반화가 가능한가? 다시 말해, 서로 다른 연령으로 조합된 사람들은 서로 다르게 말하는가?

2. 서로 다른 성별로 이루어진 대상에 대해 어떤 일반화가 가능한가?

3. 대상 간의 신체적인 외모가 의사소통에 어떤 영향을 끼쳤다고 볼 수 있는가?

4. 누가 가장 많이 말했고 누가 가장 적게 말했는가? 즉, 실험대상의 대화에서 남성이 여성보다 말을 더 많이 하는가? 아니면 그 반대인가? 아동은 성인이 대화하는 만큼 이야기하는가? 이런 방법으로 모든 자료를 분석하여라.

5. 누가 누구를 가장 많이 방해했는가? 성별, 연령, 또는 다른 요인이 이 점에 어떻게 영향을 끼쳤는가?

6. 실험대상의 성질과 이들이 수행한 '언어 행위(Part A의 6번에서 다룬 것처럼)'에 대하여 어떤 일반화가 가능한가?

7. 인간은 과거와 미래 사건에 대한 의사소통이 흔한 유일한 동물이다. 자료에서 이 점을 찾을 수 있는가?

8. 설명을 요청하는 것과 실험대상자의 특징 사이에 어떤 상관성이 있다고 볼 수 있는가?

다음 연습문제 9번, 10번, 11번은 대화를 '통제하는' 사람과 관련 있다.

9. 누가 대화를 시작하는가, 그리고 누가 대화를 끝내는가에 어떤 일관성이 있는가? 대화가 어떻게 진행되었는가?

10. 여기에 연령이 관계 있는가?

____

____

____

____

11. 여기에 성별이 관계 있는가?

____

____

____

____

12. 총평

____

____

____

____

연습문제 2 : 인간과 비인간의 의사소통 비교

이 연습문제를 해결하기 위해서는 동물원이나 동물 무리가 있는 그 밖의 장소를 찾아가야 한다.

Part A : 동물의 의사소통

어떤 동물을 관찰할 것인지 정하여라. 동물 무리의 수가 약 일곱 마리 이하라면 적당하지만, 수컷, 암컷, 새끼가 포함되어 있어야 한다.

Section I

1. 연구를 수행한 장소는 어디인가? ______________
2. 동물의 종류는? ______________
3. 동물의 수, 나이, 성별은?

   ______________ 어린 수컷

   ______________ 어린 암컷

   ______________ 다 자란 수컷

   ______________ 다 자란 암컷
4. 환경을 기술하여라.

   ____

Section II

동물 한 마리를 선택하여 이 동물이 무리의 다른 동물과 어떻게 교류하는지 기록하여라. 10분간 관찰하고 다른 한 마리를 정해서 다른 동물과의 교류를 기록하여라. 이 실험을 4~5회 실시한다. 각 동물이 서로 어떻게 교류하는지를 관찰한다. 동물들이 서로 소리 내고, 건드리고, 응시하거나, 냄새를 맡을 때마다 기록하여라. 가능한 한 자세히 각각의 행동을 묘사하여라. 샘플 자료 취합의 유형은 부록 3의 끝에 제시한다.

Part B : 인간의 의사소통

관찰할 한 집단의 사람들을 선택하여라. 집단이 너무 커서 집단의 개개인과 쉽게 친숙해질 수 없는 집단은 피하여라. 상호작용하는 아동 집단뿐만 아니라 성인 감독관도 함께 있는 아동 집단을 선택하거나, 파티, 학교, 가족 모임, 쇼핑몰, 식당 등에 있는 사람들을 선택할 수 있다.

Section I

1. 연구를 수행할 장소는 어디인가? ______
2. 사람들의 수와 연령과 성별은?

   a. ______ b. ______ c. ______

   d. ______ e. ______ f. ______

   g. ______ h. ______ i. ______

3. 환경을 기술하여라.

Section II : Part A, Section II의 **지시사항을 반복한다.**

Part C : 분석

1. 동물의 무리에서는 어떤 형태의 의사소통 방법이 지배적으로 보였는가?

2. 인간 집단에서는 어떤 형태의 의사소통 방법이 지배적으로 보였는가?

3. 인간 그리고 동물 중 어떤 집단이 훨씬 다양한 의사소통 행동을 사용한 것으로 보였는가?

4. 각 집단이 어떤 유형의 것을 의사소통하는 것으로 보였는가(물론 동물 간의 의사소통 체계를 구체적으로 이해할 수는 없겠지만, 특정한 의사소통 행위가 지배관계, 영토권, 성적인 반응, 두려움, 애정 등과 관련되었는지에 대하여 몇 가지 일반적인 추측을 할 수 있을 것이다.)?

5. 총평

자료 용지

주제 ____

주제 외 집단 구성원의 목록	상호작용의 특성

찾아보기

ㄱ

가변적 지시물 193
가부의문문 172
가산명사 132
가정신호 348
간략 표기 85
간접의문문 246
간접적 어투 269
갈로데대학교 339
감정적 의미 217
감탄사 134
강세 65
강조 행위 404
강화 가설 295
개방범주의 단어 119
개방성 12
개방형 합성어 110
개인방언 236
개인적 거리 417
거울 자아 27
거짓말 14
걸러어 242, 243
격 155
결속형태소 110
겹소리 64
겹친 분포 82
경고소리 10
경구개 39, 40
경구개음 42, 44
계사 133, 245
계층적 쌍 206
고급방언 236
고립어 117
고유명 125
고유명사 132
공기 제약 167
공명실 45
공명음 51
공시언어학 428
공시이중언어 319
공용어 282
공적 거리 417
과일반화 302, 304
과장어법 263
관계대명사 132
관계적 반의어 207
관련성 226
관련성의 격률 228
관료어법 263
관사 133
관할조건 343
교착어 118
구 구조 규칙 169
구 구조 수형도 168
구 표지 168
구강 39, 40, 53
구강음 45
구개수 40
구개순음 42, 44
구구소리 297
구동사 176
구성성분 143
구성주의 296
구정보 221
구조의미론 191, 208
구조적 중의성 158
구조주의 173
국제음성기호 57, 62
굴절어 118
굴절형태소 114
규범문법 142
규범통사론 142
규정 행위 405
규칙성 가설 430
그리오 248
그림문자 360
그림의 법칙 432
근접공간학 416
금기어 261
기본 주파수 61
기술문법 142
기술언어학 173
기술통사론 142
기음화 46
긱 스피크 262
긴장 57
긴장모음 55
꼬리의문문 269

ㄴ

남성화법 266
내부적인 80
넓은 의미의 언어 능력(FLB) 22
노래 10
노스트라틱 434
놈 촘스키 172
농경-언어 확산 가설 448
뇌량 292
능동태 145
니카라과 수화 348
님 침스키 23

ㄷ

다의어 205
다의적 중의성 158
다중부정 247
단모음 58
단모음화 244
단문 143
단음 65
단일 체계 가설 320
단축 123
담화 220
담화 분석 220
담화 표지 224
대명사 132
대모음전환 438
대어족 433, 434
대체 틀 82
대치 179
대치변형 180, 182
대칭조건 343
대화 보정 312
대화의 격률 226
댄 에버렛 22, 278
데니스 슈만트-베세라트 382
데니스 프라이 37
데보라 태넌 270
도나 진 우미커-시복 24
도상기호 332
독립절 144
동물의 소통 15
동사 133
동사구 148
동사어간 176
동사의 상 245
동사의 생략 245
동사접사 176
동시성 5
동음어 58
동음이의어 201, 205, 374
동작소 405
동작학 402
동족어 251, 252, 431
동형이음어 374
동형이의어 374
동화 96
두 단어 단계 299
두문자어 120
등위접속사 134

ㄹ

라틴어 429
레오나드 블룸필드 173
레이 버드휘스텔 405
로맨스어 429
로저 파우츠 17
로토카스어 80
루이스 캐롤 158
르네 데카르트 25
림빅 체계 292
링구아 프랑카 253

ㅁ

마디 168
마르크 하우저 22
마음이론 27
마이클 벤트리스 368
마찰음 42, 46
마크 플로트킨 213
매개변수 341
맨 오브 워즈 248
명령문변형 179
명사 132
명사구 147
명시어 147
모국어화 254
모리스 스와데시 446
모방 가설 294
모순 211
모순어법 212
모음 42, 43, 52
모호크어 67
목젖 39
목젖음 45
무성연구개마찰음 48
무성음 40
무성음화 96
무조건적 음 변화 437
무표적 102
문법성 158
문법성 판단 153
문법적 153
문자 357
문자소 370
문장 143
문화적 상대주의 272
문화충격 6
물질명사 132

미국 수화 333
미국 수화 알파벳 336
미국 흑인 영어(AAE) 217, 242
미국방언학회 120
민족 281

ㅂ

바꿔 말하기 202
반의어 201, 206
반전음 42, 47
발음기관 38
발화 80
방언 236
베르니케 실어증 26
베르니케 영역 26
베아트리스 가드너 17
베이비신호 318
벤자민 리 워프 37, 273
변별부호 46
변별성 101
변별자질 88, 90
변별적 79
변별적 자질 분석 196
변칙 발화 211
변형 규칙 176
변형문법 142
별도 체계 가설 320
보노보 18
보어 147, 449
보통명사 132
보편문법(UG) 173, 174, 293
복문 144
부사 133
부사구 149
부적형 153
부정대명사 132
북셈어 음절문자 384
분석어 117
분절음 77
분절적 신호 12
브로카 실어증 26
브로카 영역 25
블룸필드학파 173
비강 39, 40, 53
비교언어학 428
비굴절어 365
비문법적 153
비언어적 5
비언어적 의사소통 402
비음 42, 45
비음성 61
비음화 54

ㅅ

사투리 57
사피어-워프 가설 273
사회언어학 235
사회적 거리 417
사회적 의미 216
삭제 179
삭제변형 182
삽입 179
삽입변형 179
상보적 분포 81
상보적 쌍 206
상층어 254
상형문자 360
상호응시 408
상호작용 가설 296
상황적 방언 255
생득주의 가설 292
생산성 3
생산적 어휘 303
생성문법 142, 171, 172
서술 표현적 379
서술어 143
서술형용사 132
선택 음운 과정 96
선형문자 B 368
선형적 어순 155
설측음 42, 47
설탄음 48
성 266
성 키릴 389
성대 39, 40
성대가 닫힌 모습 41
성대가 열린 모습 41
성문 39
성문음 42, 45
성문폐쇄음 42
성분 구조 165
성조 63
성조언어 63
세계관 273
세미콜론 144
세쿼이아 388
세타 62
소음 5
소통 2
속어 261
손가락철자법 335
손바닥방향 340
수 새비지-럼보 19
수동태 145, 146
수식어 149
수신호로 기호화된 영어(MCE) 334
수용적 어휘 303
수행문 219
수형도 159
수화 317, 332
수화론 340

수화소 340
숙어 212
순차적 이중언어 319
순치음 42, 44
쉿소리 46
슈와 56
스와힐리어 65
스크래블 94
스키너 23
스티븐 핀커 21
신정보 221
신조어 120
신피질 292
심층 구조 173

ㅇ

아더 에반스 경 368
아브나키 막대 380
안다만 449
알렉산드리아도서관 393
알렉스 19, 20
알렌 가드너 17
알파벳문자 359
압하스어 80
앙가스어 99
애슐리 몬테규 414
앨런 그린스펀 263
야키어 154
양 226, 227
양순음 42, 43
양순폐쇄음 43
양의 격률 227
어구 145
어구의 종속어 146
어구의 핵 145
어근 110
어원론 129
어족 429
어족수형도 모형 429
어휘범주 110, 131
어휘부 167, 192
어휘의미론 191
어휘적 중의성 158
어휘통계학 446
억양곡선 63
억양언어 63
언어 관련 행위 404
언어 능력 3
언어 수행 4
언어결정주의 275
언어공동체 236
언어독립적 몸짓 403
언어사용역 255
언어상대주의의 강한 이론 275
언어상대주의의 약화된 이론 275
언어습득장치 293
언어연대학 446
언어음 77
언어인류학 235, 272
언어적 4
언어적 상대주의 272
에드워드 사피어 273
에드워드 홀 416
에릭 레네버그 292
에스놀로그 428
에쓰 62
에크하르트 헤스 410
엡실론 62
여성화법 266
역문자 121
역사언어학 428
역형성 124
연결동사 133
연결된 발화 66
연결부 68
연구개 39, 40
연구개음 42, 44
옹알이 297
와쇼 17
외래 차용어 121
외부적 79
요하네스 구텐베르크 391
요하네스 슈미트 435
욕설 261
우분지언어 147
우연공백 83
운율자질 61
워그 테스트 305
원리와 매개변항 174
원순음화 54
원시 세계어 434
원시 인도-유럽어 429
원시어 429
원주민언어 282
원형 춤 7
윌리엄 존스 431
윌리엄 캑스턴 391
유성동화 96
유성연구개폐쇄음 48
유음 47
유의어 201, 202
유인원-언어실험 17
유추 124, 441
유표성 102, 197
유형학 117
융합 123
융합어 123
은유 211
음성 표기 40, 85
음성단위 77
음성분석기 10

음성적 분절음 61
음성적 환경 61
음성학 37
음소 78, 79
음소 수 80
음소 표기 85
음운 과정 95
음운론 77
음운배열규칙 95
음절 60
음절문자 359, 365
음절문자원리 360, 362
음절성의 변화 98
음절적 자음 60
음절핵 60
음향음성학 38
응시 408
의문대명사 132
의미 영역 196
의미론 191
의미자질 194
의성어 332
의의 192
이네세뇨 추마시어 48
이눅티투트어 48
이동변형 178, 182
이분지 분류 체계 91
이수화 340
이완 57
이완모음 55
이음 78
이중모음 55, 58
이중부정 251
이중언어 공동체 252
이중화법 263
이형태 115
인간 17
인간의 언어 15
인두 40
인두강 39
인두음 45, 48
인사법 223
인종중심주의 6
인칭대명사 132
일어문 단계 299
일어문 298
입술 40
잉여성 8, 101, 345

ㅈ

자극 확산 385
자극결속적 14
자극의 빈곤 295
자동사 148
자립적 몸짓 403
자립형태소 110
자매어 430
자연 집단 93
자유변이 83
자음 42
자음군 축약 규칙 244
자의적 13
자질 매트릭스 91
자크 뫼슐레 230
재귀목적대명사 132
저해음 51
적응 행위 405
적형식 153
전달 체계 4
전동음 48
전문어 262
전보문 300
전설 57
전이음 42, 47
전제 223
전치 14
전치사 134
전치사구 149
접두사 110
접미사 110
접사 110
접속사 134
접요사 111
접촉신호 334
정밀 표기 85
정서 표현 406
정서법 40
제1게르만어 자음 이동 432
제품명 126
조건적 음 변화 438
조동사 133
조상어 430
조셉 그린버그 434
조음 43
조음 방법 42
조음법동화 96
조음음성학 38
조음자 38
조음점 42, 43
조음점동화 97
조작 14
존 채드윅 368
존재의 it 247
좁은 의미의 언어 능력(FLN) 22
종속어 146
종속절 144
종속접속사 134
종합어 118
좌분지언어 147
주어 143
준언어 415

중국어 문자 363
중문 143
중복문 144
지속시간 64
지속음 51
지시 203
지시대명사 132
지시물 192
지시적 의미 192
지치어 242
직시어 221
직접목적어 157
진 버코 글리슨 305
질 226
질의 격률 228
집합명사 132

ㅊ

찰스 호튼 쿨리 27
참여적 관찰자 272
채널(통로) 8
철자발음 374
청음음성학 38
체로키문자 388
초분절음 61
촉각학 413
최소대립세트 81
최소대립쌍 81
최소주의 174
추상명사 132
축약모음 56
치간마찰음 244
치간음 44
치경 40
치경음 42, 44
치음 42, 44
치조돌기 39
치찰음 42, 46
친근한 거리 417
친족용어 278

ㅋ

카를 폰 프리슈 7
칸지 18
캐럴 촘스키 314
케네스 파이크 81
케추아어 48
코드 2
코드전환 217
코드화 2
코코 19
코퍼스 80
쿠르간인 448
크리올어 254
클레버 한스 효과 24
키푸 381
키-홍안 103

ㅌ

타동사 148
태도 226
태도의 격률 229
테쿰세 피치 22
토니 모리슨 246
토마스 시복 24
토마스 홉킨스 갈로데 337
통사론 141
통사적 중의성 158
통시언어학 428

ㅍ

파도 모형 435
파생 124
파생형태소 113
파열음 46
파찰음 51
펀 205
펀자브어 80
페로몬 8
페퍼버그 20
평서문 172
폐쇄범주의 단어 119
폐쇄음 42, 46
폐쇄형 합성어 110
포위접사 110, 111
포합어 118
표상 행위 403
표의문자 359
표의음성문자 360
표의음절문자 360
표준 미국 영어 236
표준 중국어 63
표층 구조 173
품사 112
품사적 중의성 159
프란츠 보애스 272
프랜신 패터슨 19
피라하인 22
피진어 253
피치 61
피터 라데포그드 93
피터 쇠렌 174
필립 리버먼 27
필수 음운 과정 96

ㅎ

하와이어 80
하위어 201
하이픈 합성어 110
하층어 254
한계시기 가설 293

한정사 133, 147
한정형용사 132
함축 203
합성법 120
합성어 110
해독 2
핵 110
핵-선행언어 147
핵심 어휘 446
핵-후행언어 147
허버트 테라스 21
혀 차는 소리 48
혀의 높이 52
혀의 둥글기 52
협동의 원리 226
협착폐쇄음 48
형용사 132
형용사구 149
형태 변화 440
형태론 109
형태소 109
형태유형학 117
형태음소 규칙 115
호모 로퀜스 37
호모 하빌리스 25
호피어 274
호흡기 39
홀거 페더슨 434
화석화 325
화용론 191, 216
화제화 178
화행 219
확산 385, 436
확인·기억 380
회귀성 22, 172
후 족의 언어 80
후두 39, 40
후두개 39, 40
후설 57
후손어 429
흡입음 38
흡출음 38
히스패닉 영어 250

기타

ASL 333
BBC 영어 236
DEZ 340
FoxP2 유전자 26
IPA 62
ORI 340
R-복합체 292
SIG 340
TAB 340
8자 춤 7
/r/과 /l/ 생략 243

저자 소개

브루스 M. 로우는 로스앤젤레스 피어스칼리지의 인류학과 교수로, 1970년부터 이 대학에서 가르치고 있다. 그는 언어학, 인류학, 교육학, 영어학, 청각장애인을 위한 통역, 커뮤니케이션 등을 전공하는 학생들과 일반 학생들을 위해 이 대학에서 처음으로 언어학 과목을 개설하였다. 로우 교수는 사회학과 인류학, 문화인류학 과목들도 가르친다. 이 『A Concise Introduction to Linguistics』 외에도, 그는 필립 L. 스타인과 공저로 10판까지 나온 『Physical Anthropology』, 2판까지 나온 『Physical Anthropology: The Core』 및 이 책들의 부교재인 워크북과 가이드북을 공저로 냈다. 로우 교수는 4판까지 나온 『The College Survival Guide: Hints and References to Aid College Students』, 『The College Awarness Guide: What students Need to Know to Succeed in College』를 저술했다. 그는 우수한 강의로 여러 번 수상하였으며, 미국 인류학회 정회원이자 미국 고고학연합회 정회원이며, 커뮤니티 칼리지 고고학협회의 정회원이다.

다이안 P. 레빈은 로스앤젤레스 피어스칼리지의 인류학과 교수로, 언어학과 문화인류학을 강의하며 현재 인류학 및 지리학과의 학과장직을 맡고 있다. 영어과와 ESL과의 전직 강사로서 레빈 교수는 ESL 교실에서의 문학 작품의 이용에 대한 논문을 다수 저술했고, 교실에서의 언어 사용법에 대한 비판적 사고에 대한 세미나를 열기도 했다. 레빈 교수는 『Annual Editions: Anthropology』의 자문위원이고 에미상을 수상한 『Cultural Anthropology: Our Diverse World』의 전국 자문위원을 역임했으며, 미국 인류학회와 커뮤니티 칼리지 고고학협회의 회원이다.

역자 소개

장영준

고려대학교 영어영문학과 졸업(학사, 석사)

하버드대학교 언어학과 졸업(박사)

중앙대학교 영어영문학과 교수

[저서]

『언어 속으로』(태학사, 2005)

『영어형태론』(중앙대학교 출판부, 2005)

『한국어 통사구조 새로 보기』(박이정, 2000)

『언어의 비밀』(한국문화사, 2004) 등